中华人民共和国
民法典

实用问题版

法律出版社 LAW PRESS · CHINA

出版说明

2021年1月1日《民法典》正式施行。《民法典》是一本写满民事权利的宣言书，与人民的生活密切相关，几乎所有的民事活动都能在《民法典》中找到依据。为帮助读者更好地理解《民法典》中的法律概念、术语以及具体条文的适用，我们从实用、易懂、便捷的角度出发，编写了“民法典实用问题版系列”图书。

本套图书具有以下特点：

1. 实用的解读。对重点条文根据立法、司法、行政机关的释义、解读以及相关法律法规的规定等进行精炼、准确的解答，为理解、适用民法典的条文规定提供实用的解读。

2. 实用的指引。结合生活、工作实践提炼法律适用问题，并依据《民法典》及相关法律法规、司法解释、部门规章的进一步规定进行分析解答，为处理法律事务、解决法律问题提供实用的指引。

3. 实用的工具。提炼法律知识图表，让成体系的《民法典》相关规定的适用一目了然，同时收录了常用的法律文书（合同）范本，供读者参照使用，为处理民事法律事务提供实用的工具。

4. 实用的依据。收录常用的法律法规、司法解释、部门规章等（电子版免费阅读使用，并持续更新），并以《民法典》的体例进行划分，条理清晰、查询方便，后续电子版将根据法律法规的变化持续调整，为处理民事法律事务提供实用的依据。

带着问题学习法律，以法律解决实际问题！希望本套丛书能够为广大读者带来切实的法律帮助。

2020年8月

《民法典》线上配套法律法规汇编

本汇编为“民法典实用问题版系列”的配套法规，旨在为读者提供便捷的、全面的在线内容查询。本汇编以《民法典》的体例划分，条理清晰、查询方便，后续将根据法律法规的变化持续调整，为处理民事法律事务提供实用的依据。

本汇编包含：(1)《民法典》全文正式版本。(2)《民法典》与《婚姻法》《继承法》《民法通则》《收养法》《担保法》《合同法》《物权法》《侵权责任法》《民法总则》相关法律的条文对照。(3)与《民法典》相关的法律、行政法规、司法解释、司法批复、司法文件、部门规章等。

有章

目　　录

中华人民共和国民法典

实用问题

实用工具

中华人民共和国民法典

第一编 总 则

第一章 基本规定

第一条 【立法目的】[1] 为了保护民事主体的合法权益，调整民事关系，维护社会和经济秩序，适应中国特色社会主义发展要求，弘扬社会主义核心价值观，根据宪法，制定本法。

条文注解

本条规定了民法典五个方面的立法目的：

一是保护民事主体的合法权益，包括人身权利、财产权利、兼具人身和财产性质的知识产权等权利，以及其他合法权益。

二是调整民事关系。民法典调整的仅仅是民事关系，民事关系就是平等主体之间的权利和义务关系，可以分为人身关系、财产关系等。

三是维护社会和经济秩序。

四是适应中国特色社会主义发展要求。编纂民法典就是为了满足人民群众的新法治需求，适应我国社会主要矛盾的变化。

五是弘扬社会主义核心价值观。社会主义核心价值观包括富强、民主、文明、和谐，自由、平等、公正、法治，爱国、敬业、诚信、友善。

第二条 【调整范围】民法调整平等主体的自然人、法人和非法人组织之间的人身关系和财产关系。

条文注解

民事主体是民事关系的参与者、民事权利的享有者、民事义务的履行

① 条文主旨为编者所加，仅供参考。

者和民事责任的承担者。本条首先列举了民事主体的具体类型，包括自然人、法人和非法人组织三类。自然人不仅包括中国公民，还包括我国领域内的外国人和无国籍人。法人就是法律上拟制的人，法人是一种社会组织，法律基于社会现实的需要，赋予符合一定条件的组织法人资格，便于这些组织独立从事民事活动，归根结底是为了扩展自然人从事民事活动的广度。同时，民法典创设了第三类民事主体，赋予个人独资企业、合伙企业等不具有法人资格的组织民事主体地位，并统一称为“非法人组织”。

自然人、法人、非法人组织之间的社会关系多种多样，并非所有社会关系都由民法调整。民法仅调整他们之间的民事关系，即作为平等主体的自然人、法人、非法人组织之间发生的社会关系。

民法所调整的民事关系根据权利义务所涉及的内容不同可以分为两大类，即民事主体之间的财产关系和人身关系。人身关系，是指民事主体之间基于人格和身份形成的无直接物质利益因素的民事法律关系，如婚姻关系、抚养和赡养关系。财产关系，是指民事主体之间基于物质利益而形成的民事法律关系。就财产关系所涉及的权利内容而言，财产关系包括物权关系、债权关系等。

关联法规

《民事诉讼法》第3条

第三条 【民事权益受法律保护】民事主体的人身权利、财产权利以及其他合法权益受法律保护，任何组织或者个人不得侵犯。

条文注解

民事权利及其他合法权益受法律保护是民法的基本精神，也是民事立法的出发点和落脚点。民事权利及其他合法权益受法律保护，就是要求任何组织或者个人不得侵害。不得侵犯就是任何组织或者个人不得非法侵占、限制、剥夺他人的民事权利及其他合法权益，也不得干涉他人正常行使民事权利及其他合法权益。当然，这并非意味着民事主体的民事权利可以毫无限制，是绝对自由的。相反，民事主体行使民事权利要受到法律、公序良俗的约束，民事主体不得滥用民事权利，且国家基于公共利益的需要，在法律权限范围内经法定程序，在给予公平合理补偿的前提下，可以对民事主体的财产予以征收或者征用。

民法典不仅在总则编对保护民事权利作了规定，在其他各编中也都有配套的相关规定。

关联法规

《宪法》第13条

第四条　【平等原则】民事主体在民事活动中的法律地位一律平等。

条文注解

平等原则，是指民事主体，无论法人、自然人还是非法人组织，无论法人规模大小、经济实力雄厚与否，无论自然人是男、女、老、少、贫、富，无论非法人组织经营什么业务，在从事民事活动时，他们相互之间在法律地位上都是平等的，他们的合法权益受到法律的平等保护。平等原则是民事法律关系区别于行政法律关系特有的原则，也是发展社会主义市场经济的客观要求。

关联法规

《宪法》第33条，《证券法》第3条，《消费者权益保护法》第4条，《企业合伙法》第5条

第五条　【自愿原则】民事主体从事民事活动，应当遵循自愿原则，按照自己的意思设立、变更、终止民事法律关系。

条文注解

自愿原则，也称意思自治原则，就是民事主体有权根据自己的意愿，自愿从事民事活动，按照自己的意思自主决定民事法律关系的内容及其设立、变更和终止，自觉承受相应的法律后果。自愿原则体现了民事活动最基本的特征。自愿原则，可以四个方面来理解。首先，民事主体有权自愿从事民事活动。其次，民事主体有权自主决定民事法律关系的内容。再次，民事主体有权自主决定民事法律关系的变动。最后，民事主体应当自觉承担相应法律后果。

需要进一步说明的是，自愿或者意思自治不是毫无约束的绝对的自由

与放任。民事主体实现自愿、自主或意思自治的前提就是民事主体之间的平等法律地位。因此，民事主体的自愿是建立在相互尊重的基础上，必须尊重其他民事主体的自主意志。民事主体的意思自治，还受到民法的公平原则、诚信原则、守法原则等基本原则的约束。这些原则要求民事主体从事民事活动，要公平合理、诚实守信，不得违反法律，不得违背公序良俗。

关联法规

《证券法》第 4 条，《反不正当竞争法》第 2 条，《对外贸易法》第 3 条

第六条 【公平原则】民事主体从事民事活动，应当遵循公平原则，合理确定各方的权利和义务。

条文注解

公平原则要求民事主体从事民事活动时要秉持公平理念，公正、平允、合理地确定各方的权利和义务，并依法承担相应的民事责任。公平原则体现了民法促进社会公平正义的基本价值，对规范民事主体的行为发挥着重要作用。公平原则首先要求民事主体在从事民事活动时，按照公平观念行使权利、履行义务，特别是对于双方民事法律行为，要求一方的权利和义务应当相适应，双方之间的权利和义务应当对等，不能一方承担义务而另一方只享有权利，也不能一方享受的权利和承担的义务相差悬殊。公平原则的这种要求在合同编中得到充分体现。公平原则作为民法的基本原则，不仅是民事主体从事民事活动应当遵守的基本行为准则，也是人民法院审理民事纠纷应当遵守的基本裁判准则。

关联法规

《劳动合同法》第 3 条，《公司法》第 126 条，《合伙企业法》第 5 条，《商业银行法》第 5 条，《信托法》第 5 条，《证券投资基金法》第 4 条，《反不正当竞争法》第 2 条，《消费者权益保护法》第 4 条，《民法典》第 496 条第 2 款、第 497 条第 2 项，《民法典》第 1186 条

第七条 【诚信原则】民事主体从事民事活动，应当遵循诚信原则，秉持诚实，恪守承诺。

条文注解

诚信原则要求所有民事主体在从事任何民事活动时，包括行使民事权利、履行民事义务、承担民事责任时，都应该秉持诚实、善意，信守自己的承诺。诚信原则作为民法最为重要的基本原则，被称为民法的“帝王条款”，是各国民法公认的基本原则。通常认为，诚实信用原则要求民事主体从事民事活动应当讲诚信、守信用，以善意的方式行使权利、履行义务，不诈不欺，言行一致，信守诺言。

诚信原则对司法机关裁判民事纠纷具有积极作用，在当事人没有明确约定或法律没有具体规定时，司法机关可以根据诚信原则填补合同漏洞、弥补法律空白，平衡民事主体之间、民事主体与社会之间的利益，进而实现社会的公平正义。

关联法规

《消费者权益保护法》第4条，《劳动合同法》第3条，《个人独资企业法》第4条，《合伙企业法》第5条，《证券法》第4条，《保险法》第5条，《票据法》第10条，《商业银行法》第5条，《信托法》第5条，《证券投资基金法》第4条，《担保法》第3条，《反不正当竞争法》第2条，《拍卖法》第4条，《招标投标法》第5条，《民事诉讼法》第13条

第八条 【守法与公序良俗原则】民事主体从事民事活动，不得违反法律，不得违背公序良俗。

条文注解

公序良俗，是指公共秩序和善良习俗。守法和公序良俗原则要求自然人、法人和非法人组织在从事民事活动时，不得违反各种法律的强制性规定，不违背公共秩序和善良习俗。

守法和公序良俗原则又可以细分为两项具体要求：(1)民事主体从事民事活动不得违反法律。这里的法律不仅包括民事法律，还包括其他部门法。所谓不得违反法律，就是要求不违反法律的强制性规定。(2)民事主体从事民事活动不得违背公序良俗。不得违背公序良俗原则，就是不得违背公共秩序和善良习俗。公共秩序，是指政治、经济、文化等领域的基本秩序和根本理念，是与国家和社会整体利益相关的基础性原则、价值和秩序，

在以往的民商事立法中被称为社会公共利益，在英美法系中也被称为公共政策。善良习俗，是指基于社会主流道德观念的习俗，也被称为社会公共道德，是全体社会成员所普遍认可、遵循的道德准则。善良习俗具有一定的时代性和地域性，随着社会成员的普遍道德观念的改变而改变。公共秩序强调的是国家和社会层面的价值理念，善良习俗突出的则是民间的道德观念，二者相辅相成，互为补充。

关联法规

《保险法》第 4 条，《公司法》第 5 条，《合伙企业法》第 7 条，《个人独资企业法》第 4 条，《妇女权益保障法》第 5 条

第九条 【绿色原则】民事主体从事民事活动，应当有利于节约资源、保护生态环境。

条文注解

绿色原则是贯彻宪法关于保护环境的要求，同时也是落实党中央关于建设生态文明、实现可持续发展理念的要求。将环境资源保护上升至民法基本原则的地位，具有鲜明的时代特征，将全面开启环境资源保护的民法通道，有利于构建生态时代下人与自然的新型关系，顺应绿色立法潮流。

本条规定的绿色原则与其他原则的表述有所不同，其他原则使用了“应当遵循”“不得违反”等表述，而本条使用的是“应当有利于”的表述。尽管有这种不同，但绿色原则作为民法典的基本原则，仍具有重要作用：一是确立国家立法规范民事活动的基本导向，即要以节约资源、保护生态环境作为重要的考量因素；二是要求民事主体本着有利于节约资源、保护生态环境的理念从事民事活动，树立可持续发展的观念；三是司法机关在审判民事案件，适用民事法律规定时，要加强对节约资源、保护生态环境的民事法律行为的保护。

关联法规

《宪法》第 9 条，《环境保护法》第 6 条，《土地管理法》第 38 条，《民法典》第 346 条，《民法典》第 509 条第 3 款、第 625 条，《民法典》侵权责任编第七章

第十条 【法律适用】处理民事纠纷，应当依照法律；法律没有规定的，可以适用习惯，但是不得违背公序良俗。

条文注解

人民法院、仲裁机构等在处理民事纠纷时，首先应当依照法律。这里的法律是指广义的法律，包括全国人大及其常委会制定的法律和国务院制定的行政法规，也不排除地方性法规、自治条例和单行条例等。

本条还规定，法律没有规定的，可以适用不违背公序良俗的习惯。习惯是指在一定地域、行业范围内长期为一般人确信并普遍遵守的民间习惯或者商业惯例。适用习惯受到两个方面的限制：一是适用习惯的前提是法律没有规定。所谓法律没有规定，就是相关的法律、行政法规、地方性法规对特定民事纠纷未作出规定。二是所适用的习惯不得违背公序良俗。因此，并非所有的习惯都可以作为处理民事纠纷的依据，只有不违背公序良俗的习惯才可以适用，当然适用习惯也不得违背法律的基本原则。

关联法规

《民法典》第289条、第1015条第2款

第十一条 【优先适用特别法】其他法律对民事关系有特别规定的，依照其规定。

条文注解

关于一般法与特别法的关系，立法法对此有专门规定。《立法法》第92条规定，同一机关制定的法律，特别规定与一般规定不一致的，适用特别规定。

对于民法典的规范适用问题，需要注意的是：首先，总则编也是一般性规定，其他各分编中对相同问题有特殊规定的，应当先适用其他各分编的规定。比如，总则编第153条、第154条属于一般规定，合同编第497条则属于特别规定，对于格式合同条款的效力问题，则应当优先适用合同编第497条的规定。其次，相对于其他民事单行法律而言，民法典的各分编则属于一般性规定，在民事单行法律有特别规定时，需要优先适用民事单行法律。比如，总则编第188条规定，向人民法院请求保护民事权利的诉

讼时效期间为3年。法律另有规定的，依照其规定。最后，民法典中物权编、合同编、人格权编、婚姻家庭编、继承编、侵权责任编之间的相互关系，需要根据民法典的规定来确定适用的法律规范。比如，合同编第464条第2款规定，婚姻、收养、监护等有关身份关系的协议，适用有关该身份关系的法律规定；没有规定的，可以根据其性质参照适用该编规定。

第十二条 【效力范围】中华人民共和国领域内的民事活动，适用中华人民共和国法律。法律另有规定的，依照其规定。

条文注解

中华人民共和国领域包括中华人民共和国领土、领空、领海，以及根据国际法视为我国领域的我国驻外使馆，国籍为中国的船舶、航空器等。在中华人民共和国领域内的民事活动，一般来说都得适用我国法律。

本条的但书规定，法律另有规定的，依照其规定。其中最为重要的就是涉外民事关系的法律适用问题，关于涉外民事关系的法律适用，涉外民事关系法律适用法有专门的规定。

关联法规

《涉外民事关系法律适用法》第3条，《海商法》第269条

第二章 自 然 人

第一节 民事权利能力和民事行为能力

第十三条 【自然人民事权利能力的起止】自然人从出生时起到死亡时止，具有民事权利能力，依法享有民事权利，承担民事义务。

条文注解

民事权利能力，是指民事主体参与民事法律关系，享有民事权利、承担民事义务的法律资格。法律规定了自然人的民事权利能力，也就确认了自然人的民事主体地位，这是自然人参与民事法律关系，依法享有民事权

利、承担民事义务的前提。自然人的民事权利能力既包括自然人享有民事权利的资格，也包括自然人承担民事义务的资格。

通常认为，民事权利能力具有不可剥夺的特征。民事权利能力始于出生，终于死亡。自然人生存期间，其民事权利能力不会丧失、消灭。法律不会对自然人的民事权利能力进行限制或者剥夺。自然人受到刑事处罚、丧失民事行为能力，即使在监狱服刑，或者被判处剥夺政治权利，也并不导致民事权利能力的减损或者消灭，自然人的民事权利能力这一法律资格不受影响。

依据本条规定，自然人的民事权利能力始于出生，终于死亡。出生是自然人脱离母体并生存的法律事实。一般认为，出生须具备两项要件：一是胎儿与母体分离。与母体分离之前为胎儿，分离之后即成为法律上的人。二是与母体分离之际保有生命。胎儿与母体分离之际无生命的，是死体。分离之际保有生命的，即是“出生”，而无论其出生后生命延续的时间长短。

第十四条 【自然人民事权利能力平等】自然人的民事权利能力一律平等。

第十五条 【自然人出生和死亡时间的判断标准】自然人的出生时间和死亡时间，以出生证明、死亡证明记载的时间为准；没有出生证明、死亡证明的，以户籍登记或者其他有效身份登记记载的时间为准。有其他证据足以推翻以上记载时间的，以该证据证明的时间为准。

条文注解

本条将出生证明、死亡证明记载的时间作为确定自然人出生时间、死亡时间的最基本依据。

出生证明，即出生医学证明，记载有新生儿的姓名、性别、出生时间、父母姓名等。出生证明是记载出生时间的原始凭证，具有证明出生时间的准确性和规范性，因此本条将出生证明记载的时间作为确定自然人出生时间的最基本的依据。

死亡证明，是指有关单位出具的证明自然人死亡的文书。主要包括以下几类：公民死于医疗单位的，由医疗单位出具死亡医学证明书；公民正常死亡但无法取得医院出具的死亡证明的，由社区、村（居）委会或者基层卫生医疗机构出具证明；公民非正常死亡或者卫生部门不能确定是否属于正常死亡的，由公安司法部门出具死亡证明；死亡公民已经火化的，由殡葬部门出具火化证明。死亡证明是记载死亡时间的原始凭证，具有证明死亡时间的准确性和规范性，因此本条将死亡证明记载的时间作为确定自然人死亡时间的最基本的依据。

依据本条规定，没有出生证明、死亡证明的，以户籍登记或者其他有效身份登记记载的时间为准。户籍登记是国家公安机关按照国家户籍管理法律法规，对公民的身份信息进行登记记载的制度。

本条规定的户籍登记以外的其他有效身份登记，包括我国公民居住证、港澳同胞回乡证、台湾居民的有效旅行证件、外国人居留证等。

出生证明、死亡证明以及户籍登记或者其他有效身份登记记载的时间由于各种原因，也有可能出现记载错误的情况。如果有其他证据足以推翻出生证明、死亡证明以及户籍登记或者其他有效身份登记记载的时间的，应以该证据证明的时间为准。

关联法规

《户口登记条例》第7、8条，《居住证暂行条例》第2、4条，《出境入境管理法》第30、33条

第十六条 【胎儿利益的特殊保护】涉及遗产继承、接受赠与等胎儿利益保护的，胎儿视为具有民事权利能力。但是，胎儿娩出时为死体的，其民事权利能力自始不存在。

条文注解

自然人的民事权利能力始于出生，胎儿尚未与母体分离，不是独立的自然人，不能依据民事权利能力的一般规定进行保护。本条从法律上明确规定胎儿在特定情形下视为具有民事权利能力。

本条将胎儿利益保护的范围规定为“涉及遗产继承、接受赠与等胎儿利益保护的”。在这些情形下，胎儿视为具有民事权利能力。此处的“遗产继承”不仅包括法定继承，也包括遗嘱继承、遗赠。胎儿是法定继承人的，按照法定继承取得相应的遗产份额；有遗嘱的，胎儿按照遗嘱继承取得遗嘱确定的份额。胎儿不是法定继承人的，被继承人也可以立遗嘱将个人财产赠与胎儿，将来按遗赠办理，胎儿取得遗产继承权。“接受赠与”指赠

与人可以将财产赠与胎儿，胎儿此时视为具有民事权利能力，享有接受赠与的权利。除了遗产继承和接受赠与，实践中还有其他涉及胎儿利益保护的情况，因此本条用了一个“等”字，没有限定在继承范围以内，原则上也包括侵权等其他需要保护胎儿利益的情形。

第十七条 【成年人与未成年人的年龄标准】十八周岁以上的自然人为成年人。不满十八周岁的自然人为未成年人。

条文注解

区分成年人与未成年人的法律意义主要有以下几个方面：一是判断民事法律行为的效力。成年人可以独立实施民事法律行为，未成年人只可以独立实施部分民事法律行为，实施其他民事法律行为要经过法定代理人的同意或者追认。二是确定婚姻家庭关系中的权利义务。本法规定了父母、祖父母、外祖父母或者兄姐等近亲属对未成年人的抚养义务。三是设立监护。为了保护未成年人的人身、财产权利及其他合法权益，对未成年人应当设立监护人。父母是未成年人的监护人，未成年人的父母已经死亡或者没有监护能力的，依法由其他有监护能力的人担任监护人。但法律只对丧失或者部分丧失民事行为能力的成年人设立监护，依法确定监护人。

关联法规

《宪法》第 34 条，《未成年人保护法》第 2 条

第十八条 【完全民事行为能力人】成年人为完全民事行为能力人，可以独立实施民事法律行为。

十六周岁以上的未成年人，以自己的劳动收入为主要生活来源的，视为完全民事行为能力人。

条文注解

民事行为能力，是指民事主体独立参与民事活动，以自己的行为取得民事权利或者承担民事义务的法律资格。《民法典》根据自然人辨识能力的不同，将自然人的民事行为能力分为完全民事行为能力、限制民事行为

能力和无民事行为能力。

依据本条第1款规定，成年人，即年满18周岁的自然人，具有完全民事行为能力，为完全民事行为能力人，可以独立实施民事法律行为，并独立对民事法律行为的法律后果负责。但是，本条规定的成年人指辨认识别能力正常的成年人，对于辨认识别能力不足的成年人则根据具体情况的不同归为限制民事行为能力人或者无民事行为能力人，不属于本条规定的范围。

依据本条第2款规定，16周岁以上的未成年人，如果以自己的劳动收入为主要生活来源的，表明其已经具备成年人的辨识能力，可以独立实施民事法律行为，独立承担民事法律行为的后果，因此可以视为完全民事行为能力人。

关联法规

《劳动法》第15条，《预防未成年人犯罪法》第12条

第十九条 【限制民事行为能力的未成年人】八周岁以上的未成年人为限制民事行为能力人，实施民事法律行为由其法定代理人代理或者经其法定代理人同意、追认；但是，可以独立实施纯获利益的民事法律行为或者与其年龄、智力相适应的民事法律行为。

条文注解

依据本条规定，8周岁以上的未成年人为限制民事行为能力人，心智发育仍然不够成熟，实施民事法律行为一般应当由其法定代理人代理，或者经其法定代理人同意、追认。同意是指事前同意，即限制民事行为能力的未成年人实施民事法律行为要经法定代理人的事前同意；追认指事后追认，即限制民事行为能力的未成年人实施的民事法律行为要经过法定代理人的事后追认，才能对该未成年人发生效力。但是，8周岁以上的未成年人已经具有一定的辨认识别能力，法律应当允许其独立实施一定的民事法律行为。可以独立实施的民事法律行为包括两类：一类是纯获利益的民事法律行为，如接受赠与等。限制民事行为能力的未成年人通常不会因这类行为遭受不利益，可以独立实施。另一类是与其年龄、智力相适应的民事法律行为，如8周岁的儿童购买学习用品等。限制民事行为能力的未成年人对实施这类行为有相应的认知能力，可以独立实施。

关联法规

《广告法》第33条,《公证法》第31条,《保险法》第39条,《婚姻登记条例》第12条

第二十条 【无民事行为能力的未成年人】不满八周岁的未成年人为无民事行为能力人,由其法定代理人代理实施民事法律行为。

条文注解

依据本条规定,8周岁以下的儿童不具有独立从事民事法律行为的资格,要由其法定代理人代理实施民事法律行为。例如,不满8周岁的儿童购买玩具的行为,都需要由父母等法定代理人代理实施。

第二十一条 【无民事行为能力的成年人】不能辨认自己行为的成年人为无民事行为能力人,由其法定代理人代理实施民事法律行为。

八周岁以上的未成年人不能辨认自己行为的,适用前款规定。

条文注解

本法根据认识判断能力的不同,对这些成年人作了进一步的区分,分为两类:一是不能辨认自己行为的成年人;二是不能完全辨认自己行为的成年人。不能辨认自己行为的成年人指对普通的事物和行为欠缺基本的认识判断能力,也不能正常预见自己行为的法律后果的成年人。不能完全辨认自己行为的成年人是指对比较复杂的行为不能作出正确的认识判断,也不能完全预见到自己行为的法律后果的成年人。第一类成年人即为无民事行为能力人,由本条第1款作出规定。第二类成年人为限制民事行为能力人,由第22条作出规定。

需要注意的是,本条第1款中的“不能辨认自己行为”和第22条中的“不能完全辨认自己行为”,是指辨认识别能力不足处于一种持续的状态,不能是暂行性或者短暂的状态,如因酗酒、滥用麻醉用品或者精神药品,对自己的行为暂时没有辨认识别能力的成年人,不属于本法所称的无民事行为能力人或者限制民事行为能力人。

第二十二条 【限制民事行为能力的成年人】不能完全辨认自己行为的成年人为限制民事行为能力人，实施民事法律行为由其法定代理人代理或者经其法定代理人同意、追认；但是，可以独立实施纯获利益的民事法律行为或者与其智力、精神健康状况相适应的民事法律行为。

条文注解

因智力障碍、精神障碍以及其他疾病导致不能完全辨认自己行为的成年人，均为限制民事行为能力人。限制民事行为能力的成年人对普通的事物和行为有基本的认识判断能力，但对于比较复杂的事物或者比较重大的行为缺乏判断能力和自我保护能力，并且不能预见其行为后果。限制民事行为能力的成年人实施民事法律行为一般由其法定代理人代理或者经其法定代理人同意、追认，但也可以独立实施一定的民事法律行为。

关于“与其智力、精神健康状况相适应”的认定，应当结合限制民事行为能力的成年人的智力、精神健康状况、行为的性质、标的数额等因素综合判断，具体情况具体分析，没有统一的标准。如果该成年人所从事的民事法律行为与其智力、精神健康状况不相适应，需经其法定代理人事前同意或者事后追认；如果该成年人所从事的民事法律行为与其智力、精神健康状况相适应，不需经其法定代理人同意或者追认，即为有效。

第二十三条 【法定代理人】无民事行为能力人、限制民事行为能力人的监护人是其法定代理人。

第二十四条 【无民事行为能力人或限制民事行为能力人的认定与恢复】不能辨认或者不能完全辨认自己行为的成年人，其利害关系人或者有关组织，可以向人民法院申请认定该成年人为无民事行为能力人或者限制民事行为能力人。

被人民法院认定为无民事行为能力人或者限制民事行为能力人的，经本人、利害关系人或者有关组织申请，人民法院可以根据其智力、精神健康恢复的状况，认定该成年人恢复为限制民事行为能力人或者完全民事行为能力人。

本条规定的有关组织包括：居民委员会、村民委员会、学校、医疗机构、妇女联合会、残疾人联合会、依法设立的老年人组织、民政部门等。

条文注解

本条规定针对的是不能辨认或者不能完全辨认自己行为的成年人。未成年人虽然也有无民事行为能力人或者限制民事行为能力人，但未成年人辨认识别能力不足主要是年龄的原因，随着年龄的增长，社会阅历和知识会不断增加，到了18周岁自然就成为完全民事行为能力人。而无民事行为能力或者限制民事行为能力的成年人辨认识别能力不足，往往是因为先天因素或者疾病、事故原因造成的，短时期内难以恢复，有的甚至是不可逆转的。将不能辨认或者不能完全辨认自己行为的成年人，认定为无民事行为能力人或者限制民事行为能力人，一是对该成年人就可以依照法定程序选任监护人，保护其人身权益、财产权益及其他合法权益。二是法定代理人可以通过主张该成年人所实施的民事法律行为无效，或者撤销该民事法律行为，避免该成年人的权益受到损害。三是有利于保护交易安全。交易相对人可以事先决定是否与该成年人进行交易。如果在不知情的情况下进行了交易，相对人也可以通过催告法定代理人及时予以追认或者依法撤销该民事法律行为，尽快确定民事法律行为的效力。

依据本条规定，该认定需要向法院提出申请，并需要由法院作出判决，主要原因是无民事行为能力或者限制民事行为能力的认定对成年人的权益影响重大。将成年人认定为无民事行为能力人或者限制民事行为能力人，既是对辨认识别能力不足的成年人的保护，也是对这些成年人自由实施民事法律行为的限制，因此必须通过法定程序进行。此外，这些成年人辨认识别能力缺失的程度也有所不同，一般人难以认定，宜由法院综合各方面情况作出判断。

需要注意的是，利害关系人的情况比较复杂，其具体范围无法通过立法明确规定，应当具体情况具体分析。一般而言，对于第1款规定的“利害关系人”的范围，主要包括本人的近亲属、债权债务人等。对于第2款规定的“利害关系人”的范围，主要包括本人的监护人、债权债务人等。但具体案件中，这些主体是否都有资格向法院提出申请，也要在个案中根据实际情况作出判断。认定利害关系人是不是适格的申请主体，需要看本人的民事行为能力状况对其是否有重要意义或者影响。例如，本人的债务人如果不是为了确定民事法律行为的效力，也不得向法院申请认定其为无民事行为能力人、限制民事行为能力人。

关联法规

《民事诉讼法》第187~189条

第二十五条 【自然人的住所】自然人以户籍登记或者其他有效身份登记记载的居所为住所；经常居所与住所不一致的，经常居所视为住所。

条文注解

住所，是指民事主体进行民事活动的中心场所或者主要场所。自然人的住所一般指自然人长期居住、较为固定的居所。自然人的住所对婚姻登记、宣告失踪、宣告死亡、债务履行地、司法管辖、诉讼送达等具有重要的法律意义。居所指自然人实际居住的一定处所，其与住所的区别是，一个自然人可以同时有两个或者多个居所，但只能有一个住所。一般的居所都是自然人临时居住，为暂时性的，住所则为长期固定的。

依据本条规定，自然人以户籍登记或者其他有效身份登记记载的居所为住所，"其他有效身份登记"主要包括居住证和外国人的有效居留证件等。

关联法规

《户口登记条例》第 6 条，《居住证暂行条例》第 2、4 条，《民事诉讼法》第 21、22 条

第二节 监 护

第二十六条 【父母子女之间的法律义务】父母对未成年子女负有抚养、教育和保护的义务。

成年子女对父母负有赡养、扶助和保护的义务。

关联法规

《宪法》第 49 条，《老年人权益保障法》第 14 条，《教育法》第 50 条，《未成年人保护法》第 10、12 条

第二十七条 【未成年人的监护人】父母是未成年子女的监护人。

未成年人的父母已经死亡或者没有监护能力的，由下列有监护能力的人按顺序担任监护人：

（一）祖父母、外祖父母；

（二）兄、姐；

（三）其他愿意担任监护人的个人或者组织，但是须经未成年人住所地的居民委员会、村民委员会或者民政部门同意。

条文注解

本条第1款规定，父母无条件地成为未成年人的法定监护人。只有在父母死亡或者没有监护能力的情况下，才可以由其他个人或者有关组织担任监护人。

本条第2款对父母之外的其他个人或者组织担任监护人作出规定。第2款在民法通则相关规定的基础上，主要从两个方面进行了完善：一是规定父母之外具有监护能力的人"按顺序"担任监护人；二是增加了有关"组织"担任监护人的规定。

实践中，有些情况下具有监护资格的人互相推脱，都不愿意担任监护人，导致监护无从设立，无民事行为能力人或者限制民事行为能力人的权益得不到保护。针对以上问题，本条明确具有监护资格的人按照顺序担任监护人，主要目的在于防止具有监护资格的人之间互相推卸责任。如果两个或者两个以上具有监护资格的人，都愿意担任监护人，也可以按照本条规定的顺序确定监护人，或者依照本法第30条规定进行协商；协商不成的，按照本法第31条规定的监护争议解决程序处理，由居民委员会、村民委员会、民政部门或者人民法院按照最有利于被监护人的原则指定监护人，不受本条规定的"顺序"的限制，但仍可作为依据。

第二十八条 【无、限制民事行为能力的成年人的监护人】无民事行为能力或者限制民事行为能力的成年人，由下列有监护能力的人按顺序担任监护人：

（一）配偶；

（二）父母、子女；

（三）其他近亲属；

（四）其他愿意担任监护人的个人或者组织，但是须经被监护人住所地的居民委员会、村民委员会或者民政部门同意。

条文注解

本条规定的需要设立监护的成年人为无民事行为能力人或者限制民事行为能力人，包括因智力、精神障碍以及因年老、疾病等各种原因，导致辨识能力不足的成年人。对成年人监护，要正确区分失能与失智的区别。失能是失去生活自理能力，失智即辨识能力不足。失能的成年人未必需要监护，只有失智的成年人需要监护。此外，还应当区分长期照护（护理）和监护的区别：从对象上看，照护的对象既包括失智成年人，也包括失能成年人；监护的对象仅针对失智成年人。从内容上看，照护仅限于生活上的照料和安全上的保护，不涉及人身权益保护的安排、财产的管理等事项；监护是对失智成年人人身、财产等各方面权益的保护和安排。

第二十九条 【遗嘱指定监护人】被监护人的父母担任监护人的，可以通过遗嘱指定监护人。

条文注解

依据本条规定，被监护人（包括未成年人、无民事行为能力或者限制民事行为能力的成年人）的父母可以通过立遗嘱的形式为被监护人指定监护人，但前提是被监护人的父母正在担任着监护人，如果父母因丧失监护能力没有担任监护人，或者因侵害被监护人合法权益被撤销监护人资格等不再担任监护人的，父母已不宜再通过立遗嘱的形式为被监护人指定监护人。

关于遗嘱指定监护与法定监护的关系，一般来说，遗嘱指定监护具有优先地位。遗嘱指定监护是父母通过立遗嘱选择值得信任并对保护被监护人权益最为有利的人担任监护人，应当优先于本法第 27 条、第 28 条规定的法定监护。遗嘱指定的监护人，也应当不限于本法第 27 条、第 28 条规定的具有监护资格的人。但是，遗嘱指定的监护人应当具有监护能力，能够履行监护职责。如果遗嘱指定后，客观情况发生变化，遗嘱指定的监护人因患病等原因丧失监护能力，或者因出国等各种原因不能够履行监护职责，就不能执行遗嘱指定监护，应当依法另行确定监护人。

第三十条 【协议确定监护人】依法具有监护资格的人之间可以协议确定监护人。协议确定监护人应当尊重被监护人的真实意愿。

条文注解

协议监护是确定监护人的方式之一，依据本条规定，协议监护具有以下几个特点：第一，协议主体必须是依法具有监护资格的人，即本法第27条、第28条规定的具有监护资格的人。未成年人的父母有监护能力的，不得与其他人签订协议，确定由其他人担任监护人，推卸自身责任。对于未成年人，协议监护只限于父母死亡或者没有监护能力的情况，协议的主体为：(1)祖父母、外祖父母；(2)兄、姐；(3)经未成年人住所地的居民委员会、村民委员会或者民政部门同意的其他愿意担任监护人的个人或者有关组织。对于父母丧失监护能力的，父母可以不作为协议监护的主体，但对协议确定监护人也可以提出自己的意见，具有监护资格的人在协议确定未成年人的监护时，从有利于保护被监护人的利益出发，应当尽量予以尊重。对于无民事行为能力或者限制民事行为能力的成年人，协议的主体为：(1)配偶；(2)父母、子女；(3)其他近亲属；(4)经该成年人住所地的居民委员会、村民委员会或者民政部门同意的其他愿意担任监护人的个人或者有关组织。第二，协议确定的监护人必须从具有监护资格的人之间产生，不得在法律规定的具有监护资格的人之外确定监护人。在具有监护资格的人之外确定监护人的，协议监护无效。第三，协议监护是具有监护资格的人合意的结果，合意产生后，由协议确定的监护人担任监护人，履行监护职责。监护人一旦确定，即不得擅自变更，否则要承担相应的法律责任。

协议确定监护人对被监护人的利益影响重大，应当充分尊重被监护人的真实意愿。被监护人都是无民事行为能力人或者限制民事行为能力人，“尊重被监护人的真实意愿”不是简单地征求被监护人的意见，要结合多种情况进行综合考量判断，探求其内心真实的愿望。限制民事行为能力的未成年人和成年人已经具备了一定的认知判断能力以及较强的表达能力，协议确定监护人应当直接听取其意见，并对其意见是否反映其真实意愿，结合其他一些因素，如是否受到胁迫等进行判断。无民事行为能力的被监护人，不具有独立的认知判断能力，但这不意味着这些被监护人没有真实意愿。对于无民事行为能力的被监护人，也应当结合各种情况，例如，被监护人与哪一个具有监护资格的人生活联系最为密切等因素，去发现并充分尊重被监护人的真实意愿，这对于保护被监护人的身心健康，具有重要意义。

第三十一条 【监护争议解决程序】对监护人的确定有争议的，由被监护人住所地的居民委员会、村民委员会或者民政部门指定监护人，有关当事人对指定不服的，可以向人民法院申请指定监护人；有关当事人也可以直接向人民法院申请指定监护人。

居民委员会、村民委员会、民政部门或者人民法院应当尊重被监护人的真实意愿，按照最有利于被监护人的原则在依法具有监护资格的人中指定监护人。

依据本条第一款规定指定监护人前，被监护人的人身权利、财产权利以及其他合法权益处于无人保护状态的，由被监护人住所地的居民委员会、村民委员会、法律规定的有关组织或者民政部门担任临时监护人。

监护人被指定后，不得擅自变更；擅自变更的，不免除被指定的监护人的责任。

条文注解

本条第1款规定了对监护人的确定有争议情况下的两种解决途径：(1)由被监护人住所地的居民委员会、村民委员会或者民政部门指定监护人。该指定并没有终局效力。有关当事人对该指定不服的，可以向法院提出申请，由法院指定监护人。法院的指定具有终局效力，被指定的监护人应当履行监护职责，不得推卸。(2)有关当事人可以不经居民委员会、村民委员会或者民政部门的指定，直接向法院提出申请，由法院指定监护人。本款规定的“对监护人的确定有争议的”既包括争当监护人的情况，也包括推卸拒不担当监护人的情况，主要包括以下几类情形：①具有监护资格的人均认为自己适合担任监护人，争当监护人；②按照本法第27条、第28条规定的顺序应当担任监护人的，认为自己没有监护能力，无法履行监护职责或者认为其他具有监护资格的人更适宜担任监护人的；③后一顺序具有监护资格的人要求前一顺序具有监护资格的人依法履行监护职责的；④具有监护资格的人均推卸监护职责，拒不担当监护人的情况。对此，居民委员会、村民委员会或者民政部门应当介入，切实履行起指定监护的职责，依法指定监护人。本款中的两处“有关当事人”指对监护人的确定有争议的当事人。

本条第2款规定了居民委员会、村民委员会、民政部门或者人民法院指定监护人的原则：(1)应当尊重被监护人的真实意愿；(2)要按照最有利于被监护人的原则指定。“按照最有利于被监护人的原则”指定，是指居民委员会、村民委员会、民政部门或者人民法院指定监护人并不需要遵照本法第 27 条第 2 款、第 28 条规定的顺序，而应当结合具有监护资格的人与被监护人的生活情感联系、有无利害冲突，具有监护资格的人的品行、身体状况、经济条件以及能够为被监护人提供的教育水平或者生活照料措施等，综合进行判断，并尊重被监护人的真实意愿，选择最有利于被监护人健康成长或者健康恢复、最利于保护被监护人合法权益的人担任监护人。

本条第 3 款规定了临时监护制度。依据本条规定，临时监护人由被监护人住所地的居民委员会、村民委员会、法律规定的有关组织或者民政部门担任。本款中的“依照本条第一款规定指定监护人前”应当从宽理解，不能仅限于监护争议解决期间。从时间点上，应当包括以下两个期间：(1)监护争议解决程序启动之后，即居民委员会、村民委员会、民政部门开始处理监护争议或者人民法院受理监护申请之后，至指定监护人之前的期间；(2)监护争议解决程序启动之前，只要发现因无人履行监护职责，被监护人的合法权益处于无人保护状态的，就由本条规定的居民委员会、村民委员会、法律规定的有关组织或者民政部门担任临时监护人，随后再依法启动监护争议解决程序，指定监护人。

本条第 4 款规定了指定监护的法律效力。依照监护争议解决程序，由居民委员会、村民委员会、民政部门或者人民法院指定监护人后，被指定的监护人应当履行监护职责，不得推卸，也不得擅自变更。如果擅自变更为由其他人担任监护人的，不免除被指定的监护人的责任。被监护人侵害他人的合法权益，或者被监护人自身受到损害的，被指定的监护人仍应当承担责任，擅自变更后的监护人也要根据过错程度承担相应的责任。

第三十二条 【公职监护人】没有依法具有监护资格的人的，监护人由民政部门担任，也可以由具备履行监护职责条件的被监护人住所地的居民委员会、村民委员会担任。

条文注解

本条规定的“没有依法具有监护资格的人的”，主要指没有本法第 27 条、第 28 条规定的具有监护资格的人的情况，即被监护人的父母死亡或者没有监护能力，也没有其他近亲属，或者其他近亲属都没有监护能力，而且还没有符合条件的其他愿意担任监护人的个人或者组织。如果存在具有监护资格的人，但其拒绝担任监护人的，不适用本条规定。

第三十三条 【意定监护】具有完全民事行为能力的成年人，可以与其近亲属、其他愿意担任监护人的个人或者组织事先协商，以书面形式确定自己的监护人，在自己丧失或者部分丧失民事行为能力时，由该监护人履行监护职责。

条文注解

意定监护是在监护领域对自愿原则的贯彻落实，是具有完全民事行为能力的成年人对自己将来的监护事务，按照自己的意愿事先所作的安排。依据本条规定，具有完全民事行为能力的成年人确定自己丧失或者部分丧失民事行为能力时的监护人，应当事先取得被选择方的认可，即经双方协商一致。意定监护对被监护人的权益影响很大，应以书面方式为宜，明确写明经双方认可的内容，对于其真实性、合法性加以保障，从根源上减少意定监护纠纷。

意定监护作为一种确定监护人的方式，是相对于法定监护来说的。意定监护是对成年人完全基于自己意愿选择监护人的尊重，自己意愿是起决定性的；法定监护是基于法律规定的条件和程序确定监护人，本法第 27 条至第 32 条对此作了规定。需要注意的是，意定监护不同于本法第 30 条规定的协议确定监护人，后者仍然属于法定监护方式，协议的主体是具有监护资格的人。一般而言，意定监护优先于法定监护予以适用。法律设立意定监护制度即是要尊重成年人自己的意愿，当然具有优先适用的地位。只有在意定监护协议无效或者因各种原因，例如，协议确定的监护人丧失监护能力，监护协议无法履行的情况下，才适用法定监护。

关联法规

《老年人权益保障法》第 26 条

第三十四条 【监护人的职责与权利及临时生活照料措施】监护人的职责是代理被监护人实施民事法律行为，保护被监护人的人身权利、财产权利以及其他合法权益等。

监护人依法履行监护职责产生的权利，受法律保护。

监护人不履行监护职责或者侵害被监护人合法权益的，应当承担法律责任。

因发生突发事件等紧急情况，监护人暂时无法履行监护职责，被监护人的生活处于无人照料状态的，被监护人住所地的居民委员会、村民委员会或者民政部门应当为被监护人安排必要的临时生活照料措施。

条文注解

本条第1款规定了监护人的职责，监护人保护被监护人的人身权利、财产权利以及其他合法权益的职责，主要包括：保护被监护人的身心健康，促进未成年人的健康成长，对成年被监护人也要积极促进其健康状况的恢复；照顾被监护人的生活；管理和保护被监护人的财产；对被监护人进行教育和必要的管理；在被监护人合法权益受到侵害或者与人发生争议时，代理其进行诉讼等。

本条第2款规定了监护人因履行监护职责所产生的权利。监护人在履行监护职责的过程中，也会因此享有一定的权利。例如，监护人为保护被监护人的人身权益，享有医疗方案的同意权；监护人为了保护被监护人财产权益，享有财产的管理和支配权；被监护人合法权益受到侵害或者与人发生争议时，代理被监护人参加诉讼的权利等。监护人享有这些权利，是为履行监护职责所需要，目的还是保护被监护人的人身、财产权利及其他合法权益。监护人行使这些权利时，其他人不得侵害或者剥夺。

本条第3款规定了监护人的责任，主要包括两个方面：一是对被监护人的侵权行为承担责任。本法第1188条规定，无民事行为能力人、限制民事行为能力人造成他人损害的，由监护人承担侵权责任。监护人尽到监护职责的，可以减轻其侵权责任。有财产的无民事行为能力人、限制民事行为能力人造成他人损害的，从本人财产中支付赔偿费用。不足部分，由监护人赔偿。二是监护人不履行监护职责或者侵害被监护人合法权益，造成被监护人人身、财产损害的，应当承担民事责任。本法第179条对承担民事责任的主要方式作出规定，包括停止侵害、赔偿损失等。

本条第4款规定了临时生活照料。因发生疫情等突发事件的紧急情况，监护人因被隔离、治疗或者其他原因，暂时无法履行监护职责，此时被监护人的生活如果处于无人照料状态的，为了被监护人的利益，居民委员会、村民委员会或者政府部门就应当安排对被监护人进行临时生活照料。这里的“突发事件”，是指突发事件应对法中规定的，突然发生，造成或者可能造成严重社会危害，需要采取应急处置措施予以应对的自然灾害、事故灾难、公共卫生事件和社会安全事件。

安排临时生活照料措施与民事监护中的临时监护制度不同，临时生活照料措施主要就是对被监护人进行生活照料，而临时监护则除了照料生活之外，还有许多情况需要处理，可能涉及一些被监护人的权利义务上的重大决定，这是临时生活照料措施解决不了的。

关联法规

《未成年人保护法》第11、13条，《精神卫生法》第30、49条，《广告法》第33条，《母婴保健法》第19条，《突发事件应对法》

第三十五条 【监护人履行职责的原则与要求】监护人应当按照最有利于被监护人的原则履行监护职责。监护人除为维护被监护人利益外，不得处分被监护人的财产。

未成年人的监护人履行监护职责，在作出与被监护人利益有关的决定时，应当根据被监护人的年龄和智力状况，尊重被监护人的真实意愿。

成年人的监护人履行监护职责，应当最大程度地尊重被监护人的真实意愿，保障并协助被监护人实施与其智力、精神健康状况相适应的民事法律行为。对被监护人有能力独立处理的事务，监护人不得干涉。

第三十六条 【撤销监护人资格】监护人有下列情形之一的，人民法院根据有关个人或者组织的申请，撤销其监护人资格，安排必要的临时监护措施，并按照最有利于被监护人的原则依法指定监护人：

（一）实施严重损害被监护人身心健康的行为；

（二）怠于履行监护职责，或者无法履行监护职责且拒绝将监护职责部分或者全部委托给他人，导致被监护人处于危困状态；

（三）实施严重侵害被监护人合法权益的其他行为。

本条规定的有关个人、组织包括：其他依法具有监护资格的人，居民委员会、村民委员会、学校、医疗机构、妇女联合会、残疾人联合会、未成年人保护组织、依法设立的老年人组织、民政部门等。

前款规定的个人和民政部门以外的组织未及时向人民法院申请撤销监护人资格的，民政部门应当向人民法院申请。

条文注解

本条第1款规定了撤销监护人资格诉讼的适用情形。一是实施严重损害被监护人身心健康行为的，如性侵害、出卖、遗弃、虐待、暴力伤害被监护人等。二是怠于履行监护职责，或者无法履行监护职责且拒绝将监护职责部分或者全部委托给他人，导致被监护人处于危困状态的。例如，父母有吸毒、赌博等恶习，怠于履行监护职责，导致儿童面临严重危险等。三是兜底性规定，只要有严重侵害被监护人合法权益行为的，均可以撤销监护人资格。例如，教唆、利用未成年人实施违法犯罪行为等。

本条第 2 款对有权向法院申请撤销监护人资格的主体作出规定，“其他依法具有监护资格的人”主要依据本法第 27 条、第 28 条的规定确定。

本条第 3 款对兜底性的申请主体作出规定。当第 2 款规定的个人和民政部门以外的组织因各种原因未及时向人民法院提出撤销监护人资格的申请，导致被监护人的合法权益无法得到保护。则民政部门应当承担起向法院申请撤销监护人资格的职责。要正确理解本款与第 2 款赋予民政部门申请主体资格的关系。民政部门只要是发现具有严重侵害被监护人合法权益的情形，即可依据本条第 2 款规定，向法院申请撤销监护人资格，不需要等到其他个人或者组织都不向法院申请之后再行申请。如果其他个人或者组织都不向法院申请撤销监护人资格，此时，民政部门应当依照第 3 款规定，主动向法院提出申请。

关联法规

《反家庭暴力法》第 21 条，《未成年人保护法》第 6、53 条

第三十七条 【监护人资格被撤销后负担义务不免除】依法负担被监护人抚养费、赡养费、扶养费的父母、子女、配偶等，被人民法院撤销监护人资格后，应当继续履行负担的义务。

条文注解

实践中，监护人往往由父母、子女、配偶等法定扶养义务人担任。监护人被撤销监护人资格后，就不能再继续履行监护职责。但法定扶养义务是基于血缘等关系确立的法律义务，该义务不因监护人资格的撤销而免除。

关联法规

《未成年人保护法》第 53 条，《反家庭暴力法》第 21 条

第三十八条 【恢复监护人资格】被监护人的父母或者子女被人民法院撤销监护人资格后，除对被监护人实施故意犯罪的外，确有悔改表现的，经其申请，人民法院可以在尊重被监护人真实意愿的前提下，视情况恢复其监护人资格，人民法院指定的监护人与被监护人的监护关系同时终止。

条文注解

依据本条规定，恢复监护人资格必须要向法院申请，由人民法院决定是否予以恢复。父母与子女是最近的直系亲属关系，本条适用的对象仅限于被监护人的父母或者子女，其他个人或者组织的监护人资格一旦被撤销，即不再恢复。被监护人的父母或者子女被撤销监护人资格后，再恢复监护人资格还需要满足以下几个条件：一是没有对被监护人实施故意犯罪的情形，如对被监护人实施性侵害、虐待、遗弃被监护人等构成刑事犯罪的，不得恢复监护人资格。但对因过失犯罪，例如因过失导致被监护人受到伤害等被撤销监护人资格的，则可以根据具体情况来判断是否恢复监护人资格。二是确有悔改表现，即被监护人的父母或者子女不但要有悔改的意愿，还要有实际的悔改表现，这需要由人民法院根据具体情形予以判断。三是要尊重被监护人的真实意愿，如果被监护人不愿意父母或者子女继续担任监护人的，则不得恢复监护人资格。四是即使符合以上条件，法院也还需要综合考虑各方面情况，从有利于被监护人权益保护的角度，决定是否恢复监护人资格。

关联法规

《最高人民法院、最高人民检察院、公安部、民政部关于依法处理监护人侵害未成年人权益行为若干问题的意见》第 40 条

第三十九条 【监护关系终止的情形】有下列情形之一的，监护关系终止：

（一）被监护人取得或者恢复完全民事行为能力；

（二）监护人丧失监护能力；

（三）被监护人或者监护人死亡；

（四）人民法院认定监护关系终止的其他情形。

监护关系终止后，被监护人仍然需要监护的，应当依法另行确定监护人。

条文注解

本条第1款对监护关系的终止列举了三类典型情形，并作了兜底性规定：(1)被监护人取得或者恢复完全民事行为能力。(2)监护人丧失监护能力。监护人丧失监护能力的情形较为复杂，需要根据具体情况具体判断，例如，监护人因疾病成为无民事行为能力人，即丧失了监护能力。(3)被监护人或者监护人死亡。监护关系即自动终止。(4)人民法院认定监护关系终止的其他情形。包括监护人资格被人民法院撤销，有正当理由向法院申请变更监护人并得到法院许可等。

对于监护人死亡或者丧失监护能力等情形，可以依照本法第27～32条重新确定监护人。对于撤销监护人资格的，由人民法院依照本法第36条的规定，按照最有利于被监护人的原则依法指定监护人。

第三节　宣告失踪和宣告死亡

第四十条　【宣告失踪的条件】自然人下落不明满二年的，利害关系人可以向人民法院申请宣告该自然人为失踪人。

条文注解

宣告失踪，是指自然人下落不明达到法定的期限，经利害关系人申请，人民法院依照法定程序宣告其为失踪人的一项制度。自然人的失踪将使与其相关的法律关系处于不确定状态，法律设立宣告失踪制度，就是为了调整这种不确定状态，保护相关当事人的利益。通过设立宣告失踪制度，由人民法院宣告自然人失踪，以结束失踪人财产无人管理以及其应当履行的义务不能得到及时履行的不确定状态，保护失踪人和利害关系人的利益，维护社会经济秩序的稳定。

宣告失踪在法律效果上对自然人的财产利益产生重大影响，必须由司法机关经过严格程序来进行。因此，宣告失踪只能由人民法院作出，其他任何机关和个人无权作出宣告失踪的决定。依照《民事诉讼法》的规定，人民法院审理宣告失踪案件，适用特别程序。依照《民事诉讼法》第185条的规定，人民法院受理宣告失踪案件后，应当发出寻找下落不明人的公告。宣告失踪的公告期间为3个月。公告期间届满，人民法院应当根据被宣告失踪的事实是否得到确认，作出宣告失踪的判决或者驳回申请的判决。

关联法规

《民事诉讼法》第185条,《最高人民法院关于适用〈中华人民共和国民事诉讼法〉的解释》第347条

第四十一条 【下落不明的时间计算】自然人下落不明的时间自其失去音讯之日起计算。战争期间下落不明的,下落不明的时间自战争结束之日或者有关机关确定的下落不明之日起计算。

条文注解

本条关于下落不明的时间如何计算的规定,虽然规定在宣告失踪条件的规定之后,但不仅适用于宣告失踪的情形,也适用于宣告死亡的情形。

第四十二条 【失踪人的财产代管人】失踪人的财产由其配偶、成年子女、父母或者其他愿意担任财产代管人的人代管。

代管有争议,没有前款规定的人,或者前款规定的人无代管能力的,由人民法院指定的人代管。

条文注解

法律设立宣告失踪制度,主要目的就是结束失踪人财产无人管理以及其应当履行的义务不能得到及时履行的不确定状态,这既是对失踪人利益的保护,同时也是对失踪人的债权人等利害关系人合法权益的保护。

本条规定的"其他愿意担任财产代管人的人",既包括其他亲属、朋友,也包括有关组织。

关联法规

《最高人民法院关于适用〈中华人民共和国民事诉讼法〉的解释》第343条

第四十三条 【财产代管人的职责】财产代管人应当妥善管理失踪人的财产,维护其财产权益。

失踪人所欠税款、债务和应付的其他费用,由财产代管人从失踪人的财产中支付。

财产代管人因故意或者重大过失造成失踪人财产损失的，应当承担赔偿责任。

条文注解

财产代管人负有像对待自己事务一样的注意义务，来管理失踪人的财产，既包括对失踪人财产的保管，也包括作为代理人收取失踪人的到期债权。与其他有偿的法律关系不同，财产代管人管理失踪人的财产并非合同约定，而是直接来自法律的规定，代管财产的目的也不是从中获利，该种管理财产的行为通常是无偿的。因此，本条对此规定得也较为原则，财产代管人管理失踪人的财产，只要尽到善良管理人的义务，即能够像管理自己的事务一样管理失踪人的财产，就满足了法律规定的要求。

本条第 2 款是对财产代管人履行失踪人应当履行的义务的规定。财产代管人的职责不仅仅是维护失踪人的财产权益，还包括代失踪人履行义务，即依照本条规定，从失踪人的财产中支付失踪人所欠税款、债务和应付的其他费用。这里的“其他费用”包括赡养费、扶养费、抚育费和因代管财产所需的管理费等必要的费用。

本条第 3 款是对财产代管人造成失踪人财产损失，应当承担赔偿责任的规定。代管人应当根据有利于保护失踪人财产的原则管好失踪人的财产，不得滥用代管权对失踪人的财产挥霍浪费、挪用谋利或者将失踪人的财产据为己有，侵犯失踪人的财产权益。

关联法规

《民事诉讼法》第 185 条

第四十四条 【财产代管人的变更】财产代管人不履行代管职责、侵害失踪人财产权益或者丧失代管能力的，失踪人的利害关系人可以向人民法院申请变更财产代管人。

财产代管人有正当理由的，可以向人民法院申请变更财产代管人。

人民法院变更财产代管人的，变更后的财产代管人有权请求原财产代管人及时移交有关财产并报告财产代管情况。

条文注解

依照本条第1款的规定，如果出现财产代管人不履行代管职责、侵害失踪人财产权益或者丧失代管能力等事由，表明该财产代管人已经不再适格，则失踪人的利害关系人就可以向人民法院申请变更财产代管人。财产代管人不履行职责，既可以表现为不行使失踪人权利，比如不收取失踪人债权，也可以表现为不履行失踪人应当履行的义务，比如清偿债务、缴纳税款等。侵害失踪人财产权益，可以表现为不当处分失踪人的财产，滥用代管权对失踪人的财产挥霍浪费，与他人恶意串通侵夺失踪人的财产等。财产代管人丧失了代管能力，可以表现为财产代管人丧失了行为能力。出现上述情形，明显对失踪人不利，甚至会严重侵害失踪人的财产利益。因此，本条第1款规定这些情况下失踪人的利害关系人可以向人民法院申请变更财产代管人。这里的利害关系人既包括失踪人的近亲属，也包括其他利害关系人，如失踪人的债权人。

财产代管人确定后，一般情况下不得变更，如果有本条第1款情形的，失踪人的利害关系人可以向人民法院申请变更财产代管人。但实践中还会出现一种情况，就是财产代管人有正当理由，比如由于工作、学习等原因离开财产所在地，无法再继续履行财产代管职责，此时，应当允许其向人民法院申请变更财产代管人。本条第2款对此作了明确规定。

关联法规

《最高人民法院关于适用〈中华人民共和国民事诉讼法〉的解释》第344条

第四十五条 【失踪宣告的撤销】失踪人重新出现，经本人或者利害关系人申请，人民法院应当撤销失踪宣告。

失踪人重新出现，有权请求财产代管人及时移交有关财产并报告财产代管情况。

条文注解

本条第1款规定的是失踪宣告撤销的条件。一是失踪人重新出现。自然人因失去音讯下落不明而被宣告失踪，失踪宣告的撤销自然就要以这种状态的消除为条件。民法通则规定的是“被宣告失踪的人重新出现或者确知他的下落”，在民法总则的立法过程中，有的意见提出，确知失踪人的下落，也可以理解为失踪人重新出现。立法机关采纳了这种意见。这里失踪人重新出现的含义，即是重新得到了失踪人的音讯，从而消除了其下落不明的状态。二是经本人或者利害关系人申请。这里利害关系人的范围应当与申请宣告失踪的利害关系人范围一致，包括被申请宣告失踪人的配偶、父母、子女、兄弟姐妹、祖父母、外祖父母、孙子女、外孙子女以及其他与失踪人有民事权利义务关系的人。申请也应当向下落不明人住所地基层人民法院提出。三是撤销失踪宣告应当由人民法院作出。自然人失踪只能由人民法院依据法定程序进行宣告，因此，该宣告的撤销也应当由人民法院通过法定程序来作出。

本条第2款规定的是失踪人重新出现后的法律效果。宣告失踪一经撤销，原被宣告失踪的自然人本人就应当恢复对自己财产的控制，财产代管人的代管职责应当相应结束，停止代管行为，移交代管的财产并向本人报告代管情况。

关联法规

《民事诉讼法》第186条

第四十六条　【宣告死亡的条件】自然人有下列情形之一的，利害关系人可以向人民法院申请宣告该自然人死亡：

（一）下落不明满四年；

（二）因意外事件，下落不明满二年。

因意外事件下落不明，经有关机关证明该自然人不可能生存的，申请宣告死亡不受二年时间的限制。

条文注解

宣告自然人死亡，是对自然人死亡在法律上的推定，这种推定将产生与生理死亡基本一样的法律效果，因此，宣告死亡必须具备法律规定的条件，依照本条规定，这些条件是：

第一，自然人下落不明的时间要达到法定的长度。一般情况下，下落不明的时间要满4年。如果是因意外事件而下落不明，下落不明的时间要满2年。但如果与该意外事件有关的机关证明该自然人不可能生存的，利害关系人就可以据此申请宣告该自然人死亡，而不必等到下落不明满2年。

第二，必须要由利害关系人提出申请。此处所说的利害关系人，可以参考宣告失踪制度中的利害关系人范围。总体来说，这里的利害关系人应当是与被宣告人是生存还是死亡的法律后果有利害关系的人。依照《民事诉讼法》第 184 条的规定，利害关系人申请宣告其死亡的，向下落不明人住所地基层人民法院提出。申请书应当写明下落不明的事实、时间和请求，并附有公安机关或者其他有关机关关于该公民下落不明的书面证明。

第三，只能由人民法院经过法定程序，宣告自然人死亡。依照《民事诉讼法》的规定，人民法院审理宣告死亡案件，适用民事诉讼法关于特别程序的规定。人民法院受理宣告死亡案件后，应当发出寻找下落不明人的公告，公告期间为 1 年。因意外事故下落不明，经有关机关证明该公民不可能生存的，宣告死亡的公告期间为 3 个月。公告期间届满，人民法院应当根据被宣告死亡的事实是否得到确认，作出宣告死亡的判决或者驳回申请的判决。

关联法规

《民事诉讼法》第 184、185 条

第四十七条 【宣告死亡的优先适用】对同一自然人，有的利害关系人申请宣告死亡，有的利害关系人申请宣告失踪，符合本法规定的宣告死亡条件的，人民法院应当宣告死亡。

第四十八条 【被宣告死亡的人死亡日期的确定】被宣告死亡的人，人民法院宣告死亡的判决作出之日视为其死亡的日期；因意外事件下落不明宣告死亡的，意外事件发生之日视为其死亡的日期。

第四十九条 【被宣告死亡期间的民事法律行为效力】自然人被宣告死亡但是并未死亡的，不影响该自然人在被宣告死亡期间实施的民事法律行为的效力。

条文注解

宣告死亡是人民法院经利害关系人的申请，按照法定程序推定下落不明的公民死亡的法律制度，因此，自然人被宣告死亡从本质上讲是一种拟制的死亡，有可能本人并没有自然死亡或者说真正死亡。这个被宣告死亡但并未真正死亡的自然人，可能在被宣告死亡期间还在从事民事活动，包括吃穿住行等各种活动。如果因为他已经被宣告死亡了，就不承认他所从事的民事法律行为的效力，无疑是不合情理的，也不利于维护交易安全和社会经济秩序。因此，本条规定，自然人被宣告死亡但是并未死亡的，不影响该自然人在被宣告死亡期间实施的民事法律行为的效力。

如果并未死亡的自然人从事的民事活动与被宣告死亡的法律后果不相关联，没有冲突的情况，则一般不会产生法律问题。但也有可能发生的情况是产生了冲突，相互抵触，鉴于对此问题争议较大，本条对此未作具体规定，留待司法实践继续总结经验。

第五十条　【死亡宣告的撤销】被宣告死亡的人重新出现，经本人或者利害关系人申请，人民法院应当撤销死亡宣告。

关联法规

《民事诉讼法》第186条

第五十一条　【宣告死亡、撤销死亡宣告对婚姻关系的影响】被宣告死亡的人的婚姻关系，自死亡宣告之日起消除。死亡宣告被撤销的，婚姻关系自撤销死亡宣告之日起自行恢复。但是，其配偶再婚或者向婚姻登记机关书面声明不愿意恢复的除外。

第五十二条　【撤销死亡宣告对收养关系的影响】被宣告死亡的人在被宣告死亡期间，其子女被他人依法收养的，在死亡宣告被撤销后，不得以未经本人同意为由主张收养行为无效。

第五十三条　【死亡宣告撤销后的财产返还】被撤销死亡宣告的人有权请求依照本法第六编取得其财产的民事主体返还财产；无法返还的，应当给予适当补偿。

利害关系人隐瞒真实情况，致使他人被宣告死亡而取得其财产的，除应当返还财产外，还应当对由此造成的损失承担赔偿责任。

第四节 个体工商户和农村承包经营户

第五十四条 【个体工商户的定义】自然人从事工商业经营，经依法登记，为个体工商户。个体工商户可以起字号。

条文注解

就个体工商户而言，其与法人和非法人组织的最大区别就是不具有组织性。首先，个体工商户没有“设立”过程，不存在“出资”行为，法律也不要求个体工商户一定要具有“字号”或“名称”。其次，个体工商户经登记机关登记的经营场所只能为一处，不得设立分支机构。再次，个体工商户的经营形式仅包括个人经营和家庭经营，进行工商业经营的自然人本身须参与具体经营活动；在家庭经营的情况下，“家庭”不是作为进行经营活动的“组织”出现。最后，个体工商户缴纳的税种是个人所得税。

个体工商户可以使用名称，也可以不使用名称。个体工商户决定使用名称的，应当向登记机关提出申请，经核准登记后方可使用。一户个体工商户只能使用一个名称。经营者姓名可以作为个体工商户名称中的字号使用。个体工商户名称中的行业应当反映其主要经营活动内容或者经营特点。个体工商户名称组织形式可以选用“厂”“店”“馆”“部”“行”“中心”等字样，但不得使用“企业”“公司”“农民专业合作社”字样。

关联法规

《个体工商户条例》第2条

第五十五条 【农村承包经营户的定义】农村集体经济组织的成员，依法取得农村土地承包经营权，从事家庭承包经营的，为农村承包经营户。

关联法规

《农村土地承包法》第5、16条

第五十六条 【债务承担规则】个体工商户的债务，个人经营的，以个人财产承担；家庭经营的，以家庭财产承担；无法区分的，以家庭财产承担。

农村承包经营户的债务，以从事农村土地承包经营的农户财产承担；事实上由农户部分成员经营的，以该部分成员的财产承担。

条文注解

个体工商户既可以个人经营，也可以家庭经营。个体工商户的债务，个人经营的，以个人财产承担；家庭经营的，以家庭财产承担。对于实践中无法区分是个人经营还是家庭经营，应根据是个人投资还是家庭投资，是个人享用经营收益还是家庭共同享用经营收益，进而确定债务是以个人财产承担，还是以家庭财产承担，在司法实践中一般有以下认定标准：一是以公民个人名义申请登记的个体工商户，用家庭共有财产投资，或者收益的主要部分供家庭成员享用的，其债务应以家庭共有财产清偿。二是夫妻关系存续期间，一方从事个体经营，其收入为夫妻共有财产，债务亦应以夫妻共有财产清偿。此外，个体工商户的债务，如以其家庭共有财产承担责任，应当保留家庭成员的生活必需品和必要的生产工具。

农村承包经营户的债务承担。在承包期内，无论承包户内人口发生怎样的变化，是增还是减，只要作为承包户的家庭还存在，承包户仍然是一个生产经营单位。在承包经营活动中，无论是全体家庭成员从事生产经营劳动和经营活动，还是一部分家庭成员从事生产经营劳动和经营活动，另一部分家庭成员从事其他职业或者家务劳动，农户仍然是一个对外承担责任的主体。考虑到随着我国城乡经济结构的调整和城镇化的发展，农村剩余劳动力向城镇的转移会不断增加，有的家庭成员进城务工就业，分门立户，已完全不参与家庭土地承包经营，也不分享承包家庭的收益，在这种情况下，可以不再承担原所在家庭承包经营的债务。因此本条规定，“事实上由农户部分成员经营的，以该部分成员的财产承担”。需要指出的是，在实践中，这一规定要严格掌握，防止借本条规定逃避应承担的债务。

第三章 法 人

第一节 一般规定

第五十七条 【法人的定义】法人是具有民事权利能力和民事行为能力，依法独立享有民事权利和承担民事义务的组织。

条文注解

法人是具有民事权利能力和民事行为能力，依法独立享有民事权利和承担民事义务的组织。确立法人制度，可以使具备法人条件的组织取得独立的民事主体资格。

法人具有以下特点：一是法人不是自然人，属于社会组织，是一种集合体，由法律赋予该组织单独的法律人格。法人既可以是人的集合体，也可以是财产的集合体。二是具有民事权利能力和民事行为能力。法人可以以自己的名义，通过自身的行为享有和行使民事权利，设定和承担民事义务。法人的民事权利能力和民事行为能力，从法人成立时产生，到法人终止时消灭。三是依法独立享受民事权利、承担民事义务。法人有自己独立的民事主体地位，可以自己的名义独立从事民事活动，享有民事权利，承担民事义务。四是独立承担民事责任。法人以其全部财产独立承担民事责任，能否独立承担民事责任，是区别法人组织和非法人组织的重要标志。

关联法规

《公司法》第3条

第五十八条 【法人成立的条件】法人应当依法成立。

法人应当有自己的名称、组织机构、住所、财产或者经费。法人成立的具体条件和程序，依照法律、行政法规的规定。

设立法人，法律、行政法规规定须经有关机关批准的，依照其规定。

关联法规

《公司法》第6~8、23条,《社会团体登记管理条例》第3、10~12条

第五十九条 【法人民事权利能力和民事行为能力】法人的民事权利能力和民事行为能力,从法人成立时产生,到法人终止时消灭。

条文注解

法人的民事权利能力是法律赋予的,是法人作为一个独立的民事主体应当具备的基本资格。法人民事权利能力的获取意味着法人作为一个独立民事主体的成立,丧失这一权利能力则意味着法人的消灭。因而,法人的权利能力从成立时产生,至法人终止时消灭。

法人的民事行为能力是法人独立地实施民事行为,行使民事权利、承担民事义务的资格。法人的民事行为能力在时间上和民事权利能力相一致,始于法人成立,终于法人消灭,在法人存续期间始终存在。法人的民事行为能力和其民事权利能力在范围上一致,法人能够以自己的行为行使权利和承担义务的范围,即民事行为能力的范围不能超出其权利能力所限定的范围。

第六十条 【法人民事责任承担】法人以其全部财产独立承担民事责任。

条文注解

法人以其全部财产独立承担民事责任。这里强调两点:一是全部财产。法人要以其全部财产承担民事责任,而不是只以部分财产承担民事责任。二是独立承担民事责任。"独立"的含义,即任何法人的债务只能由它自己承担,国家、投资者和法人组织内部的成员不对法人的债务负责。但是,对于合伙企业、个人独资企业等不具备法人资格的组织,因为不能独立承担民事责任,当其财产不足以清偿债务时,要由出资人或者设立人承担无限责任。

关联法规

《公司法》第3、14条

第六十一条 【法定代表人的定义及行为的法律后果】依照法律或者法人章程的规定，代表法人从事民事活动的负责人，为法人的法定代表人。

法定代表人以法人名义从事的民事活动，其法律后果由法人承受。

法人章程或者法人权力机构对法定代表人代表权的限制，不得对抗善意相对人。

条文注解

法定代表人对外以法人名义进行民事活动时，其与法人之间并非代理关系，而是代表关系，且其代表职权来自法律的明确授权，故不需要有法人的授权委托书。因此，法定代表人对外的职务行为即为法人行为，其后果由法人承担。法人对法定代表人所负的责任，也包括越权行为的责任。此外，法人除了要对其法定代表人的职务行为承担责任外，还要对其工作人员的职务行为承担责任。

法人不得以法人章程等对法定代表人的内部职权限制对抗善意第三人。所谓"善意相对人"，是指对法人章程或者法人权力机构对法定代表人代表权的限制，不知情或者不应当知情的权利人。这里需要指出的是，判断相对方是否为善意，不仅要考量其事实上是否知道法人章程或者法人权力机构对法定代表人代表权的限制这一情况，还要考量其是否应当知道这一情况。"知道"是一种事实状况的判定，而"应当知道"则是对当事人是否存在过错的判定。

关联法规

《公司法》第 13 条，《民事诉讼法》第 48 条，《民法典》第 504、1191 条

第六十二条 【法定代表人职务侵权行为的责任承担】法定代表人因执行职务造成他人损害的，由法人承担民事责任。

法人承担民事责任后，依照法律或者法人章程的规定，可以向有过错的法定代表人追偿。

条文注解

在一般情况下，在职务侵权行为中，行为的法律后果完全由法人承担，

法定代表人无须承担该行为的民事责任，但在以下两种情况下，法人可以向有过错的法定代表人追偿：一是根据法律规定。如果有关法律法规明文规定了法定代表人对职务侵权行为应该承担相应的责任，那么在此种情形下，法人可以在对外赔偿后，依据相关法律法规的规定，向有过错的法定代表人进行追偿。二是根据法人章程规定。如果法人的章程中明确规定法定代表人对职务侵权行为应该承担相应的责任，那么在此种情形下，法人可以在对外赔偿后，依据法人章程的规定，向有过错的法定代表人进行追偿。

关联法规

《公司法》第149条

第六十三条 【法人的住所】法人以其主要办事机构所在地为住所。依法需要办理法人登记的，应当将主要办事机构所在地登记为住所。

关联法规

《公司法》第10条

第六十四条 【法人变更登记】法人存续期间登记事项发生变化的，应当依法向登记机关申请变更登记。

关联法规

《公司法》第7条，《企业法人登记管理条例》第17条，《公司登记管理条例》第26条，《事业单位登记管理暂行条例》第10条，《社会团体登记管理条例》第18条，《基金会管理条例》第15条

第六十五条 【法人实际情况与登记事项不一致的法律后果】法人的实际情况与登记的事项不一致的，不得对抗善意相对人。

条文注解

根据法律的相关规定，登记的事项包括：

一是企业法人登记事项。企业法人登记事项包括企业法人名称、住所、经营场所、法定代表人、经济性质、经营范围、经营方式、注册资金、从业人数、经营期限、分支机构。外商投资企业登记注册的主要事项有名称、住所、经营范围、投资总额、注册资本、企业类型、法定代表人、营业期限、分支机构、有限责任公司股东或者股份有限公司发起人的姓名或者名称。外商投资企业设立的分支机构登记注册的主要事项有名称、营业场所、负责人、经营范围、隶属企业。

二是社会团体登记事项。社会团体登记事项包括名称、住所、宗旨、业务范围、活动地域、法定代表人、活动资金和业务主管单位。

三是事业单位法人登记事项。事业单位法人登记事项包括名称、住所宗旨和业务范围、开办资金、法定代表人、经费来源(开办资金)等情况。

四是民办非企业单位(社会服务机构)登记事项。民办非企业单位登记事项包括民办非企业单位的名称、住所、宗旨和业务范围、法定代表人或者负责人、开办资金和业务主管单位。

关联法规

《企业法人登记管理条例》《公司登记管理条例》《社会团体登记管理条例》《事业单位登记管理暂行条例》《民办非企业单位登记管理暂行条例》

第六十六条 【公示登记信息】登记机关应当依法及时公示法人登记的有关信息。

关联法规

《公司法》第 6 条,《企业信息公示暂行条例》第 3、6~8 条,《公司登记管理条例》第 55、57 条,《企业法人登记管理条例》第 23~24 条

第六十七条 【法人合并、分立后权利义务的享有和承担】法人合并的,其权利和义务由合并后的法人享有和承担。

法人分立的,其权利和义务由分立后的法人享有连带债权,承担连带债务,但是债权人和债务人另有约定的除外。

条文注解

法人合并，是指由两个以上的法人合并为一个新法人，是法人在组织上的一种变更。法人合并分为新设合并和吸收合并。所谓新设合并，是指原法人资格随即消灭，新法人资格随即确立。所谓吸收合并，是指一个或多个法人归并到一个现存的法人中去，被合并的法人资格消灭，存续法人的主体资格仍然存在。法人发生合并，它的权利义务应当由合并后的法人享有和承担。

法人分立，是指一个法人分成两个或两个以上的法人，是法人在组织上的一种变更。法人的分立分为新设式分立和派生式分立两种方式。所谓新设式分立，是指原法人分立为两个或者两个以上新的法人，原法人不复存在。所谓派生式分立，是指原法人仍然存在，但从原法人中分立出来一个新的法人，原法人的资格不变。法人发生分立，其权利和义务由分立后的法人享有连带债权，承担连带债务，但是债权人和债务人另有约定的除外。

关联法规

《公司法》第174、176条

第六十八条 【法人终止的原因】有下列原因之一并依法完成清算、注销登记的，法人终止：

（一）法人解散；

（二）法人被宣告破产；

（三）法律规定的其他原因。

法人终止，法律、行政法规规定须经有关机关批准的，依照其规定。

关联法规

《公司法》第180条，《企业破产法》第2、7条，《企业法人登记管理条例》第20、21条，《事业单位登记管理暂行条例》第13条，《社会团体登记管理条例》第19～21条，《民办非企业单位登记管理暂行条例》第16、17条

第六十九条 【法人解散的情形】有下列情形之一的，法人解散：

（一）法人章程规定的存续期间届满或者法人章程规定的其他解散事由出现；

（二）法人的权力机构决议解散；

（三）因法人合并或者分立需要解散；

（四）法人依法被吊销营业执照、登记证书，被责令关闭或者被撤销；

（五）法律规定的其他情形。

第七十条 【法人解散后的清算】法人解散的，除合并或者分立的情形外，清算义务人应当及时组成清算组进行清算。

法人的董事、理事等执行机构或者决策机构的成员为清算义务人。法律、行政法规另有规定的，依照其规定。

清算义务人未及时履行清算义务，造成损害的，应当承担民事责任；主管机关或者利害关系人可以申请人民法院指定有关人员组成清算组进行清算。

条文注解

法人清算，是指在法人解散时，清算义务人成立清算组，依据职权清理并消灭法人的全部财产关系的程序。法人除了因合并或者分立的情形而解散，不需要清算的外，因其他情形而解散的，都要依法进行清算。清算的任务是：清查法人财产，核实债权债务，编制资产负债表，依法或章程向有关部门移交财产，依法律规定的范围和程序清偿债务等。法人清算必须由清算义务人指定清算组进行。清算终结，应由清算组向登记机关办理注销登记并公告，完成注销登记和公告，法人即告消灭。

清算义务人，是指在法人解散后，负有清算责任的主体，也称清算人。清算义务人为法人的董事、理事等执行机构或者决策机构的成员。

关联法规

《公司法》第183条，《保险法》第89、149条，《事业单位登记管理条例》第13条，《社会团体登记管理条例》第20条，《基金会管理条例》第18条，《民办非企业单位登记管理暂行条例》第16条

第七十一条 【清算适用的法律依据】法人的清算程序和清算组职权，依照有关法律的规定；没有规定的，参照适用公司法律的有关规定。

条文注解

关于法人的清算程序和清算组职权，本条没有作具体规定，而是明确依照公司法律的有关规定。这里的公司法律的有关规定主要是指《公司法》和《社会团体登记管理条例》、《事业单位登记管理暂行条例》、《民办非企业单位登记管理暂行条例》及有关实施细则等。

关联法规

《公司法》第184、186~189条

第七十二条 【清算中法人地位、清算后剩余财产的处理和法人终止】清算期间法人存续，但是不得从事与清算无关的活动。

法人清算后的剩余财产，按照法人章程的规定或者法人权力机构的决议处理。法律另有规定的，依照其规定。

清算结束并完成法人注销登记时，法人终止；依法不需要办理法人登记的，清算结束时，法人终止。

条文注解

清算期间，法人还继续存在，仍然具有民事权利能力和民事行为能力，但其民事权利能力是受到限制的，不得从事与清算无关的活动，以保护债权人和其他人的利益。如果法人在清算期间，仍然继续从事经营活动，会产生新的债权债务关系，这势必会影响到原债权人的利益，同时在法人处于解散的状态下，再开展业务活动，对有关相对人的权益也会造成侵害。所以，清算期间法人虽然存续，但是不得从事与清算无关的活动。《公司法》《社会团体登记管理条例》《事业单位登记管理暂行条例》《民办非企业单位登记管理暂行条例》等法律、行政法规，均规定法人在清算期间不得开展与清算无关的活动。对违反这一规定的，公司法还规定了相应的法律责任：公司在清算期间开展与清算无关的经营活动的，由公司登记机关予以警告，没收违法所得。

法人清算后的剩余财产，是指法人财产在分别支付清算费用、职工的工资、社会保险费用和法定补偿金，缴纳所欠税款，清偿公司债务后的剩余财产。对法人清算后的剩余财产，一般要根据法人章程的规定或者法人权力机构的决议来处理，但是法律另有规定的，依照其规定。

关联法规

《公司法》第186条

第七十三条 【法人破产】法人被宣告破产的，依法进行破产清算并完成法人注销登记时，法人终止。

条文注解

本条规定明确了法人因破产而终止的两个程序性规定：(1)破产清算。破产清算制度，是对债务人宣告破产、清算还债的法律制度，即在债务人丧失清偿能力时，由法院强制执行其全部财产，公平清偿全体债权人的法律制度。根据《企业破产法》的规定，破产清算分为破产宣告、变价和分配、破产程序的终结三个环节。(2)注销登记。企业破产法规定，管理人应当自破产程序终结之日起10日内，持人民法院终结破产程序的裁定，向破产人的原登记机关办理注销登记。管理人于办理注销登记完毕的次日终止执行职务。但是，存在诉讼或者仲裁未决情况的除外。

需要说明的是，《企业破产法》第135条规定，其他法律规定企业法人以外的组织的清算，属于破产清算的，参照适用本法规定的程序。目前，《农民专业合作社法》和《民办教育促进法》已经对农民专业合作社和民办学校的破产清算作了规定，在破产财产的清偿顺序上突出了对农民和受教育者的保护。

关联法规

《企业破产法》，《农民专业合作社法》第55条，《民办教育促进法》第58、59条

第七十四条 【法人分支机构及其责任承担】法人可以依法设立分支机构。法律、行政法规规定分支机构应当登记的，依照其规定。

分支机构以自己的名义从事民事活动，产生的民事责任由法人承担；也可以先以该分支机构管理的财产承担，不足以承担的，由法人承担。

条文注解

法人分支机构作为法人的组成部分，由法人依法设立，在法人主要活动地点以外的一定领域内，实现法人的全部或部分职能。分支机构以自己的名义所从事的民事活动，对法人直接产生权利义务，并构成整个法人权利义务的一部分。

法人的分支机构虽然在法人授权范围内可以对外从事各种民事活动，但法人的分支机构属于法人的组成部分，其承担责任的能力有一定的限制，因此，法人的分支机构进行民事活动所承担的责任，要由法人承担，也可以先以该分支机构管理的财产承担，不足以承担的，由法人承担。在涉及分支机构的诉讼中，可以将法人的分支机构与法人一起列为共同被告。例如，企业法人的分支机构为他人提供担保，发生法律纠纷的，人民法院在审理过程中可以将该企业法人和分支机构列为共同被告参加诉讼。

本条规定，法人可以依法设立分支机构。这里的"依法"主要是指依据《公司法》《商业银行法》《保险法》《证券法》《公司登记管理条例》《社会团体登记管理条例》《民办非企业单位登记管理暂行条例》《基金会管理条例》等法律、行政法规的规定。

关联法规

《公司法》第 24 条，《商业银行法》第 19 条，《保险法》第 67、74 条，《证券法》第 129 条，《社会团体登记管理条例》第 17 条，《民办非企业单位登记管理暂行条例》第 13 条，《基金会管理条例》第 12 条，《公司登记管理条例》第 45~47 条

第七十五条 【法人设立行为的法律后果】设立人为设立法人从事的民事活动，其法律后果由法人承受；法人未成立的，其法律后果由设立人承受，设立人为二人以上的，享有连带债权，承担连带债务。

设立人为设立法人以自己的名义从事民事活动产生的民事责任，第三人有权选择请求法人或者设立人承担。

关联法规

《公司法》第 94 条，《最高人民法院关于适用〈中华人民共和国公司法〉若干问题的规定(三)》第 2~5 条

第二节 营利法人

第七十六条 【营利法人的定义及类型】以取得利润并分配给股东等出资人为目的成立的法人，为营利法人。

营利法人包括有限责任公司、股份有限公司和其他企业法人等。

条文注解

本条第1款规定，以取得利润并分配给股东等出资人为目的成立的法人，为营利法人。这一规定强调了营利法人的两个特征：一是成立的目的是取得利润，即以营利为目的。二是取得利润后要分配给股东等出资人，即出资人取得利润。这两个特征同时具备是营利法人与其他法人的根本区别所在。

除有限责任公司、股份有限公司外，营利法人还包括其他企业法人等。根据《企业法人登记管理条例》的规定，具备法人条件的下列企业，应当依照本条例的规定办理企业法人登记：(1)全民所有制企业；(2)集体所有制企业；(3)联营企业；(4)在中华人民共和国境内设立的中外合资经营企业、中外合作经营企业和外资企业(现统称为外商投资企业)；(5)私营企业；(6)依法需要办理企业法人登记的其他企业。上述这些企业法人，如果不是按照公司法成立的公司法人，没有采用公司法人的组织结构，则属于本条所规定的“其他企业法人”。

关联法规

《公司法》第4、8、34条，《企业法人登记管理条例》第2条

第七十七条 【营利法人的成立】营利法人经依法登记成立。

关联法规

《公司法》第6条，《公司登记管理条例》第1、2条，《企业法人登记管理条例》第2条

第七十八条 【营利法人的营业执照】依法设立的营利法人，由登记机关发给营利法人营业执照。营业执照签发日期为营利法人的成立日期。

关联法规

《公司登记管理条例》第25条

第七十九条 【营利法人的章程】设立营利法人应当依法制定法人章程。

条文注解

法人章程，是指根据法人性质、任务和业务活动需要制定的关于法人的活动范围、组织机构以及内部成员之间的权利义务等的重要文件，是法人从事生产经营活动的行为准则。法人章程的内容可以分为绝对必要记载的事项和任意记载的事项。前者是指法律规定在章程中必须具备的内容，通常包括法人名称、住所、宗旨和经营范围、注册资金、投资数额、投资者的姓名和住所、投资者的权利义务、法人的组织机构和解散条件、利润分配和亏损承担等。章程一经登记就具有法律效力，成为法人的行为准则。

公司法规定，设立公司必须依法制定公司章程。公司章程对公司、股东、董事、监事、高级管理人员具有约束力。公司的经营范围由公司章程规定，并依法登记。公司可以修改公司章程，改变经营范围，但是应当办理变更登记。

关联法规

《公司法》第12、25条

第八十条 【营利法人的权力机构】营利法人应当设权力机构。

权力机构行使修改法人章程，选举或者更换执行机构、监督机构成员，以及法人章程规定的其他职权。

关联法规

《公司法》第36、66、98条

第八十一条 【营利法人的执行机构】营利法人应当设执行机构。

执行机构行使召集权力机构会议，决定法人的经营计划和投资方案，决定法人内部管理机构的设置，以及法人章程规定的其他职权。

执行机构为董事会或者执行董事的，董事长、执行董事或者经理按照法人章程的规定担任法定代表人；未设董事会或者执行董事的，法人章程规定的主要负责人为其执行机构和法定代表人。

关联法规

《公司法》第13、44、50、67条

第八十二条 【营利法人的监督机构】营利法人设监事会或者监事等监督机构的，监督机构依法行使检查法人财务，监督执行机构成员、高级管理人员执行法人职务的行为，以及法人章程规定的其他职权。

关联法规

《公司法》第51、70、117条

第八十三条 【出资人滥用权利的责任承担】营利法人的出资人不得滥用出资人权利损害法人或者其他出资人的利益；滥用出资人权利造成法人或者其他出资人损失的，应当依法承担民事责任。

营利法人的出资人不得滥用法人独立地位和出资人有限责任损害法人债权人的利益；滥用法人独立地位和出资人有限责任，逃避债务，严重损害法人债权人的利益的，应当对法人债务承担连带责任。

条文注解

公司法的法理基础，就是利用法人独立地位和出资人有限责任充分发挥其作用，提高效率，发展生产力。如果滥用法人独立地位和出资人有限责任，则应对法人债务承担连带责任，这一规则被称为“揭开公司的面纱”，又叫“法人人格否认”。这里的否认，并非否认法人资格，而是否认其独立地位，需出资人承担无限连带责任，保护债权人利益。针对股东采用转移公司财产、将公司财产与本人财产混同等手段，造成公司可以用于履行债务的财产减少，严重损害公司债权人利益的行为，“揭开公司面纱”规则也应运而生。

关联法规

《公司法》第20条

第八十四条 【限制不当利用关联关系】营利法人的控股出资人、实际控制人、董事、监事、高级管理人员不得利用其关联关系损害法人的利益；利用关联关系造成法人损失的，应当承担赔偿责任。

条文注解

根据《公司法》的规定，控股股东，是指其出资额占有限责任公司资本总额50%以上或者其持有的股份占股份有限公司股本总额50%以上的股东，或者出资额或者持有股份的比例虽然不足50%，但依其出资额或者持有的股份所享有的表决权已足以对股东会、股东大会的决议产生重大影响的股东。实际控制人，是指虽不是公司的股东，但通过投资关系、协议或者其他安排，能够实际支配公司行为的人。高级管理人员，是指公司的经理、副经理、财务负责人，上市公司董事会秘书和公司章程规定的其他人员。上述人员和作为公司权力机构成员的股东，以及作为公司监督机构成员的监事，不得利用其关联关系损害法人的利益。

根据《公司法》的规定，关联关系，是指公司控股股东、实际控制人、董事、监事、高级管理人员与其直接或者间接控制的企业之间的关系，以及可能导致公司利益转移的其他关系。但是，国家控股的企业之间不仅因为同受国家控股而具有关联关系。公司法规定，公司的控股股东、实际控制人、董事、监事、高级管理人员不得利用其关联关系损害公司利益。违反这一规定，给公司造成损失的，应当承担赔偿责任。上市公司董事与董事会会议决议事项所涉及的企业有关联关系的，不得对该项决议行使表决权，也不得代理其他董事行使表决权。该董事会会议由过半数的无关联关系董事出席即可举行，董事会会议所作决议须经无关联关系董事过半数通过。出席董事会的无关联关系董事人数不足3人的，应将该事项提交上市公司股东大会审议。

本条在公司法的基础上，进一步明确所有的营利法人的控股出资人、实际控制人、董事、监事、高级管理人员利用关联关系给法人造成损失的，应当承担赔偿责任，以维护法人的合法权益。

关联法规

《公司法》第21条，《最高人民法院关于适用〈中华人民共和国公司法〉若干问题的规定（三）》第12条

第八十五条 【决议的撤销】营利法人的权力机构、执行机构作出决议的会议召集程序、表决方式违反法律、行政法规、法人章程，或者决议内容违反法人章程的，营利法人的出资人可以请求人民法院撤销该决议。但是，营利法人依据该决议与善意相对人形成的民事法律关系不受影响。

条文注解

营利法人的权力机构、执行机构违反法律、行政法规或者违反法人章程作出的决议包括两种情况：(1)程序违反法律、行政法规或者法人章程；(2)内容违反法人章程。就第一种情况来说，又包括两种情形：一是作出决议的会议召集程序违反法律、行政法规或者法人章程；二是作出决议的会议表决方式违反法律、行政法规或者法人章程。

这里还需要指出两点：(1)虽然营利法人的出资人可以请求人民法院撤销该决议，但是营利法人依据该决议与善意相对人形成的民事法律关系不受影响。这一规定旨在保护善意的、不知情的相对人。如果相对人在与营利法人形成法律关系时不知道或者不应当知道作出决定的会议在召集程序、表决方式方面违反法律、行政法规或者法人章程的规定，或者决议内容违反法人章程的规定，则为善意相对人，其与营利法人依据该决议形成的民事法律关系不受影响。(2)本条的规定只针对违反法人章程规定的情况，如果所作决议的内容违反的是法律、行政法规的强制性规定，属于无效民事法律行为，不属于本条规定的可撤销的民事法律行为。

关联法规

《公司法》第22条

第八十六条 【营利法人应履行的义务】营利法人从事经营活动，应当遵守商业道德，维护交易安全，接受政府和社会的监督，承担社会责任。

第三节 非营利法人

第八十七条 【非营利法人的定义及类型】为公益目的或者其他非营利目的成立，不向出资人、设立人或者会员分配所取得利润的法人，为非营利法人。

非营利法人包括事业单位、社会团体、基金会、社会服务机构等。

条文注解

非营利法人是为公益目的或者其他非营利目的成立，不向出资人、设立人或者会员分配所取得利润的法人。一个法人是否为非营利法人取决于两个因素：一是成立目的的非营利性；非营利法人是为公益目的或者其他非营利目的成立的。公益目的，是指法人所从事的活动属于社会公益事业。二是不分配利润。

第八十八条 【事业单位法人资格的取得】具备法人条件，为适应经济社会发展需要，提供公益服务设立的事业单位，经依法登记成立，取得事业单位法人资格；依法不需要办理法人登记的，从成立之日起，具有事业单位法人资格。

关联法规

《事业单位登记管理暂行条例》第2、3、6、11条

第八十九条 【事业单位法人的组织机构及法定代表人】事业单位法人设理事会的，除法律另有规定外，理事会为其决策机构。事业单位法人的法定代表人依照法律、行政法规或者法人章程的规定产生。

第九十条 【社会团体法人资格的取得】具备法人条件，基于会员共同意愿，为公益目的或者会员共同利益等非营利目的设立的社会团体，经依法登记成立，取得社会团体法人资格；依法不需要办理法人登记的，从成立之日起，具有社会团体法人资格。

第九十一条 【社会团体法人的章程及组织机构】设立社会团体法人应当依法制定法人章程。

社会团体法人应当设会员大会或者会员代表大会等权力机构。

社会团体法人应当设理事会等执行机构。理事长或者会长等负责人按照法人章程的规定担任法定代表人。

关联法规

《社会团体登记管理条例》第2、3、6、9条

第九十二条 【捐助法人资格的取得】具备法人条件，为公益目的以捐助财产设立的基金会、社会服务机构等，经依法登记成立，取得捐助法人资格。

依法设立的宗教活动场所，具备法人条件的，可以申请法人登记，取得捐助法人资格。法律、行政法规对宗教活动场所有规定的，依照其规定。

条文注解

捐助法人的定义是为公益目的，以捐助财产设立的非营利法人。根据这一规定，捐助法人的特点有两个：一是为公益目的设立；二是法人的财产全部来自捐助。捐助法人的范围主要包括基金会、社会服务机构、宗教活动场所等。

本法赋予宗教活动场所以法人资格，有利于其对外从事民事活动，更好地维护其合法权益，也有利于加强其内部治理，保护正常的宗教活动。

这里需要指出三点：一是宗教活动场所的法人登记以具备法人条件为前提。考虑到不同宗教的做法不同，依法设立的宗教活动场所是否登记为法人，由其自行申请。二是法律、行政法规对宗教活动场所有规定的，依照其规定。本条的规定不影响国家依法对宗教活动场所进行规范和管理。宗教活动场所从事各类活动必须符合《宗教事务条例》等法规的规定，接受宗教管理部门依法对其进行的监督管理。三是赋予宗教活动场所法人资格不影响其与宗教团体的关系。根据《宗教事务条例》第 8 条的规定，宗教团体具有协助人民政府贯彻落实法律、法规、规章和政策，维护信教公民的合法权益；指导宗教教务，制定规章制度并督促落实；从事宗教文化研究，阐释宗教教义教规，开展宗教思想建设；开展宗教教育培训，培养宗教教职人员，认定、管理宗教教职人员；法律、法规、规章和宗教团体章程规定的其他职能。宗教团体具备法人条件的，可以依法登记为社会团体法人。赋予宗教活动场所法人资格不影响其与宗教团体的关系。

关联法规

《民办非企业单位登记管理暂行条例》第 8 条，《基金会管理条例》第 2 条，《宗教事务条例》第 7、8、19 条

第九十三条 【捐助法人的章程及组织机构】设立捐助法人应当依法制定法人章程。

捐助法人应当设理事会、民主管理组织等决策机构，并设执行机构。理事长等负责人按照法人章程的规定担任法定代表人。

捐助法人应当设监事会等监督机构。

第九十四条 【捐助人的权利】捐助人有权向捐助法人查询捐助财产的使用、管理情况，并提出意见和建议，捐助法人应当及时、如实答复。

捐助法人的决策机构、执行机构或者法定代表人作出决定的程序违反法律、行政法规、法人章程，或者决定内容违反法人章程的，捐助人等利害关系人或者主管机关可以请求人民法院撤销该决定。但是，捐助法人依据该决定与善意相对人形成的民事法律关系不受影响。

条文注解

捐助人可以请求撤销捐助法人违法，或者违反章程规定的决定，但捐

助法人依据该决定与善意相对人形成的民事法律关系不受影响，这也是保护善意相对人的权益，维护交易安全的需要。此外，如果所作决定的内容违反的是法律、行政法规的强制性规定的，依据本法第 143 条、第 153 条的规定，属于无效民事法律行为，不属于本条规定的可撤销的民事法律行为。

关联法规

《基金管理条例》第 39、43 条

第九十五条 【非营利法人终止时剩余财产的处置】为公益目的成立的非营利法人终止时，不得向出资人、设立人或者会员分配剩余财产。剩余财产应当按照法人章程的规定或者权力机构的决议用于公益目的；无法按照法人章程的规定或者权力机构的决议处理的，由主管机关主持转给宗旨相同或者相近的法人，并向社会公告。

条文注解

剩余财产不得向出资人、设立人或者会员分配。剩余财产，是指法人解散清算完成后所剩余的法人财产。这些财产不能向出资人、设立人或者会员分配，这是营利法人与非营利法人的重要区别。对于营利法人来说，剩余财产是可以向出资人、设立人分配的，而非营利法人，其来源是国有资产或者捐助财产，在存续期间还享受了国家在财政、税收、土地等方面的优惠政策，所以在终止时，其财产需要继续用于公益事业，不得向出资人、设立人或者会员分配。

关联法规

《慈善法》第 18 条，《民办教育促进法》第 46、59 条，《基金会管理条例》第 10、33 条，《宗教事务条例》第 60 条

第四节 特别法人

第九十六条 【特别法人的类型】本节规定的机关法人、农村集体经济组织法人、城镇农村的合作经济组织法人、基层群众性自治组织法人，为特别法人。

第九十七条 【机关法人资格的取得】有独立经费的机关和承担行政职能的法定机构从成立之日起，具有机关法人资格，可以从事为履行职能所需要的民事活动。

第九十八条 【机关法人终止后权利义务的享有和承担】机关法人被撤销的，法人终止，其民事权利和义务由继任的机关法人享有和承担；没有继任的机关法人的，由作出撤销决定的机关法人享有和承担。

关联法规

《行政诉讼法》第26条

第九十九条 【农村集体经济组织法人】农村集体经济组织依法取得法人资格。

法律、行政法规对农村集体经济组织有规定的，依照其规定。

关联法规

《农村土地承包法》第13条

第一百条 【城镇农村的合作经济组织法人】城镇农村的合作经济组织依法取得法人资格。

法律、行政法规对城镇农村的合作经济组织有规定的，依照其规定。

条文注解

供销合作社具有特殊的法律地位，既不同于企业法人等营利法人，又不同于事业单位、社会团体等非营利法人，属于本节规定的特殊法人类型，可以通过制定《供销合作社条例》这样的专门立法，来明确供销合作社如何取得法人资格的具体规定。所以，本条第1款规定，城镇农村的合作经济组织依法取得法人资格。这里的“依法”是指有关供销合作社的专门立法，可以是法律，也可以是行政法规。同时，本条第2款还规定，法律、行政法规对城镇农村的合作经济组织有规定的，依照其规定。

关联法规

《农民专业合作社法》第2、10、11条，《农民专业合作社登记管理条例》第3条

第一百零一条 【基层群众性自治组织法人】居民委员会、村民委员会具有基层群众性自治组织法人资格，可以从事为履行职能所需要的民事活动。

未设立村集体经济组织的，村民委员会可以依法代行村集体经济组织的职能。

条文注解

根据《城市居民委员会组织法》的规定，居民委员会是居民自我管理、自我教育、自我服务的基层群众性自治组织。不设区的市、市辖区的人民政府或者它的派出机关对居民委员会的工作给予指导、支持和帮助。居民委员会协助不设区的市、市辖区的人民政府或者它的派出机关开展工作。

根据《村民委员会组织法》的规定，村民委员会是村民自我管理、自我教育、自我服务的基层群众性自治组织，实行民主选举、民主决策、民主管理、民主监督。村民委员会办理本村的公共事务和公益事业，调解民间纠纷，协助维护社会治安，向人民政府反映村民的意见、要求和提出建议。村民委员会向村民会议、村民代表会议负责并报告工作。

农村集体经济组织的职责主要是组织本集体成员参加生产活动，利用本经济组织的生产资料、生产工具等从事生产经营活动。根据本条第2款的规定，未设立村集体经济组织的，村民委员会可以依法代行村集体经济组织的职能。这是考虑到目前还有的地方并未设立农村集体经济组织，而是由村委会代行农村集体经济组织职责。针对这一实际情况，本条第2款作了这样的规定。

关联法规

《城市居民委员会组织法》第2~4条，《村民委员会组织法》第2条

第四章 非法人组织

第一百零二条 【非法人组织的定义及类型】非法人组织是不具有法人资格，但是能够依法以自己的名义从事民事活动的组织。

非法人组织包括个人独资企业、合伙企业、不具有法人资格的专业服务机构等。

条文注解

非法人组织的特点：

一是虽然不具有法人资格，但能够依法以自己的名义从事民事活动。这类组织没有法人资格，不能独立承担民事责任，是介于自然人和法人之间的一种社会组织。但该类组织具有民事权利能力和民事行为能力，能够以自己的名义从事民事活动。

二是依法成立。非法人组织在设立程序上须履行法定的登记手续，经有关机关核准登记，这是非法人组织的合法性要件。

三是有一定的组织机构。即拥有符合法律规定的名称、固定的从事生产经营等业务活动的场所，以及相应的组织管理机构和负责人，使之能够以该组织的名义对外从事相应的民事活动。

四是有一定的财产或经费。与法人的财产或经费不同，非法人组织的财产或经费不是独立的，而是其所属法人或公民财产的一个组成部分，归该法人或公民所有。

五是不具有独立承担民事责任的能力。这是该类组织与法人的最大区别，当其因对外进行民事活动而需要承担民事责任时，如其自身所拥有的财产能够承担责任，则由其自身承担；如其自身所拥有的财产不足以承担责任时，则由其出资人或设立人承担连带责任。

关联法规

《个人独资企业法》第2条，《合伙企业法》第2条，《律师法》第15条，《注册会计师法》第23条

第一百零三条　【非法人组织的设立程序】非法人组织应当依照法律的规定登记。

设立非法人组织，法律、行政法规规定须经有关机关批准的，依照其规定。

关联法规

《个人独资企业法》第9条，《合伙企业法》第9条，《律师法》第18条，《注册会计师法》第25条

第一百零四条　【非法人组织的债务承担】非法人组织的财产不足以清偿债务的，其出资人或者设立人承担无限责任。法律另有规定的，依照其规定。

条文注解

对非法人组织的民事责任问题，如果其他法律另有规定的，要依照其规定，而不适用本条的规定。如《合伙企业法》对特殊的普通合伙企业的民事责任问题作了特别规定。

关联法规

《个人独资企业法》第2条，《合伙企业法》第2、39、57条，《律师法》第15、16条，《注册会计师法》第23条

第一百零五条　【非法人组织的代表人】非法人组织可以确定一人或者数人代表该组织从事民事活动。

第一百零六条　【非法人组织解散的情形】有下列情形之一的，非法人组织解散：

（一）章程规定的存续期间届满或者章程规定的其他解散事由出现；

（二）出资人或者设立人决定解散；

（三）法律规定的其他情形。

关联法规

《合伙企业法》第 85 条,《个人独资企业法》第 26 条

第一百零七条 【非法人组织的清算】非法人组织解散的,应当依法进行清算。

条文注解

非法人组织符合本法第 106 条规定的解散情形的,即可以解散,解散应当依法进行清算。个人独资企业法、合伙企业法等法律对个人独资企业、合伙企业的解散清算作了规定,本条规定的"应当依法进行清算"中的"依法"即是指依据上述这些法律的规定。

关联法规

《合伙企业法》第 86~88 条,《个人独资企业法》第 27~30、32 条

第一百零八条 【参照适用】非法人组织除适用本章规定外,参照适用本编第三章第一节的有关规定。

条文注解

"参照适用"不是完全适用,对于法人的一般性规定,非法人组织能够适用的,就适用;不能够完全适用的,可以参照相关规定的原则、精神,在适用上作灵活处理。

第五章 民事权利

第一百零九条 【人身自由、人格尊严受法律保护】自然人的人身自由、人格尊严受法律保护。

条文注解

人身自由，包括身体行动的自由和自主决定的自由，是自然人自主参加社会各项活动、参与各种社会关系、行使其他人身权和财产权的基本保障，是自然人行使其他一切权利的前提和基础。人格尊严，既包括静态和消极的人格尊严，也包括动态和积极的人格尊严，亦即人格形成和人格发展，涉及姓名权、名誉权、荣誉权、肖像权、隐私权等方面。

关联法规

《宪法》第37、38条，《刑法》第238条

第一百一十条 【民事主体的人格权】自然人享有生命权、身体权、健康权、姓名权、肖像权、名誉权、荣誉权、隐私权、婚姻自主权等权利。

法人、非法人组织享有名称权、名誉权和荣誉权。

第一百一十一条 【个人信息受法律保护】自然人的个人信息受法律保护。任何组织或者个人需要获取他人个人信息的，应当依法取得并确保信息安全，不得非法收集、使用、加工、传输他人个人信息，不得非法买卖、提供或者公开他人个人信息。

条文注解

根据《网络安全法》第76条第5款的规定，自然人的个人信息，是指以电子或者其他方式记录的能够单独或者与其他信息结合识别自然人个人身份的各种信息，包括但不限于自然人的姓名、出生日期、身份证件号码、个人生物识别信息、住址、电话号码等。

个人信息与隐私二者的范围有交叉，重合部分可以称为隐私信息，即权利主体不愿为他人知晓的个人信息，如病史、犯罪记录等，但个人信息不仅包括不愿为外人知晓的隐私信息，还包括可以公开的非隐私信息，如姓名、性别等。并且，隐私带有主观色彩，如身高、住址、电话号码等个人信息，有些人视为隐私，有些人视为可公开信息。

关联法规

《消费者权益保护法》第14、29、50条，《网络安全法》第42、76条，

《商业银行法》第29条,《刑法》第253条之一,《居民身份证法》第19条,《最高人民法院、最高人民检察院关于办理侵犯公民个人信息刑事案件适用法律若干问题的解释》

第一百一十二条 【因婚姻家庭关系等产生的人身权利受保护】自然人因婚姻家庭关系等产生的人身权利受法律保护。

第一百一十三条 【财产权利平等保护】民事主体的财产权利受法律平等保护。

关联法规

《宪法》第12、13条,《民法典》第2、4条

第一百一十四条 【物权的定义及类型】民事主体依法享有物权。

物权是权利人依法对特定的物享有直接支配和排他的权利,包括所有权、用益物权和担保物权。

条文注解

物权,是对物的权利。物权是一种财产权,财产权主要有物权、债权、继承权和知识产权中的财产权。财产可分为有形财产和无形财产,物权是对有形财产的权利。

由于物权是直接支配物的权利,因而物权又被称为"绝对权";物权的权利人享有物权,任何其他人都不得非法干预,物权的权利人以外的任何人都是物权的义务人,因此物权又被称为"对世权"。

物权的权利人对物享有直接支配的权利,是物权的主要特征之一。各种物权均以直接支配物作为其基本内容。"直接"即权利人实现其权利不必借助他人,在法律规定的范围内,完全可以按照自己的意愿行使权利。"支配"有安排、利用的意思,包括占有、使用、收益和处分的权能总和。"直接支配"指的是对于物不需要他人的协助、配合,权利人就能对物自主利用。

1. 所有权。所有权,是指权利人依法对自己的不动产和动产享有全面

支配的权利。所有权具有四项权能，即占有、使用、收益和处分。“占有”是对于财产的实际管领或控制，拥有一个物的一般前提就是占有，这是财产所有者直接行使所有权的表现。“使用”是权利主体对财产的运用，发挥财产的使用价值。拥有物的目的一般是使用。“收益”是通过财产的占有、使用等方式取得的经济效益。使用物并获益是拥有物的目的之一。“处分”，是指财产所有人对其财产在事实上和法律上的最终处置。

2. 用益物权。用益物权，是指权利人对他人所有的不动产或者动产，依法享有占有、使用和收益的权利。物权编在物权法的基础上规定了土地承包经营权、建设用地使用权、宅基地使用权、地役权、居住权这几种用益物权。用益物权是以对他人所有的不动产或者动产为使用、收益的目的而设立的，因而被称作“用益”物权。用益物权制度是物权法律制度中一项非常重要的制度，与所有权制度、担保物权制度一同构成了物权制度的完整体系。

3. 担保物权。担保物权是为了确保债务履行而设立的物权，当债务人不履行债务时，债权人就担保财产依法享有优先受偿的权利。担保物权对保证债权实现、维护交易秩序、促进资金融通，具有重要作用。根据物权编的规定，我国的担保物权包括抵押权、质权和留置权。

第一百一十五条 【物权客体】物包括不动产和动产。法律规定权利作为物权客体的，依照其规定。

条文注解

法律上所指的物，主要是不动产和动产。“不动产”是不可移动的物，如土地及房屋、林木等土地附着物。“动产”是不动产以外的可移动的物，如机动车、电视机等。不动产和动产是物权法上对物的分类，之所以进行这样的分类，主要是便于根据不动产和动产各自的特点分别予以规范。物权法律制度上的物，是指有体物或者有形物，有体物或者有形物是物理上的物，包括固体、液体、气体，也包括电等没有形状的物。所谓有体物或者有形物，主要是与精神产品相对而言的，著作、商标、专利等是精神产品，是无体物或者无形物，精神产品通常不是物权制度规范的对象。同时，并非所有的有体物或者有形物都是物权制度规范的对象，能够作为物权制度规范对象的还必须是人力所能控制、有利用价值的物。随着科学技术的发展，一些原来无法控制且无法利用的物也可以控制和利用了，也就纳入了物权制度的调整范围，物权制度规范的物的范围也在不断扩大。

精神产品不属于物权制度的调整范围，但是在有些情况下，财产权利可以作为担保物权的标的，如可以转让的注册商标专用权、专利权、著作权等知识产权中的财产权，可以出质作为担保物权的标的，形成权利质权，由此权利也成了物权的客体。因此，本条规定，法律规定权利作为物权客体的，依照其规定。

第一百一十六条 【物权法定原则】物权的种类和内容，由法律规定。

条文注解

物权法定是物权法律制度的基本原则之一。物权法定中的“法”，指法律，即全国人大及其常委会制定的法律，除法律明确规定可以由行政法规、地方性法规规定的外，一般不包括行政法规和地方性法规。需要说明的是，物权法定中的法律，既包括物权法，还包括其他法律，如《土地管理法》《城市房地产管理法》《矿产资源法》《草原法》《森林法》《海域使用管理法》《渔业法》《海商法》《民用航空法》等，这些法律中都有对物权的规定。

物权法定，有两层含义：一是物权由法律规定，当事人不能自由创设物权；二是违背物权法定原则，所设“物权”没有法律效力。本条规定：“物权的种类和内容，由法律规定。”其一，设立哪些物权的种类，只能由法律规定，当事人之间不能创立。物权的大的种类分为所有权、用益物权和担保物权；用益物权还可分为土地承包经营权、建设用地使用权、宅基地使用权和地役权；担保物权还可分为抵押权、质权和留置权。其二，物权的权利内容，一般也只能由法律规定。物权的内容指物权的权利义务，如土地承包经营权的承包期多长，承包经营权何时设立，承包经营权的流转权限，承包地的调整、收回、被征收中的权利义务，等等。物权法的许多规定都是强制性规范，当事人应当严格遵守，不能由当事人约定排除，除非法律规定了“有约定的按照约定”“当事人另有约定的除外”这些例外情形。

第一百一十七条 【征收、征用】为了公共利益的需要，依照法律规定的权限和程序征收、征用不动产或者动产的，应当给予公平、合理的补偿。

条文注解

征收是国家以行政权取得集体、单位和个人的财产所有权的行为。征收的主体是国家，通常是政府以行政决定的方式从集体、单位和个人手中取得土地、房屋等财产。在物权法上，征收是物权变动的一种特殊情形，涉及所有权人的所有权丧失。征用是国家为了抢险、救灾等公共利益需要，在紧急情况下强制性地使用单位、个人的不动产或者动产。征用的目的只在获得使用权，征用不导致所有权移转，被征用的不动产或者动产使用后，应当返还被征用人。征收、征用是政府行使行政权，属于行政关系，不属于民事关系，但由于征收、征用是对所有权或者使用权的限制，同时又是国家取得所有权或者使用权的一种方式，因此民法通常都从这一民事角度对此作原则规定。

需要说明的是，征收和征用是两个不同的法律概念。征收，是指为了公共利益需要，国家将他人所有的财产强制地征归国有；征用，是指为了公共利益需要而强制性地使用他人的财产。征收和征用的共同之处在于，都是为了公共利益需要，都要经过法定程序，并都要给予补偿。不同之处在于，征收主要是所有权的改变，征用只是使用权的改变。征收是国家从被征收人手中直接取得所有权，其结果是所有权发生了移转；征用则主要是在紧急情况下对他人财产的强制使用，一旦紧急情况结束，被征用的财产应返还原权利人。

关联法规

《宪法》第10、13条，《土地管理法》第45~49条，《国有土地上房屋征收与补偿条例》第2条

第一百一十八条 【债权的定义】民事主体依法享有债权。

债权是因合同、侵权行为、无因管理、不当得利以及法律的其他规定，权利人请求特定义务人为或者不为一定行为的权利。

条文注解

债是因合同、侵权行为、无因管理、不当得利以及法律的其他规定，特定当事人之间发生的权利义务关系。首先，债是一种民事法律关系，是民事主体之间以权利义务为内容的法律关系。其次，债是特定当事人之间的

法律关系。债的主体各方均为特定当事人。再次，债是特定当事人之间得请求为或者不为一定行为的法律关系。享有权利的人是债权人，负有义务的人是债务人。债是以请求权为特征的法律关系，债权人行使债权，只能通过请求债务人为或者不为一定行为得以实现。最后，债是因合同、侵权行为、无因管理、不当得利以及法律的其他规定而发生的法律关系。本章规定的是民事权利，因此从权利角度对债作了规定。债权是因合同、侵权行为、无因管理、不当得利以及法律的其他规定，权利人请求特定义务人为或者不为一定行为的权利。债权是现代社会生活中民事主体的一项重要财产权利。根据本条的规定，债的发生原因包括以下几种情况:(1)合同。合同是民事主体之间设立、变更、终止民事法律关系的协议。合同依法成立后，即在当事人之间产生债权债务关系。基于合同所产生的债为合同之债。债权人有权按照合同约定，请求合同义务人履行合同义务。(2)侵权行为。侵权行为，是指侵害他人民事权益的行为。因侵权行为，侵权人与被侵权人之间形成债权债务关系。侵权行为之债不是侵权人所愿意发生的法律后果，法律确认侵权行为之债的目的在于通过债权和民事责任使侵权行为人承担其不法行为所造成的不利后果，给被侵权人救济，从而保护民事主体的合法民事权益。(3)无因管理。无因管理，是指没有法定的或者约定的义务，为避免他人利益受损失而进行管理的行为。因无因管理产生的债称为无因管理之债。无因管理之债并不是基于当事人的意愿设定的，而是根据法律的规定，为法定之债。(4)不当得利。不当得利，是指没有法律根据，取得不当利益，造成他人损失的情形。不当得利为债的发生原因，基于不当得利而产生的债称为不当得利之债。不当得利之债是法律为纠正不当得利，直接赋予当事人的权利义务，也是法定之债。(5)法律的其他规定。合同、侵权行为、无因管理、不当得利是债的发生的主要原因，除此之外，法律的其他规定也会引起债的发生，使民事主体依法享有债权。

第一百一十九条 【合同的约束力】依法成立的合同，对当事人具有法律约束力。

条文注解

根据自愿原则，是否订立合同、与谁订立合同、合同的内容如何等，由当事人自愿约定。但是，合同依法成立以后，对当事人就具有了法律约束力。所谓法律约束力，是指当事人应当按照合同的约定履行自己的义务，非依法律规定或者取得对方同意，不得擅自变更或者解除合同。

关联法规

《民法典》第465条

第一百二十条 【侵权责任的承担】民事权益受到侵害的，被侵权人有权请求侵权人承担侵权责任。

条文注解

侵权人在其民事权益被侵权人侵害构成侵权时，有权请求侵权人承担侵权责任。这种权利是一种请求权，所谓请求权，是指请求他人为一定行为或者不为一定行为的权利。请求权人自己不能直接取得作为该权利内容的利益，必须通过他人的特定行为间接取得。在侵权人的行为构成侵权，侵害了被侵权人的民事权益时，被侵权人有权请求侵权人承担侵权责任。被侵权人可以直接向侵权人行使请求权，也可以向法院提起诉讼，请求法院保护自己的合法权益。

侵权人承担侵权责任有多种方式。根据本法第179条的规定，承担民事责任的方式主要有：停止侵害，排除妨碍，消除危险，返还财产，恢复原状，修理、重作、更换，继续履行，赔偿损失，支付违约金，消除影响、恢复名誉，赔礼道歉。法律规定惩罚性赔偿的，依照其规定。承担民事责任的方式，可以单独适用，也可以合并适用。

关联法规

《民法典》第179条

第一百二十一条 【无因管理】没有法定的或者约定的义务，为避免他人利益受损失而进行管理的人，有权请求受益人偿还由此支出的必要费用。

条文注解

无因管理，是指没有法定的或者约定的义务，为避免他人利益受损失而进行管理的行为。管理他人事务的人为管理人，因管理人管理其事务而受益的人为受益人。根据本法的规定，构成无因管理，有以下几个要件：

一是管理他人事务。管理他人事务，即为他人进行管理，这是成立无因管理的首要条件。如将自己的事务误认为他人事务进行管理，即使目的是为他人避免损失，也不能构成无因管理。

二是为避免他人利益受损失。一般来说，在既无法定义务又无约定义务的情况下，管理他人的事务，属于干预他人事务的范畴。而法律规定的无因管理，是为避免他人利益受损失而进行管理的行为。符合助人为乐、危难相助的道德准则的行为，应该得到鼓励和受到保护。

三是没有法定的或者约定的义务。无因，是指没有法定的或者约定的义务。没有法定的或者约定的义务是无因管理成立的重要条件。如果行为人负有法定的或者约定的义务进行管理，则不能构成无因管理。

根据本条规定，符合以上三个要件，构成无因管理的，无因管理发生后，管理人依法享有请求受益人偿还因管理行为支出的必要费用的权利，受益人有偿还该项费用的义务。需要注意的是，符合以上三个要件的无因管理只是原则上享有费用返还请求权，但管理人管理事务的行为不符合受益人的真实意愿的，根据本法合同编关于"无因管理"第979条的规定，管理人不享有前款规定的权利，但是，受益人的真实意思违反法律或者违背公序良俗的除外。

第一百二十二条 【不当得利】因他人没有法律根据，取得不当利益，受损失的人有权请求其返还不当利益。

条文注解

不当得利，是指没有法律根据，取得不当利益，造成他人损失的情形。不当得利制度对民事主体之间的财产流转关系有调节作用，目的在于恢复民事主体之间在特定情形下所发生的非正常的利益变动。因不当得利产生的债称为不当得利之债。本条规定，因他人没有法律根据，取得不当利益，受损失的人有权请求其返还不当利益。不当得利在民法中产生的情况主要有以下几种：一是民事法律行为不成立、无效及被撤销所产生的不当得利；二是履行不存在的债务所引起的不当得利；三是因合同解除产生的不当得利；四是基于受益人、受害人或第三人行为而产生的不当得利；五是基于事件而产生的不当得利。

根据本法的规定，构成不当得利，有以下几个要件：

一是民事主体一方取得利益。取得利益，是指财产利益的增加。既包括积极的增加，即财产总额的增加；也包括消极的增加，即财产总额应减少而未减少，如本应支付的费用没有支付等。

二是民事主体他方受到损失。受到损失，是指财产利益的减少。既包括积极损失，即财产总额的减少；也包括消极损失，即应当增加的利益没有增加。

三是一方取得利益与他方受到损失之间有因果关系。一方取得利益与他方受到损失之间有因果关系，是指他方的损失是因一方获得利益造成的。

四是没有法律根据。没有法律根据是构成不当得利的重要要件。如果一方取得利益和他方受到损失之间有法律根据，民事主体之间的关系就受到法律的认可和保护，不构成不当得利。

第一百二十三条 【知识产权的定义】民事主体依法享有知识产权。

知识产权是权利人依法就下列客体享有的专有的权利：

（一）作品；

（二）发明、实用新型、外观设计；

（三）商标；

（四）地理标志；

（五）商业秘密；

（六）集成电路布图设计；

（七）植物新品种；

（八）法律规定的其他客体。

条文注解

知识产权有以下特征：一是知识产权是一种无形财产权。二是知识产权具有财产权和人身权的双重属性，如作者享有发表权、署名权、修改权等人身权。三是知识产权具有专有性。法律规定知识产权为权利人专有，除权利人同意或法律规定外，权利人以外第三人不得享有或者使用该项权利，否则为侵害他人的知识产权。四是知识产权具有地域性，法律确认和保护的知识产权，除该国与他国条约或参加国际公约外，只在一国领域内发生法律效力。五是知识产权具有时间性，各国法律对知识产权的保护都有严格的时间限制。丧失效力的知识产权客体进入公有领域，成为全人类共有的财富。

根据本条的规定，知识产权是权利人依法就下列客体所享有的专有权利：

1. 作品。对作品的知识产权保护主要规定在著作权相关法律法规中。《著作权法》第3条规定，本法所称的作品，包括以下列形式创作的文学、艺术和自然科学、社会科学、工程技术等作品：(1)文字作品；(2)口述作品；(3)音乐、戏剧、曲艺、舞蹈、杂技艺术作品；(4)美术、建筑作品；(5)摄影作品；(6)电影作品和以类似摄制电影的方法创作的作品；(7)工程设计图、产品设计图、地图、示意图等图形作品和模型作品；(8)计算机软件；(9)法律、行政法规规定的其他作品。

权利人依法就作品享有的专有权利是著作权。根据《著作权法》的规定，著作权，是指著作权人对其作品享有的人身权和财产权，包括发表权、署名权、修改权、保护作品完整权、复制权、发行权、出租权、展览权、表演权、放映权、广播权、信息网络传播权、摄制权、改编权、翻译权、汇编权和应当由著作权人享有的其他权利。

2. 发明、实用新型、外观设计。对发明、实用新型、外观设计的知识产权保护主要规定在专利权相关法律法规中。《专利法》第2条规定，本法所称的发明创造，是指发明、实用新型和外观设计。发明，是指对产品、方法或者其改进所提出的新的技术方案。实用新型，是指对产品的形状、构造或者其结合所提出的适于实用的新的技术方案。外观设计，是指对产品的形状、图案或者其结合以及色彩与形状、图案的结合所作出的富有美感并适于工业应用的新设计。

3. 商标。对商标的知识产权保护主要规定在商标权相关法律法规中。《商标法》第3条第1～3款规定，经商标局核准注册的商标为注册商标，包括商品商标、服务商标和集体商标、证明商标。该法所称集体商标，是指以团体、协会或者其他组织名义注册，供该组织成员在商事活动中使用，以表明使用者在该组织中的成员资格的标志。该法所称证明商标，是指由对某种商品或者服务具有监督能力的组织所控制，而由该组织以外的单位或者个人使用于其商品或者服务，用以证明该商品或者服务的原产地、原料、制造方法、质量或者其他特定品质的标志。

4. 地理标志。地理标志，是指标示某商品来源于某地区，该商品的特定质量、信誉或者其他特征，主要由该地区的自然因素或者人文因素所决定的标志。权利人依法就地理标志享有专有权。

5. 商业秘密。商业秘密,是指不为公众所知悉、能为权利人带来经济利益、具有实用性并经权利人采取保密措施的技术信息和经营信息。权利人依法对商业秘密享有专有权。

6. 集成电路布图设计。集成电路布图设计,是指集成电路中至少有一个是有源元件的两个以上元件和部分或者全部互联线路的三维配置,或者为制造集成电路而准备的上述三维配置。权利人依法对集成电路布图设计享有专有权。

7. 植物新品种。植物新品种,是指经过人工培育的或者对发现的野生植物加以开发,具备新颖性、特异性、一致性和稳定性并有适当命名的植物品种。

关联法规

《著作权法》第3条,《专利法》第2条,《商标法》第3、16、57条,《商标法实施条例》第4条,《反不正当竞争法》第5、10条,《种子法》第25、28条,《农业法》第23、49条,《集成电路布图设计保护条例》第2条

第一百二十四条 【继承权】自然人依法享有继承权。

自然人合法的私有财产,可以依法继承。

第一百二十五条 【投资性权利】民事主体依法享有股权和其他投资性权利。

条文注解

股权,是指民事主体因投资于公司成为公司股东而享有的权利。根据行使目的和方式的不同,股权可分为自益权和共益权两部分。自益权,是指股东基于自身利益诉求而享有的权利,可以单独行使,包括资产收益权、剩余财产分配请求权、股份转让权、新股优先认购权等。共益权,是指股东基于全体股东或者公司的利益诉求而享有的权利,包括股东会表决权、股东会召集权、提案权、质询权、公司章程及账册的查阅权、股东会决议撤销请求权等。

其他投资性权利,是指民事主体通过投资享有的权利。如民事主体通过购买证券、基金、保险等进行投资而享有的民事权利。根据本条的规定,民事主体依法享有其他投资性权利。这些投资性权利的具体权利内容根据证券法等具体法律规定依法享有。

关联法规

《公司法》第 4 条

第一百二十六条 【其他民事权益】民事主体享有法律规定的其他民事权利和利益。

第一百二十七条 【数据、网络虚拟财产的保护】法律对数据、网络虚拟财产的保护有规定的，依照其规定。

关联法规

《网络安全法》第 10 条

第一百二十八条 【民事权利的特别保护】法律对未成年人、老年人、残疾人、妇女、消费者等的民事权利保护有特别规定的，依照其规定。

第一百二十九条 【民事权利的取得方式】民事权利可以依据民事法律行为、事实行为、法律规定的事件或者法律规定的其他方式取得。

条文注解

民事权利的取得，是指民事主体依据合法的方式获得民事权利。根据本条的规定，民事权利可以依据民事法律行为、事实行为、法律规定的事件或者法律规定的其他方式取得。

1. 民事法律行为。民事法律行为，是指民事主体通过意思表示设立、变更、终止民事法律关系的行为，民法理论一般称为法律行为。如订立买卖合同的行为、订立遗嘱、放弃继承权、赠与等。《民法典》总则编第 6 章专章规定了民事法律行为，对民事法律行为的概念、成立、效力等作了规定。

2. 事实行为。事实行为，是指行为人主观上没有引起民事法律关系发生、变更或者消灭的意思，而依照法律的规定产生一定民事法律后果的行为。如自建房屋、拾得遗失物、无因管理行为、劳动生产等。事实行为有合法的，也有不合法的。拾得遗失物等属于合法的事实行为，侵害他人的人身、财产的侵权行为是不合法的事实行为。民事权利可以依据事实行为取得，如民事主体因无因管理行为取得对他人的无因管理债权等。

3. 法律规定的事件。法律规定的事件，是指与人的意志无关而根据法律规定能引起民事法律关系变动的客观情况，如自然人的出生、死亡，自然灾害，生产事故，果实自落以及时间经过等。民事权利可以依据法律规定的事件取得，如民事主体因出生取得继承权等。

4. 法律规定的其他方式。除了民事法律行为、事实行为、法律规定的事件，民事权利还可以依据法律规定的其他方式取得。如物权编第229条规定，因人民法院、仲裁机构的法律文书或者人民政府的征收决定等，导致物权设立、变更、转让或者消灭的，自法律文书或者征收决定等生效时发生效力。

第一百三十条 【按照自己的意愿依法行使民事权利】民事主体按照自己的意愿依法行使民事权利，不受干涉。

条文注解

自愿原则是民法的一项基本原则，贯穿整个民法典。本条是自愿原则在行使民事权利中的体现，民事主体按照自己的意愿依法行使民事权利，不受干涉体现在：一是民事主体有权按照自己的意愿依法行使民事权利或者不行使民事权利；二是民事主体有权按照自己的意愿选择依法行使的民事权利内容；三是民事主体有权按照自己的意愿选择依法行使民事权利的方式。民事主体按照自己的意愿行使权利，任何组织和个人不得非法干涉。

第一百三十一条 【权利义务一致】民事主体行使权利时，应当履行法律规定的和当事人约定的义务。

第一百三十二条 【不得滥用民事权利】民事主体不得滥用民事权利损害国家利益、社会公共利益或者他人合法权益。

条文注解

不得滥用民事权利，指民事权利的行使不得损害国家利益、社会公共利益或者他人合法权益。每一个民事主体都有权行使自己所享有的权利，法律也鼓励民事主体行使自己的权利，但是权利的行使有一定界限，行使民事权利损害国家利益、社会公共利益或者他人合法权益的，为滥用民事权利。民法一方面鼓励权利主体正当地行使权利，另一方面为权利的行使划定了明确的界限，即不得滥用民事权利损害国家利益、社会公共利益或者他人合法权益。滥用民事权利损害国家利益、社会公共利益或者他人合法权益可构成侵权。滥用民事权利和侵权存在区别：权利滥用的前提是有正当权利存在，且是权利行使或与权利行使有关的行为，侵权行为一般事先没有正当权利存在；权利不得滥用原则是对民事主体行使民事权利的一定限制，通过限制民事主体不得滥用权利损害国家利益、社会公共利益或者他人合法权益，达到民事权利与国家利益、社会公共利益、他人合法权益的平衡，而侵权责任制度的目的是保护民事主体的权利。

关联法规

《宪法》第 51 条

第六章　民事法律行为

第一节　一般规定

第一百三十三条　【民事法律行为的定义】民事法律行为是民事主体通过意思表示设立、变更、终止民事法律关系的行为。

条文注解

民事法律行为是对合同行为、婚姻行为、遗嘱行为等一系列能够产生具体权利义务关系的行为的抽象和概括，是民事主体在民事活动中实现自己意图的一项重要民事制度。

根据本条的规定，民事法律行为具有以下几个特征：

（1）民事法律行为是民事主体实施的行为。非民事主体实施的行为不是民事法律行为，如司法机关作出的裁决、行政机关作出的处罚决定等也会产生法律后果，但其不是以民事主体身份作出的行为，因而裁决和处罚决定不属于民事法律行为。但机关在履行公共管理职能过程中可能会进行一些民事活动，如行政机关购买办公用品、修建办公大楼等，从事这些活动时是以机关法人的民事主体身份进行的，其实施的行为也属于民事法律行为。

(2)民事法律行为应当是以发生一定的法律效果为目的的行为。民事主体在社会生产生活中会从事各种各样的活动，但并非任何行为都是民事法律行为。根据本条的规定，只有以设立、变更、终止民事法律关系为目的的行为才是民事法律行为，其最终结果是让民事主体具体地享受民事权利、承担民事义务。所谓设立民事法律关系，是指民事主体通过民事法律行为形成某种法律关系，如双方当事人通过要约和承诺形成的买卖关系、租赁关系、委托关系等合同关系。所谓变更民事法律关系，是指民事主体在保持原有民事法律关系效力的基础上，通过民事法律行为对其内容作出一些调整。所谓消灭民事法律关系，是指民事主体通过民事法律行为消灭原民事法律关系，终止其效力。这里需要强调的是，民事法律行为虽然是民事主体期望发生一定法律效果为目的的行为，但并非任何民事法律行为都能最终产生民事主体所期望的法律效果。民事主体所从事的民事法律行为既可能是合法的，也可能是非法的，这与《民法通则》关于民事法律行为的规定有很大的不同。根据本章第三节关于民事法律行为效力的规定，合法有效的民事法律行为能产生民事主体所期望发生的法律效果，但是非法的民事法律行为则不一定能产生民事主体所期望的法律效果。例如，无效的民事法律行为就确定地不发生民事主体所希望发生的法律效果；如果当事人提出撤销的申请，可撤销的民事法律行为也不能实现民事主体所希望的法律效果。非法的民事法律行为虽然可能不能实现民事主体意欲实现的法律效果，但是都可能产生一定的法律后果，例如，根据本章的规定，欺诈、胁迫等民事法律行为是非法的，可能产生民事法律行为被撤销的法律后果；又如，根据本章的规定，恶意串通损害他人合法权益的民事法律行为会产生无效的法律后果。

(3)民事法律行为是以意思表示为核心要素的行为。意思表示，是指民事主体意欲发生一定法律效果的内心意思的外在表达，是民事法律行为最为核心的内容。民事法律行为之所以能对民事主体产生法律约束力，就是因为其是民事主体按照自己的意思作出的，这也是民事法律行为与事实行为最根本的区别。

第一百三十四条　【民事法律行为的成立】民事法律行为可以基于双方或者多方的意思表示一致成立，也可以基于单方的意思表示成立。

法人、非法人组织依照法律或者章程规定的议事方式和表决程序作出决议的，该决议行为成立。

条文注解

本条第1款根据不同的民事法律行为类型对其不同的成立条件和成立时间作了规定。

第一，双方民事法律行为。双方民事法律行为，是指双方当事人意思表示一致才能成立的民事法律行为。最为典型的双方民事法律行为是合同。双方民事法律行为与单方民事法律行为的最大区别是行为的成立需要双方的意思表示一致，仅凭一方的意思表示而没有经过对方的认可或者同意不能成立。

第二，多方民事法律行为。多方民事法律行为，是指根据两个以上的民事主体的意思表示一致而成立的行为。订立公司章程的行为和签订合伙协议的行为就是较为典型的多方民事法律行为。

第三，单方民事法律行为。单方民事法律行为，是指根据一方的意思表示就能够成立的行为。与双方民事法律行为不同，单方民事法律行为不存在相对方，其成立不需要其他人的配合或者同意，而是依据行为人自己一方的意志就可以产生自己所期望的法律效果。在现实生活中单方民事法律行为也不少，这些民事法律行为从内容上划分，主要可以分为两类：(1)行使个人权利而实施的单方行为，如所有权人抛弃所有权的行为等，这些单方民事法律行为仅涉及个人的权利变动，不涉及他人的权利变动；(2)涉及他人权利变动的单方民事法律行为，如立遗嘱，授予代理权，行使撤销权、解除权、选择权等处分形成权的行为。

本条第2款还规定了一种较为特殊的民事法律行为，即决议行为。决议行为是两个或者两个以上的当事人基于共同的意思表示而意图实现一定法律效果而实施的行为，其满足民事法律行为的所有条件，是一种民事法律行为。但是与多方民事法律行为、双方民事法律行为和单方民事法律行为相比，其又具有特殊性，这种特殊性体现在三个方面：一是双方民事法律行为或者多方民事法律行为需要所有当事人意思表示一致才能成立，决议行为一般并不需要所有当事人意思表示一致才能成立，而是多数人意思表示一致就可以成立。二是双方民事法律行为或者多方民事法律行为的设立过程一般不需要遵循特定的程序，而决议行为一般需要依一定的程序才能设立，根据本条的规定，决议行为的设立应当依照法律或者章程规定的议事方式和表决程序。三是双方民事法律行为或者多方民事法律行为适用的范围一般不受限制，而根据本条的规定，决议行为原则上仅适用于法人或者非法人组织内部的决议事项。

需要强调的是，民事法律行为的成立是其生效的前提，根据本法第136条的规定，民事法律行为自成立时生效，但是法律另有规定或者当事人另有约定的除外。也就是说，除法律另有规定或者当事人另有约定外，民事法律行为原则上在成立时就对当事人产生法律约束力，任何一方都不得擅自变更或者解除。

第一百三十五条　【民事法律行为的形式】民事法律行为可以采用书面形式、口头形式或者其他形式；法律、行政法规规定或者当事人约定采用特定形式的，应当采用特定形式。

条文注解

根据本条的规定，民事法律行为可以采用书面形式、口头形式或者其他形式。(1)书面形式，是指以文字等可以有形形式再现民事法律行为内容的形式。书面形式的种类很多，根据本法第469条第2款、第3款的规定，书面形式是合同书、信件、电报、电传、传真等可以有形地表现所载内容的形式。以电子数据交换、电子邮件等方式能够有形地表现所载内容，并可以随时调取查用的数据电文，视为书面形式。随着互联网技术的发展，微信、QQ等已成为人们社会交往的重要载体，也可以成为民事法律行为的载体，有的也属于书面形式的种类。(2)口头形式，是指当事人以面对面的谈话或者以电话交流等方式形成民事法律行为的形式。(3)在某些情况下，当事人还可以采取书面形式和口头形式之外的方式形成民事法律行为。例如在合同领域，可以根据当事人的行为或者特定情形推定合同的成立，也被称为默示合同。此类合同，是指当事人未用语言或者文字明确表示成立，而是根据当事人的行为推定合同成立。这类合同在现实生活中有很多，如租房合同的期限届满后，出租人未提出让承租人退房，承租人也未表示退房而是继续交房租，出租人也接受了租金。根据双方的行为，可以推定租赁合同继续有效。

对于民事法律行为是采用书面形式、口头形式还是其他形式，由当事人自主选择，法律原则上不干涉，但在一些特殊情况下，出于保护交易安全、避免纠纷等考虑，有的法律、行政法规会对民事法律行为提出特殊要求，或者当事人会约定民事法律行为采用特定形式，在这种情况下，应当采用特定形式。

第一百三十六条 【民事法律行为的生效时间】民事法律行为自成立时生效，但是法律另有规定或者当事人另有约定的除外。

行为人非依法律规定或者未经对方同意，不得擅自变更或者解除民事法律行为。

条文注解

1. 成立时就生效的民事法律行为必须是具备一般有效要件的民事法律行为，根据本法第 143 条的规定，具备下列条件的民事法律行为有效：(1)行为人具有相应的民事行为能力；(2)意思表示真实；(3)不违反法律、行政法规的强制性规定，不违背公序良俗。

2. 在成立时不立即生效，只有满足特殊生效要件后才生效。例如，本章第四节规定的附生效条件和附生效期限的民事法律行为在成立时并不立即生效，只有在条件成就时或者期限届至时才生效。又如，遗嘱行为只有在遗嘱人死亡后才生效。本法第 502 条第 2 款规定，法律、行政法规规定合同应当办理批准等手续的，依照其规定。

3. 基于自愿原则，当事人对民事法律行为何时生效也可以约定。

关联法规

《民法典》第 134、143、502 条

第二节 意思表示

第一百三十七条 【有相对人的意思表示生效时间】以对话方式作出的意思表示，相对人知道其内容时生效。

以非对话方式作出的意思表示，到达相对人时生效。以非对话方式作出的采用数据电文形式的意思表示，相对人指定特定系统接收数据电文的，该数据电文进入该特定系统时生效；未指定特定系统的，相对人知道或者应当知道该数据电文进入其系统时生效。当事人对采用数据电文形式的意思表示的生效时间另有约定的，按照其约定。

条文注解

意思表示，是指行为人为了产生一定民法上的效果而将其内心意思通过一定方式表达于外部的行为。意思表示中的"意思"，是指设立、变更、终止民事法律关系的内心意图；"表示"，是指将内心意思以适当方式向适当对象表示出来的行为。意思表示具有如下特征：一是意思表示的表意人具有使民事法律关系发生变动的意图。通过这种意图，表意人可以依据自己的主观意志发生法律关系，所以从这一角度来讲，意思表示是实现意思自治的工具。二是意思表示是一个将意思由内到外表示的过程。一个人内心可能有很多的主观意思，但是若不通过适当的方式表示出来，让他人知晓，其内心意思就没有任何法律意义。三是意思表示可以产生一定的法律效果。符合法定生效要件的意思表示可以发生当事人预期的法律效果。意思表示作为民事法律行为中最为核心的要素，对于确定民事法律行为的效力具有重要作用。

本条是对有相对人的意思表示生效时间的规定。对于此类情况，本条又根据是否采用对话方式作了不同规定：

(1)以对话方式作出的意思表示。所谓以对话方式作出的意思表示，是指采取使相对方可以同步受领的方式进行的意思表示，如面对面交谈、电话等方式。在以这种方式进行的意思表示中，表意人作出意思表示和相对人受领意思表示是同步进行的，没有时间差。因此，表意人作出意思表示并使相对人知道时即发生效力。基于此，本条第1款规定，以对话方式作出的意思表示，相对人知道其内容时生效。

(2)以非对话方式作出的意思表示。以非对话方式作出的意思表示，是表意人作出意思表示的时间与相对人受领意思表示的时间不同步，二者之间存在时间差。非对话的意思表示在现实生活中存在的形式多样，如传真、信函等。我国的民事立法对意思表示的生效时间的规定也采用了到达主义的模式。《合同法》规定，当事人的要约和承诺到达对方当事人时生效。本条延续了《合同法》的做法，规定以非对话方式作出的意思表示，到达相对人时生效。需要强调的是，这里"到达"并不意味着相对人必须亲自收到，只要进入相对人通常的地址、住所或者能够控制的地方(如信箱)即可视为到达，意思表示被相对人的代理人收到也可以视为"到达"。送达相对人时生效还意味着即使在意思表示送达相对人前相对人已经知道该意思表示内容的，该意思表示也不生效。

(3)以非对话方式作出的采用数据电文形式的意思表示。"数据电文"系指经由电子手段、电磁手段、光学手段或类似手段生成、发送、接收或存储的信息，这些手段包括但不限于电子数据交换、电子邮件、电报、电传或传真。采用数据电文方式作出的意思表示虽然也是以非对话方式进行的，但由于其发出和到达具有自动性、实时性等特点，意思表示发出即到达，其生效规则也与一般的非对话方式作出的意思表示的生效时间有所区别。采用数据电文形式订立合同，收件人指定特定系统接收数据电文的，该数据电文进入该特定系统的时间，视为到达时间；未指定特定系统的，该数据电文进入收件人的任何系统的首次时间，视为到达时间。

当事人对采用数据电文形式的意思表示的生效时间另有约定的，按照其约定。这主要是为了尊重当事人对意思表示生效时间的约定，体现意思自治。在现实生活中，当事人可以约定数据电文形式意思表示的生效时间可以不是该意思表示进入特定系统的时间。有这种约定的，从其约定。

关联法规

《电子签名法》第 11 条

第一百三十八条 【无相对人的意思表示生效时间】无相对人的意思表示，表示完成时生效。法律另有规定的，依照其规定。

条文注解

本条规定，无相对人的意思表示在完成时生效，这是无相对人意思表示生效的一般性规则。但有时法律对无相对人的意思表示的生效时间会作出特别规定，例如，根据本法继承编的规定，遗嘱这种无相对人的意思表示自遗嘱人死亡时发生效力。所以，本条还规定，法律对无相对人意思表示的生效时间另有规定的，依照其规定。

第一百三十九条 【以公告方式作出的意思表示生效时间】以公告方式作出的意思表示，公告发布时生效。

条文注解

本条规定，对于以公告方式作出的意思表示，公告发布时生效。这里的“公告方式”既可以是在有关机构的公告栏，例如人民法院的公告栏；也可以是在报纸上刊登公告的方式。以公告方式作出的意思表示，表意人一旦发出公告能够为社会公众所知道，就认为意思表示已经到达，即发生效力。理解本条还需要注意：本条所规定的表意人并不是在任何情况都可以采用公告方式作出意思表示，只有在表意人非因自己的过错而不知相对人的下落或者地址的情况下才可以采用公告方式作出意思表示，否则对相对人很不公平。在表意人知道相对人下落的情况下，表意人不得采用公告方式作出意思表示，除非相对人同意。

第一百四十条 【意思表示的作出方式】行为人可以明示或者默示作出意思表示。

沉默只有在有法律规定、当事人约定或者符合当事人之间的交易习惯时，才可以视为意思表示。

条文注解

在现实生活中，行为人作出意思表示的方式很多，归纳起来大体上可以分为两类：一是以明示的方式作出意思表示。所谓明示的意思表示，就是行为人以作为的方式使相对人能够直接了解到意思表示的内容。以明示方式作出的意思表示具有直接、明确、不易产生纠纷等特征。二是以默示方式作出的意思表示。这种方式又称为行为默示，是指行为人虽没有以语言或文字等明示方式作出意思表示，但以行为的方式作出了意思表示。这种方式虽不如明示方式那么直接表达出意思表示的内容，但通过其行为可以推定出其作出一定的意思表示。在现实生活中，以默示方式作出的意思表示也比较常见。例如，某人向自动售货机投入货币的行为即可推断其作出了购买物品的意思表示。又如，某人乘坐无人售票的公交车时，其投币行为就可以视为其具有缔结运输合同的意思表示。

意思表示原则上都需要以明示或者默示的方式作出。但是在现实生活中也会出现一种特殊情形，即行为人作出意思表示时既无语言等明示方式，也无行为等默示方式，在一定条件下仍可视为意思表示。这种情形就是以沉默的方式作出的意思表示。沉默是一种既无语言表示也无行为表示的纯粹的缄默，是一种完全的不作为，从法学理论和境外的立法例来看，原则上纯粹的不作为不能视为当事人有意思表示。也就是说，与明示和默示原则上可以作为意思表示的方式不同，沉默原则上不得作为意思表示的方式。只有在有法律规定、当事人约定或者符合当事人之间的交易习惯时，才可以视为意思表示。

第一百四十一条 【意思表示的撤回】行为人可以撤回意思表示。撤回意思表示的通知应当在意思表示到达相对人前或者与意思表示同时到达相对人。

条文注解

意思表示的撤回，是指在意思表示作出之后发生法律效力之前，意思表示的行为人欲使该意思表示不发生效力而作出的意思表示。意思表示之所以可以撤回，是因为意思表示生效才能发生法律约束力，在其尚未生效之前，不会对意思表示的相对人产生任何影响，也不会对交易秩序产生任何影响，因此，在此阶段应当允许行为人使未发生法律效力的意思表示不产生预期的效力，这也是对行为人意思自由的充分尊重。基于此，本条规定，行为人可以撤回意思表示。

行为人可以撤回意思表示，但不是在任何情况下都可以撤回其意思表示，而是有条件的。根据本条的规定，撤回意思表示的通知应当在意思表示到达相对人前或者与意思表示同时到达相对人。如果撤回意思表示的通知在意思表示到达相对人之后到达的，该意思表示已经生效，是否能够使其失效，则取决于相对人是否同意。因此，行为人若要撤回意思表示，必须选择以快于意思表示作出的方式发出撤回的通知，使之能在意思表示到达之前到达相对人。如果意思表示的行为人作出意思表示以后又立即以比作出意思表示更快的方式发出撤回通知，按照通常情况，撤回的通知应当先于或者最迟与意思表示同时到达相对人，但因为其他原因耽误了，撤回的通知在意思表示到达相对人后才到达相对人，在这种情况下，相对人应当根据诚信原则及时通知意思表示的行为人，告知其撤回的通知已经迟到，意思表示已经生效；如果相对人怠于通知行为人，行为人撤回意思表示的通知视为未迟到，仍发生撤回表示的效力。

理解本条需要注意以下两点：

一是意思表示的撤回原则上只有在该意思表示有相对人的情况下才有意义，若是无相对人的意思表示则不存在撤回不撤回的问题，只可能撤销。

二是意思表示的撤回与意思表示的撤销是不同的。根据本条的规定，意思表示的撤回是在意思表示未生效前使其不发生效力；而意思表示的撤销，是指在意思表示作出并生效之后，行为人又作出取消其意思表示的表示。由于意思表示在到达后已经生效，相对人已知悉了意思表示的内容，甚至可能已经对该意思表示产生了合理的信赖，因此，行为人能否在意思表示生效后取消其意思表示，需要考虑保障相对人合理信赖的问题。这与意思表示撤回中仅考虑保护意思表示行为人对其意思表示的自由处分权利存在较大区别。考虑到意思表示生效后，已经对行为人产生了法律约束力，能否撤销，要平衡行为人和相对人的利益，不宜泛泛规定行为人可以撤销意思表示。基于此，合同编第476条规定，要约可以撤销，但有下列情形之一的，要约不得撤销：(1)要约人以确定承诺期限或者其他形式明示要约不可撤销；(2)受要约人有理由认为要约是不可撤销的，并已经为履行合同做了合理准备工作。所以，总则编只规定了意思表示的撤回，未规定意思表示的撤销。

第一百四十二条 【意思表示的解释】有相对人的意思表示的解释，应当按照所使用的词句，结合相关条款、行为的性质和目的、习惯以及诚信原则，确定意思表示的含义。

无相对人的意思表示的解释，不能完全拘泥于所使用的词句，而应当结合相关条款、行为的性质和目的、习惯以及诚信原则，确定行为人的真实意思。

条文注解

根据本条第1款的规定，对有相对人的意思表示的解释，应当遵循以下规则：第一，首先要按照意思表示所使用的词句进行解释。对词句的解释应当按照一个合理人通常的理解来进行。第二，如果按通常的理解对有相对人的意思表示所使用的词句进行解释比较困难或者不合理的，则应当结合相关条款、行为的性质和目的、习惯以及诚实信用原则，确定意思表示的含义。其中，按照习惯进行解释，是指在意思表示发生争议以后，应当根据当事人所知悉的生活和交易习惯来对意思表示进行解释。在运用习惯进行解释时，双方当事人应当对运用的习惯是否存在以及其内容进行举证证明，在当事人未举证的情况下，人民法院也可以主动适用习惯进行解释。

本条第2款对无相对人的意思表示的解释规则作了规定。需要强调的是，对无相对人的意思表示的解释，不能完全拘泥于意思表示所使用的词句，但不是完全抛开意思表示所使用的词句，这主要是为了防止在解释这类意思表示时自由裁量权过大，影响当事人的利益。例如，在对遗嘱进行解释时，虽说主要是探究遗嘱人立遗嘱的真实意思，但也不能完全不考虑遗嘱本身的词句。

第三节 民事法律行为的效力

第一百四十三条 【民事法律行为有效的条件】具备下列条件的民事法律行为有效:

(一)行为人具有相应的民事行为能力;

(二)意思表示真实;

(三)不违反法律、行政法规的强制性规定,不违背公序良俗。

条文注解

根据本条的规定,民事法律行为应当具备的有效条件包括:

第一,行为人具有相应的民事行为能力。民事行为能力是行为人通过自己行为参与民事活动,享有权利和承担义务的能力。与作为法律资格的民事权利能力相比,民事行为能力是行为人实施民事法律行为的相应保证。这里的"相应",强调行为人所实施的民事法律行为应当与其行为能力相匹配:就完全民事行为能力人而言,可以从事一切民事法律行为,其行为能力不受限制;就限制行为能力人而言,只能实施与其年龄、智力、精神健康状况等相适应的民事法律行为,实施其他行为需要经过法定代理人的同意或者追认;而无行为能力人由于不具备行为能力,其实施的民事法律行为是无效的。

第二,意思表示真实。意思表示作为法律行为的核心要素,其真实性对于保证行为人正确实现行为目的至关重要。应当注意,此处的真实应作扩大解释,实际上还包含了传统民法理论意思表示自由的含义。例如,在因欺诈、胁迫实施民事法律行为的情形中,受欺诈人、受胁迫人的意思表示虽然从表面看是真实的,但实际上并非其内心自由意志的体现。在意思表示不真实的情况下,民事法律行为不能具备完全有效的效力。

第三,不违反法律、行政法规的强制性规定,不违背公序良俗。前者侧重于具体的法律规范对民事法律行为效力的要求,后者则是从公共秩序和善良习俗方面对民事法律行为提出的要求。

关联法规

《消费者权益保护法》第26条

第一百四十四条 【无民事行为能力人实施的民事法律行为的效力】无民事行为能力人实施的民事法律行为无效。

第一百四十五条 【限制民事行为能力人实施的民事法律行为的效力】限制民事行为能力人实施的纯获利益的民事法律行为或者与其年龄、智力、精神健康状况相适应的民事法律行为有效；实施的其他民事法律行为经法定代理人同意或者追认后有效。

相对人可以催告法定代理人自收到通知之日起三十日内予以追认。法定代理人未作表示的，视为拒绝追认。民事法律行为被追认前，善意相对人有撤销的权利。撤销应当以通知的方式作出。

条文注解

本条第1款是关于限制民事行为能力人从事的民事法律行为效力的规定，具体包括两层含义：(1)原则上，限制民事行为能力人所从事的民事法律行为，须经法定代理人同意或者追认才能有效。同意，指的是法定代理人事先对限制民事行为能力人实施某种民事法律行为予以明确认可；追认，指的是法定代理人事后明确无误地对限制民事行为能力人实施某种民事法律行为表示同意。无论是事先的同意还是事后的追认，都是法定代理人的单方意思表示，无须行为相对人的同意即可发生效力。需要说明的是，法定代理人对限制民事行为能力人行为的同意或者追认应当采用明示的方式作出，同时应当为行为相对人所知晓才能发生效力。(2)规定了部分民事法律行为无须经法定代理人同意或者追认即可有效。这些行为主要包括两类：一类是纯获利益的民事法律行为。所谓"纯获利益"，一般是指限制民事行为能力人在某种民事法律行为中只享有权利或者利益，不承担任何义务，如限制民事行为能力人接受赠与、奖励、报酬等。另一类是与限制民事行为能力人的年龄、智力、精神健康状态相适应的民事法律行为，这些民事法律行为多与日常生活相关，如对于8周岁以上的未成年人购买价值不高的学习用品、平日出行乘坐交通工具等；对于不能完全辨认自己行为的精神病人，在其健康状况允许时，可以实施某些民事法律行为，而不经其法定代理人追认。

本条第2款除规定相对人的催告权外，还规定了善意相对人的撤销权，即民事法律行为被追认前，善意相对人有撤销的权利。这里的撤销权，是指民事法律行为的相对人在法定代理人追认限制民事行为能力人实施的民事法律行为前，撤销自己在该民事法律行为中所作的意思表示。本条撤销权的行使应注意以下几点：(1)相对人撤销权的行使须在法定代理人追认之前，法定代理人一经追认，相对人不得再行使这一权利。(2)仅善意相对人可行使撤销权。所谓善意，是指相对人实施民事法律行为时并不知晓对方为限制民事行为能力人，且此种不知晓不构成重大过失。(3)相对人行使撤销权时，应当通过通知的方式作出，这种通知必须是明示的、明确的，不得通过默示的方式。

第一百四十六条 【虚假表示与隐藏行为的效力】行为人与相对人以虚假的意思表示实施的民事法律行为无效。

以虚假的意思表示隐藏的民事法律行为的效力，依照有关法律规定处理。

条文注解

虚假意思表示又称虚伪表示，所谓虚伪表示，是指行为人与相对人都知道自己所表示的意思并非真意，通谋作出与真意不一致的意思表示。虚伪表示的特征在于，双方当事人都知道自己所表示出的意思不是真实意思，民事法律行为本身欠缺效果意思，双方均不希望此行为能够真正发生法律上的效力。

本条第1款是对双方以虚假意思表示作出的民事法律行为效力的规定，即行为人与相对人以虚假的意思表示实施的民事法律行为无效。这一规定的含义是：双方通过虚假的意思表示实施的民事法律行为是无效的。之所以对通过虚伪表示实施的民事法律行为的效力予以否定，是因为这一"意思表示"所指向的法律效果并非双方当事人的内心真意，双方对此相互知晓，如果认定其为有效，有悖于意思自治的原则。本款虽未明确规定行为人与相对人须通谋而为虚假的意思表示，实际上双方对虚假意思表示达成一致的结果反映出二者必须有一个意思联络的过程。这也是虚伪表示区别于真意保留的重要一点，真意保留的相对人并不知晓行为人表示的是虚假意思。

本条第2款是对隐藏行为效力的规定：以虚假的意思表示隐藏的民事法律行为的效力，依照有关法律规定处理。所谓隐藏行为，又称隐匿行为，是指在虚伪表示掩盖之下行为人与相对人真心所欲达成的民事法律行为。根据虚伪表示与隐藏行为的对应关系，有虚伪表示，未必存在隐藏行为；但有隐藏行为，则一定存在虚伪表示。前者如以逃避债务为目的的假赠与，赠与行为是通过虚伪表示而实施的行为，但并不存在隐藏行为；后者如名为赠与实为买卖，赠与行为是通过虚伪表示实施的行为，而买卖则是掩盖在虚伪表示之下的隐藏行为。根据本条的规定，当同时存在虚伪表示与隐藏行为时，虚伪表示无效，隐藏行为并不因此无效，其效力如何，应当依据有关法律规定处理。

第一百四十七条 【基于重大误解实施的民事法律行为的效力】基于重大误解实施的民事法律行为，行为人有权请求人民法院或者仲裁机构予以撤销。

条文注解

认定重大误解需满足以下几个条件：一是行为人主观上存在错误认识，这种错误可以是关于行为的性质，也可以是关于行为的相对人、交易标的的质量、数量等；二是行为的结果与行为人的意思相悖；三是行为人的错误认识与行为后果之间存在因果关系，即如果没有这种错误认识，将不会产生该行为后果；四是行为人在客观上遭受了较大损失，如果没有损失或者损失较小，也不能构成重大误解。

第一百四十八条 【以欺诈手段实施的民事法律行为的效力】一方以欺诈手段，使对方在违背真实意思的情况下实施的民事法律行为，受欺诈方有权请求人民法院或者仲裁机构予以撤销。

条文注解

民法中的欺诈，一般是指行为人故意欺骗他人，使对方陷入错误判断，并基于此错误判断作出意思表示的行为。欺诈的构成要件一般包括四项：一是行为人须有欺诈的故意。这种故意既包括使对方陷入错误判断的故意，也包括诱使对方基于此错误判断而作出意思表示的故意。二是行为人须有欺诈的行为。这种行为既可以是故意虚构虚假事实，也可以是故意隐瞒应当告知的真实情况等。三是受欺诈人因行为人的欺诈行为陷入错误判断，即欺诈行为与错误判断之间存在因果关系。四是受欺诈人基于错误判断作出意思表示。

第一百四十九条 【受第三人欺诈的民事法律行为的效力】第三人实施欺诈行为，使一方在违背真实意思的情况下实施的民事法律行为，对方知道或者应当知道该欺诈行为的，受欺诈方有权请求人民法院或者仲裁机构予以撤销。

条文注解

针对第三人欺诈的行为作了规定，主要内容包括：(1)当事人以外的第三人对一方当事人实施了欺诈行为，并致使该当事人陷入错误判断且据此作出了意思表示。欺诈行为的具体形式，有可能是故意告知虚假信息，或者故意隐瞒真实情况，也可能存在其他不同形式，但其根本目的在于使受欺诈人陷入错误认识，作出“若了解真实情况便不会作出的”意思表示。(2)受欺诈人享有对民事法律行为的撤销权，但该撤销权行使须满足一定条件。具体来说，第三人实施欺诈行为，只有在受欺诈人的相对方不属于善意时，受欺诈人才能行使撤销权。相对方的这种非善意表现为，对于第三人的欺诈行为，其知道或者应当知道。实践中，对于第三人实施的欺诈行为，受欺诈人的相对方既可能知情，也可能不知情。例如，在欺诈买受人购买朋友二手车的例子中，二手车的出卖人既可能知道交易的达成系其朋友欺诈买受人的结果，也可能对此并不知情，单纯认为买受人愿意购买自己的二手车。法律仅赋予相对方知情时受欺诈人撤销民事法律行为的权利，体现了对善意相对人的保护。(3)撤销权的行使仍须通过人民法院或者仲裁机构。

还有一个问题需要说明，在一方当事人实施欺诈行为时，相对人对欺诈并不知情，由此陷入错误判断并作出意思表示。在此种情形下，相对人必然为善意，应当享有撤销权。此时，受欺诈人尽管不能通过行使撤销权的方式保护其自身权益，但如果其权益因此受损，并不妨碍其向实施欺诈的第三人主张赔偿。

第一百五十条 【以胁迫手段实施的民事法律行为的效力】一方或者第三人以胁迫手段，使对方在违背真实意思的情况下实施的民事法律行为，受胁迫方有权请求人民法院或者仲裁机构予以撤销。

条文注解

所谓胁迫，是指行为人通过威胁、恐吓等不法手段对他人思想上施加强制，由此使他人产生恐惧心理并基于恐惧心理作出意思表示的行为。在民法理论中，胁迫与欺诈一样，都属于意思表示不自由的情形。当事人因受胁迫而作出意思表示，其意思表示并没有产生错误，受胁迫人在作出符合胁迫人要求的意思表示时，清楚地意识到自己意思表示的法律后果，只是这种意思表示的作出并非基于受胁迫人的自由意志。胁迫的构成要件一般应当包括：(1)胁迫人主观上有胁迫的故意，即故意实施胁迫行为使他人陷入恐惧以及基于此恐惧心理作出意思表示。(2)胁迫人客观上实施了胁迫的行为，即以将要实施某种加害行为威胁受胁迫人，以此使受胁迫人产生心理恐惧。这种加害既可以是对受胁迫人自身的人身、财产权益的加害，也可以是对受胁迫人的亲友甚至与之有关的其他人的人身、财产权益的加害，客观上使受胁迫人产生了恐惧心理。(3)胁迫须具有不法性，包括手段或者目的的不法性，反之则不成立胁迫。例如，出租人以向法院起诉为要挟，要求承租人按合同约定及时履行交付租金的义务，此种情形便不属于应受法律调整的胁迫行为。(4)受胁迫人基于胁迫产生的恐惧心理作出意思表示。换言之，意思表示的作出与胁迫存在因果关系。此处因果关系的判断，应以受胁迫人自身而非其他人为标准。由于胁迫侵害了被胁迫人的自由意志，法律对通过胁迫手段实施的民事法律行为加以规制。

需要进一步说明的是，胁迫相较于欺诈而言，对当事人意思自由的侵害更为严重，法律应当赋予受胁迫人程度更为严格的保护。因此，本条规定，无论是一方胁迫还是第三人胁迫，受胁迫人均享有对民事法律行为的撤销权。

第一百五十一条 【显失公平的民事法律行为的效力】一方利用对方处于危困状态、缺乏判断能力等情形，致使民事法律行为成立时显失公平的，受损害方有权请求人民法院或者仲裁机构予以撤销。

条文注解

本条所规定的显失公平，须包括两项要件：一是主观上民事法律行为的一方当事人利用了对方处于危困状态、缺乏判断能力等情形。这意味着，一方当事人主观上意识到对方当事人处于不利情境，且有利用这一不利情境之故意。所谓危困状态，一般指因陷入某种暂时性的急迫困境而对于金钱、物的需求极为迫切等。二是客观上民事法律行为成立时显失公平。此处的显失公平是指双方当事人在民事法律行为中的权利义务明显失衡、显著不相称。至于“失衡”“不相称”的具体标准，则需要结合民事法律行为的具体情形，如市场风险、交易行情、通常做法等加以判断。同时，需要说明的是，对于显失公平的判断时点，应以民事法律行为成立时为限。由于民事法律行为从成立到实际履行往往有一个过程，这一过程中的许多因素都可能对双方当事人的权利义务产生影响，如果不限定判断的时点，对于显失公平的判定将会缺少客观标准，也无法将原已存在的“权利义务失衡”结果与民事法律行为成立后当事人以外因素对权利义务产生的影响相区分。

关于显失公平民事法律行为的效力，从尊重权益受损方意思自治的角度，本条将其规定为可撤销的民事法律行为。受损害方可以基于民事法律行为的具体情况，选择是否向法院或者仲裁机构请求撤销这一行为。

第一百五十二条　【撤销权的消灭】有下列情形之一的，撤销权消灭：

（一）当事人自知道或者应当知道撤销事由之日起一年内、重大误解的当事人自知道或者应当知道撤销事由之日起九十日内没有行使撤销权；

（二）当事人受胁迫，自胁迫行为终止之日起一年内没有行使撤销权；

（三）当事人知道撤销事由后明确表示或者以自己的行为表明放弃撤销权。

当事人自民事法律行为发生之日起五年内没有行使撤销权的，撤销权消灭。

条文注解

民事法律行为因不同事由被撤销的，其撤销权应当在一定期间内行使。这一点是由撤销权的性质所决定的。在民法理论上，撤销权属于形成权，行为人可以通过自己的行为直接行使权利，实现权利目的。但是，撤销权的行使将使可撤销的民事法律行为效力终局性地归于无效，这将对相对人的利益产生重大影响，因此，享有撤销权的权利人必须在一定期间内决定是否行使这一权利，从而保护相对人的利益，维护交易安全。这一期间被称为除斥期间，除斥期间经过，撤销权终局性地归于消灭，可撤销的民事法律行为自此成为完全有效的民事法律行为。

由于导致民事法律行为可撤销的事由多样，因此不同情况下除斥期间的起算以及期间的长短也应有所不同。对撤销权的除斥期间作了以下规定:(1)撤销权原则上应在权利人知道或者应当知道撤销事由之日起1年内行使,但自民事法律行为发生之日起5年内没有行使的,撤销权消灭。将期间起算的标准规定为“权利人知道或者应当知道撤销事由之日”有利于撤销权人的利益保护,防止其因不知撤销事由存在而错失撤销权的行使。同时,辅之以“自民事法律行为发生之日起五年”的客观期间,有助于法律关系的稳定,稳定交易秩序,维护交易安全。(2)对于因重大误解享有撤销权的,权利人应在知道或者应当知道撤销事由之日起3个月内行使,否则撤销权消灭。同欺诈、胁迫、显失公平等影响意思表示自由的情形相比,重大误解权利人的撤销事由系自己造就,不应赋予其与其他撤销事由同样的除斥期间。因此,本条将重大误解的撤销权除斥期间单独确定为90日,并仍以权利人知道或者应当知道撤销事由之日起算。(3)对于因胁迫享有撤销权的,应自胁迫行为终止之日起1年内行使,否则撤销权消灭。同欺诈、重大误解等其他撤销事由相比,胁迫具有特殊性。受胁迫人在胁迫行为终止前,即使知道胁迫行为的存在,事实上仍然无法行使撤销权。考虑到这一特殊情况,本条将因胁迫享有撤销权的除斥期间起算规定为“自胁迫行为终止之日起”,期间仍为1年。(4)对于权利人知道撤销事由后明确表示或者以自己的行为表明放弃撤销权的,撤销权消灭,不受1年期间的限制。权利人无论是明确表示还是通过行为表示对撤销权的放弃,均属于对自己权利的处分,依据意思自治的原则,法律予以准许。

第一百五十三条 【违反强制性规定及违背公序良俗的民事法律行为的效力】违反法律、行政法规的强制性规定的民事法律行为无效。但是,该强制性规定不导致该民事法律行为无效的除外。

违背公序良俗的民事法律行为无效。

条文注解

本法第143条属于对民事法律行为有效的一般性要求,而本条则属于可以直接判定行为效力的裁判性规范。

本条第1款规定,违反法律、行政法规的强制性规定的民事法律行为无效,但是,该强制性规定不导致该民事法律行为无效的除外。法律规范分为强制性规范与任意性规范。任意性规范的目的是引导、规范民事主体的行为,并不具备强制性效力,民事法律行为与任意性规范不一致的,并不影响其效力。任意性规范体现的是法律对主体实施民事法律行为的一种指引，当事人可以选择适用，也可以选择不适用。与任意性规范相对的是强制性规范，后者体现的是法律基于对国家利益、社会公共利益等的考量，对私人意思自治领域所施加的一种限制。民事主体在实施民事法律行为时，必须服从这种对行为自由的限制，否则会因对国家利益、社会公共利益等的侵害而被判定无效。但是，民事法律行为违反强制性规定无效有一种例外，即当该强制性规定本身并不导致民事法律行为无效时，民事法律行为并不无效。这里实际上涉及对具体强制性规定的性质判断问题。某些强制性规定尽管要求民事主体不得违反，但其并不导致民事法律行为无效。违反该法律规定的后果应由违法一方承担，对没有违法的当事人不应承受一方违法的后果。例如，一家经营水果的商店出售种子，农户购买了该种子，该商店违法经营种子，必须承担相应违法责任，但出于保护农户的目的，不宜认定该买卖行为无效。

本条第 2 款规定，违背公序良俗的民事法律行为无效。公序良俗是公共秩序和善良习俗的简称，属于不确定概念。民法学说一般采取类型化研究的方式，将裁判实务中依据公序良俗裁判的典型案件，区别为若干公序良俗违反的行为类型。法院或者仲裁机构在审理案件时，如果发现待决案件事实与其中某一个类型相符，即可判定行为无效。这些类型包括但不限于：(1)危害国家政治、经济、财政、税收、金融、治安等秩序类型；(2)危害家庭关系行为类型；(3)违反性道德行为类型；(4)违反人权和人格尊重行为类型；(5)限制经济自由行为类型；(6)违反公平竞争行为类型；(7)违反消费者保护行为类型；(8)违反劳动者保护行为类型等。同强制性规定一样，公序良俗也体现了国家对民事领域意思自治的一种限制。因此，对公序良俗的违背也构成民事法律行为无效的理由。

第一百五十四条 【恶意串通的民事法律行为的效力】行为人与相对人恶意串通，损害他人合法权益的民事法律行为无效。

条文注解

所谓恶意串通，是指行为人与相对人互相勾结，为牟取私利而实施的损害他人合法权益的民事法律行为。恶意串通的民事法律行为在主观上要求双方有互相串通、为满足私利而损害他人合法权益的目的，客观上表现为实施了一定形式的行为来达到这一目的。

需要注意的是，在虚伪表示的民事法律行为中，行为人与相对人所表示出的意思均非真意，而恶意串通的双方当事人所表达的都是内心真意，二者尽管在法律后果上相同，但不可混淆。尽管在某些情况下，双方通谋的虚伪表示也表现为主观上的恶意，且同时损害了他人的合法权益，但二者的侧重点不同，不能相互替代。

关联法规

《拍卖法》第65条，《企业国有资产法》第72条

第一百五十五条 【无效、被撤销的民事法律行为自始无效】无效的或者被撤销的民事法律行为自始没有法律约束力。

条文注解

无效和被撤销的民事法律行为是自始无效的，具有溯及力。这种自始无效意味着，民事法律行为一旦无效或者被撤销后，双方的权利义务状态应当恢复到这一行为实施之前的状态，已经履行的，应当恢复原状。

关于本条，还有两点需要进一步说明。(1)无效的民事法律行为除自始无效外，还应当是当然无效、绝对无效。所谓当然无效，是指只要民事法律行为具备无效条件，其便当然产生无效的法律后果，无须经过特定程序的确认才无效；所谓绝对无效，是指这种民事法律行为的无效是绝对而非相对的，对包括当事人在内的其他任何人而言均是无效的。(2)有的意见提出，被撤销的民事法律行为自始无效的规定过于绝对，身份行为以及具有持续性的民事法律行为被撤销后，其无效的效果应仅向将来发生，不应溯及既往。我国《婚姻法》《收养法》等法律规定已经对无效或被撤销婚姻、无效收养等身份行为的无效溯及既往作了规定，本条应当延续这一规定，对符合无效情形以及被撤销的此类行为，仍坚持无效溯及既往的规定。

第一百五十六条 【民事法律行为部分无效】民事法律行为部分无效，不影响其他部分效力的，其他部分仍然有效。

条文注解

民事法律行为的无效事由既可以导致其全部无效，也可以导致部分无效。在部分无效时，如果不影响其他部分的效力，其他部分仍可有效。这

意味着，只有在民事法律行为的内容效力可分且相互不影响的情况下，部分无效才不会导致其他部分同时无效。反之，当部分无效的民事法律行为会影响其他部分效力的，其他部分也应无效。

本条所规定的“民事法律行为部分无效，不影响其他部分效力”的情形，主要包括以下几种：一是民事法律行为的标的数量超过国家法律许可的范围。例如，遗嘱继承中，被继承人将其全部遗产均遗赠他人，并未给胎儿保留必要的遗产份额，违反了继承相关的法律规定。因此，在遗产的应继承份额范围内的那部分遗赠是无效的，但其他部分的遗赠仍然有效。二是民事法律行为的标的可分，其中一项或数项无效。比如，同一买卖合同的标的物有多个，其中一个或数个标的物因属于国家禁止流通物而无效，其他标的物的买卖仍为有效。三是民事法律行为的非根本性条款因违法或违背公序良俗而无效。例如，雇佣合同中有条款约定“工作期间发生的一切人身伤害，雇主概不负责”。这一条款因违反相关劳动法律以及公序良俗原则而无效，但雇佣合同的其他权利义务条款并不因此无效。

本条在民事法律行为无效部分与其他部分效力可分的情况下，规定部分无效在不影响其他部分效力的情况下，其他部分仍然有效。这实际上体现了民法尽可能尊重双方意思自治、承认民事法律行为效力的原则。当然，如果无效部分属于整体民事法律行为成立生效的必要条款，或者无效部分事实上与其他部分不可分割，那么这种部分无效当然会同时导致其他部分的无效，进而影响整体的行为效力。

关联法规

《劳动合同法》第27条

第一百五十七条 【民事法律行为无效、被撤销或确定不发生效力的法律后果】民事法律行为无效、被撤销或者确定不发生效力后，行为人因该行为取得的财产，应当予以返还；不能返还或者没有必要返还的，应当折价补偿。有过错的一方应当赔偿对方由此所受到的损失；各方都有过错的，应当各自承担相应的责任。法律另有规定的，依照其规定。

条文注解

本条规定了民事法律行为无效、被撤销以及确定不发生效力的如下几

种法律后果:

1. 返还财产。这是指民事法律行为被确认无效、被撤销或者确定不发生效力后,行为人因民事法律行为所取得的财产应当予以返还,相对人亦享有对已交付财产的返还请求权。这里需要说明的是,返还财产的目的在于使双方的财产关系恢复到民事法律行为实施前的状态,因此无论双方是否存在过错,都负有返还财产的义务。一方存在过错的,相对方可以通过主张损失的赔偿来维护其利益。

2. 折价补偿。民事法律行为无效、被撤销或者确定不发生效力后,返还财产应当作为恢复原状的原则做法。但是,在有些情况下,返还财产并不具备现实条件或者没有必要,此时应当通过折价补偿的方式来达到使财产关系恢复原状的目的。(1)财产不能返还,包括法律上的不能返还和事实上的不能返还。法律上的不能返还主要是指财产返还受到善意取得制度的影响,即一方当事人将通过民事法律行为取得的财产转让给第三人,第三人取得财产时符合善意取得制度的各项要件,此时该第三人因善意取得制度成为财产的所有权人,该财产又是不可替代的。事实上的不能返还主要是指因标的物已经灭失,造成客观上无法返还,且原物又是不可替代物。此时,取得该财产的当事人应当依据原物的市价进行折价补偿。(2)没有必要返还财产的,主要包括以下两种情况:一是如果当事人接受的财产是劳务或者利益,在性质上不能恢复原状,应以国家规定的价格计算,以金钱返还;没有国家规定的,按照市价或者同类劳务的报酬标准计算返还。二是如果一方当事人是通过使用对方的知识产权获得的利益,因知识产权属于无形财产,此时应折价补偿对方当事人。

3. 赔偿损失。根据本条的规定,有过错的一方应当赔偿对方由此所受到的损失;各方都有过错的,应当各自承担相应的责任。需要指出的是,这里规定的损失赔偿是一种过错责任,行为人只有主观上对民事法律行为无效、被撤销以及确定不发生效力的情形存在过错时才予以承担。

第四节 民事法律行为的附条件和附期限

第一百五十八条 【附条件的民事法律行为】民事法律行为可以附条件,但是根据其性质不得附条件的除外。附生效条件的民事法律行为,自条件成就时生效。附解除条件的民事法律行为,自条件成就时失效。

条文注解

民事法律行为成立之后的效力问题，当事人之间可以自行约定，这也是意思自治原则的体现。民事法律行为中所附条件，是指当事人以未来客观上不确定发生的事实，作为民事法律行为效力的附款。所附条件具有以下特点：第一，条件系当事人共同约定，并作为民事法律行为的一部分内容。条件体现的是双方约定一致的意思，这是与法定条件最大的不同之处，后者是指由法律规定的、不由当事人意思决定并具有普遍约束力的条件。当事人不得以法定条件作为其所附条件。第二，条件是未来可能发生的事实。这意味着，已经过去的、现在的以及将来确定不会发生的事实不能作为民事法律行为的所附条件。如果是将来必然发生的事实，应当作为附期限。应当注意，这种条件事实发生的不确定性应当是客观存在的，如果仅仅是当事人认为事实发生与否不确定，但实际上必然发生或者不发生的，也不能作为所附条件。第三，所附条件是当事人用以限定民事法律行为效力的附属意思表示。应当将所附条件与民事法律行为中的供货条件、付款条件等相互区分，后者是民事法律行为自身内容的一部分而非决定效力的附属意思表示。第四，所附条件中的事实应为合法事实，违法事实不能作为民事法律行为的附条件。如不能约定以故意伤害他人作为合同生效的条件。

以所附条件决定民事法律行为效力发生或消灭为标准，条件可以分为生效条件和解除条件。所谓生效条件，是指使民事法律行为效力发生或者不发生的条件。生效条件具备之前，民事法律行为虽已成立但未生效，其效力是否发生处于不确定状态。条件具备，民事法律行为生效；条件不具备，民事法律行为就不生效。比如，甲、乙双方签订房屋买卖合同，约定甲将所居住的房产出卖给乙，其条件是甲出国定居，不在国内居住。当条件具备时，此房屋买卖合同才生效。所谓解除条件，又称消灭条件，是指对已经生效的民事法律行为，当条件具备时，该民事法律行为失效；如果该条件确定不具备，则该民事法律行为将继续有效。

在附条件的民事法律行为中，所附条件的出现与否直接决定了民事法律行为的效力状态。附生效条件的民事法律行为，自条件成就时生效。附解除条件的民事法律行为，自条件成就时失效。需要特别指出的是，附条件的民事法律行为虽然在所附条件出现时才生效或失效，但在条件尚未具备时，民事法律行为对于当事人仍然具有法律约束力，当事人不得随意变更或者撤销。因此，可以将附条件的民事法律行为的效力分为条件成就前的效力和条件成就后的效力。对于附生效条件的民事法律行为来说，条件成就前的效力表现为当事人不得随意变更、撤销民事法律行为以及对于民事法律行为生效的期待权；对于附解除条件的民事法律行为来说，条件成就前的效力表现为条件具备后民事法律行为效力归于消灭的期待权。

关联法规

《保险法》第13条，《票据法》第33条

第一百五十九条 【条件成就和不成就的拟制】附条件的民事法律行为，当事人为自己的利益不正当地阻止条件成就的，视为条件已经成就；不正当地促成条件成就的，视为条件不成就。

条文注解

在附条件的民事法律行为中，条件的成就与否直接关系到民事法律行为的效力状况。对于附生效条件的民事法律行为来说，条件成就，民事法律行为就开始生效；条件不成就，民事法律行为就确定不发生效力。对附解除条件的民事法律行为来说，条件成就，民事法律行为就失效，反之民事法律行为继续有效。

本条规定，当事人为自己的利益不正当地阻止条件成就的，视为条件已经成就；不正当地促成条件成就的，视为条件不成就。对本条的把握应当注意以下几点：第一，当事人主观上有为自己利益人为改变条件状态的故意。换言之，当事人从自己利益的角度考虑，主观上具有使条件成就或者不成就的故意。第二，当事人为此实施了人为改变条件成就状态的行为。民事法律行为中所附条件，其成就与否本不确定。当事人为自己利益实施了促成或阻止条件成就的行为。第三，该行为具有不正当性。这主要是指当事人的此种行为违反了诚信原则，不符合事先约定。

第一百六十条 【附期限的民事法律行为】民事法律行为可以附期限，但是根据其性质不得附期限的除外。附生效期限的民事法律行为，自期限届至时生效。附终止期限的民事法律行为，自期限届满时失效。

条文注解

根据所附期限决定民事法律行为的生效或失效，期限可以分为生效期限和终止期限。所谓生效期限，是指决定民事法律行为效力发生的期限。期限届至，民事法律行为生效；期限届至前，民事法律行为虽已成立但并未生效。所谓终止期限，是指决定民事法律行为效力消灭的期限。期限届至，民事法律行为失效；期限届至前，民事法律行为始终有效。

关联法规

《保险法》第13条

第七章 代 理

第一节 一般规定

第一百六十一条 【代理适用范围】民事主体可以通过代理人实施民事法律行为。

依照法律规定、当事人约定或者民事法律行为的性质，应当由本人亲自实施的民事法律行为，不得代理。

条文注解

代理，是指代理人代被代理人实施民事法律行为，其法律效果直接归属于被代理人的行为。代理制度是调整被代理人、代理人和第三人之间关系的法律制度。

代理的适用范围原则上限于民事法律行为。但一般认为，一些与合同密切相关的准民事法律行为、事实行为和程序行为，如要约邀请、要约撤回、订约时样品的交付和受领、办理合同公证等，也允许代理。

但不是所有民事法律行为都允许代理。根据本条第2款的规定，下列三类民事法律行为不得代理：一是依照法律规定应当由本人亲自实施的民事法律行为。二是依照当事人约定应当由本人亲自实施的民事法律行为。当事人双方基于某种原因，约定某一民事法律行为必须由本人亲自实施的，当事人自然应当遵守这一约定，不得通过代理人实施该民事法律行为。三是依照民事法律行为的性质，应当由本人亲自实施的民事法律行为。这主要是指具有人身性质的身份行为，如结婚、离婚、收养、遗嘱、遗赠等。

关联法规

《保险法》第117条,《拍卖法》第26、34条

第一百六十二条 【代理的效力】代理人在代理权限内,以被代理人名义实施的民事法律行为,对被代理人发生效力。

第一百六十三条 【代理的类型】代理包括委托代理和法定代理。

委托代理人按照被代理人的委托行使代理权。法定代理人依照法律的规定行使代理权。

第一百六十四条 【代理人不当行为的法律后果】代理人不履行或者不完全履行职责,造成被代理人损害的,应当承担民事责任。

代理人和相对人恶意串通,损害被代理人合法权益的,代理人和相对人应当承担连带责任。

条文注解

本条第2款规定,代理人和相对人应当承担连带责任。根据本款的规定,代理人和相对人承担连带责任的前提是恶意串通。恶意,是指双方都明知或者应知其实施的行为会造成被代理人合法权益的损害还故意为之。串通,是指双方在主观上有共同的意思联络。此处的恶意串通就是双方串通在一起,共同实施某种行为来损害被代理人的合法权益。如果双方当事人或者一方当事人不知且不应知其行为的损害后果,就不构成恶意串通,不能适用本款规定,应当根据各自的行为来承担相应的民事责任。

第二节 委托代理

第一百六十五条 【授权委托书】委托代理授权采用书面形式的,授权委托书应当载明代理人的姓名或者名称、代理事项、权限和期限,并由被代理人签名或者盖章。

条文注解

根据本法第135条的规定，在法律、行政法规没有特别规定或者当事人没有约定的情况下，委托代理授权可以采取书面形式、口头形式或者其他形式中的任何一种。其中，书面形式是最主要的一种授权形式，称为授权委托书。根据本条的规定，授权委托书的内容包括代理人的姓名或者名称、代理事项、代理权限、代理期限等，被代理人还应当在授权委托书上签名或者盖章。本条规定是对授权委托书应当包括的内容作提示性规定，目的是减少实践中产生纠纷。

第一百六十六条 【共同代理】数人为同一代理事项的代理人的，应当共同行使代理权，但是当事人另有约定的除外。

条文注解

共同代理，是指数个代理人共同行使一项代理权的代理。共同代理有如下几个特征：一是有数个代理人。如果只有一个代理人，属于单独代理，而不是共同代理。二是只有一个代理权。如果数个代理人有数个代理权，属于集合代理，而不是共同代理。例如，被代理人授权甲为其购买一台电视机、乙为其购买一台电冰箱，即为集合代理。被代理人授权甲、乙一起为其购买一台电视机和一台电冰箱，才属于共同代理。三是共同行使代理权。共同行使，是指只有经过全体代理人的共同同意才能行使代理权，即数人应当共同实施代理行为，享有共同的权利义务。任何一个代理人单独行使代理权，均属于无权代理。如果数个代理人对同一个代理权可以单独行使，也属于单独代理，而不是共同代理。比如，被代理人授权甲、乙一起为其购买一台电视机和一台电冰箱，但谁买都可以，此种情况属于单独代理，而不是共同代理。

共同代理，应当由被代理人授权，但在被代理人就同一代理权指定了数个代理人，有约定的当然按约定处理，没约定的，法律推定为共同代理，数个代理人应当共同行使代理权，任何一个代理人都不得擅自单独实施代理行为。

关联法规

《信托法》第31条

第一百六十七条 【违法代理及其法律后果】代理人知道或者应当知道代理事项违法仍然实施代理行为，或者被代理人知道或者应当知道代理人的代理行为违法未作反对表示的，被代理人和代理人应当承担连带责任。

条文注解

被代理人、代理人利用委托代理关系从事的违法行为可分为两类：一是代理事项本身违法，如委托代理人销售假冒伪劣产品；二是代理事项不违法，但代理人实施的代理行为违法，如委托代理人销售合法产品，代理人将该产品贴上假冒商标进行销售。代理违法造成第三人损害的，自应承担民事责任，但由被代理人承担还是代理人承担应当区分不同情形加以确定。

第一百六十八条 【禁止自我代理和双方代理及例外】代理人不得以被代理人的名义与自己实施民事法律行为，但是被代理人同意或者追认的除外。

代理人不得以被代理人的名义与自己同时代理的其他人实施民事法律行为，但是被代理的双方同意或者追认的除外。

条文注解

自己代理，是指代理人以被代理人的名义与自己实施民事法律行为。实践中，自己代理主要有两种情况：一是代理人以自己的名义向被代理人发出要约且代理人以被代理人的名义予以承诺；二是代理人以被代理人的名义向自己发出要约且以自己的名义予以承诺。

双方代理，是指代理人同时代理被代理人和相对人实施同一民事法律行为。构成双方代理，必须符合两个条件：一是代理人必须既获得被代理人的委托代理授权，又获得相对人的委托代理授权。二是代理人同时代理双方为同一民事法律行为的当事人。

第一百六十九条 【复代理】代理人需要转委托第三人代理的，应当取得被代理人的同意或者追认。

转委托代理经被代理人同意或者追认的，被代理人可以就代理事务直接指示转委托的第三人，代理人仅就第三人的选任以及对第三人的指示承担责任。

转委托代理未经被代理人同意或者追认的，代理人应当对转委托的第三人的行为承担责任；但是，在紧急情况下代理人为了维护被代理人的利益需要转委托第三人代理的除外。

条文注解

复代理，又称再代理、转代理或者次代理，是指代理人为了实施其代理权限内的行为，而以自己的名义为被代理人选任代理人的代理。与复代理相对的是本代理，或者称原代理，是指被代理人直接选任代理人而成立的代理。复代理具有以下几个特征：(1)以本代理的存在为前提。必须有一个本代理，才能在其基础上产生复代理。(2)复代理人是原代理人以自己的名义选任的代理人。原代理人以自己的名义选任复代理人是复代理的重要特征。(3)复代理人行使的代理权是原代理人的代理权，但原代理人的代理权并不因此丧失。复代理人是由原代理人以自己名义选任的，其代理权直接来源于原代理人的代理权，而且权限范围不得大于原代理权的权限范围。同时，原代理人选任复代理人后，其代理权并不因此而消灭，仍然保有其代理人地位，其与被代理人之间的代理法律关系没有发生变化。如果代理人失去其代理权，而向被代理人推介他人接替自己担任代理人的，是向被代理人推介新代理人的行为，而不是选任复代理人的行为。(4)复代理人是被代理人的代理人，而不是代理人的代理人。复代理人以被代理人的名义实施民事法律行为，其法律效果直接归属于被代理人。如果复代理人以代理人的名义实施民事法律行为，就不是复代理，而属于一般代理了。

本条延续了《民法通则》和《合同法》的规定，明确只有在两种情况下才允许复代理：(1)被代理人允许。被代理人的允许，包括事先同意和事后追认。(2)出现紧急情况。

第一百七十条 【职务代理】执行法人或者非法人组织工作任务的人员，就其职权范围内的事项，以法人或者非法人组织的名义实施的民事法律行为，对法人或者非法人组织发生效力。

法人或者非法人组织对执行其工作任务的人员职权范围的限制，不得对抗善意相对人。

条文注解

职务代理，顾名思义，是指根据代理人所担任的职务而产生的代理，即执行法人或者非法人组织工作任务的人员，就其职权范围内的事项，以法人或者非法人组织的名义实施的民事法律行为，无须法人或者非法人组织的特别授权，对法人或者非法人组织发生效力。

第一百七十一条 【无权代理】行为人没有代理权、超越代理权或者代理权终止后，仍然实施代理行为，未经被代理人追认的，对被代理人不发生效力。

相对人可以催告被代理人自收到通知之日起三十日内予以追认。被代理人未作表示的，视为拒绝追认。行为人实施的行为被追认前，善意相对人有撤销的权利。撤销应当以通知的方式作出。

行为人实施的行为未被追认的，善意相对人有权请求行为人履行债务或者就其受到的损害请求行为人赔偿。但是，赔偿的范围不得超过被代理人追认时相对人所能获得的利益。

相对人知道或者应当知道行为人无权代理的，相对人和行为人按照各自的过错承担责任。

条文注解

本条将无权代理分为三种类型：(1)没有代理权的无权代理。其是指行为人根本没有得到被代理人的授权，就以被代理人名义从事的代理。比如，行为人伪造他人的公章、合同书或者授权委托书等，假冒他人的名义实施民事法律行为，就是典型的无权代理。(2)超越代理权的无权代理。其是指行为人与被代理人之间有代理关系存在，行为人有一定的代理权，但其实施的代理行为超出了代理范围的代理。例如，甲委托乙购买300台电视机，但是乙擅自与他人签订了购买500台电视机的合同；或者甲委托乙购买电视机，但是乙购买了电冰箱，这些都是超越代理权的无权代理。(3)代理权终止后的无权代理。其是指行为人与被代理人之间原本有代理关系，由于法定情形的出现使代理权终止，但是行为人仍然从事的代理。法定情形主要指本法第173条规定的情形，包括代理期限届满、代理事务完成或者被代理人取消委托等。

根据本条的规定，对于无权代理行为，被代理人可以追认该行为，使之确定地发生法律效力，也可以拒绝追认使之确定地不发生法律效力；善意相对人可以在被代理人追认前行使撤销权使之确定地不发生效力，如果相对人希望尽早确定其效力，可以催告被代理人予以追认。

无权代理发生后，根据本条的规定，被代理人有追认和拒绝的权利。这里所指的“追认”，是指被代理人对无权代理行为事后予以承认的一种单方意思表示。被代理人的追认应当以明示的意思表示向相对人作出，如果仅向行为人作出意思表示，也必须使相对人知道后才能产生法律效果。追认必须在相对人催告期限尚未届满前以及善意相对人未行使撤销权前行使。一旦被代理人作出追认，无权代理就变成有权代理，行为人实施的民事法律行为就从成立时起对被代理人产生法律效力。

无权代理经被代理人追认即产生效力，拒绝追认便不产生效力，这是为了更好地保护被代理人的合法权益。但同时相对人的合法权益也应当予以妥善保护，基于此，法律赋予了相对人催告权和善意相对人撤销权。所谓催告权，是指相对人催促被代理人在一定期限内明确答复是否承认无权代理行为。根据本条第 2 款的规定，催告权的行使一般需具备以下要件：一是要求被代理人在一定的期限内作出答复，本条第 2 款规定的期限为 30 日；二是催告应当以通知的方式作出；三是催告的意思必须是向被代理人作出。所谓撤销权，是指相对人在被代理人未追认无权代理行为之前，可撤回其对行为人所作的意思表示。相对人撤销权的行使必须满足以下条件：一是必须在被代理人作出追认之前作出，如果被代理人已经对无权代理行为作出了追认，该民事法律行为就对被代理人产生了效力，相对人就不能再撤销其意思表示了。二是相对人在行为人实施民事法律行为时必须是善意的，也就是说，相对人在作出意思表示时，并不知道对方是无权代理的。如果明知对方是无权代理而仍与对方共同实施民事法律行为，那么相对人就无权撤销其意思表示。三是撤销应当以通知的方式作出。

第一百七十二条　【表见代理】行为人没有代理权、超越代理权或者代理权终止后，仍然实施代理行为，相对人有理由相信行为人有代理权的，代理行为有效。

条文注解

所谓表见代理，是指行为人虽无代理权而实施代理行为，如果相对人有理由相信其有代理权，该代理行为有效。根据本条的规定，构成表见代理需要满足以下两个条件：(1)行为人并没有获得被代理人的授权就以被代理人的名义与相对人实施民事法律行为。本条规定了没有代理权、超越代理权或者代理权终止三种情形。(2)相对人在主观上必须是善意、无过失的。所谓善意，是指相对人不知道或者不应当知道行为人实际上是无权代理；所谓无过失，是指相对人的这种不知道不是因为其大意造成的。如果相对人明知或者应知行为人没有代理权、超越代理权或者代理权已终止，而仍与行为人实施民事法律行为，那么就不构成表见代理，而成为无权代理。

第三节 代理终止

第一百七十三条 【委托代理终止的情形】有下列情形之一的，委托代理终止：

（一）代理期限届满或者代理事务完成；

（二）被代理人取消委托或者代理人辞去委托；

（三）代理人丧失民事行为能力；

（四）代理人或者被代理人死亡；

（五）作为代理人或者被代理人的法人、非法人组织终止。

第一百七十四条 【委托代理终止的例外】被代理人死亡后，有下列情形之一的，委托代理人实施的代理行为有效：

（一）代理人不知道且不应当知道被代理人死亡；

（二）被代理人的继承人予以承认；

（三）授权中明确代理权在代理事务完成时终止；

（四）被代理人死亡前已经实施，为了被代理人的继承人的利益继续代理。

作为被代理人的法人、非法人组织终止的，参照适用前款规定。

第一百七十五条 【法定代理终止的情形】有下列情形之一的，法定代理终止：

（一）被代理人取得或者恢复完全民事行为能力；

（二）代理人丧失民事行为能力；

（三）代理人或者被代理人死亡；

（四）法律规定的其他情形。

第八章 民事责任

第一百七十六条 【民事义务与责任】民事主体依照法律规定或者按照当事人约定，履行民事义务，承担民事责任。

条文注解

民事责任的基本特征包括两个方面：

1. 民事责任是民事主体违反民事义务所应承担的责任，是以民事义务为基础的。法律规定或者当事人约定民事主体应当做什么和不应当做什么，即要求应当为一定的行为或者不为一定的行为，这就是民事主体的义务。法律也同时规定了违反民事义务的后果，即应当承担的责任，这就是民事责任。民事责任不同于民事义务，民事责任是违反民事义务的后果，而不是民事义务本身。本条规定民事主体依照法律规定或者当事人约定履行民事义务，根据这一规定，民事义务分为两类：(1)法律直接规定的义务。(2)在法律允许的范围内民事主体自行约定的义务。民事主体无论违反哪一类义务都要依法承担民事责任。

2. 民事责任具有强制性。强制性是法律责任的重要特征。法律责任中的民事责任的强制性表现在对不履行民事义务的行为予以制裁，要求民事主体承担民事责任。

第一百七十七条 【按份责任】二人以上依法承担按份责任，能够确定责任大小的，各自承担相应的责任；难以确定责任大小的，平均承担责任。

条文注解

按份责任，是指责任人为多人时，各责任人按照一定的份额向权利人承担民事责任，各责任人之间无连带关系。也就是说，责任人各自承担不同份额的责任，不具有连带性，权利人只能请求属于按份责任人的责任份额。按份责任产生的前提，是二个以上的民事主体不依照法律规定或者当事人约定履行民事义务产生的民事责任。

第一百七十八条 【连带责任】二人以上依法承担连带责任的，权利人有权请求部分或者全部连带责任人承担责任。

连带责任人的责任份额根据各自责任大小确定；难以确定责任大小的，平均承担责任。实际承担责任超过自己责任份额的连带责任人，有权向其他连带责任人追偿。

连带责任，由法律规定或者当事人约定。

条文注解

连带责任，是指依照法律规定或者当事人的约定，两个或者两个以上当事人对共同产生的不履行民事义务的民事责任承担全部责任，并因此引起内部债务关系的一种民事责任。连带责任是一项重要的责任承担方式。连带责任可能基于合同产生，也可能基于侵权行为产生。

连带责任的特征主要表现在：(1)连带责任对于违反民事义务的主体而言是一种比较严厉的责任方式。连带责任对外是一个整体的责任。连带责任中的每个主体都需要对被损害者承担全部责任。被请求承担全部责任的连带责任主体，不得因自己的过错程度而只承担自己的责任。(2)连带责任对被损害者的保护更为充分。连带责任给了被损害者更多的选择权，被损害者可以请求一个或者数个连带责任人承担全部或者部分的赔偿责任。(3)连带责任是法定责任，连带责任人之间不能约定改变责任的性质，对于内部责任份额的约定对外不发生效力。

在一个或者数个连带责任人清偿了全部责任后，实际承担责任的人有权向其他连带责任人追偿。行使追偿权的前提是连带责任人实际承担了超出自己责任的份额，没有超出自己责任的份额，不得行使追偿权。

第一百七十九条 【承担民事责任的方式】承担民事责任的方式主要有：

（一）停止侵害；

（二）排除妨碍；

（三）消除危险；

（四）返还财产；

（五）恢复原状；

（六）修理、重作、更换；

（七）继续履行；

（八）赔偿损失；

（九）支付违约金；

（十）消除影响、恢复名誉；

（十一）赔礼道歉。

法律规定惩罚性赔偿的，依照其规定。

本条规定的承担民事责任的方式，可以单独适用，也可以合并适用。

条文注解

根据本条的规定，承担民事责任的方式主要有：

（1）停止侵害，即要求行为人不实施某种侵害。

（2）排除妨碍。这是指行为人实施的行为使他人无法行使或者不能正常行使人身、财产权益，受害人可以要求行为人排除妨碍权益实施的障碍。受害人也可以自己排除妨碍，但排除妨碍的费用由行为人承担。

（3）消除危险。这是指行为人的行为对他人人身、财产权益造成现实威胁，他人有权要求行为人采取有效措施消除这种现实威胁。

（4）返还财产。没有法律或者合同根据占有他人财产，就构成无权占有，侵害了他人的财产权益，行为人应当返还该财产。

（5）恢复原状。这是指行为人通过修理等手段使受到损坏的财产恢复到损坏发生前的状况的一种责任方式。采取恢复原状责任方式要符合受到损坏的财产仍然存在且有恢复原状的可能性且恢复原状有必要。

（6）修理、重作、更换。修理包括对产品、工作成果等标的物质量瑕疵的修补，也包括对服务质量瑕疵的改善。修理、重作、更换不是恢复原状，如果将损坏的财产修理复原，则是承担恢复原状的责任。

（7）继续履行。就是按照合同的约定继续履行义务。

（8）赔偿损失。这是指行为人向受害人支付一定额数的金钱以弥补其损失的责任方式，是运用较为广泛的一种责任方式。

（9）支付违约金。违约金是当事人在合同中约定的或者由法律直接规定的一方违反合同时应向对方支付一定数额的金钱，这是违反合同可以采用的承担民事责任的方式，只适用于合同当事人有违约金约定或者法律规定违反合同应支付违约金的情形。

（10）消除影响、恢复名誉。这是指人民法院根据受害人的请求，责令行为人在一定范围内采取适当方式消除对受害人名誉的不利影响，以使其名誉得到恢复的一种责任方式。

(11)赔礼道歉。这是指行为人通过口头、书面或者其他方式向受害人进行道歉，以取得谅解的一种责任方式。赔礼道歉主要适用于侵害名誉权、荣誉权、隐私权、姓名权、肖像权等人格权益的情形。

本条第 2 款规定，法律规定惩罚性赔偿的，依照其规定。惩罚性赔偿是指当侵权人(义务人)以恶意、故意、欺诈等的方式实施加害行为而致权利人受到损害的，权利人可以获得实际损害赔偿之外的增加赔偿。其目的是通过对义务人施以惩罚，阻止其重复实施恶意行为，并警示他人不要采取类似行为。

关联法规

《消费者权益保护法》第 50、52、53 条，《商标法》第 63 条，《电子商务法》第 42 条，《食品安全法》第 148 条

第一百八十条 【不可抗力】因不可抗力不能履行民事义务的，不承担民事责任。法律另有规定的，依照其规定。

不可抗力是不能预见、不能避免且不能克服的客观情况。

条文注解

对“不可抗力”的理解，应是根据现有的技术水平，一般对某事件发生没有预知能力。人们对某事件的发生的预知能力取决于当代的科学技术水平。“不能避免且不能克服”，应是指当事人已经尽到最大努力和采取一切可以采取的措施，仍不能避免某种事件的发生并不能克服事件所造成的后果。“不能避免且不能克服”表明某个事件的发生和事件所造成的后果具有必然性。

通常情况下，因不可抗力不能履行民事义务的，不承担民事责任。但法律规定因不可抗力不能履行民事义务，也要承担民事责任的则需要依法承担民事责任。具体什么情况下应承担民事责任、承担责任的程度等要依照法律的规定确定。例如，根据《民用航空法》第 160 条的规定，民用航空器造成他人损害的，民用航空器的经营人只有能够证明损害是武装冲突、骚乱造成的，或者是因受害人故意造成的，才能免除其责任。因不可抗力的自然灾害造成的，不能免除民用航空器经营人的责任。

关联法规

《电力法》第 60 条,《旅游法》第 67 条,《民用航空器法》第 160 条,《铁路法》第 18 条,《水污染防治法》第 96 条

第一百八十一条 【正当防卫】因正当防卫造成损害的,不承担民事责任。

正当防卫超过必要的限度,造成不应有的损害的,正当防卫人应当承担适当的民事责任。

条文注解

正当防卫,是指本人、他人的人身权利、财产权利遭受不法侵害时,行为人所采取的一种防卫措施。正当防卫作为行为人不承担责任和减轻责任的情形,其根据是行为的正当性、合法性,表明行为人主观上没有过错。正当防卫是法律赋予当事人自卫的权利,是属于受法律鼓励的行为,目的是保护当事人本人、他人不受侵犯。

正当防卫应当同时具备以下六个要件:(1)必须是为了使本人、他人的人身、财产权利免受不法侵害而实施的。可参考《刑法》第 20 条第 1 款的规定。(2)必须有不法侵害行为发生。所谓“不法侵害行为”,是指对某种权利或者利益的侵害为法律所明文禁止,既包括犯罪行为,也包括其他违法的侵害行为。(3)必须是正在进行的不法侵害,而不是尚未开始,或者已经实施完毕,或者实施者确已自动停止。否则,就是防卫不适时,应当承担民事责任。(4)必须是本人、他人的人身权利、财产权利遭受不法侵害,在来不及请求有关国家机关救助的情况下实施的防卫行为。(5)必须是针对不法侵害者本人实行,即正当防卫行为不能对没有实施不法侵害行为的第三者(包括不法侵害者的家属)造成损害。(6)不能明显超过必要限度造成损害,应以足以制止不法侵害为限。

只有同时满足以上六个要件,才能构成正当防卫,防卫人才能免予承担民事责任。

正当防卫超过必要限度,造成侵害人不应有的损害的,正当防卫人应当承担适当的民事责任。所谓“适当的民事责任”,是指不对侵害人的全部损失赔偿,而是根据正当防卫人过错的程度,由正当防卫人在损失范围内承担一部分责任。

关联法规

《刑法》第20条

第一百八十二条 【紧急避险】因紧急避险造成损害的，由引起险情发生的人承担民事责任。

危险由自然原因引起的，紧急避险人不承担民事责任，可以给予适当补偿。

紧急避险采取措施不当或者超过必要的限度，造成不应有的损害的，紧急避险人应当承担适当的民事责任。

条文注解

紧急避险，是指为了使本人或者他人的人身、财产权利免受正在发生的危险，不得已采取的紧急避险行为，造成损害的，不承担责任或者减轻责任的情形。危险有时来自人的行为，有时来自自然原因。不管危险来自哪里，紧急避险人避让风险、排除危险的行为都有其正当性、合法性。

紧急避险应当同时具备以下四个要件：(1)必须是为了使本人、他人的人身、财产权利免受危险的损害。我国《刑法》第21条明确规定了紧急避险的内容。(2)必须是对正在发生的危险采取的紧急避险行为。倘若危险已经消除或者尚未发生，或者虽然已经发生但不会对合法权益造成损害，则不得采取紧急避险措施。某人基于对危险状况的误解、臆想而采取紧急避险措施，造成他人利益损害的，应向他人承担民事责任。(3)必须是在不得已情况下采取避险措施。所谓不得已，是指当事人面对突然而遇的危险，不得不采取紧急避险措施，以保全更大的利益，且这个利益是法律所保护的。(4)避险行为不能超过必要的限度，避险人须采取适当的措施，以尽可能小的损害保全更大的利益，即紧急避险行为所引起的损害应轻于危险所可能带来的损害。

只有同时满足以上四个要件，才能构成紧急避险。行为人(避险人)免予承担民事责任。

按照本条规定，紧急避险人造成本人或者他人损害的，由引起险情发生的人承担责任。如果危险是由自然原因引起的，紧急避险人是为了他人的利益而采取了避险行为，造成第三人利益损害的，紧急避险人免予对第三人承担责任，但如果紧急避险人是为了本人的利益而采取了避险行为，造成第三人利益损害的，紧急避险人本人作为受益人，应当对第三人的损害给予补偿。

因紧急避险采取措施不当或者超过必要的限度，造成不应有的损害的，紧急避险人应当承担适当的责任。“紧急避险采取措施不当”，是指在当时的情况下能够采取可能减少或者避免损害的措施而未采取，或者采取的措施并非排除险情所必需。紧急避险“超过必要的限度”，是指采取紧急避险措施没有减轻损害，或者紧急避险所造成的损害大于所保全的利益。

关联法规

《刑法》第21条

第一百八十三条 【因保护他人民事权益受损时的责任承担与补偿办法】因保护他人民事权益使自己受到损害的，由侵权人承担民事责任，受益人可以给予适当补偿。没有侵权人、侵权人逃逸或者无力承担民事责任，受害人请求补偿的，受益人应当给予适当补偿。

条文注解

受益人应当给予适当补偿的情形。一是侵权人逃逸或者无力承担民事责任的情形。这里需要注意以下几点：第一，侵权人逃逸确实找不到，或者侵权人确实没有承担民事责任的能力。这是受害人请求补偿的前提条件。如果侵权人没有逃逸，能够找到或者有承担民事责任的能力，受害人则不能向受益人提出补偿要求。第二，要有明确的受益人。如果没有明确的受益人，那么受害人就没有提出请求的对象。第三，受害人明确提出了受益人给予适当补偿的请求。补偿不是赔偿，赔偿一般是填平原则，即损失多少赔偿多少，而补偿仅是其中的一部分。本条规定是“给予适当补偿”，表明是要根据受害人的受损情况和受益人的受益情况等因素确定补偿的数额。

二是没有侵权人的情形。因保护他人民事权益使自己受到损害的，有时并无侵权人，如舍身相救落水人员使自己受伤等。在这种情况下，受害人请求受益人给予适当补偿是合乎情理的，受益人给予适当补偿也是理所当然的。因此，本条规定体现了社会公平。

第一百八十四条 【紧急救助人不承担民事责任】因自愿实施紧急救助行为造成受助人损害的，救助人不承担民事责任。

条文注解

本条规定包括以下几个方面:(1)救助人自愿实施紧急救助行为。自愿实施紧急救助行为,是指一般所称的见义勇为或者乐于助人的行为,不包括专业救助行为。(2)救助人以救助为目的实施紧急救助行为。本条所称的救助行为应是在紧急情况下,救助人实施的救助他人的行为。(3)受助人的损害与救助人的行为有因果关系,即在紧急救助过程中,因为救助人的救助行为造成受助人的损害。(4)救助人对因救助行为造成受助人的损害不承担民事责任。

第一百八十五条 【侵害英烈等的姓名、肖像、名誉、荣誉的民事责任】侵害英雄烈士等的姓名、肖像、名誉、荣誉,损害社会公共利益的,应当承担民事责任。

条文注解

本条保护的对象"英雄烈士等"包括为了人民利益英勇斗争而牺牲,堪为楷模的人,还包括在保卫国家和国家建设中作出巨大贡献、建立卓越功勋,已经故去的人。

关联法规

《烈士褒扬条例》第8、23、26、29、34条,《英雄烈士保护法》第22条,《军人抚恤优待条例》第8条

第一百八十六条 【责任竞合】因当事人一方的违约行为,损害对方人身权益、财产权益的,受损害方有权选择请求其承担违约责任或者侵权责任。

条文注解

如果一方当事人的违约行为侵害了对方的人身、财产权益,则同时构成侵权行为,即违约方的同一行为违反了两种法律义务。这时违约方既负有违约责任,也负有侵权责任,这就是违约责任与侵权责任的竞合。违约责任与侵权责任的竞合,是指义务人的违约行为既符合违约要件,又符合侵权要件,导致违约责任与侵权责任一并产生。从另一方面来说,受损害

方既可以就违约责任行使请求权，也可以就侵权责任行使请求权。这就产生了两种请求权竞合的情况。在两种请求权同时存在的情况下，如果允许受损害方同时行使双重请求权，则使违约方承受双重责任，这对违约方来说显失公平；从受损害方说，受损害方获得双重补偿，又构成受损害方不当得利，也不合理。因此，根据公平原则，本条规定，受损害方可以在两种请求权中选择行使一种请求权。这意味着受损害方只能行使一种请求权，如果受损害方选择行使一种请求权并得到实现，那么另一种请求权即告消灭。但是，如果受损害方行使一种请求权未果，而另一种请求权并未因时效而消灭，则受损害方仍可行使另一种请求权。由于合同纠纷与侵权纠纷在管辖法院和适用法律方面存在区别，允许受损害方选择有利于自己的一种诉由提起诉讼，对受损害方比较方便，也有利于对受损害方的保护。对违约方来说，这两种责任无论对方要求其承担哪一种，都是合理的。

第一百八十七条 【民事责任优先承担】民事主体因同一行为应当承担民事责任、行政责任和刑事责任的，承担行政责任或者刑事责任不影响承担民事责任；民事主体的财产不足以支付的，优先用于承担民事责任。

关联法规

《刑法》第 36 条，《公司法》第 214 条，《食品安全法》第 147 条，《消费者权益保护法》第 58 条，《产品质量法》第 64 条，《证券法》第 220 条，《证券投资基金法》第 150 条

第九章 诉讼时效

第一百八十八条 【普通诉讼时效、最长权利保护期间】向人民法院请求保护民事权利的诉讼时效期间为三年。法律另有规定的，依照其规定。

诉讼时效期间自权利人知道或者应当知道权利受到损害以及义务人之日起计算。法律另有规定的，依照其规定。但是，自权利受到损害之日起超过二十年的，人民法院不予保护，有特殊情况的，人民法院可以根据权利人的申请决定延长。

条文注解

诉讼时效是权利人在法定期间内不行使权利，该期间届满后，发生义务人可以拒绝履行其给付义务效果的法律制度。该制度有利于促使权利人及时行使权利，维护交易秩序和安全。

第1款规定的“法律另有规定的，依照其规定”，是允许特别法对诉讼时效作出不同于普通诉讼时效期间的规定。市场经济要求加快经济流转，通信手段和交易方式的创新使行使权利更加便利。在商事领域可能存在需要短于普通诉讼时效期间的情形。法律另有规定时，根据特别规定优于一般规定的原则，优先适用特别规定。

第2款的“知道或者应当知道权利受到损害”和“知道或者应当知道义务人”两个条件应当同时具备。

关联法规

《民事诉讼法》第54条，《保险法》第26条，《拍卖法》第61条，《环境保护法》第66条

第一百八十九条 【分期履行债务的诉讼时效】当事人约定同一债务分期履行的，诉讼时效期间自最后一期履行期限届满之日起计算。

第一百九十条 【对法定代理人请求权的诉讼时效】无民事行为能力人或者限制民事行为能力人对其法定代理人的请求权的诉讼时效期间，自该法定代理终止之日起计算。

第一百九十一条 【受性侵未成年人赔偿请求权的诉讼时效】未成年人遭受性侵害的损害赔偿请求权的诉讼时效期间，自受害人年满十八周岁之日起计算。

条文注解

理解本条规定需要注意两点：

1. 未成年人遭受性侵害的，在年满18周岁之前，其法定代理人当然可以代为行使请求权。此处的请求权应当认为是法定代理人代为向人民法院的请求，人民法院依法作出的生效判决具有既判力，受害人在年满18周岁

之后对相关处理不满意要求再次处理的，应当符合民事诉讼法等法律的规定。如果年满18周岁之前，其法定代理人选择与侵害人“私了”的方式解决纠纷，受害人在年满18周岁之后，可以依据本条的规定请求损害赔偿。

2. 未成年人遭受性侵害的损害赔偿请求权的诉讼时效期间，自受害人年满18周岁之日起计算。其具体的诉讼时效期间，适用本法第188条3年的普通诉讼时效期间的规定，即从年满18周岁之日起计算3年；符合本法第194条、第195条诉讼时效中止、中断情形的，可以相应中止、中断。

关联法规

《未成年人保护法》第41条

第一百九十二条 【诉讼时效期间届满的法律效果】诉讼时效期间届满的，义务人可以提出不履行义务的抗辩。

诉讼时效期间届满后，义务人同意履行的，不得以诉讼时效期间届满为由抗辩；义务人已经自愿履行的，不得请求返还。

条文注解

本条第1款规定，诉讼时效期间届满的，义务人可以提出不履行义务的抗辩。这就意味着，权利人享有起诉权，可以向法院主张其已过诉讼时效之权利，法院应当受理。如果义务人不提出时效完成的抗辩，法院将以公权力维护权利人的利益；如果义务人行使抗辩权，法院审查后会依法保护义务人的抗辩权，不得强制义务人履行义务。但是，义务人行使时效抗辩权不得违反诚实信用原则，否则即使诉讼时效完成，义务人也不能取得时效抗辩权。例如，在诉讼时效期间届满前，义务人通过与权利人协商，营造其将履行义务的假象，及至时效完成后，立即援引时效抗辩拒绝履行义务。该种行为违反诚实信用，构成时效抗辩权的滥用，不受保护。

本条第2款规定，诉讼时效期间届满后，义务人同意履行的，不得以诉讼时效期间届满为由抗辩；义务人已自愿履行的，不得请求返还。诉讼时效期间届满后，权利人虽不能请求法律的强制性保护，但法律并不否定其权利的存在。若义务人放弃时效利益自愿履行的，权利人可以受领并保持，受领不属于不当得利，义务人不得请求返还。诉讼时效期间届满后，义务人同意履行的，不得以诉讼时效期间届满为由抗辩。这是因为诉讼时效届满后，义务人可以处分自己的时效利益。此时义务人同意履行义务，属于对时效利益的放弃。义务人放弃时效利益的行为属于单方法律行为，并且是处分行为，自义务人放弃时效利益的意思表示到达权利人时即发生时效利益放弃的法律效果，不以权利人同意为条件。放弃的意思表示既可以是承认的明示方式，也可以是不主张时效利益的默示方式。对于义务人已自愿履行的情况，自愿履行意味着义务人自愿解除了债务的自然债务属性，恢复了原本可以获得司法强制执行的可能性，使权利人因时效完成而转化为自然权利回升为法律权利。因此，自愿履行的，不能再请求返还。

还应当注意的是，法律制度需要一系列的具体规定相配合。除本条规定外，也包括本法第193条规定的人民法院不得主动适用诉讼时效、第197条第2款规定的当事人对诉讼时效利益的预先放弃无效等具体规定。

第一百九十三条 【诉讼时效援引】人民法院不得主动适用诉讼时效的规定。

关联法规

《最高人民法院关于审理民事案件适用诉讼时效制度若干问题的规定》第3条

第一百九十四条 【诉讼时效中止的情形】在诉讼时效期间的最后六个月内，因下列障碍，不能行使请求权的，诉讼时效中止：

（一）不可抗力；

（二）无民事行为能力人或者限制民事行为能力人没有法定代理人，或者法定代理人死亡、丧失民事行为能力、丧失代理权；

（三）继承开始后未确定继承人或者遗产管理人；

（四）权利人被义务人或者其他人控制；

（五）其他导致权利人不能行使请求权的障碍。

自中止时效的原因消除之日起满六个月，诉讼时效期间届满。

条文注解

诉讼时效中止，是因法定事由的存在使诉讼时效停止进行，待法定事由消除后继续进行的制度。在诉讼时效进行中的某一时间内，出现了权利人主张权利的客观障碍，导致权利人无法在诉讼时效期间内行使权利，可能产生不公平的结果，因此法律规定了诉讼时效中止制度。

第一百九十五条 【诉讼时效中断的情形】有下列情形之一的，诉讼时效中断，从中断、有关程序终结时起，诉讼时效期间重新计算：

（一）权利人向义务人提出履行请求；

（二）义务人同意履行义务；

（三）权利人提起诉讼或者申请仲裁；

（四）与提起诉讼或者申请仲裁具有同等效力的其他情形。

条文注解

诉讼时效期间中断，指诉讼时效期间进行过程中，出现了权利人积极行使权利等法定事由，从而使已经经过的诉讼时效期间归于消灭，重新计算期间的制度。诉讼时效中断的特征表现为：一是发生于诉讼时效的进行中，诉讼时效尚未开始计算或者已经届满的情况下排除其适用。二是发生了一定的法定事由导致诉讼时效存在的基础被推翻。三是它使已经进行的诉讼时效重新起算，以前经过的期间归于消灭。境外立法例均规定有诉讼时效中断制度。

在重新计算诉讼时效期间的起算点上，应根据不同情况区别处理。以本条第 1 项规定的“权利人向义务人提出履行请求”、第 2 项规定的“义务人同意履行义务”等方式中断诉讼时效的，一旦履行请求到达义务人，或者义务人同意履行的意思表示到达权利人，即可发生时效中断的效果。因此，在这两款规定的情况下，诉讼时效期间从中断时起重新计算。以本条第 3 项规定的“权利人提起诉讼或者申请仲裁”、第 4 项规定的“与提起诉讼或者申请仲裁具有同等效力的其他情形”等方式中断诉讼时效的，权利人处于依据法律程序主张权利的状态。如果规定诉讼时效期间从起诉之日或者提起仲裁之日起重新计算，可能会因法律程序烦琐、耗费时日过长，出现法律程序尚未终结而诉讼时效期间已经届满的情况，这在我国的司法实践中并不算少见。这一情况有违诉讼时效中断制度的目的，为了避免制度上的缺陷，对这两项规定的情形，法律规定从有关程序终结时起，诉讼时效期间重新计算。

关联法规

《最高人民法院关于审理民事案件适用诉讼时效制度若干问题的规

定》第10、13~16条

第一百九十六条 【不适用诉讼时效的情形】下列请求权不适用诉讼时效的规定:

(一)请求停止侵害、排除妨碍、消除危险;

(二)不动产物权和登记的动产物权的权利人请求返还财产;

(三)请求支付抚养费、赡养费或者扶养费;

(四)依法不适用诉讼时效的其他请求权。

第一百九十七条 【诉讼时效法定、时效利益预先放弃无效】诉讼时效的期间、计算方法以及中止、中断的事由由法律规定,当事人约定无效。

当事人对诉讼时效利益的预先放弃无效。

第一百九十八条 【仲裁时效】法律对仲裁时效有规定的,依照其规定;没有规定的,适用诉讼时效的规定。

关联法规

《劳动争议调解仲裁法》第27条

第一百九十九条 【除斥期间】法律规定或者当事人约定的撤销权、解除权等权利的存续期间,除法律另有规定外,自权利人知道或者应当知道权利产生之日起计算,不适用有关诉讼时效中止、中断和延长的规定。存续期间届满,撤销权、解除权等权利消灭。

条文注解

除斥期间是民法中的一项重要制度,其目的在于促使法律关系早日确定,防止相对人因为消极等待而蒙受损害。除斥期间是权利预设期间,以促使法律关系尽早确定为目标,为达制度目的,需要规定除斥期间经过后,权利人的权利即归于消灭,要么使原本不确定的法律关系明确固定,要么使既有的法律关系归于消灭,都会引起实体法上效果的变化。所以除斥期间没有中断的可能性，一般也不会发生中止。

第十章 期间计算

第二百条 【期间计算单位】民法所称的期间按照公历年、月、日、小时计算。

第二百零一条 【期间起算】按照年、月、日计算期间的，开始的当日不计入，自下一日开始计算。

按照小时计算期间的，自法律规定或者当事人约定的时间开始计算。

关联法规

《民事诉讼法》第82条

第二百零二条 【期间结束】按照年、月计算期间的，到期月的对应日为期间的最后一日；没有对应日的，月末日为期间的最后一日。

第二百零三条 【期间结束日顺延和末日结束点】期间的最后一日是法定休假日的，以法定休假日结束的次日为期间的最后一日。

期间的最后一日的截止时间为二十四时；有业务时间的，停止业务活动的时间为截止时间。

关联法规

《劳动法》第44、45条，《民事诉讼法》第82条

第二百零四条 【期间的法定或约定】期间的计算方法依照本法的规定，但是法律另有规定或者当事人另有约定的除外。

第二编　物　　权

第一分编　通　　则

第一章　一般规定

第二百零五条　【物权编的调整范围】本编调整因物的归属和利用产生的民事关系。

条文注解

本条规定了物权编规范的社会关系，也就是物权编的调整范围。物的归属，是指物的所有人是谁，确定物的归属即是确定在民事上财产权属于谁，这是对物进行利用的前提。所有权人对其所有物无论自己使用还是交他人使用，都是对物的利用。对物的利用是对物拥有所有权的目的所在。需要明确的是，物权编并不一般性地调整所有的物的归属和利用的关系，物权编只调整平等主体之间因物的归属和利用而产生的财产关系，也就是本条规定的"民事关系"。

关联法规

《民法典》第2、114、115条

第二百零六条　【社会主义基本经济制度与社会主义市场经济】国家坚持和完善公有制为主体、多种所有制经济共同发展，按劳分配为主体、多种分配方式并存，社会主义市场经济体制等社会主义基本经济制度。

国家巩固和发展公有制经济，鼓励、支持和引导非公有制经济的发展。

国家实行社会主义市场经济，保障一切市场主体的平等法律地位和发展权利。

条文注解

物权编把社会主义基本经济制度两个“毫不动摇”作为物权编的基本原则，这一基本原则规定作为物权编的核心，贯穿并体现在整部物权编的始终。作为规范平等主体之间因物的归属和利用而产生的财产关系的物权编，物权关系的主体具有平等的法律地位是物权编调整的平等财产关系存在的前提，这也是物权编乃至民法存在的前提。没有平等关系就没有民法，没有平等的财产关系就没有物权编。因此，物权编将实行社会主义市场经济与保障一切市场主体的平等法律地位和发展权利作为基本原则。

关联法规

《宪法》第6、11、15条

第二百零七条　【物权平等保护原则】国家、集体、私人的物权和其他权利人的物权受法律平等保护，任何组织或者个人不得侵犯。

条文注解

本条是关于平等保护国家、集体和私人的物权原则的规定。民法调整平等主体的自然人、法人和非法人组织之间的人身关系和财产关系；民事主体的人身权利、财产权利以及其他合法权益受法律保护，任何组织或者个人不得侵犯；民事主体在民事活动中的法律地位一律平等；民事主体从事民事活动，应当遵循自愿、公平、诚实信用的原则。本条规定了“其他权利人的物权”，这是由于本条是从所有制的角度对物权主体分类规定平等保护原则的，尚有无法完全纳入“国家”、“集体”和“私人”的权利人，如公益性基金会等，因此规定了“其他权利人”。

关联法规

《宪法》第12、13条，《民法典》第3、113条

第二百零八条　【物权公示原则】不动产物权的设立、变更、转让和消灭，应当依照法律规定登记。动产物权的设立和转让，应当依照法律规定交付。

条文注解

物权公示原则包括两个方面：一是物权变动，物权人享有物权、物权的内容变更或者物权消灭以什么方式确定；二是物权公信，由于物权是排他的“绝对权”“对世权”，须让广大的义务人清楚地知道谁是权利人，不应该妨碍谁。除有相反证据外，确定物的归属就是不动产看登记，动产看占有。物权编有关财产归属的规定是人类文明的优秀成果，各国有关财产归属的规定大同小异，方法简单，一目了然。如果不采取这种方法，必然使经济秩序混乱不堪，最终影响经济的发展和社会的进步。

关联法规

《城市房地产管理法》第60、61条，《不动产登记暂行条例》

第二章 物权的设立、变更、转让和消灭

第一节 不动产登记

第二百零九条 【不动产物权登记的效力】不动产物权的设立、变更、转让和消灭，经依法登记，发生效力；未经登记，不发生效力，但是法律另有规定的除外。

依法属于国家所有的自然资源，所有权可以不登记。

条文注解

不动产，即土地以及房屋、林木等土地附着物。不动产的物权，在各国和地区都是物权编最重要的内容。不动产物权的重要意义和作用，又与不动产登记制度有着紧密的联系。本条规定，除法律另有规定外，不动产物权的设立、变更、转让和消灭，经依法登记，发生效力；未经登记，不发生效力。这表明，原则上不动产物权登记是不动产物权的法定公示手段，是不动产物权设立、变更、转让和消灭的生效要件，也是不动产物权依法获得承认和保护的依据。

本条规定，“法律另有规定的除外”，主要包括三个方面的内容：一是本条第2款所规定的，依法属于国家所有的自然资源，所有权可以不登记。

二是本章第三节规定的物权设立、变更、转让或者消灭的一些特殊情况，即主要是非依法律行为而发生的物权变动的情形：第一，因人民法院、仲裁委员会的法律文书，人民政府的征收决定等，导致物权设立、变更、转让或者消灭的，自法律文书生效或者人民政府的征收决定等行为生效时发生效力。第二，因继承取得物权的，自继承开始时发生效力。第三，因合法建造、拆除房屋等事实行为设立和消灭物权的，自事实行为成就时发生效力。三是考虑到现行法律的规定以及我国的实际情况尤其是农村的实际情况，并未一概规定必须经依法登记才发生效力。

关联法规

《不动产登记暂行条例》，《不动产登记暂行条例实施细则》，《民法典》第 374 条，《森林法》第 3 条，《土地管理法》第 12 条，《草原法》第 11 条

第二百一十条 【不动产登记机构和不动产统一登记】不动产登记，由不动产所在地的登记机构办理。

国家对不动产实行统一登记制度。统一登记的范围、登记机构和登记办法，由法律、行政法规规定。

关联法规

《不动产登记暂行条例》，《不动产登记暂行条例实施细则》

第二百一十一条 【不动产登记申请资料】当事人申请登记，应当根据不同登记事项提供权属证明和不动产界址、面积等必要材料。

条文注解

《不动产登记暂行条例》第 16 条就明确规定，申请人应当提交下列材料，并对申请材料的真实性负责：(1)登记申请书；(2)申请人、代理人身份证明材料、授权委托书；(3)相关的不动产权属来源证明材料、登记原因证明文件、不动产权属证书；(4)不动产界址、空间界限、面积等材料；(5)与他人利害关系的说明材料；(6)法律、行政法规以及该条例实施细则规定的其他材料。

关联法规

《不动产登记暂行条例》第14~16条

第二百一十二条 【登记机构的职责】登记机构应当履行下列职责：

（一）查验申请人提供的权属证明和其他必要材料；

（二）就有关登记事项询问申请人；

（三）如实、及时登记有关事项；

（四）法律、行政法规规定的其他职责。

申请登记的不动产的有关情况需要进一步证明的，登记机构可以要求申请人补充材料，必要时可以实地查看。

关联法规

《不动产登记暂行条例》第17~22条

第二百一十三条 【登记机构不得从事的行为】登记机构不得有下列行为：

（一）要求对不动产进行评估；

（二）以年检等名义进行重复登记；

（三）超出登记职责范围的其他行为。

关联法规

《不动产登记暂行条例》第29、30条

第二百一十四条 【不动产物权变动的生效时间】不动产物权的设立、变更、转让和消灭，依照法律规定应当登记的，自记载于不动产登记簿时发生效力。

关联法规

《不动产登记暂行条例》第21条

第二百一十五条 【合同效力与物权变动区分】当事人之间订立有关设立、变更、转让和消灭不动产物权的合同，除法律另有规定或者当事人另有约定外，自合同成立时生效；未办理物权登记的，不影响合同效力。

条文注解

以发生物权变动为目的的基础关系，主要是合同，它属于债权法律关系的范畴，成立以及生效应该依据合同法来判断。民法学将这种合同看成物权变动的原因行为。不动产物权的变动只能在登记时生效，依法成立生效的合同也许不能发生物权变动的结果。这可能是因为物权因客观情势发生变迁，使物权的变动成为不可能；也可能是物权的出让人"一物二卖"，其中一个买受人先行进行了不动产登记，其他的买受人便不可能取得合同约定转让的物权。有关设立、变更、转让和消灭不动产物权的合同和物权的设立、变更、转让和消灭本身是两个应当加以区分的情况。除非法律有特别规定，合同一经成立，只要不违反法律的强制性规定和社会公共利益，就可以发生效力。合同只是当事人之间的一种合意，并不必然与登记联系在一起。登记是针对民事权利的变动而设定的，它是与物权的变动联系在一起的，是一种物权变动的公示的方法。登记并不是针对合同行为，而是针对物权的变动所采取的一种公示方法，如果当事人之间仅就物权的变动达成合意，而没有办理登记，合同仍然有效。例如，当事人双方订立了房屋买卖合同之后，合同就已经生效，如果没有办理登记手续，房屋所有权不能发生移转，但买受人基于有效合同而享有的占有权仍然受到保护。违约的合同当事人一方应该承担违约责任。依不同情形，买受人可以请求债务人实际履行合同，即请求出卖人办理不动产转让登记，或者请求债务人赔偿损失。

关联法规

《民法典》第 502 条

第二百一十六条 【不动产登记簿的效力和管理】不动产登记簿是物权归属和内容的根据。

不动产登记簿由登记机构管理。

条文注解

本条第1款的规定，在民法学上一般称为权利正确性推定原则，即在不动产登记簿上记载某人享有某项物权时，推定该人享有该项权利，其权利的内容也以不动产登记簿上的记载为准。

不动产登记簿记载的权利和事实上的权利应当是一致的，法律也要求登记机构正确履行职责，如实记载登记事项，但是由于现实经济生活的复杂性，也会产生两者不符的情形。法律在为建立公正安全的交易秩序而保护相对人利益的同时，也为可能的事实权利人提供了异议登记、更正登记等救济手段。

关联法规

《不动产登记暂行条例》第8~10条

第二百一十七条 【不动产登记簿与不动产权属证书的关系】不动产权属证书是权利人享有该不动产物权的证明。不动产权属证书记载的事项，应当与不动产登记簿一致；记载不一致的，除有证据证明不动产登记簿确有错误外，以不动产登记簿为准。

关联法规

《不动产登记暂行条例》第21条

第二百一十八条 【不动产登记资料的查询、复制】权利人、利害关系人可以申请查询、复制不动产登记资料，登记机构应当提供。

关联法规

《不动产登记暂行条例》第27条

第二百一十九条 【不动产登记资料的合理使用】利害关系人不得公开、非法使用权利人的不动产登记资料。

关联法规

《不动产登记暂行条例》第28条

第二百二十条　【更正登记与异议登记】权利人、利害关系人认为不动产登记簿记载的事项错误的，可以申请更正登记。不动产登记簿记载的权利人书面同意更正或者有证据证明登记确有错误的，登记机构应当予以更正。

不动产登记簿记载的权利人不同意更正的，利害关系人可以申请异议登记。登记机构予以异议登记，申请人自异议登记之日起十五日内不提起诉讼的，异议登记失效。异议登记不当，造成权利人损害的，权利人可以向申请人请求损害赔偿。

条文注解

更正登记与异议登记同样是保护事实上的权利人或者真正权利人以及真正权利状态的法律措施。与异议登记不同的是，更正登记是彻底地消除登记权利与真正权利不一致的状态，避免第三人依据不动产登记簿取得不动产登记簿上记载的物权。因此，也可以认为更正登记是对原登记权利的涂销登记，同时是对真正权利的初始登记。更正登记有两种方式：一种是经权利人（包括登记上的权利人和事实上的权利人）以及利害关系人申请的登记；另一种是登记机关自己发现错误后作出的更正登记。

所谓异议登记，就是将事实上的权利人以及利害关系人对不动产登记簿记载的权利所提出的异议记入登记簿，异议登记的法律效力是，登记簿上所记载权利失去正确性推定的效力，第三人也不得主张依照登记的公信力而受到保护。异议登记虽然可以对真正权利人提供保护，但这种保护应当是临时性的，因为它同时也给不动产物权交易造成了一种不稳定的状态。为使不动产物权的不稳定状态早日恢复正常，法律必须对异议登记的有效期间作出限制。因此，本条规定，申请人自异议登记之日起15日内不起诉的，异议登记失效。申请人在异议登记之日起15日内不起诉，说明异议登记的申请人不积极行使其权利，为使登记簿上记载的权利人的利益和正常的交易秩序不致受到严重的影响，法律规定这时该异议登记失去其效力。由于异议登记可以使登记簿上所记载权利失去正确性推定的效力。同时，异议登记的申请人在提出异议登记的申请时也无须充分证明其权利受到了损害，因此，如果申请人滥用异议登记制度，将可能对登记簿上记载权利人的利益造成损害。所以，本条规定，异议登记不当，造成权利人损害的，权利人可以向申请人请求损害赔偿。

第二百二十一条 【预告登记】当事人签订买卖房屋的协议或者签订其他不动产物权的协议，为保障将来实现物权，按照约定可以向登记机构申请预告登记。预告登记后，未经预告登记的权利人同意，处分该不动产的，不发生物权效力。

预告登记后，债权消灭或者自能够进行不动产登记之日起九十日内未申请登记的，预告登记失效。

条文注解

预告登记，是指为保全一项请求权而进行的不动产登记，该项请求权所要达到的目的，是在将来发生不动产物权变动。这种登记是不动产登记的特殊类型。其他的不动产登记都是对现实的不动产物权进行登记，而预告登记所登记的，不是不动产物权，而是目的在于将来发生不动产物权变动的请求权。预告登记的本质特征是使被登记的请求权具有物权的效力。也就是说，进行了预告登记的请求权，对后来发生的与该项请求权内容相同的不动产物权的处分行为，具有对抗的效力，这样，所登记的请求权就得到了保护。

关联法规

《城市商品房预售管理办法》第 10 条

第二百二十二条 【不动产登记错误的赔偿】当事人提供虚假材料申请登记，造成他人损害的，应当承担赔偿责任。

因登记错误，造成他人损害的，登记机构应当承担赔偿责任。登记机构赔偿后，可以向造成登记错误的人追偿。

条文注解

本条第 2 款规定，因登记错误，给他人造成损害的，登记机构应当承担赔偿责任。这里造成登记错误的原因，既包括登记机构工作人员故意以及疏忽大意等过错，也包括当事人提供虚假材料欺骗登记机构等情形。登记错误的受害人处于相对弱势的地位，这样规定，是为了对受害人提供更加充分的保护。登记机构赔偿后，可以向造成登记错误的人追偿。

关联法规

《不动产登记暂行条例》第29条

第二百二十三条 【不动产登记的费用】不动产登记费按件收取，不得按照不动产的面积、体积或者价款的比例收取。

关联法规

《国家发展改革委员会、财政部关于不动产登记收费标准等有关问题的通知》

第二节 动产交付

第二百二十四条 【动产交付的效力】动产物权的设立和转让，自交付时发生效力，但是法律另有规定的除外。

条文注解

“动产物权的设立和转让，自交付时发生效力”，指的是当事人通过合同约定转让动产所有权和设立动产质权两种情况。物权编所说的交付，指的是物的直接占有的转移，即一方按照法律行为要求，将物的直接占有移转给另一方的事实。本条规定的“法律另有规定的除外”主要指的是：(1)本节对动产物权的设立和转让的一些特殊情况，即本法第226~228条；(2)本章第3节对主要是非依法律行为而发生的物权变动问题所作的规定，即本法第229～231条；(3)本法物权编第四分编“担保物权”对动产抵押权和留置权的相关规定。

关联法规

《民法典》第226~231条，物权编第四分编

第二百二十五条 【特殊动产登记的效力】船舶、航空器和机动车等的物权的设立、变更、转让和消灭，未经登记，不得对抗善意第三人。

条文注解

法律对船舶、航空器和汽车等动产规定有登记制度，其物权的变动如果未在登记部门进行登记，就不产生社会公信力，不能对抗善意第三人。所谓善意第三人，就是指不知道也不应当知道物权发生了变动的物权关系相对人。

关联法规

《海商法》第3、9、10、13条，《民用航空法》第5、11、12、14、16条，《道路交通安全法》第8、12条

第二百二十六条 【简易交付】动产物权设立和转让前，权利人已经占有该动产的，物权自民事法律行为生效时发生效力。

条文注解

本条是对简易交付的规定。简易交付，是指交易标的物已经为受让人占有，转让人无须进行现实交付的无形交付方式。民事法律行为是一种目的性行为，即以设立、变更或终止民事法律关系为目的，民事法律行为的目的与实际产生的后果是相互一致的。本条规定的民事法律行为，主要指的是动产所有权人与受让人订立动产转让的协议以及与质权人订立动产出质协议。受让人已经取得对动产的占有又依据民事法律行为取得其物权的情况下，动产物权的公示已经在事先完成，物权受让人已经能够依物权的排他性行使物权。因此，物权的变动就在当事人之间的关于物权变动的协议生效时生效。

第二百二十七条 【指示交付】动产物权设立和转让前，第三人占有该动产的，负有交付义务的人可以通过转让请求第三人返还原物的权利代替交付。

条文注解

指示交付，又称返还请求权的让与，是指让与动产物权的时候，如果让与人的动产由第三人占有，让与人可以将其享有的对第三人的返还请求权让与给受让人，以代替现实交付。

关于本条所规定的指示交付，其逻辑上的前提是，动产物权的让与人对其所转让的标的不享有物理意义上直接占有和直接控制的可能，出让人无法通过现实交付的方式使动产物权得以变动，因此才有本条指示交付适用的余地。条文中的"第三人"即指能够对转让标的（动产）进行物理意义上直接占有和直接控制的一方，或者根据保管合同、动产质押协议等而占有动产的保管人、质权人等，都可以成为本条所规定的"第三人"。此外需要特别说明的是，在利用提单、仓单等证券进行动产物权变动时，接受货物而签发提单或者仓单的承运人或者仓储保管人都可能成为本条中的"第三人"。

除去这一类基于合同等关系而产生的能够对动产进行直接占有和控制的"第三人"外，还有一类"第三人"也在本条的适用范围之内，即不具备法律上的正当原因而占有动产的无权占有人。例如，甲将自己收藏的古董出售给乙，买卖合同达成时甲不知该古董已被丙盗去，甲此时只能向乙转让他对于丙的返还原物请求权来代替实际交付，而丙即是本条所指的"第三人"。

第二百二十八条 【占有改定】动产物权转让时，当事人又约定由出让人继续占有该动产的，物权自该约定生效时发生效力。

条文注解

占有改定，是指动产物权的让与人使受让人取得对标的物的间接占有，以代替该动产现实移转的交付。

占有改定必须符合下列三项要件：第一，让与人与受让人达成移转动产物权的合意，一般通过买卖或者让与担保的设定，使受让人取得动产所有权。第二，让与人与受让人之间还需具有某种使得受让人取得动产间接占有的具体法律关系，即本条所规定的由出让人继续占有该动产的双方约定。第三，让与人已经对物进行了直接占有或者间接占有，否则不能发生占有改定的适用。当让与人间接占有标的物时，让与人可以使受让人取得更上一级的间接占有，这样可能存在多层次的占有关系。举例来说，甲将其寄放在乙处的某物出售给丙，同时又与丙签订借用合同以代替交付，则乙为直接占有人，甲、丙都为间接占有人。此外，需要说明的是，除去现实已经存在的动产，占有改定制度还适用于将来可取得的动产。

第三节 其他规定

第二百二十九条 【法律文书或征收决定导致的物权变动】因人民法院、仲裁机构的法律文书或者人民政府的征收决定等，导致物权设立、变更、转让或者消灭的，自法律文书或者征收决定等生效时发生效力。

第二百三十条 【因继承取得物权】因继承取得物权的，自继承开始时发生效力。

条文注解

继承是导致物权变动的一个重要方式，根据继承编的规定，继承从被继承人死亡时开始。因此，本条所指的“继承开始”就是“被继承人死亡”之时。而此所谓“死亡”既包括自然死亡，如老死、病死、意外事故致死，也包括宣告死亡。在宣告死亡的情形下，自判决所确定的死亡之时继承开始。

需要说明的是，依照根据本节规定，因继承而取得物权，如果涉及的遗产为不动产，依照法律规定需要办理登记，但继承人未办理登记的，对该不动产的处分行为不产生效力。

第二百三十一条 【因事实行为发生物权变动】因合法建造、拆除房屋等事实行为设立或者消灭物权的，自事实行为成就时发生效力。

条文注解

所谓事实行为应是指不以意思表示为要素的能够产生民事法律后果的法律事实。这一定义表明：首先，事实行为是人的行为，是人的一种有意识的活动，与自然事实有别；其次，事实行为是一种法律事实，即能够在人与人之间产生、变更或终止民事法律关系；最后，事实行为不以意思表示为要素，即行为人是否表达了某种心理状态，法律不予考虑，只要有某种事实行为存在，法律便直接赋予其法律效果。

具体到本条的规定来说，能够引起物权设立或者消灭的事实行为，举例来讲：如用钢筋、水泥、砖瓦、木石建造房屋或者用布料缝制衣服，用木料制作家具，将缝制好的衣物抛弃或者将制作好的家具烧毁等。本条规定的"自事实行为成就时发生效力"，就是指房屋建成之时、衣服制成之时、家具完成之时或者衣服被抛弃之时、家具被烧毁之时，这些物的所有权或为设立或为消灭。这些因事实行为而导致的物权的设立或者消灭，自事实行为成就时发生效力，而不需要遵循一般的物权公示方法（不动产为登记，动产为交付）即生效。

第二百三十二条 【处分非因民事法律行为享有的不动产物权】处分依照本节规定享有的不动产物权，依照法律规定需要办理登记的，未经登记，不发生物权效力。

第三章 物权的保护

第二百三十三条 【物权纠纷解决方式】物权受到侵害的，权利人可以通过和解、调解、仲裁、诉讼等途径解决。

第二百三十四条 【物权确认请求权】因物权的归属、内容发生争议的，利害关系人可以请求确认权利。

物权的确认是物权保护的前提，它包括对所有权归属的确认和对他物权的确认两个方面。在物权归属问题未得到确认前，其他的保护方法也就无从适用。确认物权的归属必须向有关行政机关或者人民法院提出申请。

第二百三十五条 【返还原物请求权】无权占有不动产或者动产的，权利人可以请求返还原物。

条文注解

返还原物是物权请求权的一种。物权人的物被他人侵占，物权人的对物支配权受到侵害时，物权人有权请求返还原物，使物复归于物权人事实上的支配。返还原物权请求权的产生，须有他人无权占有不动产或者动产的事实。无权占有就是没有法律根据、没有合法原因的占有。一般包括两种情形：一是占有人从占有之始就没有法律根据，如占有人占有的物是盗窃物。二是占有之初本来有法律根据，但是后来该根据消灭，如租赁他人之物，租赁期限届满而不返还。享有返还原物请求权的权利人应当是物权人，包括所有权人、用益物权人等。至于占有人，无论其是否为有权占有，均应依据占有请求权行使权利，而不能依返还原物请求权行使权利。

第二百三十六条 【排除妨害请求权】妨害物权或者可能妨害物权的，权利人可以请求排除妨害或者消除危险。

条文注解

排除妨害也是一种物权请求权。妨害，是指以非法的、不正当的行为，包括施加无权施加的设施，影响了特定物的权利人行使物权。排除妨害请求的目的是消除对物权的障碍或者侵害，使物权恢复圆满状态。需要注意的是，被排除的妨害需具有不法性，倘若物权人负有容忍义务，则物权人不享有排除妨害请求权。

消除危险也是一种物权请求权。消除危险请求权，是指对于某种尚未发生但确有发生可能性的危险，物权人也可以请求有关的当事人采取预防措施加以防止。物权人行使消除危险请求权，只需有危险存在的客观事实，而不论有关的当事人是否具有故意或者过失的主观过错。

第二百三十七条 【物权复原请求权】造成不动产或者动产毁损的，权利人可以依法请求修理、重作、更换或者恢复原状。

第二百三十八条 【物权损害赔偿请求权】侵害物权，造成权利人损害的，权利人可以依法请求损害赔偿，也可以依法请求承担其他民事责任。

第二百三十九条 【物权保护方式的单用与并用】本章规定的物权保护方式，可以单独适用，也可以根据权利被侵害的情形合并适用。

条文注解

物权受到侵害的，当事人可以通过请求确认权利、返还原物、排除妨害、消除危险、修理、重作、更换、损害赔偿等方式保护自己的权利。上述保护方式，可以单独适用，也可以根据权利被侵害的情形合并适用。如果一种方式不足以救济权利人，就同时适用其他方式。

第二分编 所 有 权

第四章 一般规定

第二百四十条 【所有权的定义】所有权人对自己的不动产或者动产，依法享有占有、使用、收益和处分的权利。

条文注解

通常认为，所有权是对物的支配权，这样讲是很抽象的，具体来说在理论上通常都认为所有权具有四项基本权能：(1)占有。占有就是对于财产的实际管领或控制。拥有一个物的一般前提就是占有，这是财产所有者直接行使所有权的表现。所有人的占有受法律保护，不得非法侵犯。对于动产，除非有相反证明，占有某物即是判定占有人享有该物所有权的标准。(2)使用。使用是权利主体对财产的运用，以便发挥财产的使用价值。(3)收益。收益是通过财产的占有、使用等方式取得的经济效益。收益也包括孳息。(4)处分。处分是财产所有人对其财产在事实上和法律上的最终处置。处分权一般由所有权人行使，但在某些情况下，非所有权人也可以有处分权。

第二百四十一条 【所有权人设立他物权】所有权人有权在自己的不动产或者动产上设立用益物权和担保物权。用益物权人、担保物权人行使权利，不得损害所有权人的权益。

条文注解

所有权人在自己的不动产或者动产上设立用益物权和担保物权，是所有权人行使其所有权的具体体现。由于用益物权与担保物权都是对他人的物享有的权利，因此都称为“他物权”，与此相对应，所有权称为“自物权”。

第二百四十二条 【国家专属所有权】法律规定专属于国家所有的不动产和动产，任何组织或者个人不能取得所有权。

第二百四十三条 【征收】为了公共利益的需要，依照法律规定的权限和程序可以征收集体所有的土地和组织、个人的房屋以及其他不动产。

征收集体所有的土地，应当依法及时足额支付土地补偿费、安置补助费以及农村村民住宅、其他地上附着物和青苗等的补偿费用，并安排被征地农民的社会保障费用，保障被征地农民的生活，维护被征地农民的合法权益。

征收组织、个人的房屋以及其他不动产，应当依法给予征收补偿，维护被征收人的合法权益；征收个人住宅的，还应当保障被征收人的居住条件。

任何组织或者个人不得贪污、挪用、私分、截留、拖欠征收补偿费等费用。

关联法规

《土地管理法》第48条

第二百四十四条 【耕地保护】国家对耕地实行特殊保护，严格限制农用地转为建设用地，控制建设用地总量。不得违反法律规定的权限和程序征收集体所有的土地。

关联法规

《土地管理法》第4、30条，《基本农田保护条例》，《刑法》第342、410条

第二百四十五条 【征用】因抢险救灾、疫情防控等紧急需要，依照法律规定的权限和程序可以征用组织、个人的不动产或者动产。被征用的不动产或者动产使用后，应当返还被征用人。组织、个人的不动产或者动产被征用或者征用后毁损、灭失的，应当给予补偿。

条文注解

征用是国家强制使用组织、个人的财产。强制使用就是不必得到所有权人的同意，在国家有紧急需要时即直接使用。国家需要征用组织、个人的不动产和动产的原因，是抢险、救灾、应对突发公共卫生事件等在社会整体利益遭遇危机的情况下，需要动用一切人力、物力进行紧急处理和救助。所以，法律允许在此种情况下限制单位和个人的财产所有权。

由于征用是对所有权的限制，并可能对所有权人造成不利的后果，因此，征用的采用亦有严格的条件限制：(1)征用的前提条件是发生紧急情况，因此征用适用于出现紧急情况时，平时不得采用；(2)征用应符合法律规定的权限和程序；(3)使用后应当将征用财产返还被征用人，并且给予补偿，但通常不及于可得利益的损失。

关联法规

《突发事件应对法》第52条

第五章 国家所有权和集体所有权、私人所有权

第二百四十六条 【国有财产的范围、国家所有的性质和国家所有权的行使】法律规定属于国家所有的财产，属于国家所有即全民所有。

国有财产由国务院代表国家行使所有权。法律另有规定的，依照其规定。

关联法规

《宪法》第9条，《土地管理法》第2条

第二百四十七条 【矿藏、水流、海域的国家所有权】矿藏、水流、海域属于国家所有。

关联法规

《宪法》第9条,《矿产资源法》第3条,《水法》第3条,《乡镇煤矿管理条例》第3条,《对外合作开采陆上石油资源条例》第3条,《对外合作开采海洋石油资源条例》第2条

第二百四十八条 【无居民海岛的国家所有权】无居民海岛属于国家所有,国务院代表国家行使无居民海岛所有权。

关联法规

《海岛保护法》第4、5条

第二百四十九条 【国家所有土地的范围】城市的土地,属于国家所有。法律规定属于国家所有的农村和城市郊区的土地,属于国家所有。

关联法规

《宪法》第10条,《土地管理法》第9条

第二百五十条 【自然资源的国家所有权】森林、山岭、草原、荒地、滩涂等自然资源,属于国家所有,但是法律规定属于集体所有的除外。

第二百五十一条 【野生动植物资源的国家所有权】法律规定属于国家所有的野生动植物资源,属于国家所有。

关联法规

《野生动物保护法》,《野生植物保护条例》

第二百五十二条 【无线电频谱资源的国家所有权】无线电频谱资源属于国家所有。

关联法规

《无线电管理条例》

第二百五十三条 【文物的国家所有权】法律规定属于国家所有的文物,属于国家所有。

条文注解

本条规定,法律规定属于国家所有的文物,属于国家所有。在此需要明确的是,并不是所有的文物都归国家所有,而是法律规定属于国家所有的文物,属于国家所有。文物的所有者可以是各类民事主体,民事主体可以按照法律规定享有对文物的所有权。依照《文物保护法》第 5 条的规定,以下文物属于国家所有:(1)中华人民共和国境内地下、内水和领海中遗存的一切文物,属于国家所有。(2)古文化遗址、古墓葬、石窟寺属于国家所有。国家指定保护的纪念建筑物、古建筑、石刻、壁画、近代现代代表性建筑等不可移动文物,除国家另有规定的以外,属于国家所有。(3)下列可移动文物,属于国家所有:①中国境内出土的文物,国家另有规定的除外;②国有文物收藏单位以及其他国家机关、部队和国有企业、事业组织等收藏、保管的文物;③国家征集、购买的文物;④公民、法人和其他组织捐赠给国家的文物;⑤法律规定属于国家所有的其他文物。《文物保护法》第 5 条中还规定:"属于国家所有的可移动文物的所有权不因其保管、收藏单位的终止或者变更而改变。国有文物所有权受法律保护,不容侵犯。""国有不可移动文物的所有权不因其所依附的土地所有权或者使用权的改变而改变。"国家依法享有对法律规定属于国家所有的文物的所有权,也就是国家依法享有对其所有的文物的占有、使用、收益和处分的权利。

关联法规

《文物保护法》第5条，《水下文物保护管理条例》第2条

第二百五十四条 【国防资产和基础设施的国家所有权】国防资产属于国家所有。

铁路、公路、电力设施、电信设施和油气管道等基础设施，依照法律规定为国家所有的，属于国家所有。

关联法规

《国防法》第37条第2款、第39条第1款，《电力法》第4条

第二百五十五条 【国家机关的物权】国家机关对其直接支配的不动产和动产，享有占有、使用以及依照法律和国务院的有关规定处分的权利。

第二百五十六条 【国家举办的事业单位的物权】国家举办的事业单位对其直接支配的不动产和动产，享有占有、使用以及依照法律和国务院的有关规定收益、处分的权利。

第二百五十七条 【国家出资的企业出资人制度】国家出资的企业，由国务院、地方人民政府依照法律、行政法规规定分别代表国家履行出资人职责，享有出资人权益。

关联法规

《公司法》第64~70条，《国有企业资产法》

第二百五十八条 【国有财产的保护】国家所有的财产受法律保护，禁止任何组织或者个人侵占、哄抢、私分、截留、破坏。

条文注解

“侵占”，是指以非法占有为目的，将其经营、管理的国有财产非法占为己有。“哄抢”，是指以非法占有为目的，组织、参与多人一起强行抢夺国有财产的行为。“私分”，是指违反国家关于国有财产分配管理规定，以单位名义将国有财产按人头分配给单位内全部或者部分职工的行为。“截留”，是指违反国家关于国有资金等国有财产拨付、流转的决定，擅自将经手的有关国有财产据为己有或者挪作他用的行为。“破坏”，是指故意毁坏国有财产，影响其发挥正常功效的行为，如采取爆破的方式毁坏国有铁路，影响国家正常交通运输的行为。破坏的主体可以是任何的组织或者个人，而且需有主观上的毁坏国有财产的故意。

侵占、哄抢、私分、截留、破坏国有财产的，应当承担返还原物、恢复原状、赔偿损失等民事责任；触犯治安管理处罚法和刑法的，还应当承担相应的法律责任。有关组织的责任人也要依法追究行政责任甚至是刑事责任。

第二百五十九条 【国有财产管理的法律责任】履行国有财产管理、监督职责的机构及其工作人员，应当依法加强对国有财产的管理、监督，促进国有财产保值增值，防止国有财产损失；滥用职权，玩忽职守，造成国有财产损失的，应当依法承担法律责任。

违反国有财产管理规定，在企业改制、合并分立、关联交易等过程中，低价转让、合谋私分、擅自担保或者以其他方式造成国有财产损失的，应当依法承担法律责任。

第二百六十条 【集体财产的范围】集体所有的不动产和动产包括：

（一）法律规定属于集体所有的土地和森林、山岭、草原、荒地、滩涂；

（二）集体所有的建筑物、生产设施、农田水利设施；

（三）集体所有的教育、科学、文化、卫生、体育等设施；

（四）集体所有的其他不动产和动产。

第二百六十一条 【农民集体所有财产归属及重大事项集体决定】农民集体所有的不动产和动产，属于本集体成员集体所有。

下列事项应当依照法定程序经本集体成员决定：

（一）土地承包方案以及将土地发包给本集体以外的组织或者个人承包；

（二）个别土地承包经营权人之间承包地的调整；

（三）土地补偿费等费用的使用、分配办法；

（四）集体出资的企业的所有权变动等事项；

（五）法律规定的其他事项。

关联法规

《土地管理法》第9、10条，《农村土地承包法》第28、52条，《村民委员会组织法》第21～24条

第二百六十二条 【集体所有的不动产所有权行使】对于集体所有的土地和森林、山岭、草原、荒地、滩涂等，依照下列规定行使所有权：

（一）属于村农民集体所有的，由村集体经济组织或者村民委员会依法代表集体行使所有权；

（二）分别属于村内两个以上农民集体所有的，由村内各该集体经济组织或者村民小组依法代表集体行使所有权；

（三）属于乡镇农民集体所有的，由乡镇集体经济组织代表集体行使所有权。

条文注解

关于谁来行使集体所有权，本条的规定分为三种情况：

一是属于村农民集体所有的，由村集体经济组织或者村民委员会代表集体行使所有权。这里的“村”，是指行政村，即设立村民委员会的村，而非自然村。

二是分别属于村内两个以上农民集体所有的，由村内各该集体经济组织或者村民小组代表集体行使所有权。这里“分别属于村内两个以上农民集体所有”，主要是指该农民集体所有的土地和其他财产在改革开放以前就分别属于两个以上的生产队，现在其土地和其他集体财产仍然分别属于相当于原生产队的村民小组的农民集体所有。这里的“村民小组”，是指行政村内的由村民组成的自治组织。根据《村民委员会组织法》的规定，村民委员会可以根据村民居住状况、集体土地所有权关系等分设若干个村民小组。

三是属于乡镇农民集体所有的，由乡镇集体经济组织代表集体行使所有权。其又可分为两种情况：一种情况是指改革开放以前，原来以人民公社为核算单位的土地，在公社改为乡镇以后仍然属于乡镇农民集体所有；另一种情况是指在人民公社时期，公社一级掌握的集体所有的土地和其他财产仍然属于乡镇农民集体所有。上述两种情况下，由乡镇集体经济组织来行使所有权。

还需要解释的是"行使所有权"。一是行使集体所有权的客体，既包括集体所有的土地和森林、山岭、草原、荒地、滩涂，也包括集体所有的建筑物、生产设施、农田水利设施；集体所有的教育、科学、文化、卫生、体育等设施；以及集体所有的其他不动产和动产。二是行使所有权的内容就是对集体所有的财产享有占有、使用、收益和处分的权利。

关联法规

《土地管理法》第11条，《农村土地承包法》第13条

第二百六十三条 【城镇集体所有的财产权利行使】城镇集体所有的不动产和动产，依照法律、行政法规的规定由本集体享有占有、使用、收益和处分的权利。

第二百六十四条 【集体成员对集体财产的知情权】农村集体经济组织或者村民委员会、村民小组应当依照法律、行政法规以及章程、村规民约向本集体成员公布集体财产的状况。集体成员有权查阅、复制相关资料。

第二百六十五条 【集体所有财产保护及农村集体成员合法权益保护】集体所有的财产受法律保护，禁止任何组织或者个人侵占、哄抢、私分、破坏。

农村集体经济组织、村民委员会或者其负责人作出的决定侵害集体成员合法权益的，受侵害的集体成员可以请求人民法院予以撤销。

条文注解

针对损害集体财产的主要行为，本条强调了禁止任何组织或者个人侵占、哄抢、私分、破坏集体财产。所谓的"侵占"，是指以非常占有为目的，

将其经营、管理的集体财产非法占为己有。侵占的客体是集体所有的资产。侵占的主体一般是经营、管理集体资产的单位或者个人。构成侵占，还必须具有非法占有集体资产的主观故意。“哄抢”，是指以非法占有为目的，组织、参与多人一起强行抢夺集体财产的行为。哄抢的客体是集体财产。哄抢的主体可以是任何的组织或者个人，并且还需具备非法占有集体财产的主观故意。“私分”，是指违反集体财产分配管理规定，擅自将集体财产按人头分配给部分集体成员的行为，如有少数村委会干部将应分配给全体村民的征收补偿款擅自分掉据为己有。“破坏”，是指故意毁坏集体财产，致使其不能发挥正常功效的行为。如故意毁坏集体企业的机器设备或者农村集体所有的水利设施，影响集体经济组织生产经营的行为。破坏的主体可以是任何的组织或者个人，而且需有毁坏集体财产的主观故意。

侵占、哄抢、私分、破坏集体所有财产的，应当承担返还原物、恢复原状、赔偿损失等民事责任；触犯治安管理处罚法和刑法的，还应当承担相应的法律责任。有关单位的责任人也要依法承担行政甚至是刑事责任。

第二百六十六条 【私有财产的范围】私人对其合法的收入、房屋、生活用品、生产工具、原材料等不动产和动产享有所有权。

条文注解

“私人”是与国家、集体相对应的物权主体，不但包括我国的公民，也包括在我国合法取得财产的外国人和无国籍人。不仅包括自然人，还包括个人独资企业、个人合伙等非公有制企业。

私有财产的范围:(1)收入。收入，是指人们从事各种劳动获得的货币收入或者有价物。主要包括:①工资。②从事智力创造和提供劳务所取得的物质权利，如稿费、专利转让费、讲课费、咨询费、演出费等。③因拥有债权、股权而取得的利息、股息、红利所得。④出租建筑物、土地使用权、机器设备、车船以及其他财产所得。⑤转让有价证券、股权、建筑物、土地使用权、机器设备、车船以及其他财产取得的所得。⑥得奖、中奖、中彩以及其他偶然所得。⑦从事个体经营的劳动收入、从事承包土地所获得的收益等。(2)房屋。房屋是我国公民最主要最基本的生活资料，包括依法购买的城镇住宅，也包括在农村宅基地上依法建造的住宅，还包括商铺、厂房等建筑物。(3)生活用品。生活用品，是指用于生活方面的物品，包括家用电器、私人汽车、家具和其他用品。(4)生产工具和原材料。生产工具，是指人们在进行生产活动时所使用的器具，如机器设备、车辆、船舶等运输工具。原材料，是指生产产品所需的物质基础材料，如矿石、木材、钢铁等。(5)除上述外，私人财产还包括其他的不动产和动产，如图书、个人收藏品、牲畜和家禽等。

需要强调的是，私人只能对其合法获得的财产享有所有权，对贪污、侵占、抢夺、诈骗、盗窃、走私等方式非法获取的财产，不但不能受到法律的保护，而且行为人还要依法承担没收、返还原物、赔偿损失等法律责任，构成犯罪的，还要依法追究刑事责任。

关联法规

《宪法》第13条，《刑法》第92条

第二百六十七条 【私人合法财产的保护】私人的合法财产受法律保护，禁止任何组织或者个人侵占、哄抢、破坏。

第二百六十八条 【国家、集体和私人依法出资设立公司或其他企业】国家、集体和私人依法可以出资设立有限责任公司、股份有限公司或者其他企业。国家、集体和私人所有的不动产或者动产投到企业的，由出资人按照约定或者出资比例享有资产收益、重大决策以及选择经营管理者等权利并履行义务。

第二百六十九条 【法人财产权】营利法人对其不动产和动产依照法律、行政法规以及章程享有占有、使用、收益和处分的权利。

营利法人以外的法人，对其不动产和动产的权利，适用有关法律、行政法规以及章程的规定。

关联法规

《民法典》第57、76条

第二百七十条 【社会团体法人、捐助法人合法财产的保护】社会团体法人、捐助法人依法所有的不动产和动产，受法律保护。

关联法规

《民法典》第 87、90、92 条

第六章　业主的建筑物区分所有权

第二百七十一条　【建筑物区分所有权】业主对建筑物内的住宅、经营性用房等专有部分享有所有权，对专有部分以外的共有部分享有共有和共同管理的权利。

条文注解

业主的建筑物区分所有权是物权上一项重要的不动产权利，是高层或者多层建筑物产生，并在一栋建筑物存在多个所有权人后出现的物权种类。建筑物区分所有权，一般是指数人区分一建筑物而各有其专有部分，并就共有部分按其专有部分享有共有的权利。业主，是指享有建筑物专有部分所有权的人。根据本条的规定，业主的建筑物区分所有权包括以下三个内容：(1)业主对专有部分的所有权。即本条规定的，业主对建筑物内的住宅、经营性用房等专有部分享有所有权，有权对专有部分占有、使用、收益和处分。(2)业主对建筑区划内的共有部分的共有的权利。即本条规定的，业主对专有部分以外的共有部分如电梯、过道、楼梯、水箱、外墙面、水电气的主管线等享有共有的权利。(3)业主对建筑区划内的共有部分的共同管理的权利。本法规定，业主可以自行管理建筑物及其附属设施，也可以委托物业服务企业或者其他管理人管理。业主大会和业主委员会，对任意弃置垃圾、排放大气污染物或者噪声、违反规定饲养动物、违章搭建、侵占通道、拒付物业费等损害他人合法权益的行为，有权依照法律、法规以及管理规约，要求行为人停止侵害、消除危险、排除妨害、赔偿损失。

关联法规

《物业管理条例》第 6 条，《最高人民法院关于审理建筑物区分所有权纠纷案件具体应用法律若干问题的解释》第 1 条

第二百七十二条 【业主对专有部分的权利和义务】业主对其建筑物专有部分享有占有、使用、收益和处分的权利。业主行使权利不得危及建筑物的安全，不得损害其他业主的合法权益。

条文注解

建筑区划内符合下列条件的房屋，以及车位、摊位等特定空间，应当认定为本章所称的专有部分:(1)具有构造上的独立性，能够明确区分;(2)具有利用上的独立性，可以排他使用;(3)能够登记成为特定业主所有权的客体。规划上专属于特定房屋，且建设单位销售时已经根据规划列入该特定房屋买卖合同中的露台等，应当认定为物权法本章所称专有部分的组成部分。

按照本条的规定，业主对建筑物内属于自己所有的住宅、经营性用房等专有部分可以直接占有、使用，实现居住或者营业的目的；也可以依法出租，获取收益；还可以出借，解决亲朋好友居住之难；或者在自己的专有部分上依法设定负担，例如，为保证债务的履行将属于自己所有的住宅或者经营性用房抵押给债权人，或者抵押给金融机构以取得贷款等；还可以将住宅、经营性用房等专有部分出售给他人，对专有部分予以处分。

建筑物的专有部分与共有部分具有一体性、不可分离性，故业主对专有部分行使专有所有权应受到一定限制，这与建筑物区分所有权的特殊性是分不开的。对此，本条规定，业主行使专有部分所有权时，不得危及建筑物的安全，不得损害其他业主的合法权益。例如，业主在对专有部分装修时，不得拆除房屋内的承重墙，不得在专有部分内储藏、存放易燃易爆危险等物品，危及整个建筑物的安全。

关联法规

《最高人民法院关于审理建筑物区分所有权纠纷案件具体应用法律若干问题的解释》第2条

第二百七十三条 【业主对共有部分的权利和义务】业主对建筑物专有部分以外的共有部分，享有权利，承担义务；不得以放弃权利为由不履行义务。

业主转让建筑物内的住宅、经营性用房，其对共有部分享有的共有和共同管理的权利一并转让。

条文注解

业主专有部分以外的共有部分，通常是指除建筑物内的住宅、经营性用房等专有部分以外的部分，既包括建筑物内的走廊、楼梯、过道、电梯、外墙面、水箱、水电气管线等部分，也包括建筑区划内，由业主共同使用的物业管理用房、绿地、道路、公用设施以及其他公共场所等，但法律另有规定的除外。建筑区划内的以下部分，也应当认定为本章所称的共有部分：(1)建筑物的基础、承重结构、外墙、屋顶等基本结构部分，通道、楼梯、大堂等公共通行部分，消防、公共照明等附属设施、设备，避难层、设备层或者设备间等结构部分；(2)其他不属于业主专有部分，也不属于市政公用部分或者其他权利人所有的场所及设施等。

业主对专有部分以外的共有部分的权利包括两部分内容，即共有和共同管理的权利。(1)业主对专有部分以外的共有部分享有共有的权利，但是，如何行使占有、使用、收益或者处分的权利，还要依据本法及相关法律、法规和建筑区划管理规约的规定。例如，本法第 283 条规定，建筑物及其附属设施的费用分摊、收益分配等事项，有约定的，按照约定；没有约定或者约定不明确的，按照业主专有部分面积所占比例确定。业主对专有部分以外的共有部分的共有，还包括对共有部分共负义务。同样，业主对共有部分如何承担义务，也要依据本法及相关法律、法规和建筑区划管理规约的规定。例如，依据本法第 286 条的规定，业主对共有部分承担的义务包括：不得在共有部分任意弃置垃圾、违章搭建，不得随意侵占通道等。(2)业主对专有部分以外的共有部分不仅享有共有的权利，还享有共同管理的权利，有权对共用部分与公用设备设施的使用、收益、维护等事项行使管理的权利，同时对共有部分的管理也负有相应的义务。

业主的建筑物区分所有权是一个集合权，包括对专有部分享有的所有权、对建筑区划内的共有部分享有的共有和共同管理的权利，这些权利具有不可分离性。因此，业主转让建筑物内的住宅、经营性用房，其对共有部分享有的共有和共同管理的权利一并转让。

关联法规

《物业管理条例》第 54 条，《最高人民法院关于审理建筑物区分所有权纠纷案件具体应用法律若干问题的解释》第 3、4 条

第二百七十四条 【建筑区划内道路、绿地等的权利归属】建筑区划内的道路，属于业主共有，但是属于城镇公共道路的除外。建筑区划内的绿地，属于业主共有，但是属于城镇公共绿地或者明示属于个人的除外。建筑区划内的其他公共场所、公用设施和物业服务用房，属于业主共有。

关联法规

《物业管理条例》第37条，《最高人民法院关于审理建筑物区分所有权纠纷案件具体应用法律若干问题的解释》第3条

第二百七十五条 【车位、车库的归属】建筑区划内，规划用于停放汽车的车位、车库的归属，由当事人通过出售、附赠或者出租等方式约定。

占用业主共有的道路或者其他场地用于停放汽车的车位，属于业主共有。

条文注解

本法区分不同的情况对车位、车库的归属作了规定：(1)建筑区划内，规划用于停放汽车的车位、车库的归属，由当事人通过出售、附赠或者出租等方式约定。建筑区划内，规划用于停放汽车的车位、车库，即开发商在开发项目前，经政府核发的建设工程规划许可证批准同意，规划用于停放汽车的车位、车库。此类车位、车库，在开发商开发后，通过出售、附赠或者出租等方式，与当事人约定车位、车库的归属和使用。(2)占用业主共有的道路或者其他场地用于停放汽车的车位，属于业主共有。规划外的占用业主共有的道路或者其他场地用于停放汽车的车位、车库，由于属于规划外，且是占用业主共有的道路或者其他场地建设的，较易形成属于业主共有的共识，属于业主共有。

关联法规

《最高人民法院关于审理建筑物区分所有权纠纷案件具体应用法律若干问题的解释》第6条

第二百七十六条 【车位、车库的首要用途】建筑区划内，规划用于停放汽车的车位、车库应当首先满足业主的需要。

关联法规

《最高人民法院关于审理建筑物区分所有权纠纷案件具体应用法律若干问题的解释》第5条

第二百七十七条 【业主自治管理组织的设立及指导和协助】业主可以设立业主大会，选举业主委员会。业主大会、业主委员会成立的具体条件和程序，依照法律、法规的规定。

地方人民政府有关部门、居民委员会应当对设立业主大会和选举业主委员会给予指导和协助。

关联法规

《物业管理条例》第8~20条，《业主大会和业主委员会指导规则》第2、6、31、35条

第二百七十八条 【业主共同决定事项及表决】下列事项由业主共同决定：

（一）制定和修改业主大会议事规则；

（二）制定和修改管理规约；

（三）选举业主委员会或者更换业主委员会成员；

（四）选聘和解聘物业服务企业或者其他管理人；

（五）使用建筑物及其附属设施的维修资金；

（六）筹集建筑物及其附属设施的维修资金；

（七）改建、重建建筑物及其附属设施；

（八）改变共有部分的用途或者利用共有部分从事经营活动；

（九）有关共有和共同管理权利的其他重大事项。

业主共同决定事项，应当由专有部分面积占比三分之二以上的业主且人数占比三分之二以上的业主参与表决。决定前款第六项至第八项规定的事项，应当经参与表决专有部分面积四分之三以上的业主且参与表决人数四分之三以上的业主同意。决定前款其他事项，应当经参与表决专有部分面积过半数的业主且参与表决人数过半数的业主同意。

条文注解

关于专有部分面积占比和业主人数占比的计算，可以按照下列方法认定：(1)专有部分面积，按照不动产登记簿记载的面积计算；尚未进行物权登记的，暂按测绘机构的实测面积计算；尚未进行实测的，暂按房屋买卖合同记载的面积计算。(2)建筑物总面积，按照前项的统计总和计算。

关于业主人数和总人数，可以按照下列方法认定：(1)业主人数，按照专有部分的数量计算，一个专有部分按一人计算。但建设单位尚未出售和虽已出售但尚未交付的部分，以及同一买受人拥有一个以上专有部分的，按一人计算。(2)总人数，按照前项的统计总和计算。

关联法规

《最高人民法院关于审理建筑物区分所有权纠纷案件具体应用法律若干问题的解释》第7~9条，《业主大会和业主委员会指导规则》

第二百七十九条 【业主改变住宅用途的限制条件】业主不得违反法律、法规以及管理规约，将住宅改变为经营性用房。业主将住宅改变为经营性用房的，除遵守法律、法规以及管理规约外，应当经有利害关系的业主一致同意。

条文注解

如何确定业主为有利害关系的业主，因改变住宅为经营性用房的用途不同，影响的范围、程度不同，要具体情况具体分析。总之，无论是不是相邻或者不相邻的业主，凡是因住宅改变为经营性用房受到影响的业主，均是本条所说的有利害关系的业主。

关联法规

《最高人民法院关于审理建筑物区分所有权纠纷案件具体应用法律若干问题的解释》第10、11条

第二百八十条 【业主大会、业主委员会决定的效力】业主大会或者业主委员会的决定，对业主具有法律约束力。

业主大会或者业主委员会作出的决定侵害业主合法权益的，受侵害的业主可以请求人民法院予以撤销。

条文注解

对业主具有约束力的业主大会或者业主委员会的决定，必须是依法设立的业主大会、业主委员会作出的，必须是业主大会、业主委员会依据法定程序作出的，必须是符合法律、法规及规章，不违背公序良俗，不损害国家、公共和他人利益的决定。

本条第2款赋予了业主请求人民法院撤销业主大会或者业主委员会作出的不当决定的权利。业主在具体行使这一权利时，还要依据本法总则编、民事诉讼法等法律的规定。例如，撤销的请求，要向有管辖权的人民法院提出，要有明确的诉讼请求和事实、理由等。《最高人民法院关于审理建筑物区分所有权纠纷案件具体应用法律若干问题的解释》第12条规定，业主请求人民法院撤销决定的，应当在知道或者应当知道业主大会或者业主委员会作出决定之日起1年内行使。

关联法规

《物业管理条例》第12、19条，《最高人民法院关于审理建筑物区分所有权纠纷案件具体应用法律若干问题的解释》第12、13条

第二百八十一条 【建筑物及其附属设施维修资金的归属和处分】建筑物及其附属设施的维修资金，属于业主共有。经业主共同决定，可以用于电梯、屋顶、外墙、无障碍设施等共有部分的维修、更新和改造。建筑物及其附属设施的维修资金的筹集、使用情况应当定期公布。

紧急情况下需要维修建筑物及其附属设施的，业主大会或者业主委员会可以依法申请使用建筑物及其附属设施的维修资金。

条文注解

根据本条第2款的规定，紧急情况下需要维修建筑物及其附属设施的，业主大会或者业主委员会可以依法申请使用维修资金。此处对紧急情况下需要维修建筑物及其附属设施使用维修资金作了指引性规定，即需"依法申请"，此处的"依法"，既包括法律，也包括行政法规、部门规章和地方性法规等。

关联法规

《物业管理条例》第53、54、60条，《最高人民法院关于审理建筑物区分所有权纠纷案件具体应用法律若干问题的解释》第12、13条

第二百八十二条 【共有部分的收入分配】建设单位、物业服务企业或者其他管理人等利用业主的共有部分产生的收入，在扣除合理成本之后，属于业主共有。

条文注解

本条是本次民法典编纂新增加的条文。根据本条的规定，建设单位、物业服务企业或者其他管理人等利用业主的共有部分产生的收入，在扣除合理成本之后，属于业主共有。例如，很多小区会在业主的共有部分设置广告，这些广告收入，在扣除合理成本之后，应该属于业主共有。再如，占有业主共有的道路或者其他场地设置的车位，出租车位的租金收入，在扣除合理的成本之后，也应该属于业主共有。

关联法规

《物业管理条例》第53、54、60条，《最高人民法院关于审理建筑物区分所有权纠纷案件具体应用法律若干问题的解释》第14、17条

第二百八十三条 【建筑物及其附属设施的费用分摊和收益分配】建筑物及其附属设施的费用分摊、收益分配等事项，有约定的，按照约定；没有约定或者约定不明确的，按照业主专有部分面积所占比例确定。

第二百八十四条 【建筑物及其附属设施的管理主体】业主可以自行管理建筑物及其附属设施，也可以委托物业服务企业或者其他管理人管理。

对建设单位聘请的物业服务企业或者其他管理人，业主有权依法更换。

关联法规

《物业管理条例》第2、32~36条

第二百八十五条 【业主和物业服务企业或其他管理人的关系】物业服务企业或者其他管理人根据业主的委托，依照本法第三编有关物业服务合同的规定管理建筑区划内的建筑物及其附属设施，接受业主的监督，并及时答复业主对物业服务情况提出的询问。

物业服务企业或者其他管理人应当执行政府依法实施的应急处置措施和其他管理措施，积极配合开展相关工作。

关联法规

《民法典》第937~950条，《物业管理条例》第34条，《最高人民法院关于审理物业服务纠纷案件具体应用法律若干问题的解释》

第二百八十六条 【业主的相关义务及责任】业主应当遵守法律、法规以及管理规约，相关行为应当符合节约资源、保护生态环境的要求。对于物业服务企业或者其他管理人执行政府依法实施的应急处置措施和其他管理措施，业主应当依法予以配合。

业主大会或者业主委员会，对任意弃置垃圾、排放污染物或者噪声、违反规定饲养动物、违章搭建、侵占通道、拒付物业费等损害他人合法权益的行为，有权依照法律、法规以及管理规约，请求行为人停止侵害、排除妨碍、消除危险、恢复原状、赔偿损失。

业主或者其他行为人拒不履行相关义务的，有关当事人可以向有关行政主管部门报告或者投诉，有关行政主管部门应当依法处理。

条文注解

遵守法律、法规以及管理规约是居住于建筑区划内的业主应当履行的最基本的义务。此外，业主还应当遵守管理规约。管理规约是业主大会制定的区分所有建筑物管理的自治规则。管理规约的订立、变更或者废止，都必须经过业主大会决议，经专有部分占建筑物总面积过半数的业主且占总人数过半数的业主同意。

业主或者其他行为人违反法律、法规、国家相关强制性标准、管理规约，或者违反业主大会、业主委员会依法作出的决定，实施下列行为的，可以认定为“损害他人合法权益的行为”：(1)损害房屋承重结构，损害或者违章使用电力、燃气、消防设施，在建筑物内放置危险、放射性物品等危及建筑物安全或者妨碍建筑物正常使用；(2)违反规定破坏、改变建筑物外墙面的形状、颜色等损害建筑物外观；(3)违反规定进行房屋装饰装修；(4)违章加建、改建，侵占、挖掘公共通道、道路、场地或者其他共有部分。

关联法规

《物业管理条例》第17、45、50条，《最高人民法院关于审理建筑物区分所有权纠纷案件具体应用法律若干问题的解释》第15条

第二百八十七条 【业主合法权益的保护】业主对建设单位、物业服务企业或者其他管理人以及其他业主侵害自己合法权益的行为，有权请求其承担民事责任。

第七章 相邻关系

第二百八十八条 【处理相邻关系的原则】不动产的相邻权利人应当按照有利生产、方便生活、团结互助、公平合理的原则，正确处理相邻关系。

条文注解

相邻关系，是指不动产的相邻各方因行使所有权或者用益物权而发生的权利义务关系。相邻的不动产不仅指土地，也包括附着于土地的建筑物。不动产的相邻关系一般指相互毗邻的不动产权利人之间的关系，但也并不尽然。例如，河流上游的权利人排水需要流经下游的土地，当事人之间尽管土地并不相互毗邻，但行使权利是相互邻接的。相邻的不动产权利人，不仅包括不动产的所有人，而且包括不动产的用益物权人和占有人。

处理相邻关系的原则，不仅是人们在生产、生活中处理相邻关系应遵从的原则，也是法官审理相邻关系纠纷案件应遵从的原则。特别是在法律对相邻关系的某些类型缺乏明确规定的情况下，需要法官以处理相邻关系的一般原则评判是非。

第二百八十九条 【处理相邻关系的法律依据】法律、法规对处理相邻关系有规定的，依照其规定；法律、法规没有规定的，可以按照当地习惯。

关联法规

《民法典》第10条

第二百九十条 【用水、排水相邻关系】不动产权利人应当为相邻权利人用水、排水提供必要的便利。

对自然流水的利用，应当在不动产的相邻权利人之间合理分配。对自然流水的排放，应当尊重自然流向。

条文注解

一方擅自堵截或者独占自然流水，影响他方正常生产、生活的，他方有权请求排除妨碍；造成他方损失的，受益人应负赔偿责任。

相邻一方必须使用另一方的土地排水的，应当予以准许；但应在必要限度内使用并采取适当的保护措施排水，如仍造成损失的，由受益人合理补偿。相邻一方可以采取其他合理的措施排水而未采取，向他方土地排水毁损或者可能毁损他方财产，他方要求致害人停止侵害、消除危险、恢复原状、赔偿损失的，应当予以支持。

第二百九十一条 【通行相邻关系】不动产权利人对相邻权利人因通行等必须利用其土地的，应当提供必要的便利。

条文注解

一方必须在相邻一方使用的土地上通行的，应当予以准许；因此造成损失的，应当给予适当补偿。

对于一方所有的或者使用的建筑物范围内历史形成的必经通道，所有权人或者使用权人不得堵塞。因堵塞影响他人生产、生活，他人要求排除妨碍或者恢复原状的，应当予以支持。但有条件另开通道的，可以另开通道。

第二百九十二条 【相邻土地的利用】不动产权利人因建造、修缮建筑物以及铺设电线、电缆、水管、暖气和燃气管线等必须利用相邻土地、建筑物的，该土地、建筑物的权利人应当提供必要的便利。

条文注解

相邻一方因施工临时占用他方使用的土地，占用的一方如未按照双方约定的范围、用途和期限使用的，应当责令其及时清理现场，排除妨碍，恢复原状，赔偿损失。

在邻地上安设管线，从建筑工程学角度上讲，土地权利人非经过邻人的土地而不能安设电线、水管、煤气管等管线，而此等管线又为土地权利人所必需，该土地权利人有权通过邻人土地的上下安设，但应选择损害最小的处所及方法安设，仍有损害的，应支付赔偿金。

第二百九十三条 【相邻通风、采光和日照】建造建筑物，不得违反国家有关工程建设标准，不得妨碍相邻建筑物的通风、采光和日照。

关联法规

《建筑采光设计标准》《城市居住区规划设计标准》

第二百九十四条 【相邻不动产之间不可量物侵害】不动产权利人不得违反国家规定弃置固体废物，排放大气污染物、水污染物、土壤污染物、噪声、光辐射、电磁辐射等有害物质。

关联法规

《大气污染防治法》第8、9、12条，《水污染防治法》第12~15条，《固体废物污染环境防治法》第14条，《环境保护法》第42条，《广播电视设施保护条例》第11条

第二百九十五条 【维护相邻不动产安全】不动产权利人挖掘土地、建造建筑物、铺设管线以及安装设备等，不得危及相邻不动产的安全。

条文注解

所谓“不得危及相邻不动产的安全”主要包括以下几个方面：(1)在自己的土地上开挖地基时，要注意避免使相邻土地的地基发生动摇或有动摇之危险，致使相邻土地上的建筑物受到损害。(2)在相邻不动产的疆界线附近处埋设水管时，要预防土沙崩溃、水或污水渗漏到相邻不动产。(3)不动产权利人在自己的土地范围内种植的竹木根枝伸延，危及另一方建筑物的安全和正常使用时，应当消除危险，恢复原状。(4)不动产权利人在相邻土地上的建筑物有倒塌的危险从而可能危及自己土地及建筑物安全时，有权要求相邻不动产权利人消除危险。

关联法规

《建筑法》第39、40条

第二百九十六条 【使用相邻不动产避免造成损害】不动产权利人因用水、排水、通行、铺设管线等利用相邻不动产的，应当尽量避免对相邻的不动产权利人造成损害。

条文注解

《物权法》第 92 条规定："……造成损害的，应当给予赔偿。"本条删除此规定，并非是造成损害无须赔偿，而是如果造成损害，可以依据民法典侵权责任编的规定请求损害赔偿。因为造成损害的，应当给予赔偿，可以由侵权责任编调整，无须在本条作出特别规定。

第八章　共　　有

第二百九十七条　【共有及其类型】不动产或者动产可以由两个以上组织、个人共有。共有包括按份共有和共同共有。

条文注解

共有，是指多个权利主体对一物共同享有所有权。共有的主体称为共有人，客体称为共有财产或共有物。各共有人之间因财产共有形成的权利义务关系，称为共有关系。根据本条的规定，共有包括按份共有和共同共有。按份共有和共同共有的区别在于，按份共有人对共有的不动产或者动产按照其份额享有所有权，共同共有人对共有的不动产或者动产共同享有所有权。

第二百九十八条　【按份共有】按份共有人对共有的不动产或者动产按照其份额享有所有权。

条文注解

按份共有，又称分别共有，是与共同共有相对应的一项制度。指数人按应有份额对共有物共同享有权利和分担义务的共有。

在按份共有中，各共有人对共有物享有不同的份额。各共有人的份额，又称应有份，其具体数额一般是由共有人约定明确的。在按份共有中，每个共有人对共有财产享有的权利和承担的义务，是依据其不同的份额所确定的。共有人的份额决定了其权利义务的范围。共有人对共有物持有多大的份额，就对共有物享有多大权利和承担多大义务，份额不同，共有人对共有财产的权利义务也不同。

按份共有与分别所有是不同的。在按份共有中，各个共有人的权利不是局限在共有财产的某一部分上，或就某一具体部分单独享有所有权，而是各共有人的权利均及于共有财产的全部。当然，在许多情况下，按份共有人的份额可以产生和单个所有权一样的效力，如共有人有权要求转让其份额，但是各个份额并不是一个完整的所有权，如果各共有人分别单独享有所有权，则共有也就不复存在了。

第二百九十九条 【共同共有】共同共有人对共有的不动产或者动产共同享有所有权。

条文注解

共同共有，是指两个或两个以上的民事主体，根据某种共同关系而对某项财产不分份额地共同享有权利并承担义务。共同共有的特征是：第一，共同共有根据共同关系而产生，以共同关系的存在为前提，如夫妻关系、家庭关系。第二，在共同共有关系存续期间内，共有财产不分份额。这是共同共有与按份共有的主要区别。第三，在共同共有中，各共有人平等地对共有物享受权利和承担义务。

第三百条 【共有人对共有物的管理权】共有人按照约定管理共有的不动产或者动产；没有约定或者约定不明确的，各共有人都有管理的权利和义务。

第三百零一条 【共有物的处分、重大修缮和性质、用途变更】处分共有的不动产或者动产以及对共有的不动产或者动产作重大修缮、变更性质或者用途的，应当经占份额三分之二以上的按份共有人或者全体共同共有人同意，但是共有人之间另有约定的除外。

第三百零二条 【共有物管理费用的分担】共有人对共有物的管理费用以及其他负担，有约定的，按照其约定；没有约定或者约定不明确的，按份共有人按照其份额负担，共同共有人共同负担。

条文注解

对共有物的管理费用主要包括以下几项:(1)对共有物的保存费用,即为保持共有物免于毁损、灭失,处于良好安全状态或使用状态而支付的费用。(2)对共有物作简易修缮或者重大修缮所支出的费用。(3)对共有物的其他费用负担,例如,因为共有物对共有人以外的人造成损害,须向受害人支付的偿金。如共有的房屋倒塌造成他人损害,而向受害人赔偿的医疗费、误工损失费等。

在按份共有中,对共有物的管理费用以及其他负担,有约定的,按照约定;没有约定或者约定不明确的,按份共有人按照其份额负担。在共同共有中,对共有物的管理费用以及其他费用负担,原则上由共同共有人共同负担,即以其他的共有财产支付,如共有的积蓄。但是共同共有人另有约定的,依照其约定。

共有人中的部分人支付管理费用,该管理费用是必要管理费用的,其超过应有份额所应分担的额外部分,对其他共有人可以按其各应分担的份额请求偿还。

第三百零三条 【共有物的分割】共有人约定不得分割共有的不动产或者动产,以维持共有关系的,应当按照约定,但是共有人有重大理由需要分割的,可以请求分割;没有约定或者约定不明确的,按份共有人可以随时请求分割,共同共有人在共有的基础丧失或者有重大理由需要分割时可以请求分割。因分割造成其他共有人损害的,应当给予赔偿。

第三百零四条 【共有物的分割方式】共有人可以协商确定分割方式。达不成协议,共有的不动产或者动产可以分割且不会因分割减损价值的,应当对实物予以分割;难以分割或者因分割会减损价值的,应当对折价或者拍卖、变卖取得的价款予以分割。

共有人分割所得的不动产或者动产有瑕疵的,其他共有人应当分担损失。

条文注解

分割共有的不动产或者动产,可以采取各共有人间协商确定的方式。协商的内容,由共有人自由决定,当然须经得共有人全体同意。当无法达成协议时，共有人可提请法院进行裁判分割。裁判分割应遵循本条关于实物分割、变价分割或者折价赔偿的原则规定：(1)实物分割。在不影响共有物的使用价值和特定用途时，可以对共有物进行实物分割。(2)变价分割。如果共有物无法进行实物分割，分割将减损物的使用价值或者改变物的特定用途时，或者共有人都不愿接受共有物时，应当将共有物进行拍卖或者变卖，对所得价款进行分割。(3)折价赔偿。对于不可分割的共有物或者分割将减损其价值的，如果共有人中的一人愿意取得共有物，可以由该共有人取得共有物，并由该共有人向其他共有人作价赔偿。

共有人分割所得的不动产或者动产有瑕疵的，其他共有人应当分担损失，即瑕疵担保责任，包括权利的瑕疵担保责任和物的瑕疵担保责任。前者指共有人应担保第三人就其他共有人分得之物不得主张任何权利；后者指共有人对其他共有人应担保其分得部分于分割前未隐含瑕疵。本款的规定是为了防止共有物分割后，共有人发现权利或者利益受到侵害而得不到赔偿的情况发生。

第三百零五条 【按份共有人的份额处分权和其他共有人的优先购买权】按份共有人可以转让其享有的共有的不动产或者动产份额。其他共有人在同等条件下享有优先购买的权利。

条文注解

法律规定其他共有人优先购买权，是为了简化共有关系，防止因外人的介入而使共有人内部关系趋于复杂。此处优先购买权是共有人相对于非共有人而言的，在共有人之间并无优先的问题。此种优先购买权仅具有债的效力，不得对抗善意第三人。而且共有人有相反的约定的，依其约定。

此处“同等条件下”是指其他共有人就购买该份额所给出的价格等条件与欲购买该份额的非共有人相同。即当其他共有人与此外的其他人出价相同时，其他共有人有优先购买的权利。

第三百零六条 【优先购买权的实现方式】按份共有人转让其享有的共有的不动产或者动产份额的，应当将转让条件及时通知其他共有人。其他共有人应当在合理期限内行使优先购买权。

两个以上其他共有人主张行使优先购买权的，协商确定各自的购买比例；协商不成的，按照转让时各自的共有份额比例行使优先购买权。

第三百零七条 【因共同财产产生的债权债务关系的对外、对内效力】因共有的不动产或者动产产生的债权债务，在对外关系上，共有人享有连带债权、承担连带债务，但是法律另有规定或者第三人知道共有人不具有连带债权债务关系的除外；在共有人内部关系上，除共有人另有约定外，按份共有人按照份额享有债权、承担债务，共同共有人共同享有债权、承担债务。偿还债务超过自己应当承担份额的按份共有人，有权向其他共有人追偿。

第三百零八条 【按份共有的推定】共有人对共有的不动产或者动产没有约定为按份共有或者共同共有，或者约定不明确的，除共有人具有家庭关系等外，视为按份共有。

第三百零九条 【按份共有人份额的确定】按份共有人对共有的不动产或者动产享有的份额，没有约定或者约定不明确的，按照出资额确定；不能确定出资额的，视为等额享有。

第三百一十条 【用益物权、担保物权共有的参照适用】两个以上组织、个人共同享有用益物权、担保物权的，参照适用本章的有关规定。

条文注解

本条是关于用益物权和担保物权的准共有的规定。所谓准共有，是指数人按份共有或者共同共有数人共同共有所有权以外的财产权。准共有具有以下特征：(1)准共有的标的物是所有权之外的财产权，包括用益物权、担保物权等。(2)准共有即准用共有的有关规定，各人就所有权之外的财产究竟是准用共同共有还是按份共有，应当视其共有关系而定。(3)准共有准用按份共有或共同共有的前提，是规范该财产权的法律没有特别规定。如果有，则应首先适用该特别规定。

第九章　所有权取得的特别规定

第三百一十一条　【善意取得】无处分权人将不动产或者动产转让给受让人的，所有权人有权追回；除法律另有规定外，符合下列情形的，受让人取得该不动产或者动产的所有权：

（一）受让人受让该不动产或者动产时是善意；

（二）以合理的价格转让；

（三）转让的不动产或者动产依照法律规定应当登记的已经登记，不需要登记的已经交付给受让人。

受让人依据前款规定取得不动产或者动产的所有权的，原所有权人有权向无处分权人请求损害赔偿。

当事人善意取得其他物权的，参照适用前两款规定。

条文注解

善意取得，指受让人以财产所有权转移为目的，支付对价受让且善意占有该财产，即使出让人无转移所有权的权利，受让人仍取得其所有权。善意取得既适用于动产，又适用于不动产。产生善意取得的法律后果，需同时符合以下条件，三项条件必须同时具备，否则不构成善意取得。(1)受让人受让该不动产或者动产时是善意。受让人受让不动产或者动产时，不知道转让人无处分权，且无重大过失的，应当认定受让人为善意。真实权利人主张受让人不构成善意的，应当承担举证证明责任。(2)以合理的价格转让，即受让人是以合理的价格，以符合一般人认知的正常的市场价格受让该不动产或者动产。(3)转让的不动产或者动产依照法律规定应当登记的已经登记，不需要登记的已经交付给受让人，即交易的不动产或者动产已经依法发生了物权变动的效力。

第三百一十二条 【遗失物的善意取得】所有权人或者其他权利人有权追回遗失物。该遗失物通过转让被他人占有的，权利人有权向无处分权人请求损害赔偿，或者自知道或者应当知道受让人之日起二年内向受让人请求返还原物；但是，受让人通过拍卖或者向具有经营资格的经营者购得该遗失物的，权利人请求返还原物时应当支付受让人所付的费用。权利人向受让人支付所付费用后，有权向无处分权人追偿。

条文注解

对于善意取得，有人认为应当规定盗赃物的善意取得。本法不规定盗赃物的善意取得，立法考虑是，对被盗、被抢的财物，所有权人主要通过司法机关依照刑法、刑事诉讼法、治安管理处罚法等有关法律的规定追缴后退回。在追赃过程中，如何保护善意受让人的权益，维护交易安全和社会经济秩序，可以通过进一步完善有关法律规定解决。

第三百一十三条 【善意取得的动产上原有权利的消灭】善意受让人取得动产后，该动产上的原有权利消灭。但是，善意受让人在受让时知道或者应当知道该权利的除外。

第三百一十四条 【拾得遗失物的返还】拾得遗失物，应当返还权利人。拾得人应当及时通知权利人领取，或者送交公安等有关部门。

条文注解

遗失物是非故意抛弃而丢失的物品。遗失物与废弃物不同，废弃物是故意抛弃之物。丢失遗失物的人，称遗失物丢失人。拾得遗失物，是发现并占有遗失物。拾得遗失物的人，称拾得人。拾得人拾得遗失物，知道遗失物所有人的，应当及时通知其领取，或者送交遗失物。拾得人拾得遗失物，不知道遗失物丢失人的，可以张贴招领告示，寻找遗失物丢失人，也可以将遗失物上缴公安机关或者有关单位。

第三百一十五条 【有关部门收到遗失物的处理】有关部门收到遗失物，知道权利人的，应当及时通知其领取；不知道的，应当及时发布招领公告。

条文注解

公安机关收到遗失物，应当查找遗失物丢失人，请其认领，或者存放在遗失物品招领处，待人认领。自公安机关收到遗失物发布招领公告之日起1年内无人认领的，遗失物归国家所有。公安机关可以拍卖、变卖遗失物，所得价金上缴国库。

第三百一十六条 【拾得人及有关部门妥善保管遗失物义务】拾得人在遗失物送交有关部门前，有关部门在遗失物被领取前，应当妥善保管遗失物。因故意或者重大过失致使遗失物毁损、灭失的，应当承担民事责任。

第三百一十七条 【权利人在领取遗失物时应尽义务】权利人领取遗失物时，应当向拾得人或者有关部门支付保管遗失物等支出的必要费用。

权利人悬赏寻找遗失物的，领取遗失物时应当按照承诺履行义务。

拾得人侵占遗失物的，无权请求保管遗失物等支出的费用，也无权请求权利人按照承诺履行义务。

第三百一十八条 【公告期满无人认领的遗失物归属】遗失物自发布招领公告之日起一年内无人认领的，归国家所有。

第三百一十九条 【拾得漂流物、发现埋藏物或隐藏物】拾得漂流物、发现埋藏物或者隐藏物的，参照适用拾得遗失物的有关规定。法律另有规定的，依照其规定。

条文注解

考虑到文物保护法中对构成文物的物（包括漂流物、埋藏物和隐藏物）的权属及处理程序作了详细规定，因此对于文物的处理不宜笼统参照拾得遗失物的有关规定，所以本条规定了但书，“法律另有规定的，依照其规定”。此外，由于遗失物、漂流物、埋藏物和隐藏物的概念在外延上同“文物”的概念存在交叉，无论是遗失物、漂流物、埋藏物或者隐藏物，只要构成“文物”，文物保护法的规定将优先适用。

关联法规

《文物保护法》第5、27、32条

第三百二十条 【从物所有权的转移】主物转让的，从物随主物转让，但是当事人另有约定的除外。

条文注解

主物与从物是根据两个物之间的关系对物所做的分类。主物，是指为同一所有人所有，需要共同使用才能更好地发挥效用，在两物中起主要作用的物。从物，是指两者中辅助主物发挥效用的物。一般来说，从物须具备以下要件：(1)与主物同属一人所有；(2)能够独立存在；(3)属于附从之物，辅助主物发生作用。为了充分发挥物的效用，从物通常不应与主物相分离，否则可能影响主物功能和价值。

要准确把握本条关于主物转让的，从物随主物转让的一般规则，需要首先对主物和从物的概念进行理解。主物、从物的概念不同于物的整体与其重要成分之间的关系。物的重要成分是物的组成部分，而主物和从物在聚合之前分别为独立的物，如自行车与车锁，在聚合之前为独立的物。在聚合之后，根据它们的作用可以决定主从关系，并决定权利的变动。但物的重要成分与物的整体本身就是一个物，如汽车与其发动机，如果没有发动机的作用，汽车就不能称之为汽车，也就无法发挥它的整体效用。因此法律上的规则是，不许可在物的整体上和该物的重要成分上分设两个独立的权利；而主物从物之间的关系却不同，在从物随主物转让的一般规则下，均承认当事人例外约定的效力。例如，甲将自行车出售给乙，完全可以约定自行车车锁不售仍由甲所有。

第三百二十一条 【天然孳息和法定孳息的归属】天然孳息，由所有权人取得；既有所有权人又有用益物权人的，由用益物权人取得。当事人另有约定的，按照其约定。

法定孳息，当事人有约定的，按照约定取得；没有约定或者约定不明确的，按照交易习惯取得。

条文注解

天然孳息，是指依物的自然属性所产生的物。天然孳息的范围非常广，主要来自种植业和养殖业，如耕作土地获得粮食和其他出产物，种植果树产生果实，包括竹木的枝根，养殖牲畜获得各种子畜和奶产品等。

法定孳息，是指依一定的法律关系由原物所生的物，是原物的所有权人进行租赁、投资等特定的民事法律活动而应当获得的合法收益。如房屋出租所得的租金，依股本金所得的股息等。法定孳息的归属当事人有约定的，按照约定取得；没有约定或者约定不明确的，按照交易习惯取得。交易习惯通常是，孳息在没有与原物分离以前，由原物所有权人享有，原物所有权转移后，孳息的所有权随之转移。

第三百二十二条 【添附取得物的归属】因加工、附合、混合而产生的物的归属，有约定的，按照约定；没有约定或者约定不明确的，依照法律规定；法律没有规定的，按照充分发挥物的效用以及保护无过错当事人的原则确定。因一方当事人的过错或者确定物的归属造成另一方当事人损害的，应当给予赔偿或者补偿。

条文注解

加工、附合、混合统称添附，是指不同所有人的物被结合、混合在一起成为一个新物，或者利用别人之物加工成为新物的事实状态。其中，附合、混合为物与物相结合，加工为劳力与他人之物相结合。添附的发生有的基于人的行为，也有的基于自然的偶然因素。添附包括三种情况：(1)加工。加工，是指将他人的物加工制造成新物。加工是一种事实行为，是劳动与动产的结合，包括劳力、知识技术与时间的投入。(2)附合。附合，是指不同所有人的物密切结合在一起而成为一种新物，如误将他人的油漆刷了自己的墙。(3)混合。混合，是指不同所有人的物掺合、融合在一起而成为新物，从而无法识别，或者虽有办法识别分离，但若进行识别分离则经济上不合理。混合和附合不同之处在于，混合后各所有人的原物已达不能凭视觉识别的程度。

根据本条的规定，因加工、附合、混合而产生的物的归属，按照以下原则确定：(1)有约定的，按照约定。(2)没有约定或者约定不明确的，依照法律规定。(3)没有约定，法律没有规定的，按照充分发挥物的效用以及保护无过错当事人的原则确定。发挥物的效用原则，是指物归属于哪一方更能发挥物的效用就归属于哪一方。(4)因一方当事人的过错或者确定物的归属造成另一方当事人损害的，应当给予赔偿或者补偿。

第三分编 用益物权

第十章 一般规定

第三百二十三条 【用益物权的定义】用益物权人对他人所有的不动产或者动产，依法享有占有、使用和收益的权利。

条文注解

用益物权是权利人对他人所有的不动产或者动产，依法享有占有、使用和收益的权利。用益物权是以对他人所有的物为使用、收益的目的而设立的，因而被称作"用益"物权。"占有"是对物的实际控制。"使用"是依物的自然属性、法定用途或者约定的方式，对物进行实际上的利用。"收益"是通过对物的利用而获取经济上的收入或者其他利益。

第三百二十四条 【国有和集体所有自然资源的用益物权】国家所有或者国家所有由集体使用以及法律规定属于集体所有的自然资源，组织、个人依法可以占有、使用和收益。

第三百二十五条 【自然资源使用制度】国家实行自然资源有偿使用制度，但是法律另有规定的除外。

关联法规

《土地管理法》第2条，《矿产资源法》第5条，《水法》第7条

第三百二十六条 【用益物权人权利的行使】用益物权人行使权利，应当遵守法律有关保护和合理开发利用资源、保护生态环境的规定。所有权人不得干涉用益物权人行使权利。

关联法规

《宪法》第9、10条,《土地管理法》第3、4、30条,《矿产资源法》第3、29、30、32条,《农村土地承包法》第1、18条

第三百二十七条 【用益物权人因征收、征用有权获得补偿】因不动产或者动产被征收、征用致使用益物权消灭或者影响用益物权行使的,用益物权人有权依据本法第二百四十三条、第二百四十五条的规定获得相应补偿。

条文注解

征收和征用,应当遵循三个原则:一是公共利益需要的原则。实施征收、征用,必须是出于公共利益的需要,这是征收、征用的前提条件。公共利益通常是指全体社会成员的共同利益和社会的整体利益。二是依照法定程序的原则。征收、征用在一定程度上限制了他人的财产权。为了防止这种手段的滥用,平衡他人财产保护和公共利益需要的关系,征收、征用必须严格依照法律规定的程序进行。三是依法给予补偿的原则。尽管征收和征用是为了公共利益需要,但都不能采取无偿剥夺的方式,必须依法给予补偿。补偿的方式应视财产的类别而加以区别对待。在征收过程中,征收的对象一般都是不动产,并且所有权会改变,一般都要给予金钱补偿、相应的财产补偿或者其他形式的补偿。在征用过程中,如果是非消耗品,使用结束后,原物还存在的,应当返还原物,对于物的价值减少的部分要给予补偿;如果是消耗品,通常要给予金钱补偿。

关联法规

《土地管理法》第48条

第三百二十八条 【海域使用权的法律保护】依法取得的海域使用权受法律保护。

第三百二十九条 【合法探矿权等权利的法律保护】依法取得的探矿权、采矿权、取水权和使用水域、滩涂从事养殖、捕捞的权利受法律保护。

第十一章　土地承包经营权

第三百三十条　【双层经营体制与土地承包经营制度】农村集体经济组织实行家庭承包经营为基础、统分结合的双层经营体制。

农民集体所有和国家所有由农民集体使用的耕地、林地、草地以及其他用于农业的土地，依法实行土地承包经营制度。

关联法规

《农村土地承包法》第1~3条

第三百三十一条　【土地承包经营权的定义】土地承包经营权人依法对其承包经营的耕地、林地、草地等享有占有、使用和收益的权利，有权从事种植业、林业、畜牧业等农业生产。

关联法规

《土地管理法》第13条，《农村土地承包法》第8~11、17条

第三百三十二条　【土地承包期】耕地的承包期为三十年。草地的承包期为三十年至五十年。林地的承包期为三十年至七十年。

前款规定的承包期限届满，由土地承包经营权人依照农村土地承包的法律规定继续承包。

第三百三十三条　【土地承包经营权的设立和登记】土地承包经营权自土地承包经营权合同生效时设立。

登记机构应当向土地承包经营权人发放土地承包经营权证、林权证等证书，并登记造册，确认土地承包经营权。

条文注解

要确定取得土地承包经营权的时间，就必须根据承包合同的生效时间判断。根据合同法的基本原则，合同的生效必须以合同的成立为基础。合同的成立是指订约当事人就合同的主要内容形成合意。对于合同的成立时间，合同法及民法典合同编都有规定，一般而言，承诺生效时合同成立。合同编还对书面形式合同的成立作出了规定，即当事人采用合同书形式订立合同的，自双方当事人签名、盖章或者捺印时成立。农村土地承包法明确规定土地承包合同应当采用书面形式。因此，承包合同成立的时间应当是当事人签名、盖章或者捺印之时。

需要注意的是，根据本法第223条的规定，不动产登记费按件收取，不得按照不动产的面积、体积或者价款的比例收取。

关联法规

《农村土地承包法》第22~24条

第三百三十四条 【土地承包经营权的互换、转让】土地承包经营权人依照法律规定，有权将土地承包经营权互换、转让。未经依法批准，不得将承包地用于非农建设。

关联法规

《农村土地承包法》第7、10、29~47条，《农村土地承包经营权流转管理办法》，《农村土地承包经营权证管理办法》

第三百三十五条 【土地承包经营权互换、转让的登记】土地承包经营权互换、转让的，当事人可以向登记机构申请登记；未经登记，不得对抗善意第三人。

条文注解

根据本条的规定，土地承包经营权互换、转让的，当事人要求登记的，应当向登记机构申请办理登记。申请登记时，应当提交土地变更登记申请书及相关资料，内容包括：转让人与受让人的姓名、住所，土地坐落、面积、用途，土地承包合同、土地承包经营权转让或者互换合同、土地承包经营权证书，以及登记部门要求提供的其他文件。登记部门收到变更登记的申请及上述文件后，经调查、审核，符合变更登记规定的，变更注册登记，更换或者更改土地承包经营权证书。

第三百三十六条 【承包地的调整】承包期内发包人不得调整承包地。

因自然灾害严重毁损承包地等特殊情形，需要适当调整承包的耕地和草地的，应当依照农村土地承包的法律规定办理。

条文注解

关于在哪些情况下可以调整承包地，本款规定是“因自然灾害严重毁损承包地等特殊情形”，即只有在特殊情形下，才可以适当调整承包地。在一般情形下，不应当采取调整承包地的方法，而应当主要通过土地流转，发展第二、三产业等途径，用市场的办法解决。这里的“特殊情形”，主要是指部分农户因自然灾害严重毁损承包地的。当然，在承包方发生了因自然灾害严重毁损承包地等特殊情形需要调整土地时，并不是必然发生对个别农户之间承包的耕地和草地进行调整，如果集体经济组织依法预留了机动地，或者有通过依法开垦等方式增加的土地，或者发包方依法收回和承包方依法、自愿交回的土地，应当先用这些土地解决无地农民的承包地问题，只有在没有上述土地的情况下，才可以对个别农户之间承包的耕地和草地进行适当调整。需要指出的是，人地矛盾突出并不是调整承包地的事由。根据《中共中央、国务院关于保持土地承包关系稳定并长久不变的意见》的规定，稳定承包关系必须继续提倡“增人不增地、减人不减地”原则。

关联法规

《农村土地承包法》第28~31条

第三百三十七条 【承包地的收回】承包期内发包人不得收回承包地。法律另有规定的，依照其规定。

关联法规

《农村土地承包法》第27条

第三百三十八条 【承包地的征收补偿】承包地被征收的，土地承包经营权人有权依据本法第二百四十三条的规定获得相应补偿。

关联法规

《土地管理法》第47、48条，《农村土地承包法》第17条

第三百三十九条 【土地经营权的流转】土地承包经营权人可以自主决定依法采取出租、入股或者其他方式向他人流转土地经营权。

条文注解

根据党中央、国务院出台的一系列关于“三权分置”的文件精神，“三权”分别是指集体所有权、农户承包权和土地经营权。“三权”中，农村土地集体所有权是土地承包经营权的前提，是农村基本经营制度的根本，必须得到充分体现和保障。农户享有土地承包权是农村基本经营制度的基础，是集体所有的具体实现形式，要稳定现有土地承包关系并保持长久不变。在土地流转中，从承包方的土地承包经营权中派生出土地经营权。赋予流转受让方更有保障的土地经营权，是完善农村基本经营制度的关键。根据本条的规定，土地承包经营权人可以自主决定依法采取出租、入股或者其他方式向他人流转土地经营权。具体而言，土地经营权流转的方式主要有三种：(1)出租。出租就是承包方以与非本集体经济组织成员的受让方签订租赁合同的方式设立土地经营权，由受让方在合同期限内占有、使用承包地，并按照约定向承包方支付租金。(2)入股。入股就是承包方将土地经营权作为出资方式，投入到农民专业合作社、农业公司等，并按照出资协议约定取得分红。承包方以土地经营权入股后，即成为农民专业合作社的成员或者公司的股东，享有法律规定的合作社成员或公司股东的权利，可以参与合作社、公司的经营管理，与其他成员、股东一道共担风险、共享收益。(3)其他方式。其他方式就是出租、入股之外的方式，比如，根据《农村土地承包法》第47条中的规定，承包方可以用承包地的土地经营权向金融机构融资担保。

这也是一种设立土地经营权的方式。在当事人以土地经营权设定担保物权时，一旦债务人未能偿还到期债务，担保物权人就有权就土地经营权优先受偿。

关联法规

《农村土地承包法》第36、47条，《关于开展土地经营权入股发展农业产业化经营试点的指导意见》

第三百四十条 【土地经营权的定义】土地经营权人有权在合同约定的期限内占有农村土地，自主开展农业生产经营并取得收益。

条文注解

土地经营权是受让方根据流转合同的约定对承包方承包的农村土地依法占有，利用其开展农业生产经营并取得收益的权利。土地经营权的权利主体就是根据土地经营权流转合同取得土地经营权的自然人或者组织。在承包方设立土地经营权后，受让方即成为土地经营权人。土地经营权人可以是自然人，也可以是法人；可以是本集体经济组织的自然人，也可以是非本集体经济组织的自然人；可以是农民专业合作社，也可以是从事农业生产经营的公司。

根据物权编及农村土地承包法等相关法律规定，土地经营权人的权利具体包括以下几个方面的内容：(1)占有权。(2)使用权。(3)收益权。(4)改良土壤、建设附属设施的权利。(5)再流转的权利。(6)以土地经营权融资担保的权利。(7)其他权利。

关联法规

《农村土地承包法》第43、46、47条

第三百四十一条 【土地经营权的设立及登记】流转期限为五年以上的土地经营权，自流转合同生效时设立。当事人可以向登记机构申请土地经营权登记；未经登记，不得对抗善意第三人。

关联法规

《农村土地承包法》第41、56条

第三百四十二条 【其他方式承包的土地经营权流转】通过招标、拍卖、公开协商等方式承包农村土地，经依法登记取得权属证书的，可以依法采取出租、入股、抵押或者其他方式流转土地经营权。

关联法规

《农村土地承包法》第48、49条

第三百四十三条 【国有农用地实行承包经营的参照适用】国家所有的农用地实行承包经营的，参照适用本编的有关规定。

关联法规

《土地管理法》第13条

第十二章 建设用地使用权

第三百四十四条 【建设用地使用权的定义】建设用地使用权人依法对国家所有的土地享有占有、使用和收益的权利，有权利用该土地建造建筑物、构筑物及其附属设施。

条文注解

出让人通过设立建设用地使用权，使建设用地使用权人对国家所有的土地享有了占有、使用和收益的权利，建设用地使用权人可以利用该土地建造建筑物、构筑物及其附属设施。建设用地包括住宅用地、公共设施用地、工矿用地、交通水利设施用地、旅游用地、军事设施用地等。本条中的建筑物主要是指住宅、写字楼、厂房等。构筑物主要是指不具有居住或者生产经营功能的人工建造物，如道路、桥梁、隧道、水池、水塔、纪念碑等；附属设施主要是指附属于建筑物、构筑物的一些设施。

关联法规

《城市房地产管理法》第二章

第三百四十五条 【建设用地使用权的分层设立】建设用地使用权可以在土地的地表、地上或者地下分别设立。

第三百四十六条 【建设用地使用权的设立原则】设立建设用地使用权，应当符合节约资源、保护生态环境的要求，遵守法律、行政法规关于土地用途的规定，不得损害已经设立的用益物权。

第三百四十七条 【建设用地使用权的设立方式】设立建设用地使用权，可以采取出让或者划拨等方式。

工业、商业、旅游、娱乐和商品住宅等经营性用地以及同一土地有两个以上意向用地者的，应当采取招标、拍卖等公开竞价的方式出让。

严格限制以划拨方式设立建设用地使用权。

条文注解

建设用地使用权出让的方式主要有两种：有偿出让和无偿划拨。有偿出让是建设用地使用权出让的主要方式，是指出让人将一定期限的建设用地使用权出让给建设用地使用权人使用，建设用地使用权人向出让人支付一定的出让金。有偿出让的方式主要包括拍卖、招标和协议等。划拨是无偿取得建设用地使用权的一种方式，是指县级以上人民政府依法批准，在建设用地使用权人缴纳补偿、安置等费用后将该幅土地交付其使用，或者将建设用地使用权无偿交付给建设用地使用权人使用的行为。划拨土地没有期限的规定。

关联法规

《土地管理法》第54条，《城市房地产管理法》第8、13、23、24条

第三百四十八条 【建设用地使用权出让合同】通过招标、拍卖、协议等出让方式设立建设用地使用权的，当事人应当采用书面形式订立建设用地使用权出让合同。

建设用地使用权出让合同一般包括下列条款：

（一）当事人的名称和住所；

（二）土地界址、面积等；

（三）建筑物、构筑物及其附属设施占用的空间；

（四）土地用途、规划条件；

（五）建设用地使用权期限；

（六）出让金等费用及其支付方式；

（七）解决争议的方法。

关联法规

《城市房地产管理法》第15条

第三百四十九条 【建设用地使用权的登记】设立建设用地使用权的，应当向登记机构申请建设用地使用权登记。建设用地使用权自登记时设立。登记机构应当向建设用地使用权人发放权属证书。

关联法规

《土地管理法》第12条，《城市房地产管理法》第60条

第三百五十条 【土地用途管制制度】建设用地使用权人应当合理利用土地，不得改变土地用途；需要改变土地用途的，应当依法经有关行政主管部门批准。

关联法规

《土地管理法》第4、54条，《城市房地产管理法》第18、44条

第三百五十一条　【建设用地使用权人支付出让金等费用的义务】建设用地使用权人应当依照法律规定以及合同约定支付出让金等费用。

第三百五十二条　【建设用地使用权人建造的建筑物等设施的权属】建设用地使用权人建造的建筑物、构筑物及其附属设施的所有权属于建设用地使用权人，但是有相反证据证明的除外。

条文注解

建设用地使用权人建造的建筑物、构筑物及其附属设施由建设用地使用权人所有作为通常情况，但仍然存在以下例外：一部分市政公共设施，是通过开发商和有关部门约定，由开发商在房地产项目开发中配套建设的，但是所有权归国家。这部分设施，其性质属于市政公用，其归属就应当按照有充分的证据证明的事先约定来确定，而不是当然地归建设用地使用权人。后续通过房地产交易成为建设用地使用权人的权利人也应当尊重这种权属划分。

掌握本条规定还应当注意，这里规定的建筑物、构筑物及其附属设施必须是合法建造产生的。对于非法占地、违规搭建，《土地管理法》第74条、第77条、第83条以及其他法律法规的有关规定都明确规定了制裁措施，这种违章建筑会被没收和强制拆除，更不会产生合法的所有权，因此并不在本条的调整范围内。

关联法规

《土地管理法》第74、77、83条

第三百五十三条　【建设用地使用权的流转方式】建设用地使用权人有权将建设用地使用权转让、互换、出资、赠与或者抵押，但是法律另有规定的除外。

关联法规

《土地管理法》第2条，《城市房地产管理法》第39、40、48、51条，《城镇国有土地使用权出让和转让暂行条例》第19条

第三百五十四条 【处分建设用地使用权的合同形式和期限】建设用地使用权转让、互换、出资、赠与或者抵押的，当事人应当采用书面形式订立相应的合同。使用期限由当事人约定，但是不得超过建设用地使用权的剩余期限。

关联法规

《城市房地产管理法》第15条，《城镇国有土地使用权出让和转让暂行条例》第20~22条

第三百五十五条 【建设用地使用权流转后变更登记】建设用地使用权转让、互换、出资或者赠与的，应当向登记机构申请变更登记。

关联法规

《不动产登记暂行条例》

第三百五十六条 【建筑物等设施随建设用地使用权的流转而一并处分】建设用地使用权转让、互换、出资或者赠与的，附着于该土地上的建筑物、构筑物及其附属设施一并处分。

关联法规

《城市房地产管理法》第32条，《城镇国有土地使用权出让和转让暂行条例》第23、33条

第三百五十七条 【建设用地使用权随建筑物等设施的流转而一并处分】建筑物、构筑物及其附属设施转让、互换、出资或者赠与的，该建筑物、构筑物及其附属设施占用范围内的建设用地使用权一并处分。

关联法规

《民法典》第365、397、398条,《城市房地产管理法》第32条,《城镇国有土地使用权出让和转让暂行条例》第24、33条

第三百五十八条 【建设用地使用权提前收回及其补偿】建设用地使用权期限届满前,因公共利益需要提前收回该土地的,应当依据本法第二百四十三条的规定对该土地上的房屋以及其他不动产给予补偿,并退还相应的出让金。

关联法规

《土地管理法》第58条

第三百五十九条 【建设用地使用权的续期】住宅建设用地使用权期限届满的,自动续期。续期费用的缴纳或者减免,依照法律、行政法规的规定办理。

非住宅建设用地使用权期限届满后的续期,依照法律规定办理。该土地上的房屋以及其他不动产的归属,有约定的,按照约定;没有约定或者约定不明确的,依照法律、行政法规的规定办理。

条文注解

国家通过出让的方式,使建设用地使用权人获得一定期限内利用土地的权利。根据《城镇国有土地使用权出让和转让暂行条例》的规定,土地使用权出让的最高年限为:居住用地70年;工业用地50年;教育、科技、文化、卫生、体育用地50年;商业、旅游、娱乐用地40年、综合或者其他用地50年。因此,建设用地使用权期限届满后,面临建设用地使用权如何续期的问题。本条住宅建设用地使用权期限届满的,自动续期。而非住宅建设用地的续期不是自动续期,需要根据法律规定办理。为什么非住宅建设用地使用权没有采取自动续期的规定?这是因为非住宅建设用地和住宅建设用地有较大的区别。非住宅建设用地的使用期限相对比较短,使用用途也各不相同。有的建设用地使用权人仅需要在特定的期限内使用建设用地,过了该期限,就没有使用该土地的必要。因此,不宜将自动续期作为

非住宅建设用地使用权适用的一般原则，是否续期应当由建设用地使用权人自己决定。根据本条第2款的规定，非住宅建设用地使用权期限届满后的续期，依照法律规定办理，即建设用地使用权可以在建设用地使用权期限届满前1年申请续期。只要建设用地使用权人提出续期的要求，出让人就应当同意，只有在公共利益需要使用该建设用地的情况下，出让人才有权拒绝建设用地使用权人续期的要求，收回该土地。

关联法规

《城市房地产管理法》第22条

第三百六十条 【建设用地使用权注销登记】建设用地使用权消灭的，出让人应当及时办理注销登记。登记机构应当收回权属证书。

第三百六十一条 【集体所有土地作为建设用地的法律适用】集体所有的土地作为建设用地的，应当依照土地管理的法律规定办理。

第十三章 宅基地使用权

第三百六十二条 【宅基地使用权的定义】宅基地使用权人依法对集体所有的土地享有占有和使用的权利，有权依法利用该土地建造住宅及其附属设施。

关联法规

《宪法》第10条，《土地管理法》第9条

第三百六十三条 【宅基地使用权取得、行使和转让的法律适用】宅基地使用权的取得、行使和转让，适用土地管理的法律和国家有关规定。

条文注解

《土地管理法》第62条规定，农村村民一户只能拥有一处宅基地，其宅基地的面积不得超过省、自治区、直辖市规定的标准。人均土地少、不能保障一户拥有一处宅基地的地区，县级人民政府在充分尊重农村村民意愿的基础上，可以采取措施，按照省、自治区、直辖市规定的标准保障农村村民实现户有所居。农村村民建住宅，应当符合乡（镇）土地利用总体规划、村庄规划，不得占用永久基本农田，并尽量使用原有的宅基地和村内空闲地。编制乡（镇）土地利用总体规划、村庄规划应当统筹并合理安排宅基地用地，改善农村村民居住环境和条件。农村村民住宅用地，由乡（镇）人民政府审核批准；其中，涉及占用农用地的，依照《土地管理法》第44条的规定办理审批手续。农村村民出卖、出租、赠与住宅后，再申请宅基地的，不予批准。国家允许进城落户的农村村民依法自愿有偿退出宅基地，鼓励农村集体经济组织及其成员盘活利用闲置宅基地和闲置住宅。国务院农业农村主管部门负责全国农村宅基地改革和管理有关工作。

关联法规

《土地管理法》第62条

第三百六十四条　【宅基地的灭失和重新分配】宅基地因自然灾害等原因灭失的，宅基地使用权消灭。对失去宅基地的村民，应当依法重新分配宅基地。

第三百六十五条　【宅基地使用权变更和注销登记】已经登记的宅基地使用权转让或者消灭的，应当及时办理变更登记或者注销登记。

关联法规

《土地登记规则》第37、39、56、58条

第十四章 居 住 权

第三百六十六条 【居住权的定义】居住权人有权按照合同约定，对他人的住宅享有占有、使用的用益物权，以满足生活居住的需要。

条文注解

居住权，是指居住权人对他人所有住宅的全部或者部分及其附属设施，享有占有、使用的权利。根据本条规定，居住权有以下法律特征：(1)居住权是居住权人在他人所有的住宅上设立的物权。(2)居住权是一种用益物权，居住权人对他人所有的住宅的全部或者部分及其附属设施享有占有、使用的权利，以满足生活居住的需要。特别应注意的是，并非所有居住他人住宅的权利均是本条规定的居住权。如果当事人之间存在抚养、扶养、赡养、租赁、借用等关系，也同样可能享有居住他人住宅的权利。但由此而享有的权利不具有物权的排他效力，不是本条所规定的居住权，不能适用本章的规定。(3)居住权是住宅所有人为特定自然人的利益在自己所有的住宅上设定的权利，法人或其他组织不能享有居住权。(4)居住权人只能将享有居住权的住宅用于满足其生活居住的需要，一般情况下，居住权人不能将其享有居住权的住宅出租，但是当事人另有约定的除外。(5)居住权人按照合同约定对他人的住宅享有占有、使用的权利。

第三百六十七条 【居住权合同】设立居住权，当事人应当采用书面形式订立居住权合同。

居住权合同一般包括下列条款：

（一）当事人的姓名或者名称和住所；

（二）住宅的位置；

（三）居住的条件和要求；

（四）居住权期限；

（五）解决争议的方法。

条文注解

居住权既可以基于当事人的约定设立，也可以基于被继承人的遗嘱设立。设立居住权，当事人应当采用书面形式订立居住权合同。需要注意的是，本条第2款所规定的内容并非全部都是居住权合同必须约定的内容。当事人应当对第1项“当事人的姓名或者名称和住所”、第2项“住宅的位置”作出明确约定，如果欠缺这两项内容将导致居住权的主体和客体不明，不可能设立居住权。其他各项均非合同必须约定的内容，如果当事人未作约定，不影响居住权的设立。

第三百六十八条　【居住权的设立】居住权无偿设立，但是当事人另有约定的除外。设立居住权的，应当向登记机构申请居住权登记。居住权自登记时设立。

条文注解

根据本条的规定，当事人签订居住权合同后，居住权并未设立，当事人需持居住权合同到不动产登记机构申请居住权登记。不动产登记机构将设立居住权的情况登记在不动产登记簿上，居住权自登记时设立。如果仅就住宅的部分设立居住权应当在此居住权合同中予以明确，并在不动产登记簿上予以明确。

第三百六十九条　【居住权的转让、继承和设立居住权的住宅出租】居住权不得转让、继承。设立居住权的住宅不得出租，但是当事人另有约定的除外。

第三百七十条　【居住权的消灭】居住权期限届满或者居住权人死亡的，居住权消灭。居住权消灭的，应当及时办理注销登记。

第三百七十一条　【以遗嘱方式设立居住权的参照适用】以遗嘱方式设立居住权的，参照适用本章的有关规定。

关联法规

《民法典》第1133条

第十五章 地 役 权

第三百七十二条 【地役权的定义】地役权人有权按照合同约定，利用他人的不动产，以提高自己的不动产的效益。

前款所称他人的不动产为供役地，自己的不动产为需役地。

条文注解

地役权是传统民法用益物权中的一项重要权利，是按照合同约定利用他人的不动产，以提高自己不动产效益的权利。在地役权法律关系中为自己土地的便利而使用他人土地的一方成为地役权人，将自己的土地供他人使用的一方称为供役地人。他人的不动产称为供役地，自己的不动产称为需役地。地役权的设立，必须是以增加需役地的利用价值和提高其效益为前提。此种"效益"既包括生活上得到的便利，也包括经营上获得的效益。

第三百七十三条 【地役权合同】设立地役权，当事人应当采用书面形式订立地役权合同。

地役权合同一般包括下列条款：

（一）当事人的姓名或者名称和住所；

（二）供役地和需役地的位置；

（三）利用目的和方法；

（四）地役权期限；

（五）费用及其支付方式；

（六）解决争议的方法。

第三百七十四条 【地役权的设立与登记】地役权自地役权合同生效时设立。当事人要求登记的，可以向登记机构申请地役权登记；未经登记，不得对抗善意第三人。

条文注解

需要注意的是，地役权不登记，并非意味着地役权就不能对抗第三人，未登记的地役权，仅仅是不得对抗善意第三人。地役权属于用益物权，与债权不同（债权为相对权，不具有排他性），物权为绝对权。因此，地役权一经设立即具有对世效力。虽然地役权未经登记，但作为物权，仍可以对抗侵权行为人，如果他人非法侵害当事人的地役权，未登记的地役权人仍可以请求排除妨碍、赔偿损失。此外，未登记的地役权还可以对抗恶意第三人，所谓恶意第三人包括以不公正手段获得地役权登记的人，或者明知该地役权已经存在的第三人。

第三百七十五条 【供役地权利人的义务】供役地权利人应当按照合同约定，允许地役权人利用其不动产，不得妨害地役权人行使权利。

条文注解

在供役地权利人违反合同约定，阻挠、妨害地役权人行使地役权时，其行为形成违约责任与侵权责任的竞合，地役权人既可以选择根据合同请求供役地权利人承担违约责任，作为用益物权人也可以选择要求对方对侵害地役权的行为承担侵权责任。

关联法规

《民法典》第186、509条

第三百七十六条 【地役权人的义务】地役权人应当按照合同约定的利用目的和方法利用供役地，尽量减少对供役地权利人物权的限制。

条文注解

地役权人的主要权利就是利用供役地，以提高自己土地的效益。地役权人利用供役地的目的和方法都必须按照合同约定。一般而言，地役权的利用目的有通行、通过、排水、通风、采光、取水、眺望。

地役权人按照合同约定的利用目的和方法利用供役地时，应当采取对供役地损害最小的方法，在利用供役地的同时，不要过分损害其利益。同时地役权人还应当履行合同约定的其他义务，比如，交纳使用费用等。

第三百七十七条　【地役权期限】地役权期限由当事人约定；但是，不得超过土地承包经营权、建设用地使用权等用益物权的剩余期限。

第三百七十八条　【地役权的承继】土地所有权人享有地役权或者负担地役权的，设立土地承包经营权、宅基地使用权等用益物权时，该用益物权人继续享有或者负担已经设立的地役权。

第三百七十九条　【在先用益物权对地役权的限制】土地上已经设立土地承包经营权、建设用地使用权、宅基地使用权等用益物权的，未经用益物权人同意，土地所有权人不得设立地役权。

第三百八十条　【地役权的转让】地役权不得单独转让。土地承包经营权、建设用地使用权等转让的，地役权一并转让，但是合同另有约定的除外。

条文注解

地役权虽然是一种独立的用益物权，但仍然应当与需役地的所有权或者使用权共命运，必须与需役地所有权或者使用权一同移转，不得与需役地分离而单独让与，这就是地役权的从属性，主要表现在以下三种情形：第一，地役权人不得自己保留需役地的所有权或者用益物权，单独将地役权转让。第二，地役权人不得自己保留地役权，而单独将需役地的使用权转让。第三，地役权人也不得将需役地的使用权与地役权分别让与不同的人。

第三百八十一条　【地役权的抵押】地役权不得单独抵押。土地经营权、建设用地使用权等抵押的，在实现抵押权时，地役权一并转让。

第三百八十二条　【地役权对需役地及其上权利的不可分性】需役地以及需役地上的土地承包经营权、建设用地使用权等部分转让时，转让部分涉及地役权的，受让人同时享有地役权。

第三百八十三条　【地役权对供役地及其上权利的不可分性】供役地以及供役地上的土地承包经营权、建设用地使用权等部分转让时，转让部分涉及地役权的，地役权对受让人具有法律约束力。

第三百八十四条 【供役地权利人单方解除地役权合同的法定事由】地役权人有下列情形之一的，供役地权利人有权解除地役权合同，地役权消灭：

（一）违反法律规定或者合同约定，滥用地役权；

（二）有偿利用供役地，约定的付款期限届满后在合理期限内经两次催告未支付费用。

条文注解

认定地役权人是否滥用地役权，可以从两个方面判断。一是根据合同约定判断。一般而言，地役权合同会就供役地和需役地的位置、地役权的利用目的和方法等作出约定。如果地役权人违反合同约定的目的、方法等行使地役权，即可以认定为构成滥用地役权，此时供役地权利人可以单方解除地役权合同。二是根据法律规定判断。根据法律判断地役权人是否滥用地役权，所依据的法律既包括《民法典》的规定，也包括其他与行使地役权相关的法律规定。比如违反水污染防治法的规定，大量排放超过地方规定的水污染物排放标准的水污染物，造成土地被严重污染。

第三百八十五条 【已登记地役权的变更、转让或消灭手续】已经登记的地役权变更、转让或者消灭的，应当及时办理变更登记或者注销登记。

第四分编 担保物权

第十六章 一般规定

第三百八十六条 【担保物权的定义】担保物权人在债务人不履行到期债务或者发生当事人约定的实现担保物权的情形，依法享有就担保财产优先受偿的权利，但是法律另有规定的除外。

条文注解

担保物权是以直接支配特定财产的交换价值为内容，以确保债权实现为目的而设定的物权。

担保物权具有以下特征：第一，有利于确保债权的实现。担保物权旨在确保债务的清偿，是为确保债务的清偿而设立的，因此在担保物权设立时，要有被担保债权事先存在，从属于所担保的债权。第二，担保物权具有优先受偿的效力。优先受偿，是指在债务人到期不清偿债务或者出现当事人约定的实现担保物权的情形时，债权人可以对担保财产进行折价或者拍卖、变卖，以所得的价款优先实现自己的债权。第三，担保物权是在债务人或者第三人的财产成立的权利。根据本法的规定，可以用于担保的财产范围比较广，既包括现在的财产，也包括将来的财产；既包括不动产，也包括动产，在特定情形下还可以用权利进行担保，如本法规定的权利质权。第四，担保物权具有物上代位性。担保财产即使灭失、毁损，但代替该财产的交换价值还存在，担保物权的效力仍存在，但此时担保物权的效力转移到了该代替物上。

关联法规

《民法典》第388、393、403条，《商业银行法》第36条

第三百八十七条 【担保物权的适用范围和反担保】债权人在借贷、买卖等民事活动中，为保障实现其债权，需要担保的，可以依照本法和其他法律的规定设立担保物权。

第三人为债务人向债权人提供担保的，可以要求债务人提供反担保。反担保适用本法和其他法律的规定。

条文注解

担保物权是平等民事主体之间为确保债权的实现而设定的。对适用范围的规定，应当注意以下几点：第一，担保物权适用于民事活动，不适用因国家行政行为（如税款）、司法行为（如扣押产生的费用）等而产生的不平等主体之间的关系。第二，为了引导当事人设定担保物权，本法列举了借贷、买卖两种典型的可以设定担保物权的民事活动，但可以设定担保物权的民事活动很广泛，并不仅限于这两种民事活动。在其他民事活动中，

如货物运输、加工承揽、无因管理、补偿贸易等都可以设定担保物权。第三，在立法中，因侵权行为产生的债权不能用事先设定担保物权的方式加以保障，但是因侵权行为已经产生的债权，属于普通债权的范围，可以用设定担保物权的方式确保该债权的实现。第四，本条第1款规定，可以依照本法和其他法律的规定设立担保物权。这里的“其他法律”主要指海商法、民用航空法、农村土地承包法等对船舶抵押、航空器抵押、土地经营权抵押等作了规定的法律，“其他法律”的表述也为今后相关特别法规定设立担保物权留下接口。因此，设立担保物权还应当依据这些特别法。

反担保，是指替债务人提供担保的第三人，为了保证自己的追偿权得到实现，可以要求债务人为自己追偿权的实现提供担保。在由第三人提供担保物权的债权债务关系中，在债务人未清偿到期债务或者出现当事人约定的可以实现担保物权的情形时，提供担保财产的第三人应当承担担保责任，债权人可以就第三人提供的担保财产实现自己的债权。第三人基于担保合同以及替代债务人清偿债务这一法律事实，成为债务人的新债权人，其有权向债务人追偿。第三人为保障自己追偿权的实现，可以要求债务人向自己提供担保，这里的担保可以是债务人或者其他人提供的担保物权，也可以是其他人提供的保证。

第三百八十八条 【担保合同】设立担保物权，应当依照本法和其他法律的规定订立担保合同。担保合同包括抵押合同、质押合同和其他具有担保功能的合同。担保合同是主债权债务合同的从合同。主债权债务合同无效的，担保合同无效，但是法律另有规定的除外。

担保合同被确认无效后，债务人、担保人、债权人有过错的，应当根据其过错各自承担相应的民事责任。

条文注解

我国现行立法和司法实务中，对于抵押权和质权这两类意定担保物权的设立均要求采用书面形式订立合同。我国现行立法和司法实务中，对于抵押权和质权这两类意定担保物权的设立均要求采用书面形式订立合同。

担保物权的一个重要特点就是其附随于主债权债务关系，没有主债权债务关系的存在，担保关系也就没有了存在以及实现的可能和价值。需要指出的是，担保合同随主债权债务合同无效而无效只是一般规则，并不是绝对的，在法律另有规定的情况下，担保合同可以作为独立合同存在，不受主债权债务合同效力的影响。例如，在本法规定的最高额抵押权中，最高额抵押合同就具有相对的独立性。

在主债权债务合同无效导致担保合同无效的情形下，虽然不存在履行担保义务的问题，但债务人、担保人或者债权人并非不承担任何法律后果。需要特别强调的是，导致担保合同无效的原因很多，主债权债务合同无效导致担保合同无效只是原因之一。在主债权债务合同有效的情况下，担保合同也有可能无效。例如，担保合同因违反法律、行政法规的强制性规定而无效，担保合同因担保人为无民事行为能力人而无效，等等。也就是说，判断担保合同是否有效，不能仅以主债权债务合同是否有效为标准，还要看担保合同本身是否有民法典总则编第六章“民事法律行为”以及合同编规定的合同无效情形。

关联法规

《民法典》第155、157、400、427条

第三百八十九条 【担保物权的担保范围】担保物权的担保范围包括主债权及其利息、违约金、损害赔偿金、保管担保财产和实现担保物权的费用。当事人另有约定的，按照其约定。

条文注解

担保物权的担保范围包括：

(1)主债权。主债权指债权人与债务人之间因债的法律关系所发生的原本债权，例如，金钱债权、交付货物的债权、提供劳务的债权。主债权是相对于利息和其他附随债权而言，不包括利息以及其他因主债权而产生的附随债权。

(2)利息。利息指实现担保物权时主债权所应产生的一切收益。一般来说，金钱债权都有利息，因此其当然也在担保范围内。利息可以按照法律规定确定，也可以由当事人自己约定，但当事人不能违反法律规定约定过高的利息，否则超过部分的利息无效。

(3)违约金。违约金指按照当事人的约定，一方当事人违约时，应当根据违约情况向另一方支付的一定数额的金钱。在担保行为中，只有因债务人的违约行为导致产生支付违约金的义务时，违约金才可以纳入担保物权的担保范围。

(4)损害赔偿金。损害赔偿金指一方当事人因违反合同或者因其他行为给债权人造成的财产、人身损失而给付的赔偿额。损害赔偿金的范围可以由法律直接规定,或由双方当事人约定,在法律没有特别规定或者当事人没有约定的情况下,应按照完全赔偿原则确定具体赔偿数额。

(5)保管担保财产的费用。保管担保财产的费用指债权人在占有担保财产期间因履行善良保管义务而支付的各种费用。需要特别指出的是,只有在质押和留置中,"保管担保财产的费用"才被纳入担保物权的担保范围;在抵押中,抵押财产由抵押人自己保管,所以保管抵押财产的费用已由抵押人自己承担,自然也就不应纳入担保范围。

(6)实现担保物权的费用。实现担保物权的费用指担保物权人在实现担保物权过程中所花费的各种实际费用,如对担保财产的评估费用、拍卖或者变卖担保财产的费用、向人民法院申请强制变卖或者拍卖的费用等。当然,担保物权人应本着诚实信用的原则实现担保物权,所花的费用也应当合理,对不合理的费用不应当纳入担保的范围。

对担保物权所担保的债权范围,当事人可以依照自己的意思进行约定。当事人约定的担保物权的担保范围可以与第1款规定的范围不同。例如,当事人可以约定抵押权的担保范围只限于主债权、损害赔偿金、实现担保物权的费用,不包括利息。这是民法的意思自治原则在担保物权中的体现。

关联法规

《民法典》第432、451、584条

第三百九十条 【担保物权的物上代位性及代位物的提存】担保期间,担保财产毁损、灭失或者被征收等,担保物权人可以就获得的保险金、赔偿金或者补偿金等优先受偿。被担保债权的履行期限未届满的,也可以提存该保险金、赔偿金或者补偿金等。

条文注解

担保财产的代位物包括:(1)赔偿金。担保财产因第三人的侵权行为或者其他原因毁损、灭失时,担保人所获得的损害赔偿金可以作为担保财产的代位物。但是,如果担保财产是由于债权人的原因而毁损、灭失的,则不能作为担保财产的代位物。(2)保险金。担保人为担保财产投保的,因保险事故发生而致使担保财产毁损、灭失时，担保人可以请求保险人支付保险金。该保险金可以作为代位物。(3)补偿金。这里的补偿金主要指担保财产被国家征收时，担保人从国家得到的补偿金。例如，城市居民将自己的房屋向银行作了抵押贷款，如果房屋被国家征收的，其所得的补偿金应当作为抵押财产的代位物。值得注意的是，损害赔偿金、保险金或者补偿金只是代位物的几种形态，但并不以此为限，如担保财产的残留物也属于代为物的范围。

在因担保财产毁损、灭失或者被征收产生代位物的时候，可能会出现两种情况：一种情况是担保物权人的债权已经到期或者出现当事人约定的可以实现担保物权的情形。在这种情况下，担保物权人当然可以立即在代位物上实现自己的优先受偿权。另一种情况是担保物权人的债权还没有到期。在这种情况下，代位物虽说是特定的，但是毕竟已经货币化，担保物权人对其进行控制的可能性降低，其到期实现债权的可能性也会降低，为保障担保物权人的债权得以实现，担保物权人可以提前在代位物上实现自己的债权；如果担保物权人还希望保留自己的期限利益，也可以不立即在代位物上实现担保物权，而是等到债权履行期限届满或者出现当事人约定的可以实现担保物权的情形，债务人不履行债务时再在代位物上优先受偿。担保人可以自己或者应担保物权人的要求向提存机构提存该保险金、赔偿金或者补偿金等。

关联法规

《民法典》第117、243、432、451条

第三百九十一条 【未经担保人同意转移债务的法律后果】第三人提供担保，未经其书面同意，债权人允许债务人转移全部或者部分债务的，担保人不再承担相应的担保责任。

条文注解

正确理解本条应当注意以下几点：

一是本条只适用于第三人提供担保财产的情况，如果担保财产是由债务人自己提供的，除非债权人明确放弃担保物权或者债务的受让人明确表示愿意代为提供新的担保，否则债权人同意债务人转移债务的行为并不意味着债务人担保责任的免除。

二是债权人允许债务人转移债务必须要经提供担保的第三人的书面同意。担保合同为要式合同，设立担保需要书面形式，担保人如果继续为新的债务人担保，这种变更也应当秉承要式合同的规则。如果不是书面形式，而是其他形式，视为不存在担保人的同意。

三是本条规定的债务转移不但包括债务人将债务全部转移给他人，也包括将部分债务转移给他人。债权人许可债务人部分转移的，原债务人并不退出债务关系，只是其所应承担的债务额发生减少，新债务人与原债务人共同向债权人承担债务。部分转移债务的也必须经担保人同意，否则担保人对转移出去的部分债务不承担担保责任。

四是未经担保人书面同意，债权人许可债务人转移全部债务的，可以免除担保人全部担保责任；债权人许可债务人转移部分债务的，可以免除担保人部分的担保责任，担保人不得要求免除全部担保责任，其还是要对债务人未转移的债务承担担保责任。

关联法规

《民法典》第469、551条

第三百九十二条 【人保和物保并存时担保权的实行规则】被担保的债权既有物的担保又有人的担保的，债务人不履行到期债务或者发生当事人约定的实现担保物权的情形，债权人应当按照约定实现债权；没有约定或者约定不明确，债务人自己提供物的担保的，债权人应当先就该物的担保实现债权；第三人提供物的担保的，债权人可以就物的担保实现债权，也可以请求保证人承担保证责任。提供担保的第三人承担担保责任后，有权向债务人追偿。

条文注解

本条区分三种情况对物的担保与人的担保的关系作了规定：

（1）在当事人对物的担保和人的担保的关系有约定的情况下，应当尊重当事人的意思，按约定实现，这充分尊重了当事人的意思自治。

（2）在没有约定或者约定不明确，债务人自己提供物的担保的情况下，应当先就物的担保实现担保物权。

（3）在没有约定或者约定不明确，第三人提供物的担保，又有人的担保的情况下，应当允许当事人进行选择。

实践中，对同一债权，还可能出现债务人和第三人均提供了物的担保，还有保证人提供人的担保的情形。在这种情况下，无论是从公平的角度，还是从防止日后追索权的烦琐，节约成本的角度，债权人都应当先行使对债务人的物的担保，否则保证人可以有抗辩权。

第三百九十三条 【担保物权消灭事由】有下列情形之一的，担保物权消灭：

（一）主债权消灭；

（二）担保物权实现；

（三）债权人放弃担保物权；

（四）法律规定担保物权消灭的其他情形。

条文注解

本条规定了下列情形下担保物权消灭：

第一，因主债权的消灭而消灭。担保物权是从属于主债权的权利，主债权消灭的，担保物权也随之消灭。

第二，担保物权实现导致担保物权消灭。“担保物权实现”，是指债务人到期不履行债务时，债权人与担保人约定以担保财产折价实现自己的债权或者拍卖、变卖担保财产，以拍卖、变卖担保财产所得的价款优先受偿。

第三，债权人放弃担保物权导致担保物权消灭。这里的“放弃”是指债权人的明示放弃，明示放弃主要包括两种情形：一种情形是债权人用书面的形式明确表示放弃担保物权，如债权人与债务人或者提供担保的第三人以签订协议的方式同意放弃担保物权。另一种情形是债权人以行为放弃，如因债权人自己的行为导致担保财产毁损、灭失的，视为债权人放弃了担保物权。

第四，法律规定的其他导致担保物权消灭的情形。这是一项兜底性条款，主要是指民法典的其他条款或者其他法律规定的担保物权消灭的特殊情形或者专属于某一类担保物权的消灭原因。

关联法规

《民法典》第413、438、455、457条

第十七章 抵 押 权

第一节 一般抵押权

第三百九十四条 【抵押权的定义】为担保债务的履行，债务人或者第三人不转移财产的占有，将该财产抵押给债权人的，债务人不履行到期债务或者发生当事人约定的实现抵押权的情形，债权人有权就该财产优先受偿。

前款规定的债务人或者第三人为抵押人，债权人为抵押权人，提供担保的财产为抵押财产。

条文注解

抵押法律关系的当事人为抵押人和抵押权人，客体为抵押财产。抵押人指为担保债务的履行而提供抵押财产的债务人或者第三人，抵押权人指接受抵押担保的债权人，抵押财产指抵押人提供的用于担保债务履行的特定的物。例如，甲向乙借款200万元人民币，为保证按时偿还借款，将自己的房屋抵押给乙。在这个法律关系中，甲既是债务人，又是抵押人；乙既是债权人，又是抵押权人；房屋是抵押财产。有时，提供抵押财产的人并非债务人，而是主债权债务合同的当事人以外的第三人，该第三人就是抵押人。例如，甲向乙借款，丙将自己的汽车抵押给乙，作为甲向乙履行债务的担保。这种情况下，丙为抵押人，乙为抵押权人，丙的汽车是抵押财产。

实现抵押权应当具备以下条件之一：一是债务清偿期限届满，债务人不履行义务。清偿期限未届满，抵押权人无权就抵押财产优先受偿。二是发生当事人约定的实现抵押权的情形。

优先受偿，是指当债务人有多个债权人，其财产不足清偿全部债权时，有抵押权的债权人，可以优先于其他无抵押权的债权人而受到清偿。

第三百九十五条 【抵押财产的范围】债务人或者第三人有权处分的下列财产可以抵押：

（一）建筑物和其他土地附着物；

（二）建设用地使用权；
（三）海域使用权；
（四）生产设备、原材料、半成品、产品；
（五）正在建造的建筑物、船舶、航空器；
（六）交通运输工具；
（七）法律、行政法规未禁止抵押的其他财产。
抵押人可以将前款所列财产一并抵押。

条文注解

根据本条规定，财产抵押必须符合两个条件：第一，债务人或者第三人对抵押财产有处分权；第二，是本条规定的可以抵押的财产。债务人或者第三人对抵押财产有处分权包括：(1)债务人或者第三人是抵押财产的所有权人。(2)债务人或者第三人对抵押财产享有用益物权，法律规定该用益物权可以抵押。(3)债务人或者第三人根据法律、行政法规的规定，或者经过政府主管部门批准，可以将其占有、使用的财产抵押。

抵押财产，是指被设置了抵押权的不动产、动产或者权利。抵押财产的特点是：(1)抵押财产包括不动产、特殊动产和权利。(2)抵押财产须具有可转让性，抵押权的性质是变价权，抵押物如果有妨害其使用的目的，具有不得让与的性质或者即使可以让与但让与导致其变价受到影响的，都不能设置抵押权。

根据本条第2款规定，企业可以将企业的动产、不动产及其某些权利作为一个整体进行担保，如将厂房、机器设备、库存产成品、工业产权等财产作为总资产向银行抵押贷款。但是，企业将财产一并抵押时，各项财产的名称、数量等情况应当是明确的。

关联法规

《宪法》第10条，《城市房地产管理法》第32、48条，《农村土地承包法》第53条，《全民所有制工业企业转换经营机制条例》第15条

第三百九十六条　【浮动抵押】企业、个体工商户、农业生产经营者可以将现有的以及将有的生产设备、原材料、半成品、产品抵押，债务人不履行到期债务或者发生当事人约定的实现抵押权的情形，债权人有权就抵押财产确定时的动产优先受偿。

条文注解

设立浮动抵押应当符合下列条件：

第一，设立浮动抵押的主体限于企业、个体工商户、农业生产经营者。企业可以是国有独资企业、合伙企业、个人独资企业、公司制企业等，只要注册登记为企业的组织都可以设定浮动抵押。个体工商户是以个人或者家庭经营为主的经济单位，注册登记为个体工商户的，也都可以设立浮动抵押。农业生产经营者，主要指农村承包经营户，也可以是其他从事农业生产的人。除了上述三项主体，非营利的法人和非法人组织、特别法人以及非从事生产经营的自然人等不可以设立浮动抵押。

第二，设立浮动抵押的财产限于生产设备、原材料、半成品、产品。对除此以外的动产不得设立浮动抵押，对不动产也不得设立浮动抵押。

第三，实现抵押权的条件是不履行到期债务或者发生当事人约定的实现抵押权的事由。

第四，浮动抵押优先受偿的效力范围为抵押财产确定时的动产。

动产浮动抵押是特殊的动产抵押，尽管与一般的动产抵押相比具有抵押财产在确定前具有浮动性、浮动抵押期间处分的财产不受追及等特征，但是在其他方面也适用动产抵押的一般规则。如在抵押财产的范围、抵押合同、抵押权的设立与对抗效力、抵押权的优先受偿顺位等方面都适用动产抵押的一般规则。

关联法规

《民法典》第400、410、411条

第三百九十七条 【建筑物与建设用地使用权同时抵押规则】以建筑物抵押的，该建筑物占用范围内的建设用地使用权一并抵押。以建设用地使用权抵押的，该土地上的建筑物一并抵押。

抵押人未依据前款规定一并抵押的，未抵押的财产视为一并抵押。

条文注解

由于房地的不可分性，我国在处理房地关系时的一个重要原则就是“地随房走或者房随地走”的房地一体原则。所谓“地随房走”就是转让房屋的所有权时，建设用地使用权同时转让。所谓“房随地走”，就是转让建设用地使用权时，该土地上的房屋所有权也应一并转让。这一原则也同样适用于抵押，在设定抵押权时，房屋的所有权和建设用地使用权应当一并抵押，只有这样，才能保证实现抵押权时，房屋所有权和建设用地使用权同时转让。

关联法规

《城市房地产管理法》第 32、48 条

第三百九十八条 【乡镇、村企业的建设用地使用权抵押限制】乡镇、村企业的建设用地使用权不得单独抵押。以乡镇、村企业的厂房等建筑物抵押的，其占用范围内的建设用地使用权一并抵押。

条文注解

乡镇、村企业不能仅以集体所有的建设用地使用权抵押，但可以将乡镇、村企业的厂房等建筑物抵押，以厂房等建筑物抵押的，其占用范围内的建设用地使用权一并抵押。以乡镇、村企业的建设用地使用权随厂房等建筑物一并抵押，实现抵押权后，未经法定程序不得改变土地所有权的性质和土地用途。

关联法规

《民法典》第 361、397、418 条

第三百九十九条 【禁止抵押的财产范围】下列财产不得抵押：

（一）土地所有权；

（二）宅基地、自留地、自留山等集体所有土地的使用权，但是法律规定可以抵押的除外；

（三）学校、幼儿园、医疗机构等为公益目的成立的非营利法人的教育设施、医疗卫生设施和其他公益设施；

（四）所有权、使用权不明或者有争议的财产；

（五）依法被查封、扣押、监管的财产；

（六）法律、行政法规规定不得抵押的其他财产。

条文注解

土地所有权既包括国有土地的所有权，也包括集体所有土地的所有权。

除学校、幼儿园、医疗机构以外，其他以公益为目的成立的非营利法人的社会公益设施也不得抵押，如不得将公共图书馆、科学技术馆、博物馆、国家美术馆、少年宫、工人文化宫、敬老院、残疾人福利基金会等用于社会公益目的的设施抵押。

依法查封、扣押财产，指人民法院或者行政机关采取强制措施将财产就地贴上封条或者运到另外的处所，不准任何人占有、使用或者处分。依法监管的财产，指行政机关依照法律规定监督、管理的财产。比如，海关依照有关法律、法规，监管进出境的运输工具、货物、行李物品、邮递物品和其他物品，对违反海关法和其他有关法律、法规规定的进出境货物、物品予以扣留。依法被查封、扣押、监管的财产，其合法性处于不确定状态，国家法律不能予以确认和保护。

关联法规

《农村土地承包法》第9、47条

第四百条 【抵押合同】设立抵押权，当事人应当采用书面形式订立抵押合同。

抵押合同一般包括下列条款：

（一）被担保债权的种类和数额；

（二）债务人履行债务的期限；

（三）抵押财产的名称、数量等情况；

（四）担保的范围。

条文注解

设立抵押权是抵押人与抵押权人之间的民事法律行为，该种行为不仅要求当事人双方意思表示一致，还要求通过一定的法律形式即合同表现出来。因抵押涉及的财产数额较大，法律关系比较复杂，而且要在一段时间内为债权担保，因此应采用书面形式订立抵押合同。

抵押合同一般包括以下内容：被担保债权的种类，主要指主债权是财物之债，还是劳务之债。履行债务的期限，是指债务人履行债务的最终日期。抵押财产的名称，是指抵押的是何种标的物，并允许当事人对担保财产进行一般性或者概况性描述。抵押财产担保的范围包括主债权及其利息、违约金、损害赔偿金和实现抵押权的费用。

设立抵押权是双方民事法律行为，抵押合同除包括上述四项内容以外，当事人之间可能还有其他认为需要约定的事项，如抵押财产的保险责任由谁承担，抵押人如果提前偿还债权向谁提存，发生纠纷后是否申请仲裁等，这些内容也可以在协商一致的情况下在抵押合同中进行约定。

关联法规

《城市房地产管理法》第50条

第四百零一条 【流押】抵押权人在债务履行期限届满前，与抵押人约定债务人不履行到期债务时抵押财产归债权人所有的，只能依法就抵押财产优先受偿。

条文注解

本条是对禁止流押的规定。

流押条款，是指债权人在订立抵押合同时与抵押人约定，债务人不履行债务时抵押财产归债权人所有。抵押权性质上属于担保物权，抵押权人设立抵押权的目的在于支配抵押财产的交换价值而使债权获得清偿，而不是取得抵押财产的所有权。故而，应当否认抵押权人可以取得抵押财产所有权的事先约定的效力。

订立流押条款的，虽然流押条款无效，仍享有担保权益，但是只能依法就抵押财产或者质押财产优先受偿。

关联法规

《民法典》第410、413条

第四百零二条 【不动产抵押登记】以本法第三百九十五条第一款第一项至第三项规定的财产或者第五项规定的正在建造的建筑物抵押的，应当办理抵押登记。抵押权自登记时设立。

条文注解

财产抵押是重要的民事法律行为，法律除要求设立抵押权要订立书面合同以外，还要求对某些财产办理抵押登记，不经抵押登记，抵押权不发生法律效力。本条规定，以下列不动产设立抵押的，应当办理抵押登记，抵押权自登记时设立：（1）建筑物和其他土地附着物；（2）建设用地使用权；（3）海域使用权；（4）正在建造的建筑物。

关联法规

《民法典》第 209 条

第四百零三条　【动产抵押的效力】以动产抵押的，抵押权自抵押合同生效时设立；未经登记，不得对抗善意第三人。

条文注解

本条规定，以动产抵押的，如生产设备、原材料、半成品、产品，正在建造的船舶、航空器，交通运输工具等，采取登记对抗主义，抵押权自抵押合同生效时设立；未经登记，不得对抗善意第三人。需要说明的是，本条既适用于一般的动产抵押，也适用于浮动抵押。

在受偿顺序上，已登记的抵押权优先于未登记的抵押权、后设立的抵押权以及质权受偿。由此可见，为了切实保障自己债权的实现，抵押权人最好进行抵押登记。

关联法规

《民法典》第 395、396 条

第四百零四条　【动产抵押权无追及效力】以动产抵押的，不得对抗正常经营活动中已经支付合理价款并取得抵押财产的买受人。

条文注解

按照本条规定，受到保护的买受人必须符合以下条件：第一，买受人是在正常经营活动中买受了抵押财产，即出卖人出卖抵押财产是其正常的经营活动，而买受人既可以是在存货融资中，买受出卖人在正常经营过程中出售的已设定担保的存货的人，也可以是市场交易中的消费者。买受人取得的标的物应当是出卖人通常销售的动产，而出卖人也一般以销售该类动产为业。第二，买受人必须已经支付合理价款。在判断买受人支付价款是否合理时，应当根据转让标的物的性质、数量以及付款方式等具体情况，参考转让时交易地市场价格以及交易习惯等因素综合认定。第三，买受人已取得抵押财产，即抵押财产的所有权已通过交付转让给买受人。具备这三个条件，无论该动产抵押是否登记，抵押财产的买受人可以对抗抵押权人，即买受人可以取得买受的抵押财产的所有权并且不受抵押权人的追及。

第四百零五条 【抵押权与租赁权的关系】抵押权设立前，抵押财产已经出租并转移占有的，原租赁关系不受该抵押权的影响。

条文注解

随着社会经济的发展，为了保护承租人尤其是不动产承租人的利益，维护社会稳定，采取了增强租赁权效力的做法，确立“买卖不破租赁”规则，即租赁关系成立后，即使出租人将租赁物转卖给第三人，该原已存在的租赁关系仍然对买受人有效，承租人仍然可以向受让人主张租赁权，受让人取得的是一项有租赁关系负担的财产所有权。对于抵押权设立后抵押财产出租的，已登记的可以对抗其后设立的租赁关系，未登记的按照不得对抗善意第三人的规则来判断抵押权与租赁权的效力。

关联法规

《民法典》第725条

第四百零六条 【抵押财产的处分】抵押期间，抵押人可以转让抵押财产。当事人另有约定的，按照其约定。抵押财产转让的，抵押权不受影响。

抵押人转让抵押财产的，应当及时通知抵押权人。抵押权人能够证明抵押财产转让可能损害抵押权的，可以请求抵押人将转让所得的价款向抵押权人提前清偿债务或者提存。转让的价款超过债权数额的部分归抵押人所有，不足部分由债务人清偿。

条文注解

根据本条规定，抵押人对其所有的抵押财产享有占有、使用、收益、处分的权利，抵押期间抵押人可以转让抵押财产，而不需要经过其他人的同意。如果抵押权人与抵押人在设立抵押权时约定抵押人在抵押期间不得转让抵押财产，那么抵押人不能转让抵押财产，但是该约定不得对抗善意受让人。抵押财产转让的，抵押权不受影响，即无论抵押财产转让到哪里，也无论抵押财产的受让人是谁，抵押权人对该抵押财产享有抵押权，在实现抵押权的条件成就时，可以追及该抵押财产并就抵押财产进行变价和优先受偿。

由于抵押权人并不占有、控制抵押财产，因此对于抵押财产的状态和权属状况不可能随时知悉，因此本条对抵押人规定了在转让抵押财产时及时通知抵押权人的义务。在这种情况下本条规定，抵押权人能够证明抵押财产转让可能损害抵押权的，可以请求抵押人将转让所得价款提前清偿债务或者提存。一般来说，抵押人转让抵押财产的所得的价款不可能完全与其担保的债权数额一致，当抵押财产价款超过债权数额时，超过的部分，应当归抵押人所有；不足的部分由债务人清偿。也就是说，如果抵押人为债务人以外的第三人时，抵押人不再承担责任，剩余未清偿的债权由债务人偿还。

第四百零七条 【抵押权处分的从属性】抵押权不得与债权分离而单独转让或者作为其他债权的担保。债权转让的，担保该债权的抵押权一并转让，但是法律另有规定或者当事人另有约定的除外。

条文注解

担保物权的一个重要特点就是其附随于主债权债务关系，作为担保物权的一种，抵押权以其所担保的债权存在为前提，没有债权，就不可能有抵押权，抵押权失去了债权，也就失去了存在的意义。由于抵押权不具有独立存在的特性，因此本条中规定，抵押权不得与债权分离而单独转让或者作为其他债权的担保，即抵押权人不得将抵押权单独让与他人而自己保留债权。

债权转让的，担保该债权的抵押权一并转让。需要注意的是，关于这一规定，本条还有一项但书规定，“但是法律另有规定或者当事人另有约定的除外”。“法律另有规定”是指法律规定在一些情况下，债权转让的，抵押权不一并转让，如本法第421条规定，最高额抵押担保的债权确定前，部分债权转让的，最高额抵押权不得转让但是当事人另有约定的除外。“当事人另有约定”，既可以是抵押权人在转让债权时，与受让人约定，只转让债权而不转让担保该债权的抵押权，这种情形大多发生在债权的部分转让时；也可以是第三人专为特定的债权人设定抵押的，该第三人与债权人约定，被担保债权的转让未经其同意的，抵押权因债权的转让而消灭。在上述情形下，债权转让的，担保该债权的抵押权不一并转让。

关联法规

《民法典》第421条

第四百零八条 【抵押权的保护】抵押人的行为足以使抵押财产价值减少的，抵押权人有权请求抵押人停止其行为；抵押财产价值减少的，抵押权人有权请求恢复抵押财产的价值，或者提供与减少的价值相应的担保。抵押人不恢复抵押财产的价值，也不提供担保的，抵押权人有权请求债务人提前清偿债务。

条文注解

在抵押期间，有可能由于抵押人的行为致使抵押财产价值减少，损害抵押权人的利益。抵押人使抵押财产价值减少的行为主要包括两个方面：一是抵押人采取积极的行为致使抵押财产价值减少，如拆除抵押的房屋；二是抵押人消极的不作为致使抵押财产价值减少，如对抵押的危旧房屋不做修缮。需要注意的是，本条规定的抵押财产价值减少，均是由于抵押人的行为造成的，即只有在抵押人对抵押财产价值减少有过错的，才按照本条的规定处理。

关联法规

《民法典》第390条

第四百零九条 【抵押权及其顺位的处分】抵押权人可以放弃抵押权或者抵押权的顺位。抵押权人与抵押人可以协议变更抵押权顺位以及被担保的债权数额等内容。但是，抵押权的变更未经其他抵押权人书面同意的，不得对其他抵押权人产生不利影响。

债务人以自己的财产设定抵押，抵押权人放弃该抵押权、抵押权顺位或者变更抵押权的，其他担保人在抵押权人丧失优先受偿权益的范围内免除担保责任，但是其他担保人承诺仍然提供担保的除外。

条文注解

抵押权作为抵押权人享有的一项权利，抵押权人可以放弃抵押权从而放弃其债权就抵押财产优先受偿的权利。抵押权人不行使抵押权或者怠于行使抵押权的，不得推定抵押权人放弃抵押权。抵押权人放弃抵押权，不必经过抵押人的同意。抵押权人放弃抵押权的，抵押权消灭。

抵押权人可以放弃其顺位，即放弃优先受偿的次序利益。抵押权人放弃抵押权顺位的，该抵押权人将处于最后顺位，所有后顺位抵押权人的顺位依次递进。但是在抵押权人放弃抵押权顺位之后新设定的抵押权不受该放弃的影响，其顺位仍应在该抵押权人的抵押权顺位之后。

所谓抵押权顺位的变更，是指将同一抵押财产上的数个抵押权的清偿顺序调换。抵押权的顺位变更后，各抵押权人只能在其变更后的顺位上行使优先受偿权。抵押权顺位的变更对其他抵押权人产生不利影响的时候，必须经过他们的书面同意。

本条第 2 款这一规定是针对被担保的债权既有以债务人自己的财产作抵押的抵押担保又有其他担保的情形而作出的特别规定。这里的"其他担保人"既包括为债务人担保的保证人，也包括提供抵押、质押担保的第三人。

关联法规

《民法典》第 392、414 条

第四百一十条　【抵押权的实现】债务人不履行到期债务或者发生当事人约定的实现抵押权的情形，抵押权人可以与抵押人协议以抵押财产折价或者以拍卖、变卖该抵押财产所得的价款优先受偿。协议损害其他债权人利益的，其他债权人可以请求人民法院撤销该协议。

抵押权人与抵押人未就抵押权实现方式达成协议的，抵押权人可以请求人民法院拍卖、变卖抵押财产。

抵押财产折价或者变卖的，应当参照市场价格。

条文注解

抵押权人实现抵押权的条件作出了规定：一是债务履行期限届满，债务人不履行债务；二是发生了当事人约定的实现抵押权的情形。满足上述任一条件，抵押权人就可以依照本条规定的方式和程序处理抵押财产以实现其债权。债务人不履行到期债务或者发生当事人约定的实现抵押权的情形的，抵押权人可以与抵押人就如何处理抵押财产进行协商，如果双方达成协议，就可以按照协议的方式实现抵押权。本条提供了三种抵押财产的处理方式供抵押权人与抵押人协议时选择：

(1)折价方式。在实现抵押权的条件成就时，抵押权人可以与抵押人协议，以折价的方式实现抵押权。折价的方式也就是抵押权人与抵押人协议，参照市场价格确定一定的价款将抵押财产的所有权转移给抵押权人，以实现债权。如果双方确定的抵押财产的价款高于被担保的债权时，依照本法规定，超出的部分要归抵押人所有，这样抵押权人与抵押人双方的权益就都得到了保护。

(2)拍卖方式。拍卖是抵押权实现的最为普通的一种方式。拍卖也称为竞卖，是指以公开竞争的方法将标的物卖给出价最高的买者。拍卖又分为自愿拍卖和强制拍卖两种，自愿拍卖是出卖人与拍卖机构订立委托合同，委托拍卖机构拍卖，拍卖机构一般为拍卖行；强制拍卖是债务人的财产基于某些法定的原因由司法机关如人民法院强制性拍卖。抵押权人与抵押人协议以抵押财产拍卖来实现债权的方式属于第一种方式，双方达成一致意见，即可选择拍卖机构进行拍卖。

(3)变卖方式。变卖的方式就是以拍卖以外的生活中一般的买卖形式出让抵押财产，以变卖抵押财产的价款来实现债权的方式。为了保障变卖的价格公允，变卖抵押财产应当参照市场价格。

关联法规

《民法典》第151、401条

第四百一十一条 【浮动抵押财产的确定】依据本法第三百九十六条规定设定抵押的，抵押财产自下列情形之一发生时确定：

(一)债务履行期限届满，债权未实现；

(二)抵押人被宣告破产或者解散；

(三)当事人约定的实现抵押权的情形；

(四)严重影响债权实现的其他情形。

条文注解

浮动抵押权确定的情形有以下四种:

(1)债务履行期限届满,债权未实现的,抵押财产确定。自债务履行期限届满之日起,抵押人不得再处分抵押财产。

(2)抵押人被宣告破产或者解散的,抵押财产确定。主要适用于抵押人为法人或者非法人组织的情形。

(3)发生当事人约定的实现抵押权的情形的,抵押财产确定。抵押权人为保障自己的债权得到清偿,可以与抵押人约定提前实现抵押权的情形,一旦发生了该情形,抵押财产即被确定,抵押权人可以要求实现抵押权。

(4)发生严重影响债权实现的其他情形的,抵押财产确定。严重影响债权实现的情形,范围比较广泛。需要说明的是,如果抵押人有放弃其债权、无偿转让财产、以明显不合理的低价转让财产或者以明显不合理的高价受让他人财产等行为,严重影响抵押权人债权实现的,抵押权人除可以要求确定抵押财产外,还可以有权请求抵押人停止其行为,请求恢复抵押财产的价值,或者提供与减少的价值相应的担保。

自以上任一情形的发生时浮动抵押即转化为固定抵押,抵押财产确定,抵押人不得再处分抵押财产。

关联法规

《民法典》第68、69、106、107、396、408、410、413条

第四百一十二条 【抵押权对抵押财产孳息的效力】债务人不履行到期债务或者发生当事人约定的实现抵押权的情形,致使抵押财产被人民法院依法扣押的,自扣押之日起,抵押权人有权收取该抵押财产的天然孳息或者法定孳息,但是抵押权人未通知应当清偿法定孳息义务人的除外。

前款规定的孳息应当先充抵收取孳息的费用。

条文注解

抵押财产的孳息,是指由抵押财产而产生的收益。孳息分为天然孳息和法定孳息,天然孳息指物依照自然属性产生的收益,法定孳息指依照法律关系产生的收益。

需要说明的是,抵押权的效力及于抵押财产的孳息必须具备两个条件:(1)必须是抵押财产被人民法院依法扣押后,抵押权人才能收取其孳

息;(2)抵押财产被扣押后,抵押权人已经通知应当给付法定孳息的义务人。孳息应当先充抵收取孳息的费用,再用于清偿抵押权人的债权。

第四百一十三条 【抵押财产变价后的处理】抵押财产折价或者拍卖、变卖后,其价款超过债权数额的部分归抵押人所有,不足部分由债务人清偿。

条文注解

在抵押权人实现抵押权后,抵押人已就其抵押财产承担了担保责任,抵押权因实现而消灭,但是未清偿的部分债权,仍然在债权人与债务人之间存在,只是不再是抵押权担保的债权,债务人仍然负有清偿债务的义务,如果债务人与抵押人不是同一人时,抵押财产的变价款不足清偿的债务由债务人承担,抵押人不再承担责任。

关联法规

《民法典》第 410 条

第四百一十四条 【数个抵押权的清偿顺序】同一财产向两个以上债权人抵押的,拍卖、变卖抵押财产所得的价款依照下列规定清偿:

(一)抵押权已经登记的,按照登记的时间先后确定清偿顺序;

(二)抵押权已经登记的先于未登记的受偿;

(三)抵押权未登记的,按照债权比例清偿。

其他可以登记的担保物权,清偿顺序参照适用前款规定。

条文注解

同一财产向两个以上债权人抵押的,拍卖、变卖抵押财产所得的价款按照以下原则清偿:

首先,抵押权已登记的,按照登记的时间先后确定清偿顺序。关于抵押权生效的原则,本法区分不动产和动产抵押,作了不同规定。确定抵押权登记的先后,以登记部门的登记材料中记载的登记时间为准。作为第一顺序抵押登记的被担保债权,就拍卖、变卖抵押财产的价款优先受偿,处于第二顺序的抵押权只能就变价款的剩余部分受偿,依此类准。

其次，抵押权已登记的先于未登记的受偿。这一原则是针对动产抵押而言的。当事人是否办理抵押登记，在法律效力上还是有差别的，办理抵押登记的，抵押权人可以对抗第三人。在清偿顺序的问题上，作出抵押权已登记的先于未登记的受偿的规定。

最后，抵押权未登记的，按照债权比例清偿。这一原则也是针对动产抵押而言的。各抵押权人对抵押财产拍卖、变卖所得的价款应当享有同等的权利，按照各自的债权的比例受清偿。

需要说明的是，随着不动产统一登记制度的全面实行，不动产权利都经由不动产登记机构在统一的不动产登记簿上办理登记，同一个不动产上设立的多个抵押权都登记在一个登记簿上，可以对各个抵押权登记的先后顺序作出判断。故而，同一个动产上的多个抵押权不大可能出现登记顺序相同的情形，本条删除了多个抵押权登记的顺序相同时按照债权比例清偿的规定。

关联法规

《民法典》第414～416、456条

第四百一十五条 【抵押权与质权的清偿顺序】同一财产既设立抵押权又设立质权的，拍卖、变卖该财产所得的价款按照登记、交付的时间先后确定清偿顺序。

条文注解

本条是民法典新增的条文。对于同一财产上抵押权与质权并存时的清偿顺序作了补充完善，规定对于同一财产既设立抵押权又设立质权的，拍卖、变卖该财产所得的价款按照登记、交付的时间先后确定清偿顺序，即以权利公示的时间先后决定清偿顺序。本条在具体适用时，主要有以下两种情况：

（一）先质押后抵押的情形

在动产上先设立质权后设立抵押权的，在动产质权和动产抵押权中，交付和登记都是公示方式，本身并不存在效力的强弱之分，都具有对抗后面产生的权利的效力。动产抵押权虽然进行了登记，但是其登记对抗效力仅能向后发生，不能影响成立在先的质权。

（二）先抵押后质押的情形

在动产上先设立抵押权后设立质权的，会因先设立的抵押权是否登记而有所不同。具体清偿顺序表现为：已登记的动产抵押权优于动产质权受偿；动产质权优于未登记的动产抵押权受偿。因此，抵押权人在取得动产抵押权后应当及时进行登记，否则可能会失去优先清偿的顺位。

关联法规

《民法典》第403、429条

第四百一十六条 【动产购买价款抵押担保的优先权】动产抵押担保的主债权是抵押物的价款，标的物交付后十日内办理抵押登记的，该抵押权人优先于抵押物买受人的其他担保物权人受偿，但是留置权人除外。

第四百一十七条 【抵押权对新增建筑物的效力】建设用地使用权抵押后，该土地上新增的建筑物不属于抵押财产。该建设用地使用权实现抵押权时，应当将该土地上新增的建筑物与建设用地使用权一并处分。但是，新增建筑物所得的价款，抵押权人无权优先受偿。

第四百一十八条 【集体所有土地使用权抵押权的实行效果】以集体所有土地的使用权依法抵押的，实现抵押权后，未经法定程序，不得改变土地所有权的性质和土地用途。

第四百一十九条 【抵押权存续期间】抵押权人应当在主债权诉讼时效期间行使抵押权；未行使的，人民法院不予保护。

第二节 最高额抵押权

第四百二十条 【最高额抵押权的定义】为担保债务的履行，债务人或者第三人对一定期间内将要连续发生的债权提供担保财产的，债务人不履行到期债务或者发生当事人约定的实现抵押权的情形，抵押权人有权在最高债权额限度内就该担保财产优先受偿。

最高额抵押权设立前已经存在的债权，经当事人同意，可以转入最高额抵押担保的债权范围。

条文注解

最高额抵押权具有以下特征:

首先,最高额抵押权是限额抵押权。设定抵押时,抵押人与抵押权人协议约定抵押财产担保的最高债权限额,无论将来实际发生的债权如何增减变动,抵押权人只能在最高债权额范围内对抵押财产享有优先受偿权。实际发生的债权超过最高限额的,以抵押权设定时约定的最高债权额为限优先受偿;不及最高限额的,以实际发生的债权额为限优先受偿。

其次,最高额抵押权是为将来发生的债权提供担保。最高额抵押权设定时,不以主债权的存在为前提,是典型的担保将来债权的抵押权。这里的"将来债权",是指设定抵押时尚未发生,在抵押期间将要发生的债权。

再次,最高额抵押权所担保的最高债权额是确定的,但实际发生额不确定。设定最高额抵押权时,债权尚未发生,为担保将来债权的履行,抵押人和抵押权人协议确定担保的最高数额,在此额度内对债权担保。

最后,最高额抵押权是对一定期间内连续发生的债权作担保。这里讲的一定期间,不仅指债权发生的期间,更是指抵押权担保的期间。连续发生的债权,是指所发生的债权次数不确定,且接连发生。

第四百二十一条 【最高额抵押权担保的债权转让】最高额抵押担保的债权确定前,部分债权转让的,最高额抵押权不得转让,但是当事人另有约定的除外。

第四百二十二条 【最高额抵押合同条款变更】最高额抵押担保的债权确定前,抵押权人与抵押人可以通过协议变更债权确定的期间、债权范围以及最高债权额。但是,变更的内容不得对其他抵押权人产生不利影响。

第四百二十三条 【最高额抵押权所担保的债权确定】有下列情形之一的,抵押权人的债权确定:

(一)约定的债权确定期间届满;

(二)没有约定债权确定期间或者约定不明确,抵押权人或者抵押人自最高额抵押权设立之日起满二年后请求确定债权;

(三)新的债权不可能发生;

(四)抵押权人知道或者应当知道抵押财产被查封、扣押;

(五)债务人、抵押人被宣告破产或者解散;

(六)法律规定债权确定的其他情形。

第四百二十四条 【最高额抵押权的法律适用】最高额抵押权除适用本节规定外，适用本章第一节的有关规定。

第十八章 质　　权

第一节 动产质权

第四百二十五条 【动产质权的定义】为担保债务的履行，债务人或者第三人将其动产出质给债权人占有的，债务人不履行到期债务或者发生当事人约定的实现质权的情形，债权人有权就该动产优先受偿。

前款规定的债务人或者第三人为出质人，债权人为质权人，交付的动产为质押财产。

第四百二十六条 【禁止质押的动产范围】法律、行政法规禁止转让的动产不得出质。

条文注解

合法拥有的并且依法可以转让的动产可以设定质权。因此，可以设定质权的动产应当是十分宽泛的，如车辆、古董字画、珠宝首饰。但是，法律、行政法规规定禁止流通的动产不得设定质权，如毒品、管制枪支。设定动产质权是一种民事权利，对于禁止性的限定应当是十分严格的。规定禁止转让的动产的依据只能是全国人大及其常委会制定的法律、国务院制定的行政法规。其他规范性文件，不能作为规定禁止转让动产的依据。

第四百二十七条 【质押合同】设立质权，当事人应当采用书面形式订立质押合同。

质押合同一般包括下列条款：

（一）被担保债权的种类和数额；

（二）债务人履行债务的期限；

（三）质押财产的名称、数量等情况；

（四）担保的范围；

（五）质押财产交付的时间、方式。

第四百二十八条 【流质】质权人在债务履行期限届满前，与出质人约定债务人不履行到期债务时质押财产归债权人所有的，只能依法就质押财产优先受偿。

条文注解

流质条款，是指债权人在订立质押合同时与出质人约定，债务人到期不履行债务时质押财产归债权人所有。民法典物权编对物权法的规定进行了修改，明确了流质条款的效力，根据本条规定，当事人订立流质条款的，当债务履行期限届满时，不发生质押财产所有权转移的效力，而是应当根据本法第436、438条规定的实现质权的方式就质押财产优先受偿。需要注意的是，当事人之间订有流质条款的，债权人依法就质押财产优先受偿，需要满足质权设立的前提条件，即存在合法有效的质押合同，并且通过交付或者登记设立了质权。如果质权没有有效设立，质权人不能对质押财产享有优先受偿权。

第四百二十九条 【质权生效时间】质权自出质人交付质押财产时设立。

条文注解

出质人与质权人订立动产质押合同，该合同自成立时生效。但是在移转质押财产的占有之前，并不发生担保物权的效力；出质人只有将质押财产通过交付的形式实际移转给质权人占有时，质权才发生效力。根据本条的规定，质押财产是否移转是质权是否生效的判断标准：当事人没有移转质押财产，质权无效。其质押合同是否有效要根据本法合同编的有关规定判断，质权无效并不当然导致合同无效，不应将质权有效与否与质押合同的效力混淆判断。

第四百三十条 【质权人孳息收取权及孳息首要清偿用途】质权人有权收取质押财产的孳息，但是合同另有约定的除外。

前款规定的孳息应当先充抵收取孳息的费用。

条文注解

质押财产所产生的孳息包括自然孳息和法定孳息。质权人依法收取孳息时，并不当然取得所有权，而是取得对孳息的质权，孳息成为质权的标的。如果孳息是金钱，质权人可以直接用于清偿；如果孳息是物，可以由质权人与出质人协议以该孳息折价或者拍卖、变卖，以所得价款优先受偿。

第四百三十一条 【质权人擅自使用、处分质押财产的责任】质权人在质权存续期间，未经出质人同意，擅自使用、处分质押财产，造成出质人损害的，应当承担赔偿责任。

第四百三十二条 【质权人的保管义务和赔偿责任】质权人负有妥善保管质押财产的义务；因保管不善致使质押财产毁损、灭失的，应当承担赔偿责任。

质权人的行为可能使质押财产毁损、灭失的，出质人可以请求质权人将质押财产提存，或者请求提前清偿债务并返还质押财产。

条文注解

所谓妥善保管，即以善良管理人的注意义务加以保管。善良管理人的注意义务，是指依照一般交易上的观念，认为有相当的知识经验及诚意的人所应负的注意义务，即以一种善良的心和应当具备的知识来保管质押财产。如果达不到应当注意的保管标准的，就不是妥善保管。

第四百三十三条 【质权的保护】因不可归责于质权人的事由可能使质押财产毁损或者价值明显减少，足以危害质权人权利的，质权人有权请求出质人提供相应的担保；出质人不提供的，质权人可以拍卖、变卖质押财产，并与出质人协议将拍卖、变卖所得的价款提前清偿债务或者提存。

条文注解

拍卖、变卖所得的价款，性质上属于质押财产的替代物，质权人不当然取得价款的所有权，出质人可以用该价款提前向质权人清偿债务；如果以该价款提存的，则要等债务履行期限届满，以提存的价款清偿债务。无论是提前清偿债权，还是提存后届时清偿，其价款超出所担保债权的部分，应当直接归还出质人。

第四百三十四条　【责任转质】质权人在质权存续期间，未经出质人同意转质，造成质押财产毁损、灭失的，应当承担赔偿责任。

条文注解

质权人为担保自己或者他人的债务，在占有的质押财产上再次设定质权的行为称为转质，所成立的质权为转质权。因转质而取得质权的人为转质权人。转质既可以适用于动产质权，也可以适用于权利质权。转质依其是否经出质人同意，分为承诺转质和责任转质。承诺转质，是指经出质人同意，质权人在占有的质押财产上为第三人设定质权的行为。承诺转质事前已经取得出质人的同意，质权人对因转质权人的过错而造成的损失承担责任，并不因转质而加重法律责任。责任转质指质权人不经出质人同意，将质押财产转质于第三人的行为。责任转质因未经出质人同意就将质押财产转质，不仅要承担质押财产因转质权人的过错而毁损、灭失的责任，还要承担转质期间发生的因不可抗力产生的质押财产毁损、灭失的风险责任，其责任要比未转质的情况沉重得多。

第四百三十五条　【质权的放弃】质权人可以放弃质权。债务人以自己的财产出质，质权人放弃该质权的，其他担保人在质权人丧失优先受偿权益的范围内免除担保责任，但是其他担保人承诺仍然提供担保的除外。

条文注解

质权人放弃质权，是指质权人放弃其因享有质权而就质押财产优先于普通债权人受清偿的权利的行为。质权人有权处分自己的质权。当质权人以放弃质权的方式处分质权时，应当符合法律的规定。质权人放弃质权应当明示作出意思表示。质权人不行使质权或者怠于行使质权的，不能推定为质权人放弃质权。质权人放弃质权，原因可能是多方面的。如果是质权人单方的意思表示，无须取得出质人的同意。质权因质权人的放弃而消灭。

第四百三十六条　【质物返还及质权实现】债务人履行债务或者出质人提前清偿所担保的债权的，质权人应当返还质押财产。

债务人不履行到期债务或者发生当事人约定的实现质权的情形，质权人可以与出质人协议以质押财产折价，也可以就拍卖、变卖质押财产所得的价款优先受偿。

质押财产折价或者变卖的，应当参照市场价格。

第四百三十七条　【质权的及时行使】出质人可以请求质权人在债务履行期限届满后及时行使质权；质权人不行使的，出质人可以请求人民法院拍卖、变卖质押财产。

出质人请求质权人及时行使质权，因质权人怠于行使权利造成出质人损害的，由质权人承担赔偿责任。

条文注解

质权人怠于行使权利可能会致使质押财产价格下跌，或者发生其他毁损、灭失等情形，质押财产无法获得与原有价值相当的变价款，质权人对于出质人的损失要承担赔偿责任。需要注意的是，根据本款的规定，出质人首先要有请求质权人及时行使质权的行为；其次要有证据证明造成损害是由于质权人怠于行使质权造成的，损害的事实应当与质权人怠于行使质权有直接的因果关系。

第四百三十八条　【质押财产变价后的处理】质押财产折价或者拍卖、变卖后，其价款超过债权数额的部分归出质人所有，不足部分由债务人清偿。

第四百三十九条　【最高额质权】出质人与质权人可以协议设立最高额质权。

最高额质权除适用本节有关规定外，参照适用本编第十七章第二节的有关规定。

条文注解

最高额质权是指为担保债务的履行，债务人或者第三人对一定期间内将要连续发生的债权提供质押财产担保，但预定了一个限额，债务人不履行到期债务或者发生当事人约定的实现质权的情形，质权人有权在最高债权额限度内就该质押财产优先受偿。

第二节 权利质权

第四百四十条 【权利质权的范围】债务人或者第三人有权处分的下列权利可以出质：

（一）汇票、本票、支票；

（二）债券、存款单；

（三）仓单、提单；

（四）可以转让的基金份额、股权；

（五）可以转让的注册商标专用权、专利权、著作权等知识产权中的财产权；

（六）现有的以及将有的应收账款；

（七）法律、行政法规规定可以出质的其他财产权利。

条文注解

权利质权，是指以出质人提供的财产权利为标的而设定的质权。权利质权具有与动产质权相同的一些特征，都是以担保债务履行和债权实现为目的，性质都是价值权、担保权。

权利质权的标的是出质人提供的作为债权担保的权利。但并不是所有的权利都可以作为权利质权的标的，其必须满足下列条件：(1)必须是财产权，人身权由于不直接具有经济价值，不得作为权利质权的标的。(2)必须具有让与性，标的应有变价的可能。(3)必须是适于设定质权的权利。在我国，在不动产物权上设定的权利一般认定为抵押权，因此，不动产物权不能作为权利质权的标的。至于抵押权、质权和留置权等担保物权，由于不能与其所担保的主债权分离，因此，也不能成为权利质权的标的。

第四百四十一条 【有价证券出质的质权的设立】以汇票、本票、支票、债券、存款单、仓单、提单出质的，质权自权利凭证交付质权人时设立；没有权利凭证的，质权自办理出质登记时设立。法律另有规定的，依照其规定。

第四百四十二条 【有价证券出质的质权的特别实现方式】汇票、本票、支票、债券、存款单、仓单、提单的兑现日期或者提货日期先于主债权到期的，质权人可以兑现或者提货，并与出质人协议将兑现的价款或者提取的货物提前清偿债务或者提存。

条文注解

载明兑现日期或者提货日期的汇票、本票、支票、债券、存款单、仓单、提单的兑现日期或者提货日期届至时，原则上必须兑现或者提货，以免除第三债务人的债务。提前清偿债权的，质权消灭；提存的，质权继续存在于提存的款项或者货物上，在主债权到期时可以以该提存的款项或者货物优先受偿。出质人只能在提前清偿债权和提存中选择，不能既不同意提前清偿债权也不同意提存。

第四百四十三条 【以基金份额、股权出质的质权设立及转让限制】以基金份额、股权出质的，质权自办理出质登记时设立。

基金份额、股权出质后，不得转让，但是出质人与质权人协商同意的除外。出质人转让基金份额、股权所得的价款，应当向质权人提前清偿债务或者提存。

条文注解

基金份额和股权出质后，原则上不能转让；但如果出质人与质权人协商一致，都同意转让已出质的基金份额和股权，这属于双方当事人对自己权利的自由处分，法律自然允许。但是转让基金份额和股权所得的价款，并不当然用于清偿所担保的债权；因为此时债务清偿期限尚未届至，出质人应当与质权人协商，将所得的价款提前清偿所担保的债权或者提存。提前清偿债权的，质权消灭。提存的，质权继续存在于提存的价款上，在债务履行期限届满时，质权人可以对该价款优先受偿。出质人只能在提前清偿债权和提存中选择，不能既不同意提前清偿债权，也不同意提存。

第四百四十四条 【以知识产权中的财产权出质的质权的设立及转让限制】以注册商标专用权、专利权、著作权等知识产权中的财产权出质的，质权自办理出质登记时设立。

知识产权中的财产权出质后，出质人不得转让或者许可他人使用，但是出质人与质权人协商同意的除外。出质人转让或者许可他人使用出质的知识产权中的财产权所得的价款，应当向质权人提前清偿债务或者提存。

第四百四十五条 【以应收账款出质的质权的设立及转让限制】以应收账款出质的，质权自办理出质登记时设立。

应收账款出质后，不得转让，但是出质人与质权人协商同意的除外。出质人转让应收账款所得的价款，应当向质权人提前清偿债务或者提存。

条文注解

以应收账款出质的，双方当事人应当订立书面质押合同。合同内容一般包括被担保债权的种类和数额，债务人履行债务的期限，应收账款的名称、数额，担保的范围等。以应收账款出质的，在订立质押合同后，质权并不当然设立，双方当事人还须到有关部门办理出质登记后质权才设立。

关联法规

《应收账款质押登记办法》

第四百四十六条 【权利质权的法律适用】权利质权除适用本节规定外，适用本章第一节的有关规定。

第十九章　留　置　权

第四百四十七条　【留置权的定义】债务人不履行到期债务，债权人可以留置已经合法占有的债务人的动产，并有权就该动产优先受偿。

前款规定的债权人为留置权人，占有的动产为留置财产。

条文注解

留置权，是指在债务人不履行到期债务时，债权人有权依照法律规定留置已经合法占有的债务人的动产，并就该动产优先受偿的权利。这时，债权人便为留置权人，占有的动产便为留置财产。

物权法规定的留置权具有以下三项特征：

（1）从属性。留置权依主债权的存在而存在，依主债权的转移而转移，并因主债权的消灭而消灭。

（2）法定性。留置权只能直接依据法律的规定发生，不能由当事人自由设定。只要债务人不履行到期债务，债权人即可以依照法律规定留置已经合法占有的债务人的动产，并在满足法律规定的条件的情况下，折价或者拍卖、变卖留置财产以受偿。

（3）不可分性。留置权的不可分性表现为：①留置权所担保的是债权的全部，而不是部分。②留置权的效力及于债权人所留置的全部留置财产，留置权人可以对留置财产的全部行使留置权，而不是部分。只要债权未受全部清偿，留置权人就可以对全部留置财产行使权利，不受债权分割或者部分清偿以及留置财产分割的影响。当然，为了公平起见，根据法律规定，留置财产为可分物的，债权人留置的财产的价值应当相当于债务的金额，而不应留置其占有的债务人的全部动产。

第四百四十八条　【留置财产与债权的关系】债权人留置的动产，应当与债权属于同一法律关系，但是企业之间留置的除外。

条文注解

所谓同一法律关系，就是留置财产应当与债权所形成的债权债务关系属于同一个民事法律关系。同一法律关系最为常见的就是因合同产生的债权债务关系，同一法律关系还可以是因不当得利、无因管理、侵权形成的同一债权债务关系。

第四百四十九条　【留置权适用范围限制】法律规定或者当事人约定不得留置的动产，不得留置。

第四百五十条　【留置财产为可分物的特殊规定】留置财产为可分物的，留置财产的价值应当相当于债务的金额。

条文注解

从物的分割是否影响其价值或效用的角度，可将物分为可分物和不可分物两类。不可分物就是将其分割会影响其价值或者失去其效用的物。如一块手表，如果将手表拆分成零件，将失去手表作为计时器的功能。可分物，是指经分割而不损害其经济用途或者失去其价值的物。

所谓价值相当，并不是必须完全等值，而是留置财产的价值不能明显超过债权金额。

第四百五十一条　【留置权人的保管义务】留置权人负有妥善保管留置财产的义务；因保管不善致使留置财产毁损、灭失的，应当承担赔偿责任。

条文注解

一般而言，只要留置权人尽到了善良管人的注意义务，妥善保管了留置财产，非因留置权人的重大过失导致留置财产的毁损或者灭失，就不能认定为保管不善。妥善保管留置财产，是一种消极性义务，不需要留置权人有积极的作为，留置权人对留置财产并不负有保值增值的义务。

第四百五十二条　【留置权人收取孳息的权利】留置权人有权收取留置财产的孳息。

前款规定的孳息应当先充抵收取孳息的费用。

条文注解

收取留置财产的孳息属于留置权人的权利。既然是留置权人的权利，那么留置权人既可以行使，也可以放弃。只有在留置权人放弃不行使时，债务人才可以自行收取留置财产的孳息。但在特殊情形下，妥善收取孳息也是留置权人保管义务的内容，留置权人不得放弃。此外，留置权人的权利仅仅是收取孳息，并非直接能获得孳息的所有权。所谓收取，就是通过事实行为或者法律行为获得并控制留置财产的孳息。收取之后，留置财产的孳息所有权归属需要根据法律的规定或者当事人约定判断。如果债务人和留置权人并未就留置财产的孳息的归属作出明确约定，孳息的所有权应当属于债务人。

第四百五十三条 【留置权债务人的债务履行期】留置权人与债务人应当约定留置财产后的债务履行期限；没有约定或者约定不明确的，留置权人应当给债务人六十日以上履行债务的期限，但是鲜活易腐等不易保管的动产除外。债务人逾期未履行的，留置权人可以与债务人协议以留置财产折价，也可以就拍卖、变卖留置财产所得的价款优先受偿。

留置财产折价或者变卖的，应当参照市场价格。

第四百五十四条 【留置权债务人的请求权】债务人可以请求留置权人在债务履行期限届满后行使留置权；留置权人不行使的，债务人可以请求人民法院拍卖、变卖留置财产。

第四百五十五条 【留置权的实现】留置财产折价或者拍卖、变卖后，其价款超过债权数额的部分归债务人所有，不足部分由债务人清偿。

第四百五十六条 【留置权、抵押权与质权竞合时的顺位原则】同一动产上已经设立抵押权或者质权，该动产又被留置的，留置权人优先受偿。

条文注解

在同一动产上，无论留置权是产生于抵押权或者质权之前，还是产生于抵押权或者质权之后，留置权的效力都优先于抵押权或者质权。也就是说，留置权对抵押权或者质权的优先效力不受其产生时间的影响。

留置权对抵押权或者质权的优先效力也不受留置权人在留置动产时是善意还是恶意的影响。当然，如果留置权人与债务人恶意串通成立留置权，其目的就是排除在动产上的抵押权或者质权，那么这已经超出了“恶意和善意”的范畴，属于严重违反诚实信用原则的恶意串通行为。在这种情况下，不但该留置权不能优先于抵押权或者质权，而且该留置权应当被视为不存在。

第四百五十七条 【留置权消灭的特殊情形】留置权人对留置财产丧失占有或者留置权人接受债务人另行提供担保的，留置权消灭。

第五分编 占 有

第二十章 占 有

第四百五十八条 【有权占有的法律适用】基于合同关系等产生的占有，有关不动产或者动产的使用、收益、违约责任等，按照合同约定；合同没有约定或者约定不明确的，依照有关法律规定。

条文注解

占有，是指对不动产或者动产事实上的控制与支配。它分为有权的占有和无权的占有：前者指在占有人与占有返还请求人之间有寄托、租赁或其他正当法律关系时占有人对不动产或者动产的占有；后者指在占有人对不动产或者动产的占有无正当的法律关系或者原法律关系被撤销或无效时占有人对不动产或者动产的占有。

第四百五十九条 【无权占有造成占有物损害的赔偿责任】占有人因使用占有的不动产或者动产，致使该不动产或者动产受到损害的，恶意占有人应当承担赔偿责任。

条文注解

关于无权占有时无权占有人需要承担何种责任，需要根据无权占有的具体情况判断。根据占有人的主观状态，无权占有可以分为善意占有和恶意占有。所谓善意占有，就是占有人在主观上认为自己有权占有标的物。所谓恶意占有，指占有人明知或者因重大过失不知自己为无权占有而仍然进行的占有。

第四百六十条 【权利人的返还请求权和占有人的费用求偿权】不动产或者动产被占有人占有的，权利人可以请求返还原物及其孳息；但是，应当支付善意占有人因维护该不动产或者动产支出的必要费用。

条文注解

首先，有权请求权利人支付费用的仅限于善意占有人，如果占有人为恶意，则不能要求权利人支付任何费用。其次，返还的费用限于因维护该不动产或者动产所支出的费用。所谓维护，就是确保该标的物处于良好的状态或者正常使用状态。如占有的房屋漏水了，请维修工人予以加固防漏，为此支付的修理费。最后，有权要求支付的费用应是必要的，此等费用的金额应该是合理的，而不能明显超出正常水平。

第四百六十一条 【权利人的损害赔偿请求权】占有的不动产或者动产毁损、灭失，该不动产或者动产的权利人请求赔偿的，占有人应当将因毁损、灭失取得的保险金、赔偿金或者补偿金等返还给权利人；权利人的损害未得到足够弥补的，恶意占有人还应当赔偿损失。

第四百六十二条 【占有保护请求权】占有的不动产或者动产被侵占的，占有人有权请求返还原物；对妨害占有的行为，占有人有权请求排除妨害或者消除危险；因侵占或者妨害造成损害的，占有人有权依法请求损害赔偿。

占有人返还原物的请求权，自侵占发生之日起一年内未行使的，该请求权消灭。

第三编　合　　同

第一分编　通　　则

第一章　一般规定

第四百六十三条　【合同编的调整范围】本编调整因合同产生的民事关系。

第四百六十四条　【合同的定义和身份关系协议的法律适用】合同是民事主体之间设立、变更、终止民事法律关系的协议。

婚姻、收养、监护等有关身份关系的协议，适用有关该身份关系的法律规定；没有规定的，可以根据其性质参照适用本编规定。

条文注解

本条第1款：合同编所规定的“合同”是民事主体之间的协议，即平等主体的自然人、法人和非法人组织之间的协议。

首先，“平等主体”是民事关系的核心特征。从行政管理的角度来说，行政机关与行政相对人之间系不平等主体；从企业管理角度来说，企业与职工也系不平等主体，这些都不属于“民事主体”。

其次，民事主体包括自然人、法人和非法人组织三类。自然人是最基本的民事主体，“自然人”就是通常意义上的人，民法上使用这个概念，主要是与法人相区别。自然人不仅包括中国公民，还包括我国领域内的外国人和无国籍人。“法人”是一种社会组织，法律基于社会现实的需要，赋予符合一定条件的组织以法人资格，便于这些组织独立从事民事活动。

对于自然人、法人之外的个人独资企业、合伙企业等其他组织，考虑到赋予此类不具有法人资格的组织以民事主体地位，有利于其开展民事活动、促进经济社会发展，民法总则明确将个人独资企业、合伙企业、不具有法人资格的专业服务机构等作为第三类民事主体“非法人组织”。民法典将民法总则纳入作为总则编，延续了关于非法人组织的规定。

本条第 2 款：此为关于身份关系协议参照适用合同编的规定。合同编主要调整财产关系，婚姻、收养、监护等有关身份关系的协议有其特殊性，相关法律对这些身份关系作出规定的，适用该相关法律规定；相关法律对这些身份关系没有作出规定的，可以根据婚姻、收养、监护这类身份关系协议的性质，参照适用合同编的相关规定。

关联法规

《保险法》第 10 条

第四百六十五条 【依法成立的合同效力】依法成立的合同，受法律保护。

依法成立的合同，仅对当事人具有法律约束力，但是法律另有规定的除外。

第四百六十六条 【合同条款的解释】当事人对合同条款的理解有争议的，应当依据本法第一百四十二条第一款的规定，确定争议条款的含义。

合同文本采用两种以上文字订立并约定具有同等效力的，对各文本使用的词句推定具有相同含义。各文本使用的词句不一致的，应当根据合同的相关条款、性质、目的以及诚信原则等予以解释。

条文注解

合同条款是基于合同当事人意思表示一致而订立的，但在实践中由于种种原因，当事人可能会对合同某些条款的理解发生争议。《民法典》总则编第 142 条第 1 款规定，有相对人的意思表示的解释，应当按照所使用的词句，结合相关条款、行为的性质和目的、习惯以及诚信原则，确定意思表示的含义。对此，可作以下理解：

第一，首先要按照条款所使用的词句进行解释。法理上，这种解释方法又被称为文义解释。合同条款是由词句构成的，所以，解释合同条款必须首先从词句的含义入手。

第二，对条款中词句的理解不能孤立进行，而要结合其他相关条款、行为的性质和目的、习惯以及诚实信用原则，综合判断、确定争议条款的含义。(1)合同条款是合同整体的一部分，条款之间有密切联系，因此对争议条款的解释不仅要从该条款本身词句的含义去理解，还要结合其他相关条款进行分析判断。(2)行为的性质或者合同的性质，指该合同所体现的显著区别于其他合同的本质特征。(3)根据行为目的即合同目的进行解释，是指应当根据当事人订立合同所追求的目的对争议条款进行解释。(4)按照习惯进行解释是指在某条款发生争议以后，应当根据当事人所知悉的生活和交易习惯来对争议条款进行解释。(5)依照诚信原则解释，是指根据诚信原则对有争议的条款进行解释。总则编第7条将诚信原则作为民法基本原则，这一基本原则贯穿合同从订立到终止的整个过程。

第四百六十七条 【无名合同及涉外合同的法律适用】本法或者其他法律没有明文规定的合同，适用本编通则的规定，并可以参照适用本编或者其他法律最相类似合同的规定。

在中华人民共和国境内履行的中外合资经营企业合同、中外合作经营企业合同、中外合作勘探开发自然资源合同，适用中华人民共和国法律。

条文注解

本条第1款是关于非典型合同法律适用规则的规定。在经济社会生活中，大量合同类型既在合同编中没有规定，也在其他相关法律中没有明文规定，对这些非典型合同如何适用现有法律进行约束和指导，是十分重要的。

合同编通则的规定是针对所有合同的共性规定。因此，非典型合同应当适用合同编通则的规定，合同编通则对合同的订立、合同的效力、合同的履行、合同的保全、合同的变更和转让、合同的权利义务终止、违约责任等所作的规定均适用于各类非典型合同。合同编第2分编规定的典型合同，虽然是对某类合同的专门性规定，但其他一些合同可能会与合同编规定的典型合同存在共同之处或者相近之处。例如，买卖合同是典型的有偿合同，非典型合同中也有许多有偿合同，这些有偿合同可以参照适用买卖合同的有关规定。由于合同编关于买卖合同的规定对有偿类合同的指引、示范作用较强，合同编第646条还对此专门作了规定，即"法律对其他有偿合同有规定的，依照其规定；没有规定的，参照适用买卖合同的有关规定。"

同样的道理，其他非典型合同也可以参照适用本编或者其他法律最相类似合同的规定，本条对此予以明确。

本条第2款还对特定涉外合同的法律适用作了规定，即在中华人民共和国境内履行的中外合资经营企业合同、中外合作经营企业合同、中外合作勘探开发自然资源合同，适用中华人民共和国法律。

第四百六十八条 【非因合同产生的债权债务关系的法律适用】非因合同产生的债权债务关系，适用有关该债权债务关系的法律规定；没有规定的，适用本编通则的有关规定，但是根据其性质不能适用的除外。

第二章 合同的订立

第四百六十九条 【合同订立形式】当事人订立合同，可以采用书面形式、口头形式或者其他形式。

书面形式是合同书、信件、电报、电传、传真等可以有形地表现所载内容的形式。

以电子数据交换、电子邮件等方式能够有形地表现所载内容，并可以随时调取查用的数据电文，视为书面形式。

条文注解

本条第1款对合同形式作了原则性规定，即订立合同可以采用书面形式或者口头形式，也可以采取其他形式。只要法律没有作出特别规定或者当事人另有特别约定，对合同形式一般不作特殊要求。

本条第2款对书面形式的定义作了界定。依据本条第1款规定，书面形式的核心特征是可以有形地表现所载内容。合同书、信件、电报、电传、传真是“可以有形地表现所载内容的形式”，但书面形式也不限于这几类。合同的书面形式有多种，凡是“可以有形地表现所载内容的形式”都可以作为合同的书面形式。

本条第3款对符合书面形式的数据电文作了规定。数据电文要符合书面形式，必须满足两个条件：一是能够有形地表现所载内容；二是可以随时调取查用。依此款规定，无论是以电子数据交换方式，还是以电子邮件或者其他方式，如果该数据电文能够有形地表现所载内容，并且可以随时调取查用，就可以视为书面形式。

关联法规

《民法典》第135条，《电子签名法》第4条，《仲裁法》第16条

第四百七十条　【合同主要条款与示范文本】合同的内容由当事人约定，一般包括下列条款：

（一）当事人的姓名或者名称和住所；

（二）标的；

（三）数量；

（四）质量；

（五）价款或者报酬；

（六）履行期限、地点和方式；

（七）违约责任；

（八）解决争议的方法。

当事人可以参照各类合同的示范文本订立合同。

关联法规

《保险法》第18条，《著作权法》第24、25条

第四百七十一条　【合同订立方式】当事人订立合同，可以采取要约、承诺方式或者其他方式。

条文注解

要约、承诺方式是最为典型的合同订立方式。当事人形成合意的过程，是对合同内容协商一致的过程，很多都是经过要约、承诺完成的。向对方提出合同条件、作出签订合同的意思表示称为“要约”，而另一方如果表示接受就称为“承诺”。

第四百七十二条 【要约的定义及构成要件】要约是希望与他人订立合同的意思表示，该意思表示应当符合下列条件：

（一）内容具体确定；

（二）表明经受要约人承诺，要约人即受该意思表示约束。

条文注解

要约是希望与他人订立合同的意思表示。发出要约的人称为“要约人”，接收要约的人称为“受要约人”。

要约应当具备下列条件：(1)要约的内容应具体确定。要约的内容必须具备足以使合同成立的主要条件，这要求要约的内容必须是具体的和确定的，必须明确清楚，不能模棱两可、产生歧义。要约的效力在于，一经受要约人承诺，合同即可成立。(2)要约必须表明经受要约人承诺，要约人即受该意思表示拘束。能否构成一个要约要看这种意思表示是否表达了与被要约人订立合同的意愿，这要根据特定情况和当事人所使用的语言表达来判断。(3)要约一般应向特定人发出。因为，相对人的特定化意味着要约人对谁有资格作为承诺人和合同相对方作出了选择，这样对方一承诺，一个合同就成立了。如果相对人不确定，则作为合同的另一方当事人就是不确定的，既然不确定，作出承诺后合同也不一定成立。在这种情况下，把一项订约的意思表示视为一个要约就是不合适的，只能视为一个要约邀请。

第四百七十三条 【要约邀请】要约邀请是希望他人向自己发出要约的表示。拍卖公告、招标公告、招股说明书、债券募集办法、基金招募说明书、商业广告和宣传、寄送的价目表等为要约邀请。

商业广告和宣传的内容符合要约条件的，构成要约。

条文注解

要约邀请又称要约引诱，是邀请或者引诱他人向自己发出要约的表示，可以是向特定人发出的，也可以是向不特定的人发出的。本条列举了五种比较典型的要约邀请类型：

第一，拍卖公告。拍卖是一种特殊买卖方式。一般认为，在拍卖活动中，竞买人的出价为要约，拍卖人击槌(或者以其他方式)拍定为承诺。

第二，招标公告。招标投标是一种特殊的签订合同的方式，广泛应用于货物买卖、建设工程、土地使用权出让与转让、技术转让等领域。

第三，招股说明书、债券募集办法和基金招募说明书。招股说明书是股份有限公司发起人向社会公开募集股份时或者公司经批准向社会公开发行新股时，向社会公众公开的说明文书。债券募集办法，是指公司发行公司债券时，应当按照规定公告公司债券募集办法，记载并披露对投资者作出投资决策有重大影响的信息。基金招募说明书是基金发起人公开发售基金时，为基金投资者提供的对基金情况进行说明的文件。

第四，商业广告和宣传。商业广告是指商品经营者或者服务提供者通过一定媒介和形式直接或者间接地介绍自己所推销的商品或者服务的广告。

第五，寄送的价目表。根据对要约条件的分析，价目表仅指明了商品、价格，并没有指明数量，对方不能以“是”“对”或者“同意”等肯定词语的答复使合同成立，自然不符合要约的条件，只能视作要约邀请。

本条第 2 款规定，商业广告和宣传的内容符合要约条件的，构成要约。依照合同编第 472 条的规定，一项意思表示构成要约应当符合下列条件：一是内容具体确定；二是表明经受要约人承诺，要约人即受该意思表示约束。认定一项商业广告或者商业宣传是否符合要约的条件，需要根据实际情况进行判断。

关联法规

《公司法》第 86 、87 条，《招标投标法》第 10、16、17 条，《拍卖法》第 45~48 条

第四百七十四条 【要约生效时间】要约生效的时间适用本法第一百三十七条的规定。

第四百七十五条 【要约撤回】要约可以撤回。要约的撤回适用本法第一百四十一条的规定。

条文注解

要约的撤回，是指在要约发出之后、生效以前，要约人欲使该要约不发生法律效力而作出的意思表示。要约之所以可以撤回，是因为要约尚未发生法律效力，不会对受要约人产生任何影响，也不会危害交易秩序。因此，在此阶段，应当允许要约人撤回要约，使尚未生效的要约不产生预期的效

力，这也是对行为人意愿的充分尊重。基于此，本条规定，要约可以撤回。

第四百七十六条　【要约不得撤销情形】要约可以撤销，但是有下列情形之一的除外：

（一）要约人以确定承诺期限或者其他形式明示要约不可撤销；

（二）受要约人有理由认为要约是不可撤销的，并已经为履行合同做了合理准备工作。

条文注解

要约的撤销，是指要约人在要约发生法律效力之后、受要约人作出承诺之前，欲使该要约失去法律效力的意思表示。在要约撤销的问题上，英美法系与大陆法系的理论迥异。按照英美合同法中的“对价”理论，要约作为诺言在被承诺以前是无对价的，对发出要约的人没有拘束力，因而要约在被承诺以前是可以撤销的，即使是附承诺期限的要约也是如此。大陆法系国家和地区则一般认为，要约一旦生效就不得撤销。如《德国民法典》第 145 条规定，向他人发出订立合同的要约的人，受要约的约束，但预先声明不受拘束者不在此限。《德国民法典》没有规定要约人有权撤销要约。我国台湾地区的规定与德国一致。

关联法规

《证券法》第 68 条

第四百七十七条　【要约撤销】撤销要约的意思表示以对话方式作出的，该意思表示的内容应当在受要约人作出承诺之前为受要约人所知道；撤销要约的意思表示以非对话方式作出的，应当在受要约人作出承诺之前到达受要约人。

条文注解

要约生效后，受要约人已经知悉了要约的内容，甚至可能已经基于对要约的信赖做出了某些行为。为了保障受要约人的合理信赖利益，要约人应当在受要约人作出承诺之前撤销要约。如果受要约人已经作出承诺，则要约人不得撤销要约。

第四百七十八条　【要约失效】有下列情形之一的，要约失效：

（一）要约被拒绝；

（二）要约被依法撤销；

（三）承诺期限届满，受要约人未作出承诺；

（四）受要约人对要约的内容作出实质性变更。

条文注解

要约的失效，也可以称为要约的消灭或者要约的终止，指要约丧失法律效力，要约人与受要约人均不再受其约束。要约人不再承担接受承诺的义务，受要约人亦不再享有通过承诺使合同得以成立的权利。其中，受要约人对一项要约的内容作出实质性变更的，为新要约。新要约使原要约失去效力，要约人即不受原要约的拘束。

关联法规

《拍卖法》第36条

第四百七十九条　【承诺的定义】承诺是受要约人同意要约的意思表示。

条文注解

所谓承诺，是指受要约人同意接受要约的全部条件以缔结合同的意思表示。从性质上来说，承诺与要约一样，都属于意思表示。意思表示是指行为人为了产生一定民法上的效果而将其内心意思通过一定方式表达于外部的行为，是实现当事人意思自治的工具。对承诺的定义，可以从以下三个方面理解：

一是承诺须由受要约人作出。要约是要约人向受要约人发出的，受要约人是要约人选定的交易相对方，只有受要约人才具有作出承诺的资格，受要约人以外的第三人不具有承诺的资格。

二是承诺须向要约人作出。承诺是对要约的同意，受要约人意在与要约人订立合同，当然要向要约人作出。如果承诺不是向要约人作出，则作出的承诺意思表示不视为承诺，不能达到与要约人订立合同的目的。

三是承诺的内容须与要约的内容保持一致。这是承诺最核心的要件，承诺必须是对要约完全的、单纯的同意。因为受要约人如想与要约人订立合同，必须使承诺在内容上与要约的内容保持一致，否则要约人就可能拒绝受要约人而使合同不能成立。如果受要约人在承诺中对要约的内容加以扩张、限制或者变更，便不能构成承诺，并可能构成一项新的要约。

第四百八十条 【承诺的方式】承诺应当以通知的方式作出；但是，根据交易习惯或者要约表明可以通过行为作出承诺的除外。

条文注解

承诺方式，是指受要约人将其承诺的意思表示传达给要约人所采用的方式。一般来说，法律并不对承诺必须采取的方式作限定，而只是一般规定承诺应当以明示或者默示的方式作出。所谓明示的方式，一般指通知。以通知的方式作出承诺可以是口头通知，也可以是书面通知。一般来说，如果法律或要约中没有规定必须以书面形式表示承诺，当事人就可以口头形式表示承诺。所谓默示的方式，一般指按照交易的习惯或者当事人之间的约定，受要约人尽管没有通过书面或者口头方式明确表达其意思，但是通过实施一定的行为和其他形式作出了承诺。

本条中"通知的方式"是典型的明示方式。"通过行为作出承诺"属于默示的方式，这里的"行为"通常是指履行行为，如预付价款、装运货物或在工地上开始施工等。以通知方式作出承诺具有直接、明确、不易产生纠纷的特点，因此承诺一般应以通知的方式作出。但是商业实践中往往还存在一些交易习惯，根据这些交易习惯，承诺也可以通过行为作出。这些交易习惯一般为从事该项交易的当事人所知晓，"通过行为作出承诺"的方式在要约人的预期之内，不会损害要约人的利益，因此本条对此予以认可。除了交易习惯外，如果要约人在要约中表明了可以通过行为作出承诺，那么受要约人通过行为作出承诺的，符合要约人的意愿，自然也应当予以认可。

第四百八十一条 【承诺的期限】承诺应当在要约确定的期限内到达要约人。

要约没有确定承诺期限的，承诺应当依照下列规定到达：

（一）要约以对话方式作出的，应当即时作出承诺；

（二）要约以非对话方式作出的，承诺应当在合理期限内到达。

条文注解

本条区分要约是否确定了承诺期限，对承诺的到达时间分别作了规定。要约确定了承诺期限的，受要约人自然应当尊重要约人的意愿，承诺应当在该承诺期限内到达要约人。要约没有确定承诺期限的，根据要约是以对话方式作出还是以非对话方式作出，承诺到达时间又有所不同：

一是关于以对话方式作出的要约。所谓以对话方式作出的要约，是指采取使受要约方可以同步受领的方式作出的要约，如面对面交谈、电话等方式。在以这种方式作出的要约中，要约人作出要约和受要约人受领要约是同步进行的，没有时间差，受要约人可以即时决定是否接受。

二是关于以非对话方式作出的要约。要约本身没有确定承诺期限的，如果要约以非对话方式作出，则如何确定承诺期限？一般来说，"合理期限"可分为三段：第一，要约到达于受要约人的期间；第二，为承诺所必要的期间；第三，承诺的通知到达要约人所必要的期间。第一段与第三段的期间，依通讯方式确定，如依邮寄或电报为要约或回答通常所必要的期间。在要约及承诺的通知的送达途中有非常事变（火车障碍、暴风雨等）的迟延的，要约人如果知道该情况的发生，应当斟酌以定其达到所必要的期间。此承诺达到所必要的期间，依其通知的方法而有不同。要约人如特别限定其承诺通知的方法，须以其方法为承诺。否则得依通常交易上所用的方法。以电报为要约时，是否必须以电报作为回答，应依要约的性质及特别的情势确定。第二段的期间，是自要约达到时以至发送承诺通知的期间，是受要约人审查考虑是否承诺所必要的时间。这个时间可以通常人为标准确定，但依要约的内容不同有所差异，内容复杂，审查考虑的时间就长，如果还要经过法定代表人或者董事会的批准，可能时间还会更长。

第四百八十二条 【以信件或者电报等作出的要约的承诺期限计算方法】要约以信件或者电报作出的，承诺期限自信件载明的日期或者电报交发之日开始计算。信件未载明日期的，自投寄该信件的邮戳日期开始计算。要约以电话、传真、电子邮件等快速通讯方式作出的，承诺期限自要约到达受要约人时开始计算。

第四百八十三条 【合同成立时间】承诺生效时合同成立，但是法律另有规定或者当事人另有约定的除外。

条文注解

一般而言，原则上承诺生效时，就是合同成立之时。但民事活动应当充分尊重当事人的意愿。总则编第5条规定，民事主体从事民事活动，应当遵循自愿原则，按照自己的意思设立、变更、终止民事法律关系。据此，合同成立时间也应当允许当事人双方另行约定。

本条在原则上将“承诺生效时”作为合同成立时间的同时，还作了但书规定，即“法律另有规定或者当事人另有规定的除外”。这样，既为法律另行规定留下空间，也有利于当事人根据实际情况对合同成立时间另行约定。比如，依照法律规定，实践性合同自实际交付标的物时成立。合同编第586条中规定，定金合同自实际交付定金时成立。第679条规定，自然人之间的借款合同，自贷款人提供借款时成立。第905条规定，仓储合同自保管人和存货人意思表示一致时成立。此外，要约人与受要约人也可能会对合同成立时间作出另行约定。例如，要约人与受要约人约定，承诺生效后还要制作专门的合同书，当事人均签名、盖章时合同始成立。在这种情况下，就不能将承诺生效时间直接作为合同成立时间，而是应当尊重当事人之间的约定，以当事人均签名、盖章时作为合同成立时间。

第四百八十四条 【承诺生效时间】以通知方式作出的承诺，生效的时间适用本法第一百三十七条的规定。

承诺不需要通知的，根据交易习惯或者要约的要求作出承诺的行为时生效。

条文注解

承诺生效的时间即为合同成立的时间，合同一成立即对当事人双方都产生法律约束力。承诺何时生效还直接影响承诺生效地点的确定。合同编第492条第1款规定，承诺生效的地点为合同成立的地点。因此，承诺何时生效与合同成立的地点也密切相关，与管辖法院的确定以及法律的选择适用都有密切联系。确定承诺生效的时间非常重要。本条区分以通知方式作出的承诺与通过行为作出的承诺，对承诺的生效时间分别作了规定。

（1）以通知方式作出的承诺的生效时间。对于以通知方式作出的承诺的生效时间，也应当区分承诺是以对话方式作出的还是以非对话方式作出的，分别对待。①承诺是以对话方式作出的，即受要约人通过面对面交谈、电话等方式向要约人作出承诺的，受要约人作出承诺和要约人受领承诺是同步进行的，没有时间差。受要约人作出承诺并使要约人知道时即发生效力。②承诺是以非对话方式作出的，比如受要约人通过信函、传真、电子邮件等方式向要约人作出承诺的，受要约人作出承诺的时间与要约人受领承诺的时间不同步，二者之间存在时间差。总则编第137条参考了大多数国家和地区的立法例，对以非对话方式作出的意思表示的生效时间采用了“到达主义”，即以非对话方式作出的意思表示，到达相对人时生效。基于此，以非对话方式作出的承诺的生效时间应当为“到达要约人时”。

(2)通过行为作出承诺的生效时间。根据本条规定，承诺不需要通知的，根据交易习惯或者要约的要求作出承诺的行为时，承诺生效。此处予以举例说明：为建立一个数据库，甲要求乙编写一套专门的程序。在未给甲发出承诺通知的情况下，乙开始编写程序，并在完成后要求甲根据要约中所开列的条件付款。这种情况下，乙无权要求付款，因为乙从未通知甲，乙对要约的所谓承诺没有生效。但如果甲在其要约中通知乙随后的两周甲不在，乙如果有意承诺该要约，为节省时间，应立即着手编写程序。这种情况下，一旦乙开始编写工作，合同即告成立，即便乙未将承诺立即通知甲或在以后阶段通知甲。

第四百八十五条 【承诺的撤回】承诺可以撤回。承诺的撤回适用本法第一百四十一条的规定。

条文注解

承诺的撤回，是指受要约人阻止承诺发生法律效力的意思表示。承诺是一种能够产生法律效果的意思表示，承诺作出后如果要撤回必须满足一定的条件。总则编第141条对意思表示的撤回条件作了规定，即撤回意思表示的通知应当在意思表示到达相对人前或者与意思表示同时到达相对人。承诺是一种意思表示，承诺的撤回条件应当适用总则编第141条关于意思表示撤回条件的规定。据此，承诺的撤回条件可以概括为，撤回承诺的通知应当在承诺通知到达要约人之前或者与承诺通知同时到达要约人。如果撤回承诺的通知晚于承诺通知到达要约人，则承诺已经生效，合同已经成立，受要约人撤回承诺的通知不生效力。

第四百八十六条 【迟延承诺】受要约人超过承诺期限发出承诺，或者在承诺期限内发出承诺，按照通常情形不能及时到达要约人的，为新要约；但是，要约人及时通知受要约人该承诺有效的除外。

条文注解

本条从反面对逾期承诺，即承诺到达要约人时超过承诺期限的情形予以规定，明确了逾期承诺的法律效果。对本条的规定可以从以下两个层面理解：

一是逾期承诺视为新要约。本条的"承诺期限"不仅指要约人在要约中确定的承诺期限，也指要约人未确定承诺期限，而根据实际情况推断的合理期限。逾期承诺包括两类情形：第一类情形是，受要约人超过承诺期限发出承诺。这种情况下，承诺到达要约人时肯定也已经超过承诺期限。第二类情形是，承诺虽然是在承诺期限内发出的，按照通常情形不能及时到达要约人，并且也确实没有在承诺期限内到达要约人。

二是虽然承诺已经迟延到达要约人，但是如果要约人及时通知受要约人该承诺有效的，该承诺仍为有效。这体现了对要约人意愿的尊重，也符合受要约人的利益，有利于促进交易。何谓"及时"，要根据交易的实际情况予以判断。

第四百八十七条 【未迟发而迟到的承诺】受要约人在承诺期限内发出承诺，按照通常情形能够及时到达要约人，但是因其他原因致使承诺到达要约人时超过承诺期限的，除要约人及时通知受要约人因承诺超过期限不接受该承诺外，该承诺有效。

条文注解

对于未迟发而逾期的承诺，按照通常情形能够及时到达要约人，只是因其他原因造成承诺逾期，受要约人对承诺能够及时到达要约人的预期和信赖有必要予以保护，在法律效果上应当与本法第486条规定的逾期承诺的一般情形区别对待。依照本条规定，受要约人在承诺期限内发出承诺，按照通常情形能够及时到达要约人，但是因其他原因致使承诺到达要约人时超过承诺期限的，该承诺有效。同时为了保护要约人的利益，本条对此作了除外规定，允许要约人及时否定该承诺的效力，即如果要约人及时通知受要约人因承诺超过期限不接受该承诺，则该承诺对要约人不产生拘束力。如果要约人没有及时通知受要约人不接受该承诺，则该承诺有效、合同成立。

第四百八十八条 【承诺对要约内容的实质性变更】承诺的内容应当与要约的内容一致。受要约人对要约的内容作出实质性变更的，为新要约。有关合同标的、数量、质量、价款或者报酬、履行期限、履行地点和方式、违约责任和解决争议方法等的变更，是对要约内容的实质性变更。

条文注解

承诺的内容必须与要约的内容一致，不得作更改，否则视为新的要约，这是英美法系与大陆法系两大法系共有的原则。但在解释上，这一原则也并非铁板一块。因为现实中的承诺往往不是简单地回答"是"或者"同意"，承诺是否与要约一致，也是需要进行判断的。承诺虽然在形式上对要约内容有变更，但实质上并没有变更的，仍然可以认为与要约一致，承诺仍为有效。比如，承诺的内容与要约的主要内容意思一致，仅就要约的附随事项附以条件或者为其他非实质变更的，承诺仍为有效。

本条对实质性条款作了列举，有关合同标的、数量、质量、价款或者报酬、履行期限、履行地点和方式、违约责任和解决争议方法的条款，为实质性条款。但是，实质性条款不限于所列的这些项目，例如，对合同所适用的法律的选择一般也可以归为实质性条款。本条对于实质性条款项目的开列具有提示性质，在实际交易的具体合同中，哪些条款内容的变更构成实质性变更，还需就个案进行具体分析。

第四百八十九条 【承诺对要约内容的非实质性变更】承诺对要约的内容作出非实质性变更的，除要约人及时表示反对或者要约表明承诺不得对要约的内容作出任何变更外，该承诺有效，合同的内容以承诺的内容为准。

条文注解

承诺对要约的内容作出非实质性变更的，该承诺有效，合同的内容以承诺的内容为准。但是如果要约人及时表示反对或者要约表明承诺不得对要约的内容作出任何变更，则承诺对要约人不产生拘束力；如果要约人没有及时表示反对，要约也没有表明承诺不得对要约的内容作出任何变更，则该承诺仍为有效承诺，合同的内容以承诺的内容为准。

举例予以说明：甲向乙订购一台机器，并提出在甲的工地上调试。在订单确认书中，乙声明接受要约的条款，但增加了乙希望参加检验机器的条款。该添加条款不是对要约的实质性变更，因此将其作为合同内容的一部分，除非甲毫不迟延地拒绝。

第四百九十条　【合同成立时间】当事人采用合同书形式订立合同的，自当事人均签名、盖章或者按指印时合同成立。在签名、盖章或者按指印之前，当事人一方已经履行主要义务，对方接受时，该合同成立。

法律、行政法规规定或者当事人约定合同应当采用书面形式订立，当事人未采用书面形式但是一方已经履行主要义务，对方接受时，该合同成立。

条文注解

本条是关于采用书面形式订立的合同的成立时间的规定。书面形式是当事人订立合同的形式之一，具体包括合同书、信件、数据电文等形式。

本条第1款规定，当事人采用合同书形式订立合同的，自当事人均签名、盖章或者按指印时合同成立。在合同书中当事人的签名、盖章或者按指印是十分重要的，没有各方当事人的签名、盖章或者按指印，就不能最终确认当事人对合同的内容协商一致，也就不能认定合同成立。但如果一个以合同书形式订立的合同已经履行，而仅仅是没有签名、盖章或者按指印，鉴于当事人已经履行主要义务，对方也接受了，那么合同当然成立。

本条第2款规定就属于当事人未按照规定或者约定采用书面形式但合同仍成立的一种情形。法律、行政法规规定或者当事人约定合同应当采用书面形式订立，一般来说，主要是考虑到有些合同类型各方权利义务关系比较复杂，采用书面形式订立合同对明确各方当事人的权利义务、责任至关重要，对促进合同履行、预防和处理纠纷都具有重要意义。如果法律、行政法规规定或者当事人约定合同应当采用书面形式订立，当事人就应当采用书面形式订立合同。但是，并不能反推说，当事人未采用书面形式的，合同一定不成立。

关联法规

《电子签名法》第13、14条，《电子商务法》第49条，《保险法》第13条，《信托法》第8条

第四百九十一条 【信件、数据电文形式合同和网络合同成立时间】当事人采用信件、数据电文等形式订立合同要求签订确认书的，签订确认书时合同成立。

当事人一方通过互联网等信息网络发布的商品或者服务信息符合要约条件的，对方选择该商品或者服务并提交订单成功时合同成立，但是当事人另有约定的除外。

条文注解

依照本条第1款的规定，当事人采用信件、数据电文等形式订立合同要求签订确认书的，签订确认书时合同成立。这一规定虽然没有明确何时可以提出签订确认书的要求，但不能理解为允许当事人在承诺生效后再提出签订确认书的要求。因为按照本法规定的要约、承诺规则，承诺生效后合同即已成立。在合同成立后，一方当事人提出签订确认书的要求的，对合同的成立不产生任何影响。

本条第2款吸收了电子商务法的规定，对电子合同的成立时间作了规定。根据本条规定，电子合同的成立需要具备两个基本条件：(1)当事人一方通过互联网等信息网络发布的商品或者服务信息符合要约条件。符合要约条件，是指符合合同编第472条规定的要约条件。(2)相对方选择该商品或者服务并提交订单成功。相对方选择该商品或者服务并成功提交订单，即属于作出承诺。

以上是电子合同成立的一般规则。合同法奉行合同自愿原则，允许当事人对此作出另外的约定。实践中，通过信息网络发布商品或者服务信息的当事人往往通过设置格式条款的方式作出特别的意思表示，相对方必须勾选同意该格式条款方能提交订单。该格式条款不得违反法律关于格式条款规制的规定。

关联法规

《电子商务法》第49条，《拍卖法》第53条

第四百九十二条 【合同成立地点】承诺生效的地点为合同成立的地点。

采用数据电文形式订立合同的，收件人的主营业地为合同成立的地点；没有主营业地的，其住所地为合同成立的地点。当事人另有约定的，按照其约定。

条文注解

一般来说，承诺生效时合同成立，承诺生效的地点为合同成立的地点。此外，本条虽然没有明确规定，但基于民法的自愿原则，合同成立的地点也可以由双方当事人自行约定。

根据本条第 2 款规定，采用数据电文形式订立的合同，原则上以收件人的主营业地为合同成立的地点。这里的收件人是指要约人，即收到承诺的人。如果收件人没有主营业地，则其住所地为合同成立的地点，即收件人是自然人的，合同成立的地点以自然人的住所地为准；收件人是法人的，合同成立的地点以法人的主要办事机构所在地为准。

第四百九十三条 【书面合同成立地点】当事人采用合同书形式订立合同的，最后签名、盖章或者按指印的地点为合同成立的地点，但是当事人另有约定的除外。

条文注解

非要式的合同，一般以承诺生效的地点为合同成立的地点。要式合同，以要式达成的地点为合同成立的地点。当事人采用合同书形式订立合同的，以签名、盖章或者按指印的地点为合同成立的地点；如果各方当事人签名、盖章或者按指印的时间不同步，则以最后签名、盖章或者按指印的地点为合同成立的地点。当然，如果当事人对合同成立的地点另有约定的，则应当尊重当事人的意愿，以当事人之间的约定确定合同成立的地点。如果当事人以要约与承诺达成合意后又协商签订合同书，则除非当事人另有约定，合同已于承诺生效时成立，承诺生效的地点为合同订立的地点，而不适用本条的规定。

关联法规

《电子签名法》第 12 条，《民事诉讼法》第 34 条

第四百九十四条 【依国家订货任务、指令性任务订立合同及强制要约、强制承诺】国家根据抢险救灾、疫情防控或者其他需要下达国家订货任务、指令性任务的，有关民事主体之间应当依照有关法律、行政法规规定的权利和义务订立合同。

依照法律、行政法规的规定负有发出要约义务的当事人，应当及时发出合理的要约。

依照法律、行政法规的规定负有作出承诺义务的当事人，不得拒绝对方合理的订立合同要求。

第四百九十五条 【预约合同】当事人约定在将来一定期限内订立合同的认购书、订购书、预订书等，构成预约合同。

当事人一方不履行预约合同约定的订立合同义务的，对方可以请求其承担预约合同的违约责任。

条文注解

预约合同与本约合同有所区别。是否要另行订立合同，是预约合同与本约合同最显著的区别。预约合同的目的在于订立本约合同，预约合同当事人的义务就是在一定期限内订立本约合同，订立本约合同是预约合同得到履行的结果。本约合同当事人可直接履行各自义务(例如，一方交付货物、另一方支付货款)，实现合同目的，无须再另行订立合同。

第四百九十六条 【格式条款】格式条款是当事人为了重复使用而预先拟定，并在订立合同时未与对方协商的条款。

采用格式条款订立合同的，提供格式条款的一方应当遵循公平原则确定当事人之间的权利和义务，并采取合理的方式提示对方注意免除或者减轻其责任等与对方有重大利害关系的条款，按照对方的要求，对该条款予以说明。提供格式条款的一方未履行提示或者说明义务，致使对方没有注意或者理解与其有重大利害关系的条款的，对方可以主张该条款不成为合同的内容。

条文注解

格式条款最实质的特征在于“未与对方协商”。“未与对方协商”就是指格式条款提供方没有就条款内容与相对方进行实质上的磋商，相对方对条款内容并没有进行实际修改的余地。

本条第 2 款规定了格式条款提供方的提示、说明义务，并明确了违反该义务的法律效果。依照本条规定，采用“合理的方式”，目的在于使相对方充分注意，如实践中一些格式条款采用特别的字体予以提示。对于“合理的方式”具体指什么方式，要视具体情况而定，应能引起相对方的注意。“有重大利害关系的条款”，一般来说主要包括但不限于格式条款提供方免除或者减轻其责任、加重对方责任、限制或者排除对方主要权利等的条款。“有重大利害关系的条款”的认定，要视格式条款的具体情况而定。例如，对于经营者单方提供的与消费者之间的格式条款，“有重大利害关系的条款”就不能仅限于以上几类，对消费者权益有重大影响的内容都要提示、说明。消费者权益保护法还对此作了特别规定。

第四百九十七条 【格式条款无效的情形】有下列情形之一的，该格式条款无效：

（一）具有本法第一编第六章第三节和本法第五百零六条规定的无效情形；

（二）提供格式条款一方不合理地免除或者减轻其责任、加重对方责任、限制对方主要权利；

（三）提供格式条款一方排除对方主要权利。

条文注解

格式条款无效情形：

一是与其他民事法律行为通用的无效情形，即具有总则编第六章第三节和合同编第506条规定的无效情形。总则编第六章第三节对民事法律行为的无效情形作了总括性规定，包括无民事行为能力人实施的民事法律行为，限制民事行为能力人超出其年龄、智力、精神健康状况实施的民事法律行为，以虚假意思表示实施的民事法律行为，违反法律、行政法规的强制性规定的民事法律行为，违背公序良俗的民事法律行为等。合同编第506条是对合同中免责条款无效情形的规定，如果合同中有免除“造成对方人身损害的”或者“因故意或者重大过失造成对方财产损失的”责任的条款，则该条款无效。

二是格式条款特有的无效情形。本条第2项规定的“不合理地免除或者减轻其责任、加重对方责任、限制对方主要权利”，以及第3项规定的“提供格式条款一方排除对方主要权利”，均属于违背公平原则的情形。格式条款具有这些情形的，该格式条款无效。

总则编第156条规定，民事法律行为部分无效，不影响其他部分效力的，其他部分仍然有效。该规定也适用于格式条款无效的情形，即格式条款无效，并不意味着含有格式条款的合同整体无效，格式条款无效不影响合同其他部分效力的，其他部分仍然有效。

关联法规

《民用航空法》第 130 条，《保险法》第 10 条，《消费者权益保护法》第 26 条，《海商法》第 126 条

第四百九十八条 【格式条款的解释】对格式条款的理解发生争议的，应当按照通常理解予以解释。对格式条款有两种以上解释的，应当作出不利于提供格式条款一方的解释。格式条款和非格式条款不一致的，应当采用非格式条款。

条文注解

本条是关于格式条款解释的规定：

一是按照通常理解予以解释规则。格式条款是为了重复使用而拟定的，因此对格式条款也应当按照通常理解予以解释，既不按照提供格式条款一方的理解予以解释，也不按照个别的相对方的理解予以解释，而是按照可能订立该格式条款的一般人的理解予以解释，这对保护相对方的利益是公平的。

二是不利解释规则。对格式条款有两种以上解释的，应当如何处理？格式条款提供方往往处于优势地位，相对方不能实际参与格式条款内容的拟定与磋商，无法对格式条款内容施加影响，因此在对格式条款内容有两种以上解释时，有必要给予相对方倾斜性的保护，即作出不利于提供格式条款一方的解释。

关联法规

《保险法》第 30 条，《旅行社条例》第 29 条，《最高人民法院关于适用〈中华人民共和国保险法〉若干问题的解释（三）》第 14、17 条

第四百九十九条 【悬赏广告】悬赏人以公开方式声明对完成特定行为的人支付报酬的，完成该行为的人可以请求其支付。

条文注解

悬赏广告在经济社会中较为常见，各个国家和地区普遍对悬赏广告制度作了规定。依据本条规定，悬赏广告的构成要满足以下三个条件：一是以公开的方式作出声明。公开的具体方式，可以是通过广播电视、报纸期刊或者互联网等媒介发布，也可以是在公众场所发传单、在公开的宣传栏张贴广告等。二是悬赏人在声明中提出明确的要求，即要完成特定行为。声明对于该要求，要有具体、明确的表达，不能含混不清。三是悬赏人具有支付报酬的意思表示，即对完成特定行为的人给付一定报酬。悬赏人应当对报酬的形式、给付方式等作出明确的表达；如果报酬是给付金钱，应当明确金钱的币种、数额等。对于满足以上条件的悬赏广告，完成该特定行为的人可以请求悬赏人支付报酬，悬赏人不得拒绝。

第五百条 【缔约过失责任】当事人在订立合同过程中有下列情形之一，造成对方损失的，应当承担赔偿责任：

（一）假借订立合同，恶意进行磋商；

（二）故意隐瞒与订立合同有关的重要事实或者提供虚假情况；

（三）有其他违背诚信原则的行为。

条文注解

缔约过失责任指当事人在订立合同过程中，因违背诚信原则而给对方造成损失的赔偿责任。在这个阶段，合同尚未成立，但一方对另一方在协商、谈判中实施的行为已经产生了合理信赖。如果当事人在这个阶段实施了违背诚信原则的行为，如隐瞒了重要事实和情况等，使对方的信赖利益受损，则缔约过失责任即成立。

根据本条规定，有下列情况之一，给对方当事人造成损失的，应当承担缔约过失责任：(1)假借订立合同，恶意进行磋商。这是指当事人根本没有与对方订立合同的目的，与对方进行谈判协商只是个借口，目的是损害对方或者第三人的利益。(2)故意隐瞒与订立合同有关的重要事实或者提供虚假情况。根据诚信原则的要求，当事人在订立合同过程中，对有关的重要事实和情况负有告知义务。当事人故意隐瞒重要事实和情况，造成对方损失的，应当承担缔约过失责任。(3)其他违背诚信原则的行为。如果当事人违反了诚信原则要求的互相协助、照顾、保护、通知等义务，实施了违背诚信原则的行为，并造成对方损失，就要承担缔约过失责任。

缔约过失责任的赔偿范围以受损害的当事人的信赖利益的损失为限，包括直接利益的减少，如谈判中发生的费用，还包括受损害的当事人因此失去与第三人订立合同机会的损失。具体的损失额根据案件实际情况进行计算，但不得超过合同履行利益即合同成立并得到履行后所获得的利益。

第五百零一条 【当事人保密义务】当事人在订立合同过程中知悉的商业秘密或者其他应当保密的信息，无论合同是否成立，不得泄露或者不正当地使用；泄露、不正当地使用该商业秘密或者信息，造成对方损失的，应当承担赔偿责任。

条文注解

按照我国《反不正当竞争法》第9条的规定，商业秘密是指不为公众所知悉、具有商业价值并经权利人采取相应保密措施的技术信息、经营信息等商业信息。商业秘密中的技术信息涉及有关技术数据、技术知识，表现为产品配方、工艺流程、设计图纸等，可以给权利人带来很大的经济利益。

此外，还有其他一些信息虽然不构成商业秘密，但也对当事人的经营活动具有重大意义，也属于应当保密的信息。根据诚信原则，当事人在订立合同过程中知悉这些信息的，无论合同是否成立，都不得泄露或者不正当地使用。

关联法规

《反不正当竞争法》第9、21条

第三章 合同的效力

第五百零二条 【合同生效时间】依法成立的合同，自成立时生效，但是法律另有规定或者当事人另有约定的除外。

依照法律、行政法规的规定，合同应当办理批准等手续的，依照其规定。未办理批准等手续影响合同生效的，不影响合同中履行报批等义务条款以及相关条款的效力。应当办理申请批准等手续的当事人未履行义务的，对方可以请求其承担违反该义务的责任。

依照法律、行政法规的规定，合同的变更、转让、解除等情形应当办理批准等手续的，适用前款规定。

条文注解

在未办理批准等手续影响合同生效的情形下，如果当事人未办理批准等手续，则该合同不生效。但此类合同中往往存在履行报批等义务条款及相关条款，这些条款对报批等义务的履行甚至违反报批义务的责任等作了专门约定。这类报批条款的履行是整个合同生效的前提和基础，合同生效后，才能进入合同的履行环节，当事人一方才能请求对方履行合同义务。但即使合同整体因未办理批准等手续不生效，也不影响合同中履行报批等义务条款以及相关条款的效力。也即合同中履行报批等义务条款以及相关条款的效力不受合同整体不生效的影响。

关联法规

《城市房地产管理法》第44条，《民用航空法》第14条，《海商法》第13条

第五百零三条　【被代理人对无权代理合同的追认】无权代理人以被代理人的名义订立合同，被代理人已经开始履行合同义务或者接受相对人履行的，视为对合同的追认。

条文注解

总则编第171条中规定，行为人没有代理权、超越代理权或者代理权终止后，仍然实施代理行为，未经被代理人追认的，对被代理人不发生效力。

关于被代理人以默示的方式追认无权代理行为。行为人无代理权却以被代理人的名义实施的民事法律行为，不符合被代理人的意愿，其法律效果不能直接及于被代理人，本应对被代理人不发生效力，但是考虑到行为人实施的民事法律行为并非都是对被代理人不利的，有些对被代理人可

能是有利的；而且，既然代理行为已经完成，如果被代理人事后愿意承认，从鼓励交易、维护交易秩序稳定以及更好地保护各方当事人利益的角度出发，也没有必要一概否定其效力。

第五百零四条　【越权订立的合同效力】法人的法定代表人或者非法人组织的负责人超越权限订立的合同，除相对人知道或者应当知道其超越权限外，该代表行为有效，订立的合同对法人或者非法人组织发生效力。

条文注解

法人的法定代表人或者非法人组织的负责人超越权限订立合同的，一般情况下代表行为有效，所订立的合同对法人或者非法人组织发生效力。如果合同的相对人在订立合同时知道或者应当知道法人的法定代表人或者其他组织的负责人的行为是超越权限的，而仍与之订立合同，则合同相对人具有恶意，此时没有对合同的相对人加以保护的必要。本条立足于维护交易安全，应当保护的是善意相对人的利益。因此，本条在规定法定代表人、负责人超越权限订立的合同一般对法人或者非法人组织发生效力的同时，排除了相对人知道或者应当知道其超越权限的情形。

第五百零五条　【超越经营范围订立的合同效力】当事人超越经营范围订立的合同的效力，应当依照本法第一编第六章第三节和本编的有关规定确定，不得仅以超越经营范围确认合同无效。

条文注解

本法总则编第 6 章第 3 节和本编对合同的效力问题作了全面、系统的规定。对当事人超越经营范围订立的合同效力的判断，应当依照这些规定确定，例如要看是否有违反法律、行政法规强制性规定的情形等，而不得仅以超越经营范围认定合同无效。

第五百零六条　【免责条款效力】合同中的下列免责条款无效：

（一）造成对方人身损害的；

（二）因故意或者重大过失造成对方财产损失的。

条文注解

合同中的免责条款是指合同中的双方当事人在合同中约定的免除或者限制一方或者双方当事人责任的条款。

在现代合同的发展中免责条款大量出现，免责条款一般具有以下特征：一是免责条款具有约定性。免责条款是当事人双方协商同意的合同的组成部分。二是免责条款应当以明示的方式作出，以默示的方式作出的免责通常是无效的。三是合同中的免责条款具有免责性。免责条款的目的，就是排除或者限制当事人的民事责任。当然这种免责可以是部分免责（限制），也可以是全部免责（排除）。本条规定了以下两种免责条款无效：

一是造成对方人身伤害的免责条款。对于人身的健康和生命安全，法律是给予特殊保护的。如果允许免除一方当事人对另一方当事人人身伤害的责任，那么就无异于纵容当事人利用合同形式对另一方当事人的生命健康进行摧残，这与保护公民的人身权利的宪法原则是相违背的。在实践当中，这种免责条款一般也都是与另一方当事人的真实意思相违背的。所以本条对于这类免责条款加以禁止。

二是因故意或者重大过失给对方造成财产损失的免责条款。之所以将免除因故意或者重大过失造成对方财产损失责任的条款确认无效，是因为这种条款严重违反了诚信原则。对于本项规定需要注意的有两点：（1）对于免除因一般过失而给对方当事人造成财产损失责任的条款，可以认定为有效。（2）必须是免除因故意或者重大过失给对方当事人造成财产损失责任的条款无效。

关联法规

《民用航空法》第 130 条，《保险法》第 19 条，《消费者权益保护法》第 26 条，《海商法》第 126 条

第五百零七条　【争议解决条款效力】合同不生效、无效、被撤销或者终止的，不影响合同中有关解决争议方法的条款的效力。

条文注解

本条是关于解决争议方法条款效力独立性的规定。合同不生效、无效、被撤销或者终止，虽不能产生当事人所预期的法律效果，但并不是不产生任何法律后果。本条所说的有关解决争议方法的条款包括以下四种形式：

第一，仲裁条款。仲裁条款是仲裁协议的一种表现形式，是当事人在合同中约定的用仲裁方式解决双方争议的条款。第二，选择受诉法院的条款。第三，选择检验、鉴定机构的条款。当事人可以在合同中约定，若对标的物质量或技术的品种发生争议，在提交仲裁或者诉讼前，应当将标的物送交双方认可的机构或科研单位检验或鉴定。第四，法律适用条款。依照我国《涉外民事关系法律适用法》第41条中的规定，对于具有涉外因素的合同争议，当事人可以协议选择合同适用的法律。

第五百零八条 【合同效力援引规定】本编对合同的效力没有规定的，适用本法第一编第六章的有关规定。

条文注解

本法总则编第6章对民事法律行为的效力作了全面、系统的规定，包括民事法律行为的有效要件，无民事行为能力人和限制民事行为能力人实施的民事法律行为的效力，以虚假意思表示实施的民事法律行为的效力，基于重大误解实施的民事法律行为的效力，以欺诈手段实施的民事法律行为的效力，以胁迫手段实施的民事法律行为的效力，显失公平的民事法律行为的效力，撤销权除斥期间的规定，违反法律、行政法规的强制性规定及违背公序良俗的民事法律行为的效力，恶意串通的民事法律行为的效力，无效或者被撤销的民事法律行为自始无效，民事法律行为部分无效，民事法律行为无效、被撤销及确定不发生效力的后果，附条件和附期限民事法律行为的生效与失效规定等。合同属于双方或者多方民事法律行为，本编即合同编没有规定的，自然应当适用总则编第6章的有关规定。

第四章 合同的履行

第五百零九条 【合同履行的原则】当事人应当按照约定全面履行自己的义务。

当事人应当遵循诚信原则，根据合同的性质、目的和交易习惯履行通知、协助、保密等义务。

当事人在履行合同过程中，应当避免浪费资源、污染环境和破坏生态。

条文注解

本条第1款是关于全面履行原则的规定。按照全面履行原则的要求，当事人应当履行的义务不限于合同的主要义务，对于当事人约定的其他义务，当事人也应当按照约定履行。例如，房产买卖合同中，出卖人不但要履行转移房产所有权于买受人这一合同主要义务，还要按照约定与买受人办理物业交割手续等。

本条第2款是关于诚信履行的原则。当事人除应当按照合同约定履行自己的义务外，也要履行合同未作约定但依照诚信原则应当履行的通知、协助、保密等义务。第一，通知义务。在合同履行过程中，依照诚信原则，当事人一方有必要在某些情况下向对方告知、报告有关信息。第二，协助义务。在合同履行过程中，依照诚信原则，当事人一方有必要在某些情况下为对方行使权利、履行义务提供必要的协助。第三，保密义务。依照诚信原则，当事人在合同履行中负有保密义务。一方当事人对在合同履行中知悉的商业秘密或者其他应当保密的信息，不得泄露或者不正当使用。

第五百一十条 【合同没有约定或者约定不明的补救措施】合同生效后，当事人就质量、价款或者报酬、履行地点等内容没有约定或者约定不明确的，可以协议补充；不能达成补充协议的，按照合同相关条款或者交易习惯确定。

条文注解

合同内容一般包括合同主体即当事人的姓名或者名称和住所、标的、数量、质量、价款或者报酬、履行期限、履行地点和方式等。一般来说，合同的标的、数量是合同的必备条款，需由当事人明确约定。当事人对合同的标的、数量没有约定或者约定不明确的，合同内容无法确定，合同不成立。但当事人就质量、价款或者报酬、履行期限、履行地点和方式等没有约定或者约定不明，一般并不影响合同成立，可以就这些内容进行补充。这也体现了合同法尽可能鼓励交易、促成交易达成的立法目的。对本条规定，可以从以下两个方面予以理解：

一是当事人协议补充。按照民法自愿原则，当事人有权自主决定合同内容。

二是按照合同有关条款或者交易习惯确定。如果当事人就有关内容不能达成补充协议，则按照合同有关条款或者交易习惯确定。合同各条款都是当事人协商一致的结果，体现了当事人的真实意愿。合同条款与条款之间在表达上往往存在一定的关联，在合同欠缺有关内容或者对有关内容约定不明确时，可以结合相关条款探寻当事人真实的意图，进而补充所欠缺的内容或者将不明确的内容予以明确。交易习惯在一定范围内被普遍接受和采用，或者在特定当事人之间经常使用。在合同欠缺有关内容或者对有关内容约定不明确时，也可以用交易习惯来对合同内容进行补充。

第五百一十一条　【合同约定不明确时的履行】当事人就有关合同内容约定不明确，依据前条规定仍不能确定的，适用下列规定：

（一）质量要求不明确的，按照强制性国家标准履行；没有强制性国家标准的，按照推荐性国家标准履行；没有推荐性国家标准的，按照行业标准履行；没有国家标准、行业标准的，按照通常标准或者符合合同目的的特定标准履行。

（二）价款或者报酬不明确的，按照订立合同时履行地的市场价格履行；依法应当执行政府定价或者政府指导价的，依照规定履行。

（三）履行地点不明确，给付货币的，在接受货币一方所在地履行；交付不动产的，在不动产所在地履行；其他标的，在履行义务一方所在地履行。

（四）履行期限不明确的，债务人可以随时履行，债权人也可以随时请求履行，但是应当给对方必要的准备时间。

（五）履行方式不明确的，按照有利于实现合同目的的方式履行。

（六）履行费用的负担不明确的，由履行义务一方负担；因债权人原因增加的履行费用，由债权人负担。

关联法规

《标准化法》第10～12条

第五百一十二条　【电子合同标的交付时间】通过互联网等信息网络订立的电子合同的标的为交付商品并采用快递物流方式交付的，收货人的签收时间为交付时间。电子合同的标的为提供服务的，生成的电子凭证或者实物凭证中载明的时间为提供服务时间；前述凭证没有载明时间或者载明时间与实际提供服务时间不一致的，以实际提供服务的时间为准。

电子合同的标的物为采用在线传输方式交付的，合同标的物进入对方当事人指定的特定系统且能够检索识别的时间为交付时间。

电子合同当事人对交付商品或者提供服务的方式、时间另有约定的，按照其约定。

条文注解

本条是关于电子合同交付商品或者提供服务的方式、时间的规定。

(1)电子合同标的为交付商品的情形。本条吸收了电子商务法的规定，明确电子合同标的为交付商品并采用快递物流方式交付的，收货人的签收时间为交付时间。(2)电子合同标的为提供服务的情形。电子合同的标的为提供服务的，原则上以生成的电子凭证或者实物凭证中载明的时间为提供服务时间。但是，实践中有的电子凭证或者实物凭证没有载明时间，也有的电子凭证或者实物凭证载明的时间与实际提供服务时间不一致，这些情况下，以实际提供服务的时间为准。(3)采用在线传输方式交付标的物的情形。电子合同的有些标的物，例如一些数字产品，通常采用在线传输方式交付。从表述上看，本条关于交付时间的规定不但要求合同标的物“进入对方当事人指定的特定系统”，还要求“能够检索识别”，与总则编、电子签名法的规定相比，增加了“能够检索识别”，目的在于使交付时间的判断标准更明确具体，更有利于保护相对方利益，避免纠纷。如果进入相对方指定的特定系统的电子合同标的物本身不能够检索识别，例如已经感染病毒的标的物，则不能直接将标的物进入相对方指定的特定系统的时间作为交付时间，应当由负有交付义务的当事人承担不利的法律后果。

民法典总则编明确将自愿原则作为民法的基本原则。本条第 1 款和第 2 款规定是对电子合同当事人交付商品、提供服务的方式与时间的一般规则，当事人可以对交付商品或者提供服务的方式、时间另行约定。当事人作出另外约定的，按照其约定。

关联法规

《电子商务法》第 51~57 条

第五百一十三条 【政府定价、政府指导价】执行政府定价或者政府指导价的，在合同约定的交付期限内政府价格调整时，按照交付时的价格计价。逾期交付标的物的，遇价格上涨时，按照原价格执行；价格下降时，按照新价格执行。逾期提取标的物或者逾期付款的，遇价格上涨时，按照新价格执行；价格下降时，按照原价格执行。

条文注解

价格是决定价金的重要因素，我国实行宏观经济调控下主要由市场形成价格的机制，价格分为市场调节价和政府指导价、政府定价。市场调节价，是指由经营者自主制定，通过市场竞争形成的价格。政府指导价，是指由政府价格主管部门或者其他有关部门按照定价权限和范围规定基准价及其浮动幅度，指导经营者定价的价格。政府定价，是指由政府价格主管部门或者其他有关部门按照定价权限和范围制定的价格。合同交易中，价格通常按照市场调节价由当事人共同商定。国家对合同交易规定有政府指导价的，当事人应当在指导价的幅度内商定价格。国家对合同交易规定了政府定价的，当事人均应当遵守，一方违反价格管理规定的，另一方可以请求其退还多收的价金。

第五百一十四条 【金钱之债中对于履行币种约定不明时的处理】以支付金钱为内容的债，除法律另有规定或者当事人另有约定外，债权人可以请求债务人以实际履行地的法定货币履行。

条文注解

本条是关于以实际履行地的法定货币履行金钱债务的规定。

法定货币依靠国家规定成为一定地域内合法流通的货币。《中国人民银行法》第 16 条中规定，中华人民共和国的法定货币是人民币。我国香港特别行政区和澳门特别行政区的法定货币分别为港元、澳门元。美国的法定货币为美元，英国的法定货币为英镑等。正是基于法定货币的特殊地位，本条规定，在合同交易中，对于以支付金钱为内容的债务，除法律另有规定或者当事人另有约定外，债权人可以请求债务人以实际履行地的法定货币履行。

第五百一十五条 【选择之债中选择权归属与移转】标的有多项而债务人只需履行其中一项的，债务人享有选择权；但是，法律另有规定、当事人另有约定或者另有交易习惯的除外。

享有选择权的当事人在约定期限内或者履行期限届满未作选择，经催告后在合理期限内仍未选择的，选择权转移至对方。

条文注解

本条第 1 款确立了选择权归属的一般原则，即除非法律有特别规定或者当事人另有规定，选择权原则上归属于债务人。本条规定了法律另有规定、当事人另有约定或者另有交易习惯三种例外。一是法律对选择权的归属主体另有规定的，应当按照该规定确定享有选择权的主体。二是民事活动应当遵循自愿原则，在当事人对选择权的归属主体作出特别约定的情况下，应当尊重当事人的选择，按照当事人的约定确定选择权的归属主体。三是交易习惯在某一地域、某一领域、某一行业等范围内被普遍接受和采用，或者在特定当事人之间经常使用的，适用交易习惯确定选择权的归属主体符合当事人的预期，有利于公平、合理地平衡当事人之间的利益。

本条第 2 款对选择权转移作了规定。依照第 2 款的规定，享有选择权的当事人在约定期限内或者履行期限届满未作选择的，相对方可以催告其在合理期限内作出选择。这就意味着，即使当事人对选择权的行使期限作了约定，在约定期限届满未作选择的，相对方都要先进行催告。只有当有选择权的当事人在催告后的合理期限内仍未选择的，选择权才转移至对方。

第五百一十六条 【选择权的行使方式】当事人行使选择权应当及时通知对方，通知到达对方时，标的确定。标的确定后不得变更，但是经对方同意的除外。

可选择的标的发生不能履行情形的，享有选择权的当事人不得选择不能履行的标的，但是该不能履行的情形是由对方造成的除外。

条文注解

选择之债的选择权属于形成权的一种。选择权一旦经当事人行使，将直接导致民事权利义务关系的变动，债的标的得以确定，债务人应当按照确定后的标的履行义务，债权人有权按照确定后的标的请求债务人履行义务。本条第1款规定，有选择权的当事人行使选择权应当采用通知的方式，通知到达对方时，标的即确定，不需要经过相对方同意。标的一旦确定，对双方当事人均产生拘束力。除非经过相对方同意，享有选择权的当事人不得再自行变更标的。

本条第2款从尽可能促成债务履行的角度出发，规定可选择的标的之中发生不能履行情形的，享有选择权的当事人不得选择不能履行的标的，即只能从剩余的标的中选择。同时为了公平、合理地平衡当事人双方之间的利益，如果该不能履行的情形是由相对方即无选择权的当事人造成的，则享有选择权的当事人既可以在剩余标的中选择，也可以选择该不能履行的标的进而主张相应的法律效果。

第五百一十七条　【按份之债】债权人为二人以上，标的可分，按照份额各自享有债权的，为按份债权；债务人为二人以上，标的可分，按照份额各自负担债务的，为按份债务。

按份债权人或者按份债务人的份额难以确定的，视为份额相同。

条文注解

本条是关于按份债权和按份债务定义的规定。

按份之债是相对于连带之债而言的，按份之债和连带之债都属于复数主体债权债务，即债权人或者债务人为二人以上。按份债权和连带债权是债权人为二人以上，按份债务和连带债务是债务人为二人以上。依照本条第1款的规定，按份债权和按份债务的标的都是可分的，标的不可分不能成立按份债权或者按份债务。当然标的可分的债权并不都是按份债权，标的可分的债务并不都是按份债务，标的可分的债权或者债务也可依照法律规定或者当事人约定成立连带债权或者连带债务。依照第1款的规定，按份债权的债权人为二人以上，按照份额各自享有债权，每个债权人只能就自己的份额向债务人主张债权，不得超过自己份额行使债权。按份债务的债务人为二人以上，按照份额各自负担债务，每个债务人只就自己应当承担的份额向债权人履行债务，对超过自己份额的债务有权拒绝。由此可以看出，第1款对按份债权和按份债务的定义所作的界定，同时包含了按份债权和按份债务的内外部效力，即各债权人之间对内按照份额分享权利，对外按照各自份额行使权利；各债务人之间对内按照份额分担债务，对外按照各自份额履行债务。

本条第2款还对份额难以确定的情形作了规定。按份债权人的份额或者按份债务人的份额，法律有规定或者当事人有约定的，依照法律规定或者当事人约定。法律没有规定，当事人也没有约定或者约定不明确，难以确定按份债权人或者按份债务人的份额的，视为份额相同，每个债权人平均分享债权，每个债务人平均分担债务。

第五百一十八条 【连带之债】债权人为二人以上，部分或者全部债权人均可以请求债务人履行债务的，为连带债权；债务人为二人以上，债权人可以请求部分或者全部债务人履行全部债务的，为连带债务。

连带债权或者连带债务，由法律规定或者当事人约定。

条文注解

本条是关于连带债权和连带债务定义的规定。连带之债是相对于按份之债而言的，与按份之债同属于复数主体债权债务。

本条第1款延续了民法通则的规定，对连带债权和连带债务的基本内涵作了界定。连带债权的债权人为二人以上，部分或者全部债权人均可以请求债务人履行债务。连带债务的债务人为二人以上，不管债务人之间的内部份额如何划分，债权人既可以请求全部债务人履行全部债务或者部分债务，也可以请求部分债务人履行全部债务或者部分债务。全部或者部分债务人履行一部分债务的，未履行的债务部分仍然是各债务人的连带债务，债权人有权请求全部债务人或者部分债务人履行。

本条第2款对连带之债的成立作了规定。连带债务的成立对债权人有利，但对各债务人影响重大，对其成立有必要作严格的限制。因此本条第2款规定，连带债务由法律规定或者当事人约定。既没有法律规定，也没有当事人约定的，不可成立连带债务。连带债权的各债权人共享同一债权，但可以由某一债权人单独行使该债权，这种情况也要有法律的明确规定或者当事人之间的特别约定。

关联法规

《合伙企业法》第30~40条

第五百一十九条 【连带债务人的份额确定及追偿权】连带债务人之间的份额难以确定的，视为份额相同。

实际承担债务超过自己份额的连带债务人，有权就超出部分在其他连带债务人未履行的份额范围内向其追偿，并相应地享有债权人的权利，但是不得损害债权人的利益。其他连带债务人对债权人的抗辩，可以向该债务人主张。

被追偿的连带债务人不能履行其应分担份额的，其他连带债务人应当在相应范围内按比例分担。

条文注解

本条第1款是关于连带债务人之间份额确定的规定。债权人有权要求任一连带债务人履行全部债务，这是就各连带债务人与债权人之间的关系而言的。至于在连带债务人内部关系中如何确定各自应当承担的债务份额，有法律规定或者当事人约定的，按照法律规定或者当事人约定；既没有法律规定也没有当事人约定，难以确定各连带债务人的债务份额的，依照本条第1款的规定，视为份额相同，即由各连带债务人平均分担债务。

本条第2款规定，连带债务人有权就超过部分在其他连带债务人未履行的份额范围内向其追偿，并相应地享有债权人的权利。连带债务人所享有的债权人的权利，比较典型的是债权所附的担保等从权利。连带债务人之一通过清偿债务使债权人对连带债务人的债权消灭的，由作出清偿的连带债务人在一定范围内取得原债权人的地位，取得原债权人所享有的担保权等权利。同时考虑到连带债务规则设立的目的主要是保护债权人，为了合理平衡债权人与享有追偿权的连带债务人之间的利益，本条还规定，实际承担债务的连带债务人享有债权人的权利，但是不得损害债权人的利益。

此外，为了合理平衡享有追偿权的连带债务人与其他连带债务人之间的利益，本条还规定，其他连带债务人对债权人的抗辩，可以向该债务人主张。

本条第3款基于公平考虑，规定被追偿的连带债务人不能履行其应分担份额的，其他连带债务人应当在相应范围内按比例分担。该规定中的“其他连带债务人”是指除不能履行其应分担份额的连带债务人之外的所有连带债务人，包括实际承担债务后行使追偿权的连带债务人。

第五百二十条 【连带债务涉他效力】部分连带债务人履行、抵销债务或者提存标的物的，其他债务人对债权人的债务在相应范围内消灭；该债务人可以依据前条规定向其他债务人追偿。

部分连带债务人的债务被债权人免除的，在该连带债务人应当承担的份额范围内，其他债务人对债权人的债务消灭。

部分连带债务人的债务与债权人的债权同归于一人的，在扣除该债务人应当承担的份额后，债权人对其他债务人的债权继续存在。

债权人对部分连带债务人的给付受领迟延的，对其他连带债务人发生效力。

条文注解

本条是关于部分连带债务人与债权人之间发生的事项对其他连带债务人的效力的规定。

（一）关于履行、抵销债务或者提存

本条第 1 款是关于部分连带债务人履行、抵销债务或者提存标的物对其他连带债务人发生效力的规定。部分连带债务人向债权人履行债务、以债权人对自己所负债务与连带债务人对债权人所负债务相抵销，或者提存标的物，均可使债权人的债权全部或者部分得到满足，其他债务人对债权人的债务也就在相应范围内消灭。

（二）关于免除债务

本条第 2 款是关于部分连带债务人的债务被债权人免除对其他债务人发生效力的规定。如果债权人仅免除部分连带债务人的债务，对其他债务人产生什么效力，法律有必要予以明确规定。本条参考境外立法例，对债权人免除部分连带债务人债务的法律效果采用了限制绝对效力的做法。举例以说明：债权人对连带债务人甲、乙、丙享有 100 万元债权，就连带债务人内部而言，甲承担 20 万元、乙承担 30 万元、丙承担 50 万元。现债权人表示免除甲的债务。此时，债权人仍可向乙、丙主张债权，但是要扣除甲承担的份额 20 万元，即乙、丙对债权人只承担 80 万元连带债务。

（三）关于混同

本条第 3 款参考境外立法例，在发生混同时，即部分连带债务人的债务与债权人的债权同归于一人的，对其他债务人产生什么效力的问题，采取了限制绝对效力的做法。根据本款规定，部分连带债务人的债务与债权人的债权同归于一人的，混同后的债权人（或者发生混同的连带债务人）仍然可以以债权人的地位，向其他连带债务人请求承担连带债务，但是连带债务的数额要扣除发生混同的连带债务人应当承担的内部份额。

(四)关于债权人受领迟延

本条第4款参考境外立法例，规定债权人对部分连带债务人的给付受领迟延的，对其他连带债务人发生效力。例如，对于债权人受领迟延期间的利息，作出给付行为的连带债务人有权拒绝，其他连带债务人根据本款规定也有权拒绝。

第五百二十一条 【连带债权的内部关系及法律适用】连带债权人之间的份额难以确定的，视为份额相同。

实际受领债权的连带债权人，应当按比例向其他连带债权人返还。

连带债权参照适用本章连带债务的有关规定。

第五百二十二条 【向第三人履行的合同】当事人约定由债务人向第三人履行债务，债务人未向第三人履行债务或者履行债务不符合约定的，应当向债权人承担违约责任。

法律规定或者当事人约定第三人可以直接请求债务人向其履行债务，第三人未在合理期限内明确拒绝，债务人未向第三人履行债务或者履行债务不符合约定的，第三人可以请求债务人承担违约责任；债务人对债权人的抗辩，可以向第三人主张。

条文注解

为了适应复杂的交易实践需求，现代民法对涉他合同予以认可。涉他合同，又称涉及第三人的合同，包括利益第三人合同和由第三人履行的合同。本条规定的是利益第三人合同，合同编第523条规定的是由第三人履行的合同。

我们可以将本条第1款称为不真正的利益第三人合同，将第2款称为真正的利益第三人合同。二者的重要区别就是，真正的利益第三人合同的第三人取得对债务人的履行请求权，而不真正的利益第三人合同的第三人仅可以接受债务人的履行，不享有对债务人的履行请求权。

(1)不真正的利益第三人合同。本条第1款规定的不真正的利益第三人合同，由债务人向第三人履行债务，是债权人与债务人之间所作的约定，该约定不对第三人产生法律约束力。第三人不享有请求债务人履行的权利，履行请求权仍然属于作为合同当事人的债权人。债务人未向第三人履行债务或者履行债务不符合约定的，债务人应当向债权人承担违约责任，而不是向第三人承担违约责任。第三人没有享受到预期利益的，第三人可以依据其与债权人之间的约定等另作处理。

（2）真正的利益第三人合同。本条第 2 款对真正利益第三人合同中第三人取得履行请求权的条件及相关法律效果作了规定。①第三人取得履行请求权的条件。首先，第三人取得履行请求权要有法律规定或者当事人约定。依照本条规定，只有在法律规定或者当事人约定第三人可以直接请求债务人向其履行债务的，才构成真正的利益第三人合同，第三人才能取得履行请求权。其次，利益第三人合同是为第三人的利益而设置，按照民法的自愿原则，即使是为他人赋予利益，他人也有权拒绝。因此，本条对利益第三人合同还规定了第三人的拒绝权，第三人在合理期限内可以拒绝，未在合理期限内明确拒绝的，第三人就取得了直接请求债务人履行的权利，可以直接请求债务人向其履行。②真正的利益第三人合同的法律效果。债务人未向第三人履行债务或者履行债务不符合约定的，第三人可以请求债务人承担继续履行、赔偿损失等违约责任。一般认为，第三人对债务人虽取得履行请求权，但由于其不是合同当事人，合同本身的权利，如解除权、撤销权等，第三人不得行使。③债务人的抗辩。债务人基于债务人地位对债权人所享有的抗辩，不应因向第三人履行而受到影响。因此，本条规定，债务人对债权人的抗辩，可以向第三人主张。

第五百二十三条 【由第三人履行的合同】当事人约定由第三人向债权人履行债务，第三人不履行债务或者履行债务不符合约定的，债务人应当向债权人承担违约责任。

条文注解

本条是关于由第三人履行合同的规定。

由第三人履行的合同，又称第三人负担的合同，指双方当事人约定债务由第三人履行的合同。本条根据实践需求，参考相关立法例，对由第三人履行的合同作了规定。根据本条规定，由第三人履行的合同，具有 3 个特点：

一是合同是在债权人与债务人之间订立，以债权人、债务人为合同双方当事人，第三人不是合同当事人。二是合同标的是第三人向债权人的履行行为。由第三人履行的合同，不是由债务人直接向债权人履行债务，而是由第三人向债权人履行债务。三是第三人不履行债务的违约责任由债务人承担，而不是由第三人承担。

由第三人履行的合同与保证合同具有一定的相似性，都是可基于他人不履行债务的行为而承担一定的责任。由第三人履行合同的债务人因第三人不履行债务的行为承担责任，保证合同的保证人可因主债务人不履行债务而承担责任。但二者存在本质的不同。保证合同是主债权债务的从合同，一般保证的保证人享有先诉抗辩权，在就债务人的财产依法强制执行仍不能履行债务前，有权拒绝承担保证责任；连带责任的保证人和债务人对债务承担连带责任。而由第三人履行的合同，是一种独立的合同，债务人对于第三人不向债权人履行债务的行为，独立向债权人承担违约责任；第三人不是债务人，其只实施履行行为，不对债权人承担违约责任。

此外，对于本条规定的由第三人履行的合同，还需要注意的是，由第三人履行的合同没有突破合同相对性，不解决债权人是否具有直接请求第三人履行的问题。债权人是否享有直接请求第三人履行的权利，属于真正的利益第三人合同的范畴，要看债务人与第三人之间是否订有以债权人为受益人的真正的利益第三人合同。例如，某一产品的经销商甲与买受人乙订立买卖合同，甲乙之间约定由该产品的生产商丙直接向买受人乙交付产品，甲乙之间的该约定属于由第三人（丙）履行的合同，乙不能依据由第三人履行的合同请求丙直接向其履行。但同时，经销商甲又与生产商丙订立了真正的利益第三人合同，约定买受人乙可以直接请求丙向其履行的，乙取得了直接请求丙向其履行的权利，丙不履行或者履行不符合约定的，乙可以依法要求丙承担违约责任。

第五百二十四条 【第三人清偿规则】债务人不履行债务，第三人对履行该债务具有合法利益的，第三人有权向债权人代为履行；但是，根据债务性质、按照当事人约定或者依照法律规定只能由债务人履行的除外。

债权人接受第三人履行后，其对债务人的债权转让给第三人，但是债务人和第三人另有约定的除外。

条文注解

本条规定打破了债的相对性，赋予该第三人代为履行的权利。该第三人代为履行债务，不需要考虑是否违反债务人的意思，债权人也不得拒绝。何谓“对债务履行具有合法利益的第三人”，本条未作具体规定，需要根据实践情况的需要和发展进行判断并归纳总结。考虑到本条就对债务履行具有合法利益的第三人履行债务后的法律效果规定为法定的债权移转，对第三人的利益保护较强，在具体认定是否属于“对债务履行具有合法利益的第三人”时，也要注意考量各方利益的平衡问题。

当然，具有合法利益的第三人并不是在所有情况下都享有代为履行的权利，本条对此作了除外规定，即根据债务性质、按照当事人约定或者依照法律规定只能由债务人履行的，则第三人即使具有合法利益，也不能代为履行。何谓“根据债务性质”，要根据具体情况进行判断。例如，对于育儿保姆提供的劳务，一般来说就属于根据债务性质只能由债务人履行的情况，第三人不得代为履行。

本条第2款对有合法利益的第三人代为履行的法律效果作了规定，将其作为一种法定的债权移转。有合法利益的第三人代为履行后，债权人的债权得以实现，债权人与债务人之间的债权债务关系终止。对于第三人与债务人之间的关系，根据本条规定，债权人接受第三人履行后，其对债务人的债权转让给第三人。

第五百二十五条 【同时履行抗辩权】当事人互负债务，没有先后履行顺序的，应当同时履行。一方在对方履行之前有权拒绝其履行请求。一方在对方履行债务不符合约定时，有权拒绝其相应的履行请求。

条文注解

同时履行抗辩权是指在没有先后履行顺序的双务合同中，一方当事人在对方当事人未为履行或者履行不符合约定的情况下，享有拒绝对待给付的权利。

根据本条规定，同时履行抗辩权的成立，要具备以下四个要件：一是须基于同一双务合同互负债务，在履行上存在关联性。二是当事人的债务没有先后履行顺序。三是须双方所负的债务均已届履行期。四是对方当事人未履行自己所负的债务或者履行债务不符合约定仍然提出履行请求。履行债务不符合约定的情况，包括部分履行、瑕疵履行等。

同时履行抗辩权属延期的抗辩权，只是暂时阻止对方当事人请求权的行使，非永久的抗辩权。对方当事人完全履行了合同义务，同时履行抗辩权消灭，当事人应当履行自己的义务。当事人行使同时履行抗辩权致使合同迟延履行的，该当事人不承担违约责任。

第五百二十六条 【先履行抗辩权】当事人互负债务，有先后履行顺序，应当先履行债务一方未履行的，后履行一方有权拒绝其履行请求。先履行一方履行债务不符合约定的，后履行一方有权拒绝其相应的履行请求。

条文注解

本条是关于后履行抗辩权的规定。后履行抗辩权的成立，需具备以下要件：一是需基于同一双务合同。双方当事人因同一合同互负债务，在履行上存在关联性。后履行抗辩权不适用于单务合同。二是当事人的债务有先后履行顺序。当事人互负债务，并且能够确定先后履行顺序。这种履行顺序的确立，或依法律规定，或按当事人约定，或按交易习惯。三是应当先履行的当事人不履行债务或者履行债务不符合约定。四是后履行一方当事人的债务已届履行期。如果后履行一方当事人的债务尚未到期，在对方当事人请求履行时，后履行一方当事人可以主张债务履行期尚未届至的抗辩，无须适用后履行抗辩权制度。

后履行抗辩权属延期的抗辩权，只是暂时阻止对方当事人请求权的行使，非永久的抗辩权。对方当事人履行了合同义务，后履行抗辩权消灭，当事人应当履行自己的义务。后履行一方当事人行使后履行抗辩权致使合同迟延履行的，该当事人不承担违约责任，迟延履行的责任由对方承担。后履行一方当事人行使后履行抗辩权，不影响追究应当先履行一方当事人的违约责任。

第五百二十七条 【不安抗辩权】应当先履行债务的当事人，有确切证据证明对方有下列情形之一的，可以中止履行：

（一）经营状况严重恶化；

（二）转移财产、抽逃资金，以逃避债务；

（三）丧失商业信誉；

（四）有丧失或者可能丧失履行债务能力的其他情形。

当事人没有确切证据中止履行的，应当承担违约责任。

条文注解

依照本条规定,不安抗辩权的成立,要具备以下要件:(1)当事人需基于同一双务合同互负债务。(2)当事人互负的债务有先后履行顺序。这也是不安抗辩权和后履行抗辩权共同的成立要件,只是不安抗辩权由应当先履行债务的一方当事人享有,后履行抗辩权由后履行债务的一方当事人享有。当事人互负的债务没有先后履行顺序的,属于同时履行抗辩权的成立要件。(3)后履行的当事人发生了丧失或者可能丧失债务履行能力的情形。这些情形包括经营状况严重恶化,转移财产、抽逃资金以逃避债务,丧失商业信誉和其他丧失或者可能丧失履行债务能力的情形。

尤其需要注意的是,对于后履行的当事人发生了丧失或者可能丧失债务履行能力的情形,应当先履行债务的当事人必须要有确切的证据证明。如果有确切的证据证明,则属于正当行使不安抗辩权,可以中止履行顺序在先的债务;如果没有确切的证据证明而中止履行的,则属于违约行为,应当先履行债务的当事人要承担违约责任。

第五百二十八条 【行使不安抗辩权】当事人依据前条规定中止履行的,应当及时通知对方。对方提供适当担保的,应当恢复履行。中止履行后,对方在合理期限内未恢复履行能力且未提供适当担保的,视为以自己的行为表明不履行主要债务,中止履行的一方可以解除合同并可以请求对方承担违约责任。

条文注解

不安抗辩权的行使,对对方当事人影响重大,应当让对方及时知晓,以便作出相应安排。从诚信原则出发,法律有必要规定应先履行债务一方的通知义务。依照本条规定,应先履行的一方当事人行使不安抗辩权,中止履行后,应当及时通知对方当事人。当事人行使不安抗辩权中止履行后,往往会给对方当事人一个"补救"机会,即要求对方当事人在一定期限内提供担保。对方未提供担保的,应当先履行债务一方可以解除合同;对方提供担保的,应当先履行债务一方恢复履行。

第五百二十九条 【因债权人原因致债务履行困难时的处理】债权人分立、合并或者变更住所没有通知债务人,致使履行债务发生困难的,债务人可以中止履行或者将标的物提存。

条文注解

法人分立包括存续分立和新设分立。存续分立指法人分出一部分财产设立新法人，原法人不因分出财产而终止。新设分立，是指一个法人分成几个法人，原法人终止。法人合并包括新设合并和吸收合并。新设合并是指几个法人合为一个新法人，原法人终止。吸收合并，是指一个法人将其财产移交给另一个法人，移交出财产的法人终止。

债权人分立、合并或者变更住所应当及时通知债务人，以便债务人履行债务。如果没有通知债务人，致使债务人履行债务发生困难的，此时债务人可以中止履行或者将标的物提存。这种情形下债务人中止履行或者将标的物提存，不能算作债务人违约。当然，如果债权人分立、合并或者变更住所没有通知债务人，但并不会使债务履行发生困难的，此时债务人不得以此为由中止履行或者将标的物提存，否则属于债务人违约。

第五百三十条 【债务人提前履行债务】债权人可以拒绝债务人提前履行债务，但是提前履行不损害债权人利益的除外。

债务人提前履行债务给债权人增加的费用，由债务人负担。

第五百三十一条 【债务人部分履行债务】债权人可以拒绝债务人部分履行债务，但是部分履行不损害债权人利益的除外。

债务人部分履行债务给债权人增加的费用，由债务人负担。

条文注解

本条是关于部分履行债务的规定。

本条规定的部分履行债务不同于分期履行。分期履行是合同约定的，由债务人分期给付，每期的给付虽然也属于债务整体的一部分，但不属于本条所规定的部分履行。本条所规定的部分履行是指债务的履行期限届满时，债务人只履行其中一部分债务，既可以是就整个债务部分履行，也可以是就分期履行中的某一期部分履行。

合同编将全面履行作为合同履行的原则。合同编第509条规定，当事人应当按照约定全面履行自己的义务。当事人全面履行自己的义务就包括按照约定履行全部债务。债务人履行部分债务，属于违反合同约定的行为，原则上属于违约行为，债权人当然可以拒绝并请求债务人承担违约责任。债权人也可以接受债务人部分履行的请求，并保留请求债务人承担违约责任的权利。当然，债权人也可以无保留地接受债务人部分履行的请求，此时债务人的部分履行不再被当作违约对待。

如果债务人部分履行不损害债权人的利益，基于诚信原则，债权人应当接受债务人部分履行债务，不得拒绝。债权人接受债务人部分履行，可能会额外增加一些费用，这些费用由债务人负担。

第五百三十二条 【当事人变化对合同履行的影响】合同生效后，当事人不得因姓名、名称的变更或者法定代表人、负责人、承办人的变动而不履行合同义务。

第五百三十三条 【情势变更】合同成立后，合同的基础条件发生了当事人在订立合同时无法预见的、不属于商业风险的重大变化，继续履行合同对于当事人一方明显不公平的，受不利影响的当事人可以与对方重新协商；在合理期限内协商不成的，当事人可以请求人民法院或者仲裁机构变更或者解除合同。

人民法院或者仲裁机构应当结合案件的实际情况，根据公平原则变更或者解除合同。

条文注解

情势变更制度是指合同依法成立后，客观情况发生了无法预见的重大变化，致使原来订立合同的基础丧失或者动摇，如继续履行合同则对一方当事人明显不公平，因此允许变更或者解除合同以维持当事人之间的公平。依照本条规定，情势变更制度的适用需要满足以下基本条件：

一是合同成立后，合同的基础条件发生了重大变化。第一，这种重大变化是一种客观情况，要达到足以动摇合同基础的程度。第二，这种重大变化应发生在合同成立后至履行完毕前的期间内。第三，这种重大变化应当是当事人在订立合同时无法预见的。第四，这种重大变化不能属于商业风险。对于合同履行过程中的商业风险，按照独立决定、独立负责的原则，遭受不利的当事人应当自行承担不利后果。

二是继续履行合同对于当事人一方明显不公平。情势变更制度是为了实现合同正义，对当事人意思自治所作的调整，但这种调整必须限制在非常必要的情形内。只有在继续履行合同对于一方当事人明显不公平时，才可能适用情势变更制度，对当事人之间的权利义务关系进行干预和调整。

满足以上情势变更制度适用条件的，可以产生以下法律效果：一是受不利影响的当事人有权请求与对方重新协商。二是双方当事人在协商过程中，就合同的变更或者解除达不成一致意见，协商不成的，当事人可以请求法院或者仲裁机构作最终裁断。

第五百三十四条 【合同监管】对当事人利用合同实施危害国家利益、社会公共利益行为的，市场监督管理和其他有关行政主管部门依照法律、行政法规的规定负责监督处理。

第五章 合同的保全

第五百三十五条 【债权人代位权】因债务人怠于行使其债权或者与该债权有关的从权利，影响债权人的到期债权实现的，债权人可以向人民法院请求以自己的名义代位行使债务人对相对人的权利，但是该权利专属于债务人自身的除外。

代位权的行使范围以债权人的到期债权为限。债权人行使代位权的必要费用，由债务人负担。

相对人对债务人的抗辩，可以向债权人主张。

条文注解

代位权指债务人怠于行使权利，债权人为保全债权，以自己的名义代位行使债务人对相对人的权利。民法典合同编对代位权制度基本上延续了合同法的规定，同时根据实践发展作了一定修改。最主要的修改之处有两点：依照本条规定，债权人行使代位权应当符合以下条件：

一是需债务人享有对外的债权。这是代位权存在的基础。倘若债务人没有对外的债权，就无所谓代位权。

二是需债务人怠于行使其债权或者与该债权有关的从权利。代位权的客体，即债务人怠于行使的权利，不能是专属于债务人自身的权利。专属于债务人自身的权利，例如基于扶养关系所产生的抚养费、赡养费、扶养费请求权只能由债务人自己行使，债权人不能代位行使。

三是需债务人怠于行使自己的权利，已影响债权人的到期债权实现。债务人怠于行使权利若不影响债权人的到期债权实现，则不发生代位权。例如，虽然债务人怠于行使某一债权，但债务人的其他资产充足，足以清偿对债权人所负的债务，在这种情况下，债权人不得代位行使债务人的债权。

四是需债务已陷于迟延履行。债务人的债务履行期限未届满的，债权人不能行使代位权。债务履行期限已届满，债务陷于迟延履行，债权人方可行使代位权。

债权人行使代位权会支出一定的费用，本条第 2 款规定，债权人行使代位权的必要费用，由债务人负担。

第五百三十六条 【债权人代位权的提前行使】债权人的债权到期前，债务人的债权或者与该债权有关的从权利存在诉讼时效期间即将届满或者未及时申报破产债权等情形，影响债权人的债权实现的，债权人可以代位向债务人的相对人请求其向债务人履行、向破产管理人申报或者作出其他必要的行为。

条文注解

为了保护债权人的利益，即使债权人的债权未到期，也应当允许债权人代位行使债务人的权利，作出中断诉讼时效、申报债权等必要的行为，该行为在理论上称为“保存行为”。本条对保存行为作了规定。本条列举规定了保存行为的两种典型类型：一是债权人可以代位债务人作出中断诉讼时效的行为。针对的是债权人的债权到期前，债务人的债权或者与债权有关的从权利存在诉讼时效期间即将届满的情况。二是债权人可以代位向破产管理人申报破产债权。针对的是债务人的相对人破产，债务人不积极申报破产债权，影响债权人的债权将来实现的，债权人可以代位向债务人的相对人的破产管理人申报破产债权。

保存行为不限于以上两种类型，本条在“未及时申报破产债权”后还有一个“等”字，并规定了“作出其他必要的行为”，以适应实践发展需求。

关联法规

《企业破产法》第 45、46 条

第五百三十七条 【债权人代位权行使效果】人民法院认定代位权成立的，由债务人的相对人向债权人履行义务，债权人接受履行后，债权人与债务人、债务人与相对人之间相应的权利义务终止。债务人对相对人的债权或者与该债权有关的从权利被采取保全、执行措施，或者债务人破产的，依照相关法律的规定处理。

第五百三十八条 【无偿处分时的债权人撤销权行使】债务人以放弃其债权、放弃债权担保、无偿转让财产等方式无偿处分财产权益，或者恶意延长其到期债权的履行期限，影响债权人的债权实现的，债权人可以请求人民法院撤销债务人的行为。

条文注解

本条是关于撤销债务人无偿行为的规定。

撤销权亦称废罢诉权，指债务人有积极减少责任财产，影响债权实现的行为，债权人享有撤销该行为的权利。债权人撤销权与代位权都具有保全债务人责任财产的功能，但又有所差异。债权人行使代位权是防止债务人消极行使权利而听任责任财产不当减少，债权人行使撤销权是通过撤销债务人积极减少责任财产的不当行为来达到债权保全的目的。本章将债务人积极减少责任财产的不当行为区分为两种类型，分别对债权人撤销权的成立要件予以规定。本条规定的是撤销权的第一种类型，主要是针对债务人无偿处分财产的行为。第二种类型，主要是针对债务人有偿处分财产的行为，本法第539条对此予以规定。

关联法规

《税收征收管理法》第50条

第五百三十九条 【不合理价格交易时的债权人撤销权行使】债务人以明显不合理的低价转让财产、以明显不合理的高价受让他人财产或者为他人的债务提供担保，影响债权人的债权实现，债务人的相对人知道或者应当知道该情形的，债权人可以请求人民法院撤销债务人的行为。

条文注解

本条是关于撤销债务人有偿行为的规定。

若债务人的行为是有偿行为，债务人的相对人取得利益也付出了代价，与债务人的行为是无偿行为相比，在设计撤销权成立要件时，需要更重视对交易安全因素的考量，需要更加严格适用。根据本条规定，债务人的行为是有偿行为情形下撤销权的成立要件包括：

一是要有以明显不合理的低价转让财产、以明显不合理的高价受让他人财产或者为他人的债务提供担保的行为。

二是债务人的行为影响债权人的债权实现。债务人以明显不合理的低价转让财产、以明显不合理的高价受让他人财产或者为他人的债务提供担保的行为，要在客观上影响债权人债权的实现，方能撤销。

三是债务人的相对人主观上存在恶意。这一要件是与债务人的行为是无偿行为时行使撤销权所不同之处。

债务人的相对人在主观上存在恶意，指债务人的相对人知道或者应当知道债务人的行为影响债权人的债权实现，该要件的举证责任由行使撤销权的债权人承担。如果债务人的相对人在主观上并不存在恶意，对债务人的有偿行为或者债务人提供担保的行为影响债权人的债权实现的情况并不知情，那么债权人也不得撤销债务人的行为。

第五百四十条 【债权人撤销权行使范围以及必要费用承担】撤销权的行使范围以债权人的债权为限。债权人行使撤销权的必要费用，由债务人负担。

第五百四十一条 【债权人撤销权除斥期间】撤销权自债权人知道或者应当知道撤销事由之日起一年内行使。自债务人的行为发生之日起五年内没有行使撤销权的，该撤销权消灭。

条文注解

本条是关于撤销权行使期间的规定。

就撤销权行使期间的性质，理论上有除斥期间和诉讼时效两种学说，本条规定采用除斥期间的观点。除斥期间是法律为形成权设定的行使期间。所谓形成权，是指因单方民事行为即能引起民事法律关系产生、变更、终止的权利。除斥期间届满，形成权消灭。

第五百四十二条 【债权人撤销权行使效果】债务人影响债权人的债权实现的行为被撤销的，自始没有法律约束力。

第六章 合同的变更和转让

第五百四十三条 【协议变更合同】当事人协商一致，可以变更合同。

条文注解

合同的变更是指合同成立后，当事人对合同的内容进行修改或者补充。本条规定的合同变更，不包括合同当事人或者合同主体的改变，债权人和债务人的改变，是通过本章债权转让、债务转移等制度调整的。

此外，法律、行政法规规定合同的变更等情形需要办理批准等手续的，应当依照其规定。这在本法第502条第3款明确予以规定。同时，根据第502条第2款，如果未办理批准等手续影响当事人之间的改变原合同内容的合同生效的，不影响当事人履行报批等义务条款和相关条款的效力。应当办理申请批准等手续的当事人未履行该义务的，对方可以请求其承担违反该义务的责任。同时，当事人之间的合同变更，未经第三人同意，不得对该第三人产生不利影响，否则对第三人不发生效力。

合同的变更不仅可以通过当事人协商一致的民事法律行为实现，还可以通过人民法院的判决或者仲裁机构的仲裁裁决实现。应当注意的是，合同变更与合同更新不同。合同更新，又称合同更改，是消灭旧的权利义务，设定新的权利义务。其与合同变更的区别在于，合同变更没有使合同丧失同一性，合同更新则使合同丧失了同一性。故在合同变更中，合同债权所附着的担保、抗辩等利益和瑕疵继续存在，而合同更新中，这些利益和瑕疵归于消灭。

关联法规

《保险法》第20条

第五百四十四条 【变更不明确推定为未变更】当事人对合同变更的内容约定不明确的，推定为未变更。

条文注解

本条是关于合同变更的内容约定不明确的规定。合同变更的过程，就是当事人协商一致的过程。因此，本法中关于要约、承诺的规定也适用于合同变更的情况。当事人在变更合同的过程中，可能出现对需要变更的内容达不成完全一致意见的情况。

合同变更会改变当事人之间的权利义务，直接关系当事人的利益，为了减少在合同变更时可能发生的纠纷，本条规定，当事人对合同变更的内容约定不明确的，推定为未变更。即使当事人对变更形成合意，但是，在对变更的内容约定不明确的情况下，推定为未变更，除非当事人可以举证推翻该推定。此时，当事人只需按照原有合同的规定履行即可，任何一方不得要求对方履行变更中约定不明确的内容。如果当事人在约定合同变更时，对部分条款的变更的约定是明确的，但另一部分条款的变更约定是不明确的，若这两类条款在内容上可以分开，则约定明确的部分有效，而约定不明确的部分推定为未变更；但如果这两类条款在内容上是不可分割的，则应当认为，整个合同条款的变更约定不明确，应当推定为未变更。

第五百四十五条 【债权转让】债权人可以将债权的全部或者部分转让给第三人，但是有下列情形之一的除外：

（一）根据债权性质不得转让；

（二）按照当事人约定不得转让；

（三）依照法律规定不得转让。

当事人约定非金钱债权不得转让的，不得对抗善意第三人。当事人约定金钱债权不得转让的，不得对抗第三人。

条文注解

债权转让，是指不改变债权的内容，由债权人通过合同将债权转让给第三人。从鼓励交易、促进市场经济发展的目的看，法律应当允许债权人的转让行为，承认债权的经济价值，使债权具有流通性，实现担保融资、托收、贴现、保理、资产证券化等多种交易模式的构建可能。因此，债权原则上具有可转让性，债权人可以转让其债权，无论该债权是现有的还是将有的债权，只要债权可以被特定化。此时，债权人作为让与人，与第三人作为受让人之间，必须经过协商一致达成债权转让合同，转让合同作为民事法律行为应当适用民事法律行为的一般性规定。同时依据本法第502条，如果按照法律、行政法规规定，债权转让应当办理批准等手续的，依照其规定；如未办理批准等手续影响债权转让合同生效的，不影响合同中履行报批等义务条款以及相关条款的效力；应当办理申请批准等手续的当事人未履行义务的，对方可以请求其承担违反该义务的责任。债权人既可以将债权全部转让，也可以将债权部分转让。债权全部转让的，第三人作为受让人取代原债权人即让与人的地位，成为新的债权人；债权部分转让的，第三人作为受让人，除受让人和让与人另有约定外，受让人与让与人按份享有债权。

关联法规

《保险法》第34条

第五百四十六条　【债权转让通知】债权人转让债权，未通知债务人的，该转让对债务人不发生效力。

债权转让的通知不得撤销，但是经受让人同意的除外。

第五百四十七条　【债权转让时从权利一并变动】债权人转让债权的，受让人取得与债权有关的从权利，但是该从权利专属于债权人自身的除外。

受让人取得从权利不因该从权利未办理转移登记手续或者未转移占有而受到影响。

条文注解

本条是关于受让人取得转让债权的从权利的规定。

从权利是指附随于主权利的权利。抵押权、质权、保证等担保权利以及附属于主债权的利息等孳息请求权，都属于主权利的从权利。由于从权利是从主权利派生出来的，从权利从属于主权利，这也包括转让上的从属性。

根据本条第1款规定，债权人转让主权利时应当将从权利一并转让，受让人在取得主权利的同时，也取得与债权有关的从权利。本法第407条也规定，债权转让的，担保该债权的抵押权一并转让，但是法律另有规定或者当事人另有约定的除外；根据第696条第1款可推知，债权人将全部或者部分债权转让给第三人，通知保证人后，保证人对受让人承担相应的保证责任。同时，主债权被分割或者部分转让的，各债权人可以就其享有的债权份额行使担保权。

考虑到有的从权利的设置是针对债权人自身的，与债权人有不可分离的关系，本条第1款在确立从权利随主权利转让原则的同时，规定专属于债权人自身的从权利不随主权利的转让而转让。在法律另有规定或者当事人另有约定时，受让人可能也会在取得主债权的同时未取得从权利。

第五百四十八条　【债权转让时债务人抗辩权】债务人接到债权转让通知后，债务人对让与人的抗辩，可以向受让人主张。

条文注解

本条是关于债权转让中债务人抗辩的规定。

债权人转让债权，不需要经债务人同意，因此债务人的利益不应因债权人转让权利的行为而遭受损害，受让人所享有的权利也不应优于让与人曾经享有的权利，而是享有和让与人同样的权利；同时，受让人较之债务人也更有能力控制由此所产生的风险。

第五百四十九条　【债权转让时债务人抵销权】有下列情形之一的，债务人可以向受让人主张抵销：

（一）债务人接到债权转让通知时，债务人对让与人享有债权，且债务人的债权先于转让的债权到期或者同时到期；

（二）债务人的债权与转让的债权是基于同一合同产生。

条文注解

债务人对受让人主张抵销权的条件包括：(1)债务人必须对让与人享有债权，且标的物种类、品质相同。(2)债务人对让与人享有债权的法律原因必须在债务人接到债权转让通知时已经存在。(3)债务人对让与人的债权先于转让的债权到期或者同时到期。(4)债务人对让与人的债权与转让债权是基于同一合同产生的。由于这两个债权是基于同一合同产生的,因此具有密切的联系,受让人就应当认识到债务人对让与人可能基于该合同享有债权,因此受让人能够在订立债权转让合同时对这种抵销可能性进行预先的安排。

关联法规

《合伙企业法》第41条

第五百五十条 【债权转让增加的履行费用的负担】因债权转让增加的履行费用,由让与人负担。

第五百五十一条 【债务转移】债务人将债务的全部或者部分转移给第三人的,应当经债权人同意。

债务人或者第三人可以催告债权人在合理期限内予以同意,债权人未作表示的,视为不同意。

条文注解

债务转移是指不改变债务的内容,债务人将债务全部或者部分地转移给第三人。正如债权人可以全部或者部分转让债权一样,债务人也可以依照法律规定将债务全部或者部分转移给第三人。债务转移分为两种情况:一种情况是债务的全部转移,在这种情况下,新的债务人完全取代了原债务人,新的债务人负责全面地履行债务;另一种情况是债务的部分转移,即原债务人和新债务人负有按份债务。

关联法规

《招标投标法》第48条

第五百五十二条 【并存的债务承担】第三人与债务人约定加入债务并通知债权人,或者第三人向债权人表示愿意加入债务,债权人未在合理期限内明确拒绝的,债权人可以请求第三人在其愿意承担的债务范围内和债务人承担连带债务。

条文注解

本条是关于债务加入的规定。

债务加入，即第三人加入到债务中，作为新债务人和原债务人一起向债权人负有连带债务。债务加入与债务转移之间的区别在于，债务转移中，原则上原债务人不再作为债务人，而由第三人作为债务人，因此债务转移又被称为免责的债务转移；但债务加入中，第三人和原债务人一起对债权人负有连带债务，因此债务加入也被称为并存的债务转移。

同样应当区分的是债务加入和连带保证。两者均增加了担保债权实现的责任财产，但不同在于：第一，保证债务是债务人不履行债务时，保证人承担保证责任的从属性债务，而债务加入中第三人作为连带债务人，没有主从关系；第二，连带保证具有保证期间和诉讼时效的限制，而债务加入后产生的连带债务仅具有诉讼时效的限制；第三，连带保证人承担保证责任后，可以向债务人追偿，而债务加入人作为连带债务人履行债务后，是否对债务人有追偿权，取决于其与债务人之间的约定。

第五百五十三条 【债务转移时新债务人抗辩权】债务人转移债务的，新债务人可以主张原债务人对债权人的抗辩；原债务人对债权人享有债权的，新债务人不得向债权人主张抵销。

第五百五十四条 【债务转移时从债务一并转移】债务人转移债务的，新债务人应当承担与主债务有关的从债务，但是该从债务专属于原债务人自身的除外。

条文注解

本条是关于债务转移中新债务人承担从债务的规定。

债务人转移主债务的，与主债务有关的从债务随着主债务的转移而转移，新债务人应当承担与主债务有关的从债务。所谓从债务，是指附随于主债务的债务。从债务与主债务密切联系在一起，不能与主债务相互分离而单独存在。所以当主债务发生移转以后，从债务也要发生转移，新债务人应当承担与主债务有关的从债务。如附随于主债务的未发生的利息债务等，因主债务转移将转移给新的债务人，新债务人应当向债权人承担这些从债务。新债务人在承担债务时能够对该债务的状况进行调查或者审核，因此新债务人承担这些从债务也是公平的。但是，有的从债务是专属于债务人本身的，这些从债务不随主债务的转移而转移。例如，债务人应向债权人提供服务，以抵充利息的，因为该义务具有专属性，如果主债务已经转移给新债务人，则新债务人并不当然负有向债权人提供服务以抵充利息的义务。

第五百五十五条 【合同权利义务一并转让】当事人一方经对方同意，可以将自己在合同中的权利和义务一并转让给第三人。

条文注解

本条是关于合同权利义务一并转让的规定。

合同权利义务的一并转让，又被称为概括转让或者合同地位转让，是指合同关系的一方当事人将其合同权利义务一并转移给第三人，由第三人全部地承受这些权利义务。合同权利义务的一并转让不同于债权转让、债务转移的是，它是一方当事人对其当事人地位的转让，其转让的内容实际上包括但不限于债权转让和债务转移，并非债权转让和债务转移的简单组合，而是第三人成为新的当事人，与当事人地位联系在一起的撤销权、解除权等权利，也均转移给第三人。合同权利义务的一并转让主要发生于双务合同，只有双务合同中的当事人一方才可以转让此种权利和义务。在单务合同中，由于一方当事人可能仅享有权利或仅承担义务，因此不能出让全部的权利义务，故单务合同一般不发生合同权利义务的一并转让。比如，赠与合同的被赠与人只享有权利而不承担义务，这些合同的当事人一般不可能出现将合同权利义务一并转让的情况。

第五百五十六条 【合同权利义务一并转让的法律适用】合同的权利和义务一并转让的，适用债权转让、债务转移的有关规定。

条文注解

本条是关于合同权利和义务一并转让应当适用有关条款的规定。

合同权利和义务一并转让时，应当遵守本法有关债权转让和债务转移的其他规定。具体而言，在涉及债权转让的范围内，适用以下规定：(1)不得转让的债权的规定（第545条）。(2)债权受让人取得与债权有关的从权利的规定(第 547 条)。(3)债务人对让与人的抗辩可以继续向受让人主张的规定(第 548 条)。(4)债务人对受让人主张抵销的规定(第 549 条)。(5)债权转让增加的履行费用的负担的规定(第 550 条)。(6)债权转让批准的规定(第 502 条第 3 款)。

在涉及债务转移的范围内,适用以下规定:(1)新债务人的抗辩和抵销的规定(第 553 条)。(2)新债务人承担与主债务有关的从债务的规定(第 554 条)。(3)债务转移批准的规定(第 502 条第 3 款)。

第七章　合同的权利义务终止

第五百五十七条　【债权债务终止情形】有下列情形之一的,债权债务终止:

(一)债务已经履行;

(二)债务相互抵销;

(三)债务人依法将标的物提存;

(四)债权人免除债务;

(五)债权债务同归于一人;

(六)法律规定或者当事人约定终止的其他情形。

合同解除的,该合同的权利义务关系终止。

条文注解

本条是关于债权债务终止情形的规定。按照本条第 1 款规定,有下列情形之一的,债权债务终止:

(1)债务已经履行,是指债务人按照债的标的、质量、数量、价款或者报酬、履行期限、履行地点和方式正确地、适当地全面履行了债务。

(2)债务相互抵销,是指当事人互负债务、互享债权,以自己的到期债权充抵对方的债权,使自己的债务与对方的债务在等额内消灭。

(3)债务人依法将标的物提存。提存,是指由于法律规定的原因,债务人无法向债权人交付合同标的物时,债务人将该标的物交给提存部门而消灭债务的制度。

(4)债权人免除债务。债权人免除债务,是指债权人放弃自己的债权。

债权人可以免除债务的部分，也可以免除债务的全部。

(5)债权债务同归于一人。债权和债务同归于一人，是指由于某种事实的发生，使原本由一方当事人享有的债权，而由另一方当事人负担的债务，统归于一方当事人，使该当事人既是债权人，又是债务人。

(6)法律规定或者当事人约定终止的其他情形。除了前述债权债务终止的情形，出现了法律规定的终止的其他情形的，合同的权利义务也可以终止。比如，根据本法第934条规定，委托人死亡、终止或者受托人死亡、丧失民事能力、终止，构成了委托合同的特殊终止事由。

本条第2款规定了合同解除导致该合同的权利义务关系终止。合同的解除，指合同成立对当事人具有法律约束力后，当具备法律规定的或者当事人约定的合同解除事由时，或者当事人协商一致时，因当事人一方或双方的意思表示而使整体的合同关系终止。

关联法规

《证券投资基金法》第81条

第五百五十八条 【债权债务终止后的义务】债权债务终止后，当事人应当遵循诚信等原则，根据交易习惯履行通知、协助、保密、旧物回收等义务。

条文注解

本条是关于后合同义务的规定。后合同义务，是指合同的权利义务终止后，当事人依照法律的规定，遵循诚信等原则，根据交易习惯履行的各项义务。

遵循诚信等原则，根据交易习惯，债权债务终止后的义务通常有以下几方面：(1)通知的义务。合同权利义务终止后，一方当事人应当将有关情况及时通知另一方当事人。(2)协助的义务。合同的权利义务终止后，当事人应当协助对方处理与原合同有关的事务。(3)保密的义务。保密指保守国家秘密、商业秘密和合同约定不得泄露的事项。(4)旧物回收的义务。

第五百五十九条 【债权的从权利消灭】债权债务终止时，债权的从权利同时消灭，但是法律另有规定或者当事人另有约定的除外。

关联法规

《大气污染防治法》第 60 条,《海商法》第 252 条

第五百六十条 【债的清偿抵充顺序】债务人对同一债权人负担的数项债务种类相同,债务人的给付不足以清偿全部债务的,除当事人另有约定外,由债务人在清偿时指定其履行的债务。

债务人未作指定的,应当优先履行已经到期的债务;数项债务均到期的,优先履行对债权人缺乏担保或者担保最少的债务;均无担保或者担保相等的,优先履行债务人负担较重的债务;负担相同的,按照债务到期的先后顺序履行;到期时间相同的,按照债务比例履行。

条文注解

本条是关于数项债务的清偿抵充顺序的规定。

清偿抵充,指的是债务人对同一债权人负担的数项债务种类相同,债务人的给付不足以清偿全部债务时,确定该给付抵充这些债务中某项或者某几项债务;或者债务人在履行主债务外还应当支付利息和实现债权的有关费用,其给付不足以清偿全部债务的,确定该给付抵充该项债务中的某个或者某几个部分。

在当事人对抵充顺序没有约定时,则由债务人指定其履行的债务,但债务人的指定应在清偿时作出,其生效适用本法第 137 条的一般规则。债务人在清偿时未指定,清偿后不可指定,否则在有争议的时候,债务人可以立即指定,之后的法定抵充顺序就没有任何意义了。

在当事人对抵充顺序没有约定且债务人在清偿时未指定的,则直接依据法定的顺序。在本条第 1 款已经承认了债务人指定权的情况下,法定的抵充顺序应更多地考量债权人的利益,采取债权人利益优先、兼顾债务人利益的原则确定顺序。依据本条第 2 款规定,依次依据下列方式确定抵充顺序:

(1)已到期债务。如果到期的债务和未到期的债务并存,应当先抵充已到期的债务,毕竟债务未到期,则债务人不负有履行义务。

(2)缺乏担保或者担保最少的债务。该规定旨在保护债权人的利益,使债权人未清偿的债务尽量存在担保。

(3)债务人负担较重的债务。该规定旨在保护债务人的利益,优先清偿负担较重的债务,使债务人因清偿而获益最多。

(4)先到期的债务。

第五百六十一条 【费用、利息和主债务的抵充顺序】债务人在履行主债务外还应当支付利息和实现债权的有关费用，其给付不足以清偿全部债务的，除当事人另有约定外，应当按照下列顺序履行：

（一）实现债权的有关费用；

（二）利息；

（三）主债务。

条文注解

本条是关于费用、利息和主债务的清偿抵充顺序的规定。

本条的适用，首先要求债务人在履行主债务外还应当支付利息和实现债权的有关费用。其次要求债务人的给付不足以清偿主债务、利息和实现费用。此时确定清偿抵充顺序的基本原则是：有约定按约定，无约定按法定。

在当事人对抵充顺序没有约定时，各个立法例与本条的规定基本一致，采取有利于债权人的立场，依次按照下列顺序抵充：

（1）实现债权的有关费用。包括保管费用、诉讼费用、执行费用等。（2）利息。利息是债权人预期应有的收益，是资金占有的成本，应当先于主债务或者本金而抵充。（3）主债务。

应当注意的是，本条规定更为着重于债权人利益的保护，与前条规定不同，本条排除了债务人指定的权利，否则与本条的债权人利益保护立场相违背。因此，债务人不能指定先抵充主债务，再抵充利息，以避免给债权人带来损害。

第五百六十二条 【合同约定解除】当事人协商一致，可以解除合同。

当事人可以约定一方解除合同的事由。解除合同的事由发生时，解除权人可以解除合同。

条文注解

协商解除，是指合同产生法律约束力后，当事人以解除合同为目的，经协商一致，订立一个解除原来合同的协议。

约定解除权，是指当事人约定，合同履行过程中出现某种情况，当事人一方或者双方有解除合同的权利。解除权的约定也是一种合同，行使约定的解除权应当以该合同为基础，因此对解除权的约定也应当遵循民事法律行为和合同的一般规定。当事人行使约定解除权，应当通知对方，合同解除的时间根据本法第565条的规定处理，除非当事人另有约定。合同解除的效果首先根据当事人的约定予以确定，当事人没有约定或约定不明时，适用本法对于合同解除效果的规定。

关联法规

《劳动法》第24条

第五百六十三条 【合同法定解除】有下列情形之一的，当事人可以解除合同：

（一）因不可抗力致使不能实现合同目的；

（二）在履行期限届满前，当事人一方明确表示或者以自己的行为表明不履行主要债务；

（三）当事人一方迟延履行主要债务，经催告后在合理期限内仍未履行；

（四）当事人一方迟延履行债务或者有其他违约行为致使不能实现合同目的；

（五）法律规定的其他情形。

以持续履行的债务为内容的不定期合同，当事人可以随时解除合同，但是应当在合理期限之前通知对方。

条文注解

法律规定解除的事由，也是对任意解除合同的限制，以鼓励交易，避免资源浪费，合理保护双方当事人的合法权益；同时，并不是说具备这些事由，当事人必须解除合同，是否行使解除的权利，应由当事人决定。合同解除的目的是使当事人摆脱合同权利义务的约束，并非为了制裁，因此法定解除权的发生，不以当事人的过错为要件。但是为了避免当事人任意解除合同，重点考虑的是合同目的是否能够实现，这是判断是否产生法定解除权的重心。如果合同目的仍然能够实现，则一般不产生法定解除权。

关联法规

《城市房地产管理法》第16、17条,《农村土地承包法》第42条,《消费者权益保护法》第24条

第五百六十四条 【解除权行使期限】法律规定或者当事人约定解除权行使期限,期限届满当事人不行使的,该权利消灭。

法律没有规定或者当事人没有约定解除权行使期限,自解除权人知道或者应当知道解除事由之日起一年内不行使,或者经对方催告后在合理期限内不行使的,该权利消灭。

条文注解

本条是关于解除权行使期限的规定。

无论是约定解除权,还是法定解除权,解除权的行使,是法律赋予当事人的保护自己合法权益的手段,但该权利的行使不能毫无限制。行使解除权会引起合同关系的重大变化,如果享有解除权的当事人长期不行使解除的权利,就会使合同关系处于不确定状态,影响当事人权利的享有和义务的履行。因此,解除权作为形成权,应当在一定期限内行使,以促使法律关系尽早得以确定。该期限是解除权的行使期限、存续期间或者除斥期间。按照本条规定,行使解除权的期限分为三种情况:

一是按照法律规定或者当事人约定的解除权的行使期限行使。法律规定或者当事人约定解除权行使期限的,期限届满当事人不行使的,该权利消灭。

二是在对方当事人催告后的合理期限内行使。法律没有规定或者当事人没有约定解除权行使期限的,对方当事人为明确自己义务是否还需要履行,可以催告享有解除权的当事人行使解除权,享有解除权的当事人超过合理期限不行使解除权的,解除权消灭,合同关系仍然存在,当事人仍要按照合同约定履行义务。

三是自解除权人知道或者应当知道解除事由之日起1年内不行使。法律没有规定或者当事人没有约定解除权行使期限的,另一方当事人未催告的,或者另一方当事人在很长时间之后才进行催告的,如果解除权长期存在,就可能在很长时间之后仍然行使解除权,这不利于合同关系的尽快确定和稳定。

第五百六十五条 【合同解除程序】当事人一方依法主张解除合同的，应当通知对方。合同自通知到达对方时解除；通知载明债务人在一定期限内不履行债务则合同自动解除，债务人在该期限内未履行债务的，合同自通知载明的期限届满时解除。对方对解除合同有异议的，任何一方当事人均可以请求人民法院或者仲裁机构确认解除行为的效力。

当事人一方未通知对方，直接以提起诉讼或者申请仲裁的方式依法主张解除合同，人民法院或者仲裁机构确认该主张的，合同自起诉状副本或者仲裁申请书副本送达对方时解除。

条文注解

本条是关于合同解除程序的规定。

当事人一方依照本法第562条第2款、第563条规定行使解除权而解除合同，应当遵守下列规定：

（1）必须享有解除权。本法第562条第2款和第563条对约定解除权和法定解除权作了规定，按照这两条规定，才享有解除权，而不必经对方当事人同意，只需向对方作出解除合同的意思表示，就可以解除合同。（2）行使解除权应当通知对方当事人。当事人一方行使解除合同的权利，必然引起合同的权利义务的终止。但是，解除权产生之后，并不导致合同自动解除，为了防止一方当事人因不确定对方已行使合同解除权而仍为履行的行为，避免债权人的消极反应使债务人误解债权人会接受其履行，从而对己方给付作出必要的安排以避免遭受损害，解除权人必须行使解除权才能使合同解除。

解除权是一种形成权，其仅需要通知对方即可，而无须取得对方的同意。同时，自解除通知到达对方当事人时，合同解除。

第五百六十六条 【合同解除的效力】合同解除后，尚未履行的，终止履行；已经履行的，根据履行情况和合同性质，当事人可以请求恢复原状或者采取其他补救措施，并有权请求赔偿损失。

合同因违约解除的，解除权人可以请求违约方承担违约责任，但是当事人另有约定的除外。

主合同解除后，担保人对债务人应当承担的民事责任仍应当承担担保责任，但是担保合同另有约定的除外。

条文注解

本条是关于合同解除后法律后果的规定。本条第1款从实际出发，借鉴国外经验，遵循经济活动高效的原则，对合同解除的效力作了比较灵活的规定。首先是针对尚未履行的部分，由于解除终止了合同权利义务关系，因此本条第1款规定，尚未履行的，终止履行。针对已经履行的部分，本条第1款规定，根据履行情况和合同性质，当事人可以要求恢复原状、采取其他补救措施，并有权要求赔偿损失。如果当事人互负恢复原状或者采取其他补救措施的义务，可以行使同时履行抗辩权。

所谓根据履行情况，是指根据履行部分对债权的影响。如果债权人的利益不是必须通过恢复原状才能得到保护，不一定采用恢复原状。当然如果债务人已经履行的部分，对债权人根本无意义，可以请求恢复原状。

所谓根据合同性质，是指根据合同标的的属性。根据合同的属性不可能或者不容易恢复原状的，不必恢复原状。这类情况主要包括：(1)以持续履行的债务为内容的合同。(2)涉及第三人利益或者交易秩序的合同。比如，合同标的物的所有权已经转让给他人，如果返还将损害第三人利益；解除委托合同，如果允许将已办理的委托事务恢复原状，就意味着委托人与第三人发生的法律关系失效，将使第三人的利益失去保障。

所谓恢复原状，是指恢复到订约前的状态。恢复原状时，因合同而取得的财产，应当返还，财产不存在的，如果原物是种类物，可以返还同一种类物。恢复原状还包括：(1)返还财产所产生的利息和其他孳息；(2)返还财产方在财产占有期间为保存或者维护该财产所花费的必要费用；(3)因返还财产所支出的必要费用。

所谓采取其他补救措施，主要指的是财产因不可归责于债务人的原因而发生毁损、灭失、添附或者其他事由，导致不能恢复原状的，或者受领的标的为劳务或者物的使用而无法恢复原状的，或者虽然能够恢复原状但因为成本过高等原因而没有必要恢复原状的，应当折价补偿。

解除合同后是否都承担损害赔偿责任，可以分不同情况：(1)协议解除合同的，当事人在协议中明确免除了对方损害赔偿责任的，协议生效后，不得再请求赔偿。(2)因不可抗力解除合同，依据本法第590条的规定，一般不承担损害赔偿责任。但在不可抗力发生后，应当采取补救措施减少损失扩大而没有采取的，应对扩大的损失承担赔偿责任。(3)一方当事人因对方根本违约或者经催告仍不履行义务而解除合同的，违约方应当赔偿另一方因违反合同受到的损失。

本条第2款在合同法规定的基础上进一步明确，合同因违约解除的，解除权人可以请求违约方承担违约责任，但是当事人另有约定的除外。

首先，本款适用的前提是合同因违约而被解除，如果合同是因为不可抗力而被解除，依据本法第590条的规定，不存在违约责任。其次，除当事人另有约定外，解除权人可以请求违约方承担违约责任。这里的违约责任并不包括继续履行、修理、重作、更换，解除与这些违约责任形式是互斥的，如果非违约方认为继续履行、修理、重作、更换对其有利，比如他希望得到标的物，或者在对方交货不足情况下希望对方交足，对方交付了瑕疵产品时希望对方修理、重作、更换，他就应选择继续履行、修理、重作、更换而不应解除合同；一旦非违约方选择了继续履行，就意味着他放弃了解除合同的权利。但是，合同因违约而解除后，解除权人可以请求违约方承担退货、减少价款或者报酬、赔偿损失等违约责任。

本条第3款在合同法规定的基础上明确规定，主合同解除后，担保人对债务人应当承担的民事责任仍应当承担担保责任，但是担保合同另有约定的除外。

关联法规

《城市房地产管理法》第16条，《劳动法》第28条，《保险法》第47条，《旅游法》第65、68条

第五百六十七条 【合同终止后有关结算和清理条款效力】合同的权利义务关系终止，不影响合同中结算和清理条款的效力。

第五百六十八条 【债务法定抵销】当事人互负债务，该债务的标的物种类、品质相同的，任何一方可以将自己的债务与对方的到期债务抵销；但是，根据债务性质、按照当事人约定或者依照法律规定不得抵销的除外。

当事人主张抵销的，应当通知对方。通知自到达对方时生效。抵销不得附条件或者附期限。

条文注解

法定抵销，是指法律规定抵销的条件，具备条件时依当事人一方的意思表示即发生抵销的效力。抵销使债权人无须诉讼、判决或者强制执行，即可实现债权。

法定抵销应具备以下条件：(1)当事人双方互负有效的债务、互享有效的债权。(2)被抵销一方的债务已经到期。(3)债务的标的物种类、品质相同。

当事人互负债务，该债务的标的物种类、品质相同的，任何一方可以将自己的债务与对方的到期债务抵销，但下列情况除外：

根据债务性质不得抵销的情形主要有：(1)必须履行的债务不得抵销。如应当支付给下岗工人的生活保障金，不得用以抵销工人欠企业的债务。(2)具有特定人身性质或者依赖特定技能完成的债务，以及相互提供劳务的债务，不得相互抵销。(3)不作为债务不得相互抵销，此种债务不经过相互实际履行，就无法实现债权的目的。(4)故意侵权所产生的债务，作为债务人的侵权人不得主张抵销，避免债权人任意侵犯债务人的人身和财产权利，如果允许抵销，有违公序良俗，且会诱发故意的侵权行为。(5)约定应当向第三人履行的债务，债务人不得以自己对于对方当事人享有的债权而主张抵销。(6)相互出资的义务不得抵销，即使仅存在两个出资人。

第五百六十九条 【债务约定抵销】当事人互负债务，标的物种类、品质不相同的，经协商一致，也可以抵销。

条文注解

约定抵销，是指当事人双方协商一致，使自己的债务与对方的债务在对等额内消灭。法定抵销与约定抵销都是将双方的债务在对等额内消灭。但两者有所不同，主要表现在：(1)抵销的根据不同。法定抵销是基于法律规定，只要具备法定条件，任何一方可将自己的债务与对方的债务抵销，无须对方当事人的同意；约定抵销，双方必须协商一致，不能由单方决定抵销。(2)对抵销的债务的要求不同。法定抵销要求标的物的种类、品质相同；约定抵销标的物的种类、品质可以不同。例如，可以约定以煤炭抵销运输费，以二级大米抵销一级大米。(3)对抵销的债务的期限要求不同。法定抵销要求提出抵销的当事人一方所享有的债权也即对方的债务已经到期；约定抵销，双方互负的债务即使没有到期，只要双方当事人协商一致，愿意在履行期到来前将互负的债务抵销，也可以抵销。(4)程序要求不同。法定抵销，当事人主张抵销的应当通知对方，通知未到达对方，抵销不生效；约定抵销，双方达成抵销协议时，除双方另有约定外，即发生抵销的法律效力，不必履行通知义务。

约定抵销使交易活动更加灵活，改变法定抵销的条件，可能对当事人也更为便利，也可能使抵销更为困难。

第五百七十条　【标的物提存的条件】有下列情形之一，难以履行债务的，债务人可以将标的物提存：

（一）债权人无正当理由拒绝受领；

（二）债权人下落不明；

（三）债权人死亡未确定继承人、遗产管理人，或者丧失民事行为能力未确定监护人；

（四）法律规定的其他情形。

标的物不适于提存或者提存费用过高的，债务人依法可以拍卖或者变卖标的物，提存所得的价款。

条文注解

提存，是指由于法律规定的原因导致债务人难以向债权人履行债务时，债务人将标的物交给提存部门而消灭债务的制度。除了此种以消灭债权债务为目的的清偿提存之外，还有以保管或者担保为目的的提存，后者在本法第390、406、432、433、442、445条有规定。本条至第574条的规定仅适用于清偿提存。根据本条规定，有下列情形之一，难以履行债务的，债务人可以将标的物提存：(1)债权人无正当理由拒绝受领。债权人无正当理由拒绝受领，是指在债务履行期届至后，债务的履行需要债权人受领时，债务人提出了履行债务的请求，债权人能够接受履行，却无正当理由地不予受领。(2)债权人下落不明。债权人下落不明，是指当事人离开自己的住所、不知去向，或因为债权人地址不详等原因无法查找。债权人下落不明，即使未被宣告失踪，债务人也无法履行，为消灭债权债务关系，债务人可以将标的物提存。(3)债权人死亡未确定继承人、遗产管理人或者丧失民事行为能力未确定监护人。债权人死亡或者丧失民事行为能力,并不必然导致债务人债务的消灭。当债权人死亡时,由于该债权人的继承人可以继承其债权,因此,债务人应当向债权人的继承人、遗产管理人履行债务。如果债权人死亡以后其继承人、遗产管理人未确定,造成债务人无法履行其债务的,债务人可以将标的物提存。如果债权人因为丧失民事行为能力导致其在法律上不能受领,应由其监护人代理。如果债权人的监护人未确定,造成债务人无法履行其债务的,债务人也可以将标的物提存。(4)法律规定的其他情形。除了上述三种由于债权人的原因导致难以履行债务的事由之外,还存在法律规定的其他事由。

提存的标的物主要是货币、有价证券、票据、提单、权利证书、贵重物品等适宜提存的标的物。标的物不适于提存或者提存费用过高的,债务人依法可以拍卖或者变卖标的物,提存所得的价款。所谓标的物不适于提存,是指标的物不适于长期保管或者长期保管将损害其价值的,如易腐、易烂、易燃、易爆等物品。所谓标的物提存费用过高,一般指提存费与所提存的标的的价额不成比例,如需要特殊设备或者人工照顾的动物。标的物不适于提存或者提存费用过高有悖设立提存制度的目的,但不提存,债务人又达不到使得债务消灭的目的,为此,可以依照我国拍卖法等有关法律规定,拍卖或者变卖标的物,提存所得的价款。

第五百七十一条 【提存成立及提存对债务人效力】债务人将标的物或者将标的物依法拍卖、变卖所得价款交付提存部门时,提存成立。

提存成立的,视为债务人在其提存范围内已经交付标的物。

第五百七十二条 【提存通知】标的物提存后,债务人应当及时通知债权人或者债权人的继承人、遗产管理人、监护人、财产代管人。

第五百七十三条 【提存对债权人效力】标的物提存后,毁损、灭失的风险由债权人承担。提存期间,标的物的孳息归债权人所有。提存费用由债权人负担。

第五百七十四条 【提存物的受领及受领权消灭】债权人可以随时领取提存物。但是，债权人对债务人负有到期债务的，在债权人未履行债务或者提供担保之前，提存部门根据债务人的要求应当拒绝其领取提存物。

债权人领取提存物的权利，自提存之日起五年内不行使而消灭，提存物扣除提存费用后归国家所有。但是，债权人未履行对债务人的到期债务，或者债权人向提存部门书面表示放弃领取提存物权利的，债务人负担提存费用后有权取回提存物。

第五百七十五条 【债务免除】债权人免除债务人部分或者全部债务的，债权债务部分或者全部终止，但是债务人在合理期限内拒绝的除外。

条文注解

免除，是指债权人抛弃债权，从而全部或者部分消灭债权债务。

免除也是意思表示，而且是有相对人的意思表示，因此应当适用意思表示的一般规定。免除发生债权消灭的后果，需要债权人具有处分权，且不得损害第三人的利益，否则对第三人不发生免除效力。

免除可以附条件或者附期限。

第五百七十六条 【债权债务混同】债权和债务同归于一人的，债权债务终止，但是损害第三人利益的除外。

条文注解

债权债务的混同，是指债权人和债务人同归于一人，致使债权债务终止。广义的混同，是指不能并立的两种法律关系同归于一人而使其权利义务归于消灭的现象。包括：(1)所有权与他物权同归于一人；(2)债权与债务同归于一人；(3)主债务与保证债务同归于一人。狭义的混同，也即债权债务的混同，仅指债权与债务同归于一人的情况。本条仅规定了债权债务的混同，混同是一种法律规定的事件，即因某些客观事实发生而产生的债权债务同归一人，不必由当事人为意思表示。

第八章 违约责任

第五百七十七条 【违约责任】当事人一方不履行合同义务或者履行合同义务不符合约定的，应当承担继续履行、采取补救措施或者赔偿损失等违约责任。

条文注解

违约责任的形式包括继续履行、采取补救措施或者赔偿损失等。具体而言，包括：(1)继续履行；(2)修理、重作、更换；(3)采取其他补救措施，包括退货、减少价款或者报酬等；(4)赔偿损失，包括法定的赔偿损失和违约金、定金等约定的赔偿损失。本章对此进行了详细的规定。本法第179条第2、3款规定："法律规定惩罚性赔偿的，依照其规定。本条规定的承担民事责任的方式，可以单独适用，也可以合并适用。"

关联法规

《旅游法》第70~72条

第五百七十八条 【预期违约责任】当事人一方明确表示或者以自己的行为表明不履行合同义务的，对方可以在履行期限届满前请求其承担违约责任。

条文注解

按照违约行为发生的时间，可分为预期违约和届期违约。违约行为发生于合同履行期限届满之前的，为预期违约，又称为先期违约。在履行期限届满之前，当事人一方明确表示或者以自己的行为表明不履行合同债务，当然要求其不享有履行抗辩权等正当理由的，才构成预期违约。

预期违约包括明示预期违约和默示预期违约。所谓明示预期违约，是指合同履行期限届满之前，一方当事人明确肯定地向另一方当事人表示他将不履行合同义务。所谓默示预期违约，是指合同履行期限届满之前，一方当事人以自己的行为表明不履行合同债务。应当注意的是，本条规定的预期违约的违约责任，不同于本法第563条第1款第2项所规定的预期违约的解除。在预期违约的解除中，当事人一方明确表示或者以自己行为表明其不履行的是主要债务，一般只有主要债务的不履行才会致使不能实现合同目的，此时当事人才有法定解除权。但是，本条规定的预期违约包括当事人一方明确表示或者以自己行为表明其不履行合同义务，无论该合同义务是否是主要义务，即使是从给付义务或者附随义务等，对方都有权请求其承担违约责任。

第五百七十九条 【金钱债务实际履行责任】当事人一方未支付价款、报酬、租金、利息，或者不履行其他金钱债务的，对方可以请求其支付。

条文注解

所谓金钱债务，是指以债务人给付一定货币作为内容的债务，包括以支付价款、报酬、租金、利息，或者以履行其他金钱债务为内容的债务。当然，这里所说的报酬指的是金钱报酬，而不包括其他形式的报酬。本条在合同法规定的基础上进一步明确适用前提是金钱债务，以与下一条相对应。

当事人一方未按照合同约定履行金钱债务的，对方可以请求其履行。货币具有高度流通性和可替代性，一般不会出现法律上或者事实上不能履行，或者不适于强制履行、履行费用过高的情形，一般也不会出现因为不可抗力而完全不能继续履行的情形，因此违约方应当继续履行，对方可以请求其支付。本条要求金钱债务的继续履行，这有利于强化诚信观念，防止交易当事人以各种不正当理由拒绝继续履行金钱债务。

当事人一方迟延履行金钱债务的，除应当继续履行金钱债务外，还应当承担其他违约责任，如支付违约金、赔偿逾期利息等。

第五百八十条 【非金钱债务实际履行责任及违约责任】当事人一方不履行非金钱债务或者履行非金钱债务不符合约定的，对方可以请求履行，但是有下列情形之一的除外：

（一）法律上或者事实上不能履行；

（二）债务的标的不适于强制履行或者履行费用过高；

（三）债权人在合理期限内未请求履行。

有前款规定的除外情形之一，致使不能实现合同目的的，人民法院或者仲裁机构可以根据当事人的请求终止合同权利义务关系，但是不影响违约责任的承担。

条文注解

本条是关于非金钱债务继续履行的规定。所谓继续履行，也称为实际履行，就是按照合同的约定继续履行义务。

债权人请求继续履行，必须以非金钱债务能够继续履行为前提，如果非金钱债务不能继续履行，对方就不能请求继续履行，或者其提出继续履行的请求，债务人能够依据本条第1款提出抗辩。当然，即使债权人不能请求债务人继续履行，但其仍然有权依法请求债务人承担其他违约责任，尤其是赔偿损失。不能请求继续履行具体包括以下情形：

（1）法律上或者事实上不能履行。所谓法律上不能履行，指的是基于法律规定而不能履行，或者履行将违反法律的强制性规定。

（2）债务的标的不适于强制履行或者履行费用过高。债务的标的不适于强制履行，指依据债务的性质不适合强制履行，或者执行费用过高。履行费用过高，指履行仍然可能，但确会导致履行方负担过重，产生不合理的过大的负担或者过高的费用。

（3）债权人在合理期限内未请求履行。履行合同义务需要债务人进行特定的准备和努力，如果履行期限已过，并且债权人未在合理期限内请求债务人继续履行，债务人则可能会推定债权人不再坚持继续履行。

第五百八十一条　【替代履行】当事人一方不履行债务或者履行债务不符合约定，根据债务的性质不得强制履行的，对方可以请求其负担由第三人替代履行的费用。

条文注解

本条适用的前提是，当事人一方不履行债务或者履行债务不符合约定，并且该债务根据债务的性质不得强制履行。此时，债权人可以请求债务人负担由第三人替代履行的费用。如果该债务是以作为为标的的债务，则债权人可以请求债务人负担由第三人替代履行的费用。比如，本法第

713条第1款中规定，承租人在租赁物需要维修时可以请求出租人在合理期限内维修。出租人未履行维修义务的，承租人可以自行维修，维修费用由出租人负担。如果该债务是以不作为为标的的债务，且表现为有形状态的持续，则债权人同样可以请求债务人负担由第三人替代履行的费用。例如，债务人负有不搭建建筑物的义务，债务人搭建后则负有拆除的义务，债务人不拆除的，则债权人可请求债务人负担由第三人拆除该建筑物的费用。

第五百八十二条 【瑕疵履行违约责任】履行不符合约定的，应当按照当事人的约定承担违约责任。对违约责任没有约定或者约定不明确，依据本法第五百一十条的规定仍不能确定的，受损害方根据标的的性质以及损失的大小，可以合理选择请求对方承担修理、重作、更换、退货、减少价款或者报酬等违约责任。

条文注解

债务人履行合同义务不符合约定的，主要是品质、数量等不符合约定，可以考虑一些补救措施，主要包括修理、重作、更换以及退货、减少价款或者报酬。这有利于尽量维持当事人之间的合同关系。

如果债务人和债权人事先对此有约定的，应当按照当事人的约定承担违约责任，该约定是民事法律行为，因此适用民事法律行为的一般规定。比如，双方约定的“三包”规定中，对不同瑕疵的后果进行了详细的约定，此时违约方就应当按照当事人之间的约定承担违约责任。

如果当事人对违约责任没有约定，或者虽有约定但约定不明确的，此时就应当依据本法第510条的规定予以确定，即合同生效后，当事人就质量、价款或者报酬、履行地点等内容没有约定或者约定不明确的，可以协议补充；不能达成补充协议的，按照合同相关条款或者交易习惯确定。

如果当事人对此既无约定，也无法依据本法第510条的规定予以确定的，则受损害方根据标的的性质以及损失的大小，可以合理选择请求对方承担修理、重作、更换、退货、减少价款或者报酬等违约责任。

第五百八十三条 【违约损害赔偿责任】当事人一方不履行合同义务或者履行合同义务不符合约定的，在履行义务或者采取补救措施后，对方还有其他损失的，应当赔偿损失。

第五百八十四条　【损害赔偿范围】当事人一方不履行合同义务或者履行合同义务不符合约定，造成对方损失的，损失赔偿额应当相当于因违约所造成的损失，包括合同履行后可以获得的利益；但是，不得超过违约一方订立合同时预见到或者应当预见到的因违约可能造成的损失。

条文注解

违约赔偿损失，是指行为人违反合同约定造成对方损失时，行为人向受害人支付一定数额的金钱以弥补其损失，是运用较为广泛的一种责任方式。

承担违约赔偿损失责任的构成要件包括：一是有违约行为，即当事人一方不履行合同义务或者履行合同义务不符合约定。二是违约行为造成了对方的损失。如果违约行为未给对方造成损失，则不能用赔偿损失的方式追究违约人的民事责任。三是违约行为与对方损失之间有因果关系，对方的损失是违约行为所导致的。四是无免责事由。

按照完全赔偿原则，违约损失赔偿额应当相当于因违约所造成的损失，包括对实际损失和可得利益的赔偿。实际损失，即所受损害，是指因违约而导致现有利益的减少，是现实利益的损失，又被称为积极损失。可得利益是合同履行后债权人所能获得的纯利润。可得利益也可能与信赖利益中的丧失其他交易机会的损失存在重合。根据交易的性质、合同的目的等因素，可得利益损失主要分为生产利润损失、经营利润损失和转售利润损失等类型。

按照本条规定，违约赔偿的数额不得超过违反合同一方订立合同时预见到或者应当预见到的因违反合同可能造成的损失，这不仅适用于对可得利益的限制，也适用于对实际损失的限制。

关联法规

《食品安全法》第148条，《旅游法》第70条，《消费者权益保护法》第7、11、49、51、52、55条

第五百八十五条　【违约金】当事人可以约定一方违约时应当根据违约情况向对方支付一定数额的违约金，也可以约定因违约产生的损失赔偿额的计算方法。

约定的违约金低于造成的损失的，人民法院或者仲裁机构可以根据当事人的请求予以增加；约定的违约金过分高于造成的损失的，人民法院或者仲裁机构可以根据当事人的请求予以适当减少。

当事人就迟延履行约定违约金的，违约方支付违约金后，还应当履行债务。

第五百八十六条 【定金担保】当事人可以约定一方向对方给付定金作为债权的担保。定金合同自实际交付定金时成立。

定金的数额由当事人约定；但是，不得超过主合同标的额的百分之二十，超过部分不产生定金的效力。实际交付的定金数额多于或者少于约定数额的，视为变更约定的定金数额。

条文注解

所谓定金，就是指当事人约定的，为保证债权的实现，由一方在履行前预先向对方给付的一定数量的货币或者其他代替物。担保法对定金作出了规定，考虑到本法生效后，担保法被废止，因此本法吸收了担保法有关定金的规定。

定金是担保的一种形式，由于定金是预先交付的，定金惩罚的数额在事先也是明确的，因此通过定金罚则的运用可以督促双方自觉履行义务，起到担保作用。(1)定金与预付款不同，定金具有担保作用，不履行债务或者履行债务不符合约定，致使不能实现合同目的的，适用定金罚则；但预付款仅仅是在标的物正常交付或者服务正常提供的情况下预付的款项，如有不足，交付预付款的一方再补交剩余的价款即可，在交付标的物或者提供服务的一方违约时，如果交付预付款的一方解除合同，有权请求返还预付款。(2)定金与押金也不同，一般而言，押金的数额没有定金数额的限制，而且没有定金罚则的适用。押金类型非常多，无法统一确定，甚至有的押金需要清算，多退少补。履约保证金的类型也是多种多样。当事人交付留置金、担保金、保证金、订约金、押金或者订金等，但没有约定定金性质的，不能按照定金处理，但是，如果押金和保证金根据当事人的约定符合定金构成的，可以按照定金处理。

第五百八十七条 【定金罚则】债务人履行债务的，定金应当抵作价款或者收回。给付定金的一方不履行债务或者履行债务不符合约定，致使不能实现合同目的的，无权请求返还定金；收受定金的一方不履行债务或者履行债务不符合约定，致使不能实现合同目的的，应当双倍返还定金。

条文注解

按照本条规定，债务人按照合同约定履行债务的，定金应当抵作价款或者收回。但如果债务人不履行债务或者履行债务不符合约定，致使不能实现合同目的的，违约定金最为重要的效力是定金罚则，即定金合同约定的条件成就时，进行双倍返还定金或者扣收。

适用定金罚则的前提条件首先是按照当事人的约定和法律的规定，当法律对定金有特别规定时，应当适用特别规定；当事人另有约定时，根据自愿原则，应尊重当事人的特别约定。在不存在法律另有规定或者当事人另有约定的情形中，适用定金罚则的前提条件是，当事人一方不履行债务或者履行债务不符合约定，并且该违约行为要达到致使合同目的不能实现，即根本违约的程度。同时，违约方必须要因违约行为承担违约责任的，才能适用定金罚则。如果违约方因不可抗力而免责，则也不能适用定金罚则。

适用定金罚则的效果是，给付定金的一方无权请求返还定金，收受定金的一方应当双倍返还定金。

第五百八十八条 【违约金与定金竞合时的责任】当事人既约定违约金，又约定定金的，一方违约时，对方可以选择适用违约金或者定金条款。

定金不足以弥补一方违约造成的损失的，对方可以请求赔偿超过定金数额的损失。

条文注解

本条第1款规定了违约金和定金之间的适用关系，合同当事人既约定了违约金，又约定了定金，在当事人不存在明确的特别约定的情况下，如果一方违约，对方当事人可以选择适用违约金或者定金条款，即对方当事人享有选择权，可以选择适用违约金条款，也可以选择适用定金条款，但二者不能并用。当然，不能并用的前提是针对同一违约行为，如果违约金和定金是针对不同的违约行为，在这些违约行为都存在的前提下，仍然存在并用的可能性，但无论如何不应超过违约行为所造成的损失总额。

本条第2款规定了定金和法定赔偿损失之间的适用关系。与违约金不同，定金的数额不得超过主合同标的额的20%，但是，违约行为造成的损失可能会超过适用定金罚则之后的数额；并且，对于违约金，本法第585条第2款规定了司法酌增的规则，而对于定金并未明确规定类似规则。因此，本款规定，定金不足以弥补一方违约造成的损失的，对方可以请求赔偿超过定金数额的损失。据此，约定的定金不足以弥补一方违约造成的损失的，守约方既可以请求定金，也可以就超过定金数额的部分请求法定的赔偿损失，此时，定金和损失赔偿的数额总和不会高于因违约造成的损失。这既有助于对守约方利益的充分保护，又避免了守约方获得超过其损失的利益。

第五百八十九条 【拒绝受领和受领迟延】债务人按照约定履行债务，债权人无正当理由拒绝受领的，债务人可以请求债权人赔偿增加的费用。

在债权人受领迟延期间，债务人无须支付利息。

条文注解

债权人无正当理由拒绝受领，是指债务人按照约定履行了债务或者提出了履行债务的请求，债权人无理由地不予受领或者协助。

债权人无正当理由拒绝受领，构成的要件包括：(1)债务人按照约定现实履行了债务，或者提出了履行债务的请求，即债务人已经现实提出或者言辞提出。但是，如果债权人预先表示了拒绝受领的意思，或者给付也同时需要债权人的行为的，债务人可以准备给付的情事通知债权人，代替提出。这里同样也包括第三人依法有权代债务人履行债务，且债权人无权拒绝的情形。(2)债务内容的实现以债权人的受领给付或者其他协助为必要。如果是不需要受领给付或者其他协助的债务，例如不作为债务，就不会产生拒绝受领的问题。(3)债权人拒绝受领，这里的拒绝受领是广义的，即不受领，包括了迟延受领或者明确或以自己的行为表明拒绝受领等情形。例如，应在债务人一方所在地履行的债务，债务人按照约定把受领给付的时间和地点通知债权人，债权人没有在债务人所在地出现以受领给付；甲乙约定由甲到乙家里为其提供辅导，甲按时到达，但乙却外出旅游不归。(4)债权人无正当理由。债权人拒绝的正当理由，例如，债务人交付的标的物存在严重质量问题、迟延交付或者有其他违约行为，致使不能实现合同目的。但是，如果债务人履行的瑕疵仅仅是非常轻微的，这不构成债权人拒绝受领的正当理由。

第五百九十条　【不可抗力】当事人一方因不可抗力不能履行合同的，根据不可抗力的影响，部分或者全部免除责任，但是法律另有规定的除外。因不可抗力不能履行合同的，应当及时通知对方，以减轻可能给对方造成的损失，并应当在合理期限内提供证明。

当事人迟延履行后发生不可抗力的，不免除其违约责任。

条文注解

不可抗力是独立于人的行为之外，不受当事人意志所支配的现象，是人力所不可抗拒的力量。不可抗力规则的适用存在以下要求：(1)发生了不可抗力的事件。本法第 180 条第 2 款规定，不可抗力是不能预见、不能避免且不能克服的客观情况。(2)债务人因不可抗力事件的发生不能履行合同。不可抗力事件的发生，对合同履行造成的影响是不同的，可能是对主体、履行期限的影响；可能是对合同标的物的影响，例如租赁的房屋、场所无法经营；可能是对合同履行方式的影响；可能是全部不能履行或者部分不能履行；可能是一时不能履行或者永久不能履行。不可抗力事件的发生必须要导致债务人不能履行合同，不能履行合同义务并非狭义的履行不能情形，而是包括所有不能履行合同义务或者履行合同义务不符合约定的情形。在符合上述两个条件时，在所产生的法律后果上，要根据不可抗力的影响，部分或者全部免除债务人的责任。

本条第 2 款规定，当事人迟延履行后发生不可抗力的，不免除其违约责任。如果债务人没有迟延履行，则不可抗力的发生就不会导致债务的不能履行进而发生损害，因此债务人的迟延履行与债权人的损害之间具有因果关系，债务人应当就不可抗力负责。但是，如果债务人能够证明，即使其不迟延履行，仍不免发生债务的不能履行进而发生损害的，则债务人应当能够免责，此时债务人的迟延履行和债务的不能履行进而发生损害之间不存在因果关系。

第五百九十一条 【减损规则】当事人一方违约后，对方应当采取适当措施防止损失的扩大；没有采取适当措施致使损失扩大的，不得就扩大的损失请求赔偿。

当事人因防止损失扩大而支出的合理费用，由违约方负担。

第五百九十二条 【双方违约和与有过失】当事人都违反合同的，应当各自承担相应的责任。

当事人一方违约造成对方损失，对方对损失的发生有过错的，可以减少相应的损失赔偿额。

条文注解

本条第1款规定了双方违约。违约可以区分为单方违约和双方违约。仅当事人一方违约的，称为单方违约；双方当事人都违约的，称为双方违约。在双务合同中，有些合同义务是彼此独立的，不具有牵连性和对价性，因此，双方违反这些相互独立的合同义务是可能的，并且不成立双务合同的履行抗辩权。在双方各自违反了相互独立的合同义务时，实际上是两个独立的违约行为，因此各自都要向对方承担相应的违约责任。据此，本条第1款规定，当事人都违反合同的，应当各自承担相应的责任。

本条第2款规定了与有过错。与有过错，又称为过错相抵、混合过错，是指受损害一方对于损害结果的发生存在过错的，在计算损失赔偿额时应当予以相应减少。例如，甲从乙那里购买了一辆汽车，之后甲驾驶汽车运载超重货物，由于钢圈破碎导致翻车。交通事故处理部分认定汽车质量不合格是导致事故的主要原因，但甲超重行驶也是造成事故的原因之一。此时，根据本款，可以减少乙对甲的损失赔偿数额。

第五百九十三条 【第三人原因造成违约时违约责任承担】当事人一方因第三人的原因造成违约的，应当依法向对方承担违约责任。当事人一方和第三人之间的纠纷，依照法律规定或者按照约定处理。

第五百九十四条 【国际贸易合同诉讼时效和仲裁时效】因国际货物买卖合同和技术进出口合同争议提起诉讼或者申请仲裁的时效期间为四年。

第二分编　典型合同

第九章　买卖合同

第五百九十五条　【买卖合同定义】买卖合同是出卖人转移标的物的所有权于买受人，买受人支付价款的合同。

第五百九十六条　【买卖合同条款】买卖合同的内容一般包括标的物的名称、数量、质量、价款、履行期限、履行地点和方式、包装方式、检验标准和方法、结算方式、合同使用的文字及其效力等条款。

第五百九十七条　【无权处分效力】因出卖人未取得处分权致使标的物所有权不能转移的，买受人可以解除合同并请求出卖人承担违约责任。

法律、行政法规禁止或者限制转让的标的物，依照其规定。

条文注解

无权处分，是指没有处分权而处分他人财产，无权处分行为是现代社会生活中的常见现象，在买卖交易关系中尤为普遍。依据买卖合同的定义，出卖人负有交付买卖标的物并移转所有权的义务，因此，出卖人为保证买卖合同的履行，应当对买卖标的物具有处分权。当出卖人对买卖合同的标的物不具有处分权时，意味着买受人无法获得标的物的所有权，也就是不能实现合同的目的，根据本法第563条和第566条的规定，买受人可以解除其与出卖人之间订立的买卖合同并要求出卖人承担违约责任。

关联法规

《宪法》第10条，《土地管理法》第2条，《城市房地产管理法》第38条，《野生动物保护法》第27、28条，《文物保护法》第24、51条

第五百九十八条 【出卖人基本义务】出卖人应当履行向买受人交付标的物或者交付提取标的物的单证，并转移标的物所有权的义务。

关联法规

《土地管理法》第12条，《城市房地产管理法》第60、61条，《民用航空法》第14条，《道路交通安全法》第8、12条

第五百九十九条 【出卖人交付有关单证和资料义务】出卖人应当按照约定或者交易习惯向买受人交付提取标的物单证以外的有关单证和资料。

第六百条 【知识产权归属】出卖具有知识产权的标的物的，除法律另有规定或者当事人另有约定外，该标的物的知识产权不属于买受人。

条文注解

在买卖合同中，有些标的物本身可能是知识产权的载体，如计算机软件等。本条规定的意旨在于说明作为知识产权的载体的买卖与知识产权转让的不同。知识产权的转让是权利买卖的一种。涉及权利主体转变的合同法律关系，在有关法律中一般称为权利的转让。

在权利买卖中，当事人所追求的合同目的与一般的货物买卖是不同的。尽管从根本上说，一般货物买卖也是权利，即货物所有权的转移，但是，货物的所有权是建立在现实的、可见的实物之上，其所有权是一个法律上的抽象概念，当事人所追求的是物的实用性。而权利的买卖或者转让则不同，当事人所追求的是权利本身所体现的利益。作为买卖对象的权利，尽管也有一定的载体，但买卖当事人看重的显然不是该载体本身，而是通过它表现的一定技术以及对这一技术享有支配的权利而能带来的利益。因此，如果一个买卖合同的标的物本身体现着一定的知识产权，除非当事人明确表明或者法律有相关规定（如著作权法规定美术作品的展览权随作品原件转移），买卖可以影响知识产权，否则，该标的物所体现的知识产权就不转移于买受人。另举一例来说，某人购买了一台计算机，其中计算机内包括了各种软件，作为买受人来讲，只是对计算机这一物体享有了所有

权，但是对于计算机内所包括的作为软件的知识产权不属于买受人，买受人只有使用权，没有权利处分该计算机中所包含的知识产权。

关联法规

《著作权法》第18条，《计算机软件保护条例》第9～14条

第六百零一条 【标的物交付期限】出卖人应当按照约定的时间交付标的物。约定交付期限的，出卖人可以在该交付期限内的任何时间交付。

第六百零二条 【标的物交付期限不明时的处理】当事人没有约定标的物的交付期限或者约定不明确的，适用本法第五百一十条、第五百一十一条第四项的规定。

第六百零三条 【标的物交付地点】出卖人应当按照约定的地点交付标的物。

当事人没有约定交付地点或者约定不明确，依据本法第五百一十条的规定仍不能确定的，适用下列规定：

（一）标的物需要运输的，出卖人应当将标的物交付给第一承运人以运交给买受人；

（二）标的物不需要运输，出卖人和买受人订立合同时知道标的物在某一地点的，出卖人应当在该地点交付标的物；不知道标的物在某一地点的，应当在出卖人订立合同时的营业地交付标的物。

第六百零四条 【标的物毁损、灭失风险负担的基本规则】标的物毁损、灭失的风险，在标的物交付之前由出卖人承担，交付之后由买受人承担，但是法律另有规定或者当事人另有约定的除外。

条文注解

本条也是买卖合同章最重要的条文之一。风险承担，是指买卖的标的物在合同生效后因不可归责于当事人双方的事由，如地震、火灾、飓风等致使发生毁损、灭失时，该损失应当由哪方当事人承担。

风险承担制度具有三个主要特点：一是风险承担发生在双务合同之中，单务合同没有对待给付问题，即使可能存在标的物毁损灭失风险，但

不存在价金风险的问题。二是风险承担是因为标的物的毁损灭失而引起，不是因当事人的违约行为而引起。三是风险承担是因为不可归责于双方当事人的事由而产生的损失的分配制度，风险的发生具有极大的不可预测性。风险承担的关键是风险转移的问题，也就是说，如何确定风险转移的时间。转移的时间确定了，风险由谁来承担也就清楚了。由于它涉及买卖双方当事人最根本的利益，所以从来都是各国、各地区有关买卖合同法律规范中要解决的一个重要问题。

本条确立的规则属于买卖合同风险承担的一般性规则，如果特别法或者本法另有特别的规定，则应当适用该特别规定。

第六百零五条　【迟延交付标的物的风险负担】因买受人的原因致使标的物未按照约定的期限交付的，买受人应当自违反约定时起承担标的物毁损、灭失的风险。

第六百零六条　【路货买卖中的标的物风险负担】出卖人出卖交由承运人运输的在途标的物，除当事人另有约定外，毁损、灭失的风险自合同成立时起由买受人承担。

第六百零七条　【需要运输的标的物风险负担】出卖人按照约定将标的物运送至买受人指定地点并交付给承运人后，标的物毁损、灭失的风险由买受人承担。

当事人没有约定交付地点或者约定不明确，依据本法第六百零三条第二款第一项的规定标的物需要运输的，出卖人将标的物交付给第一承运人后，标的物毁损、灭失的风险由买受人承担。

第六百零八条　【买受人不收取标的物的风险负担】出卖人按照约定或者依据本法第六百零三条第二款第二项的规定将标的物置于交付地点，买受人违反约定没有收取的，标的物毁损、灭失的风险自违反约定时起由买受人承担。

第六百零九条　【未交付单证、资料不影响风险转移】出卖人按照约定未交付有关标的物的单证和资料的，不影响标的物毁损、灭失风险的转移。

条文注解

本条的内容主要包括两个方面：一方面，出卖人已经将标的物交付给买受人并由买受人占有，只是没有按照约定履行交付有关标的物的单证和资料的义务；另一方面，没有交付有关单证和资料，不影响标的物毁损、灭失风险的转移，即此时的风险由买受人承担。需要说明的是，本条中所称的“有关标的物的单证和资料”，既可能是提取标的物的单证，也可能是提取标的物单证以外的有关单证和资料。

第六百一十条 【出卖人根本违约的风险负担】因标的物不符合质量要求，致使不能实现合同目的的，买受人可以拒绝接受标的物或者解除合同。买受人拒绝接受标的物或者解除合同的，标的物毁损、灭失的风险由出卖人承担。

第六百一十一条 【买受人承担风险与出卖人违约责任关系】标的物毁损、灭失的风险由买受人承担的，不影响因出卖人履行义务不符合约定，买受人请求其承担违约责任的权利。

条文注解

本条的规定表明，在出卖人违约的情况下，买受人虽然按照本法的规定承担了标的物风险，但并不影响因出卖人的违约行为，买受人请求其承担违约责任的权利，如请求损害赔偿。主要的理由在于：标的物毁损、灭失的风险由买受人承担的根据是买受人已经收到了出卖人交付的标的物，但并不表明买受人已经认可出卖人已经完全履行了债务，也不表明出卖人没有违约行为；如果出卖人存在违约行为，买受人自然可以要求出卖人承担违约责任。

需要特别说明的是，本条规定确实可能与前条的规定存在交叉。比如，在出卖人向买受人交付的标的物不符合质量要求，致使不能实现合同目的的情况下，买受人可以依据前条的规定主张权利。即买受人既可以通过拒收标的物或者解除合同而不承担标的物毁损、灭失风险，同时也可以进一步要求出卖人承担相应的违约责任。

第六百一十二条 【出卖人权利瑕疵担保义务】出卖人就交付的标的物，负有保证第三人对该标的物不享有任何权利的义务，但是法律另有规定的除外。

条文注解

买卖合同中出卖人对标的物的权利担保义务，是指出卖人应当保证对标的物享有合法的权利，没有侵犯任何第三人的权利，并且任何第三人就该标的物不享有任何权利。买卖合同根本上就是标的物所有权的转让，因此，出卖人的这项义务也就是其一项最基本的义务。本条所规定的义务是买卖合同中出卖人的一项法定义务，即使合同中对其未作约定，出卖人也必须履行。

具体到本条的规定而言，出卖人的权利担保义务包括：(1)出卖人对出卖的标的物享有合法的权利，他须对标的物具有所有权或者处分权。出卖人作为代理人替货主出售货物，即是出卖人具有处分权的情形。而出卖人将其合法占有或者非法占有的他人财产作为出卖的标的物，或者出卖自己只有部分权利的标的物，如与他人共有的财产等都是对本项义务的违反。(2)出卖人应当保证标的物上不存在他人实际享有的权利，如抵押权、租赁权等。(3)出卖人应当保证标的物没有侵犯他人的知识产权。确定出卖人的这项义务比较复杂，需要结合有关知识产权的法律作出判断。

第六百一十三条 【出卖人权利瑕疵担保义务免除】买受人订立合同时知道或者应当知道第三人对买卖的标的物享有权利的，出卖人不承担前条规定的义务。

第六百一十四条 【买受人的中止支付价款权】买受人有确切证据证明第三人对标的物享有权利的，可以中止支付相应的价款，但是出卖人提供适当担保的除外。

第六百一十五条 【标的物的质量要求】出卖人应当按照约定的质量要求交付标的物。出卖人提供有关标的物质量说明的，交付的标的物应当符合该说明的质量要求。

关联法规

《消费者权益保护法》第18、23条,《产品质量法》第26条

第六百一十六条 【标的物质量要求不明时的处理】当事人对标的物的质量要求没有约定或者约定不明确,依据本法第五百一十条的规定仍不能确定的,适用本法第五百一十一条第一项的规定。

条文注解

本条解决的中心问题是买卖双方如果在合同中对标的物的质量要求问题没有约定或者约定不明确时怎么办。与合同的其他条款一样,首先要依照本法第510条的规定予以确定。确定不了的,接着适用本法第511条的有关一般性规定。即"质量要求不明确的,按照强制性国家标准履行;没有强制性国家标准的,按照推荐性国家标准履行;没有推荐性国家标准的,按照行业标准履行;没有国家标准、行业标准的,按照通常标准或者符合合同目的的特定标准履行"。

第六百一十七条 【质量瑕疵担保责任】出卖人交付的标的物不符合质量要求的,买受人可以依据本法第五百八十二条至第五百八十四条的规定请求承担违约责任。

关联法规

《消费者权益保护法》第23条

第六百一十八条 【减轻或者免除瑕疵担保责任的例外】当事人约定减轻或者免除出卖人对标的物瑕疵承担的责任,因出卖人故意或者重大过失不告知买受人标的物瑕疵的,出卖人无权主张减轻或者免除责任。

第六百一十九条 【标的物包装方式】出卖人应当按照约定的包装方式交付标的物。对包装方式没有约定或者约定不明确，依据本法第五百一十条的规定仍不能确定的，应当按照通用的方式包装；没有通用方式的，应当采取足以保护标的物且有利于节约资源、保护生态环境的包装方式。

第六百二十条 【买受人的检验义务】买受人收到标的物时应当在约定的检验期限内检验。没有约定检验期限的，应当及时检验。

第六百二十一条 【买受人的通知义务】当事人约定检验期限的，买受人应当在检验期限内将标的物的数量或者质量不符合约定的情形通知出卖人。买受人怠于通知的，视为标的物的数量或者质量符合约定。

当事人没有约定检验期限的，买受人应当在发现或者应当发现标的物的数量或者质量不符合约定的合理期限内通知出卖人。买受人在合理期限内未通知或者自收到标的物之日起二年内未通知出卖人的，视为标的物的数量或者质量符合约定；但是，对标的物有质量保证期的，适用质量保证期，不适用该二年的规定。

出卖人知道或者应当知道提供的标的物不符合约定的，买受人不受前两款规定的通知时间的限制。

第六百二十二条 【检验期限过短时的处理】当事人约定的检验期限过短，根据标的物的性质和交易习惯，买受人在检验期限内难以完成全面检验的，该期限仅视为买受人对标的物的外观瑕疵提出异议的期限。

约定的检验期限或者质量保证期短于法律、行政法规规定期限的，应当以法律、行政法规规定的期限为准。

第六百二十三条 【检验期限未约定时的处理】当事人对检验期限未作约定，买受人签收的送货单、确认单等载明标的物数量、型号、规格的，推定买受人已经对数量和外观瑕疵进行检验，但是有相关证据足以推翻的除外。

第六百二十四条 【向第三人履行情形下的检验标准】出卖人依照买受人的指示向第三人交付标的物，出卖人和买受人约定的检验标准与买受人和第三人约定的检验标准不一致的，以出卖人和买受人约定的检验标准为准。

第六百二十五条 【出卖人回收义务】依照法律、行政法规的规定或者按照当事人的约定，标的物在有效使用年限届满后应予回收的，出卖人负有自行或者委托第三人对标的物予以回收的义务。

第六百二十六条 【买受人支付价款的数额和方式】买受人应当按照约定的数额和支付方式支付价款。对价款的数额和支付方式没有约定或者约定不明确的，适用本法第五百一十条、第五百一十一条第二项和第五项的规定。

第六百二十七条 【买受人支付价款的地点】买受人应当按照约定的地点支付价款。对支付地点没有约定或者约定不明确，依据本法第五百一十条的规定仍不能确定的，买受人应当在出卖人的营业地支付；但是，约定支付价款以交付标的物或者交付提取标的物单证为条件的，在交付标的物或者交付提取标的物单证的所在地支付。

第六百二十八条 【买受人支付价款的时间】买受人应当按照约定的时间支付价款。对支付时间没有约定或者约定不明确，依据本法第五百一十条的规定仍不能确定的，买受人应当在收到标的物或者提取标的物单证的同时支付。

第六百二十九条 【出卖人多交标的物的处理】出卖人多交标的物的，买受人可以接收或者拒绝接收多交的部分。买受人接收多交部分的，按照约定的价格支付价款；买受人拒绝接收多交部分的，应当及时通知出卖人。

第六百三十条 【标的物孳息的归属】标的物在交付之前产生的孳息，归出卖人所有；交付之后产生的孳息，归买受人所有。但是，当事人另有约定的除外。

条文注解

孳息是“原物”的对称，是由物或者权利而产生的收益，分为“天然孳息”和“法定孳息”。天然孳息，是指物依自然规律产生的收益，如土地生长的稻麦、树木的果实、牲畜的幼畜、挤出的牛乳、剪下的羊毛等。法定孳息，是指依民事法律关系产生的收益，如有利息的借贷或租赁、出借人有权收取的利息、出租人有权收取的租金等。买卖合同中标的物涉及的孳息，一般为天然孳息。但如果买卖的不是一般的货物，则也有可能涉及法定孳息，如买卖正被出租的房屋即是。

第六百三十一条 【从物与合同解除】因标的物的主物不符合约定而解除合同的，解除合同的效力及于从物。因标的物的从物不符合约定被解除的，解除的效力不及于主物。

第六百三十二条 【数物同时出卖时的合同解除】标的物为数物，其中一物不符合约定的，买受人可以就该物解除。但是，该物与他物分离使标的物的价值显受损害的，买受人可以就数物解除合同。

第六百三十三条 【分批交付标的物的合同解除】出卖人分批交付标的物的，出卖人对其中一批标的物不交付或者交付不符合约定，致使该批标的物不能实现合同目的的，买受人可以就该批标的物解除。

出卖人不交付其中一批标的物或者交付不符合约定，致使之后其他各批标的物的交付不能实现合同目的的，买受人可以就该批以及之后其他各批标的物解除。

买受人如果就其中一批标的物解除，该批标的物与其他各批标的物相互依存的，可以就已经交付和未交付的各批标的物解除。

第六百三十四条 【分期付款买卖合同】分期付款的买受人未支付到期价款的数额达到全部价款的五分之一，经催告后在合理期限内仍未支付到期价款的，出卖人可以请求买受人支付全部价款或者解除合同。

出卖人解除合同的，可以向买受人请求支付该标的物的使用费。

条文注解

分期付款买卖合同，是指由出卖人先向买受人交付标的物，买受人将应付的总价款，在一定期限内分次向出卖人支付的买卖合同。分期付款买卖也是一种特殊买卖，其根本特征在于买受人在接受标的物后不是一次性支付全部价款，而是将全部价款分成若干份，分不同日期支付。

分期付款买卖使买受人未支付全部价金即取得买卖标的物，出卖人未得到全部价金即需移转买卖标的物，出卖人存在不能取得全部价金的风险。因此，在分期付款买卖合同中，出卖人为规避风险，往往提出一些有利于自己的合同条款。一般来说这也是合理的，是合同自愿原则的体现。然而，分期付款的买受人往往是弱者，其利益容易受到损害。因此，法律为了防止出卖人提出的这些条款过于苛刻，就应当作出一定的限制，以保证买卖当事人之间利益的平衡。

出卖人在对分期付款买卖采取规避风险的各种措施中，最重要的就是解除合同或者请求支付全部价款的特别约定。

第六百三十五条　【凭样品买卖合同】凭样品买卖的当事人应当封存样品，并可以对样品质量予以说明。出卖人交付的标的物应当与样品及其说明的质量相同。

条文注解

凭样品买卖合同，又称货样买卖，是指买卖双方根据货物样品而订立的由出卖人按照样品交付标的物的合同。

样品是凭样品买卖的核心问题。这对于双方当事人来讲均很重要，需要高度重视，不然的话，容易引起不必要的纠纷。为此，本条规定，"当事人应当封存样品"。这一规定包括三层意思：一是样品必须是订立合同时的样品；二是样品的封存必须为双方所认可，包括对封存地点、数量、时间以及保存人的认可等；三是双方当事人应当对封存的样品盖章或者签字。至于封存的具体方法，当事人可以根据自己的具体情况作出具体的约定。

第六百三十六条　【凭样品买卖合同的隐蔽瑕疵处理】凭样品买卖的买受人不知道样品有隐蔽瑕疵的，即使交付的标的物与样品相同，出卖人交付的标的物的质量仍然应当符合同种物的通常标准。

第六百三十七条　【试用买卖的试用期限】试用买卖的当事人可以约定标的物的试用期限。对试用期限没有约定或者约定不明确，依据本法第五百一十条的规定仍不能确定的，由出卖人确定。

条文注解

所谓试用买卖合同，也称试验买卖合同，是指出卖人和买受人约定，由买受人对标的物进行试用，并由买受人决定是否购买标的物的一种特殊的买卖合同。在试用买卖中，买卖当事人双方约定由买受人使用或者试验标的物，以买受人经过一段时间后认可标的物为合同生效条件。因此，标的物的试用期限是试用买卖合同中的重要条款，基于合同的自愿原则，合同当事人可以就标的物的试用期限进行约定。所以，本条首先规定试用买卖的当事人可以约定标的物的试用期限。如果当事人在试用买卖合同中对试用期限没有约定或者约定不明确，自然应当依据本法第510条的规定，通过重新协商或者根据合同的条款、交易习惯来确定。也就是说，当事人双方可以协议补充；双方不能达成补充协议的，按照试用买卖合同中的有关条款进行确定；仍然无法确定的，按照交易习惯确定。如果此时还不能确定，则由出卖人来确定试用的期限，以避免试用期限一直处于不确定的状态。

试用买卖的买受人在试用期内已经支付部分价款或者对标的物实施出卖、出租、设立担保物权等行为的，视为同意购买。

第六百三十八条　【试用买卖的效力】试用买卖的买受人在试用期内可以购买标的物，也可以拒绝购买。试用期限届满，买受人对是否购买标的物未作表示的，视为购买。

试用买卖的买受人在试用期内已经支付部分价款或者对标的物实施出卖、出租、设立担保物权等行为的，视为同意购买。

第六百三十九条　【试用买卖使用费的负担】试用买卖的当事人对标的物使用费没有约定或者约定不明确的，出卖人无权请求买受人支付。

第六百四十条　【试用期间标的物灭失风险的承担】标的物在试用期内毁损、灭失的风险由出卖人承担。

第六百四十一条 【所有权保留】当事人可以在买卖合同中约定买受人未履行支付价款或者其他义务的，标的物的所有权属于出卖人。

出卖人对标的物保留的所有权，未经登记，不得对抗善意第三人。

条文注解

通常来讲，买卖合同标的物的所有权自标的物交付时起转移，但法律另有规定或者当事人另有约定的，则应当依照法律规定或者当事人的约定确定所有权转移的时间。本条的规定即体现了当事人另外约定的一种情形。因此，本条实际上是一个提示性的条款，当事人可以根据实际情况运用这样的约定确定相互的权利义务关系，而这种约定是当事人根据合同自愿原则确定合同内容的表现，是受法律保护的。

买卖合同中的所有权保留条款，是标的物所有权转移问题中的重要内容。所有权保留条款是有利于出卖人的条款。它的主要功能是可以使出卖人躲避不能取得标的物价款的风险。在买受人未履行支付价款或者其他义务以前，出卖人仍然享有标的物的所有权。这样就可以免去在出卖人已交付标的物而买受人不履行其主要义务时，因所有权已转移可能给出卖人造成的损害。

自 2020 年 1 月 1 日起施行的《优化营商环境条例》第 47 条第 2 款规定："国家推动建立统一的动产和权利担保登记公示系统，逐步实现市场主体在一个平台上办理动产和权利担保登记。纳入统一登记公示系统的动产和权利范围另行规定。"

基于实现优化营商环境、消灭隐形担保的总目标，本条规定出卖人对标的物保留的所有权，未经登记不得对抗善意第三人，明确了必须登记才能取得对抗第三人的效力。

第六百四十二条 【出卖人的取回权】当事人约定出卖人保留合同标的物的所有权，在标的物所有权转移前，买受人有下列情形之一，造成出卖人损害的，除当事人另有约定外，出卖人有权取回标的物：

（一）未按照约定支付价款，经催告后在合理期限内仍未支付；

（二）未按照约定完成特定条件；

（三）将标的物出卖、出质或者作出其他不当处分。

出卖人可以与买受人协商取回标的物；协商不成的，可以参照适用担保物权的实现程序。

条文注解

所谓所有权保留出卖人取回权，是指在所有权保留买卖合同中，当买受人出现违约的情形时，出卖人享有取回标的物的权利。依据本条第 1 款的规定，出卖人取回权的主要内涵为：在所有权保留买卖中，标的物进行实际交付以后，标的物所有权移转于买受人之前，因买受人未按照约定支付价款、未按照约定完成特定条件或者将标的物作出卖或者出质等不当处分的，出卖人有权取回标的物。据此表明，出卖人若取回标的物，除当事人另有约定外，必须符合本条规定的条件才可以行使。之所以明确出卖人的取回权，是因为在所有权保留买卖中，由于买受人占有、使用标的物，出卖人以保留的所有权来担保其价金债权的实现，这就造成了所有权人和标的物相分离，一旦买受人不依约支付价款，或者对标的物进行处分进而使标的物的价值降低或状态改变，都将危害到出卖人的利益。在此前提下，当买受人未履行支付价款义务或未尽善良管理人应尽的注意义务时，出卖人应当享有一定的救济权利，取回标的物无疑是最好的手段。出卖人可以行使取回权的具体条件如下：

第一，买受人未按照约定支付价款。通常情况下，出卖人在买受人未支付价款达到何种程度才可以取回标的物，应当由合同约定。如果合同没有约定，出卖人在买受人未支付价款达到何种程度可以取回。

第二，买受人未按照约定完成特定条件。如果汽车买卖当事人约定买受人应当在购买车辆一个月内更换刹车系统并购买车辆交强险及商业险，否则出卖人有权取回汽车。

第三，买受人在占有标的物期间擅自处分标的物且标的物未被第三人善意取得。在买卖双方未就出卖人何时可以取回标的物作出约定时，买受人就标的物实施了转卖、出质等行为的，将严重侵害出卖人的所有权，故出卖人依法有权行使取回权。

但是，如果第三人依据本法第 311 条的规定已经善意取得标的物所有权或者其他物权的，出卖人无权取回标的物，否则将严重损害交易的安全和交易的秩序。

在符合上述出卖人可以行使取回权条件的前提下，出卖人应当以何种程序取回，将影响出卖人取回标的物的效率。因此，本条第 2 款规定，出卖人可以与买受人协商取回标的物；协商不成的，可以参照适用担保物权的实现程序。

第六百四十三条 【买受人的回赎权】出卖人依据前条第一款的规定取回标的物后，买受人在双方约定或者出卖人指定的合理回赎期限内，消除出卖人取回标的物的事由的，可以请求回赎标的物。

买受人在回赎期限内没有回赎标的物，出卖人可以以合理价格将标的物出卖给第三人，出卖所得价款扣除买受人未支付的价款以及必要费用后仍有剩余的，应当返还买受人；不足部分由买受人清偿。

关联法规

《招标投标法》,《反不正当竞争法》第15条

第六百四十四条 【招标投标买卖】招标投标买卖的当事人的权利和义务以及招标投标程序等，依照有关法律、行政法规的规定。

第六百四十五条 【拍卖】拍卖的当事人的权利和义务以及拍卖程序等，依照有关法律、行政法规的规定。

第六百四十六条 【买卖合同准用于有偿合同】法律对其他有偿合同有规定的，依照其规定；没有规定的，参照适用买卖合同的有关规定。

第六百四十七条 【互易合同】当事人约定易货交易，转移标的物的所有权的，参照适用买卖合同的有关规定。

第十章 供用电、水、气、热力合同

第六百四十八条 【供用电合同定义及强制缔约义务】供用电合同是供电人向用电人供电，用电人支付电费的合同。

向社会公众供电的供电人，不得拒绝用电人合理的订立合同要求。

条文注解

供用电合同涉及千家万户，关系基本民生，供用电合同不仅关系当事人的利益，而且关系社会公共利益。如果作为供电人的供电企业拒绝向某个当事人提供供电服务，则用电人将很可能无法得到这些服务，进而影响最基本的生产和生活，需要法律对此类合同作出特别规定，对供电人的自由进行适当限制。因此，法律上有必要规定强制缔约义务。

所谓强制缔约，是指只要一方提出订立合同的要求，负有强制缔约义务的人依法不得拒绝，必须与之订立合同。我国《电力法》第26条第1款规定："供电营业区内的供电营业机构，对本营业区内的用户有按照国家规定供电的义务；不得违反国家规定对其营业区内申请用电的单位和个人拒绝供电。"这就是供电人的强制缔约义务。在民法典编纂过程中，考虑到用电的普遍性和对民众生活的必需性，经研究认为，有必要在电力法的基础上，进一步在民法典中对供用电合同当事人的强制缔约义务作出规定，以在更广范围指引社会、经济生活。因此本条第2款规定："向社会公众供电的供电人，不得拒绝用电人合理的订立合同要求。"

本章从现实出发，本着合同自愿订立的原则，把供用电双方作为平等的民事主体，着重从当事人合同关系的角度，对供用电合同的有关内容、供用电双方的权利义务及违约责任等作出规定，以适应社会主义市场经济体制发展和完善的需要。

关联法规

《电力法》第27条，《电力供应与使用条例》第33条

第六百四十九条 【供用电合同内容】供用电合同的内容一般包括供电的方式、质量、时间，用电容量、地址、性质，计量方式，电价、电费的结算方式，供用电设施的维护责任等条款。

第六百五十条 【供用电合同履行地】供用电合同的履行地点，按照当事人约定；当事人没有约定或者约定不明确的，供电设施的产权分界处为履行地点。

第六百五十一条 【供电人的安全供电义务】供电人应当按照国家规定的供电质量标准和约定安全供电。供电人未按照国家规定的供电质量标准和约定安全供电，造成用电人损失的，应当承担赔偿责任。

关联法规

《电力法》第28、59、60条，《电力供应与使用条例》第19~24条

第六百五十二条 【供电人中断供电时的通知义务】供电人因供电设施计划检修、临时检修、依法限电或者用电人违法用电等原因，需要中断供电时，应当按照国家有关规定事先通知用电人；未事先通知用电人中断供电，造成用电人损失的，应当承担赔偿责任。

条文注解

供用电合同是一种持续供给合同，供电人在发电、供电系统正常的情况下，应当连续向用电人供电，不得中断，否则应当承担违约责任。这是供电人连续供电的义务。但是在某些法定情形下，供电人可以中断供电，根据本条和《电力法》第29条的规定，这些情形主要包括：

（1）供电设施检修。为了保障安全、及时供电，供电人应当加强对供电设施的检修，从公平合理角度来讲，检修供电设施自然可以中断供电。本条对“供电设施检修”未加法定限制条件，因此，无论是计划检修还是临时检修，只要依照规定事先通知了用电人，供电人都可以根据需要中断供电。

（2）依法限电。这是指依照有关法律、行政法规对一个地区中的一部分地区、部分用户、用电大户的部分用电设施中断供电，使其用电总量减少的一种措施行为。既然是依法进行的限电，供电人根据需要中断供电是应有之义。

（3）用电人违法用电。这种情形具体包括违章用电、窃电、超计划用电、不安全用电以及其他违反法律、行政法规用电的行为。《电力法》第32条第1款规定：“用户用电不得危害供电、用电安全和扰乱供电、用电秩序。”其中的“危害供电、用电安全”，是指用户违反供用电安全的有关规定，故意采取不正当手段，威胁供用电安全，或由于管理、使用不当，引

发电气设施损坏事故、火灾事故、人身伤亡事故、停电事故等情况。“扰乱供电、用电秩序”则主要包括违章用电行为、窃电行为、超计划用电行为、故意冲击供电企业与变电设施所在地行为等。供电人在上述情形下中断供电，不承担违约责任，但前提是应当按照国家有关规定事先通知用电人。

因供电设施计划检修停电，供电企业应当提前7天通知用户或者进行公告。因供电设施临时检修停电，供电企业应当提前24小时通知重要用户。因发电、供电系统发生故障需要停电、限电时，供电企业应当按照事先确定的限电序位进行停电或者限电；但限电序位应事前公告用户。引起停电或者限电的原因消除后，供电企业应当尽快恢复供电。但是，如果因供电设施检修、依法限电或者用户违法用电等原因中断供电，供电企业没有按照国家有关规定事先通知用户，比如遇到计划检修时，没有提前7天通知用户或者进行公告，依法限电时，没有按照事先确定的限电序位进行限电，因此给用电人造成损失的，应当承担损害赔偿责任。

关联法规

《电力法》第29条，《电力供应与使用条例》第28条

第六百五十三条 【供电人的抢修义务】因自然灾害等原因断电，供电人应当按照国家有关规定及时抢修；未及时抢修，造成用电人损失的，应当承担赔偿责任。

关联法规

《电力法》第30条

第六百五十四条 【用电人的交付电费义务】用电人应当按照国家有关规定和当事人的约定及时支付电费。用电人逾期不支付电费的，应当按照约定支付违约金。经催告用电人在合理期限内仍不支付电费和违约金的，供电人可以按照国家规定的程序中止供电。

供电人依据前款规定中止供电的，应当事先通知用电人。

关联法规

《电力法》第33条,《电力供应与使用条例》第23~26、34条

第六百五十五条 【用电人的安全用电义务】用电人应当按照国家有关规定和当事人的约定安全、节约和计划用电。用电人未按照国家有关规定和当事人的约定用电,造成供电人损失的,应当承担赔偿责任。

条文注解

用电人违章用电,应当承担一定的法律责任,有关电力供应与使用的法律法规对违章用电的法律责任作出了规定。《电力法》第65条规定,违反该法第32条规定,危害供电、用电安全或者扰乱供电、用电秩序的,由电力管理部门责令改正,给予警告;情节严重或者拒绝改正的,可以中止供电,可以并处5万元以下的罚款。《电力供应与使用条例》第40条规定,违反该法第30条规定,违章用电的,供电企业可以根据违章事实和造成的后果追缴电费,并按照国务院电力管理部门的规定加收电费和国家规定的其他费用;情节严重的,可以按照国家规定的程序停止供电。以上规定,多是从行政管理的角度出发,给予行政处罚。从合同关系考虑,违反国家有关规定和当事人的有关约定用电,属于违约用电行为,对此,应当承担违约责任。故本条规定,用电人未按照国家有关规定和当事人的约定用电,造成供电人损失的,应当承担赔偿责任。具体地,用电人承担哪种违约责任,承担多大的违约责任,均由当事人根据合同编第一分编通则有关违约责任的规定加以确定。通常包括采取补救措施、支付违约金、供电人中止供电等,造成供电人损失的,应当给予赔偿。

关联法规

《电力法》第32、59、60条,《电力供应与使用条例》第29~31条

第六百五十六条 【供用水、供用气、供用热力合同的参照适用】供用水、供用气、供用热力合同,参照适用供用电合同的有关规定。

关联法规

《城市供水条例》,《城镇燃气管理条例》

第十一章 赠与合同

第六百五十七条 【赠与合同定义】赠与合同是赠与人将自己的财产无偿给予受赠人，受赠人表示接受赠与的合同。

条文注解

赠与具有相当的社会意义，有利于弘扬文明友善的社会主义核心价值观。赠与合同，是指赠与人将自己的财产无偿给予受赠人，受赠人愿意接受赠与的合同。我们可以从赠与合同的概念中看出如下内涵：

一是赠与是一种合意，是双方的法律行为。赠与合同虽为单务、无偿合同，但也需有当事人双方一致的意思表示才能成立。如果一方有赠与意愿，而另一方无意接受该赠与，赠与合同不能成立。在现实生活中，也会出现一方出于某种考虑而不愿接受对方赠与的情形，如遇此情况，赠与合同即不成立。

二是赠与合同是转移财产所有权的合同。赠与合同是以赠与人将自己的财产给予受赠人为内容的合同，是赠与人转移财产所有权于受赠人的合同。这是赠与合同与借用合同的主要区别。

三是赠与合同为无偿合同。所谓“无偿合同”，是指仅由当事人一方为给付，另一方不必向对方偿付相应代价的合同。在赠与合同中，仅由赠与人无偿地将自己的财产给予受赠人，而受赠人取得赠与的财产，不需向赠与人偿付相应的代价。这是赠与合同与买卖等有偿合同的主要区别。

四是赠与合同是单务合同。所谓“单务合同”，是指仅由当事人一方负债务，另一方不负债务，或者另一方虽负有债务但无对价关系的合同。在一般情况下，赠与合同仅由赠与人负有将自己的财产给予受赠人的义务，而受赠人并不负有义务。在附义务的赠与中，赠与人负有将其财产给予受赠人的义务，受赠人按照合同约定负担某种义务，但受赠人所负担的义务并非赠与人所负义务的对价，受赠人的义务通常远远小于赠与人的义务，双方的义务并不是相互对应的，因此，赠与合同为单务合同。

五是赠与合同为诺成合同。赠与合同是实践合同还是诺成合同，与赠与合同自何时成立直接相关。赠与合同是否以交付标的物为成立要件，国外立法例上有不同规定，我国法学界也有不同认识。所谓“实践合同”，又称“要物合同”，是指除当事人间的意思表示一致以外，还需交付标的物才能成立的合同。它以当事人的合意和交付标的物为成立要件。所谓“诺成合同”，又称“非要物合同”，是指当事人之间意思表示一致，即能成立的合同。它以当事人的合意为成立要件。

六是赠与合同为不要式合同。赠与合同是要式合同还是不要式合同，与赠与合同是否成立也有关联。所谓“要式合同”，是指法律要求必须采用一定的形式的合同。所谓“不要式合同”，是指法律没有要求必须具备特定的形式的合同。不要式合同不排斥合同采用书面、公证等形式，只是合同的形式不影响合同的成立。依照本法的规定，赠与合同为不要式合同。赠与合同既可采用口头形式，又可采用书面形式或者在合同订立后办理公证证明。无论采用何种形式，也无论是否经过公证，都不影响赠与合同的成立。

第六百五十八条　【赠与人任意撤销权及其限制】赠与人在赠与财产的权利转移之前可以撤销赠与。

经过公证的赠与合同或者依法不得撤销的具有救灾、扶贫、助残等公益、道德义务性质的赠与合同，不适用前款规定。

关联法规

《公益事业捐赠法》第2~5条

第六百五十九条　【赠与财产办理有关法律手续】赠与的财产依法需要办理登记或者其他手续的，应当办理有关手续。

第六百六十条　【受赠人的交付请求权以及赠与人的赔偿责任】经过公证的赠与合同或者依法不得撤销的具有救灾、扶贫、助残等公益、道德义务性质的赠与合同，赠与人不交付赠与财产的，受赠人可以请求交付。

依据前款规定应当交付的赠与财产因赠与人故意或者重大过失致使毁损、灭失的，赠与人应当承担赔偿责任。

第六百六十一条　【附义务赠与合同】赠与可以附义务。

赠与附义务的，受赠人应当按照约定履行义务。

条文注解

附义务的赠与，也称附负担的赠与，是指以受赠人对赠与人或者第三人为一定给付为条件的赠与，即使受赠人接受赠与后负担一定义务的赠与。附义务的赠与不同于一般的赠与，而属一种特殊的赠与。其特殊性在于:(1)一般的赠与，受赠人仅享有取得赠与财产的权利，不承担任何义务；而附义务的赠与，赠与人对其赠与附加一定的条件，使受赠人承担一定的义务。(2)附义务的赠与，其所附义务不是赠与的对价，即所附义务不能大于或者等于受赠人所获得的利益，通常是低于赠与财产的价值。(3)除当事人另有约定外，通常情况下，在赠与人履行了赠与义务后，才发生受赠人义务的履行问题。例如，某捐款人应当先将捐款实际交付某大学，该大学拿到捐款后才开始动工建造捐款人希望建造的图书馆和体育场馆。(4)赠与所附义务既可以约定向赠与人履行，也可以约定向第三人履行，还可以约定向不特定的多数人履行。(5)履行赠与所负的义务，依照当事人的约定，既可以是作为，也可以是不作为。(6)赠与所附义务，是赠与合同的组成部分，而不是另外的独立合同。(7)附义务的赠与，其义务不能违反法律或者违背公序良俗，如赠与人提出受赠人只能用赠款去还赌债，这个附义务的赠与就是不合法的，因为赌债是不合法的债务。

第六百六十二条 【赠与人瑕疵担保责任】赠与的财产有瑕疵的，赠与人不承担责任。附义务的赠与，赠与的财产有瑕疵的，赠与人在附义务的限度内承担与出卖人相同的责任。

赠与人故意不告知瑕疵或者保证无瑕疵，造成受赠人损失的，应当承担赔偿责任。

第六百六十三条 【赠与人的法定撤销权及其行使期间】受赠人有下列情形之一的，赠与人可以撤销赠与：

(一)严重侵害赠与人或者赠与人近亲属的合法权益；

(二)对赠与人有扶养义务而不履行；

(三)不履行赠与合同约定的义务。

赠与人的撤销权，自知道或者应当知道撤销事由之日起一年内行使。

条文注解

赠与合同的法定撤销，是指赠与合同成立后，在具备法律规定的情形时，撤销权人可以撤销赠与。赠与的法定撤销与任意撤销的不同之处在于：第一，撤销赠与须依法律规定的事由；第二，只要具备法定事由，无论赠与合同以何种形式订立甚至经过公证证明，无论赠与的财产是否已经交付或已发生权利转移，也无论赠与是否属于社会公益或者道德义务性质，享有撤销权的赠与人均可以撤销赠与。依本条规定，赠与人撤销赠与应当具有以下三种法定情形之一：

第一种情形，受赠人严重侵害赠与人或者赠与人的近亲属。其要点在于：一是受赠人实施的是严重侵害行为，而不是轻微的、一般的侵害行为；二是受赠人侵害的是赠与人本人或其近亲属，近亲属的范围应当适用本法第 1045 条第 2 款"配偶、父母、子女、兄弟姐妹、祖父母、外祖父母、孙子女、外孙子女为近亲属"的规定，如果侵害的是其他亲友则不在此列。

第二种情形，受赠人对赠与人有扶养义务而不履行。其要点在于：一是受赠人对赠与人有扶养义务；二是受赠人对赠与人有扶养能力，而不履行对赠与人的扶养义务。如果受赠人没有扶养义务或者丧失了扶养能力，则不产生赠与人撤销赠与的权利。需要特别指出的是，这里的"扶养"应当作广义解释，不应当仅仅理解为本法第 1059 条第 1 款规定的"夫妻有相互扶养的义务"等同辈之间的照顾义务，也包括对长辈的"赡养"以及对晚辈的"抚养"等关系的照顾义务。

第三种情形，受赠人不履行赠与合同约定的义务。其要点在于：一是赠与合同约定了受赠人负有一定的义务；二是赠与人已将赠与的财产交付于受赠人；三是受赠人不履行赠与合同约定的义务。在附义务的赠与中，受赠人应当依约定履行其所负义务。在赠与人向受赠人交付了赠与的财产后，受赠人如果不依约履行其义务，赠与人可以撤销赠与。

赠与人的法定撤销权属于形成权，撤销权一经赠与人行使即发生效力，双方当事人的赠与关系即归于消灭。为了维护社会关系的稳定，尽快确定赠与的法律关系，撤销权人应当依法及时行使撤销权。赠与人行使撤销权的期间为 1 年，自知道或者应当知道撤销原因之日起计算。这一期间属于除斥期间，即法律对某种权利所预定的行使期间，不存在中止、中断和延长的问题。撤销权人如在法律规定的期间内不行使撤销权的，其撤销权即归于消灭。当然，依据本法第 152 条第 2 款的规定，"当事人自民事法律行为发生之日起五年内没有行使撤销权的，撤销权消灭"。因此，赠与人的法定撤销权应受该 5 年期间的限制。

另外需要说明的是，赠与人行使法定撤销权，应当将其撤销赠与的意思表示通知受赠人。撤销赠与的意思表示既可以是明示的，也可以是默示的。例如，赠与人没有明确说明撤销赠与，而是向受赠人索要已经交付的赠与财产，即属于默示的意思表示。赠与人没有将其撤销赠与的意思表示通知受赠人的，不发生撤销赠与的法律效力。

第六百六十四条 【赠与人继承人或者法定代理人的撤销权】因受赠人的违法行为致使赠与人死亡或者丧失民事行为能力的，赠与人的继承人或者法定代理人可以撤销赠与。

赠与人的继承人或者法定代理人的撤销权，自知道或者应当知道撤销事由之日起六个月内行使。

第六百六十五条 【撤销赠与的法律后果】撤销权人撤销赠与的，可以向受赠人请求返还赠与的财产。

第六百六十六条 【赠与人穷困抗辩】赠与人的经济状况显著恶化，严重影响其生产经营或者家庭生活的，可以不再履行赠与义务。

第十二章 借款合同

第六百六十七条 【借款合同定义】借款合同是借款人向贷款人借款，到期返还借款并支付利息的合同。

条文注解

借款合同，是指贷款人向借款人提供借款，借款人到期返还借款，并向贷款人支付利息的合同。

借款合同和传统民法借贷合同的概念有所区别。借贷合同是贷与人交付金钱或者其他种类物并转移其所有权供借用人消耗使用，借用人向贷与人返还种类、质量、数量相同的种类物的合同，一般分为使用借贷和消费借贷。其中，使用借贷是指当事人约定，当事人一方将物品借给对方使用，对方无偿使用后将物品返还的合同，又称为借用合同。消费借贷是指当事人约定，当事人一方有偿地将金钱或者其他代替物的所有权转移给对方，对方以相同物品返还的合同。本法并未对使用借贷作出规定，本章的借款合同，仅指消费借贷中的金钱借贷的内容。

第六百六十八条 【借款合同形式和内容】借款合同应当采用书面形式，但是自然人之间借款另有约定的除外。

借款合同的内容一般包括借款种类、币种、用途、数额、利率、期限和还款方式等条款。

关联法规

《商业银行法》第37条

第六百六十九条 【借款人应当提供真实情况义务】订立借款合同，借款人应当按照贷款人的要求提供与借款有关的业务活动和财务状况的真实情况。

关联法规

《商业银行法》第39条

第六百七十条 【借款利息不得预先扣除】借款的利息不得预先在本金中扣除。利息预先在本金中扣除的，应当按照实际借款数额返还借款并计算利息。

第六百七十一条 【贷款人未按照约定提供借款以及借款人未按照约定收取借款的后果】贷款人未按照约定的日期、数额提供借款，造成借款人损失的，应当赔偿损失。

借款人未按照约定的日期、数额收取借款的，应当按照约定的日期、数额支付利息。

关联法规

《商业银行法》第42条

第六百七十二条 【贷款人的监督、检查权】贷款人按照约定可以检查、监督借款的使用情况。借款人应当按照约定向贷款人定期提供有关财务会计报表或者其他资料。

第六百七十三条 【借款人未按照约定用途使用借款的责任】借款人未按照约定的借款用途使用借款的，贷款人可以停止发放借款、提前收回借款或者解除合同。

第六百七十四条 【借款人支付利息的期限】借款人应当按照约定的期限支付利息。对支付利息的期限没有约定或者约定不明确，依据本法第五百一十条的规定仍不能确定，借款期间不满一年的，应当在返还借款时一并支付；借款期间一年以上的，应当在每届满一年时支付，剩余期间不满一年的，应当在返还借款时一并支付。

关联法规

《商业银行法》第42条

第六百七十五条 【借款人返还借款的期限】借款人应当按照约定的期限返还借款。对借款期限没有约定或者约定不明确，依据本法第五百一十条的规定仍不能确定的，借款人可以随时返还；贷款人可以催告借款人在合理期限内返还。

第六百七十六条 【借款人逾期返还借款的责任】借款人未按照约定的期限返还借款的，应当按照约定或者国家有关规定支付逾期利息。

第六百七十七条 【借款人提前返还借款】借款人提前返还借款的，除当事人另有约定外，应当按照实际借款的期间计算利息。

第六百七十八条 【借款展期】借款人可以在还款期限届满前向贷款人申请展期；贷款人同意的，可以展期。

条文注解

借款展期，是指借款人在合同约定的借款期限不能偿还借款，在征得贷款人同意的情况下，延长原借款的期限，使借款人能够继续使用借款。借款展期实际上是对原合同的履行期限的变更，因此，借款展期应当遵循合同变更的有关规定。

第六百七十九条 【自然人之间借款合同的成立时间】自然人之间的借款合同，自贷款人提供借款时成立。

第六百八十条 【禁止高利放贷以及对借款利息的确定】禁止高利放贷，借款的利率不得违反国家有关规定。

借款合同对支付利息没有约定的，视为没有利息。

借款合同对支付利息约定不明确，当事人不能达成补充协议的，按照当地或者当事人的交易方式、交易习惯、市场利率等因素确定利息；自然人之间借款的，视为没有利息。

条文注解

对于借款合同当事人就支付利息约定不明确时的处理规则：首先，应当允许当事人就支付利息问题进行重新协商，经重新协商能够达成补充协议的，按补充协议的内容执行。其次，如果借款合同当事人就支付利息问题不能达成补充协议的，依据本法第 142 条第 1 款以及第 510 条的规定，应当根据借款合同所使用的词句，结合合同的相关条款确定利息约定不明条款的含义，如果通过合同的文义解释和整体解释能够确定利息的，可据此确定的利息标准执行。再次，如果通过上述两种方式均无法确定借款合同的利息标准，可以按照合同履行地或者当事人之间的交易方式、交易习惯补充确定利息。但是，利用交易方式、交易习惯确定利息标准，必须接受四个限制：一是就客观条件而言，应为交易行为当地或者行业通常采用的做法；二是就主观条件而言，为交易对方知道或者应当知道，以加强对不了解当地习惯或者缺乏业内经验的相对人的保护；三是从交易习惯的时间节点来看，应为订立合同时知道或者应当知道的习惯做法；四是交易习惯本身不得违反法律、行政法规的强制性规定或者公序良俗，否则将影响借款合同本身的效力。最后，如果按照上述三种方法仍然无法确定利息标准的，应当依据本法第511条第2项的规定，价款或者报酬不明确的，按照订立合同时履行地的市场价格履行；依法应当执行政府定价或者政府指导价的，依照规定履行，以此最终确定借款合同的利息计付标准。实践中，法院或者仲裁机构在当事人就利息问题约定不明时，可以以订立借款合同时合同履行地的商业银行同期同类贷款利率计算利息。

第十三章 保证合同

第一节 一般规定

第六百八十一条 【保证合同定义】保证合同是为保障债权的实现，保证人和债权人约定，当债务人不履行到期债务或者发生当事人约定的情形时，保证人履行债务或者承担责任的合同。

条文注解

保证是指法人、非法人组织和公民以其信誉和不特定的财产为他人的债务提供担保，当债务人不履行其债务时，该第三人按照约定履行债务或者承担责任的担保方式。这里的第三人叫作保证人，保证人必须是主合同以外的第三人。债务人不得为自己的债务作保证，且保证人应当具有清偿债务的能力，必须具有足以承担保证责任的财产，具有代为清偿能力是保证人应当具备的条件。这里的债权人既是主合同等主债务的债权人，又是保证合同中的债权人，“保证人履行债务或者承担责任”成为保证债务或者保证责任。保证属于人的担保范畴，而不同于抵押、质押、留置等物的担保形式。保证不是用具体的财产提供担保，而是以保证人的信誉和不特定的财产为他人的债务提供担保。

第六百八十二条 【保证合同的从属性及保证合同无效的法律后果】保证合同是主债权债务合同的从合同。主债权债务合同无效的，保证合同无效，但是法律另有规定的除外。

保证合同被确认无效后，债务人、保证人、债权人有过错的，应当根据其过错各自承担相应的民事责任。

第六百八十三条 【不得担任保证人的主体范围】机关法人不得为保证人，但是经国务院批准为使用外国政府或者国际经济组织贷款进行转贷的除外。

以公益为目的的非营利法人、非法人组织不得为保证人。

关联法规

《公司法》第16条，《商业银行法》第22条

第六百八十四条 【保证合同内容】保证合同的内容一般包括被保证的主债权的种类、数额，债务人履行债务的期限，保证的方式、范围和期间等条款。

第六百八十五条 【保证合同形式】保证合同可以是单独订立的书面合同，也可以是主债权债务合同中的保证条款。

第三人单方以书面形式向债权人作出保证，债权人接收且未提出异议的，保证合同成立。

条文注解

保证合同为要式合同。此要式为书面形式，即保证合同既可以是单独订立的书面合同，也可以是书面订立的主债权债务合同中的保证条款。而保证合同的成立方式也可以有所变通，债权人和保证人可以协议约定保证合同的成立方式和时间。但当第三人单方以书面形式向债权人作出保证时，只要债权人接收第三人的保证书或主债权债务中的保证条款且未提出异议的，保证合同也可成立，此时法律推定债权人默示同意，因为此时债权人无附加义务而增加了权利，对债权人只会有利。

第六百八十六条 【保证方式】保证的方式包括一般保证和连带责任保证。

当事人在保证合同中对保证方式没有约定或者约定不明确的，按照一般保证承担保证责任。

条文注解

保证的方式被分为一般保证和连带责任保证。一般保证是指当事人在保证合同中约定，在债务人不能履行债务时，保证人承担保证责任的保证。连带责任保证是指当事人在保证合同中约定保证人与债务人对债务承担连带责任的保证。这两种保证之间最大的区别在于保证人是否享有先诉抗辩权。在一般保证的情况下，保证人享有先诉抗辩权，即一般保证的保证人在就债务人的财产依法强制执行仍不能履行债务前，对债权人可以拒绝承担保证责任。而在连带责任保证的情况下，保证人不享有先诉抗辩权，即连带责任保证的债务人在主合同规定的债务履行期届满没有履行债务的，债权人既可以要求债务人履行债务，也可以要求保证人在其保证范围内承担保证责任。

上述情况表明，保证人在不同的保证方式中所处的地位不同，其利益受到法律保护的程度也有差异。一般而言，保证人在一般保证中的地位较为优越，往往并不实际承担任何责任，债务人是债务履行的第一顺序人，保证人则是债务履行的第二顺序人，保证人在债务人履行不能或者不能完全承担责任时，对债务承担补充责任。保证人在连带责任保证中的地位不太有利，只要连带责任保证的债务人在主合同规定的履行期届满没有履行债务的，债权人既可以要求债务人履行债务，也可以要求保证人在其保证范围内承担保证责任。于此情形，法律对保证人和债务人同等要求。既然如此，保证人承担何种方式的保证责任就显得十分重要，需认真对待，最好是在保证合同中明确约定。但当事人对保证方式没有约定或者约定不明确的，按照一般保证承担保证责任。

第六百八十七条 【一般保证人先诉抗辩权】当事人在保证合同中约定，债务人不能履行债务时，由保证人承担保证责任的，为一般保证。

一般保证的保证人在主合同纠纷未经审判或者仲裁，并就债务人财产依法强制执行仍不能履行债务前，有权拒绝向债权人承担保证责任，但是有下列情形之一的除外：

（一）债务人下落不明，且无财产可供执行；

（二）人民法院已经受理债务人破产案件；

（三）债权人有证据证明债务人的财产不足以履行全部债务或者丧失履行债务能力；

（四）保证人书面表示放弃本款规定的权利。

条文注解

一般保证，是指当事人在保证合同中约定，在债务人不能履行债务时，保证人承担保证责任的保证。一般保证与连带责任保证之间最大的区别在于保证人是否享有先诉抗辩权。在一般保证的情况下，保证人享有先诉抗辩权，又称为检索抗辩权，是指一般保证的保证人在就债务人的财产依法强制执行仍不能履行债务前，对债权人可以拒绝承担保证责任的权利。如果保证人不行使先诉抗辩权，那么债权人可以对主债务人和保证人有效地行使两个请求权，并可以同时或先后请求其为全部履行或部分履行。当然，在任何一方为部分或全部清偿后，其债务（责任）随之缩减或消灭。

由于金钱债务没有不能履行，种类债务也大多不构成不能履行，所以在金钱之债及种类之债中，一般保证会名存实亡，先诉抗辩权变成无条件的、永不消失的权利，这违背立法目的，故此处的“不能履行”应当解释为“就债务人财产依法强制执行无效果前，对债权人可以拒绝承担保证责任”。所谓依法“强制执行无效果”，包括执行结果不能清偿债务或不足清偿债务诸情形。例如，拍卖主债务人的财产无人应买，或拍卖所得价款仅能清偿一部分债务，或主债务人虽有财产却不知其所在等。不能清偿应指对债务人的存款、现金、有价证券、成品、半成品、原材料、交通工具等可以执行的动产和其他方便执行的财产执行完毕后，债务仍未能得到清偿的状态。

先诉抗辩权既可以通过诉讼方式行使，也可以在诉讼外行使。但按照本条第 2 款的规定，在下列四种情况下不得行使：第一，债务人下落不明，且无财产可供执行。债务人下落不明致债权人请求主债务人履行债务发生重大困难，而对于重大困难的判断，应综合诉讼及执行的难易程度、债务人的财产状况等客观情况进行。第二，人民法院已经受理债务人破产案件。债权人和债务人的纠纷经人民法院审理或者仲裁机构仲裁后，依法进入了执行程序。在执行期间，由于债务人不能清偿到期债务，债权人或者债务人向人民法院申请债务人破产。人民法院受理了债务人的破产案件后，应当依法中止执行程序，在这种情况下，债务人的财产实际上处于冻结状况，债权人在此期间不能从主债务人处实现其债权，并将来也极有可能如此，只有保证人实际承担保证责任才能实现债权，故法律不允许保证人行使先诉抗辩权，如果破产的债务人有保证人提供保证的，债权人可以不向破产组织申报债权，而直接要求保证人承担保证责任。为了保护保证人的利益，保证人可以在债权人未向人民法院申报债权的情况下，向人民法院申报债权，直接参加破产财产的分配，预先行使追偿权。第三，债权人有证据证明债务人的财产不足以履行全部债务或者丧失履行债务能力。此情况下，债权人在一定期间内无法从主债务人处实现债权，故只能要求保证人承担保证责任。第四，保证人书面表示放弃本款规定的权利。既然保证人放弃权利，则法律不允许其再主张先诉抗辩权。先诉抗辩权的放弃应当以书面形式作出，主要是为了证明保证人确实放弃该权利，同时也可以防止债权人和保证人在先诉抗辩权是否放弃问题上发生争议。

第六百八十八条 【连带责任保证】当事人在保证合同中约定保证人和债务人对债务承担连带责任的，为连带责任保证。

连带责任保证的债务人不履行到期债务或者发生当事人约定的情形时，债权人可以请求债务人履行债务，也可以请求保证人在其保证范围内承担保证责任。

条文注解

连带责任保证是指当事人在保证合同中约定保证人与债务人对债务承担连带责任的保证。债务履行期届满债务人没有履行债务的，债权人既可以要求债务人履行债务，也可以要求保证人在其保证范围内履行债务。故在连带责任保证中，保证责任已届承担期，债权人请求保证人实际承担保证责任的，保证人没有先诉抗辩权，但有主债务已适当履行或相应责任已经承担的抗辩权。连带责任保证一方面对于保证人来说承担了较重的责任，另一方面有利于保护债权人的权益。

值得注意的是，本条的连带责任保证（理论上简称“连带保证”）要与本法第 699 条规定的共同保证中的多个保证人之间承担连带责任的情形（理论上简称“保证连带”）进行区分。本条解决的是保证人和债务人之间的关系是不是连带责任的问题；本法第 699 条解决的是多个保证人之间是否是连带责任的问题。因此，实际上在共同保证的情形，结合本条和本法第 699 条，可能会出现四种不同的责任形态的排列组合：按份共同一般保证、按份共同连带保证、连带共同一般保证、连带共同连带保证。共同保证时，民法典出台前的默认规则是连带共同连带保证，民法典出台后的默认规则是连带共同一般保证。

第六百八十九条 【反担保】保证人可以要求债务人提供反担保。

条文注解

所谓反担保，是指在商品贸易、工程承包和资金借贷等经济往来中，为了换取担保人提供保证、抵押或质押等担保方式，由债务人或第三人向该担保人新设担保，以担保该担保人在承担了担保责任后易于实现其追偿权的制度。除了此条关于保证中的反担保规定外，《民法典》第 387 条第 2 款对反担保亦有规定。

关于反担保提供者的范围，无论是本条还是本法第 387 条第 2 款，都仅仅规定债务人为反担保的提供者，忽视了债务人委托第三人向原担保人提供反担保的情形。按本条侧重保护原担保人的合法权益、换取原担保人立保的立法目的和基本思想衡量，法条文本涵盖的反担保提供者的范围过于狭窄，不足以贯彻其立法目的，构成法律漏洞。对该漏洞的弥补应采取目的性扩张解释方式，将第三人提供反担保的情形纳入本条的适用范围。

关于反担保的方式，并不是所有担保常见的五种方式均可作为反担保的方式。首先，留置权不能为反担保方式。按本条规定，反担保产生于约定，而留置权却发生于法定。留置权在现行法上一律以动产为客体，价值相对较小，在主债额和原担保额均为巨大的场合，把留置权作为反担保的方式实在不足以保护原担保人的合法权益。其次，定金虽然在理论上可以作为反担保的方式，但是因为支付定金会进一步削弱债务人向债权人支付价款或酬金的能力，加之往往形成原担保和反担保不成比例的局面，所以在实践中极少采用。在实践中运用较多的反担保形式是保证、抵押权，然后是质权。不过，在债务人亲自向原担保人提供反担保的场合，保证就不得作为反担保的方式。因为这会形成债务人既向原担保人负偿付因履行原担保而生之必要费用的义务，又向原担保人承担保证债务，债务人和保证人合二为一的局面，起不到反担保的作用。

设立反担保的行为是法律行为，必须符合本法总则编关于民事法律行为有效的条件。而每种反担保的方式又各有其特定的成立条件，因此，尚需符合本法物权编和合同编于相应条款规定的特定成立要件。此外，依反担保设立的目的要求，反担保的实行应于原担保实行之后。

第六百九十条　【最高额保证合同】保证人与债权人可以协商订立最高额保证的合同，约定在最高债权额限度内就一定期间连续发生的债权提供保证。

最高额保证除适用本章规定外，参照适用本法第二编最高额抵押权的有关规定。

条文注解

最高额保证，是指保证人和债权人签订一个总的保证合同，为一定期限内连续发生的借款合同或同种类其他债权提供保证，只要债权人和债务人在保证合同约定的期限内且债权额限度内进行交易，保证人则依法承担保证责任的保证行为。最高额保证基于保证人与债务人双方约定而产生，属于人的担保中保证的一种特殊形式，是在最高债权额限度内对一定期间连续发生的不特定同种类债权提供的保证，为现实经济活动中，特别是银行融资业务中一种较为常用的担保方式。其特征具体体现为以下几个方面：

第一，不特定性。在普通保证中，被担保的主债务是现实存在的债务，且保证合同的成立，须以主债务的存在为前提。

第二，连续性。普通保证中，主债务的发生通常是基于一个合同，而最高额保证所担保的是连续发生的一系列债务。

第三，期间性。根据债法基本原理，债务人承担债务的前提是债务的内容具有特定性。债务的内容由当事人协商确定，或者由法律规定。每一个具体的债务，都有具体和确定的标的及其质量、数量、履行期限等内容，使之特定化。由于最高额保证担保的主债务属于未来的、连续性债务，具有不确定性，基于保证债务的从属性，如果不限制主债务的发生期间，不仅无法使保证债务特定化，也使保证人无法预知何时方能解脱，既不利于债权人获得清偿，也对保证人实为不利。因而最高额保证所担保的债权，须在规定期间内发生。

第四，同质性。最高额保证担保的债权系列并非多个任意债权的组合，它们必须是同种类债权，产生于同一性质的法律关系，在该法律关系中债务人对债权人承担同一性质的给付义务。

值得注意的是最高额保证与最高额抵押权的区别。本法物权编第420~424条对最高额抵押权有具体的规定。

本条第2款规定，最高额保证除适用本章规定外，参照适用物权编最高额抵押权的有关规定。也就是说，最高额保证的债权的范围、确定、转让等方面的规定与最高额抵押权保持一致。

第二节 保证责任

第六百九十一条 【保证范围】保证的范围包括主债权及其利息、违约金、损害赔偿金和实现债权的费用。当事人另有约定的，按照其约定。

条文注解

主债权即主合同所确立的债权，这是保证范围的主要部分，当事人设立保证合同，就是为了担保主债权的实现。利息即主债权所产生的利息，有法定利息和约定利息两种。违约金是指由当事人通过协商预先确定的、在违约后一方向另一方支付一定数额的金钱。损害赔偿金是指一方违约时应当向另一方承担的损害赔偿责任。在担保关系中，担保的对象也包括损害赔偿金。实现债权的费用包括诉讼费用，申请扣押、执行等的费用。

保证范围是保证合同的一项内容，保证人可以随意约定保证范围，约定范围既可大于上述法定范围，也可等于或小于上述法定范围。约定范围与法定范围不一致的，适用约定范围，即约定范围优于法定范围。

第六百九十二条 【保证期间】保证期间是确定保证人承担保证责任的期间，不发生中止、中断和延长。

债权人与保证人可以约定保证期间，但是约定的保证期间早于主债务履行期限或者与主债务履行期限同时届满的，视为没有约定；没有约定或者约定不明确的，保证期间为主债务履行期限届满之日起六个月。

债权人与债务人对主债务履行期限没有约定或者约定不明确的，保证期间自债权人请求债务人履行债务的宽限期届满之日起计算。

条文注解

保证期间为确定保证人承担保证责任的期间，事关保证人和债权人之间的债权债务能否行使或履行，也是确定保证债务和诉讼时效关系的依据。保证期间既可以是法定期间，也可以是约定期间。如果债权人请求保证人承担保证责任超过该期间，则保证人无须再承担保证责任。如果当事人没有就保证期间作出特别约定，则可以适用法定期间。保证合同中之所以要规定保证期间，是因为保证期间可以起到督促债权人主张权利、限制保证人责任的作用。

保证期间具有如下特征：第一，保证期间是就保证责任的承担所设定的期间。从性质上说，保证期间是确定保证人承担保证责任的期间，它既非保证合同的有效期间，也非附期限合同中的期限，而仅仅是针对保证责任的承担所设定的期限。第二，保证期间由当事人约定或法律规定。保证期间可以由法律作出明确规定，也可以由当事人通过特别约定确定，在当事人没有约定或约定不明时，才适用法律规定的保证期间。保证期间设立的目的在于限制保证人的责任、保障保证人的利益，当事人可以就保证期间作出特别约定，按照私法自治的原则，此种约定应当有效。第三，保证期间是保证合同的组成部分。保证合同的当事人可以就保证期间作出约定，只要此种约定不违反法律的强制性规定，该约定就是有效的，其应当成为保证合同的重要组成部分。

本条第 3 款规定了主债务履行期限没有约定或约定不明确的情况下保证期间的起算问题，此时保证期间自债权人请求债务人履行债务的宽限期届满之日起计算。

第六百九十三条 【保证责任免除】一般保证的债权人未在保证期间对债务人提起诉讼或者申请仲裁的，保证人不再承担保证责任。

连带责任保证的债权人未在保证期间请求保证人承担保证责任的，保证人不再承担保证责任。

第六百九十四条 【保证债务诉讼时效】一般保证的债权人在保证期间届满前对债务人提起诉讼或者申请仲裁的，从保证人拒绝承担保证责任的权利消灭之日起，开始计算保证债务的诉讼时效。

连带责任保证的债权人在保证期间届满前请求保证人承担保证责任的，从债权人请求保证人承担保证责任之日起，开始计算保证债务的诉讼时效。

条文注解

保证债务的诉讼时效是指当债权人请求保证人履行保证债务，经过法定的时效期间即丧失获得法院强制执行保证人承担保证责任的权利。该时效期间适用本法关于诉讼时效的规定。

保证合同诉讼时效的设立，使保证人享有两种期限利益：一是保证期间利益；二是时效利益。如果债权人未在保证期间内向主债务人或保证人主张权利，保证人可以免责。如果债权人在保证期间内主张了权利，但在此后诉讼时效期间内未向保证人要求承担保证责任，则诉讼时效届满，保证人也可以行使保证合同时效抗辩权而无须承担责任。

需要注意的是，本条第 1 款对《最高人民法院关于适用〈中华人民共和国担保法〉若干问题的解释》第 36 条进行修正，该条第 1 款中规定，“一般保证中，主债务诉讼时效中断，保证债务诉讼时效中断”，这一规定具有逻辑错误，在主债务诉讼时效中断的时候，保证债务的诉讼时效尚未计算，所以保证债务的诉讼时效中断一说无从谈起。

本条第2款是对连带责任保证的保证债务诉讼时效起算的规定。不同于一般保证，连带责任保证中债权人对债务人或保证人主张债权并无先后次序之分，债权人既可以要求债务人履行主债务，也可以要求保证人履行其保证责任，保证人不能以债权人尚未对债务人主张债务而拒绝履行保证责任。所以在连带责任保证中，债权人在保证期间届满前要求保证人履行保证责任之时，才系保证责任的诉讼时效开始之日。但此处有两点值得注意：其一，债权人要求保证人履行保证责任的方式，并不仅限于诉讼与仲裁，还包括其他的非司法途径，比如口头催告、书面告知等，但实务中一般采用书面的方式请求保证人履行保证责任，因为书面的方式更加易于举证；其二，债权人需要向保证人要求履行保证责任，才构成保证债务诉讼时效的开始，而债权人向债务人要求履行债务，并不构成保证债务诉讼时效的开始。

第六百九十五条　【主合同变更对保证责任影响】债权人和债务人未经保证人书面同意，协商变更主债权债务合同内容，减轻债务的，保证人仍对变更后的债务承担保证责任；加重债务的，保证人对加重的部分不承担保证责任。

债权人和债务人变更主债权债务合同的履行期限，未经保证人书面同意的，保证期间不受影响。

条文注解

合同变更，是债的变更的主要形式，它有广义和狭义两种含义。广义的合同变更是指合同的内容和主体发生变化。合同内容的变更，是指在合同的主体保持不变的情况下，合同的内容发生变更。具体来说，是指在合同成立以后，尚未履行或尚未完全履行之前，当事人就合同的内容达成修改和补充的协议，或者依据法律规定请求法院或者仲裁机构变更合同内容。本法所采纳的合同变更是狭义上的合同变更，即合同内容的变更。本法合同编第6章严格区分了合同的变更和转让，当事人的变更属于合同转让的范畴，而合同内容的变更属于合同的变更。

主债权债务合同变更后，原由保证人承担的保证范围可能发生变化，由此可能加大保证人的责任，这于保证人而言是十分不利的。因此，法律要求债权人与债务人协议变更主债权债务合同时需要取得保证人的书面同意。保证人书面同意，意味着其愿意为变更后的合同内容提供保证。否则，在未取得保证人书面同意的情况下，减轻债务的，保证人仍对变更后的债务承担保证责任，而加重债务的，保证人对加重的部分不承担保证责任。这改变了《担保法》第24条协议变更主合同未经保证人书面同意的，保证人不再承担保证责任的规定，更加符合维护保证人利益的原则。

本条第2款规定，“债权人和债务人变更主债权债务合同的履行期限，未经保证人书面同意的，保证期间不受影响”，该款亦是对于保证人利益的维护。根据本法第692条的规定，保证期间与主债务履行期限密切相关。保证期间可以由当事人自主约定，但约定的保证期间如早于主债务履行期限或者与主债务履行期限同时届满的，视为没有约定；没有约定或者约定不明确的，保证期间为主债务履行期限届满之日起6个月。如果债权人和债务人在未经保证人书面同意的情况下变更主债权债务合同的履行期间，可能会对保证人的保证期间利益带来不利影响，因此，作出了本款规定。但需要特别指出的是，未经保证人书面同意的主债权债务合同履行期限变更未必一定给保证人带来保证期间上的不利影响，但本款规定未像第1款规定作出“有利变更则有效，不利变更则无效”的规定。

第六百九十六条 【债权转让对保证责任影响】债权人转让全部或者部分债权，未通知保证人的，该转让对保证人不发生效力。

保证人与债权人约定禁止债权转让，债权人未经保证人书面同意转让债权的，保证人对受让人不再承担保证责任。

第六百九十七条 【债务承担对保证责任影响】债权人未经保证人书面同意，允许债务人转移全部或者部分债务，保证人对未经其同意转移的债务不再承担保证责任，但是债权人和保证人另有约定的除外。

第三人加入债务的，保证人的保证责任不受影响。

条文注解

债务承担，是指在不改变债务内容的情况下移转债务，由第三人承担了原债务人的债务。债务承担可以分为免责的债务承担和并存的债务承担。免责的债务承担，即第三人代替原债务人成为新债务人，原债务人的债务消灭。并存的债务承担，即第三人成为连带债务人，与原债务人共同承担债务。

两种债务承担都会对保证人的责任产生影响，本条第1款规定免责的债务承担对保证责任的影响，第2款规定并存的债务承担对保证责任的影响。

正确理解本条应当注意以下几点：一是债权人允许债务人转移债务必须要经保证人的书面同意。如果不是书面形式，而是其他形式，视为不存在担保人的同意。根据法律规定，书面形式是指合同书、信件和数据电文（包括电传、电报、传真、电子数据交换和电子邮件）等可以有形地表现所载内容的形式。二是本条规定的债务转移不但包括债务人将债务全部转移给他人，也包括将部分债务转移给他人。债权人许可债务人部分转移的，原债务人并不退出债务关系，只是其所应承担的债务额发生减少，新债务人与原债务人共同向债权人承担债务。部分转移债务的也必须经担保人同意，否则担保人对转移出去的部分债务不承担担保责任。三是未经担保人书面同意，债权人许可债务人转移全部债务的，可以免除担保人全部担保责任；债权人许可债务人转移部分债务的，可以免除担保人部分担保责任，担保人不得要求免除全部担保责任。

不同于债权让与，在债权让与中只规定债务加重需要经过保证人书面同意，这是由于除了具有人身专属性的特别情形，对于保证人来说，对哪个债权人承担保证责任，其实是没有那么重要的，因为最终而言债务人无法履行债务才是最关键的事情。但是在免责债务承担的情形下，债务转出的部分若要保证人继续承担保证责任，需要经过保证人的书面同意，因为债务承担会影响保证人的权益，债务转让导致相应部分的债务人更换，而债务人的偿债能力会影响保证人的权益。债务人的责任承担能力，对于保证人是否会承担保证责任以及最后的追偿权能否实现，都是极其重要的。

本条第2款应结合第552条进行解释，该条规定：“第三人与债务人约定加入债务并通知债权人，或者第三人向债权人表示愿意加入债务，债权人未在合理期限内明确拒绝的，债权人可以请求第三人在其愿意承担的债务范围内和债务人承担连带责任。”第三人加入债务，债务人的整体责任承担能力只会增加而不会有所减损，对保证人的权益不会有影响，只会更有利于保证人，因此，不需要保证人书面同意，保证人按照约定继续承担保证责任。

第六百九十八条　【一般保证人保证责任免除】一般保证的保证人在主债务履行期限届满后，向债权人提供债务人可供执行财产的真实情况，债权人放弃或者怠于行使权利致使该财产不能被执行的，保证人在其提供可供执行财产的价值范围内不再承担保证责任。

条文注解

此条适用于一般保证的情形。所谓一般保证，是指当事人在保证合同中约定，在债务人不能履行债务时，保证人承担保证责任的保证。区别于连带责任保证，一般保证情况下保证人享有先诉抗辩权，即一般保证的保证人在主合同纠纷未经审判或者仲裁，并就债务人财产依法强制执行仍不能履行债务前，对债权人可以拒绝承担保证责任。

一般保证情形下，债权人需要在对债务人财产执行不能之后，才能主张保证人承担保证责任，也就是说，债务人财产执行不能时，保证人有承担责任的义务。本条规定，如果是因为债权人自己放弃或者怠于行使权利致使债务人相应财产执行不能时，此时由于是债权人自己的原因导致对债务人财产执行不能，因此，保证人可以在相应范围内免责。

连带责任保证是指当事人在保证合同中约定保证人与债务人对债务承担连带责任的保证。在连带责任保证中，由于债权人对债务人和保证人请求承担责任的主张没有先后顺序，债权人可自主决定请求债务人或是连带保证人承担全部或部分责任，因此，本条规定不适用于连带责任保证的情形。

第六百九十九条 【共同保证】同一债务有两个以上保证人的，保证人应当按照保证合同约定的保证份额，承担保证责任；没有约定保证份额的，债权人可以请求任何一个保证人在其保证范围内承担保证责任。

条文注解

共同保证，是指两个或两个以上的保证人为同一债务而向债权人所提供的担保。共同保证是相对于一人保证而言的，它是指数人为一人担保。

本条所规定的共同保证，不管是按份共同保证还是连带共同保证，和一般保证、连带责任保证是完全不同的概念。一般保证和连带责任保证定义的是保证人和主债务人之间的关系，而本条所涉及的共同保证是保证人之间的相互关系。一般保证的情形下，保证人享有先诉抗辩权，一般保证的保证人在主合同纠纷未经审判或者仲裁，并就债务人财产依法强制执行仍不能履行债务前，对债权人可以拒绝承担保证责任；连带责任保证情形下，保证人和主债务人是连带关系，债权人可以任意选择向主债务人或者保证人请求承担责任，保证人不享有先诉抗辩权。

此条所涉及的按份共同保证和连带共同保证定义的是多个保证人之间的关系，多个保证人之间的关系，实际上是三种情形：明确约定为按份共同保证；明确约定为连带共同保证，此时为真正连带；没有约定保证份额，但适用本法第699条所规定的“没有约定保证份额的，债权人可以请求任何一个保证人在其保证范围内承担保证责任”的不真正连带共同保证，此时债权人可以请求任何一个保证人承担全部保证责任，保证人承担保证责任之后可以找债务人追偿，但是多个保证人之间没有相互追偿权。

第七百条 【保证人追偿权】保证人承担保证责任后，除当事人另有约定外，有权在其承担保证责任的范围内向债务人追偿，享有债权人对债务人的权利，但是不得损害债权人的利益。

第七百零一条 【保证人抗辩权】保证人可以主张债务人对债权人的抗辩。债务人放弃抗辩的，保证人仍有权向债权人主张抗辩。

第七百零二条 【保证人拒绝履行权】债务人对债权人享有抵销权或者撤销权的，保证人可以在相应范围内拒绝承担保证责任。

第十四章 租赁合同

第七百零三条 【租赁合同定义】租赁合同是出租人将租赁物交付承租人使用、收益，承租人支付租金的合同。

条文注解

本条规定，租赁合同是出租人将租赁物交付承租人使用、收益，承租人支付租金的合同。

租赁合同是在人们的经济生活和日常生活中经常使用的一种合同。它可以在自然人、法人之间调剂余缺，充分发挥物的使用功能，最大限度地使用其价值。通过租赁，承租人与出租人双方的利益可以同时得到满足，因此，租赁是现实经济生活中较为重要的一种经济形式。

对于企业的租赁经营合同与本法规定的租赁合同是不同的，表现在：一是企业租赁的当事人一方是企业的所有人或管理人，另一方则是本企业的职工，他们之间本来就有一个内部管理的关系；二是合同订立是以公开招标的形式进行的，有时还须有关部门批准；三是租赁的标的是整个企业，而不是某一特定的财产，是人财物、产供销、资金、技术、经营等多种因素的综合体，承租人获得的不仅是对财产的使用权，而且是一种经营权；四是承租人须以自己的财产向企业提供担保；五是按照合同的要求，合同终止时，企业的价值须大于租赁时的价值。从上述特征中可以看出，本法规定的租赁合同不适用于企业的租赁经营活动。

第七百零四条　【租赁合同主要内容】租赁合同的内容一般包括租赁物的名称、数量、用途、租赁期限、租金及其支付期限和方式、租赁物维修等条款。

关联法规

《海商法》第130、145条

第七百零五条　【租赁最长期限】租赁期限不得超过二十年。超过二十年的，超过部分无效。

租赁期限届满，当事人可以续订租赁合同；但是，约定的租赁期限自续订之日起不得超过二十年。

第七百零六条　【租赁合同的登记备案手续对合同效力影响】当事人未依照法律、行政法规规定办理租赁合同登记备案手续的，不影响合同的效力。

第七百零七条　【租赁合同形式】租赁期限六个月以上的，应当采用书面形式。当事人未采用书面形式，无法确定租赁期限的，视为不定期租赁。

条文注解

本条所称的超过或低于6个月的租赁期限，应指当事人所约定的租赁期限。为了既便利交易又保证交易安全，本条对租赁合同的形式作了以下几个层次的规定：

第一，租赁期限不满6个月的租赁合同，可以采用口头形式也可以采用书面形式。这是因为租赁期限较短的合同一般来说租赁物价值不大（当然不排除大型的机械设备），租赁物使用后变化也不大，租金也较少，租赁关系结束得快，证据不易失散。一旦发生纠纷容易分清责任，因此，不必要求当事人非以书面形式订立合同。但对于房屋租赁合同即使租赁期限不满6个月，因房屋的价值较高，租金多，按照我国城市房地产管理法规定，房屋租赁，出租人和承租人应当签订书面租赁合同，并向房产管理部门登记备案。此项规定可以在一定程度上弥补短期租赁涉及金额较大情况下，形式要件对交易安全的保护问题。

第二，租赁期限6个月以上的，当事人没有采用书面形式，并非导致合同无效，而是产生约定的期限不予承认的效果，即以不定期租赁作为不采用书面形式的后果，促使欲保持交易稳定性的当事人注重满足订立合同的形式要件。同时，增加欲保持交易状态灵活性的当事人从合同中摆脱的可能性。

在本条规定中，即使应采用书面形式而未采用，也有可以视为定期租赁的情况。其一，如果租赁合同虽未采用书面形式，但双方当事人对租赁期限无争议的，应为定期租赁。其二，即使双方当事人对租赁期限有争议，但一方如果能举证证明约定有确切的租赁期限的，应为定期租赁。其三，若双方对租赁期限有争议，可以参照本法第510条确定租赁期限，也可以适用本法第730条关于租赁期限“没有约定或者约定不明确”情形下的规定。“无法确定”的表述意味着，不仅当事人自身可以对约定期限情况进行举证证明，司法机关也可以依据法律规定的关于合同约定不明情况下，交易习惯、行业标准等规进行推定。这体现了充分保障当事人意思自治，增加了认定为定期合同的可能性，有利于维护交易的稳定性。

第七百零八条 【出租人交付租赁物义务和适租义务】出租人应当按照约定将租赁物交付承租人，并在租赁期限内保持租赁物符合约定的用途。

第七百零九条 【承租人按约定使用租赁物的义务】承租人应当按照约定的方法使用租赁物。对租赁物的使用方法没有约定或者约定不明确，依据本法第五百一十条的规定仍不能确定的，应当根据租赁物的性质使用。

第七百一十条 【承租人按约定使用租赁物的免责义务】承租人按照约定的方法或者根据租赁物的性质使用租赁物，致使租赁物受到损耗的，不承担赔偿责任。

第七百一十一条 【租赁人未按约定使用租赁物的责任】承租人未按照约定的方法或者未根据租赁物的性质使用租赁物，致使租赁物受到损失的，出租人可以解除合同并请求赔偿损失。

关联法规

《最高人民法院关于审理城镇房屋租赁合同纠纷案件具体应用法律若干问题的解释》第7条

第七百一十二条 【出租人维修义务】出租人应当履行租赁物的维修义务，但是当事人另有约定的除外。

条文注解

出租人的维修义务是出租人对物的瑕疵担保责任中派生的义务。出租人的维修义务并不是绝对的、无限的，应当满足如下要件：(1)有维修的正当理由，即限于租赁物本身的缺陷造成，对承租人增添于租赁物的缺陷无维修的义务。(2)须租赁物有维修的必要。有维修的必要是指租赁物已出现影响正常使用、发挥效用的情况，不进行维修就不能使用，出租人应对租赁物进行及时的维修，以保证其正常使用。(3)须租赁物有维修的可能。有维修的可能是指租赁物损坏后能够将其修好以恢复或达到损坏前的状态。维修不能，包括事实不能与经济不能。(4)当事人无相反的约定。基于租赁合同债权相对性，尊重当事人意思自治，允许当事人对维修义务的分配作出约定，即另有约定时也存在承租人承担维修义务的情况。

法律虽然规定了在一般情况下出租人负有维修义务，但并非在所有的情况下维修的义务都由出租人承担。排除出租人维修义务的情况有以下几种：其一，法律、行政法规规定，由承租人承担维修义务的。例如，我国《海商法》第 147 条规定，在光船租赁期间，承租人负责船舶的保养、维修。其二，双方约定维修义务由承租人负担。其三，依当地习惯或商业习惯，由承租人承担维修义务的。例如，在汽车租赁中对汽车的维修义务一般都由承租人负担。

关联法规

《海商法》第 132、133、146 条

第七百一十三条 【出租人不履行维修义务的法律后果】承租人在租赁物需要维修时可以请求出租人在合理期限内维修。出租人未履行维修义务的，承租人可以自行维修，维修费用由出租人负担。因维修租赁物影响承租人使用的，应当相应减少租金或者延长租期。

因承租人的过错致使租赁物需要维修的，出租人不承担前款规定的维修义务。

第七百一十四条 【承租人妥善保管租赁物义务】承租人应当妥善保管租赁物，因保管不善造成租赁物毁损、灭失的，应当承担赔偿责任。

第七百一十五条 【承租人对租赁物进行改善或增设他物】承租人经出租人同意，可以对租赁物进行改善或者增设他物。

承租人未经出租人同意，对租赁物进行改善或者增设他物的，出租人可以请求承租人恢复原状或者赔偿损失。

关联法规

《最高人民法院关于审理城镇房屋租赁合同纠纷案件具体应用法律若干问题的解释》第 9~14 条

第七百一十六条　【承租人对租赁物转租】承租人经出租人同意，可以将租赁物转租给第三人。承租人转租的，承租人与出租人之间的租赁合同继续有效；第三人造成租赁物损失的，承租人应当赔偿损失。

承租人未经出租人同意转租的，出租人可以解除合同。

条文注解

转租，是指承租人将租赁物转让给第三人使用、收益，承租人与第三人形成新的租赁合同关系，而承租人与出租人的租赁关系继续合法有效的一种交易形式。转租包括经出租人同意和未经出租人同意两种情况。

(1)经出租人同意的转租包括两种情形：一是在租赁合同订立时明确约定承租人有权转租租赁物；二是在租赁期限内承租人征得出租人同意将租赁物转租。根据本法第718条的规定，出租人知道或者应当知道承租人转租，但是在6个月内未提出异议的，视为出租人同意转租。

经出租人同意的转租是有效的，但由于在同一租赁物上出现了三个当事人(出租人、承租人、次承租人)、两个合同关系，这三人之间的法律关系必须明确。按照本条的规定经过转租的租赁合同关系当事人的关系应包括三个方面：其一，出租人与承租人之间的关系不因转租而受影响，继续有效，承租人仍然应向出租人承担支付租金、在租赁期限届满时返还租赁物的义务。因次承租人的行为造成租赁物损失的，承租人仍然要对出租人负责。其二，虽然次承租人与出租人之间没有合同关系，次承租人在特定条件下可以直接向出租人支付租金，出租人不得拒绝。其三，在租赁合同终止或者被解除时，承租人与次承租人之间的租赁关系也随之终止。因为这个次承租合同的订立是以前一个租赁合同为基础的。

(2)未经出租人同意转租的，出租人可以解除合同。因为承租人未经出租人同意擅自将租赁物转租他人，直接破坏了出租人对承租人的信任，也直接损害了出租人对租赁物的所有权或处分权，同时造成多层次的对租赁物的占有关系，增加了出租人要求返还租赁物的困难或使租赁物的毁损程度加重，所以出租人有权解除合同。

关联法规

《海商法》第137、138、150条，《最高人民法院关于审理城镇房屋租赁

合同纠纷案件具体应用法律若干问题的解释》第15~18条

第七百一十七条 【超过承租人剩余租赁期限的转租期间效力】承租人经出租人同意将租赁物转租给第三人，转租期限超过承租人剩余租赁期限的，超过部分的约定对出租人不具有法律约束力，但是出租人与承租人另有约定的除外。

第七百一十八条 【推定出租人同意转租】出租人知道或者应当知道承租人转租，但是在六个月内未提出异议的，视为出租人同意转租。

第七百一十九条 【次承租人代位求偿权】承租人拖欠租金的，次承租人可以代承租人支付其欠付的租金和违约金，但是转租合同对出租人不具有法律约束力的除外。

次承租人代为支付的租金和违约金，可以充抵次承租人应当向承租人支付的租金；超出其应付的租金数额的，可以向承租人追偿。

第七百二十条 【租赁物收益归属】在租赁期限内因占有、使用租赁物获得的收益，归承租人所有，但是当事人另有约定的除外。

第七百二十一条 【租金支付期限】承租人应当按照约定的期限支付租金。对支付租金的期限没有约定或者约定不明确，依据本法第五百一十条的规定仍不能确定，租赁期限不满一年的，应当在租赁期限届满时支付；租赁期限一年以上的，应当在每届满一年时支付，剩余期限不满一年的，应当在租赁期限届满时支付。

关联法规

《海商法》第140条

第七百二十二条 【承租人违反支付租金义务的法律后果】承租人无正当理由未支付或者迟延支付租金的，出租人可以请求承租人在合理期限内支付；承租人逾期不支付的，出租人可以解除合同。

关联法规

《海商法》第140条

第七百二十三条 【出租人权利瑕疵担保责任】因第三人主张权利，致使承租人不能对租赁物使用、收益的，承租人可以请求减少租金或者不支付租金。

第三人主张权利的，承租人应当及时通知出租人。

条文注解

所谓出租人的权利瑕疵担保，是指出租人担保第三人不能就租赁物主张任何权利。权利瑕疵担保责任，是指当第三人对租赁物主张权利时，出租人所应承担的责任。权利瑕疵担保责任的构成要件为：第一，权利瑕疵在合同成立时已存在；第二，相对人不知有权利瑕疵的存在，如果在订立合同时相对人明知行为人对该物无处分权而与之订立合同，相对人不能作为善意相对人而享受对对方权利的瑕疵担保的要求；第三，权利瑕疵在合同成立后仍未能排除，如果在合同成立时，虽有权利瑕疵，但在合同成立后，行为人取得了该物的处分权，则应视为权利瑕疵已经除去。

出租人承担权利瑕疵担保责任的条件为：

第一，因第三人向承租人主张权利。第三人主张权利可以是第三人作为租赁物的所有人主张出租人对租赁物无处分权，该租赁合同无效；也可以是第三人作为租赁物的抵押权人，在义务人不履行义务时，要求实现其抵押权。在这种情况下，势必影响承租人对租赁物的使用、收益。

第二，第三人主张权利妨碍承租人对租赁物的使用和收益。例如，第三人主张抵押权的实现时，因其涉及对租赁物实体的处置，则会妨碍承租人对租赁物的使用。

第三，承租人在订立合同时不知有权利瑕疵。如果承租人在订立合同时明知出租人对该租赁物没有处分权，而自愿承担第三人主张权利的风险，出租人不负瑕疵担保责任。

在第三人主张权利时，除出租人已经知道第三人主张权利外，承租人应当及时通知出租人，如果承租人怠于通知致使出租人能够救济而未能及时救济的，则出租人对承租人的损失不负赔偿责任。承租人及时通知出租人，出租人对第三人主张权利不能排除的，承租人事实上对租赁物已无法使用、收益，这时，承租人有权请求减少租金或不支付租金。

第七百二十四条 【非承租人构成根本性违约承租人可以解除合同】有下列情形之一，非因承租人原因致使租赁物无法使用的，承租人可以解除合同：

（一）租赁物被司法机关或者行政机关依法查封、扣押；

（二）租赁物权属有争议；

（三）租赁物具有违反法律、行政法规关于使用条件的强制性规定情形。

第七百二十五条 【所有权变动不破租赁】租赁物在承租人按照租赁合同占有期限内发生所有权变动的，不影响租赁合同的效力。

关联法规

《最高人民法院关于审理城镇房屋租赁合同纠纷案件具体应用法律若干问题的解释》第20条

第七百二十六条 【房屋承租人优先购买权】出租人出卖租赁房屋的，应当在出卖之前的合理期限内通知承租人，承租人享有以同等条件优先购买的权利；但是，房屋按份共有人行使优先购买权或者出租人将房屋出卖给近亲属的除外。

出租人履行通知义务后，承租人在十五日内未明确表示购买的，视为承租人放弃优先购买权。

条文注解

房屋承租人优先购买权的适用条件包括以下几个方面：

第一，存在合法有效的房屋租赁合同关系，即两者之间的房屋租赁合同依法成立并生效。

第二，在同等条件下行使。所谓同等条件，是指承租人与其他购买人在买卖条件上等同，要综合考虑价格的多少、付款期限的长短、一次性付清还是分期付款、有无担保等因素。在非同等条件下，承租人不能享有优先购买权。设立房屋承租人优先购买权制度的初衷是在不损害房屋出租人实质利益的情况下，维护承租人居住或生产经营的稳定。

第三，必须在一定期限内行使。如果出租人通知承租人其将要出卖租赁的房屋，而承租人在15日内没有购买的意思表示，则承租人优先购买权丧失。这说明承租人并不想购买该房屋，也就没有保护的必要了。对承租人优先购买权的行使期限加以限制是基于促进经济正常运转、交易安全的同时，以保护出租人和承租人双方各自利益为考虑。

同时，本条也规定了房屋承租人优先购买权行使的限制情形：

第一，共有人的优先购买权与承租人优先购买权行使的竞合。共有分为按份共有和共同共有，在共同共有关系中，房屋出租人未经全体共有人同意不得出售该共有房屋，共同共有人无行使优先购买权的必要。而在按份共有关系中，若房屋出租人所占份额超过2/3，则其有权决定出售该共有房屋，此时必然会对其他按份共有人的利益造成一定影响。同时，本法第306条规定，按份共有人在同等条件下也享有优先购买权。从表面上看，似乎有可能出现同一标的物上承租人的优先购买权和按份共有人的优先购买权的冲突。但是仔细分析会发现，两种优先购买权针对的标的物是不同的。按份共有人的优先购买权针对的是其他共有人的共有份额；而承租人的优先购买权针对的是租赁标的物本身。所以实际上，二者并不会真正发生冲突。当涉及按份共有人的优先购买权时，此时讨论的是份额买卖问题，根本就不会触发承租人的优先购买权。当然，仅从结果上看，确实是按份共有人的优先购买权可以优先行使。本条将按份共有人行使优先购买权作为承租人行使优先购买权的例外，直接在条文文字层面点明此点，从而避免实践中引发不必要的争议。

第二，近亲属之间的房屋买卖具有浓厚的人身色彩，与纯粹的买卖关系有很大区别。我国是亲情和人情关系极为浓厚的熟人社会，在社会主义市场经济往来中，人们既注重经济效益，也注重人与人之间的情感关系，出租人将租赁房屋出售给近亲属时同样也会夹杂这种情感关系，其与纯粹意义上的买卖关系之间存在区别，主要体现在低于正常价格出售房屋、延长交易付款期限等，其无法作为承租人优先购买权行使的同等条件。故本条确认出租人将租赁房屋出卖给近亲属的，承租人不得主张优先购买权。

承租人享有优先购买权就要求出租人在出卖租赁房屋时应当在出卖之前的合理期限内通知承租人，给承租人考虑是否购买该房屋的时间。承租人在接到通知后应及时答复，若承租人接到通知后15日内未明确表示购买的，则自动丧失优先购买权，这是基于不动产交易秩序和交易安全所做的考虑。

关联法规

《最高人民法院关于审理城镇房屋租赁合同纠纷案件具体应用法律若干问题的解释》第21~24条

第七百二十七条 【委托拍卖情况下房屋承租人优先购买权】出租人委托拍卖人拍卖租赁房屋的，应当在拍卖五日前通知承租人。承租人未参加拍卖的，视为放弃优先购买权。

第七百二十八条 【房屋承租人优先购买权受到侵害的法律后果】出租人未通知承租人或者有其他妨害承租人行使优先购买权情形的，承租人可以请求出租人承担赔偿责任。但是，出租人与第三人订立的房屋买卖合同的效力不受影响。

第七百二十九条 【不可归责于承租人的租赁物毁损、灭失的法律后果】因不可归责于承租人的事由，致使租赁物部分或者全部毁损、灭失的，承租人可以请求减少租金或者不支付租金；因租赁物部分或者全部毁损、灭失，致使不能实现合同目的的，承租人可以解除合同。

第七百三十条 【租赁期限没有约定或约定不明确时的法律后果】当事人对租赁期限没有约定或者约定不明确，依据本法第五百一十条的规定仍不能确定的，视为不定期租赁；当事人可以随时解除合同，但是应当在合理期限之前通知对方。

关联法规

《最高人民法院关于审理城镇房屋租赁合同纠纷案件具体应用法律若干问题的解释》第 17 条

第七百三十一条 【租赁物质量不合格时承租人解除权】租赁物危及承租人的安全或者健康的，即使承租人订立合同时明知该租赁物质量不合格，承租人仍然可以随时解除合同。

第七百三十二条 【房屋承租人死亡的租赁关系的处理】承租人在房屋租赁期限内死亡的，与其生前共同居住的人或者共同经营人可以按照原租赁合同租赁该房屋。

第七百三十三条 【租赁期限届满承租人返还租赁物】租赁期限届满,承租人应当返还租赁物。返还的租赁物应当符合按照约定或者根据租赁物的性质使用后的状态。

关联法规

《海商法》第142~153条

第七百三十四条 【租赁期限届满承租人继续使用租赁物及房屋承租人的优先承租权】租赁期限届满,承租人继续使用租赁物,出租人没有提出异议的,原租赁合同继续有效,但是租赁期限为不定期。

租赁期限届满,房屋承租人享有以同等条件优先承租的权利。

条文注解

法定优先承租权的行使条件包括以下几个要件:第一,存在合法有效的租赁关系。第二,出租人继续出租房屋。第三,满足同等条件。为了保障相对人的利益,优先权必须在同等条件下才能被行使,法定优先承租权也不例外。第四,在合理期限内主张。法定优先承租权的行使理应存在时间限制,否则涉及租赁物的新的租赁法律关系将无法产生及确定,法律关系长期悬而未决会导致更多的法律纠纷,也侵害了出租人和第三人的合法权益,不符合法定优先承租权设立的前提,此外,为保障承租人在合理期限内能够主张权利,出租人应当承担通知义务。

第十五章 融资租赁合同

第七百三十五条 【融资租赁合同定义】融资租赁合同是出租人根据承租人对出卖人、租赁物的选择,向出卖人购买租赁物,提供给承租人使用,承租人支付租金的合同。

条文注解

融资租赁是一种贸易与信贷相结合，融资与融物为一体的综合性交易。鉴于其复杂的法律关系，不同国家和地区对融资租赁有着不同的理解和定义。一般来说，融资租赁要有三方当事人（出租人、承租人和出卖人）参与，通常由两个合同（融资租赁合同、买卖合同）或者两个以上的合同构成，其内容是融资，表现形式是融物。典型的融资租赁合同具有以下三方面的含义：

第一，出租人须根据承租人对出卖人和租赁物的选择出资购买租赁物。这是融资租赁合同不同于租赁合同的一个重要特点。租赁合同的出租人是以自己现有的财物出租，或者根据自己的意愿购买财物用于出租。而融资租赁合同是出租人按照承租人的要求，主要是根据承租人对出卖人和租赁物的选择，出资购买出租的财物，使承租人不必付出租赁物的价值，即可取得租赁物的使用收益，从而达到融资的效果。正是从这一意义上，这种合同被冠以“融资”的称号。

第二，出租人须将购买的租赁物交付承租人使用收益。在融资租赁合同中，出租人虽然须向第三人购买标的物，但其购买的直接目的是交付承租人使用收益，而不是自己使用收益。这是融资租赁合同中出租人的买卖行为不同于买卖合同之处。

第三，承租人须向出租人支付租金。融资租赁合同的承租人对出租人购买的租赁物为使用收益，并须支付租金。也正是在这种意义上，该种合同的名称中含有“租赁”一词。

第七百三十六条 【融资租赁合同内容和形式】融资租赁合同的内容一般包括租赁物的名称、数量、规格、技术性能、检验方法，租赁期限，租金构成及其支付期限和方式、币种，租赁期限届满租赁物的归属等条款。

融资租赁合同应当采用书面形式。

关联法规

《最高人民法院关于审理融资租赁合同纠纷案件适用法律问题的解释》第1~2条

第七百三十七条 【融资租赁合同无效】当事人以虚构租赁物方式订立的融资租赁合同无效。

第七百三十八条 【租赁物经营许可对合同效力影响】依照法律、行政法规的规定，对于租赁物的经营使用应当取得行政许可的，出租人未取得行政许可不影响融资租赁合同的效力。

第七百三十九条 【融资租赁标的物交付】出租人根据承租人对出卖人、租赁物的选择订立的买卖合同，出卖人应当按照约定向承租人交付标的物，承租人享有与受领标的物有关的买受人的权利。

第七百四十条 【承租人拒绝受领标的物的条件】出卖人违反向承租人交付标的物的义务，有下列情形之一的，承租人可以拒绝受领出卖人向其交付的标的物：

（一）标的物严重不符合约定；

（二）未按照约定交付标的物，经承租人或者出租人催告后在合理期限内仍未交付。

承租人拒绝受领标的物的，应当及时通知出租人。

第七百四十一条 【承租人行使索赔权】出租人、出卖人、承租人可以约定，出卖人不履行买卖合同义务的，由承租人行使索赔的权利。承租人行使索赔权利的，出租人应当协助。

第七百四十二条 【承租人行使索赔权不影响支付租金义务】承租人对出卖人行使索赔权利，不影响其履行支付租金的义务。但是，承租人依赖出租人的技能确定租赁物或者出租人干预选择租赁物的，承租人可以请求减免相应租金。

第七百四十三条 【索赔失败的责任承担】出租人有下列情形之一，致使承租人对出卖人行使索赔权利失败的，承租人有权请求出租人承担相应的责任：

（一）明知租赁物有质量瑕疵而不告知承租人；

（二）承租人行使索赔权利时，未及时提供必要协助。

出租人怠于行使只能由其对出卖人行使的索赔权利，造成承租人损失的，承租人有权请求出租人承担赔偿责任。

第七百四十四条 【出租人不得擅自变更买卖合同内容】出租人根据承租人对出卖人、租赁物的选择订立的买卖合同，未经承租人同意，出租人不得变更与承租人有关的合同内容。

第七百四十五条 【租赁物的所有权】出租人对租赁物享有的所有权，未经登记，不得对抗善意第三人。

关联法规

《最高人民法院关于审理融资租赁合同纠纷案件适用法律问题的解释》第9~10条

第七百四十六条 【融资租赁合同租金的确定】融资租赁合同的租金，除当事人另有约定外，应当根据购买租赁物的大部分或者全部成本以及出租人的合理利润确定。

第七百四十七条 【租赁物质量瑕疵担保责任】租赁物不符合约定或者不符合使用目的的，出租人不承担责任。但是，承租人依赖出租人的技能确定租赁物或者出租人干预选择租赁物的除外。

关联法规

《最高人民法院关于审理融资租赁合同纠纷案件适用法律问题的解释》第19条

第七百四十八条 【出租人保证承租人占有和使用租赁物】出租人应当保证承租人对租赁物的占有和使用。

出租人有下列情形之一的，承租人有权请求其赔偿损失：

（一）无正当理由收回租赁物；
（二）无正当理由妨碍、干扰承租人对租赁物的占有和使用；
（三）因出租人的原因致使第三人对租赁物主张权利；
（四）不当影响承租人对租赁物占有和使用的其他情形。

条文注解

出租人负有保证承租人对租赁物的占有和使用的义务，此项义务也被称为保障承租人和平占有的义务。具体而言，应当包括以下几个方面：

第一，出租人不得妨碍承租人依照融资租赁合同所拥有的承租权，也不得擅自变更原承租条件。

第二，承租人在租赁期限内，对租赁物拥有独占使用权。在融资租赁合同中，虽然承租人是通过租赁公司融通资金的，但承租人订立融资租赁合同的根本目的是要取得租赁物的使用权。所以，承租人在接受出卖人交付的标的物后，在租赁期限内，承租人对租赁物享有独占使用权，对使用租赁物所取得的收益可以独立处分。从买卖的角度看，出租人为买受人，出卖人虽将标的物直接交付给承租人，但标的物的所有权属于出租人，承租人则取得标的物的占有权、使用权和收益权。

第三，出租人应保证承租人在租赁期限内对租赁物的占有和使用，不受第三人的干扰。例如，出租人转让租赁物所有权的，融资租赁合同对新的所有权人继续有效，新所有权人不得解除合同，取回租赁物。此即所谓"买卖不破租赁"原则。出租人将租赁物设定抵押时，出租人的抵押行为不得影响承租人的使用收益权。承租人的使用收益权可以对抗抵押权人的抵押权。

当然，如果在融资租赁合同期间出现本条第2款列举的因出租人原因不当影响承租人对租赁物占有和使用的，承租人有权请求出租人赔偿损失。

关联法规

《最高人民法院关于审理融资租赁合同纠纷案件适用法律问题的解释》第13、17条

第七百四十九条 【租赁物致人损害的责任承担】承租人占有租赁物期间，租赁物造成第三人人身损害或者财产损失的，出租人不承担责任。

第七百五十条 【承租人对租赁物的保管、使用和维修义务】承租人应当妥善保管、使用租赁物。

承租人应当履行占有租赁物期间的维修义务。

第七百五十一条 【租赁物毁损、灭失对租金给付义务的影响】承租人占有租赁物期间，租赁物毁损、灭失的，出租人有权请求承租人继续支付租金，但是法律另有规定或者当事人另有约定的除外。

第七百五十二条 【承租人支付租金义务】承租人应当按照约定支付租金。承租人经催告后在合理期限内仍不支付租金的，出租人可以请求支付全部租金；也可以解除合同，收回租赁物。

第七百五十三条 【出租人解除融资租赁合同】承租人未经出租人同意，将租赁物转让、抵押、质押、投资入股或者以其他方式处分的，出租人可以解除融资租赁合同。

第七百五十四条 【出租人或承租人解除融资租赁合同】有下列情形之一的，出租人或者承租人可以解除融资租赁合同：

（一）出租人与出卖人订立的买卖合同解除、被确认无效或者被撤销，且未能重新订立买卖合同；

（二）租赁物因不可归责于当事人的原因毁损、灭失，且不能修复或者确定替代物；

（三）因出卖人的原因致使融资租赁合同的目的不能实现。

第七百五十五条 【承租人承担赔偿责任】融资租赁合同因买卖合同解除、被确认无效或者被撤销而解除，出卖人、租赁物系由承租人选择的，出租人有权请求承租人赔偿相应损失；但是，因出租人原因致使买卖合同解除、被确认无效或者被撤销的除外。

出租人的损失已经在买卖合同解除、被确认无效或者被撤销时获得赔偿的，承租人不再承担相应的赔偿责任。

第七百五十六条 【租赁物意外毁损灭失】融资租赁合同因租赁物交付承租人后意外毁损、灭失等不可归责于当事人的原因解除的，出租人可以请求承租人按照租赁物折旧情况给予补偿。

第七百五十七条 【租赁期限届满租赁物归属】出租人和承租人可以约定租赁期限届满租赁物的归属；对租赁物的归属没有约定或者约定不明确，依据本法第五百一十条的规定仍不能确定的，租赁物的所有权归出租人。

第七百五十八条 【租赁物价值返还及租赁物无法返还】当事人约定租赁期限届满租赁物归承租人所有，承租人已经支付大部分租金，但是无力支付剩余租金，出租人因此解除合同收回租赁物，收回的租赁物的价值超过承租人欠付的租金以及其他费用的，承租人可以请求相应返还。

当事人约定租赁期限届满租赁物归出租人所有，因租赁物毁损、灭失或者附合、混合于他物致使承租人不能返还的，出租人有权请求承租人给予合理补偿。

第七百五十九条 【支付象征性价款后租赁物归属】当事人约定租赁期限届满，承租人仅需向出租人支付象征性价款的，视为约定的租金义务履行完毕后租赁物的所有权归承租人。

第七百六十条 【融资租赁合同无效租赁物归属】融资租赁合同无效，当事人就该情形下租赁物的归属有约定的，按照其约定；没有约定或者约定不明确的，租赁物应当返还出租人。但是，因承租人原因致使合同无效，出租人不请求返还或者返还后会显著降低租赁物效用的，租赁物的所有权归承租人，由承租人给予出租人合理补偿。

第十六章 保理合同

第七百六十一条 【保理合同定义】保理合同是应收账款债权人将现有的或者将有的应收账款转让给保理人，保理人提供资金融通、应收账款管理或者催收、应收账款债务人付款担保等服务的合同。

条文注解

保理合同，是以债权人转让其应收账款为前提，集资金融通、应收账款催收或者管理、付款担保等服务于一体的综合性金融服务合同。保理目前在我国区分为银行业保理和商业保理。保理法律关系，涉及保理商与债权人、保理商与债务人之间不同的法律关系，债权人与债务人之间的基础交易合同是成立保理的前提，而债权人与保理商之间的应收账款债权转让则是保理关系的核心。这与单纯的借款合同有显著区别，故不应将保理合同简单视为借款合同。

按照本条规定，保理合同必须具备的要素是应收账款债权的转让，没有应收账款的转让就不能构成保理合同。所谓应收账款，是指权利人因提供一定的货物、服务或设施而获得的要求债务人付款的权利以及依法享有的其他付款请求权，包括现有的和未来的金钱债权，但不包括因票据或其他有价证券而产生的付款请求权，以及法律、行政法规禁止转让的付款请求权。应收账款主要包括下列权利：(1)销售、出租产生的债权，包括销售货物，供应水、电、气、暖，知识产权的许可使用，出租动产或不动产等；(2)提供医疗、教育、旅游等服务或劳务产生的债权；(3)能源、交通运输、水利、环境保护、市政工程等基础设施和公用事业项目收益权；(4)提供贷款或其他信用活动产生的债权；(5)其他以合同为基础的具有金钱给付内容的债权。这些应收账款的转让既可以是单独转让，也可以是批量集合转让，这取决于当事人之间的约定。应收账款的转让，应当适用本法关于债权转让的一般规则。

除了必须具备的应收账款转让之外，保理合同还需要保理人提供资金融通、应收账款管理或者催收、应收账款债务人付款担保等服务。资金融通，是指保理人应债权人的申请，在债权人将应收账款转让给保理人后，为债权人提供的贷款或者应收账款转让预付款。应收账款催收，是指保理人根据应收账款账期，主动或应债权人要求，采取电话、函件、上门等方式直至运用法律手段等对债务人进行催收。应收账款管理，又称为销售分户账管理，是指保理人根据债权人的要求，定期或不定期向其提供关于应收账款的回收情况、逾期账款情况、对账单等财务和统计报表，协助其进行应收账款管理。付款担保，是指保理人与债权人签订保理合同后，为债务人核定信用额度，并在核准额度内，对债权人无商业纠纷的应收账款，提供约定的付款担保。除了这些服务之外，保理合同中，保理人提供的服务通常还包括资信调查与评估、信用风险控制等其他可认定为保理性质的金融服务。

第七百六十二条 【保理合同内容和形式】保理合同的内容一般包括业务类型、服务范围、服务期限、基础交易合同情况、应收账款信息、保理融资款或者服务报酬及其支付方式等条款。

保理合同应当采用书面形式。

第七百六十三条 【虚构应收账款的法律后果】应收账款债权人与债务人虚构应收账款作为转让标的,与保理人订立保理合同的,应收账款债务人不得以应收账款不存在为由对抗保理人,但是保理人明知虚构的除外。

第七百六十四条 【保理人表明身份义务】保理人向应收账款债务人发出应收账款转让通知的,应当表明保理人身份并附有必要凭证。

第七百六十五条 【无正当理由变更或者终止基础交易合同行为对保理人的效力】应收账款债务人接到应收账款转让通知后,应收账款债权人与债务人无正当理由协商变更或者终止基础交易合同,对保理人产生不利影响的,对保理人不发生效力。

条文注解

依据保理合同,为保障保理人地位,应收账款债权人负有不减损该应收账款债权价值的义务,因此,债权人不能通过与债务人协商,作出任何使得转让的应收账款债权价值落空或者减损的行为,债权人违反该义务时,保理人有权依法解除保理合同并请求债权人承担违约责任。

本条适用的前提如下:首先,应收账款债权人和债务人协商作出了有关转让债权的民事法律行为。该民事法律行为必须是关于转让债权的,如果不涉及转让债权,不会对保理人发生影响,就不适用本条。

其次,该民事法律行为对保理人产生不利影响。这里意味着债权人和债务人通过协商使得应收账款债权的价值落空或者减损,而对保理人产生不利影响,例如债权人和债务人协商一致变更基础交易合同而减少了债权数额,或者协商一致解除基础交易合同而对保理人产生了不利影响。如果债权人和债务人的行为对保理人是有利的,自然无须保理人同意即可对保理人发生有利的效力。

再次，该民事法律行为发生在债务人接到债权转让通知后。债务人接到债权转让通知前，由于债权转让对债务人不发生效力，债务人有权主张债权人仍然对债权有处分权，此时债权人和债务人协商一致作出的民事法律行为，即使导致保理人利益受损，该行为仍然对保理人发生效力，保理人所取得的债权发生相应变动，保理人仅能依法解除保理合同并请求债权人承担违约责任。

最后，对保理人产生不利影响的民事法律行为无正当理由。这里所谓的正当理由，一是指经过了保理人的同意。如果经过了保理人的同意，自然能够对保理人发生效力。二是指该民事法律行为符合诚信原则且保理人并无合理理由反对的情形。

本条的法律后果是，该民事法律行为对保理人不发生效力。这意味着，保理人仍然可以根据该民事法律行为成立之前的债权状况请求债务人履行支付应收账款的债务。该规定的目的是保护保理人利益，保理人自然可以放弃此种保护，而选择依法解除保理合同并请求债权人承担违约责任。债权人与债务人恶意串通变更或者终止基础交易合同，损害保理人利益的，保理人也有权选择依据本法第1168条的规定主张债权人与债务人构成共同侵权，请求他们对造成的损失承担连带责任。

应当注意的是，本条仅适用于保理合同，但是在其他债权转让中也同样会发生类似情形，如果在其他债权转让中出现类似的问题，可以参照适用本条予以处理。

第七百六十六条 【有追索权保理】当事人约定有追索权保理的，保理人可以向应收账款债权人主张返还保理融资款本息或者回购应收账款债权，也可以向应收账款债务人主张应收账款债权。保理人向应收账款债务人主张应收账款债权，在扣除保理融资款本息和相关费用后有剩余的，剩余部分应当返还给应收账款债权人。

条文注解

按照保理人在债务人破产、无理拖欠或无法偿付应收账款时，是否可以向债权人反转让应收账款，或要求债权人回购应收账款或归还融资，可以区分为有追索权保理和无追索权保理。有追索权保理，是指保理人不承担为债务人核定信用额度和提供坏账担保的义务，仅提供包括融资在内的其他金融服务，有追索权保理在应收账款到期无法从债务人处收回时，保理人可以向债权人反转让应收账款，或要求债权人回购应收账款或归还融资，又称为回购型保理。无追索权保理，是指保理人根据债权人提供的债务人核准信用额度，在信用额度内承购债权人对债务人的应收账款并提供坏账担保责任，债务人因发生信用风险未按基础合同约定按时足额支付应收账款时，保理人不能向债权人追索，又称为买断型保理。

在有追索权保理中，保理人向应收账款债务人主张应收账款债权的，在获得债务人的履行后，首先应当扣除保理融资款本息和相关费用，具体包括：保理融资款本息、保理商未受清偿的应收账款融资额度承诺费、保理手续费、保理首付款使用费，以及其他债权人到期未付款等。在扣除后仍有剩余的这部分保理余款，应当返还给应收账款债权人。

第七百六十七条 【无追索权保理】当事人约定无追索权保理的，保理人应当向应收账款债务人主张应收账款债权，保理人取得超过保理融资款本息和相关费用的部分，无需向应收账款债权人返还。

第七百六十八条 【多重保理的清偿顺序】应收账款债权人就同一应收账款订立多个保理合同，致使多个保理人主张权利的，已经登记的先于未登记的取得应收账款；均已经登记的，按照登记时间的先后顺序取得应收账款；均未登记的，由最先到达应收账款债务人的转让通知中载明的保理人取得应收账款；既未登记也未通知的，按照保理融资款或者服务报酬的比例取得应收账款。

第七百六十九条 【适用债权转让规定】本章没有规定的，适用本编第六章债权转让的有关规定。

第十七章 承揽合同

第七百七十条 【承揽合同定义和承揽主要类型】承揽合同是承揽人按照定作人的要求完成工作，交付工作成果，定作人支付报酬的合同。

承揽包括加工、定作、修理、复制、测试、检验等工作。

条文注解

承揽合同是承揽人按照定作人的要求完成一定的工作，并将工作成果交付给定作人，定作人接受该工作成果并按照约定向承揽人支付报酬的合同。承揽合同的主体是承揽人和定作人。承揽人就是按照定作人指示完成特定工作并向定作人交付该工作成果的人；定作人是要求承揽人完成承揽工作并接受承揽工作成果、支付报酬的人。承揽人和定作人可以是法人或者非法人组织，也可以是自然人。承揽合同的客体是完成特定的工作。承揽合同的对象为承揽标的，承揽标的是有体物的，合同的标的物又可以称为承揽物或者定作物。承揽工作具有特定性，如修理汽车、裁剪制作衣服等。承揽人完成的承揽工作需有承揽工作成果，该工作成果可以是有形的，如加工的零部件、印刷的图书、录制的磁带、检验的结论；也可以是无形的，如测试仪器的运行。

承揽合同是一大类合同的总称，传统民法中承揽合同包括加工承揽合同和建设工程合同两大类。由于建设工程合同在发展中形成了许多独特的行业特点，原经济合同法将建设工程合同独立于加工承揽合同加以规定，因此本章所指的承揽合同主要是指加工承揽合同而不包括建设工程合同。根据本条第2款的规定，承揽合同的形式包括加工、定作、修理、复制、测试、检验等多种形式。(1)加工。所谓加工就是指承揽人以自己的技能、设备和劳力，按照定作人的要求，将定作人提供的原材料加工为成品，定作人接受该成品并支付报酬的合同。加工合同是实践中大量存在的合同，它既有生产性，比如一个企业将另一个企业提供的材料加工成特定的设备，也有生活性，如服装店用顾客提供的布料为其裁缝衣服，还可能具有一些艺术性，如画廊为他人装裱图画等。在国际经济活动中，来料加工是一种重要的外贸形式。(2)定作。定作就是承揽人根据定作人的要求，以自己的技能、设备和劳力，用自己的材料为定作人制作成品，定作人接受该特别制作的成品并支付报酬的合同。定作合同在日常生活中也很常见，如家具厂为顾客定作家具，服装厂为某学校定作校服等。定作与加工的区别在于定作中承揽人需自备材料，而不是由定作人提供。(3)修理。修理既包括承揽人为定作人修复损坏的动产，如修理汽车、手表、电器、自行车、鞋等；也包括对不动产的修缮，如检修房屋屋顶的防水层。(4)复制。复制是指承揽人按照定作人的要求，根据定作人提供的样品，重新制作类似的成品，定作人接受复制品并支付报酬的合同。复制包括复印文稿，也包括复制其他物品，如文物部门要求承揽人复制一文物用以展览。(5)测试。

测试是指承揽人根据定作人的要求，利用自己的技术和设备为定作人完成某一项目的性能测试，定作人接受测试成果并支付报酬的合同。(6)检验。检验是指承揽人以自己的技术和仪器、设备等为定作人提供的特定事物的性能、问题、质量等进行检查化验，定作人接受检验成果，并支付报酬的合同。

需要说明的是，承揽合同作为一种广义上的劳务合同，其范围并不限于本条第2款所列举的几类，任何符合本条第1款所定义的合同行为，如印刷、洗染、打字、翻译、拍照、冲卷、扩印、广告制作、测绘、鉴定等都属于本章所调整的承揽。

第七百七十一条 【承揽合同主要内容】承揽合同的内容一般包括承揽的标的、数量、质量、报酬，承揽方式，材料的提供，履行期限，验收标准和方法等条款。

第七百七十二条 【承揽工作主要完成人】承揽人应当以自己的设备、技术和劳力，完成主要工作，但是当事人另有约定的除外。

承揽人将其承揽的主要工作交由第三人完成的，应当就该第三人完成的工作成果向定作人负责；未经定作人同意的，定作人也可以解除合同。

第七百七十三条 【承揽辅助工作转交】承揽人可以将其承揽的辅助工作交由第三人完成。承揽人将其承揽的辅助工作交由第三人完成的，应当就该第三人完成的工作成果向定作人负责。

第七百七十四条 【承揽人提供材料时的义务】承揽人提供材料的，应当按照约定选用材料，并接受定作人检验。

第七百七十五条 【定作人提供材料时双方当事人的义务】定作人提供材料的，应当按照约定提供材料。承揽人对定作人提供的材料应当及时检验，发现不符合约定时，应当及时通知定作人更换、补齐或者采取其他补救措施。

承揽人不得擅自更换定作人提供的材料，不得更换不需要修理的零部件。

第七百七十六条　【定作人要求不合理时双方当事人的义务】承揽人发现定作人提供的图纸或者技术要求不合理的，应当及时通知定作人。因定作人怠于答复等原因造成承揽人损失的，应当赔偿损失。

第七百七十七条　【定作人变更工作要求的法律后果】定作人中途变更承揽工作的要求，造成承揽人损失的，应当赔偿损失。

第七百七十八条　【定作人协助义务】承揽工作需要定作人协助的，定作人有协助的义务。定作人不履行协助义务致使承揽工作不能完成的，承揽人可以催告定作人在合理期限内履行义务，并可以顺延履行期限；定作人逾期不履行的，承揽人可以解除合同。

关联法规

《八民纪要》第33条

第七百七十九条　【定作人监督检验】承揽人在工作期间，应当接受定作人必要的监督检验。定作人不得因监督检验妨碍承揽人的正常工作。

第七百八十条　【承揽人工作成果交付】承揽人完成工作的，应当向定作人交付工作成果，并提交必要的技术资料和有关质量证明。定作人应当验收该工作成果。

第七百八十一条　【工作成果不符合质量要求时的违约责任】承揽人交付的工作成果不符合质量要求的，定作人可以合理选择请求承揽人承担修理、重作、减少报酬、赔偿损失等违约责任。

关联法规

《产品质量法》第40条

第七百八十二条 【定作人支付报酬的期限】定作人应当按照约定的期限支付报酬。对支付报酬的期限没有约定或者约定不明确，依据本法第五百一十条的规定仍不能确定的，定作人应当在承揽人交付工作成果时支付；工作成果部分交付的，定作人应当相应支付。

第七百八十三条 【定作人未履行付款义务时承揽人权利】定作人未向承揽人支付报酬或者材料费等价款的，承揽人对完成的工作成果享有留置权或者有权拒绝交付，但是当事人另有约定的除外。

第七百八十四条 【承揽人保管义务】承揽人应当妥善保管定作人提供的材料以及完成的工作成果，因保管不善造成毁损、灭失的，应当承担赔偿责任。

第七百八十五条 【承揽人保密义务】承揽人应当按照定作人的要求保守秘密，未经定作人许可，不得留存复制品或者技术资料。

第七百八十六条 【共同承揽人连带责任】共同承揽人对定作人承担连带责任，但是当事人另有约定的除外。

第七百八十七条 【定作人任意解除权】定作人在承揽人完成工作前可以随时解除合同，造成承揽人损失的，应当赔偿损失。

条文注解

根据本条规定，定作人在承揽人完成工作前可以随时解除合同。解除合同是指在合同成立后，因当事人一方或者双方的意思表示而使合同关系消灭的行为。根据本法合同编的有关规定，双方当事人可以协商解除合同。当事人一方解除合同的，只限于两种情况：一是发生不可抗力致使合同目的无法实现。二是对方当事人严重违约，包括在履行期限届满之前，当事人一方明确表示或者以自己的行为表明不履行其主要债务；当事人一方迟延履行主要债务，经催告后在合理期限内仍未履行；对方当事人迟延履行债务或者有其他违约行为致使不能实现合同目的等。除这些法定解除权外，当事人擅自解除合同的，应当承担违约责任。

但在承揽合同中，定作人除了享有合同编所规定的合同解除权外，还可以享有在承揽人完成工作前随时解除合同的权利，这是承揽合同的一大特点，也是由承揽合同的性质所决定的。

根据本条，定作人解除合同的前提是赔偿承揽人的损失。这样处理，既可以避免给定作人造成更大的浪费，也不会给承揽人造成不利。定作人依据本条行使随时解除权的，应当符合以下要求：第一，定作人应当在承揽人完成工作前提出解除合同。第二，定作人根据本条解除合同的，应当通知承揽人。解除通知到达承揽人时，解除生效，合同终止，承揽人可以不再进行承揽工作。第三，定作人根据本条解除承揽合同造成承揽人损失的，应当赔偿损失。这些损失主要包括承揽人已完成的工作部分所应当获得的报酬、承揽人为完成这部分工作所支出的材料费以及承揽人因合同解除而受到的其他损失。

合同解除后，承揽人应当将已完成的部分工作交付定作人。定作人提供材料的，如有剩余，也应当返还定作人。定作人预先支付报酬的，在扣除已完成部分的报酬后，承揽人也应当将剩余价款返还定作人。

第十八章 建设工程合同

第七百八十八条 【建设工程合同定义和种类】建设工程合同是承包人进行工程建设，发包人支付价款的合同。

建设工程合同包括工程勘察、设计、施工合同。

条文注解

建设工程合同，是指承包人进行工程建设，发包人支付价款的合同。建设工程合同的客体是工程。这里的工程是指土木建筑工程和建筑业范围内的线路、管道、设备安装工程的新建、扩建、改建及大型的建筑装修装饰活动，主要包括房屋、铁路、公路、机场、港口、桥梁、矿井、水库、电站、通讯线路等。建设工程的主体是发包人和承包人。建设工程的发包人，一般为建设工程的建设单位，即投资建设该项工程的单位，通常也称作“业主”。建设工程实行总承包的，总承包单位经发包人同意，在法律规定的范围内对部分工程项目进行分包的，工程总承包单位即成为分包工程的发包人。建设工程的承包人，即实施建设工程的勘察、设计、施工等业务的单位，包括对建设工程实行总承包的单位、勘察承包单位、设计承包单位、施工承包单位和承包分包工程的单位。

本条第1款规定的建设工程合同的定义，体现了合同双方当事人即发包人和承包人的基本义务。承包人的基本义务就是按质按期地进行工程建设，包括工程勘察、设计和施工。发包人的基本义务就是按照约定支付价款。

本条第2款规定了建设工程合同的主要内容。一项工程一般包括勘察、设计和施工等一系列过程，因此建设工程合同通常包括工程勘察、设计、施工合同。

勘察合同，是指发包人与勘察人就完成建设工程地理、地质状况的调查研究工作而达成的协议。建设工程勘察，通常需要根据建设工程的要求，查明、分析、评价建设场地的地质地理环境特征和岩土工程条件，并编制建设工程勘察文件。勘察合同就是反映并调整发包人与受托地质工程单位之间权利义务关系的依据。

设计合同，是指发包人与设计人就完成建设工程设计工作而达成的协议。建设工程设计，通常需要根据建设工程的要求，对建设工程所需的技术、经济、资源、环境等条件进行综合分析、论证，并编制建设工程设计文件。建设工程设计一般涉及方案设计、初步设计以及施工图设计，它们之间还具有一定的关联性。按照《建设工程勘察设计管理条例》的规定，编制方案设计文件，应当满足编制初步设计文件和控制概算的需要；编制初步设计文件，应当满足编制施工招标文件、主要设备材料订货和编制施工图设计文件的需要；编制施工图设计文件，应当满足设备材料采购、非标准设备制作和施工的需要，并注明建设工程合理使用年限。

施工合同，是指发包人与施工单位就完成建设工程的一定施工活动而达成的协议。施工合同主要包括建筑和安装两方面内容，这里的建筑是指对工程进行营造的行为，安装主要是指与工程有关的线路、管道、设备等设施的装配。建设工程施工合同是工程建设质量控制、进度控制、投资控制的主要依据。

工程勘察、设计、施工是专业性很强的工作，所以一般应当由专门的具有相应资质的工程单位来完成。按照建筑法的规定，施工企业、勘察单位、设计单位按照其各自拥有的注册资本、专业技术人员、技术装备和已完成的建筑工程业绩等资质条件，划分为不同的资质等级，经资质审查合格，取得相应等级的资质证书，方可在其资质等级许可的范围内从事建筑活动。

建设工程通常具有资金投入量大、工程复杂、技术含量高、专业性强的特点，建设工程的质量不仅涉及发包人的利益，而且更是关系社会上不特定第三人的人身和财产安全，甚至关系国计民生和社会稳定，因而在建设工程领域具有突出的国家干预特征。建设工程合同也难免受到相应影响。按照《建设工程勘察设计管理条例》的规定，从事建设工程活动，必须严格执行基本建设程序，坚持先勘察、后设计、再施工的原则。因而，勘察、设计、施工合同虽然可能是分别与不同单位签订的合同，但是基于勘察、设计、施工在整个建设工程中的不同作用和相互关系，它们的签订和履行在客观上仍具有一定的相关性。

第七百八十九条 【建设工程合同的形式】建设工程合同应当采用书面形式。

关联法规

《建筑法》第15条

第七百九十条 【建设工程招投标活动的原则】建设工程的招标投标活动，应当依照有关法律的规定公开、公平、公正进行。

关联法规

《建筑法》第16～22条，《招标投标法》第3条，《招标投标法实施条例》第2条

第七百九十一条 【建设工程的发包、承包、分包】发包人可以与总承包人订立建设工程合同，也可以分别与勘察人、设计人、施工人订立勘察、设计、施工承包合同。发包人不得将应当由一个承包人完成的建设工程支解成若干部分发包给数个承包人。

总承包人或者勘察、设计、施工承包人经发包人同意，可以将自己承包的部分工作交由第三人完成。第三人就其完成的工作成果与总承包人或者勘察、设计、施工承包人向发包人承担连带责任。承包人不得将其承包的全部建设工程转包给第三人或者将其承包的全部建设工程支解以后以分包的名义分别转包给第三人。

禁止承包人将工程分包给不具备相应资质条件的单位。禁止分包单位将其承包的工程再分包。建设工程主体结构的施工必须由承包人自行完成。

条文注解

建设工程合同发包承包根据订约双方的不同，可以分为直接承包和分包两大类。直接承包是指发包人直接将工程承包给承包人，包括工程总承包和单项工程承包两种方式。分包是指总承包人或者勘察、设计、施工承包人经发包人同意，可以将自己承包的部分工作交由第三人完成。

建设工程的总承包，又称为“交钥匙承包”，是指建设工程任务的总承包，即发包人将建设工程的勘察、设计、施工等工程建设的全部任务一并发包给一个具备相应的总承包资质条件的承包人，由该承包人负责工程的全部建设工作，直至工程竣工，向发包人交付经验收合格符合发包人要求的建设工程的发包承包方式。工程总承包是国内外建设活动中多有使用的发包承包方式，它有利于充分发挥那些在工程建设方面具有较强的技术力量、丰富的经验和组织管理能力的大承包商的专业优势，综合协调工程建设中的各种关系，强化对工程建设的统一指挥和组织管理，保证工程质量和进度，提高投资效益。在建设工程的发包承包中采用总承包方式，对那些缺乏工程建设方面的专门技术力量、难以对建设项目实施具体的组织管理的建设单位来说，更具有明显的优越性，也符合社会化大生产专业分工的要求。为此应当提倡对建设工程实行总承包，发包人可以将全部工程发包给一个总承包人完成，由该承包人就工程建设的全过程向发包人负责。与总承包方式相对应的是单项任务的承包，即发包人将建设工程中的勘察、设计、施工等不同工作任务，分别发包给勘察人、设计人、施工人，与其签订相应的承包合同。这种发包方式有利于吸引较多的承包商参与各项工程建设业务的投标竞争，使发包人有更大的选择余地；也有利于发包人对建设工程的各环节、各阶段实施直接的监督管理，这对于那些具有建设活动方面的专业技术人才、对工程建设有较强的组织管理能力的单位来说是有利的。

建设工程的发包承包是采取总承包方式还是单项工程承包方式，可以由发包人根据实际情况自行确定。但是无论发包人采取何种方式与承包人签订合同，都应当遵守本条的规定，不得将建设工程支解发包，即不得将应当由一个承包人完成的建设工程支解成若干部分发包给几个承包人。这是针对目前我国建筑市场中多有发生且危害较大的将工程支解发包的实际情况所作出的规定。一些发包单位将按其性质和技术联系应当由一个承包单位整体承包的工程支解成若干部分，分别发包给几个承包单位，使整个工程建设在管理和技术上缺乏应有的统筹协调，往往造成施工现场秩序混乱、责任不清，严重影响工程建设质量，出了问题也很难找到责任者。而且从实际情况看，支解发包往往与发包单位的工作人员徇私舞弊、利用支解发包多拿回扣等违法行为有关。因此，本条第1款中明确规定，发包人不得将应当由一个承包人完成的建设工程支解成若干部分发包给数个承包人。至于如何确定是不是应当由一个承包人完成的建设工程，需要由国务院有关主管部门根据实际情况作出具体规定。如对一幢房屋的供水管线，发包人就不应将其分成若干部分发包给几个承包单位。又如对一幢房屋中的供水管线和空调设备的安装，尽管都属于同一建筑的设备安装，但因各有较强的专业性，发包人则可以将其分别发包给不同的承包人。

所谓建设工程的分包，是指工程总承包人、勘察承包人、设计承包人、施工承包人承包建设工程后，将其承包的某一部分工程或某几部分工程，再发包给其他承包人，与其签订承包合同项下的分包合同的发包承包方式。总承包人或者勘察、设计、施工承包人在分包合同中即成为分包合同的发包人。总承包人或者勘察、设计、施工承包人分包建设工程的，应当符合以下条件:(1)总承包人或者勘察、设计、施工承包人只能将部分工程分包给具有相应资质条件的分包人;(2)为防止总承包人或者勘察、设计、施工承包人擅自将应当由自己完成的工程分包出去或者将工程分包给发包人所不信任的第三人，分包工程的，必须经过发包人的同意。

在承包与分包相结合的承包形式中，存在承包合同与分包合同两个不同的合同关系。承包合同是发包人与总承包人或者勘察人、设计人、施工人之间订立的合同，总承包人或者勘察、设计、施工承包人应当就承包合同的履行向发包人承担全部的责任;即使总承包人或者勘察、设计、施工承包人根据合同约定或者经发包人同意将承包合同范围内的部分建设项目分包给他人，其也需要对分包的工程向发包人负责。分包合同是承包合同中的总承包人或者勘察、设计、施工承包人与分包人之间订立的合同。通常来说，分包人仅就分包合同的履行向总承包人或者勘察、设计、施工承包人负责，并不直接向发包人承担责任;但为了维护发包人的利益，保证工程的质量，本条适当地加重了分包人的责任，即第三人(分包人)就其完成的工作成果与总承包人或者勘察、设计、施工承包人向发包人承担连带责任。分包的工程出现问题，发包人既可以要求总承包人或者勘察、设计、施工承包人承担责任，也可以直接要求分包人承担责任。

所谓转包，是指建设工程的承包人将其承包的建设工程倒手转让给第三人，使该第三人实际上成为该建设工程新的承包人的行为。转包与分包的根本区别在于：转包行为中，原承包人将其工程全部倒手转给他人，自己并不实际履行合同约定的义务；而在分包行为中，承包人只是将其承包工程的某一部分或几部分再分包给其他承包人，承包人仍然要就承包合同约定的全部义务的履行向发包人负责。依照本法和其他法律规定，承包人经发包人同意将其部分工程分包给他人的行为是允许的，但承包人的转包行为是禁止的。本条明确规定承包人不得将其承包的全部建设工程转包给第三人或者将其承包的全部建设工程支解以后以分包的名义分别转包给第三人。这是因为：(1)在实践中，转包行为具有很大的危害性。一些单位将其承包的工程压价转包给他人，从中谋取不正当利益，形成“层层转包、层层扒皮”的现象，最后实际用于工程建设的费用大为减少，导致严重的偷工减料；一些建设工程转包后落入不具备相应资质条件的包工队中，留下严重的工程质量隐患，甚至造成重大质量事故。(2)承包人擅自将其承包的工程项目转包，破坏了合同关系应有的稳定性和严肃性。在建设工程合同订立过程中，发包人往往是经过慎重选择，才确定与其所信任并具有相应资质条件的承包人订立合同。承包人将其所承包的工程转包给他人，违背了发包人的意志，损害了发包人的利益，这是法律所不允许的。

为了保证工程的质量，本条第3款规定，禁止承包人将工程分包给不具备相应资质条件的单位；禁止分包单位将其承包的工程再分包。依据本款规定，工程的分包人必须具备相应的资质条件。依照我国有关法律的规定，从事建设活动的勘察人、设计人和施工人必须具备以下资质条件：(1)有符合国家规定的注册资本；(2)有与其从事的建设活动相适应的具有法定执业资格的专业技术人员；(3)有从事相关建设活动所应有的技术装备；(4)法律、行政法规规定的其他条件。从事工程建设活动的勘察人、设计人和施工人，按照其拥有的注册资本、专业技术人员、技术装备和已完成的建设工程业绩等资质条件，划分为不同的资质等级，经资质审查合格，取得相应等级的资质证书后，方可在其资质等级许可的范围内从事建设活动。承包人在将工程分包时，应当审查分包人是否具备承包该部分工程建设的资质条件。承包人将工程分包给不具备相应资质条件的分包人的，该分包合同无效。为避免因层层分包造成责任不清以及因中间环节过多造成实际用于工程的费用减少的问题，依据本款的规定，分包人不得将其承包的工程再分包，即对工程建设项目只能实行一次分包。实行施工承包的，建设工程的主体结构必须由承包人自行完成，不得分包，即承包人承包工程全部施工任务的，该工程的主体结构必须由承包人自行完成，即使经发包人同意，也不得将主体工程的施工再分包给第三人；承包人违反本款规定，将工程主体部分的施工任务分包给第三人的，该分包合同无效。

关联法规

《建筑法》第24、28、29条，《建设工程质量管理条例》第7、18、78条

第七百九十二条　【订立国家重大建设工程合同】国家重大建设工程合同，应当按照国家规定的程序和国家批准的投资计划、可行性研究报告等文件订立。

第七百九十三条　【建设工程合同无效、验收不合格的处理】建设工程施工合同无效，但是建设工程经验收合格的，可以参照合同关于工程价款的约定折价补偿承包人。

建设工程施工合同无效，且建设工程经验收不合格的，按照以下情形处理：

（一）修复后的建设工程经验收合格的，发包人可以请求承包人承担修复费用；

（二）修复后的建设工程经验收不合格的，承包人无权请求参照合同关于工程价款的约定折价补偿。

发包人对因建设工程不合格造成的损失有过错的，应当承担相应的责任。

第七百九十四条　【勘察、设计合同的内容】勘察、设计合同的内容一般包括提交有关基础资料和概预算等文件的期限、质量要求、费用以及其他协作条件等条款。

第七百九十五条　【施工合同的内容】施工合同的内容一般包括工程范围、建设工期、中间交工工程的开工和竣工时间、工程质量、工程造价、技术资料交付时间、材料和设备供应责任、拨款和结算、竣工验收、质量保修范围和质量保证期、相互协作等条款。

第七百九十六条　【建设工程监理】建设工程实行监理的，发包人应当与监理人采用书面形式订立委托监理合同。发包人与监理人的权利和义务以及法律责任，应当依照本编委托合同以及其他有关法律、行政法规的规定。

关联法规

《建筑法》第30~35条,《建设工程质量管理条例》第12、34~38条

第七百九十七条 【发包人的检查权】发包人在不妨碍承包人正常作业的情况下,可以随时对作业进度、质量进行检查。

第七百九十八条 【隐蔽工程】隐蔽工程在隐蔽以前,承包人应当通知发包人检查。发包人没有及时检查的,承包人可以顺延工程日期,并有权请求赔偿停工、窝工等损失。

第七百九十九条 【建设工程的竣工验收】建设工程竣工后,发包人应当根据施工图纸及说明书、国家颁发的施工验收规范和质量检验标准及时进行验收。验收合格的,发包人应当按照约定支付价款,并接收该建设工程。

建设工程竣工经验收合格后,方可交付使用;未经验收或者验收不合格的,不得交付使用。

条文注解

建设工程的竣工验收,是指建设工程已按照设计要求完成全部工作任务,准备交付给发包人投入使用前,由发包人或者有关主管部门依照国家关于建设工程竣工验收制度的规定,对该项工程是否合乎设计要求和工程质量标准所进行的检查、考核工作。建设工程的竣工验收是工程建设全过程的最后一道程序,是对工程质量实行控制的最后一个重要环节。验收的内容主要是:

第一,工程是否符合规定的建设工程质量标准。建设工程的质量标准包括依照法律、行政法规的有关规定制定的保证建设工程质量和安全的强制性国家标准和行业标准以及国家颁发的施工验收规范,建设工程合同中约定的对该项建设工程特殊的质量要求,以及为体现法律、行政法规规定的质量标准和建设工程合同约定的质量要求而在工程设计文件、施工图纸和说明书中提出的有关工程质量的具体指标和技术要求。

第二,承包人是否提供了完整的工程技术经济资料。这里的工程技术经济资料,一般应包括建设工程合同、建设用地的批准文件、工程的设计图纸及其他有关设计文件、工程所用的主要建筑材料、建筑构配件和设备的

进场试验报告，申请竣工验收的报告书及有关工程建设的技术档案，完整的施工管理资料等。

第三，承包人是否有建设工程质量检验书等凭证。

第四，工程是否具备国家规定的其他竣工条件。

建设工程必须竣工经验收合格后，方可交付使用；没有经过竣工验收或者经过竣工验收确定为不合格的建设工程，不得交付使用。

关联法规

《建筑法》第60、61条，《建设工程质量管理条例》第16~17、49条，《城镇燃气管理条例》第11条

第八百条 【勘察人、设计人对勘察、设计的责任】勘察、设计的质量不符合要求或者未按照期限提交勘察、设计文件拖延工期，造成发包人损失的，勘察人、设计人应当继续完善勘察、设计，减收或者免收勘察、设计费并赔偿损失。

关联法规

《建筑法》第52~56条，《建设工程质量管理条例》第39~42条

第八百零一条 【施工人对建设工程质量承担的民事责任】因施工人的原因致使建设工程质量不符合约定的，发包人有权请求施工人在合理期限内无偿修理或者返工、改建。经过修理或者返工、改建后，造成逾期交付的，施工人应当承担违约责任。

关联法规

《建筑法》第58~60条，《建设工程质量管理条例》第25~33条

第八百零二条 【合理使用期限内质量保证责任】因承包人的原因致使建设工程在合理使用期限内造成人身损害和财产损失的，承包人应当承担赔偿责任。

关联法规

《建筑法》第60~63条,《建设工程质量管理条例》第39~42条

第八百零三条 【发包人未按约定的时间和要求提供相关物资的违约责任】发包人未按照约定的时间和要求提供原材料、设备、场地、资金、技术资料的,承包人可以顺延工程日期,并有权请求赔偿停工、窝工等损失。

第八百零四条 【因发包人原因造成工程停建、缓建所应承担责任】因发包人的原因致使工程中途停建、缓建的,发包人应当采取措施弥补或者减少损失,赔偿承包人因此造成的停工、窝工、倒运、机械设备调迁、材料和构件积压等损失和实际费用。

第八百零五条 【因发包人原因造成勘察、设计的返工、停工或者修改设计所应承担责任】因发包人变更计划,提供的资料不准确,或者未按照期限提供必需的勘察、设计工作条件而造成勘察、设计的返工、停工或者修改设计,发包人应当按照勘察人、设计人实际消耗的工作量增付费用。

第八百零六条 【合同解除及后果处理的规定】承包人将建设工程转包、违法分包的,发包人可以解除合同。

发包人提供的主要建筑材料、建筑构配件和设备不符合强制性标准或者不履行协助义务,致使承包人无法施工,经催告后在合理期限内仍未履行相应义务的,承包人可以解除合同。

合同解除后,已经完成的建设工程质量合格的,发包人应当按照约定支付相应的工程价款;已经完成的建设工程质量不合格的,参照本法第七百九十三条的规定处理。

第八百零七条 【发包人未支付工程价款的责任】发包人未按照约定支付价款的,承包人可以催告发包人在合理期限内支付价款。发包人逾期不支付的,除根据建设工程的性质不宜折价、拍卖外,承包人可以与发包人协议将该工程折价,也可以请求人民法院将该工程依法拍卖。建设工程的价款就该工程折价或者拍卖的价款优先受偿。

第八百零八条 【适用承揽合同】本章没有规定的，适用承揽合同的有关规定。

第十九章 运输合同

第一节 一般规定

第八百零九条 【运输合同定义】运输合同是承运人将旅客或者货物从起运地点运输到约定地点，旅客、托运人或者收货人支付票款或者运输费用的合同。

条文注解

运输合同又称运送合同，本条规定是对运输合同所作的定义。根据本条规定，运输合同的定义包含了以下几方面的内容：

（1）运输合同的主体是承运人和旅客、托运人。运输合同的主体是运输合同权利义务的承担者，即运输合同的当事人。根据运输合同是双务合同的特性，当事人一方是享受收取运费或者票款权利承担运送义务的承运人，另一方是享受运送权利并支付运费的旅客和托运人，双方当事人的数目视具体合同关系而定。

（2）运输合同中的托运人有时就是收货人，但在多数情况下，另有收货人，此时收货人不是运输合同的一方当事人。

（3）运输合同的内容是承运人将旅客或者货物运输到约定地点。由此可见，运输合同的客体是承运人的运送行为，不是货物和旅客。

（4）在运输合同中，承运人的义务是将旅客或者货物运输到约定地点，权利是收取票款或者运费；而旅客、托运人的权利和义务则与此对应，即权利是要求承运人将其运输到约定地点，义务是向承运人支付票款或者运费。

关联法规

《民用航空法》第107、108条，《铁路法》第11条，《海商法》第41条，《道路运输条例》第2条

第八百一十条 【承运人强制缔约义务】从事公共运输的承运人不得拒绝旅客、托运人通常、合理的运输要求。

第八百一十一条 【承运人安全运输义务】承运人应当在约定期限或者合理期限内将旅客、货物安全运输到约定地点。

关联法规

《铁路法》第11条,《最高人民法院关于审理铁路运输人身损害赔偿纠纷案件适用法律若干问题的解释》第12、301条,《最高人民法院关于审理铁路运输损害赔偿案件若干问题的解释》第7条

第八百一十二条 【承运人合理运输义务】承运人应当按照约定的或者通常的运输路线将旅客、货物运输到约定地点。

关联法规

《铁路法》第12条

第八百一十三条 【支付票款或者运输费用】旅客、托运人或者收货人应当支付票款或者运输费用。承运人未按照约定路线或者通常路线运输增加票款或者运输费用的,旅客、托运人或者收货人可以拒绝支付增加部分的票款或者运输费用。

关联法规

《铁路法》第25、26条

第二节 客运合同

第八百一十四条 【客运合同成立时间】客运合同自承运人向旅客出具客票时成立,但是当事人另有约定或者另有交易习惯的除外。

条文注解

客运合同的成立时间和地点，涉及合同当事人受合同约束的开始时间和案件管辖问题，而国际客运合同的成立往往还涉及法律适用问题。

在普通情况下，客票是客运合同成立的凭据，也就是说，承运人向旅客签发的客票证明了承运人和旅客之间订立了合同。所以客运合同的成立时间一般即是旅客客票的取得时间，即承运人向旅客交付客票时成立。

但随着互联网技术的发展，传统的购票方式发生了很大变化，客票的无纸化成为普遍趋势。旅客在客运合同订立过程中，可以通过网上购票的方式与承运人达成出行日期、票价等事项的合意，一旦意思表示一致，承运人出具电子票据，合同即宣告成立。有时甚至旅客都不需要接收电子票据，出示身份证件即可乘坐。因此，本条将合同法规定的"交付客票时成立"修改为"出具客票时成立"。

但是，在运输合同的当事人另有约定的情况下，旅客运输合同的成立时间可以不是在承运人出具客票时成立。例如，在航空运输中，旅客与承运人约定航空运输合同从旅客登上飞机时成立，则该航空运输合同的成立时间即为旅客登上飞机的那一刻。本条还规定，在另有交易习惯的情况下，客运合同的成立时间也可以不在出具客票时成立。例如，在出租车运输中，客票的交付时间一般在运输行为完成后，按出租车运输的交易习惯，该运输合同在旅客登上出租车时就成立。

第八百一十五条 【旅客乘运义务的一般规定】旅客应当按照有效客票记载的时间、班次和座位号乘坐。旅客无票乘坐、超程乘坐、越级乘坐或者持不符合减价条件的优惠客票乘坐的，应当补交票款，承运人可以按照规定加收票款；旅客不支付票款的，承运人可以拒绝运输。

实名制客运合同的旅客丢失客票的，可以请求承运人挂失补办，承运人不得再次收取票款和其他不合理费用。

关联法规

《民用航空法》第109、112、128条，《海商法》第112条，《道路运输条例》第17条

第八百一十六条 【旅客办理退票或者变更乘运手续】旅客因自己的原因不能按照客票记载的时间乘坐的，应当在约定的期限内办理退票或者变更手续；逾期办理的，承运人可以不退票款，并不再承担运输义务。

第八百一十七条 【行李携带及托运要求】旅客随身携带行李应当符合约定的限量和品类要求；超过限量或者违反品类要求携带行李的，应当办理托运手续。

第八百一十八条 【禁止旅客携带危险物品、违禁物品】旅客不得随身携带或者在行李中夹带易燃、易爆、有毒、有腐蚀性、有放射性以及可能危及运输工具上人身和财产安全的危险物品或者违禁物品。

旅客违反前款规定的，承运人可以将危险物品或者违禁物品卸下、销毁或者送交有关部门。旅客坚持携带或者夹带危险物品或者违禁物品的，承运人应当拒绝运输。

关联法规

《海商法》第113条,《民用航空安全保卫条例》第26~33条

第八百一十九条 【承运人的告知义务和旅客的协助义务】承运人应当严格履行安全运输义务，及时告知旅客安全运输应当注意的事项。旅客对承运人为安全运输所作的合理安排应当积极协助和配合。

第八百二十条 【承运人按照约定运输的义务】承运人应当按照有效客票记载的时间、班次和座位号运输旅客。承运人迟延运输或者有其他不能正常运输情形的，应当及时告知和提醒旅客，采取必要的安置措施，并根据旅客的要求安排改乘其他班次或者退票；由此造成旅客损失的，承运人应当承担赔偿责任，但是不可归责于承运人的除外。

关联法规

《道路运输条例》第18、19条

第八百二十一条 【承运人擅自降低或者提高服务标准的后果】承运人擅自降低服务标准的，应当根据旅客的请求退票或者减收票款；提高服务标准的，不得加收票款。

第八百二十二条 【承运人救助义务】承运人在运输过程中，应当尽力救助患有急病、分娩、遇险的旅客。

关联法规

《最高人民法院关于审理铁路运输人身损害赔偿纠纷案件适用法律若干问题的解释》第12条

第八百二十三条 【旅客人身伤亡责任】承运人应当对运输过程中旅客的伤亡承担赔偿责任；但是，伤亡是旅客自身健康原因造成的或者承运人证明伤亡是旅客故意、重大过失造成的除外。

前款规定适用于按照规定免票、持优待票或者经承运人许可搭乘的无票旅客。

关联法规

《民用航空法》第124、127~136条，《铁路法》第58条，《海商法》第114、115、117、118、120~126条，《道路运输条例》第16、35条

第八百二十四条 【旅客随身携带物品毁损、灭失的责任承担】在运输过程中旅客随身携带物品毁损、灭失，承运人有过错的，应当承担赔偿责任。

旅客托运的行李毁损、灭失的，适用货物运输的有关规定。

关联法规

《民用航空法》第125~136条，《铁路法》第16~18条，《海商法》第114~126条

第三节 货运合同

第八百二十五条 【托运人如实申报义务】托运人办理货物运输，应当向承运人准确表明收货人的姓名、名称或者凭指示的收货人，货物的名称、性质、重量、数量，收货地点等有关货物运输的必要情况。

因托运人申报不实或者遗漏重要情况，造成承运人损失的，托运人应当承担赔偿责任。

关联法规

《民用航空法》第117条，《铁路法》第18、19、23条，《海商法》第66、68条

第八百二十六条 【托运人提交有关文件义务】货物运输需要办理审批、检验等手续的，托运人应当将办理完有关手续的文件提交承运人。

关联法规

《民用航空法》第123条，《道路运输条例》第25条

第八百二十七条 【托运人货物包装义务】托运人应当按照约定的方式包装货物。对包装方式没有约定或者约定不明确的，适用本法第六百一十九条的规定。

托运人违反前款规定的，承运人可以拒绝运输。

关联法规

《铁路法》第20条，《铁路货物运输合同实施条例细则》第8条，《水运货物运输合同实施条例细则》第7条

第八百二十八条 【运输危险货物】托运人托运易燃、易爆、有毒、有腐蚀性、有放射性等危险物品的，应当按照国家有关危险物品运输的规定对危险物品妥善包装，做出危险物品标志和标签，并将有关危险物品的名称、性质和防范措施的书面材料提交承运人。

托运人违反前款规定的，承运人可以拒绝运输，也可以采取相应措施以避免损失的发生，因此产生的费用由托运人负担。

第八百二十九条 【托运人变更或者解除运输合同权利】在承运人将货物交付收货人之前，托运人可以要求承运人中止运输、返还货物、变更到达地或者将货物交给其他收货人，但是应当赔偿承运人因此受到的损失。

条文注解

本条是关于托运人变更或者解除运输合同权利的规定。

所谓托运人的变更或者解除权，就是货物运输合同成立后，托运人有权变更或者解除合同。这种变更或者解除可以不经过承运人同意，承运人也无权过问相对方变更和解除合同的原因，只要托运人提出变更或者解除合同，均应予以变更或者解除。

根据本条规定，在承运人将货物交付收货人之前，托运人享有如下权利：一是中止运输、返还货物。中止运输，是指托运人要求承运人立即停止运输托运的货物；返还货物，是指托运人要求承运人将已经办理托运手续的货物返还给托运人或者提货凭证持有人。这实际上就是解除货运合同。二是变更到达地。变更到达地，是指托运人在货物交付给收货人之前，改变原来约定的到达地。对此承运人不得拒绝变更。三是将货物交给其他收货人。这实际上就是变更收货人。在承运人将货物交付收货人之前，托运人享有以上权利，承运人不得拒绝变更后的运输义务，应当按照托运人的要求中止运输、返还货物，或者按照托运人变更后的要求将货物安全、及时地运送至新的到达地或者交给新的收货人。当然，如果因为托运人单方变更或者解除合同给承运人造成损失的，托运人应当赔偿其损失，包括承担因变更或者解除合同而产生的各种费用等。

理解本条还需要注意以下几点：(1)如果托运人或者提单持有人指示不能执行，承运人应当立即通知托运人或者提单持有人。(2)托运人或者提单持有人这种单方变更或者解除权只能在货物交付收货人之前行使，如果货物已经交付给收货人，则托运人或者提单持有人这种变更或者解除合同的权利就即告终止。但是收货人拒绝接受货物的，或者承运人无法同收货人联系的，托运人或者提单持有人可以恢复行使这种权利。(3)本条的单方变更或者解除权只能由托运人或者提单持有人享有。承运人在运输合同成立后，不得单方变更或者解除合同，除非对方严重违约或者发生不可抗力。

第八百三十条 【提货】货物运输到达后，承运人知道收货人的，应当及时通知收货人，收货人应当及时提货。收货人逾期提货的，应当向承运人支付保管费等费用。

第八百三十一条 【收货人检验货物】收货人提货时应当按照约定的期限检验货物。对检验货物的期限没有约定或者约定不明确，依据本法第五百一十条的规定仍不能确定的，应当在合理期限内检验货物。收货人在约定的期限或者合理期限内对货物的数量、毁损等未提出异议的，视为承运人已经按照运输单证的记载交付的初步证据。

第八百三十二条 【运输过程中货物毁损、灭失的责任承担】承运人对运输过程中货物的毁损、灭失承担赔偿责任。但是，承运人证明货物的毁损、灭失是因不可抗力、货物本身的自然性质或者合理损耗以及托运人、收货人的过错造成的，不承担赔偿责任。

第八百三十三条 【确定货物赔偿额】货物的毁损、灭失的赔偿额，当事人有约定的，按照其约定；没有约定或者约定不明确，依据本法第五百一十条的规定仍不能确定的，按照交付或者应当交付时货物到达地的市场价格计算。法律、行政法规对赔偿额的计算方法和赔偿限额另有规定的，依照其规定。

第八百三十四条 【相继运输】两个以上承运人以同一运输方式联运的，与托运人订立合同的承运人应当对全程运输承担责任；损失发生在某一运输区段的，与托运人订立合同的承运人和该区段的承运人承担连带责任。

第八百三十五条 【货物因不可抗力灭失的运费处理】货物在运输过程中因不可抗力灭失，未收取运费的，承运人不得请求支付运费；已经收取运费的，托运人可以请求返还。法律另有规定的，依照其规定。

第八百三十六条 【承运人留置权】托运人或者收货人不支付运费、保管费或者其他费用的，承运人对相应的运输货物享有留置权，但是当事人另有约定的除外。

第八百三十七条 【承运人提存货物】收货人不明或者收货人无正当理由拒绝受领货物的，承运人依法可以提存货物。

第四节　多式联运合同

第八百三十八条 【多式联运经营人应当负责履行或者组织履行合同】多式联运经营人负责履行或者组织履行多式联运合同，对全程运输享有承运人的权利，承担承运人的义务。

条文注解

本法所称的多式联运合同，是指多式联运经营人以两种以上的不同运输方式，负责将货物从接收地运至目的地交付收货人，并收取全程运费的合同。可见，以两种以上的不同运输方式进行运输是多式联运合同区别于传统运输合同的最大特征。

在多式联运合同中，多式联运经营人处于一个比较特殊的位置。本条所指的多式联运经营人，是指本人或者委托他人以本人名义与托运人订立多式联运合同的人，其是事主，而不是托运人的代理人或者代表人，也不是参加多式联运的各承运人的代理人或者代表人。从本条的规定可知，多式联运经营人要根据多式联运合同履行运输义务或者组织承运人履行运输义务。多式联运经营人可分为两种类型：第一种就是多式联运经营人自己拥有运输工具，并且直接参加了运输合同的履行。第二种就是多式联运经营人自己不拥有运输工具或者不经营运输工具，也不直接从事运输活动，而是在签订多式联运合同后，通过双边合同与各运输方式承运人又单独签订各区段运输合同，组织其他承运人进行运输。但是，不管多式联运经营人属于哪一种情形，根据本条的规定，多式联运经营人都要对与之签订合同的托运人或者收货人承担全程运输的义务；同时，根据本章的规定，多式联运经营人要承担全程运输所发生的责任和风险。当然，其也享有作为全程运输承运人的权利，如有向托运人或者收货人要求运输费用的权利等。

第八百三十九条 【多式联运合同责任制度】多式联运经营人可以与参加多式联运的各区段承运人就多式联运合同的各区段运输约定相互之间的责任；但是，该约定不影响多式联运经营人对全程运输承担的义务。

第八百四十条 【多式联运单据】多式联运经营人收到托运人交付的货物时，应当签发多式联运单据。按照托运人的要求，多式联运单据可以是可转让单据，也可以是不可转让单据。

第八百四十一条 【托运人承担过错责任】因托运人托运货物时的过错造成多式联运经营人损失的，即使托运人已经转让多式联运单据，托运人仍然应当承担赔偿责任。

第八百四十二条 【多式联运经营人赔偿责任的法律适用】货物的毁损、灭失发生于多式联运的某一运输区段的，多式联运经营人的赔偿责任和责任限额，适用调整该区段运输方式的有关法律规定；货物毁损、灭失发生的运输区段不能确定的，依照本章规定承担赔偿责任。

关联法规

《铁路法》第29条,《海商法》第104~106条

第二十章 技术合同

第一节 一般规定

第八百四十三条 【技术合同定义】技术合同是当事人就技术开发、转让、许可、咨询或者服务订立的确立相互之间权利和义务的合同。

条文注解

根据本条规定，技术合同是当事人就技术开发、转让、许可、咨询或者服务订立的确立相互之间权利和义务的合同。根据本条规定，技术合同具

有以下特征：

（1）技术合同属于民法典规定的一种有名合同，具有合同的一般特征。

（2）技术合同的主体是平等主体的自然人、法人、非法人组织。技术合同是上述主体之间设立、变更、终止民事权利义务关系的合同。

（3）技术合同的标的是技术开发、技术转让、技术许可、技术咨询、技术服务。

（4）技术合同的内容是当事人就技术开发、技术转让、技术许可、技术咨询、技术服务所确立的相互之间权利和义务关系。这种权利义务关系，有自己的特殊性。比如，技术合同履行过程中常常出现相关权利（发明权、专利权、非专利权使用权等）的归属问题；又如，技术合同的标的多数是无形的，特别是技术转让合同的一方当事人允许他方使用自己的技术多数是无形的；还有，使用技术合同标的的主体既可以是一个主体，也可以是多个主体。

（5）技术合同是双务、有偿合同。在技术合同中，当事人双方都承担着自己相应的义务和所享有的权利，一方当事人权利的取得，需要以履行自己的义务为代价。

（6）技术合同是技术商品生产和消费之间的一个媒介。技术成果不被运用难以体现其自身的价值，技术成果的持有者只有与需求方联合才可以将技术成果转化为现实的生产力，而这种联合往往是通过技术合同这种形式实现的。

第八百四十四条　【技术合同订立的目的】订立技术合同，应当有利于知识产权的保护和科学技术的进步，促进科学技术成果的研发、转化、应用和推广。

第八百四十五条　【技术合同主要条款】技术合同的内容一般包括项目的名称，标的的内容、范围和要求，履行的计划、地点和方式，技术信息和资料的保密，技术成果的归属和收益的分配办法，验收标准和方法，名词和术语的解释等条款。

与履行合同有关的技术背景资料、可行性论证和技术评价报告、项目任务书和计划书、技术标准、技术规范、原始设计和工艺文件，以及其他技术文档，按照当事人的约定可以作为合同的组成部分。

技术合同涉及专利的，应当注明发明创造的名称、专利申请人和专利权人、申请日期、申请号、专利号以及专利权的有效期限。

第八百四十六条 【技术合同价款、报酬及使用费】技术合同价款、报酬或者使用费的支付方式由当事人约定，可以采取一次总算、一次总付或者一次总算、分期支付，也可以采取提成支付或者提成支付附加预付入门费的方式。

约定提成支付的，可以按照产品价格、实施专利和使用技术秘密后新增的产值、利润或者产品销售额的一定比例提成，也可以按照约定的其他方式计算。提成支付的比例可以采取固定比例、逐年递增比例或者逐年递减比例。

约定提成支付的，当事人可以约定查阅有关会计账目的办法。

第八百四十七条 【职务技术成果的财产权权属】职务技术成果的使用权、转让权属于法人或者非法人组织的，法人或者非法人组织可以就该项职务技术成果订立技术合同。法人或者非法人组织订立技术合同转让职务技术成果时，职务技术成果的完成人享有以同等条件优先受让的权利。

职务技术成果是执行法人或者非法人组织的工作任务，或者主要是利用法人或者非法人组织的物质技术条件所完成的技术成果。

关联法规

《专利法》第6、16、17条

第八百四十八条 【非职务技术成果的财产权权属】非职务技术成果的使用权、转让权属于完成技术成果的个人，完成技术成果的个人可以就该项非职务技术成果订立技术合同。

第八百四十九条 【技术成果的人身权归属】完成技术成果的个人享有在有关技术成果文件上写明自己是技术成果完成者的权利和取得荣誉证书、奖励的权利。

第八百五十条 【技术合同无效】非法垄断技术或者侵害他人技术成果的技术合同无效。

条文注解

本条根据技术合同的特点明确了技术合同无效的两种情形，即非法垄断技术或者侵害他人技术成果的技术合同无效。

一是非法垄断技术，是指合同的一方当事人通过合同条款限制另一方当事人在合同标的技术的基础上进行新的研究开发，限制另一方当事人从其他渠道吸收技术，或者阻碍另一方根据市场的需求，按照合理的方式充分实施专利和使用技术秘密。常见的非法垄断技术条款主要有以下几种表现形式：(1)限制另一方在合同标的基础上进行新的研究开发。例如，在合同中约定一方在所取得的技术基础上进行新的研究开发，或者进行新的研究活动要得到其许可等。(2)限制另一方从其他渠道获取技术。例如，在合同中约定一方当事人在取得技术成果或者接受技术服务后，不得采用合同外第三方新的有竞争优势的技术。(3)阻碍另一方根据市场需求，以合理的方式实施技术。合同的双方当事人可以自由约定实施专利和使用非专利技术的期限、地区、方式等，但是除此以外不得限制另一方当事人的生产规模、产品规模、原料来源、销售渠道等。(4)阻碍国家推广、使用技术。根据专利法的有关规定，国家对专利实行强制许可制度，对重要的发明创造实行计划许可。如果当事人受让专利权目的不是实施这一技术，而是为了防止他人使用这一新技术后冲出其控制的市场，那么这个技术合同则是为了规避专利法的规定，是徒具形式而当事人并不想使其发生法律后果的技术合同，应认定为无效的技术合同。

二是侵害他人技术成果，指侵害另一方或者第三方的专利权、专利申请权、专利实施权、技术秘密使用权和转让权或者发明权、发现权以及其他科技成果权的行为。主要是未经拥有者或者持有技术成果的个人或者法人、非法人组织的许可，而与他人订立自己无权处分的技术成果的技术合同，或者订立了侵害技术成果完成人身份权、荣誉权的技术合同。《技术合同认定规则》规定，申请认定登记的技术合同，其合同条款含有下列非法垄断技术、妨碍技术进步等不合理限制条款的，不予登记：(1)一方限制另一方在合同标的技术的基础上进行新的研究开发的；(2)一方强制性要求另一方在合同标的基础上研究开发所取得的科技成果及其知识产权独占回授的；(3)一方限制另一方从其他渠道吸收竞争技术的；(4)一方限制另一方根据市场需求实施专利和使用技术秘密的。

第二节　技术开发合同

第八百五十一条　【技术开发合同定义及合同形式】技术开发合同是当事人之间就新技术、新产品、新工艺、新品种或者新材料及其系统的研究开发所订立的合同。

技术开发合同包括委托开发合同和合作开发合同。

技术开发合同应当采用书面形式。

当事人之间就具有实用价值的科技成果实施转化订立的合同，参照适用技术开发合同的有关规定。

条文注解

技术开发合同是当事人之间就新技术、新产品、新工艺、新品种或者新材料及其系统的研究开发所订立的合同。技术开发合同具有以下特点：(1)技术开发合同通常是双务合同、有偿合同。在技术开发合同中双方当事人均有义务，一方当事人在取得权利的同时必须向另一方支付一定的费用，付出相应的义务。(2)技术开发合同是一种要式合同。本条第3款规定当事人订立技术开发合同应当采用书面形式，便于将多且复杂的合同内容固定下来，有利于合同当事人认真遵循，履行好合同。(3)技术开发合同的标的(新技术、新产品、新工艺、新品种或者新材料及其系统)应有相对新的特点。新技术、新产品、新工艺、新品种或者新材料及其系统，一般是指当事人在订立技术合同时尚未掌握的产品、工艺、品种、材料及其系统等技术方案，但是在技术上没有创新的现有产品改型、工艺变更、品种更新、材料配方调整以及技术成果的检验、测试和使用的除外。(4)技术开发合同风险性较大。技术开发是一项探索未知的活动，受各方面条件的限制，可能双方尽了很大的努力，也难以达到订立合同的目的，因此，订立技术开发合同必须依据本法的有关规定，明确合同各方的责任和所承担的风险。

根据本条第2款的规定，技术开发合同包括委托开发合同和合作开发合同。委托开发合同，是指当事人一方委托另一方进行研究开发所订立的合同。合作开发合同，是指当事人各方就共同进行研究开发所订立的合同。即当事人各方共同投资、共同参与研究开发活动、共同承担研究开发风险、共享研究开发成果。

当事人之间就具有实用价值的科技成果实施转化订立的合同，是指当事人之间就具有实用价值但尚未实现工业化应用的科技成果包括阶段性技术成果，以实现该科技成果工业化应用为目标，约定后续试验、开发和应用等内容的合同。实践中，当事人就科技成果实施转化订立的合同逐渐增多，为适应技术创新和科技产业化的需要，本条第 4 款规定这些合同参照适用技术开发合同的有关规定。

第八百五十二条 【委托开发合同的委托人义务】委托开发合同的委托人应当按照约定支付研究开发经费和报酬，提供技术资料，提出研究开发要求，完成协作事项，接受研究开发成果。

第八百五十三条 【委托开发合同的研究开发人义务】委托开发合同的研究开发人应当按照约定制定和实施研究开发计划，合理使用研究开发经费，按期完成研究开发工作，交付研究开发成果，提供有关的技术资料和必要的技术指导，帮助委托人掌握研究开发成果。

第八百五十四条 【委托开发合同的违约责任】委托开发合同的当事人违反约定造成研究开发工作停滞、延误或者失败的，应当承担违约责任。

第八百五十五条 【合作开发合同的当事人主要义务】合作开发合同的当事人应当按照约定进行投资，包括以技术进行投资，分工参与研究开发工作，协作配合研究开发工作。

第八百五十六条 【合作开发合同的违约责任】合作开发合同的当事人违反约定造成研究开发工作停滞、延误或者失败的，应当承担违约责任。

第八百五十七条 【技术开发合同解除】作为技术开发合同标的的技术已经由他人公开，致使技术开发合同的履行没有意义的，当事人可以解除合同。

第八百五十八条 【技术开发合同风险负担及通知义务】技术开发合同履行过程中，因出现无法克服的技术困难，致使研究开发失败或者部分失败的，该风险由当事人约定；没有约定或者约定不明确，依据本法第五百一十条的规定仍不能确定的，风险由当事人合理分担。

当事人一方发现前款规定的可能致使研究开发失败或者部分失败的情形时，应当及时通知另一方并采取适当措施减少损失；没有及时通知并采取适当措施，致使损失扩大的，应当就扩大的损失承担责任。

第八百五十九条 【委托开发合同的技术成果归属】委托开发完成的发明创造，除法律另有规定或者当事人另有约定外，申请专利的权利属于研究开发人。研究开发人取得专利权的，委托人可以依法实施该专利。

研究开发人转让专利申请权的，委托人享有以同等条件优先受让的权利。

第八百六十条 【合作开发合同的技术成果归属】合作开发完成的发明创造，申请专利的权利属于合作开发的当事人共有；当事人一方转让其共有的专利申请权的，其他各方享有以同等条件优先受让的权利。但是，当事人另有约定的除外。

合作开发的当事人一方声明放弃其共有的专利申请权的，除当事人另有约定外，可以由另一方单独申请或者由其他各方共同申请。申请人取得专利权的，放弃专利申请权的一方可以免费实施该专利。

合作开发的当事人一方不同意申请专利的，另一方或者其他各方不得申请专利。

第八百六十一条 【技术秘密成果归属与分享】委托开发或者合作开发完成的技术秘密成果的使用权、转让权以及收益的分配办法，由当事人约定；没有约定或者约定不明确，依据本法第五百一十条的规定仍不能确定的，在没有相同技术方案被授予专利权前，当事人均有使用和转让的权利。但是，委托开发的研究开发人不得在向委托人交付研究开发成果之前，将研究开发成果转让给第三人。

关联法规

《促进科技成果转化法》第40条,《专利法》第8条

第三节　技术转让合同和技术许可合同

第八百六十二条　【技术转让合同和技术许可合同定义】技术转让合同是合法拥有技术的权利人，将现有特定的专利、专利申请、技术秘密的相关权利让与他人所订立的合同。

技术转让合同和技术许可合同中关于提供实施技术的专用设备、原材料或者提供有关的技术咨询、技术服务的约定，属于合同的组成部分。

条文注解

本条是关于技术转让合同和技术许可合同定义的规定。本条是这次编纂民法典时新增加的条文。技术转让合同和技术许可合同具有如下特点：

第一，标的的特点。一是必须是特定的完整的技术内容。该内容构成一项产品、工艺、材料及其系统的技术方案；该方案须有特定的名称、技术指标、功能和适用范围。如果标的仅为一般的商业秘密和数据，不构成一项完整的技术方案，或者标的为依靠个人技能和经验掌握的技术诀窍，无法认定其内容的，不属于技术合同转让和许可的标的。二是转让和许可的标的应当是当事人已经掌握的、特定的、现有的技术成果，包括专利权、专利申请权、技术秘密使用权和转让权，不包括尚待研究开发的技术成果或者不涉及专利、专利申请或者技术秘密的知识、技术、经验和信息。

第二，当事人应当对转让和许可标的拥有权属。技术的转让和许可是技术权利的转让和许可，转让人和许可人应当保证自己是所提供的技术的合法拥有者，否则该技术不属于技术转让和许可合同可以转让的标的。例如，当事人享有的专利权已经终止，则不能转让了。

第三，技术商品不同于一般的商品，可以多次转让和许可。

关联法规

《专利法》第10、12条

第八百六十三条　【技术转让合同和技术许可合同类型和形式】技术转让合同包括专利权转让、专利申请权转让、技术秘密转让等合同。

技术许可合同包括专利实施许可、技术秘密使用许可等合同。

技术转让合同和技术许可合同应当采用书面形式。

第八百六十四条 【技术转让合同和技术许可合同的限制性条款】技术转让合同和技术许可合同可以约定实施专利或者使用技术秘密的范围，但是不得限制技术竞争和技术发展。

第八百六十五条 【专利实施许可合同限制】专利实施许可合同仅在该专利权的存续期限内有效。专利权有效期限届满或者专利权被宣告无效的，专利权人不得就该专利与他人订立专利实施许可合同。

关联法规

《专利法》第42~44条

第八百六十六条 【专利实施许可合同许可人主要义务】专利实施许可合同的许可人应当按照约定许可被许可人实施专利，交付实施专利有关的技术资料，提供必要的技术指导。

第八百六十七条 【专利实施许可合同被许可人主要义务】专利实施许可合同的被许可人应当按照约定实施专利，不得许可约定以外的第三人实施该专利，并按照约定支付使用费。

第八百六十八条 【技术秘密让与人和许可人主要义务】技术秘密转让合同的让与人和技术秘密使用许可合同的许可人应当按照约定提供技术资料，进行技术指导，保证技术的实用性、可靠性，承担保密义务。

前款规定的保密义务，不限制许可人申请专利，但是当事人另有约定的除外。

第八百六十九条 【技术秘密受让人和被许可人主要义务】技术秘密转让合同的受让人和技术秘密使用许可合同的被许可人应当按照约定使用技术，支付转让费、使用费，承担保密义务。

第八百七十条 【技术转让合同让与人和技术许可合同许可人保证义务】技术转让合同的让与人和技术许可合同的许可人应当保证自己是所提供的技术的合法拥有者，并保证所提供的技术完整、无误、有效，能够达到约定的目标。

第八百七十一条 【技术转让合同受让人和技术许可合同被许可人保密义务】技术转让合同的受让人和技术许可合同的被许可人应当按照约定的范围和期限，对让与人、许可人提供的技术中尚未公开的秘密部分，承担保密义务。

第八百七十二条 【许可人和让与人违约责任】许可人未按照约定许可技术的，应当返还部分或者全部使用费，并应当承担违约责任；实施专利或者使用技术秘密超越约定的范围的，违反约定擅自许可第三人实施该项专利或者使用该项技术秘密的，应当停止违约行为，承担违约责任；违反约定的保密义务的，应当承担违约责任。

让与人承担违约责任，参照适用前款规定。

第八百七十三条 【被许可人和受让人违约责任】被许可人未按照约定支付使用费的，应当补交使用费并按照约定支付违约金；不补交使用费或者支付违约金的，应当停止实施专利或者使用技术秘密，交还技术资料，承担违约责任；实施专利或者使用技术秘密超越约定的范围的，未经许可人同意擅自许可第三人实施该专利或者使用该技术秘密的，应当停止违约行为，承担违约责任；违反约定的保密义务的，应当承担违约责任。

受让人承担违约责任，参照适用前款规定。

第八百七十四条 【受让人和被许可人侵权责任】受让人或者被许可人按照约定实施专利、使用技术秘密侵害他人合法权益的，由让与人或者许可人承担责任，但是当事人另有约定的除外。

第八百七十五条 【后续技术成果的归属与分享】当事人可以按照互利的原则，在合同中约定实施专利、使用技术秘密后续改进的技术成果的分享办法；没有约定或者约定不明确，依据本法第五百一十条的规定仍不能确定的，一方后续改进的技术成果，其他各方无权分享。

第八百七十六条 【其他知识产权的转让和许可】集成电路布图设计专有权、植物新品种权、计算机软件著作权等其他知识产权的转让和许可，参照适用本节的有关规定。

第八百七十七条 【技术进出口合同或者专利、专利申请合同法律适用】法律、行政法规对技术进出口合同或者专利、专利申请合同另有规定的，依照其规定。

关联法规

《对外贸易法》第14~19条，《技术出口管理条例》

第四节 技术咨询合同和技术服务合同

第八百七十八条 【技术咨询合同和技术服务合同定义】技术咨询合同是当事人一方以技术知识为对方就特定技术项目提供可行性论证、技术预测、专题技术调查、分析评价报告等所订立的合同。

技术服务合同是当事人一方以技术知识为对方解决特定技术问题所订立的合同，不包括承揽合同和建设工程合同。

关联法规

《技术合同认定规则》第33~42条

第八百七十九条 【技术咨询合同委托人义务】技术咨询合同的委托人应当按照约定阐明咨询的问题，提供技术背景材料及有关技术资料，接受受托人的工作成果，支付报酬。

第八百八十条 【技术咨询合同受托人义务】技术咨询合同的受托人应当按照约定的期限完成咨询报告或者解答问题，提出的咨询报告应当达到约定的要求。

第八百八十一条 【技术咨询合同的违约责任】技术咨询合同的委托人未按照约定提供必要的资料，影响工作进度和质量，不接受或者逾期接受工作成果的，支付的报酬不得追回，未支付的报酬应当支付。

技术咨询合同的受托人未按期提出咨询报告或者提出的咨询报告不符合约定的，应当承担减收或者免收报酬等违约责任。

技术咨询合同的委托人按照受托人符合约定要求的咨询报告和意见作出决策所造成的损失，由委托人承担，但是当事人另有约定的除外。

第八百八十二条 【技术服务合同委托人义务】技术服务合同的委托人应当按照约定提供工作条件，完成配合事项，接受工作成果并支付报酬。

第八百八十三条 【技术服务合同受托人义务】技术服务合同的受托人应当按照约定完成服务项目，解决技术问题，保证工作质量，并传授解决技术问题的知识。

第八百八十四条 【技术服务合同的违约责任】技术服务合同的委托人不履行合同义务或者履行合同义务不符合约定，影响工作进度和质量，不接受或者逾期接受工作成果的，支付的报酬不得追回，未支付的报酬应当支付。

技术服务合同的受托人未按照约定完成服务工作的，应当承担免收报酬等违约责任。

第八百八十五条 【创新技术成果归属】技术咨询合同、技术服务合同履行过程中，受托人利用委托人提供的技术资料和工作条件完成的新的技术成果，属于受托人。委托人利用受托人的工作成果完成的新的技术成果，属于委托人。当事人另有约定的，按照其约定。

第八百八十六条 【工作费用的负担】技术咨询合同和技术服务合同对受托人正常开展工作所需费用的负担没有约定或者约定不明确的，由受托人负担。

第八百八十七条 【技术中介合同和技术培训合同法律适用】法律、行政法规对技术中介合同、技术培训合同另有规定的，依照其规定。

第二十一章 保管合同

第八百八十八条 【保管合同定义】保管合同是保管人保管寄存人交付的保管物，并返还该物的合同。

寄存人到保管人处从事购物、就餐、住宿等活动，将物品存放在指定场所的，视为保管，但是当事人另有约定或者另有交易习惯的除外。

条文注解

保管合同又称寄托合同或者寄存合同，是指双方当事人约定一方将物交付他方保管，尔后他方返还保管物的合同。保管物品的一方称为保管人，或者称为受寄人，其所保管的物品称为保管物，或者称为寄托物，交付物品保管的一方称为寄存人，或者称为寄托人。

保管合同的主要法律特征有：

第一，保管合同为有偿合同或者无偿合同。根据本法第 889 条的规定，保管合同既可以是有偿合同，也可以是无偿合同，由保管人和寄存人自行约定。当寄存人和保管人没有就是否支付报酬作出约定，或者约定不明确的，双方可以协议补充；不能达成补充协议的，按照合同相关条款或者交易习惯确定。

第二，保管合同为要物合同。本法第 890 条规定："保管合同自保管物交付时成立，但是当事人另有约定的除外。"根据该规定，保管合同原则上为要物合同。

第三，保管合同为不要式合同。本法并未对保管合同的订立形式作出规定，并不要求当事人必须以何种形式订立合同。订立保管合同既可以是口头形式，也可以是书面形式，为不要式合同。

第四，保管合同为继续性合同。继续性合同，是指合同的内容，并非一次性给付可以完结，而是继续地实现。在保管合同中，保管人要持续地履行其保管义务，并不是一次履行即告完结，具有继续性的特点。作为继续性合同的保管合同解除的效果不同于非继续性合同，保管合同的解除仅向将来发生效力。

第八百八十九条 【保管费】寄存人应当按照约定向保管人支付保管费。

当事人对保管费没有约定或者约定不明确，依据本法第五百一十条的规定仍不能确定的，视为无偿保管。

第八百九十条 【保管合同成立时间】保管合同自保管物交付时成立，但是当事人另有约定的除外。

第八百九十一条 【保管人出具保管凭证义务】寄存人向保管人交付保管物的，保管人应当出具保管凭证，但是另有交易习惯的除外。

第八百九十二条 【保管人妥善保管义务】保管人应当妥善保管保管物。

当事人可以约定保管场所或者方法。除紧急情况或者为维护寄存人利益外，不得擅自改变保管场所或者方法。

第八百九十三条 【寄存人告知义务】寄存人交付的保管物有瑕疵或者根据保管物的性质需要采取特殊保管措施的，寄存人应当将有关情况告知保管人。寄存人未告知，致使保管物受损失的，保管人不承担赔偿责任；保管人因此受损失的，除保管人知道或者应当知道且未采取补救措施外，寄存人应当承担赔偿责任。

条文注解

寄存人对保管人负有告知的义务，包括以下两种情况：

一是如果保管物有瑕疵的，应当将真实情况如实告知保管人。此处所说的瑕疵，不同于买卖合同中的瑕疵，主要是指保管物自身存在的、可能造成保管物自身或者其他物品毁损、灭失的缺陷。

二是按照保管物的性质需要采取特殊保管措施的，寄存人应当告知保管人。所谓“保管物的性质”，即如保管物属于易燃、易爆、有毒、有腐蚀性、有放射性等危险物品或者易变质物品。

寄存人违反前两项义务，使保管物本身遭受损失的，保管人不承担赔偿责任，即寄存人未履行相应的告知义务的，将使保管人免责。此处所说的免责，仅指因为寄存人未履行告知义务而造成保管财产自身损毁、灭失的，保管人对此免于承担赔偿责任。

寄存人违反前两项义务，使保管人的人身、财产遭受损失的，寄存人应当承担赔偿责任。

第八百九十四条 【保管人亲自保管保管物义务】保管人不得将保管物转交第三人保管，但是当事人另有约定的除外。

保管人违反前款规定，将保管物转交第三人保管，造成保管物损失的，应当承担赔偿责任。

第八百九十五条 【保管人不得使用或者许可他人使用保管物的义务】保管人不得使用或者许可第三人使用保管物，但是当事人另有约定的除外。

第八百九十六条 【保管人返还保管物及通知寄存人的义务】第三人对保管物主张权利的，除依法对保管物采取保全或者执行措施外，保管人应当履行向寄存人返还保管物的义务。

第三人对保管人提起诉讼或者对保管物申请扣押的，保管人应当及时通知寄存人。

第八百九十七条 【保管人赔偿责任】保管期内，因保管人保管不善造成保管物毁损、灭失的，保管人应当承担赔偿责任。但是，无偿保管人证明自己没有故意或者重大过失的，不承担赔偿责任。

条文注解

保管人应当对保管物尽到妥善保管的义务。保管期间，因保管人保管不善造成保管物毁损、灭失的，原则上保管人都应当承担赔偿责任。在保管有偿与无偿的情况下，保管人责任的大小（或者轻重）应有所区别。

保管是无偿的，保管人对于故意或者重大过失造成保管物毁损、灭失承担赔偿责任，对于一般轻过失造成保管物毁损、灭失的，则可免除责任。保管是有偿的，保管人除证明自己对保管物的毁损、灭失没有过失的以外，一律承担赔偿责任。

第八百九十八条　【寄存人声明义务】寄存人寄存货币、有价证券或者其他贵重物品的，应当向保管人声明，由保管人验收或者封存；寄存人未声明的，该物品毁损、灭失后，保管人可以按照一般物品予以赔偿。

第八百九十九条　【领取保管物】寄存人可以随时领取保管物。

当事人对保管期限没有约定或者约定不明确的，保管人可以随时请求寄存人领取保管物；约定保管期限的，保管人无特别事由，不得请求寄存人提前领取保管物。

第九百条　【返还保管物及其孳息】保管期限届满或者寄存人提前领取保管物的，保管人应当将原物及其孳息归还寄存人。

第九百零一条　【消费保管合同】保管人保管货币的，可以返还相同种类、数量的货币；保管其他可替代物的，可以按照约定返还相同种类、品质、数量的物品。

条文注解

消费保管也称为不规则保管，是指保管物为可替代物时，如约定将保管物的所有权移转于保管人，保管期间届满由保管人以同种类、品质、数量的物返还的保管。消费保管合同与一般保管合同有以下几点不同：

第一，消费保管合同的保管物必须为可替代物，即种类物。种类物是相对于特定物而言的，是指以品种、质量、规格或度量衡确定，不需具体指定的转让物，如标号相同的水泥，相同品牌、规格的电视机等。

第二，并不是所有种类物的寄存都属于消费保管合同。例如，本法第898条规定的寄存货币的情形，就属于需返还原货币的一般保管合同，而不属于消费保管合同。

第三，既然保管物的所有权转移至保管人，因此，从寄存人交付时起，保管人就享有该物的利益，并承担该物的风险。

第四，消费保管的保管人仅须以同种类、品质、数量的物返还即可。而一般保管的保管人须返还原保管物。

第九百零二条 【保管费支付期限】有偿的保管合同，寄存人应当按照约定的期限向保管人支付保管费。

当事人对支付期限没有约定或者约定不明确，依据本法第五百一十条的规定仍不能确定的，应当在领取保管物的同时支付。

第九百零三条 【保管人留置权】寄存人未按照约定支付保管费或者其他费用的，保管人对保管物享有留置权，但是当事人另有约定的除外。

第二十二章 仓储合同

第九百零四条 【仓储合同定义】仓储合同是保管人储存存货人交付的仓储物，存货人支付仓储费的合同。

条文注解

本条是关于仓储合同定义的规定。仓储合同，是指当事人双方约定由保管人（又称仓管人或仓库营业人）为存货人保管储存的货物，存货人支付仓储费的合同。仓储合同与保管合同相比，具有以下联系与区别：

第一，保管人必须是具有仓库营业资质的人，即具有仓储设施、仓储设备、专事仓储保管业务的人。

第二，仓储合同的对象仅为动产，不动产不可能成为仓储合同的对象。

第三，仓储合同为诺成合同。仓储合同自保管人和存货人意思表示一致时成立。

第四，仓储合同为不要式合同，可以是书面形式，也可以是口头形式。保管合同对合同订立的形式也没有特别要求，同样是不要式合同。

第五，仓储合同为双务、有偿合同。保管人提供储存、保管的义务，存货人承担支付仓储费的义务。保管合同可以为双务、有偿合同，也可以是单务、无偿合同。

第六，仓单是仓储合同的重要特征。

仓储合同的定义确定了保管人和存货人的主要义务。保管人的主要义务是储存存货人交付的仓储物，而存货人的主要义务是支付仓储费。

储存存货人交付的仓储物是保管人的主要义务。换言之，就是要妥善保管仓储物。这种义务主要包括以下几个方面的内容：其一，保管人应当具备储存仓储物的相应资质，并能提供符合约定的保管条件。其二，保管人应当亲自保管，不得擅自转交他人保管。其三，保管人应当尽到善良管理人的义务。

第九百零五条 【仓储合同成立时间】仓储合同自保管人和存货人意思表示一致时成立。

第九百零六条 【危险物品和易变质物品的储存】储存易燃、易爆、有毒、有腐蚀性、有放射性等危险物品或者易变质物品的，存货人应当说明该物品的性质，提供有关资料。

存货人违反前款规定的，保管人可以拒收仓储物，也可以采取相应措施以避免损失的发生，因此产生的费用由存货人负担。

保管人储存易燃、易爆、有毒、有腐蚀性、有放射性等危险物品的，应当具备相应的保管条件。

关联法规

《危险化学品安全管理条例》

第九百零七条 【保管人验收义务以及损害赔偿】保管人应当按照约定对入库仓储物进行验收。保管人验收时发现入库仓储物与约定不符合的，应当及时通知存货人。保管人验收后，发生仓储物的品种、数量、质量不符合约定的，保管人应当承担赔偿责任。

关联法规

《粮油仓储管理条例》第9条

第九百零八条　【保管人出具仓单、入库单义务】存货人交付仓储物的，保管人应当出具仓单、入库单等凭证。

第九百零九条　【仓单】保管人应当在仓单上签名或者盖章。仓单包括下列事项：

（一）存货人的姓名或者名称和住所；

（二）仓储物的品种、数量、质量、包装及其件数和标记；

（三）仓储物的损耗标准；

（四）储存场所；

（五）储存期限；

（六）仓储费；

（七）仓储物已经办理保险的，其保险金额、期间以及保险人的名称；

（八）填发人、填发地和填发日期。

第九百一十条　【仓单性质和转让】仓单是提取仓储物的凭证。存货人或者仓单持有人在仓单上背书并经保管人签名或者盖章的，可以转让提取仓储物的权利。

第九百一十一条　【存货人或者仓单持有人有权检查仓储物或者提取样品】保管人根据存货人或者仓单持有人的要求，应当同意其检查仓储物或者提取样品。

第九百一十二条　【保管人危险通知义务】保管人发现入库仓储物有变质或者其他损坏的，应当及时通知存货人或者仓单持有人。

第九百一十三条　【保管人危险催告义务和紧急处置权】保管人发现入库仓储物有变质或者其他损坏，危及其他仓储物的安全和正常保管的，应当催告存货人或者仓单持有人作出必要的处置。因情况紧急，保管人可以作出必要的处置；但是，事后应当将该情况及时通知存货人或者仓单持有人。

第九百一十四条　【储存期限不明确时仓储物提取】当事人对储存期限没有约定或者约定不明确的，存货人或者仓单持有人可以随时提取仓储物，保管人也可以随时请求存货人或者仓单持有人提取仓储物，但是应当给予必要的准备时间。

第九百一十五条　【储存期限届满仓储物提取】储存期限届满，存货人或者仓单持有人应当凭仓单、入库单等提取仓储物。存货人或者仓单持有人逾期提取的，应当加收仓储费；提前提取的，不减收仓储费。

第九百一十六条　【逾期提取仓储物】储存期限届满，存货人或者仓单持有人不提取仓储物的，保管人可以催告其在合理期限内提取；逾期不提取的，保管人可以提存仓储物。

第九百一十七条　【保管人的损害赔偿责任】储存期内，因保管不善造成仓储物毁损、灭失的，保管人应当承担赔偿责任。因仓储物本身的自然性质、包装不符合约定或者超过有效储存期造成仓储物变质、损坏的，保管人不承担赔偿责任。

第九百一十八条　【适用保管合同】本章没有规定的，适用保管合同的有关规定。

第二十三章　委托合同

第九百一十九条　【委托合同定义】委托合同是委托人和受托人约定，由受托人处理委托人事务的合同。

条文注解

委托合同又称委任合同，是指当事人双方约定一方委托他人处理事务，他人同意为其处理事务的协议。在委托合同关系中，委托他人为自己处理事务的人称委托人，接受委托的人称受托人。

根据委托合同的定义，受托人要按照约定处理委托事务，这是受托人的主要义务。委托人和受托人应当在合同中明确约定委托事项，委托人还应当就委托事务中应该注意的问题向受托人告知说明。受托人处理委托事务过程中，也有很多需要尽到的义务。受托人应当按照合同约定和委托人的指示处理委托事务，需要变更委托人指示的，应当经委托人同意。受托人应当亲自处理委托事务，须经委托人同意才可以进行转委托，不得擅自将委托事务转委托给第三人。

受托人应当按照委托人的要求报告委托事务的处理情况，在委托合同终止时向委托人报告委托事务的结果。受托人处理委托事务取得的财产，应当转交给委托人。受托人处理委托事务不得超越权限，超越权限造成委托人损失的应当进行赔偿。受托人在处理委托事务过程中，还应当尽到一定的注意义务，例如，在需要变更委托人指示，又因情况紧急难以和委托人取得联系的，应当妥善处理委托事务，事后再将该情况及时向委托人报告。

第九百二十条 【委托权限】委托人可以特别委托受托人处理一项或者数项事务，也可以概括委托受托人处理一切事务。

条文注解

受托人在处理委托事务时，应以委托人指示的委托事务范围为准。以受托人处理委托事务的范围为标准把委托划分为两大类，即特别委托和概括委托，前者是指仅将一项或者数项事务委托给受托人，后者则指将所有事务一并委托给受托人来处理。

划分特别委托与概括委托的意义在于，使受托人能够明确自己可以从事哪些活动，也使第三人知道受托人的身份和权限，使之有目的、有选择地订立民事合同，以防止因委托权限不明确而引起不必要的纠纷，如果发生了纠纷，也便于根据委托权限确定当事人之间的相互责任。委托人可以根据自己的需要选择特别委托还是概括委托。委托人选择特别委托来委托他人处理一项或者数项事务，更有针对性，也可以防止受托人权限过大而损害自己的利益。委托人也可以选择概括委托他人处理其一切事务。

特别委托，是指双方当事人约定受托人为委托人处理一项或者数项事务的委托。特别委托一般有以下几种情况：(1)不动产出售、出租或者就不动产设定抵押权。(2)赠与。由于赠与属于无偿行为，所以需要有委托人的特别授权。(3)和解。在发生纠纷后，有关人员在处理问题时需要双方当事人彼此作出一定的妥协与让步，以终止争执或者防止争执的扩大，它包括民法上的和解或者诉讼法上的和解，以及企业破产法上的和解。(4)诉讼。当事人就有关事宜向法院提起诉讼，请求法院依照法定程序进行审判的行为。(5)仲裁。仲裁，是指当事人发生争执时，不诉请法院判决，而是提请仲裁机构裁判，其效力同法院的判决一样。受托人接受特别委托时，对于委托事务的处理，可以采取一切为维护委托人的合法权益而必要的合法行为。

概括委托，是指双方当事人约定受托人为委托人处理某个方面或者范围内的一切事务的合同。例如，委托人委托受托人处理其买卖业务或租赁业务的所有事宜，即概括委托。

关联法规

《律师法》第25条，《职业教育法》第22条

第九百二十一条 【委托费用的预付和垫付】委托人应当预付处理委托事务的费用。受托人为处理委托事务垫付的必要费用，委托人应当偿还该费用并支付利息。

第九百二十二条 【受托人应当按照委托人的指示处理委托事务】受托人应当按照委托人的指示处理委托事务。需要变更委托人指示的，应当经委托人同意；因情况紧急，难以和委托人取得联系的，受托人应当妥善处理委托事务，但是事后应当将该情况及时报告委托人。

第九百二十三条 【受托人亲自处理委托事务】受托人应当亲自处理委托事务。经委托人同意，受托人可以转委托。转委托经同意或者追认的，委托人可以就委托事务直接指示转委托的第三人，受托人仅就第三人的选任及其对第三人的指示承担责任。转委托未经同意或者追认的，受托人应当对转委托的第三人的行为承担责任；但是，在紧急情况下受托人为了维护委托人的利益需要转委托第三人的除外。

第九百二十四条 【受托人的报告义务】受托人应当按照委托人的要求，报告委托事务的处理情况。委托合同终止时，受托人应当报告委托事务的结果。

第九百二十五条 【委托人介入权】受托人以自己的名义，在委托人的授权范围内与第三人订立的合同，第三人在订立合同时知道受托人与委托人之间的代理关系的，该合同直接约束委托人和第三人；但是，有确切证据证明该合同只约束受托人和第三人的除外。

第九百二十六条 【委托人对第三人的权利和第三人选择权】受托人以自己的名义与第三人订立合同时，第三人不知道受托人与委托人之间的代理关系的，受托人因第三人的原因对委托人不履行义务，受托人应当向委托人披露第三人，委托人因此可以行使受托人对第三人的权利。但是，第三人与受托人订立合同时如果知道该委托人就不会订立合同的除外。

受托人因委托人的原因对第三人不履行义务，受托人应当向第三人披露委托人，第三人因此可以选择受托人或者委托人作为相对人主张其权利，但是第三人不得变更选定的相对人。

委托人行使受托人对第三人的权利的，第三人可以向委托人主张其对受托人的抗辩。第三人选定委托人作为其相对人的，委托人可以向第三人主张其对受托人的抗辩以及受托人对第三人的抗辩。

第九百二十七条 【受托人转移利益】受托人处理委托事务取得的财产，应当转交给委托人。

第九百二十八条 【委托人支付报酬】受托人完成委托事务的，委托人应当按照约定向其支付报酬。

因不可归责于受托人的事由，委托合同解除或者委托事务不能完成的，委托人应当向受托人支付相应的报酬。当事人另有约定的，按照其约定。

第九百二十九条 【受托人的赔偿责任】有偿的委托合同，因受托人的过错造成委托人损失的，委托人可以请求赔偿损失。无偿的委托合同，因受托人的故意或者重大过失造成委托人损失的，委托人可以请求赔偿损失。

受托人超越权限造成委托人损失的，应当赔偿损失。

第九百三十条 【委托人的赔偿责任】受托人处理委托事务时，因不可归责于自己的事由受到损失的，可以向委托人请求赔偿损失。

第九百三十一条 【委托人另行委托他人处理事务】委托人经受托人同意，可以在受托人之外委托第三人处理委托事务。因此造成受托人损失的，受托人可以向委托人请求赔偿损失。

第九百三十二条 【共同委托】两个以上的受托人共同处理委托事务的，对委托人承担连带责任。

条文注解

共同委托，是指委托人委托两个以上的受托人共同行使代理权处理事务。但是，如果委托人为两个以上时，而受托人只有一个时，则不是共同委托。因为有的委托事务，一个受托人可能无法处理或者不能较好地完成，为了提高委托事务的处理效率和完成质量，有时就需要委托给两个以上的受托人。

共同委托的特点如下：

第一，共同委托的代理权必须是由数个受托人共同行使的。

所谓共同行使，是指数个受托人享有共同的权利义务，即平等享有、共同享有的代理权，处理事务时只有经过全体受托人的共同同意，才能行使代理权。并不是一个委托人同时委托了两个以上受托人，都产生共同委托的问题，如委托人在受托人之外另行委托他人处理委托事务的情况。

第二，受托人承担连带责任。

共同委托中的一个受托人与其他受托人协商后或者数个受托人共同协商后，单独或者共同实施的委托行为，其实施的委托行为应该被认为是全体受托人的共同行为，由此造成损失的，若干个受托人依法应当对委托合同的履行承担连带责任。但是，如果共同受托人中的一个受托人或者数个受托人没有经过协商而擅自单独行使代理权的，对于由此造成的损失，若干个受托人仍然承担连带责任。当然，委托人与各受托人事先约定了按份责任的除外，即合同中无特别规定，他们应对委托人承担连带责任。也就是说，无论委托人的损失是出于哪个受托人的过错，也无论各个受托人内部是否约定了对委托事务的处理权限和责任承担，除委托人与受托人有特别约定外，所有受托人都应当对委托人承担连带责任。各受托人在承担连带责任后，可以按照受托人之间的约定、各受托人的过错来处理内部关系。

第九百三十三条 【委托合同解除】委托人或者受托人可以随时解除委托合同。因解除合同造成对方损失的，除不可归责于该当事人的事由外，无偿委托合同的解除方应当赔偿因解除时间不当造成的直接损失，有偿委托合同的解除方应当赔偿对方的直接损失和合同履行后可以获得的利益。

条文注解

本条规定赋予了委托人和受托人对委托合同的任意解除权，以及因解除合同给对方造成损失的责任承担。

委托合同是以双方信任为存在的条件，如果一方不守信用，失信于另一方，则继续履行合同已无必要。法律赋予了双方当事人的权利，即只要一方想终止合同，就可以随时解除合同，而且无须任何理由。一方面，委托人可以随时撤销委托。如果互相没有信任或者已不再需要办理委托的事项，委托人即可单方解除委托合同，无须征得受托人的同意即可发生效力。但是受托人可以就其损失要求委托人承担相应的赔偿责任。另一方面，受托人可以随时辞去委托。委托合同的成立既需要委托人对受托人的了解和信任，也需要受托人对委托人的信任。如果受托人不愿意办理受委托的事务，受托人无须表明任何理由，即可解除合同。

委托合同的一方当事人在不利于对方当事人的时期解除委托合同而造成对方损失的，应当承担赔偿责任。这是对任意解除权的一种限制。如果当事人可以任意解除委托而无须赔偿对方损失，显然是不公平的。所谓不利于对方当事人的时期，就不利于委托人方面而言，是指当受托人在未完成委托事务的情况下解除合同时，委托人自己不可能亲自处理该项事务，而且又不能及时找到合适的受托人代他处理该委托事务而发生损害的情形；就不利于受托人方面而言，是指委托人在受托人处理委托事务尚未完成前解除了合同，使受托人因不能继续履行义务而少获的报酬。委托人除对受托人已履行的部分给付报酬外，对在不可归责于受托人的情况下，因解除委托合同给委托人造成的报酬减少承担赔偿责任。

但是，受托人未尽注意义务，怠于委托事务的处理，委托人无奈而解除委托合同虽会给受托人造成一定损失，但因解除合同事由不可归责于委托人或者不能完全归责于委托人，委托人对受托人因合同终止而遭受的损失不予赔偿或者只赔偿其部分损失。

第九百三十四条 【委托合同终止】委托人死亡、终止或者受托人死亡、丧失民事行为能力、终止的，委托合同终止；但是，当事人另有约定或者根据委托事务的性质不宜终止的除外。

第九百三十五条 【受托人继续处理委托事务】因委托人死亡或者被宣告破产、解散，致使委托合同终止将损害委托人利益的，在委托人的继承人、遗产管理人或者清算人承受委托事务之前，受托人应当继续处理委托事务。

第九百三十六条 【受托人的继承人等的义务】因受托人死亡、丧失民事行为能力或者被宣告破产、解散，致使委托合同终止的，受托人的继承人、遗产管理人、法定代理人或者清算人应当及时通知委托人。因委托合同终止将损害委托人利益的，在委托人作出善后处理之前，受托人的继承人、遗产管理人、法定代理人或者清算人应当采取必要措施。

第二十四章 物业服务合同

第九百三十七条 【物业服务合同定义】物业服务合同是物业服务人在物业服务区域内，为业主提供建筑物及其附属设施的维修养护、环境卫生和相关秩序的管理维护等物业服务，业主支付物业费的合同。

物业服务人包括物业服务企业和其他管理人。

条文注解

相比于一般的民事合同，物业服务人提供物业服务的内容较为复杂，其既要管理物业服务区域内的建筑物及其附属设施等物，也要管理进出小区以及建筑物内的人员。物业服务的内容十分庞杂，既包括物的管理，也包括人的管理。物业服务的具体内容视小区具体情况不同而有所差异，但是都势必包括卫生、环保、安全、消防等方方面面，具有综合性和全面性。

物业服务合同的一方当事人为全体业主，具有集合性的特点。如果由物业服务人与业主逐一签订合同，不仅效率极低，而且无法实现。为了提高订约效率、避免发生纠纷，在物业服务合同的订立方面，需要设置一定的程序性要求，也就是物业服务合同的订立需要遵循法定的程序，业主需要通过一定的方式来作出决定。根据本法物权编第278条的规定，选聘和解聘物业服务企业或者其他管理人时，应当由专有部分面积占比2/3以上的业主且人数占比2/3以上的业主参与表决，并且经参与表决专有部分面积过半数的业主且参与表决人数过半数的业主同意；同时，经过业主大会的选聘之后，由业主委员会代表全体业主与物业服务人签订物业服务合同。

第九百三十八条 【物业服务合同内容和形式】物业服务合同的内容一般包括服务事项、服务质量、服务费用的标准和收取办法、维修资金的使用、服务用房的管理和使用、服务期限、服务交接等条款。

物业服务人公开作出的有利于业主的服务承诺，为物业服务合同的组成部分。

物业服务合同应当采用书面形式。

第九百三十九条 【物业服务合同的效力】建设单位依法与物业服务人订立的前期物业服务合同，以及业主委员会与业主大会依法选聘的物业服务人订立的物业服务合同，对业主具有法律约束力。

第九百四十条 【前期物业服务合同法定终止条件】建设单位依法与物业服务人订立的前期物业服务合同约定的服务期限届满前，业主委员会或者业主与新物业服务人订立的物业服务合同生效的，前期物业服务合同终止。

第九百四十一条 【物业服务转委托的条件和限制性条款】物业服务人将物业服务区域内的部分专项服务事项委托给专业性服务组织或者其他第三人的，应当就该部分专项服务事项向业主负责。

物业服务人不得将其应当提供的全部物业服务转委托给第三人，或者将全部物业服务支解后分别转委托给第三人。

第九百四十二条　【物业服务人的一般义务】物业服务人应当按照约定和物业的使用性质，妥善维修、养护、清洁、绿化和经营管理物业服务区域内的业主共有部分，维护物业服务区域内的基本秩序，采取合理措施保护业主的人身、财产安全。

对物业服务区域内违反有关治安、环保、消防等法律法规的行为，物业服务人应当及时采取合理措施制止、向有关行政主管部门报告并协助处理。

条文注解

物业服务人的主要义务，即物业服务人按照合同的约定、法律法规的规定和物业的使用性质，为业主提供物业服务。具体来说物业服务人的主要义务包括以下内容：(1)对业主共有部分的管理和维护。物业服务人的义务首先就是对物业服务区域内的建筑物及其附属设施等共有财产进行管理和维护，这是物业服务人最重要的合同义务之一，也是保障业主正常生活、改善业主生活品质的重要基础。(2)维护物业服务区域内的基本秩序。物业服务区域内的基本秩序，是业主正常生活的重要方面。物业服务人应当负有维护小区内共同生活秩序的义务，该项义务主要涉及对人的管理。(3)保护业主的人身、财产安全。保护业主的人身和财产安全，是物业服务合同对物业服务人的基本要求，也可以说是最为重要的内容。(4)对违法行为的制止、报告义务。本条第2款规定，对物业服务区域内违反有关治安、环保、消防等法律法规的行为，物业服务人应当及时采取合理措施制止、向有关行政主管部门报告并协助处理。

关联法规

《消防法》第18、46条，《物业管理条例》第35、46、47条

第九百四十三条　【物业服务人信息公开义务】物业服务人应当定期将服务的事项、负责人员、质量要求、收费项目、收费标准、履行情况，以及维修资金使用情况、业主共有部分的经营与收益情况等以合理方式向业主公开并向业主大会、业主委员会报告。

第九百四十四条　【业主支付物业费义务】业主应当按照约定向物业服务人支付物业费。物业服务人已经按照约定和有关规定提供服务的，业主不得以未接受或者无需接受相关物业服务为由拒绝支付物业费。

业主违反约定逾期不支付物业费的，物业服务人可以催告其在合理期限内支付；合理期限届满仍不支付的，物业服务人可以提起诉讼或者申请仲裁。

物业服务人不得采取停止供电、供水、供热、供燃气等方式催交物业费。

条文注解

物业费，即物业服务费用，是指物业服务人按照物业服务合同的约定，对物业服务区域内的建筑物及其附属设施、相关场地进行维修、养护、管理，维护相关区域内的环境卫生和秩序，而向业主收取的报酬。物业服务合同是有偿合同，业主与物业服务人应当在物业服务合同中对业主支付物业费作出约定。业主应当按照物业服务合同的约定向物业服务人支付物业费，既是其最基本也是最核心的合同义务。业主违反该义务的，应当承担相应的法律责任。物业费的缴纳和收取需要注意以下几点，这些同时也是实践中比较容易产生物业费纠纷的问题：(1)物业费的缴纳主体。对于前期物业服务合同，物业费的缴纳义务人应当是建设单位或者业主。对于普通物业服务合同，物业费的缴纳义务人是业主。(2)物业费收取的范围、标准和办法。物业费的收费范围、收费标准和收取办法通常应当在物业服务合同中作出约定。(3)物业服务人不得违规收费。物业服务人有权依据合同约定收取物业服务费用，但物业服务人不仅应当按照合同约定收取物业费，还应当符合法律法规、部门规章的规定。物业费的收取范围、标准必须合理，物业服务人不得擅自单方不合理定价。物业服务人违规收费的行为包括：一是擅自扩大收费范围，即物业服务人违反合同约定、法律法规的规定收取额外费用。二是擅自提高收费标准，即物业服务人违反法律、行政法规、部门规章等关于物业费收取的有关规定或者行业标准收取高额物业费。三是重复收费，即物业服务人收取的物业费中原本就已经包含了有关项目的费用，但物业服务人又针对该项目向业主另行收费。

业主拖欠物业费的行为构成违约的要件主要有：(1)业主逾期没有支

付物业费。(2)业主欠缺正当理由。业主逾期不支付物业费构成违约必须欠缺正当理由。业主不得以未接受或者无须接受相关物业服务为抗辩的理由拒绝向物业服务人支付物业费。第一，业主不得以“未接受”为理由提出抗辩。第二，业主不得以无须相关物业服务为抗辩理由。(3)物业服务人进行了催告。业主违反约定逾期不支付物业费的，物业服务人可以催告其在合理期限内支付。一般情况下，在业主逾期未支付物业费时，物业服务人都要先进行催告，而不是直接起诉业主。

业主逾期不支付物业费的，物业服务人可以通过诉讼或者仲裁等合法途径主张权利，但是无权采取停止供电、供水等措施。如果物业服务人为催交物业费，采取停止向业主供电、供水、供热、供燃气等措施，造成业主损失的，应当承担相应的赔偿责任。

关联法规

《物业管理条例》第7、40~44条

第九百四十五条 【业主告知、协助义务】业主装饰装修房屋的，应当事先告知物业服务人，遵守物业服务人提示的合理注意事项，并配合其进行必要的现场检查。

业主转让、出租物业专有部分、设立居住权或者依法改变共有部分用途的，应当及时将相关情况告知物业服务人。

关联法规

《物业管理条例》第49~55条

第九百四十六条 【业主合同任意解除权】业主依照法定程序共同决定解聘物业服务人的，可以解除物业服务合同。决定解聘的，应当提前六十日书面通知物业服务人，但是合同对通知期限另有约定的除外。

依据前款规定解除合同造成物业服务人损失的，除不可归责于业主的事由外，业主应当赔偿损失。

条文注解

根据合同法理论，合同的解除方式包括任意解除和非任意解除。任意解除，是指当事人可以在合同约定的期限届满之前，根据法律规定或者合同的约定，无须特别理由，不受条件限制，而根据自己单方的意思表示解除合同。非任意解除，是指当事人根据双方协议，或者当合同约定、法律规定的事由发生而解除合同，适用于所有民事合同。物业服务合同作为一种民事合同，自然适用非任意解除的规则。物业服务合同订立后，可能因为种种原因导致合同无法履行，或者双方均不愿意再继续保持合同关系，此时，双方当事人可以通过协议方式解除合同。业主与物业服务人也可以在物业服务合同中约定，如果发生某种事由，业主或者物业服务人得以解除合同。例如，物业服务合同约定，因可归责于物业服务人的原因，在物业服务区域内发生人身伤害事故的，业主可以解除物业服务合同。当然，业主与物业服务人还享有法定解除权。本法第563条规定了当事人可以解除合同的法定事由，包括因不可抗力致使不能实现合同目的，一方当事人根本违约，等等。

任意解除权并不是所有民事合同当事人都享有的，必须在有法律明确规定或者当事人特别约定的情况下，合同当事人才能享有任意解除权。

第九百四十七条 【物业服务合同的续订】物业服务期限届满前，业主依法共同决定续聘的，应当与原物业服务人在合同期限届满前续订物业服务合同。

物业服务期限届满前，物业服务人不同意续聘的，应当在合同期限届满前九十日书面通知业主或者业主委员会，但是合同对通知期限另有约定的除外。

第九百四十八条 【不定期物业服务合同】物业服务期限届满后，业主没有依法作出续聘或者另聘物业服务人的决定，物业服务人继续提供物业服务的，原物业服务合同继续有效，但是服务期限为不定期。

当事人可以随时解除不定期物业服务合同，但是应当提前六十日书面通知对方。

第九百四十九条 【物业服务人的移交义务及法律责任】物业服务合同终止的，原物业服务人应当在约定期限或者合理期限内退出物业服务区域，将物业服务用房、相关设施、物业服务所必需的相关资料等交还给业主委员会、决定自行管理的业主或者其指定的人，配合新物业服务人做好交接工作，并如实告知物业的使用和管理状况。

原物业服务人违反前款规定的，不得请求业主支付物业服务合同终止后的物业费；造成业主损失的，应当赔偿损失。

第九百五十条 【物业服务人的后合同义务】物业服务合同终止后，在业主或者业主大会选聘的新物业服务人或者决定自行管理的业主接管之前，原物业服务人应当继续处理物业服务事项，并可以请求业主支付该期间的物业费。

第二十五章 行纪合同

第九百五十一条 【行纪合同定义】行纪合同是行纪人以自己的名义为委托人从事贸易活动，委托人支付报酬的合同。

条文注解

行纪合同，是指行纪人接受委托人的委托，以自己的名义，为委托人从事贸易活动，委托人支付报酬的合同。接受委托的一方为行纪人，另一方则为委托人。行纪合同具有以下特征：(1)行纪人从事贸易行为。根据行纪合同的定义，行纪人从事的活动限于贸易行为，这是行纪合同和委托合同的重要区别。(2)行纪人应当具有相应的资质。行纪人一般专门从事贸易活动，其开业和经营往往需要经过国家有关部门的审批或者登记，并不是所有民事主体都可以无条件地成为行纪人从事行纪业务。(3)行纪人的行为是以自己的名义。行纪人必须以自己的名义为委托人从事贸易行为，而非委托人的名义。这也是行纪人和受托人、代理人的重要区别。受托人既可以委托人的名义进行民事活动，也可以自己的名义。代理人则只能以被代理人的名义进行民事法律行为，其在代理权限内从事的代理行为的法律后果直接由被代理人承担。行纪人从事的贸易行为法律效果由行纪人承担，委托人可能不知道行纪人的相对人是谁，相对人也可能不知道委托人是谁，委托人和行纪人的相对人之间并不发生直接的法律关系。在行纪中一般存在两个法律关系，即委托人和行纪人之间的行纪关系，以及行纪人与第三人之间的合同关系。（4）行纪合同为诺成合同、不要式合同、有偿合同、双务合同。

如何理解本条对行纪合同的定义，重要的一点是分清行纪合同与委托合同的界限。行纪合同和委托合同有相同点，如都以提供劳务为合同的标的；都以当事人双方的信任为基础；都以处理一定事务为目的。

行纪合同与委托合同的区别在于：第一，适用范围不同。行纪合同适用范围较窄，仅限于代销等贸易行为；而委托合同的适用范围宽，可以适用于除法律规定禁止委托或者依性质不得委托以外的各种事务，有的学者甚至认为可以包括事实行为。第二，行纪合同的受托人只能以自己的名义处理委托事务；委托合同的受托人处理事务既可以用委托人名义，也可以用自己的名义。行纪人以自己的名义与第三人订立合同，该合同与行纪合同是相互独立的两个合同，委托人与第三人之间不发生直接的法律关系。而在委托合同中，受托人以委托人的名义处理委托事务的，对委托人直接发生效力，以委托人的名义与第三人订立的合同，合同当事人为委托人与第三人。受托人以自己的名义与第三人订立合同，如果第三人在订立合同时知道受托人和委托人之间的代理关系，则该合同直接对委托人发生效力，即可以直接约束委托人和第三人。第三，行纪人一般是专门为他人从事贸易活动的人，应当取得从事某种行纪行为的特定资质，其开业和经营需要经过国家有关部门的审批或者登记；而委托合同的当事人不必专门从事贸易活动，既可以是一般的自然人，也可以是法人或者非法人组织。第四，行纪合同是双务、有偿合同；而委托合同既可以是双务、有偿合同，也可以是单务、无偿合同，是否有偿由当事人自行约定。第五，处理委托事务的费用负担不同。行纪合同中，如无特别约定，行纪人处理委托事务支出的费用由行纪人负担。而在委托合同中，受托人处理委托事务的费用由委托人负担，委托人还应当预付受托人处理委托事务的费用。

第九百五十二条 【行纪人承担费用的义务】行纪人处理委托事务支出的费用，由行纪人负担，但是当事人另有约定的除外。

第九百五十三条 【行纪人的保管义务】行纪人占有委托物的，应当妥善保管委托物。

第九百五十四条 【行纪人处置委托物的义务】委托物交付给行纪人时有瑕疵或者容易腐烂、变质的，经委托人同意，行纪人可以处分该物；不能与委托人及时取得联系的，行纪人可以合理处分。

第九百五十五条 【行纪人依照委托人指定价格买卖的义务】行纪人低于委托人指定的价格卖出或者高于委托人指定的价格买入的，应当经委托人同意；未经委托人同意，行纪人补偿其差额的，该买卖对委托人发生效力。

行纪人高于委托人指定的价格卖出或者低于委托人指定的价格买入的，可以按照约定增加报酬；没有约定或者约定不明确，依据本法第五百一十条的规定仍不能确定的，该利益属于委托人。

委托人对价格有特别指示的，行纪人不得违背该指示卖出或者买入。

第九百五十六条 【行纪人的介入权】行纪人卖出或者买入具有市场定价的商品，除委托人有相反的意思表示外，行纪人自己可以作为买受人或者出卖人。

行纪人有前款规定情形的，仍然可以请求委托人支付报酬。

条文注解

行纪人的介入权，即行纪人按照委托人的指示实施行纪行为时，有权以自己作为买受人或者出卖人与委托人进行交易活动。

行纪人行使介入权，实际上就是行纪人自己作为买受人或出卖人，与委托人之间直接订立买卖合同。买卖合同的双方当事人是委托人和行纪人。一般认为介入是实施行纪行为的一种特殊方法，行纪人虽然介入买卖合同，但依然是行纪人。此时存在两个独立的合同关系，委托人同时也是出卖人或者买受人，与之对应，行纪人同时也是买受人或者出卖人。

但是，如果在订立行纪合同或者行纪人在履行义务时告知委托人自己想作为买受人或者出卖人，委托人明确表示不同意的，行纪人便不能实施该行为。

自己是否可以作为交易的相对人，是行纪人和代理人的区别之一。法律禁止自己代理，如果不经被代理人同意或者追认，代理人不能以自己作为合同相对人。而在行纪合同中，除了委托人明确表示反对外，行纪人自己可以作为买受人或者出卖人。

第九百五十七条 【委托人及时受领、取回和处分委托物及行纪人提存委托物】行纪人按照约定买入委托物，委托人应当及时受领。经行纪人催告，委托人无正当理由拒绝受领的，行纪人依法可以提存委托物。

委托物不能卖出或者委托人撤回出卖，经行纪人催告，委托人不取回或者不处分该物的，行纪人依法可以提存委托物。

第九百五十八条 【行纪人的直接履行义务】行纪人与第三人订立合同的，行纪人对该合同直接享有权利、承担义务。

第三人不履行义务致使委托人受到损害的，行纪人应当承担赔偿责任，但是行纪人与委托人另有约定的除外。

第九百五十九条 【行纪人的报酬请求权及留置权】行纪人完成或者部分完成委托事务的，委托人应当向其支付相应的报酬。委托人逾期不支付报酬的，行纪人对委托物享有留置权，但是当事人另有约定的除外。

第九百六十条 【参照适用委托合同】本章没有规定的，参照适用委托合同的有关规定。

第二十六章　中介合同

第九百六十一条 【中介合同定义】中介合同是中介人向委托人报告订立合同的机会或者提供订立合同的媒介服务，委托人支付报酬的合同。

条文注解

中介合同，传统理论一般将其称为居间合同，是指当事人双方约定一方接受他方的委托，并按照他方的指示要求，为他方报告订立合同的机会或者为订约提供媒介服务，委托人给付报酬的合同。

在中介合同中，接受委托报告订立合同机会或者提供交易媒介的一方为中介人，也称为居间人，给付报酬的一方为委托人。在中介合同中，中介人的主要义务就是提供中介服务以促成委托人和第三人订立合同，包括提供订约信息、据实报告的义务等；而委托人的主要义务是在其与第三人的合同因中介人提供的中介服务而成立后向中介人支付约定的报酬。

中介的宗旨是中介人把同一商品的买卖双方联系在一起，以促成交易后取得合理佣金的服务。无论何种中介，中介人都不是委托人的代理人，而只是居于交易双方当事人之间起介绍、协助作用的中间人。中介人是独立的民事主体，是完全民事行为能力人，可以自己作出意思表示，实施民事法律行为，中介人可以与委托人订立中介合同，成为中介合同的当事人。但是在中介人促成的交易中，中介人不是合同的当事人，也不是任何一方的代理人，不代表任何一方向对方作出意思表示或者实施民事法律行为，只是为委托人提供订约的机会，或者在双方之间进行周旋，为他们提供媒介服务，努力促成双方的交易。

中介业务根据中介人所接受委托内容的不同，既可以是只为委托人提供订约机会的报告中介，也可以是为促成委托人与第三人订立合同进行介绍或提供机会的媒介中介，还可以是报告中介与媒介中介兼而有之的中介活动。

第九百六十二条 【中介人报告义务】中介人应当就有关订立合同的事项向委托人如实报告。

中介人故意隐瞒与订立合同有关的重要事实或者提供虚假情况，损害委托人利益的，不得请求支付报酬并应当承担赔偿责任。

关联法规

《房地产经纪管理办法》第21条

第九百六十三条 【中介人报酬请求权】中介人促成合同成立的，委托人应当按照约定支付报酬。对中介人的报酬没有约定或者约定不明确，依据本法第五百一十条的规定仍不能确定的，根据中介人的劳务合理确定。因中介人提供订立合同的媒介服务而促成合同成立的，由该合同的当事人平均负担中介人的报酬。

中介人促成合同成立的，中介活动的费用，由中介人负担。

关联法规

《房地产经纪管理办法》第17~19条

第九百六十四条 【中介人必要费用请求权】中介人未促成合同成立的，不得请求支付报酬；但是，可以按照约定请求委托人支付从事中介活动支出的必要费用。

第九百六十五条 【委托人私下与第三人订立合同后果】委托人在接受中介人的服务后，利用中介人提供的交易机会或者媒介服务，绕开中介人直接订立合同的，应当向中介人支付报酬。

第九百六十六条 【参照适用委托合同】本章没有规定的，参照适用委托合同的有关规定。

第二十七章 合伙合同

第九百六十七条 【合伙合同定义】合伙合同是两个以上合伙人为了共同的事业目的，订立的共享利益、共担风险的协议。

条文注解

合伙合同，是指两个以上合伙人为了共同的事业目的，订立的共享利益、共担风险的协议。合伙合同，是以共同出资为基础，以共同事业为目的，以共享利益、共担风险为本质的协议。作为一种新增的典型合同，合伙合同与其他类型的合同有很多不同之处。合伙合同主要有以下几个特征：

（1）对合伙人有所限制。根据合伙合同的定义，合伙合同的主体为两个以上的合伙人。合伙人的数量要求两个以上，只有一个则无法成立合伙。合伙人并不是完全没有限制，不是所有民事主体都可以成为合伙人。国有独资公司、国有企业、上市公司以及公益性的事业单位、社会团体不得成为合伙企业的普通合伙人，也不应当与他人订立合伙合同成为合伙人。

（2）为了共同目的或者共同利益。合伙人订立合伙合同是为了达到共同的事业目的，实现共同的利益，这是合伙合同最重要的特征，也是合伙合同与其他类型的合同最重要的区别之一。

（3）共享利益、共担风险。如前所述，合伙合同的所有合伙人之间具有共同的事业目的，是合作共赢的关系。因此，所有合伙人就应当共享合伙经营之利益，共担合伙经营之风险。

（4）合伙具有较强的人合性和一定的组织性。合伙合同的成立是基于合伙人之间的互相信任，合伙人之间可以互为代理人，且全体合伙人对合伙债务承担连带责任。合伙人具有共同的事业目的，共享利益，共担风险。基于本章规定的合伙合同形成的合伙，具有一定的组织性，但又不是完全独立的组织体，不具有民事主体资格。这是基于本章规定的合伙合同成立的合伙与合伙企业的重要区别。合伙企业具有民事主体资格，属于民法典总则编中规定的非法人组织，具有民事权利能力和民事行为能力，可以依法享有民事权利和承担民事义务。

（5）不要式合同、继续性合同。民法典对合伙合同的订立形式没有作出特别要求，可以是口头形式，也可以是书面形式或者其他形式。合伙合同是继续性合同。无论合伙合同的共同事业目的是持续性的还是临时性的，都不影响合伙合同为继续性合同。合伙人履行义务的行为不是一次性的，只要共同目的仍未实现，所有合伙人都应持续履行其义务。作为继续性合同，合伙合同的解除等方面也与非继续性合同有所不同，例如合同的解除不具有溯及力，仅向将来发生效力。

第九百六十八条　【合伙人履行出资义务】合伙人应当按照约定的出资方式、数额和缴付期限，履行出资义务。

关联法规

《合伙企业法》第16、17条

第九百六十九条　【合伙财产】合伙人的出资、因合伙事务依法取得的收益和其他财产，属于合伙财产。

合伙合同终止前，合伙人不得请求分割合伙财产。

条文注解

合伙财产包括两个部分：一是合伙人对合伙的出资，也就是合伙的原始财产；二是所有因合伙事务依法取得的收益和其他财产，例如，合伙经营的收入、债权、因他人违约或者侵权向合伙作出的赔偿或者补偿等。此处的"财产"仅指积极财产。

从外部关系来看，合伙财产由全体合伙人共有，只有根据合伙合同的约定或者所有合伙人同意才可以对合伙财产进行处分。但是合伙人之间对处分合伙财产的内部约定不能对抗善意第三人。合伙财产中的某个具体财产可能实际为某个合伙人占有，或者仅登记在某个合伙人名下。此时如果该合伙人将该财产转让给并不知晓该财产为合伙财产的善意第三人，第三人可以依据本法第311条的规定取得财产的所有权。当然，如果第三人明知该合伙人处分合伙财产的行为属未授权行为，或者与该合伙人相互串通损害其他合伙人的利益，即不属于善意第三人，则其他合伙人不仅可以此与之相对抗，要求其返回财产或补足差价，而且有权依法追究该第三人的相关责任。

关联法规

《合伙企业法》第20、21条

第九百七十条　【合伙事务的执行】合伙人就合伙事务作出决定的，除合伙合同另有约定外，应当经全体合伙人一致同意。

合伙事务由全体合伙人共同执行。按照合伙合同的约定或者全体合伙人的决定，可以委托一个或者数个合伙人执行合伙事务；其他合伙人不再执行合伙事务，但是有权监督执行情况。

合伙人分别执行合伙事务的，执行事务合伙人可以对其他合伙人执行的事务提出异议；提出异议后，其他合伙人应当暂停该项事务的执行。

条文注解

（1）关于合伙事务的决定。本条第1款规定，合伙人就合伙事务作出决定的，除合伙合同另有约定外，应当经全体合伙人一致同意。

当然，合伙合同可以对此作出特别约定。合伙人之间存在相互信任关系，合伙事务的表决应当更多地体现合伙人意思自治的原则和协商原则。实践中，关于合伙事务的一切事项都由所有合伙人共同决定且一致同意，可能难以实现，对一般事项而言也实在没有必要。而且，随着市场经济的发展，商业机会的时效性强，要求合伙的决策应更加及时、快速。为了提高合伙的决策经营效率，应当允许合伙合同对合伙事务的决定作出更加灵活的规定，如规定某些事项可以采用普通多数决或特别多数决的办法作出决定。

（2）关于合伙事务的执行。合伙不仅由各合伙人共同出资而设立，还通常由合伙人共同进行经营和管理。合伙人通常人数较少，相互十分信任，其从事经营活动具有法律上的相互代理关系，因此无须和公司法人一样设立严密的组织管理机构。

灵活性是合伙的优点之一，可以在很大程度上提高合伙的决策效率和经营效率。合伙人对执行合伙事务享有同等的权利，即每一个合伙人对企业的经营管理和其他事务的执行不但有参与权，而且权利平等。无论出资多少，出资方式是否相同，都不影响这一法定权利，不影响各合伙人在执行合伙事务时的平等资格。

如果所有合伙事务都由全体合伙人共同执行，则程序将变得十分烦琐，容易导致经营效率低下，不利于合伙事务的执行、处理。因此，合伙人可以在合伙合同中约定，或者在订立合伙合同后由全体合伙人共同决定，委托一个或者数个合伙人来执行合伙事务。合伙人分工协作，不仅有利于发挥各个合伙人的专长，也有利于提高合伙的决策和经营效率，促进合伙经营的发展。

（3）关于非执行事务合伙人的监督权。该监督权的内容主要包括：执行事务的合伙人要向不执行事务的合伙人报告业务经营情况；必要时不执行事务合伙人有权查阅企业的有关会计账册，查看合伙财产的实际状况；等等。

需要注意的是，实际上，全体合伙人都享有对合伙事务执行情况的监督权。分别执行合伙事务的合伙人，除了自己执行的事务，对他人执行事务的情况，也应当有监督的权利，应当有权了解、知晓其他合伙人执行事务的情况以及合伙财产的情况等，这种权利也体现在对其他合伙人执行事务有提出异议的权利。

(4)关于合伙人对其他合伙人执行事务的异议权。如果执行事务合伙人的行为有损合伙的利益、不当或有错误，其他执行事务的合伙人可以提出异议。一旦提出异议，就应暂停该项事务的执行。这主要是为了保障执行事务合伙人异议权的实现，防止被提异议人对异议置之不理，如果已经造成损失，还可以防止损失的扩大。在合伙人执行事务的异议中，一种后果往往是可能在一方提出异议后，被异议人具有不同看法，由此导致纠纷。合伙人执行事务产生的纠纷，应当按照合伙合同的约定进行处理。合伙合同没有约定或者约定不明确的，由全体合伙人共同作出决定。

关联法规

《合伙企业法》第26~36条

第九百七十一条 【执行合伙事务报酬】合伙人不得因执行合伙事务而请求支付报酬，但是合伙合同另有约定的除外。

第九百七十二条 【合伙的利润分配与亏损分担】合伙的利润分配和亏损分担，按照合伙合同的约定办理；合伙合同没有约定或者约定不明确的，由合伙人协商决定；协商不成的，由合伙人按照实缴出资比例分配、分担；无法确定出资比例的，由合伙人平均分配、分担。

关联法规

《合伙企业法》第33条

第九百七十三条 【合伙人的连带责任及追偿权】合伙人对合伙债务承担连带责任。清偿合伙债务超过自己应当承担份额的合伙人，有权向其他合伙人追偿。

条文注解

合伙债务，是指合伙事业经营过程中产生的应当由合伙承担的债务。合伙的债务不同于合伙人的债务，合伙财产由全体合伙人所有，合伙债务也应当由合伙人共同承担。

本条第1句规定，合伙人对合伙债务承担连带责任。这是对合伙人的外部关系作出的规定。合伙人对合伙债务承担连带责任，是指全体合伙人以自己的所有财产向债权人承担连带责任，债权人可以请求任何一个或者数个合伙人清偿所有合伙债务。

关于合伙财产和合伙人的个人财产清偿合伙债务的顺序，本条规定的合伙与合伙企业是不同的。合伙企业中的合伙人，对合伙企业的债务承担"无限"连带责任。而本章规定的契约型合伙，虽然具有一定的组织性，却是松散型的合伙，并不具有独立的民事主体资格，其财产还是由全体合伙人共有，合伙财产与合伙人的其他财产难以厘清，因此，并不要求对合伙债务先以合伙财产进行清偿，债权人可以直接请求所有合伙人以包括合伙财产在内的所有财产来履行合伙债务。这是契约型合伙与企业型合伙的重要区别之一。

本条第2句对于经营利润的分配和亏损的分担，本法第972条已明确规定，这是对合伙人内部责任划分的依据。因各合伙人因各自的经济实力不同，承担债务的能力也有区别。在合伙人按一定比例分担合伙债务的情况下，就可能发生有的合伙人因财力所限，一时难以承担债务偿付份额的情况。当合伙人实际偿付的合伙债务超过其应承担的份额时，就该超过部分，应当允许其向其他合伙人进行追偿。

关联法规

《合伙企业法》第38~40条

第九百七十四条 【合伙人转让其财产份额】除合伙合同另有约定外，合伙人向合伙人以外的人转让其全部或者部分财产份额的，须经其他合伙人一致同意。

关联法规

《合伙企业法》第22、23条

第九百七十五条　【合伙人权利代位】合伙人的债权人不得代位行使合伙人依照本章规定和合伙合同享有的权利，但是合伙人享有的利益分配请求权除外。

条文注解

合伙人在合伙中不仅享有财产性质的利益分配请求权，还包括其在合伙中的表决权等身份权及合伙事务执行权、监督权等其他权利。合伙人的债权人要求合伙人偿还债务，只能通过与合伙人签订合同或通过诉讼的方式，获得对合伙人在合伙中利益分配的请求权或者分割其在合伙财产中的份额以实现债权，而对合伙人的其他具有人身属性的权利，如合伙事务执行权、重大事务表决权、对合伙的监督权等均没有请求权。此外，合伙还具有一定的组织性，合伙人一旦出资就成为合伙财产，合伙人的出资和其他因合伙取得的财产都是合伙财产，属于所有合伙人共同共有。基于共同共有的理论，在合伙合同终止前，合伙人不得请求分割合伙财产，也不得随意处分合伙财产以及合伙人在合伙财产中的份额。如果允许合伙人的债权人代位行使合伙人对合伙的权利，那就相当于变相分割或者处分了合伙财产。基于以上理由，本条规定合伙人的债权人原则上不得代位行使合伙人在合伙中的权利。

但是，当合伙人的自有财产不足清偿其债务时，还是可以以基于合伙产生的其他财产性权利来进行清偿。合伙人将其出资投入合伙即变成合伙财产，是合伙经营的必要条件，如允许合伙人以这部分财产清偿自身债务就意味着要对这种财产进行处分，势必要求对合伙财产进行分割，并按份额予以减出，其结果必然对合伙经营造成负面影响，因此不允许合伙人直接以其在合伙财产中的份额清偿自身债务。合伙人对合伙享有的权利，既包括具有人身属性的权利，也包括财产权利，如利益分配请求权。既要维护合伙的利益，又考虑到合伙人的债权人实现债权的要求，本条规定允许合伙人的债权人代位行使该合伙人基于合伙享有的利益分配请求权。债权人行使合伙人的利益分配请求权，并不影响合伙的人合性和组织性，也不减少合伙财产，对合伙经营来说并无害处，应当允许。

关联法规

《合伙企业法》第41、42条

第九百七十六条 【合伙期限】合伙人对合伙期限没有约定或者约定不明确，依据本法第五百一十条的规定仍不能确定的，视为不定期合伙。

合伙期限届满，合伙人继续执行合伙事务，其他合伙人没有提出异议的，原合伙合同继续有效，但是合伙期限为不定期。

合伙人可以随时解除不定期合伙合同，但是应当在合理期限之前通知其他合伙人。

第九百七十七条 【合伙合同终止】合伙人死亡、丧失民事行为能力或者终止的，合伙合同终止；但是，合伙合同另有约定或者根据合伙事务的性质不宜终止的除外。

关联法规

《合伙企业法》第80条

第九百七十八条 【合伙剩余财产分配顺序】合伙合同终止后，合伙财产在支付因终止而产生的费用以及清偿合伙债务后有剩余的，依据本法第九百七十二条的规定进行分配。

第三分编 准 合 同

第二十八章 无因管理

第九百七十九条 【无因管理定义】管理人没有法定的或者约定的义务，为避免他人利益受损失而管理他人事务的，可以请求受益人偿还因管理事务而支出的必要费用；管理人因管理事务受到损失的，可以请求受益人给予适当补偿。

管理事务不符合受益人真实意思的，管理人不享有前款规定的权利；但是，受益人的真实意思违反法律或者违背公序良俗的除外。

条文注解

无因管理虽是法律所鼓励的合法行为，但毕竟具有干涉他人事务的特征，为了避免被滥用，应当对其构成要件作出明确规定，让其在社会观念许可的限度和范围内发挥其积极作用。根据本条的规定，无因管理应当满足以下要件：

首先，管理人对所管理的事务没有法定或者约定的义务。管理人对管理他人事务是否有法定或者约定义务，是认定是否构成无因管理的前提条件。这里的法定义务是指法律法规直接规定的义务，不限于民法典规定的义务，约定的义务，是指因当事人之间约定而产生的义务，管理人管理事务不论是履行法定义务，还是履行约定义务，均不构成无因管理。无因管理制度是一种民事制度，只调整平等民事主体之间的关系，不调整公法上的义务，对于行政机关履行行政法等公法上的义务，例如，公安机关救人就是履行公法上的义务，虽客观上是管理他人事务，但不构成无因管理行为。

其次，管理人管理他人的事务。这里的他人事务是指有关人们生活利益并能成为债务的一切事项，既可以是涉及他人经济利益的事项，也可以是涉及他人非经济利益的事项；既可以是管理财产的事项，也可以是提供服务的事项。对于管理属于自己的事务或者不适宜由他人管理的事务，不得为无因管理的事项。一般情况下，下列事项不宜作为无因管理的事项：一是违法行为，如为他人销赃等；二是必须经本人授权、同意或者必须由本人亲为的行为，如股东的投票权，演员亲自表演节目等；三是违反公序良俗的行为；四是单纯属于管理人自己的事项。本规定中的“管理”是指处理事务的行为，是广义的，既包括对财产的保管、利用、改良或者处分行为，也包括提供劳务服务等行为。至于管理他人事务的目的是否最终达到，不影响无因管理的成立。也就是说，即使本人未因管理人的管理行为而获得利益，或者甚至因此还受到损失，也不影响无因管理的成立。

最后，管理人具有管理他人事务的意思，即管理人有为他人谋取利益的意思或者有使管理行为所生的利益归于他人的意思。无因管理制度中的管理人客观上干涉了他人事务，若其主观上没有为他人利益进行管理的意思，必将损害他人权益，管理人也有可能从中获得利益，这违背了无因管理制度的设立目的，所以管理人有无管理意思是区分无因管理与侵权行为、不当得利的重要标准。管理人的这种意思无须明确表示出来，只要其认识到所管理的事务属于他人事务，并且没有将其作为自己事务进行管理的想法和意思，就可以认定为具有管理他人事务的意思。管理人是否具有管理意思，可以从管理人是否具有"为避免本人利益受损害"的目的、效果等因素综合判断。管理人要具有管理他人事务的意思，并不意味着要明确知道他人具体是谁，即使不知道他人具体是谁，也不影响无因管理的成立。但是，若管理人与本人就是否具有管理意思产生争议时，原则上应当由管理人承担举证责任。

第九百八十条　【受益人享有管理利益时的法律适用】管理人管理事务不属于前条规定的情形，但是受益人享有管理利益的，受益人应当在其获得的利益范围内向管理人承担前条第一款规定的义务。

第九百八十一条　【管理人适当管理义务】管理人管理他人事务，应当采取有利于受益人的方法。中断管理对受益人不利的，无正当理由不得中断。

条文注解

管理人在管理他人事务时，应当履行一定的义务，其中最主要的是按照善良管理人的注意义务管理他人事务，这主要体现在三个方面：

一是管理人依本人明示的或者可推知的意思进行管理。实践中，通常是依平常人或者一般人的经验得以推知本人的意思。

二是管理人应当以利于本人的方法进行管理。是否有利于本人应当以客观上能否避免本人利益受损为标准，一般都认为管理人应当以像管理自己事务一样进行管理。管理人未以善良管理人的身份尽到恰当管理义务造成本人损害的，原则上要承担过错的损害赔偿责任，但是若管理人为本人管理的是公共利益上的事务或者紧急事务的，仅就其故意或者重大过失管理行为承担损害赔偿责任。

三是管理人还应当履行继续管理义务。因此，原则上讲，管理人在受益人自己能进行管理时，可以停止管理行为，并将管理事务移交给受益人，但是管理人在开始管理后，如其中途停止管理行为较不管理对本人更为不利的，若放任管理人中止管理事务，既与设立无因管理制度的目的不符，也不符合民法典总则编规定的诚信原则，所以在这种情况下，管理人不得中断对事务的管理，应当继续管理事务。管理人违反该义务导致受益人的利益受到损害的，管理人应当承担损害赔偿责任。

第九百八十二条 【管理人通知义务】管理人管理他人事务，能够通知受益人的，应当及时通知受益人。管理的事务不需要紧急处理的，应当等待受益人的指示。

第九百八十三条 【管理人报告和交付义务】管理结束后，管理人应当向受益人报告管理事务的情况。管理人管理事务取得的财产，应当及时转交给受益人。

第九百八十四条 【受益人追认的法律效果】管理人管理事务经受益人事后追认的，从管理事务开始时起，适用委托合同的有关规定，但是管理人另有意思表示的除外。

第二十九章 不当得利

第九百八十五条 【不当得利定义】得利人没有法律根据取得不当利益的，受损失的人可以请求得利人返还取得的利益，但是有下列情形之一的除外：

（一）为履行道德义务进行的给付；

（二）债务到期之前的清偿；

（三）明知无给付义务而进行的债务清偿。

条文注解

不当得利，是指没有法律根据，取得不当利益，造成他人损失的情形。关于不当得利的类型存在不同的认识，理论上一般区分为给付型不当得利和非给付型不当得利。

（1）给付型不当得利，是指基于给付而产生的不当得利。构成给付型不当得利，有以下几个要件：一是基于给付而取得利益。所谓给付，是指有意识地基于一定目的而增加他人的财产。二是他方当事人受有损失。在损害赔偿制度中，损失（损害），是指权利或利益受到侵害时所发生的不利益，即行为发生前的财产状态和行为发生后的财产状态两相比较，受害人所受的不利益，即为损失(损害)之所在。三是具有因果关系。构成不当得利，需要一方当事人取得的利益与他方当事人受到的损失之间具有因果关系，以决定谁得向谁主张不当得利。四是没有法律根据。即欠缺给付目的，其内容即给付目的的内容，为给付所关联的债的关系及其缘由。

(2)非给付型不当得利。非给付型不当得利是因给付以外的事由而发生的类型，包括：①基于受益人的行为而生的不当得利。有以下几个要件：a. 因侵害他人的权益而取得利益。基于受益人的行为而生的不当得利，以侵害他人的权益而取得利益为基本要件。无权出卖他人之物而取得价款，出租他人之物而收取租金，占用消费他人之物等为其典型表现。b. 使他人受损失。基于受益人的行为而生的不当得利，其构成所要求的“使他人受损失”，只要因侵害应归属于他人的权益而取得利益，就可认为基于同一原因事实“使他人受损失”，不以有财产移转为必要。c. 没有法律根据。②基于受害人的行为而生的不当得利。基于受害人的行为而生的不当得利，有的是给付型不当得利，有的是非给付型不当得利，究竟如何，需要根据个案予以确定。这种类型的不当得利主要有如下两种类型：a. 支出费用的不当得利。b. 因清偿他人的债务而发生的所谓“求偿不当得利请求权”。③基于第三人的行为而生的不当得利。基于第三人的行为而生的不当得利，是指受益人因第三人的行为取得应当归属于他人(受害人)的利益，而成立的不当得利。④基于法律规定而生的不当得利。基于法律的直接规定而生的不当得利，其中的法律规定，应从广义上理解，指法律秩序，包括法院的判决和行政处分。如果法律规定的目的是在使受益人终局地实质地保有利益，以维护财产状态的新秩序为目的，则不成立不当得利；反之，该法律规定的目的仅仅在技术上谋取方便，形式上使该项利益归属于某人，实质上并不使其终局地保有该项利益时，则可成立不当得利。基于法律规定而生的不当得利，主要发生在添附、善意取得、终局确定判决等场合。⑤基于自然事件而生的不当得利。取得利益出于自然事件的结果，可成立不当得利。例如，甲放养的羊群进入乙承包的牧场，乙取得占有利益，甲可基于占有的不当得利请求乙返还该羊群。当然，在甲能够证明哪些羊属于他(它)所有的情况下，也可以基于物的返还请求权请求乙返还。

该条第2款是关于不得请求返还的不当得利的规定。从前述理论构成看，主要针对的是给付型不当得利：

第1项排除事由是不当给付是为履行道德上义务而为之。

第2项排除事由是债务到期之前的清偿。债务到期之前的清偿，因为债务并非不存在，所以债权人受领给付，不能称为缺乏法律上的原因。并且债务因清偿而消灭，所以债权人也没有什么得利可言。

第3项排除事由是明知无给付义务而进行的债务清偿。非债清偿属于典型的不当得利，本来是可以请求返还的，但是法律对于明知无债务而进行的清偿，特别设置了本项这个例外。这一例外的设置的理论根据在于禁反言原则。也就是说，明知没有给付义务而进行的给付再请求返还，则构成了前后矛盾，有违诚信原则，所以不允许。

第九百八十六条 【善意得利人返还义务免除】得利人不知道且不应当知道取得的利益没有法律根据，取得的利益已经不存在的，不承担返还该利益的义务。

第九百八十七条 【恶意得利人返还义务】得利人知道或者应当知道取得的利益没有法律根据的，受损失的人可以请求得利人返还其取得的利益并依法赔偿损失。

第九百八十八条 【第三人返还义务】得利人已经将取得的利益无偿转让给第三人的，受损失的人可以请求第三人在相应范围内承担返还义务。

第四编 人 格 权

第一章 一般规定

第九百八十九条 【人格权编的调整范围】本编调整因人格权的享有和保护产生的民事关系。

条文注解

人格权是民事主体对其特定的人格利益享有的权利，关系到每个人的人格尊严，是民事主体最基本、最重要的权利。《民法通则》在“民事权利”一章中专节规定了人身权，规定了生命健康权、姓名权、名称权、肖像权、名誉权、荣誉权、婚姻自主权等人格权。本法总则编第109～111条延续了这一方式。据此，本条明确规定，本编调整因人格权的享有和保护产生的民事关系。首先，本编的调整范围与人格权有关。其次，本编所涉及的是人格权的享有和保护。最后，本编调整的是因人格权的享有和保护产生的民事关系。应当明确，本编对人格权的规定并不包含《宪法》所规定的公民的所有基本权利，而主要是公民所享有的关于人格的民事权利，是从民事法律规范的角度规定自然人和其他民事主体人格权的内容、边界和保护方式，不涉及公民政治、社会等方面的基本权利。

关联法规

《宪法》第33条，《刑法》第236～238、245条，《治安管理处罚法》第27、40、43条

第九百九十条 【人格权定义】人格权是民事主体享有的生命权、身体权、健康权、姓名权、名称权、肖像权、名誉权、荣誉权、隐私权等权利。

除前款规定的人格权外，自然人享有基于人身自由、人格尊严产生的其他人格权益。

条文注解

本条第1款仅是对民事主体所享有的人格权利的具体类型进行了列举，而并未对人格权作出概括式的定义。民事主体所享有的人格权的具体法定类型主要包括：

（1）生命权：指自然人享有的以生命安全和生命尊严为内容的权利。

（2）身体权：指自然人享有的以身体完整和行动自由为内容的权利。

（3）健康权：指自然人享有的以身心健康为内容的权利。

（4）姓名权：指自然人享有的依法决定、使用、变更或者许可他人使用自己姓名的权利。

（5）名称权：指法人和非法人组织享有的依法使用、变更、转让或者许可他人使用自己名称的权利。

（6）肖像权：指自然人享有的依法制作、使用、公开或者许可他人使用

自己肖像的权利。

(7)名誉权:指自然人、法人和非法人组织就其品德、声望、才能、信用等所获得的社会评价,所享有的保有和维护的权利。

(8)荣誉权:指自然人、法人和非法人组织对其获得的荣誉及其利益所享有的保持、自主决定的权利。

(9)隐私权:指自然人享有的私人生活安宁与不愿为他人知晓的私密空间、私密活动、私密信息等依法受到保护,不受他人刺探、侵扰、泄露和公开的权利。

本条第2款是人格权益的一般条款。适用的条件是:首先,被侵犯的人格权益没有法律的明确规定,并且无法纳入具体列举的人格权的保护范围。该款规定是为了弥补法律规定和人格权的具体列举所出现的不足。因此,当法律对此有明确规定时,应当首先适用法律的明确规定;虽然法律没有明确规定,但可以适用具体列举的人格权予以保护时,则应当适用具体的规定。其次,被侵犯的人格权益是基于人身自由、人格尊严产生的,因此是需要法律保护的。人身自由,包括身体行动的自由和自主决定的自由,是自然人自主参加社会各项活动、参与各种社会关系、行使其他人身权和财产权的基本保障,是自然人行使其他一切权利的前提和基础。人格尊严,包括静态和消极的人格尊严,以及动态和积极的人格尊严,即人格形成和人格发展。人格尊严不受侵犯,是自然人作为人的基本条件之一,也是社会文明进步的一个基本标志。最后,只有自然人的人格权益才能通过本条第2款予以保护,法人和非法人组织不能适用本款。该款适用的价值基础是人身自由和人格尊严,而对于法人和非法人组织而言,其无法基于宪法而享有人身自由、人格尊严。

关联法规

《宪法》第37～40条

第九百九十一条 【民事主体的人格权不受侵害】民事主体的人格权受法律保护,任何组织或者个人不得侵害。

条文注解

人格权受法律保护,就要求任何组织或者个人不得侵犯。不得侵犯就是任何组织或者个人不得非法侵害、限制、剥夺他人的人格权,也不得干涉他人合法行使人格权，否则就要依据本法承担民事责任。民事主体按照自己的意愿依法保护和行使人格权，不受干涉。当然，这并非意味着民事主体的人格权可以毫无限制，是绝对自由的。当然，对人格权的限制，或者是基于法律的明确规定，或者是基于其他价值而在合理范围内予以限制，不得随意为之。

第九百九十二条　【人格权禁止性规定】人格权不得放弃、转让或者继承。

条文注解

人格权只能为特定的权利人所享有，与权利主体不可分离。人格权，尤其是自然人所享有的人格权，是与生俱来的，因出生而当然发生，仅因死亡而当然消灭，因此是一种固有权利。人格权具有人身专属性，是人格权与财产权的重要区别，财产权通常具有非人身专属性，可以与权利主体发生分离。

第九百九十三条　【人格标识许可使用】民事主体可以将自己的姓名、名称、肖像等许可他人使用，但是依照法律规定或者根据其性质不得许可的除外。

条文注解

人格权本质上是非财产权，但是，随着经济社会的发展、科技进步以及大众传媒、广告行业的发达，一些人格权已经不再只是消极防御性的权利，对民事主体的姓名、名称和肖像等的许可使用已经成为现实和可能，实践中也有大量需求。因此，本条规定的出台：第一，有利于回应社会发展需要；第二，有利于对人格尊严的保护；第三，有利于对许可使用进行规制，更有利于维护人格尊严；第四，体现了比较法上的共识；第五，是对我国司法实践的总结。但在本条的适用中，首先要注意的是，许可他人使用，是许可他人在商品、商标或者服务等方面使用，因此，不包括他人正当使用别人的姓名等情形；其次要注意的是，许可使用也是民事法律行为的一种，应当适用本法有关民事法律行为的一般性规定；最后要注意的是，依照法律规定或者根据其性质不得许可使用的限制。

关联法规

《商标法》第32、45条,《反不正当竞争法》第6、17条,《企业的名称登记管理规定》第23条,《人类辅助生殖技术管理办法》第3、22、24条

第九百九十四条 【死者人格利益保护】死者的姓名、肖像、名誉、荣誉、隐私、遗体等受到侵害的,其配偶、子女、父母有权依法请求行为人承担民事责任;死者没有配偶、子女且父母已经死亡的,其他近亲属有权依法请求行为人承担民事责任。

条文注解

自然人从出生时起到死亡时止,具有民事权利能力,依法享有民事权利,承担民事义务。据此,自然人在死亡后就不再具有民事权利能力,自然也就不再享有人格权。但是,在现实生活中,侵犯死者人格利益的现象屡见不鲜,因此对死者人格利益应当予以保护。本条适用的前提是:第一,被侵害者已经死亡。第二,死者的姓名、肖像、名誉、荣誉、隐私、遗体等受到侵害。本条适用的法律后果是:第一,有权提出请求的主体是近亲属。第二,近亲属提出请求具有顺位限制。第三,近亲属依法请求行为人承担民事责任。

关联法规

《英雄烈士保护法》第22、25～26条,《刑法》第302条,《治安管理处罚法》第65条

第九百九十五条 【人格权请求权】人格权受到侵害的,受害人有权依照本法和其他法律的规定请求行为人承担民事责任。受害人的停止侵害、排除妨碍、消除危险、消除影响、恢复名誉、赔礼道歉请求权,不适用诉讼时效的规定。

条文注解

人格权受到侵害的,受害人有权依照本法和其他法律的规定请求行

为人承担民事责任。但是,具体的责任构成要件和责任后果由本法和其他法律规定。本法所规定的违约责任、侵权责任等都涉及对人格权的保护,当人格权受到侵害时,受害人有权依照本法的这些规定请求行为人承担相应的民事责任。本法对于不同性质的民事责任和不同的民事责任承担方式分别规定了不同的构成要件和责任后果。本法第196条第1项规定了请求停止侵害、排除妨碍、消除危险不适用诉讼时效的规定。侵害人格权、物权等权益所产生的这三类请求权,其构成都要求现实存在对权益的妨害和危险,行为或状态处于现实持续之中,对这种现实存在的妨害和危险无须考虑之前的事实状况,且在侵害人格权的情形中,这三类请求权对于维持人格完整性至关重要,故本条据此进一步明确规定,因人格权受侵害而提出的停止侵害、排除妨碍、消除危险请求权,不适用诉讼时效的规定。对很长时间之前发生的侵害人格权行为,如受害人认为对自身仍然有影响,有消除影响和恢复名誉的必要,可以不受诉讼时效期间的限制提出消除影响、恢复名誉、赔礼道歉请求权,以加强对人格权的保护。

关联法规

《国家赔偿法》第3、17、32、35条,《食品安全法》第141条,《消费者权益保护法》第50条,《治安管理处罚法》第117条

第九百九十六条 【精神损害赔偿请求权聚合】因当事人一方的违约行为,损害对方人格权并造成严重精神损害,受损害方选择请求其承担违约责任的,不影响受损害方请求精神损害赔偿。

条文注解

精神损害赔偿是受害人因人格利益或身份利益受到损害或者遭受精神痛苦而获得的金钱赔偿。侵害人格权的情形中,经常会产生违约责任和侵权责任的竞合,受害人因此遭受到严重的精神损害。在违约责任与侵权责任存在竞合的情形中,允许受损害方请求行为人承担违约责任时,可以在违约责任请求中请求精神损害赔偿,有利于为受害人提供不同救济渠道的选择,拓展在此类情形下精神损害的救济方法,符合加强人格权保护的比较法发展趋势,是一个重要的进步。本条适用的前提:首先,损害人格权的违约责任和侵权责任的竞合。其次,因当事人一方的违约行为损害对

方自然人的人格权并造成严重精神损害。最后，受损害方选择请求违约方承担违约责任。适用本条的法律后果是，不影响受损害方请求精神损害赔偿。这意味着，受损害方请求行为人承担违约责任时，可以请求违约方承担精神损害赔偿责任。

关联法规

《最高人民法院关于审理旅游纠纷案件适用法律若干问题的规定》第7条

第九百九十七条 【人格权行为禁令】民事主体有证据证明行为人正在实施或者即将实施侵害其人格权的违法行为，不及时制止将使其合法权益受到难以弥补的损害的，有权依法向人民法院申请采取责令行为人停止有关行为的措施。

条文注解

侵害人格权的一些行为，如果无法及时被制止，为权利人提供及时的救济，尤其是在当前的网络时代，其损害后果不可逆转，甚至会造成难以弥补的损害。本条适用的前提：首先，行为人正在实施或者即将实施侵害其人格权的违法行为。其次，不及时制止将使权利人的合法权益受到难以弥补的损害的。最后，民事主体有证据证明。民事主体必须提出相关的证据，证明已经具备了申请责令停止有关行为的前提条件，即行为人正在实施或者即将实施侵害权利人的人格权的行为，不及时制止将使其合法权益受到难以弥补的损害。本条适用的法律效果是，权利人有权依法向人民法院申请采取责令行为人停止有关行为的措施。首先，权利人必须是向人民法院提出申请，申请的内容也必须具体明确，包括明确的对方当事人、申请采取的具体措施等。其次，申请的程序要依照法律的规定。应当注意的是，人民法院采取的措施应当符合比例原则，根据所欲追求的合法目的，其所采取的措施是合理的。

关联法规

《反家庭暴力法》第30条，《民事诉讼法》第100、101、105、152、166、170、252条，《专利法》第66条，《商标法》第65条，《著作权法》第50条

第九百九十八条 【认定人格侵权责任应考虑的主要因素】认定行为人承担侵害除生命权、身体权和健康权外的人格权的民事责任，应当考虑行为人和受害人的职业、影响范围、过错程度，以及行为的目的、方式、后果等因素。

条文注解

保护人格权是尊重和保护人格尊严的要求。但是，如果对人格权的保护过于绝对和宽泛，则难免会产生与其他权利(如新闻报道权)的冲突。人格权保护的价值并非在所有情形中总是一般性地、抽象地高于其他价值，而必须在个案和具体情形中对所有这些价值进行综合权衡。但是，即使承认个案中权衡的必要性，也会出现如何对个案权衡进行合理限制，以实现同等情况同等对待的裁判统一性的要求。为妥当平衡好人格权保护和其他权利之间的关系，本条规定了认定行为人承担侵害人格权责任时的考量因素，包括人格权的类型、主体方面的因素、主观的过错程度、行为方面的因素等。因此，在认定行为人承担侵害人格权的民事责任时，无论是关于责任构成，还是责任后果，都需要对上述因素进行综合考量，各个具体因素之间也会强度互补。

关联法规

《宪法》第 40 条，《刑事诉讼法》第 143 条，《国家安全法》第 65 条

第九百九十九条 【人格权的合理使用】为公共利益实施新闻报道、舆论监督等行为的，可以合理使用民事主体的姓名、名称、肖像、个人信息等；使用不合理侵害民事主体人格权的，应当依法承担民事责任。

条文注解

宪法对新闻报道和舆论监督作出了明确的规定。新闻报道是新闻单位对新近发生的事实的报道，包括有关政治、经济、军事、外交等社会公共事务的报道以及有关社会突发事件的报道。新闻单位包括依法设立的报刊社、广播电台、电视台、通讯社和新闻电影制片厂。舆论监督是社会公众运用各种传播媒介对社会运行过程中出现的现象表达信念、意见和态度，

从而进行监督的活动。舆论监督与新闻报道有密切的关系，但两者存在不同。新闻不一定是舆论，新闻报道只是传播意见进而形成舆论的工具；新闻单位通过报道进行的监督仅是舆论监督的一种，舆论只是借助传播工具实现其监督的目的。在新闻报道和舆论监督中，为了保障人民的知情权、维护国家利益和社会公共利益，可以合理使用民事主体的姓名、名称、肖像、个人信息等，无须民事主体的同意。

关联法规

《宪法》第35条

第一千条 【消除影响、恢复名誉、赔礼道歉等民事责任的承担】行为人因侵害人格权承担消除影响、恢复名誉、赔礼道歉等民事责任的，应当与行为的具体方式和造成的影响范围相当。

行为人拒不承担前款规定的民事责任的，人民法院可以采取在报刊、网络等媒体上发布公告或者公布生效裁判文书等方式执行，产生的费用由行为人负担。

条文注解

侵害人格权也可能会通过消除影响、恢复名誉、赔礼道歉等责任方式予以救济。消除影响、恢复名誉，是指人民法院根据受害人的请求，责令行为人在一定范围内采取适当方式消除对受害人名誉的不利影响，以使其名誉得到恢复的一种责任方式。具体适用消除影响、恢复名誉，要根据侵害行为所造成的影响和受害人名誉受损的后果决定。处理的原则是，行为人应当根据造成不良影响的大小，采取程度不同的措施给受害人消除不良影响。

本条第1款侵害人格权民事责任。第1款首先明确，行为人因侵害人格权承担消除影响、恢复名誉、赔礼道歉等民事责任的，应当与行为的具体方式和造成的影响范围相当。这意味着，首先，在是否适用这些民事责任时，应当考虑到侵害人格权行为的具体方式和造成的影响范围。同时，在考虑行为的具体方式和造成的影响范围时，还应当将被侵权人的心理感受及所受煎熬、痛苦的程度纳入考虑范围。其次，这些民事责任的具体方式也应当考量行为的具体方式和造成的影响范围。在通常情况下，如果是在特定单位内传播侵害人格权的信息的，应当在特定单位内予以消除影响、恢复名誉、赔礼道歉。如果是在特定网络媒体上传播侵权信息的，应当在该网络媒体上予以澄清事实；而在特定网络媒体上传播的侵权信息又被其他网络媒体转载的，也可以考虑在其他网络媒体上予以澄清事实。

本条第2款是替代性公布执行方式。首先，行为人拒不承担消除影响、恢复名誉、赔礼道歉的民事责任。如果行为人主动履行了这些民事责任，就不存在执行的问题。其次，执行的方式是在报刊、网络等媒体上发布公告或者公布生效裁判文书等。最后，人民法院是“可以”而非“应当”采取。鉴于侵害人格权的情形较为复杂，有时发布公告或者公布裁判文书可能会导致后续的损害，因此赋予人民法院根据情况加以酌定处理的必要。

关联法规

《民事诉讼法》第111、252、256条，《最高人民法院关于审理利用信息网络侵害人身权益民事纠纷案件适用法律若干问题的规定》第16条，《最高人民法院关于适用〈中华人民共和国民事诉讼法〉的解释》第503～504条

第一千零一条　【身份权的法律适用】对自然人因婚姻家庭关系等产生的身份权利的保护，适用本法第一编、第五编和其他法律的相关规定；没有规定的，可以根据其性质参照适用本编人格权保护的有关规定。

条文注解

对自然人因婚姻家庭关系等产生的身份权利的保护，首先，应当适用本法总则编、婚姻家庭编和其他法律的相关规定。本法总则编关于监护的条文以及婚姻家庭编对此种身份权利的保护进行了一些明确的规定，其他法律也存在对身份权利保护的规定，这些规定应当具有优先适用性，对身份权利进行保护时，应当首先适用这些明确的特殊规定。其次，没有特别规定的，本编人格权保护的有关规定可以被参照适用于身份权利的保护。在对身份权利的保护没有明确的特殊规定时，可以根据其性质参照适用人格权保护的规定以弥补保护的漏洞，这有助于通过人格权保护的规定补充完善身份权利的保护。再次，能够被参照适用于身份权利保护的只能是本编人格权保护的有关规定。最后，人格权保护的规定是被参照适用于而非直接适用于身份权利的保护。人格权的保护不是以保护身份权利为出发

点，而是以保护个人的人身自由和人格尊严为基本价值追求，与身份权利以保护婚姻和家庭共同体的价值追求不同。身份权利的保护在参照适用人格权保护的规定时，应当考虑到关于身份权利的整体价值取向。

第二章　生命权、身体权和健康权

第一千零二条　【生命权】自然人享有生命权。自然人的生命安全和生命尊严受法律保护。任何组织或者个人不得侵害他人的生命权。

条文注解

生命权，是指自然人享有的以维护生命安全和生命尊严为内容的权利。《民法通则》第 98 条规定，公民享有生命健康权。但是，因为生命权和健康权在权利内容上存在区别，并且生命的丧失不可逆转，因此《侵权责任法》第 2 条第 2 款已经将生命权和健康权区分为两种不同的民事权利予以规定。本法延续了《侵权责任法》的规定，区分规定生命权和健康权。首先，本条明确规定自然人享有生命权。自然人只有享有生命权，才能作为一个主体在社会中生存并与他人交往，追求自己存在的价值。生命权是自然人最为重要的人格权，是其他人格权和其他权利的前提，是从事民事活动和其他一切活动的前提和基本要求。其次，生命权的内容是生命安全和生命尊严受法律保护。在自然人的生命权遭受侵害或者面临危险时，权利人可以依法采取相应的保护措施，以维护自己的生命安全。最后，本条从反面进一步规定，任何组织或者个人不得侵害他人的生命权。不能把自然人的生命作为实现其他目的的手段，任何人都不得非法剥夺他人的生命。

关联法规

《国家赔偿法》第 34 条，《治安管理处罚法》第 45 条

第一千零三条　【身体权】自然人享有身体权。自然人的身体完整和行动自由受法律保护。任何组织或者个人不得侵害他人的身体权。

条文注解

身体权，是指自然人享有的以身体完整和行动自由受法律保护为内容的权利。身体权与生命权、健康权密切相关，侵害自然人的身体往往导致对自然人健康的损害，甚至剥夺自然人的生命。但生命权、健康权和身体权所保护的自然人的具体人格利益有区别，生命权以保护自然人生命的延续为内容之一，健康权以保护身体各组织及整体功能正常为内容之一，而身体权以保护身体组织的完整为内容之一。身体权的内容是身体完整和行动自由受法律保护。任何组织或者个人不得侵害他人的身体权。侵害身体权的行为是多样的。身体包括头颈、躯干、四肢、器官及毛发、指甲等各种人体细胞、人体组织、人体器官，如剪掉头发或者眉毛，构成了对身体权的侵害。对于固定于身体成为身体组成部分，与其他组成部分结合一起发挥功能，而不能自由卸取的人工附加部分，如假肢、义齿、义眼、心脏起搏器等，对这些部分的侵害，也可以被认为是构成侵害身体权，造成严重精神损害的，可以依法请求精神损害赔偿。应当注意的是，虽然自然人死亡之后就不再享有身体权，但是，自然人死亡后的遗体、遗骨和骨灰也应当受到尊重。

关联法规

《国家赔偿法》第 33 条，《妇女权益保障法》第 37 条，《精神卫生法》第 28 条，《治安管理处罚法》第 43 条

第一千零四条　【健康权】自然人享有健康权。自然人的身心健康受法律保护。任何组织或者个人不得侵害他人的健康权。

条文注解

健康权是自然人享有的以身心健康受法律保护为内容的权利。健康是维持人体正常生命活动的基础，健康权是自然人重要的人格权。本条规定的健康权是一种民事权利。国家对于公民健康，在公法意义上的保护义务是通过其他法律予以实现的。本条明确健康权的内容是身心健康受法律保护。身心健康包括身体健康和心理健康。健康，是指一个人在身体和心理等方面都处于良好的状态，相应地包括身体健康和心理健康，但不包括一个人在社会适应方面的良好状态以及道德健康等。

关联法规

《基本医疗卫生与健康促进法》第4、5、28条，《妇女权益保障法》第38、46条，《精神卫生法》第27、83条，《未成年人保护法》第21、35、38条

第一千零五条 【法定救助义务】自然人的生命权、身体权、健康权受到侵害或者处于其他危难情形的，负有法定救助义务的组织或者个人应当及时施救。

条文注解

为了保护自然人的生命权、身体权和健康权，弘扬社会主义核心价值观，在自然人的生命权、身体权、健康权受到侵害或者处于其他危难情形时，法律应当鼓励和支持对自然人的适当救助。这种鼓励和支持体现在两个层面。第一，对不负有法定救助义务的救助人的保护。一方面，在救助人造成受助人损害的情形下，救助人责任应予以限制或者免除；另一方面，救助人因救助而使自己受到损害时享有请求权。第二，规定特定主体在特定情况下积极的救助义务。本条即规定了在自然人的生命权、身体权、健康权受到侵害或者处于其他危难情形时特定主体的救助义务。本条适用的前提，首先是自然人的生命权、身体权、健康权受到侵害或者处于其他危难情形。其次是特定的组织或者个人负有法定的救助义务。法律对救助义务的规定，包括两种：第一种是条文中明确规定了救助义务；第二种是法律虽然没有明确规定救助义务，但规定中包含了救助义务。本条适用的法律效果是，负有法定救助义务的组织或者个人应当及时施救。首先，应当是及时施救，不得以未付费等为由拒绝或者拖延救助。其次，施救的措施包括亲自救助或者通过联系国家机关、急救机构等方式。

关联法规

《基本医疗卫生与健康促进法》第27条，《执业医师法》第24条，《海商法》第174条，《道路交通安全法》第70条，《人民警察法》第21条，《人民武装警察法》第18条，《消费者权益保护法》第18条，《消防法》第5、44条，《医疗机构管理条例》第31条

第一千零六条 【人体捐献】完全民事行为能力人有权依法自主决定无偿捐献其人体细胞、人体组织、人体器官、遗体。任何组织或者个人不得强迫、欺骗、利诱其捐献。

完全民事行为能力人依据前款规定同意捐献的，应当采用书面形式，也可以订立遗嘱。

自然人生前未表示不同意捐献的，该自然人死亡后，其配偶、成年子女、父母可以共同决定捐献，决定捐献应当采用书面形式。

条文注解

人体捐献包括人体细胞的捐献、人体组织的捐献、人体器官的捐献、遗体的捐献等。本条规定的主要内容包括：第一，自然人享有捐献或者不捐献人体细胞、人体组织、人体器官和遗体的自主决定权。人体捐献与自然人的人格尊严密切相关，获得人体捐赠者的同意是人体捐赠最为重要的前提。第二，人体捐献的意愿必须真实合法，任何组织或者个人不得强迫、欺骗、利诱捐献。人体捐献的意愿必须是捐献人的真实意愿，捐献意愿不是因为强迫、欺骗、利诱而作出的。第三，完全民事行为能力人才有权依法自主决定。人体捐赠者必须对捐赠行为具有充分的判断和辨认能力，这要求捐赠者必须具备完全的民事行为能力。未成年人以及不能辨认或者完全辨认自己行为的成年人等限制民事行为能力人和无民事行为能力人，不能作出人体捐献的有效同意。第四，完全民事行为能力人依据前款规定同意捐献的，应当采用书面形式，也可以订立遗嘱。捐献可能对人体造成损害，涉及生命权、身体权、健康权等最基本的人格权利，同时要确定捐献的意愿是真实的，因此应当对同意捐献的形式作严格限制。第五，自然人生前未表示不同意捐献的，该自然人死亡后，其配偶、成年子女、父母可以共同决定捐献，决定捐献应当采用书面形式。

关联法规

《刑法》第232、234条，《献血法》第2、9条，《人体器官移植条例》第2、7～10、18～19条，《人体器官移植技术临床应用管理暂行规定》第27～28、30条

第一千零七条　【禁止人体买卖】禁止以任何形式买卖人体细胞、人体组织、人体器官、遗体。

违反前款规定的买卖行为无效。

条文注解

基于人格尊严的理念，每一个自然人的身体应当受到尊重，避免仅仅将人体组成部分作为客体；同时，在实践中，人体的买卖很可能会不公平地利用最贫穷和最脆弱的群体，导致牟取暴利和贩卖人口。本条首先明确，人体捐赠只能是无偿的，禁止以任何形式买卖人体细胞、人体组织、人体器官、遗体。买卖人体的形式在实践中多种多样，任何形式只要构成实质上的买卖，都应当被禁止。在付款对象上，对自然人自己直接付款买卖，这当然构成买卖。如果是对死者的近亲属或者其他中间人予以付款，也同样构成买卖。因此，对上述各方的金钱回报都应当予以禁止。在形式上，不仅是直接的买卖形式应当被禁止，其他实质上类似于买卖的有偿利用形式也应当被禁止。本条进一步明确，违反前款规定的买卖行为无效。但是，应当注意的是，应将人体买卖和依据法律规定对捐赠人或者其近亲属的补偿或者救助、各种成本的补偿区别开。

关联法规

《刑法》第234条,《献血法》第11、14条

第一千零八条　【人体临床试验】为研制新药、医疗器械或者发展新的预防和治疗方法，需要进行临床试验的，应当依法经相关主管部门批准并经伦理委员会审查同意，向受试者或者受试者的监护人告知试验目的、用途和可能产生的风险等详细情况，并经其书面同意。

进行临床试验的，不得向受试者收取试验费用。

条文注解

人体临床试验，又称为人体试验，是指在病人或健康志愿者等受试者的人体上进行系统性研究，以了解新药、医疗器械或者发展新的预防和治疗方法的疗效与安全性。人体试验关系到受试者的生命健康，涉及其人格尊严，要符合伦理要求，有必要对此设定较为严格的条件。人体试验的伦

理原则是公正、尊重人格、力求使受试者最大限度受益和尽可能避免伤害，具体包括知情同意、控制风险、免费和补偿、保护隐私、依法赔偿、特殊保护等，而其中的基础和首要前提是受试者的知情同意，体现了受试者对人体试验的自决权。

本条规定的主要内容如下：第一，人体临床试验应当依法经相关主管部门批准并经伦理委员会审查同意。同时，人体临床试验需经伦理委员会审查同意是保障受试者权益的主要措施之一。第二，受试者享有是否参加试验的自主决定权。基于受试者的人格尊严，应当尊重和保护受试者的合法权益，尊重和保障受试者是否参加研究的自主决定权。同时，应当允许受试者在任何阶段无条件退出研究。第三，受试者同意参加临床试验的意愿必须真实合法。这首先意味着任何组织或者个人不得使用欺骗、利诱、胁迫等手段使受试者同意参加研究。第四，知情同意权由受试者或者其监护人依法行使。如果受试者是完全民事行为能力人，则能够单独有效地行使知情同意权。但是，在受试者不具备完全的民事行为能力时，情况比较复杂，本法仅作出了原则性规定，具体由特别法进一步规定。应当注意的是，本条仅对知情同意作出规定，未涉及其他层面，需由其他特别规范予以进一步规定。第五，知情同意必须是书面形式。参加人体试验可能对受试者人体造成损害，涉及生命权、身体权、健康权等最基本的人格权利，同时要确定同意参加的意愿是真实的，因此应当对知情同意的形式严格限制为书面形式。这也是我国现行有关规范的共识。第六，进行临床试验的，不得向受试者收取试验费用。这是总结了我国现行的相关规范而作出的规定。

关联法规

《基本医疗卫生与健康促进法》第32条，《疫苗管理法》第16～18条，《药品管理法》第19～23条，《执业医师法》第26、37条，《医疗机构管理条例》第33条，《涉及人的生物医学研究伦理审查办法》第4、5、7、11～13条，《药物临床试验质量管理规范》第23条，《药物临床试验质量管理规范》第18、23、39条，《医疗器械临床试验质量管理规范》第15～16、23、25、65条，《干细胞临床研究管理办法（试行）》第6条

第一千零九条　【从事人体基因、人体胚胎等有关的医学和科研活动时的义务】从事与人体基因、人体胚胎等有关的医学和科研活动，应当遵守法律、行政法规和国家有关规定，不得危害人体健康，不得违背伦理道德，不得损害公共利益。

条文注解

与人体基因有关的医学和科研活动，包括基因鉴定、基因制药、基因诊断、基因治疗、基因编辑、基因克隆等。与人体胚胎有关的医学和科研活动，包括与人体胚胎干细胞等有关的治疗性研究和生殖性研究。与人体基因和胚胎等有关的医学和科研活动是生命科学研究的重要组成部分，将极大地改变人类生命和生活的面貌，为改善个人和全人类的健康状况开辟了广阔的前景。但是，这些活动可能带来人体生命健康安全和伦理道德方面的风险，甚至对人类产生重大的潜在危险。本条规定主要包括以下内容：一是尊重人格尊严。从事与人体基因、人体胚胎等有关的医学和科研活动，必须建立在尊重人格尊严的基础上，这同时意味着，应当禁止违背人格尊严、生命保护的一切行为。二是尊重知情同意权。从事与人体基因、人体胚胎等有关的医学和科研活动，应当尊重人们在负责并尊重他人自主权的前提下自己作出决定的自主权，事先征得有关人员自愿、知情和明确表示的同意，向其提供清楚、公正、充分和适当的信息。当事人可以在任何时候、以任何理由撤销其同意。三是尊重当事人的隐私，保护相关的个人信息。从事相关活动时，应尊重当事人的隐私，对与个人有关的遗传信息应加以保密。四是正当程序等保障。包括研究活动的专业谨慎、诚实正直与决策的透明理性，伦理委员会的评估，利益共享，团结互助与国际合作。本条规定了从事与人体基因、人体胚胎等有关的医学和科研活动的法律底线。

关联法规

《科学技术进步法》第 29 条，《人口与计划生育法》第 35 条，《人类遗传资源管理条例》第 2、7～10、12 条，《人胚胎干细胞研究伦理指导原则》第 4、6~8 条，《基因工程安全管理办法》第 2～3、30 条

第一千零一十条 【性骚扰】违背他人意愿，以言语、文字、图像、肢体行为等方式对他人实施性骚扰的，受害人有权依法请求行为人承担民事责任。

机关、企业、学校等单位应当采取合理的预防、受理投诉、调查处置等措施，防止和制止利用职权、从属关系等实施性骚扰。

条文注解

性骚扰行为会影响受骚扰者的学习、工作和生活，侵害人格尊严、自由，损害其形象和自尊，严重的性骚扰甚至造成被骚扰者的恐惧、自闭和盲目依赖，还可能涉及社会中的性别歧视。本条第 1 款规定了性骚扰的一般性构成。性骚扰一般包括以下条件:(1)性骚扰中受害人是所有的自然人。(2)行为与性有关。行为人具有性意图，以获取性方面的生理或者心理满足为目的。(3)性骚扰构成的核心是违背他人意愿。性骚扰与两相情愿的调情、约会等相区分，是因为此类行为违背了他人意愿。(4)行为一般具有明确的针对性。(5)行为人主观上一般是故意的。第 2 款特别规定了机关、企业、学校等单位的义务。一方面，这些单位负有为防止和制止利用职权、从属关系等实施性骚扰而采取措施的义务。这是因为这些单位对其工作人员具有一定的管理和控制能力，使单位负有相应的义务，能够在一定程度上防止和制止性骚扰的发生和继续发生，也有助于建立多元化的性骚扰纠纷解决机制。另一方面，这些单位应当采取合理的预防、受理投诉、调查处置等措施。这些措施涵盖了事前的预防、事中的受理投诉和事后的调查处置各个层面。

关联法规

《宪法》第 48 条,《妇女权益保障法》第 40～42、48 条,《未成年人保护法》第 41、56 条,《治安管理处罚法》第 42、44、66～67、69 条,《女职工劳动保护特别规定》第 11 条

第一千零一十一条　【侵害行动自由和非法搜查身体】以非法拘禁等方式剥夺、限制他人的行动自由，或者非法搜查他人身体的，受害人有权依法请求行为人承担民事责任。

条文注解

本条规定了非法剥夺、限制他人行动自由和非法搜查他人身体的，受害人有权依法请求行为人承担民事责任。首先是非法剥夺、限制他人行动自由。本条所谓的行动自由，指的是身体行动的自由，不包括意志的自由或者精神活动的自由。非法剥夺、限制他人行动自由在实践中的方式多种多样，如非法拘禁、非法逮捕、拘留、非法绑架，非法强制住院治疗等。同

时，剥夺、限制他人行动自由必须是非法的。其次是非法搜查他人身体。在实践中，有些超市、商场等发生了非法搜查他人身体的行为，这些行为往往以限制行动自由为前提，同时涉及自然人对自己身体的权利，侵害了自然人的人格尊严。非法搜查他人身体，必须是对他人身体的搜查。如果是非法搜查他人住宅等，不适用本条，可以适用本法关于隐私权的规定。本条进一步规定，以非法拘禁等方式剥夺、限制他人的行动自由，或者非法搜查他人身体的，受害人有权依法请求行为人承担民事责任。受害人有权依法请求行为人承担民事责任，这意味着，如果本法和其他法律的规定对行为人承担民事责任，要求具备其他的责任构成要件，或者进一步对责任后果予以细致规定的，应当依照其规定。

关联法规

《宪法》第37条，《立法法》第8条，《刑法》第238、244条，《消费者权益保护法》第27条，《治安管理处罚法》第40～41条，《国家赔偿法》第3条，《刑事诉讼法》第84、302条，《行政强制法》第20条，《传染病防治法》第39条，《妇女权益保障法》第34、39条，《精神卫生法》第5、30～31条，《禁毒法》第38条，《劳动法》第96条

第三章　姓名权和名称权

第一千零一十二条　【姓名权】自然人享有姓名权，有权依法决定、使用、变更或者许可他人使用自己的姓名，但是不得违背公序良俗。

条文注解

姓名是一个自然人在社会中区别于其他人的标志和符号。姓名对于社会中的自然人来说意义极为重大。一是社会生活的需要。二是具有一定身份定位的功能。姓名由姓氏和名字组成。三是具有重要的法律意义。从民法的角度来讲，一个自然人拥有姓名后以姓名为标记，使自己与社会中的其他成员相区别，享受权利，承担义务，如可以使自己签订合同、行使所有权等权利更为简单容易；可以使自己的尊严得到更好的彰显，个性可以得到更好的发展，个人的名誉可以得到更好的维护，等等。本条规定包

含以下几层含义：一是姓名权的主体只能是自然人。我国的民事主体包括自然人、法人和非法人组织三类。法人或者非法人组织享有的是名称权，不享有姓名权，姓名权专属于自然人。二是任何一个自然人都享有姓名权。每个自然人自出生之时就享有这种权利，有权依法决定、使用、变更或者许可他人使用自己的姓名，任何组织和个人都无权剥夺自然人的权利，也不得以干涉、盗用、假冒等方式侵害自然人的姓名权。三是任何一个自然人都平等地享有姓名权。自然人对姓名权的享有不因民族、性别、年龄等因素的不同而有差别，也不因民族、性别、年龄等因素的不同而受到不同保护。根据本条的规定，姓名权的内容主要包括四项权能：一是决定姓名的权能。二是使用姓名的权能。三是变更姓名的权能。四是许可他人使用自己的姓名的权能。

关联法规

《反不正当竞争法》第 6 条，《刑事诉讼法》第 64 条，《最高人民法院关于审理不正当竞争民事案件应用法律若干问题的解释》第 6～7 条

第一千零一十三条　【名称权】法人、非法人组织享有名称权，有权依法决定、使用、变更、转让或者许可他人使用自己的名称。

条文注解

名称是法人或者非法人组织在社会活动中用以代表自己并区别于其他法人或者非法人组织的文字符号和标记。其功能与意义和自然人的姓名类似，是法人或者非法人组织区别于其他民事主体的重要标识，是法人或者非法人组织从事民事活动的前提和基础。任何合法设立的法人或者非法人组织都享有名称权。本条规定，法人、非法人组织享有名称权，有权依法决定、使用、变更、转让或者许可他人使用自己的名称。根据该规定，名称权的内容包括以下五个方面：一是决定名称的权能。二是使用名称的权能。三是变更名称的权能。四是转让名称的权能。五是许可使用的权能。

关联法规

《农民专业合作社法》第 12、56 条，《反不正当竞争法》第 6 条，《企业名

称登记管理规定》第3、6、7、9、10、13条,《公司登记管理条例》第11、26条,《企业法人登记管理条例》第10条,《个体工商户条例》第8条,《农民专业合作社登记管理条例》第6条,《社会团体登记管理条例》第8、10、23条,《民办非企业单位登记管理暂行条例》第2、8条,《外国企业常驻代表机构登记管理条例》第10条,《最高人民法院关于审理不正当竞争民事案件应用法律若干问题的解释》第6条,《最高人民法院关于审理注册商标、企业名称与在先权利冲突的民事纠纷案件若干问题的规定》第2～4条

第一千零一十四条 【姓名权或名称权不得被非法侵害】任何组织或者个人不得以干涉、盗用、假冒等方式侵害他人的姓名权或者名称权。

条文注解

自然人对自己的姓名享有姓名权,法人、非法人组织对自己的名称享有名称权。自然人享有的姓名权不仅体现在对姓名有权依法决定、使用、变更或者许可他人使用方面,学理上称为姓名权的积极权能;还体现在任何组织或者个人不得以干涉、盗用、假冒等方式侵害他人的姓名权,学理上称为姓名权的消极权能。同理,法人、非法人组织享有的名称权也体现在这两个方面。本章在前两条分别对姓名权和名称权的积极权能作了规定,为了更好地保护姓名权人和名称权人的权益,本条对姓名权和名称权的消极权能也作了规定,延续了我国现行法律和司法解释的规定。本条列举了三种实践中较为典型的侵害姓名权或者名称权的行为,但侵害姓名权或者名称权的行为不限于这三种,例如,将他人的姓名作为商品名称或者作为某一动物的名称等不正当使用姓名的行为。基于此,本条在非法干涉、盗用、假冒外加了个"等"字。

关联法规

《反不正当竞争法》第6条,《英雄烈士保护法》第22～23条,《网络安全法》第41～45、76条,《最高人民法院关于审理商标授权确权行政案件若干问题的规定》第20条,《最高人民法院关于确定民事侵权精神损害赔偿责任若干问题的解释》第1条,《最高人民法院关于审理注册商标、企业名称与在先权利冲突的民事纠纷案件若干问题的决定》第1～4条

第一千零一十五条 【自然人选取姓氏】自然人应当随父姓或者母姓，但是有下列情形之一的，可以在父姓和母姓之外选取姓氏：

（一）选取其他直系长辈血亲的姓氏；

（二）因由法定扶养人以外的人扶养而选取扶养人姓氏；

（三）有不违背公序良俗的其他正当理由。

少数民族自然人的姓氏可以遵从本民族的文化传统和风俗习惯。

第一千零一十六条 【姓名、名称的登记及其变更不影响之前民事法律行为效力】自然人决定、变更姓名，或者法人、非法人组织决定、变更、转让名称的，应当依法向有关机关办理登记手续，但是法律另有规定的除外。

民事主体变更姓名、名称的，变更前实施的民事法律行为对其具有法律约束力。

条文注解

本条是关于民事主体决定、变更姓名、名称或者转让自己名称应当遵守的法定程序以及产生的法律效力。自然人的姓名的决定关系到该自然人参与社会经济生活，特别是涉及从事民事法律行为的问题，因此自然人决定姓名除需要以有民事行为能力为前提外，还需要遵循法定的程序，办理法定的手续。考虑到法人、非法人组织对于社会的影响较大，任何一个国家都会对法人、非法人组织进行管理。为了维护正常的社会秩序和健康的市场经济秩序，我国法律法规以及规章对法人、非法人组织的设定、变更、转让也作了不少规定，设定了一定的程序，特别是登记程序。原则上法人或者非法人组织变更自己的名称或者转让自己的名称都需要进行变更或者转让登记。

自然人的姓名，法人、非法人组织的名称，是民事主体的外在标识，姓名权人或者名称权人以其参与各种民事活动，为自己设定权利义务，对自己、对他人都有重大影响。自然人变更自己的姓名，法人、非法人变更自己的名称，都是其外在标识改变，其实质并没有发生改变，其权利义务的归属也不应发生改变，否则会对他人甚至社会公共利益产生重大影响。对此，本条第2款特别规定，民事主体变更姓名、名称的，变更前实施的民事法律行为对其具有法律约束力。

关联法规

《户口登记条例》第18条

第一千零一十七条 【笔名、艺名等的保护】具有一定社会知名度，被他人使用足以造成公众混淆的笔名、艺名、网名、译名、字号、姓名和名称的简称等，参照适用姓名权和名称权保护的有关规定。

条文注解

姓名是自然人区别于他人的特定符号和标识，名称是法人、非法人组织区别于其他民事主体的特定符号和标识。姓名和名称都有狭义和广义之分，狭义的姓名是某一自然人的正式姓名（在国家户口登记机关登记的法定姓名），狭义的名称是某一法人、非法人组织的正式名称（在国家相关机关登记的名称），广义上的姓名和名称除包括正式姓名和正式名称外，还包括笔名、艺名、网名、译名、字号、姓名和名称的简称等。在不少情况下，这些笔名、艺名、网名、译名、字号、姓名和名称的简称等也能够起到确定和代表某一自然人或者法人、非法人组织的作用，能够体现民事主体的人格特征。这些笔名、艺名、网名、译名、字号、姓名和名称的简称等若被他人滥用或者导致他人混淆，也会有损自然人的人格尊严，对该民事主体造成重大损害。因此，保护笔名、艺名、网名、译名、字号、姓名和名称的简称等，有利于更好地保护民事主体的人格利益。但是笔名、艺名、网名、译名、字号、姓名和名称的简称等毕竟不是登记的正式姓名或者名称，并非任何笔名、艺名、网名、译名、字号、姓名和名称的简称等都应当受到保护，只有满足一定条件的笔名、艺名、网名、译名、字号、姓名和名称的简称等才受法律保护：一是具有一定社会知名度或者为相关公众所知悉；二是被他人使用足以造成公众混淆的。基于此，本条规定，具有一定社会知名度，被他人使用足以造成公众混淆的笔名、艺名、网名、译名、字号、姓名和名称的简称等，参照适用姓名和名称保护的相关规定。

与对正式姓名或者名称的保护相比，对笔名、艺名、网名、译名、字号、姓名和名称的简称等的保护既有相同点，也具有不同点。相同点：一是对正式姓名或者名称的使用不得违反法律、行政法规的强制性规定，不得违背公序良俗；对笔名、艺名、网名、译名、字号、姓名和名称的简称等的使用也不得违反法律、行政法规的强制性规定，不得违背公序良俗。二是任何组织或者个人都不得以干涉、盗用或者假冒等方式侵害。不同点：一是对正式姓名或者名称的保护，不需要具有一定社会知名度，被他人使用足以造成公众混淆等条件的限制。也就是说，自然人或者法人、非法人组织经过登记的正式姓名或者名称都受法律保护，任何组织或者个人都不得干涉、盗用或者假冒。对笔名、艺名、网名、译名、字号、姓名和名称的简称等的保护，则需要受具有一定社会知名度、被他人使用足以造成公众混淆等条件的限制。二是自然人决定、变更正式姓名，法人、非法人组织变更、转让名称、简称、字号等，都需要登记；而自然人决定、变更自己的笔名、艺名、网名等，原则上不需要经过登记。还有一个涉及自然人艺名的归属问题，即艺名是归艺人所有还是归艺人所在的公司所有。考虑到艺名是针对特定自然人的，其他民事主体盗用、假冒艺名直接损害的是特定自然人的利益，因此，艺名应当属于使用该艺名的自然人。

关联法规

《反不正当竞争法》第6条，《最高人民法院关于审理商标授权确权行政案件若干问题的规定》第20条，《最高人民法院关于不正当竞争民事案件应用法律若干问题的解释》第6条

第四章 肖 像 权

第一千零一十八条 【肖像权】自然人享有肖像权，有权依法制作、使用、公开或者许可他人使用自己的肖像。

肖像是通过影像、雕塑、绘画等方式在一定载体上所反映的特定自然人可以被识别的外部形象。

条文注解

肖像与姓名和名称一样，都是民事主体的外在表征，彰显民事主体的社会存在。从理论上划分，肖像权与姓名权和名称权一样，都属于标表型人格权，是民事主体不可缺少的一种具体人格权。随着社会的发展和科学技术的进步，特别是手机摄影技术、传播技术和名人现象的发展，肖像越

来越容易被获取，其具有的商业价值也越来越巨大(公众人物的肖像就更是如此)，肖像被他人以非法利用等手段进行侵害的情形越来越多，因此而产生的纠纷也越来越多。根据本条第1款的规定，任何自然人都享有肖像权，肖像权的内容包括四个方面：一是依法制作自己肖像的权能。二是依法使用肖像的权能。三是依法公开肖像的权能。四是许可他人使用肖像的权能。

根据本条第2款的规定，肖像只有再现在一定载体上才具有法律意义。但是否制作自己的肖像是肖像权人的权利，肖像权人有权根据自己的需要或者他人的需要，自己或者许可他人通过影像、雕塑、绘画等方式制作自己的肖像，任何组织或者个人都不得干涉或者侵犯。

关联法规

《妇女权益保障法》第42条，《广告法》第33条，《涉外民事关系法律适用法》第46条，《最高人民法院关于审理利用信息网络侵害人身权益民事纠纷案件适用法律若干问题的规定》第1条，《最高人民法院关于审理专利纠纷案件适用法律问题的若干规定》第16条

第一千零一十九条　【肖像权消极权能】任何组织或者个人不得以丑化、污损，或者利用信息技术手段伪造等方式侵害他人的肖像权。未经肖像权人同意，不得制作、使用、公开肖像权人的肖像，但是法律另有规定的除外。

未经肖像权人同意，肖像作品权利人不得以发表、复制、发行、出租、展览等方式使用或者公开肖像权人的肖像。

条文注解

肖像权作为自然人享有的一种重要人格权，具有人格权共有的绝对性、专属性、排他性等特征，肖像权人对其肖像既享有依法制作、使用、公开或者许可他人使用的权利，也享有排除他人侵害的权利。任何组织或者个人都不得以任何形式侵害肖像权人的肖像权。本条从三个方面对禁止任何组织或者个人侵犯他人肖像权的情形作了规定：一是任何组织或者个人不得以丑化、污损，或者利用信息技术手段伪造等方式侵害他人的肖像权。二是未经肖像权人同意，不得制作、使用、公开肖像权人的肖像，但是法律另有规定的除外。三是未经肖像权人同意，肖像作品权

利人不得以发表、复制、发行、出租、展览等方式使用或者公开肖像权人的肖像。

关联法规

《妇女权益保障法》第 42 条,《精神卫生法》第 4 条,《英雄烈士保护法》第 22 条,《艾滋病防治条例》第 39 条

第一千零二十条 【肖像权的合理使用】合理实施下列行为的,可以不经肖像权人同意:

(一)为个人学习、艺术欣赏、课堂教学或者科学研究,在必要范围内使用肖像权人已经公开的肖像;

(二)为实施新闻报道,不可避免地制作、使用、公开肖像权人的肖像;

(三)为依法履行职责,国家机关在必要范围内制作、使用、公开肖像权人的肖像;

(四)为展示特定公共环境,不可避免地制作、使用、公开肖像权人的肖像;

(五)为维护公共利益或者肖像权人合法权益,制作、使用、公开肖像权人的肖像的其他行为。

条文注解

肖像权是自然人享有的一项重要人格权。但同其他民事权利一样,这项人格权并非绝对的权利。肖像不仅对本人意义重大,对他人甚至对全社会都具有重大价值,一些正常的社会活动都离不开对他人肖像的合理使用,如果任何制作、使用、公开肖像的行为都需要经过权利人同意,会给正常的社会活动带来影响,甚至影响公共利益。因此,法律应当在保护个人肖像权和保护社会公共利益间进行平衡和协调。《民法典》在强调加强对肖像权保护的同时,也设置了肖像权保护的例外情形。在这些例外情形下,制作、使用、公开肖像权人的肖像并不会构成侵权。这些例外情形除民法典总则编民事责任一章和侵权责任编规定的正当防卫、紧急避险、自助行为、不可抗力、当事人同意等一般的免责事由外,还有本条规定的几类特殊免责事由,也可以说是合理使用情形。规定这几类合理使用情形,既是基于肖像权人本身利益的需要,也是保护社会公共利益的需要。需要强调的是,即使构成

本条规定的五种情形之一，也必须合理实施制作、使用、公开他人肖像的行为。因此，本条开宗明义就规定，合理实施下列行为的，才可以不经肖像权人同意。

第一千零二十一条 【肖像许可使用合同解释规则】当事人对肖像许可使用合同中关于肖像使用条款的理解有争议的，应当作出有利于肖像权人的解释。

第一千零二十二条 【肖像许可使用合同解除权】当事人对肖像许可使用期限没有约定或者约定不明确的，任何一方当事人可以随时解除肖像许可使用合同，但是应当在合理期限之前通知对方。

当事人对肖像许可使用期限有明确约定，肖像权人有正当理由的，可以解除肖像许可使用合同，但是应当在合理期限之前通知对方。因解除合同造成对方损失的，除不可归责于肖像权人的事由外，应当赔偿损失。

条文注解

这两条规定的都是肖像许可使用合同，但实际上都涉及对肖像的经济利用问题。对肖像权、姓名权、名称权等标表型人格权进行经济利用是现实发展的需要，也是新型人格权发展的需要，规定这些内容恰恰是为了更好地规范这个问题。

第 1021 条规定，当事人对肖像许可使用合同中关于肖像使用条款的理解有争议的，应当作出有利于肖像权人的解释。这与一般合同的解释规则是不同的。之所以作出这样的规定，是为了加强对肖像权的保护。本条中规定的“关于肖像使用条款的理解有争议”，是指因合同条款的内容模糊不清等原因导致双方理解不一，发生争议的情况，并非当然是指对肖像许可的范围、方式等约定不明确。

第 1022 条针对肖像许可使用合同的使用期限问题作了特别规定。根据该条第 1 款的规定，当事人对肖像许可使用期限没有约定或者约定不明确的，任何一方当事人可以随时解除肖像许可使用合同，但是应当在合理期限之前通知对方。这实际上赋予了双方当事人在肖像许可使用合同对肖像许可使用期限没有约定或者约定不明确的情况下任意解除合同的权利，但任何一方当事人行使这种任意解除权，应当在合理期限之前通知对方当事人，至于“合理期限”有多长，应当根据个案处理。第2款规定，当事人对肖像许可使用期限有明确约定，肖像权人有正当理由的，可以解除肖像许可使用合同。这实际上赋予了肖像权人在许可使用期限即使约定明确的情况下，也可以单方解除肖像许可使用合同的权利。赋予肖像权人单方解除权也是为了更好地保护肖像权人的人格利益。但肖像权人行使这种单方解除权是有条件限制的：一是要有正当理由，这种正当理由既可以是《民法典》合同编第563条规定的情形，也可以是第563条规定情形之外的其他正当理由，例如被许可使用人的违约行为即使不构成第563条所规定的重大违约，只是一般违约，肖像权人也可以单方解除合同。二是肖像权人行使单方解除权应当在合理期限之前通知对方，以便让对方当事人有一定的准备和缓冲时间。三是肖像权人因解除合同造成对方损失的，除不可归责于肖像权人的事由外，应当赔偿损失。

第一千零二十三条 【姓名许可和声音保护的参照适用】对姓名等的许可使用，参照适用肖像许可使用的有关规定。

对自然人声音的保护，参照适用肖像权保护的有关规定。

条文注解

本条是关于姓名的许可使用和对声音保护的规定。姓名、名称与肖像一样都是民事主体的外在标识和特征，从理论上来讲，都属于标表型人格权。这些标表型人格权的客体都具有一定的经济价值，可以被许可使用。以本条第1款规定，对姓名等的许可使用，参照适用肖像许可使用的有关规定。之所以在“姓名”后加个“等”字，主要是考虑还有名称等也可以被许可使用。之所以规定“参照”适用肖像许可使用的有关规定，而非直接适用肖像许可使用的有关规定，主要是考虑姓名、名称与肖像虽都可以被许可使用，但毕竟是不同的人格权，还存在不同之处。声音虽还不足以构成一种具体的人格权，但若对声音一概不予保护，任由他人随意复制、模仿、伪造特定自然人的声音，确有可能对该自然人的人格尊严造成较大的损害，特别是随着人工智能技术和大数据技术的发展，利用信息技术手段“深度伪造”他人声音的情形不但会严重损害该自然人的人格尊严，而且具有极大的社会危害性。

本条第2款规定，对自然人声音的保护，参照适用肖像权保护的有关规定。根据该规定，对自然人的声音应当加以保护，但受到保护的声音应当足以识别到特定自然人，且考虑到声音毕竟还不能构成一种具体人格权，所以只能参照适用肖像权保护的规则，不能完全适用肖像权保护的规则。单纯模仿他人的声音并不构成侵权。

第五章 名誉权和荣誉权

第一千零二十四条 【名誉权】民事主体享有名誉权。任何组织或者个人不得以侮辱、诽谤等方式侵害他人的名誉权。

名誉是对民事主体的品德、声望、才能、信用等的社会评价。

条文注解

本条第1款规定，任何组织或者个人不得以侮辱、诽谤等方式侵害他人的名誉权。在判断某一行为是否构成侵害名誉权时，需要注意以下几点：一是受害人的社会评价是否降低，没有受害人社会评价的降低，就不存在名誉权受损害的问题。受害人社会评价是否降低，应当以社会一般人的评价为标准进行判断，不能仅以受害人自己的主观感受为标准。二是如果行为人发布的信息或者所做的陈述真实客观，且没有包含侮辱性的内容，即使受害人认为自己的名誉受到了损害，也不构成名誉权侵权。三是行为人侵害他人名誉权的行为需要受害人以外的人知悉。四是行为人的行为具有过错，名誉权侵权属于一般侵权行为，因此，行为人的过错也是这种侵权的构成要件，这种过错既表现为故意，也表现为过失。

本条第2款规定，名誉是对民事主体的品德、声望、才能、信用等的社会评价，也就是社会公众对民事主体的评价。如果行为人的侵害行为没有被受害人以外的人所知悉，其社会评价就不存在降低或者受损的问题，自然也就不存在名誉权受损害的问题。需要注意的是，传播了虚假的事实、造成受害人的社会评价降低是构成名誉权侵权必须具备的两个要件。否则，虽然传播了虚假事实，并未因此导致他人社会评价降低的，不构成侵害名誉权的侵权行为。

关联法规

《妇女权益保障法》第42条，《治安管理处罚法》第42条，《英雄烈士保护法》第22条,《检察官法》第66条,《法官法》第65条,《公务员法》第110条,《红十字会法》第27条,《网络安全法》第12条,《国家赔偿法》第35条,《未成年人保护法》第56条

第一千零二十五条 【名誉权的限制】行为人为公共利益实施新闻报道、舆论监督等行为,影响他人名誉的,不承担民事责任,但是有下列情形之一的除外:

(一)捏造、歪曲事实;

(二)对他人提供的严重失实内容未尽到合理核实义务;

(三)使用侮辱性言辞等贬损他人名誉。

条文注解

新闻报道,是指报纸、刊物、广播、电视等大众传媒及时将新闻事实予以公开和传播的行为,其是新闻单位对新近发生的事实的报道,这些事实包括政治、经济、军事、外交等社会公共事务以及社会突发事件。舆论监督,是指社会公众运用各种传播媒介对社会运行过程中出现的现象表达信念、意见和态度,对各种违法违纪行为所进行的揭露、报道、评论或者抨击的行为。本条规定,行为人为公共利益实施新闻报道、舆论监督等行为,影响他人名誉的,不承担民事责任。主要考虑是:新闻报道涉及社会利益与公众利益,关系到党和国家新闻事业、新闻媒体社会责任以及新闻工作者的权利,关系到言论自由等宪法权利,还关系到人民的知情权。并且,新闻报道具有激浊扬清、针砭时弊等非常重要的社会功能。国家对新闻报道的要求、法律对新闻报道的要求,就是内容的真实性和客观性。需要特别强调的是,本条虽对实施新闻报道、舆论监督等行为规定了特别保护条款,但是实施新闻报道、舆论监督等行为并非在任何情况下都不承担民事责任。若具有本条列举的三种情形之一的,实施新闻报道、舆论监督等行为的行为人仍应当承担民事责任。

关联法规

《宪法》第35条,《最高人民法院关于审理利用信息网络侵害人身权益民事纠纷案件适用法律若干问题的规定》第11条,《最高人民法院关于审理名誉权案件若干问题的解释》第6~7问

第一千零二十六条 【合理核实义务的认定因素】认定行为人是否尽到前条第二项规定的合理核实义务，应当考虑下列因素：

（一）内容来源的可信度；

（二）对明显可能引发争议的内容是否进行了必要的调查；

（三）内容的时限性；

（四）内容与公序良俗的关联性；

（五）受害人名誉受贬损的可能性；

（六）核实能力和核实成本。

条文注解

行为人为公共利益实施新闻报道、舆论监督等行为时，对他人提供的基本内容应当履行合理核实义务；若对他人提供的严重失实内容未尽到合理核实义务，则可能会承担民事责任。可见，对他人提供的信息尽合理核实义务是从事新闻报道等行为的行为人的职业道德和法定义务。对如何判断行为人是否履行了合理核实义务，本条列举了前述六项应当考虑的因素，但在实践中进行判断时并非要考虑所有因素，至于到底要考虑几项因素以及哪几项因素，应当根据具体情况来决定。此外，本条规定的因素仍然是较为抽象的，需要在个案中结合具体情况进行判断；同时，本条规定的六项因素也为实践中的案例类型化和司法实践提炼更具体的规则提供了依据和基础。

第一千零二十七条 【作品侵害名誉权】行为人发表的文学、艺术作品以真人真事或者特定人为描述对象，含有侮辱、诽谤内容，侵害他人名誉权的，受害人有权依法请求该行为人承担民事责任。

行为人发表的文学、艺术作品不以特定人为描述对象，仅其中的情节与该特定人的情况相似的，不承担民事责任。

条文注解

国家对于从事教育、科学、技术、文学、艺术和其他文化事业的公民的有益于人民的创造性工作，给以鼓励和帮助。文学艺术作品来自生活，依托于现实，但往往又高于生活，具有一定的虚构性。本条区分两种情况作了规定：第 1 款是行为人发表的文学、艺术作品以真人真事或者特定人为描述对象的情形。这主要是针对依赖于原型人物和现有事实创作出来的纪实类作品。由于这类作品是以真人真事或者特定人为描述对象，所以只要作品的描述以事实为基础，原则上不会构成名誉权侵权；但是，若行为人发表的文学、艺术作品虽以真人真事或者特定人为描述对象，使用的也是被描述对象的真实姓名、真实地址，却以谣言和捏造的事实为基础，对被描述对象进行侮辱、诽谤，从而造成其社会评价降低的，作者也应当依法承担民事责任，需要强调的是，第1款规定的前提条件是该作品已被公开。第2款是行为人发表的文学、艺术作品不以特定人为描述对象的情形。这主要是针对作者创作的以想象虚构为主的小说等文学艺术类作品。由于这类作品是以想象虚构的内容为基础创作的，没有使用真人真事，并不是以特定人为描述对象，所以就很难对某人的名誉权造成侵害，即使是该作品中的情节与某特定人的情况相似的，也不构成侵害名誉权。

关联法规

《宪法》第47条，《最高人民法院关于审理名誉权案件若干问题的解释》第2～3问

第一千零二十八条 【媒体报道内容失实侵害名誉权的补救】民事主体有证据证明报刊、网络等媒体报道的内容失实，侵害其名誉权的，有权请求该媒体及时采取更正或者删除等必要措施。

条文注解

报刊、网络等媒体的报道具有传播速度快、传播范围广、传播影响大等特点，再加上报刊、网络等媒体进行新闻报道时往往又要追求时效性、爆炸性等效果，因此，其报道的内容一旦失实，造成的后果将是十分严重的，对涉及的民事主体的名誉影响也是巨大的。因此，发现报刊、网络等媒体的报道失实后，采取措施及时切断这些失实报道内容的传播就极为必要。实践中，报刊、网络等媒体自己发现报道内容失实，自己及时采取措施进行更正是理所当然的；若自己发现报道失实后，还不采取措施更正的，就是明知报道失实还仍然报道，构成了恶意，对他人名誉造成损害的，应当承担侵权责任。根据本条的规定，名誉权人有权请求媒体对不实报道内容进行更正或者删除，但前提是其有证据证明该媒体

报道的内容是失实的。若名誉权人没有证据证明媒体的报道失实，其无权要求媒体进行更正。同时，本条规定与人格权编第1025条规定相衔接。

关联法规

《出版管理条例》第27条

第一千零二十九条 【信用评价】民事主体可以依法查询自己的信用评价；发现信用评价不当的，有权提出异议并请求采取更正、删除等必要措施。信用评价人应当及时核查，经核查属实的，应当及时采取必要措施。

条文注解

信用，是指对一个民事主体履行义务能力，特别是经济能力的一种社会评价。所谓信用评价是银行等信用评估机构对借款人等民事主体的信用情况进行评估的一种活动。信用评价会对一个民事主体的名誉造成重大影响，所以信用评估机构只有依照法律、行政法规的规定或者经信用评估结果涉及的民事主体同意，才能向其他机构和部门出示信用评价结果。民事主体也有权依法查询自己的信用评价结果，信用评估机构不得拒绝该民事主体查询自己的信用评价结果的要求。民事主体通过自己查询等方法发现信用评价不当的，有权向信用评估机构提出异议并要求采取更正、删除等必要措施。当然，民事主体请求信用评估机构采取更正、删除等必要措施时，应当提供相应的证据证明该信用评价结果不当。信用评估机构接到民事主体的异议和更正、删除等请求后，信用评价人应当及时对民事主体提供的证据进行核查，经核查属实的，应当及时采取更正、删除等必要措施。若信用评估机构接到民事主体的请求后，不进行核查，或者经核查属实后并未采取更正、删除等必要措施的，就构成过错，应当对民事主体承担侵害名誉权的民事责任。对于信用评估机构采取更正、删除等必要措施前对民事主体造成的名誉权损害，其是否承担民事责任，关键是看信用评估机构对形成不当的信用评价是否有过错，从原则上来讲，信用评估机构有过错的，其就应当对损害后果承担民事责任。

关联法规

《征信业管理条例》第17、25条

第一千零三十条 【民事主体与信用信息处理者之间关系的法律适用】民事主体与征信机构等信用信息处理者之间的关系,适用本编有关个人信息保护的规定和其他法律、行政法规的有关规定。

条文注解

名誉权人的信用是社会公众对其经济能力的评价和信赖,其对于名誉权人的影响重大。正因如此,信用评估应当具有客观性和公正性,不应带有任何偏见。要确保信用评估的客观性和公正性,信用评估就必须建立在真实的信用信息基础上。因此,信用评估人在对某民事主体进行信用评估前应当尽量全面准确地掌握该民事主体的资产状况、还债记录等信用信息,这是进行信用评估的前提和基础。

信用信息属于民事主体的个人信息。考虑到个人信息在现代社会对于个人的重要性和易受侵害性,我国加强了对个人信息的保护,本编第六章和《网络安全法》《消费者权益保护法》《电子商务法》《征信业管理条例》等多部法律法规对个人信息的保护问题作了规定。征信机构等信用信息处理者在处理信用信息时,也应当遵守这些规则。

第一千零三十一条 【荣誉权】民事主体享有荣誉权。任何组织或者个人不得非法剥夺他人的荣誉称号,不得诋毁、贬损他人的荣誉。

获得的荣誉称号应当记载而没有记载的,民事主体可以请求记载;获得的荣誉称号记载错误的,民事主体可以请求更正。

条文注解

本条第1款规定了荣誉是国家和社会对在社会生产生活中作出突出贡献或者有突出表现的民事主体所给予的积极的正式评价。荣誉的外在表现形式可以是物质奖励,如奖金、奖杯、奖牌;也可以是精神奖励,如光荣称号等。授予荣誉的主体可以是政府,也可以是单位,还可以是社会组织。荣誉权就是民事主体对自己所获得的荣誉及其利益所享有的保持、支配的权利。荣誉是政府、单位或者社会组织依据一定程序授予民事主体的一种正式评价，若没有正当理由且没有通过严格的程序，这种正式评价不能被剥夺。任何组织或者个人若对某民事主体所获得的荣誉有异议，都应当通过一定程序向荣誉授予机关提出，由授予机关通过严格程序作出是否撤销或者剥夺该民事主体所获荣誉的决定。除此之外，任何组织或者个人都不得非法剥夺他人的荣誉称号。任何组织或者个人诋毁、贬损他人荣誉的，应当依法承担民事责任。此外，荣誉权不仅包括精神利益，还附随着一定的物质利益，如奖金、奖品等。民事主体有权获得因其荣誉所产生的物质利益，禁止任何组织或者个人非法剥夺民事主体因其荣誉产生的物质利益。

本条第2款规定了两种损害民事主体荣誉权的特殊情形：一是民事主体获得的荣誉称号应当记载而没有记载的情形。荣誉称号是民事主体享有荣誉权的主要表现形式和载体。荣誉称号应当被相关单位记载入民事主体的档案等正式材料中，这是对民事主体荣誉的承认，对其荣誉权的尊重。但是，实践中，民事主体的荣誉称号也存在没有被记载的情形，这实际上变相剥夺了民事主体的荣誉称号，实质上损害了民事主体的荣誉权。二是民事主体获得的荣誉称号被记载错误的情形。荣誉称号是荣誉权的重要体现，若被错误记载，将对荣誉权人的荣誉造成贬损，损害民事主体的荣誉权。因此，相关单位有义务准确记载民事主体的荣誉称号。荣誉权人发现自己的荣誉称号被错误记载的，也有权请求义务人予以更正。

关联法规

《妇女权益保障法》第42条，《英雄烈士保护法》第22条，《预备役军官法》第3～4、10、61条，《教师法》第33条，《未成年人保护法》第46条

第六章 隐私权和个人信息保护

第一千零三十二条 【隐私权】自然人享有隐私权。任何组织或者个人不得以刺探、侵扰、泄露、公开等方式侵害他人的隐私权。

隐私是自然人的私人生活安宁和不愿为他人知晓的私密空间、私密活动、私密信息。

条文注解

本条从两个层面对隐私权作了规定。第1款明确确认了任何一个自然人均享有隐私权。根据该规定，享有隐私权的只能是自然人，法人、非法人组织不能享有隐私权。隐私是与一个人精神利益和人格尊严联系在一起的，其涉及一个人的私生活安宁和独处的利益，法人、非法人组织作为一个组织体，其不可能产生这种需求，不需要通过隐私权制度来保护其秘密。对于法人、非法人组织的商业秘密，可以通过反不正当竞争法等法律制度来加以保护。基于此，本条没有规定法人、非法人组织享有隐私权。自然人对隐私的权利，主要体现在以下几个方面：一是隐私享有权，即自然人有权对自己的私密信息、私密活动和私密空间进行隐匿，有权享有生活安宁状态，有权保护自己的隐私不受他人的非法披露和公开，禁止任何个人和组织非法披露、公开。二是隐私维护权，即自然人维护自己的隐私不受侵犯的权利。在自己的隐私权受到侵害后，有权直接请求行为人停止侵害、排除妨碍，也有权请求司法机关予以保护。三是隐私公开权，即自然人在法律和公序良俗所允许的范围内有权公开自己的隐私。公开的方式可以是自己亲自公开，也可以是允许他人公开，但需要强调的是，他人公开自然人的隐私，必须经权利人明确同意。

本条第2款对隐私的定义进行了界定。界定隐私是规定隐私权的前提和基础。隐私包括四部分内容：一是私人生活安宁。二是私密空间。三是私密活动。四是私密信息。实践中，判断自然人的某一具体事物或者事务是否为隐私，是较为困难的事情，一般来说，可以从三个方面进行判断：一是私人性，不属于自然人私人的事物或者状态不属于隐私。二是主客观相结合性。三是发展性。从隐私发展史来看，隐私的范围和内容并非一成不变，它是随着社会的变迁而不断发展变化的。

第一千零三十三条 【隐私权侵害行为】除法律另有规定或者权利人明确同意外，任何组织或者个人不得实施下列行为：

（一）以电话、短信、即时通讯工具、电子邮件、传单等方式侵扰他人的私人生活安宁；

（二）进入、拍摄、窥视他人的住宅、宾馆房间等私密空间；

（三）拍摄、窥视、窃听、公开他人的私密活动；

（四）拍摄、窥视他人身体的私密部位；

（五）处理他人的私密信息；

（六）以其他方式侵害他人的隐私权。

条文注解

隐私权是一种重要的人格权，根据本法第1032条第1款的规定，自然人享有隐私权。任何组织或者个人不得以刺探、侵扰、泄露、公开等方式侵害他人的隐私权。本条在前条规定的基础上，进一步明确规定，除法律另有规定或者权利人明确同意外，任何组织或者个人不得实施下列行为：一是以电话、短信、即时通讯工具、电子邮件、传单等方式侵扰他人的私人生活安宁。这是对前条所规定的隐私中私人生活安宁的保护。二是进入、拍摄、窥视他人的住宅、宾馆房间等私密空间。住宅、宾馆房间等私密空间是自然人隐私的核心部分。实践中，进入、拍摄、窥视他人的住宅、宾馆房间等私密空间是三种最为典型的侵犯隐私的行为。这里的“进入”是指未经权利人明确同意或者没有法律授权擅自闯入他人住宅或者他人居住的宾馆房间。这里的“拍摄”是指非法通过手机、相机或者通过在住宅或者宾馆房间安装摄像头等设备将他人住宅或者他人所居住的宾馆内的人、物、布局、摆设等记录下来。这里的“窥视”是指非法暗中观察、偷看他人的住宅或者宾馆房间。非法进入、拍摄、窥视他人住宅、宾馆房间等私密空间，会对自然人的隐私权造成较为严重侵害，也会对社会秩序造成较大破坏。三是拍摄、窥视、窃听、公开他人的私密活动。在现实生活中，每个人每天都会从事各种各样的社会活动，其中不少社会活动都是其不愿为他人所知晓的私密活动，特别是有的私密活动一旦被他人窥视、窃听，其将处于恐惧当中，个人人格尊严也将受到严重侵害。所以在现代社会，每一个人都有权依法进行各种各样的社会活动，国家也有责任保证每个公民的私密活动不受非法侵扰，这既是个人自由权的体现，也是现代文明的标志。四是拍摄、窥视他人身体的私密部位。自然人身体的私密部位属于其私密空间的范围，身体的私密部位对于自然人来讲都极为敏感，一旦被暴露于外，将是对自然人的极大羞辱。五是处理他人的私密信息。每个自然人都拥有不少私密信息，这些私密信息可能涉及该自然人的财产状况，既可能涉及其社交状况，也可能涉及其生理状况，还可能涉及其身世经历，等等。这些私密信息都是自然人不愿公开或者不愿为他人所知晓的信息。违背当事人意愿处理其私密信息构成对隐私权的侵犯。

关联法规

《宪法》第39条，《刑事诉讼法》第136条，《刑法》第245条，《监察法》第24条，《反间谍法》第32条，《未成年人保护法》第39、58条，《治安管理处罚法》第42、48条,《人民警察法》第12、22条,《人民武装警察法》第19条,《外交特权与豁免条例》第4条,《保安服务管理条条例》第25条

第一千零三十四条 【个人信息的定义】自然人的个人信息受法律保护。

个人信息是以电子或者其他方式记录的能够单独或者与其他信息结合识别特定自然人的各种信息,包括自然人的姓名、出生日期、身份证件号码、生物识别信息、住址、电话号码、电子邮箱、健康信息、行踪信息等。

个人信息中的私密信息,适用有关隐私权的规定;没有规定的,适用有关个人信息保护的规定。

条文注解

本条第1款采用了“个人信息保护”的表述,主要考虑是:个人信息受保护的权利与其他人格权在考量因素上有所不同,个人信息的保护要适当平衡信息主体的利益与数据共享利用之间的关系。

根据本条第2款的规定,构成个人信息要满足三个要件:一是具有识别性,这是核心要件。所谓识别,就是通过该信息可以直接或者间接地将某一自然人“认出来”。识别包括直接识别和间接识别,所谓直接识别,是指通过该信息可以直接确认某一自然人的身份,不需要其他信息的辅助,如某人的身份证号、基因信息等;所谓间接识别,是指通过该信息虽不能直接确定某人的身份,但可以借助其他信息确定某人的身份。任何可以直接或者间接识别特定自然人的信息都是个人信息。二是要有一定的载体,这是个人信息的形式要件。个人信息必须以电子或者其他方式记录下来,没有以一定载体记录的信息不是个人信息。三是个人信息的主体只能是自然人,法人或者非法人组织不是个人信息的主体。个人信息类型众多,包括但不限于自然人的身份信息、生理信息、社会信息、财产信息等,本款列举的具体个人信息只是最为典型也最为常见的类型,现实生活中的具体个人信息远不止列举的类型。与现行网络安全法列举的个人信息的情形相比,本条增加了电子邮箱、行踪信息、健康信息等类型,这是为了让个人信息的定义能够更加适应互联网时代和大数据时代的发展需要。

本条第3款的规定是个人信息权与隐私权的关系。个人信息与隐私确实是两个不同的概念,二者的判断标准、范围、保护方式等都不完全相

同。就范围而言，个人信息与隐私存在一定的交叉，个人信息包括私密信息和非私密信息，私密信息既属于个人信息也属于隐私，但是隐私除私密信息之外，还包括私密空间、私密活动和私人生活安宁。按照我国现行规范和国际惯例，个人信息中的私密信息属于隐私的一部分，其受保护的程度也比一般的个人信息更强。正是基于二者的不同，人格权编中“隐私权和个人信息保护”一章对隐私权与个人信息保护分别作了规定。

关联法规

《刑法》第253、285条，《网络安全法》第76条

第一千零三十五条 【个人信息处理的原则和条件】处理个人信息的，应当遵循合法、正当、必要原则，不得过度处理，并符合下列条件：

（一）征得该自然人或者其监护人同意，但是法律、行政法规另有规定的除外；

（二）公开处理信息的规则；

（三）明示处理信息的目的、方式和范围；

（四）不违反法律、行政法规的规定和双方的约定。

个人信息的处理包括个人信息的收集、存储、使用、加工、传输、提供、公开等。

条文注解

对于个人信息的处理直接关系到信息主体的人格尊严，根据本条的规定，处理个人信息应当遵循以下原则：一是合法原则，即信息处理者处理个人信息必须有合法的依据，且处理的方法应当符合法律的规定。二是正当原则。所谓正当原则，是指处理个人信息除要遵循合法原则外，信息处理的目的和手段还要正当，应当尊重公序良俗和遵守诚实信用原则，并且要尽量满足透明的要求，以便当事人能够充分了解情况，自主行使自己的权利。三是必要原则。所谓必要原则，是指处理个人信息的目的应当特定，处理应当受限制。处理个人信息应当有特定目的，并且应当依据该特定的、明确的目的进行，通常不得超出目的范围处理个人信息，不得处理与实现所涉目的无关的个人信息。四是公开透明原则。所谓公开透明原则，是指信息处理者在处理个人信息时应当公开处理信息的规则，并明示处理信息的目的、方式和范围，确保信息主体享有知情权。

关联法规

《网络安全法》第41条

第一千零三十六条 【处理个人信息免责事由】处理个人信息，有下列情形之一的，行为人不承担民事责任：

（一）在该自然人或者其监护人同意的范围内合理实施的行为；

（二）合理处理该自然人自行公开的或者其他已经合法公开的信息，但是该自然人明确拒绝或者处理该信息侵害其重大利益的除外；

（三）为维护公共利益或者该自然人合法权益，合理实施的其他行为。

条文注解

任何权利的行使都是有其界限的，自然人对个人信息所享有的权益也不例外。本条明确规定了行为人处理个人信息无须承担民事责任的三种情形：一是在该自然人或者其监护人同意的范围内合理实施的行为。自然人或者其监护人同意是处理个人信息行为获得合法性的重要依据，也是自然人处分自己个人信息权益的重要方式。二是合理处理该自然人自行公开的或者其他已经合法公开的信息，但是该自然人明确拒绝或者处理该信息侵害其重大利益的除外。"自然人自行公开"自己的个人信息就是自然人主动将自己的某些个人信息向社会公开，例如患者主动向社会公开自己的生病经历，还如某自然人主动向社会公开自己的性取向或者宗教信仰。自然人自行公开自己的个人信息意味着其在一定程度上同意他人对这些个人信息的处理。"其他已合法公开"的个人信息是指除自然人自行公开的以外，以其他合法形式公开的个人信息，如媒体在新闻报道中依法公开的个人信息，国家机关依法公开的个人信息。合理处理这些已公开的个人信息，即使对某自然人造成了影响，行为人原则上也不承担民事责任。三是为维护公共利益或者该自然人合法权益，合理实施的其他行为。这是一个兜底性的规定。公共利益涉及国家利益和不特定多数人的利益，许多国家和地区一般都规定，基于公共利益，可以对权利的行使进行限制。自然人对个人信息享有的权益也不例外。

关联法规

《宪法》第51条

第一千零三十七条 【个人信息主体的权利】自然人可以依法向信息处理者查阅或者复制其个人信息；发现信息有错误的，有权提出异议并请求及时采取更正等必要措施。

自然人发现信息处理者违反法律、行政法规的规定或者双方的约定处理其个人信息的，有权请求信息处理者及时删除。

条文注解

自然人对个人信息的查阅复制权，是指信息主体有权查阅其个人信息被处理的情况，并有权对处理的个人信息进行复制。查阅复制权在个人信息保护体系中的地位很重要。自然人要行使自己对个人信息的其他权利，必须首先了解自己的哪些个人信息被处理，以及被处理的情况如何，特别是要能了解在此过程中其个人信息是否被保持得完整准确。个人信息更正权（以下简称更正权），是指信息主体有权请求信息处理主体对不正确、不全面的个人信息进行改正与补充的权利。更正权具体包括：个人信息错误更正权，即对于错误的个人信息，本人有更正的权利；个人信息补充权，即对于遗漏或新发生的个人信息，本人有补充的权利；个人信息更新权是本人要求对于过时的个人信息及时更新的权利。个人信息删除权（以下简称删除权），是指信息主体在法定或约定的事由出现时，有权请求信息处理者删除其个人信息的权利。

关联法规

《网络安全法》第43条

第一千零三十八条 【信息处理者的信息安全保障义务】信息处理者不得泄露或者篡改其收集、存储的个人信息；未经自然人同意，不得向他人非法提供其个人信息，但是经过加工无法识别特定个人且不能复原的除外。

信息处理者应当采取技术措施和其他必要措施，确保其收集、存储的个人信息安全，防止信息泄露、篡改、丢失；发生或者可能发生个人信息泄露、篡改、丢失的，应当及时采取补救措施，按照规定告知自然人并向有关主管部门报告。

条文注解

本条在现行法律法规的基础上，从三个方面对信息处理者应当履行的安全保护义务作了规定：一是信息处理者不得泄露或者篡改其收集、存储的个人信息；未经自然人同意，不得向他人非法提供个人信息，但是经过加工无法识别特定个人且不能复原的除外。这是对信息处理者自身不得泄露、篡改、非法提供个人信息的要求。信息处理者自己主动泄露、篡改、非法提供个人信息的行为是严重违反安全保护义务的行为，也是一种故意侵犯个人信息权益的行为，不但要承担民事责任，造成严重后果的，还有可能承担刑事责任。二是信息处理者应当采取技术措施和其他必要措施，确保其收集、存储的个人信息安全，防止信息泄露、篡改、丢失。信息处理者除自己不得主动泄露、篡改、非法提供其收集、存储的个人信息外，还要积极采取措施确保其收集、存储的个人信息安全。这要求信息处理者要为个人信息的存储提供必要的安全环境。三是发生或者可能发生个人信息泄露、篡改、丢失的情况的，应当及时采取补救措施，依照规定告知信息主体并向有关主管部门报告。如果信息处理者没有采取措施或者采取的措施不力，导致发生或者可能发生个人信息泄露、篡改、丢失的情况的，其既有及时采取补救措施的义务，同时还有依照规定告知信息主体并向有关主管部门报告的义务，以防止个人信息进一步被泄露、篡改、丢失，避免损害的进一步扩大。

关联法规

《网络安全法》第 43 条，《消费者权益保护法》第 29 条，《地图管理条例》第 35 条，《最高人民法院关于审理利用信息网络侵害人身权益民事纠纷案件适用法律若干问题的规定》第 12 条

第一千零三十九条　【国家机关、承担行政职能的法定机构及其工作人员的保密义务】国家机关、承担行政职能的法定机构及其工作人员对于履行职责过程中知悉的自然人的隐私和个人信息，应当予以保密，不得泄露或者向他人非法提供。

条文注解

国家机关、承担行政职能的法定机构及其工作人员在依法履行职责

的过程中常常会接触到自然人的隐私和个人信息，这可以体现在两个方面：一是根据法律、行政法规的授权，国家机关、承担行政职能的法定机构及其工作人员主动处理他人的个人信息，或者进入、搜查、监视他人的私密场所，跟踪他人的私密活动等。二是国家机关、承担行政职能的法定机构及其工作人员在履行职责过程中被动地、不可避免地知悉或者了解到自然人的隐私和个人信息，若国家机关、承担行政职能的法定机构及其工作人员没有强烈的保密意识，导致这些自然人的隐私和个人信息被泄露或者公开，有可能对相关自然人的权益造成极大的损害，社会后果也是极为严重的。

第五编　婚姻家庭

第一章　一般规定

第一千零四十条　【婚姻家庭编的调整范围】本编调整因婚姻家庭产生的民事关系。

条文注解

婚姻家庭法，或称亲属法，是调整婚姻、亲属间权利义务关系的法律。它主要规定婚姻、亲属间身份关系的产生、变更和消灭，以及基于这种关系而产生的民事权利和义务。婚姻家庭法涉及家家户户，关系每一位公民的切身利益。

第一千零四十一条　【基本原则】婚姻家庭受国家保护。

实行婚姻自由、一夫一妻、男女平等的婚姻制度。

保护妇女、未成年人、老年人、残疾人的合法权益。

关联法规

《宪法》第49条，《残疾人保障法》第3条

第一千零四十二条 【婚姻家庭的禁止性规定】禁止包办、买卖婚姻和其他干涉婚姻自由的行为。禁止借婚姻索取财物。

禁止重婚。禁止有配偶者与他人同居。

禁止家庭暴力。禁止家庭成员间的虐待和遗弃。

条文注解

本条第1款规定，坚持婚姻自由原则，就要反对包办婚姻和买卖婚姻等，禁止借婚姻索取财物。包办婚姻，是指第三人违反婚姻自主的原则，包办强迫他人婚姻的违法行为。买卖婚姻，是指第三人以索取财物为目的，强迫他人婚姻的违法行为。买卖婚姻往往表现为第三人向男方索要嫁女的身价以及贩卖妇女与人为妻。借婚姻索取财物是指除买卖婚姻以外的其他以索取对方财物为结婚条件的违法行为。包办婚姻和买卖婚姻都是违反婚姻自由的原则、强迫他人婚姻的行为。它们的区别在于是否以索取钱财为目的。

本条第2款规定，实行一夫一妻制就必须反对重婚。所谓重婚，是指有配偶的人又与他人结婚的违法行为，或者明知他人有配偶而与他人登记结婚的违法行为。有配偶的人，未办理离婚手续又与他人登记结婚，即是重婚；虽未登记结婚，但事实上与他人以夫妻名义公开同居生活的，亦构成重婚。

本条第3款规定，建立和维护平等、和睦、文明的婚姻家庭关系，就必须禁止家庭成员间的虐待和遗弃，禁止一切形式的家庭暴力。家庭成员间的虐待，是指用打骂、冻饿、有病不给治疗等方法摧残、折磨家庭成员，使他们在肉体上、精神上遭受痛苦的行为。

关联法规

《刑法》第258、260～261条

第一千零四十三条 【婚姻家庭的倡导性规定】家庭应当树立优良家风，弘扬家庭美德，重视家庭文明建设。

夫妻应当互相忠实，互相尊重，互相关爱；家庭成员应当敬老爱幼，互相帮助，维护平等、和睦、文明的婚姻家庭关系。

第一千零四十四条　【收养的基本原则】收养应当遵循最有利于被收养人的原则，保障被收养人和收养人的合法权益。

禁止借收养名义买卖未成年人。

条文注解

本条来自《收养法》第 2 条和第 20 条。婚姻家庭法的收养规定在突出保护被收养的未成年人的同时，也兼顾保护收养人的利益。所以本条规定“保障被收养人和收养人的合法权益”。收养关系的当事人主要包括收养人、被收养人。除保护被收养人外，收养人的权利也要维护。国家设立收养制度，可以使某些无父无母的孤儿，以及出于某种原因不能随父母生活的儿童，得到家的温暖，在养父母的抚育下健康成长。同时，也满足某些无子女的人希望得到子女的合理愿望，他们通过收养子女，得到生活上的安慰，并在年老时有所依靠。被收养人和收养人的权利义务是统一的，收养人抚育被收养人，使之幼有所育；收养人年迈时，被收养人就应当尽赡养义务，使之老有所养。收养法维护被收养人和收养人双方的利益，但重在保护被收养人的权利。最有利于被收养人的原则与有利于收养人的原则在收养关系中并不是并行的，前者为主，后者为辅。

被收养的儿童不是商品，不容买卖。借收养名义买卖儿童实质是买卖而不是收养，必须旗帜鲜明地反对并予以禁止。所以本条第 2 款规定：“禁止借收养名义买卖未成年人。”

第一千零四十五条　【亲属、近亲属及家庭成员】亲属包括配偶、血亲和姻亲。

配偶、父母、子女、兄弟姐妹、祖父母、外祖父母、孙子女、外孙子女为近亲属。

配偶、父母、子女和其他共同生活的近亲属为家庭成员。

条文注解

亲属为有血缘关系或者婚姻关系的人。血缘关系包括法律拟制的血缘关系，如收养形成的父母子女关系。配偶，即夫妻，是男女因结婚而形成的亲属关系。血亲，是指因自然的血缘关系而产生的亲属关系，也包括因法律拟制而产生的血亲关系。有自然血缘联系的亲属，称为自然血亲；因法律拟制的抚养关系而形成的亲属，称为拟制血亲。姻亲是以婚姻为中介形成的亲属，但不包括己身的配偶。一类是配偶的血亲，如岳父母、公婆。另一类是血亲的配偶，如儿媳、女婿、嫂、弟媳、姐夫、妹夫。

第二章　结　　婚

第一千零四十六条　【结婚自愿】结婚应当男女双方完全自愿，禁止任何一方对另一方加以强迫，禁止任何组织或者个人加以干涉。

条文注解

结婚应当男女双方完全自愿，这是婚姻自由原则在结婚上的具体体现。该规定的核心是，男女双方是否结婚、与谁结婚，应当由当事者本人决定。它包括两层含义：第一，应当是双方自愿，而不是一厢情愿。婚姻应以互爱为前提，任何一方都不得强迫对方成婚。第二，应当是当事人自愿，而不是父母等第三者采用包办、买卖等方式强迫男女双方结为夫妻。当然，法律要求本人自愿，并不排斥男女双方就个人的婚事征求父母、亲友的意见，也不排斥父母、亲友等第三人出于对当事人的关心和爱护对他们的婚姻提出看法和建议。

关联法规

《宪法》第 49 条，《妇女权益保障法》第 44 条，《老年人权益保障法》第 21 条，《刑法》第 257 条

第一千零四十七条　【法定结婚年龄】结婚年龄，男不得早于二十二周岁，女不得早于二十周岁。

第一千零四十八条　【禁止结婚的情形】直系血亲或者三代以内的旁系血亲禁止结婚。

条文注解

血亲主要指出于同一祖先，有血缘关系的亲属，即自然血亲；也包括

法律拟制的血亲，即虽无血缘联系，但法律确认其与自然血亲有同等的权利义务的亲属。禁止血亲结婚是优生的要求。根据本条规定，禁止结婚的血亲有两类：第一，直系血亲。包括父母子女间，祖父母、外祖父母与孙子女、外孙子女间。即父亲不能娶女儿为妻，母亲不能嫁儿子为夫。爷爷（姥爷）不能与孙女（外孙女）婚配，奶奶（姥姥）不能与孙子（外孙子）结合。第二，三代以内旁系血亲。包括：(1)同源于父母的兄弟姊妹（含同父异母、同母异父的兄弟姊妹）。即同一父母的子女之间不能结婚。(2)不同辈的叔、伯、姑、舅、姨与侄、甥。即叔叔（伯伯）不能和兄（弟）的女儿结婚；姑姑不能和兄弟的儿子结婚；舅舅不能和姊妹的女儿结婚；姨妈不能和姊妹的儿子结婚。

关联法规

《婚姻登记条例》第6条

第一千零四十九条 【结婚登记】要求结婚的男女双方应当亲自到婚姻登记机关申请结婚登记。符合本法规定的，予以登记，发给结婚证。完成结婚登记，即确立婚姻关系。未办理结婚登记的，应当补办登记。

条文注解

事实婚姻，指没有配偶的男女，未进行结婚登记，便以夫妻关系同居生活，群众也认为是夫妻关系的两性结合。对没有进行结婚登记的，应区别情况分别处理。对违反结婚实质条件的，本法已规定为无效婚姻；对符合结婚实质要件，只是没有办理登记手续的，一律简单宣布为无效婚姻；对保护妇女的权益不利，应当通过加强法制宣传和完善登记制度等工作，采取补办登记等办法解决。因此，本条规定，"符合本法规定的"，"未办理结婚登记的，应当补办登记"。这一规定从积极角度重申了办理结婚登记的必要性，那些符合本法规定的结婚条件，举行了结婚仪式或已经以夫妻名义共同生活，但未办理结婚登记的男女，应尽早补办登记，以使自己的婚姻行为合法化。

关联法规

《婚姻登记条例》第4～7、19条

第一千零五十条 【婚后双方互为家庭成员】登记结婚后，按照男女双方约定，女方可以成为男方家庭的成员，男方可以成为女方家庭的成员。

条文注解

通常，结婚登记后，举办了婚礼，男女双方就开始了共同生活。根据双方的约定，男女可以到自己的住所，建立小家庭；或者一方到另一方家庭中去，成为其家庭成员。即女方可以到男方家去，男方也可以到女方家去落户。

第一千零五十一条 【婚姻无效的情形】有下列情形之一的，婚姻无效：

（一）重婚；

（二）有禁止结婚的亲属关系；

（三）未到法定婚龄。

关联法规

《刑法》第258条

第一千零五十二条 【胁迫婚姻】因胁迫结婚的，受胁迫的一方可以向人民法院请求撤销婚姻。

请求撤销婚姻的，应当自胁迫行为终止之日起一年内提出。

被非法限制人身自由的当事人请求撤销婚姻的，应当自恢复人身自由之日起一年内提出。

条文注解

可撤销婚姻，是指当事人因意思表示不真实而成立的婚姻，或者当事人成立的婚姻在结婚的要件上有欠缺，通过有撤销权的当事人行使撤销权，使已经发生法律效力的婚姻关系失去法律效力。本条对提出请求撤销婚姻效力的申请规定如下：(1)提出撤销婚姻效力的请求权人。有权提出撤销婚姻效力的申请人只能是因胁迫结婚的被胁迫人。这是由于因胁迫而缔结的婚姻，受胁迫方在缔结婚姻关系时，不能真实地表达自己的意愿，婚姻关系违背受胁迫方的意志。(2)提出撤销婚姻效力申请的时间。因胁迫而结婚的，受胁迫方虽然具有撤销该婚姻效力的请求权，但是这一请求权的行使不是没有任何限制的。本条规定，受胁迫的一方撤销婚姻的请求，应当自胁迫行为终止之日起一年内提出。被非法限制人身自由的当事人请求撤销婚姻的，应当自恢复人身自由之日起一年内提出。(3)有权撤销婚姻效力的机关。根据本条的规定，有权撤销婚姻关系的机关为人民法院，这与婚姻法的规定不同。

第一千零五十三条　【隐瞒疾病的可撤销婚姻】一方患有重大疾病的，应当在结婚登记前如实告知另一方；不如实告知的，另一方可以向人民法院请求撤销婚姻。

请求撤销婚姻的，应当自知道或者应当知道撤销事由之日起一年内提出。

条文注解

婚前医学检查包括“严重遗传性疾病”“指定传染病”“有关精神病”三类疾病的检查。所谓“严重遗传性疾病”，是指由于遗传因素先天形成，患者全部或者部分丧失自主生活能力，后代再现风险高，医学上认为不宜生育的遗传性疾病。所谓“指定传染病”，是指传染病防治法规定的艾滋病、淋病、梅毒以及医学上认为影响结婚和生育的其他传染病。所谓“有关精神病”，是指精神分裂症、躁狂抑郁型精神病以及其他重型精神病。母婴保健法规定了婚检项目，但并未确定禁婚疾病。

本条规定，请求撤销婚姻的，应当自知道或者应当知道撤销事由之日起一年内向人民法院提出。所谓“知道”，是指有直接和充分的证据证明当事人知道对方患病。“应当知道”指虽然没有直接和充分的证据证明当事人知道，但是根据生活经验、相关事实和证据，按照一般人的普遍认知能力，运用逻辑推理可以推断当事人知道对方患病。如果不能在知道或者应当知道撤销事由之日起一年内提出，就只能通过协议离婚或者诉讼离婚的程序解除婚姻关系。构成欺诈需在主观和客观方面均为重大或重要。在主观方面，结婚时关于疾病的事项，如不因被隐瞒而发生错误认知，如果知道疾病事项，就一定不会结婚。即从隐瞒到错误认识再到结婚具有一连串的因果关系，如果没有隐瞒就没有结婚，隐瞒的疾病事项对婚姻有着决定性影响。在客观方面，也必须相当重大或重要。

第一千零五十四条 【婚姻无效和被撤销的法律后果】无效的或者被撤销的婚姻自始没有法律约束力，当事人不具有夫妻的权利和义务。同居期间所得的财产，由当事人协议处理；协议不成的，由人民法院根据照顾无过错方的原则判决。对重婚导致的无效婚姻的财产处理，不得侵害合法婚姻当事人的财产权益。当事人所生的子女，适用本法关于父母子女的规定。

婚姻无效或者被撤销的，无过错方有权请求损害赔偿。

条文注解

本条对无效或者被撤销的婚姻的法律后果作了规定，即无效或者被撤销的婚姻，自始没有法律约束力。子女和财产处理规则相同。无效婚姻和可撤销婚姻虽然在法律后果上是一致的，但无效婚姻和可撤销婚姻还是存在不同之处，主要表现在：(1)无效婚姻是违反禁止结婚条件的，当事人或是已有配偶，或是有不能结婚的亲属关系，或是不到法定年龄。可撤销婚姻是因为胁迫，本不自愿，或者因为被隐瞒重大疾病产生认识错误，如果知道就不会结婚。(2)对于无效婚姻，当事人、利害关系人和相关组织都可以申请无效，人民法院可依法宣告无效。受胁迫和受隐瞒重大疾病的两类可撤销婚姻，只有当事人可以申请撤销，人民法院必须依当事人的申请撤销。(3)无效婚姻的宣告没有时间上的限制，人民法院根据实际情况而裁判是否宣告无效。可撤销婚姻当事人必须在规定的时间内提出，超出规定的时间则不能再提出撤销申请，如要解除婚姻关系只能走离婚的程序。

第三章 家庭关系

第一节 夫妻关系

第一千零五十五条 【夫妻地位平等】夫妻在婚姻家庭中地位平等。

条文注解

对本条规定，可以从以下三个方面理解：第一，夫妻在婚姻家庭中地位平等的规定，是处理夫妻关系的指导原则，是确定夫妻之间各项权利义务的基础。夫妻地位平等意味着夫妻在共同生活中平等地行使法律规定的权利，平等地履行法律规定的义务，共同承担对婚姻、家庭和社会的责任。第二，规定夫妻在婚姻家庭中地位平等，主要意义在于强调夫妻在人格上的平等以及权利义务的平等。夫妻双方应当互相尊重对方的人格独立，不得剥夺对方享有的权利，夫妻任何一方不能只享有权利不尽义务，或者只尽义务而不享有权利。第三，规定夫妻在婚姻家庭中地位平等，不是指夫妻的权利义务一一对等，更不是指夫妻要平均承担家庭劳务等。平等不是平均，权利义务可以合理分配和承担，家庭劳务也可以合理分担。对于婚姻家庭事务，夫妻双方均有权发表意见，应当协商作出决定，一方不应独断专行。

关联法规

《宪法》第48条

第一千零五十六条 【夫妻姓名权】夫妻双方都有各自使用自己姓名的权利。

条文注解

姓名权，是指自然人依法享有的决定、使用、变更或者许可他人使用自己的姓名并排除他人干涉或者非法使用的权利。姓名权是自然人的一项重要人格权，是自然人独立人格的重要标志。夫或者妻有无独立的姓名权是夫或者妻在婚姻家庭中有无独立人格的重要标志。姓名权的内容包括：(1)姓名决定权。姓名决定权，是指自然人决定其姓名的权利。(2)姓名变更权。姓名变更权，是指自然人变更其姓名的权利。(3)姓名使用权。姓名使用权，是指自然人依法使用自己姓名的权利，包括自己使用、不使用和禁止他人使用的权利。(4)姓名许可他人使用权。姓名许可他人使用权，是指自然人依法许可他人使用自己姓名的权利。(5)姓名维护权。姓名维护权，是指自然人在自己的姓名权受到侵害时，有权提出停止侵害、排除妨害、赔偿损失等请求，以保护自己的姓名权的权利。

第一千零五十七条 【夫妻参加各种活动的自由】夫妻双方都有参加生产、工作、学习和社会活动的自由，一方不得对另一方加以限制或者干涉。

条文注解

人身自由权是每个自然人最基本的权利，夫妻的人身自由权是自然人人身自由权的具体体现，是夫妻在婚姻家庭关系中地位平等的重要标志。根据本条的规定，夫妻人身自由权主要包括以下三个方面的内容：(1)夫妻双方都有参加生产、工作的权利。所谓生产、工作是指一切从事的社会职业和社会劳动。妇女享有参加生产、工作的自由权而不受干涉，是妇女享有与丈夫平等地位的前提。(2)夫妻双方都有参加学习的权利。这里的学习，不仅包括正规的在校学习，也包括扫盲学习、职业培训以及其他各种形式的专业知识与专业技能的学习。保证妇女学习的自由权，对于提高妇女的文化素质、提高妇女的就业率，进而保障妇女在家庭中与丈夫的平等地位都是必不可少的。(3)夫妻双方都有参加社会活动的权利。所谓社会活动，包括参政、议政活动，科学、技术、文学、艺术和其他文化活动，各种群众组织、社会团体的活动，以及各种形式的公益活动等。参加社会活动的自由权来自公民依法享有的民主权利，是社会主义条件下对夫妻关系的要求。

但要注意的是，本条规定了夫妻的人身自由权，并不意味着夫妻可以不顾家庭、为所欲为。夫妻行使人身自由的权利，必须符合法律与社会主义道德的要求，不得滥用权利损害家庭和他人的合法权益。自然人婚前与婚后截然不同，对配偶、子女、家庭有不可推卸的义务和责任。夫妻任何一方在行使自己的人身自由权的同时，还必须履行自己对家庭应承担的义务和责任，两者应当协调统一起来。

第一千零五十八条 【夫妻抚养、教育和保护子女的权利义务平等】夫妻双方平等享有对未成年子女抚养、教育和保护的权利，共同承担对未成年子女抚养、教育和保护的义务。

条文注解

抚养，是指父母抚育子女的成长，并为他们的生活、学习提供一定的物质条件。教育，是指父母要按照法律和道德要求，采取正确的方法，对其未成年子女进行教导，并对其行为进行必要的约束，其目的是保障未成年子女的身心健康。保护，是指父母应当保护其未成年子女的人身安全和合法权益，预防和排除来自外界的危害，使其未成年子女的身心处于安全状态。抚养、教育和保护子女既是父母应尽的义务，也是父母应有的权利。需要强调的是，父母对子女的抚养、教育和保护的权利和义务，由父母双方平等享有、共同承担，而非一方的单方权利和义务。共同亲权原则实际上是男女平等原则的体现。根据本条的规定，对未成年子女抚养、教育和保护的权利由该子女的父母即夫妻双方平等享有，如何行使这一权利夫妻双方应当共同决定，不允许任何一方剥夺对方的这一权利；同样，对未成年子女抚养、教育和保护的义务由夫妻双方共同承担，不允许任何一方不履行这一义务。

第一千零五十九条　【夫妻相互扶养义务】夫妻有相互扶养的义务。

需要扶养的一方，在另一方不履行扶养义务时，有要求其给付扶养费的权利。

条文注解

本条第1款规定，夫妻相互扶养义务是指夫妻之间相互供养和扶助的法定义务，对保障夫妻正常生活，维护婚姻家庭关系的稳定，具有重要意义。夫妻相互扶养义务与夫妻人身关系密不可分，夫妻之间接受对方扶养的权利和履行扶养对方的义务是基于夫妻间的配偶身份关系的产生而产生的，也会随着夫妻间的配偶身份关系的消灭而消灭。即这一义务始于婚姻关系确立之日，终止于婚姻关系解除之日。夫妻之间的相互扶养既是权利又是义务，而且这种权利义务是相互对应和平等的，夫妻互为权利主体和义务主体。

本条第2款规定，夫妻互相扶养义务是法定义务，具有强制性，夫妻之间不得以约定形式改变这一法定义务。有扶养能力的一方，对于因失业、残疾、患病、年老等原因没有固定收入，缺乏生活来源的另一方，必须主动履行扶养义务。当夫或妻一方不履行扶养义务时，需要扶养的一方可以要求对方给付扶养费。应当给付扶养费的一方拒绝给付或者双方就扶养费数额、支付方式等具体内容产生争议的，需要扶养的一方可以直接向人民法院提起诉讼，或者向人民调解组织提出调解申请，要求获得扶养费。如果夫或妻一方患病或者没有独立生活能力，有扶养义务的配偶拒绝扶养，情节恶劣，构成遗弃罪的，还应当承担刑事责任。

关联法规

《刑法》第261条，《老年人权益保障法》第23条

第一千零六十条 【日常家事代理权】夫妻一方因家庭日常生活需要而实施的民事法律行为，对夫妻双方发生效力，但是夫妻一方与相对人另有约定的除外。

夫妻之间对一方可以实施的民事法律行为范围的限制，不得对抗善意相对人。

条文注解

夫妻日常家事代理权，是指夫妻一方因家庭日常生活需要而与第三方为一定民事法律行为时互为代理的权利。夫妻一方在日常家庭事务范围内，与第三方所实施的一定民事法律行为，视为依夫妻双方的意思表示所为的民事法律行为，另一方也应承担因此而产生的法律后果。

理解本条规定，需要注意以下几个方面的问题：

第一，夫妻日常家事代理权的权利主体。法律设立夫妻日常家事代理权这一权利的目的在于扩张夫妻双方的意思自治，使夫妻双方在日常家庭事务的处理中无须事必躬亲，从而突破夫妻各自在时间、精力上的局限性，满足夫妻共同生活的需要。因此，夫妻日常家事代理权为夫妻双方同等享有，夫妻双方在处理日常家庭事务中互相为代理人，各自都可以行使夫妻日常家事代理权。

第二，夫妻日常家事代理权的存续期间。夫妻日常家事代理权由法律直接规定，以夫妻身份的存在为前提。因此，夫妻日常家事代理权只存在于具有合法婚姻关系的配偶之间，始于婚姻关系的确立，终于婚姻关系的解除。在婚姻关系存续期间，夫妻日常家事代理权始终存在。

第三，夫妻日常家事代理权的行使方式。夫妻日常家事代理权的行使方式与一般代理不同。本法总则编规定的代理包括委托代理和法定代理，代理人都必须以被代理人的名义实施民事法律行为。而对于夫妻日常家事代理权，夫妻任何一方在日常家事范围内与第三人为民事法律行

为时，不必明确其代理权，可直接以自己名义、另一方名义或者双方名义为之。

第四，夫妻日常家事代理权的行使范围。夫妻日常家事代理权的行使范围仅限于“因家庭日常生活需要而实施的民事法律行为”，通说概括为“日常家庭事务”或者“日常家事”。日常家事，是指为满足正常夫妻共同生活和家庭生活所必需的，非属人身性的一切事务，如购买食物、衣服等生活用品，正常的娱乐、保健、医疗费用，通常的子女教育费用，等等。

第五，夫妻日常家事代理权的行使限制。通常情况下，夫妻任何一方都可以在日常家事的范围内行使日常家事代理权。但在实际生活中，基于种种考虑如一方时间、精力、知识、能力上的原因，一方滥用代理权的原因等，有时候夫妻双方对一方可以实施的民事法律行为会有所限制。这种限制在夫妻双方之间是有效的，法律无须加以规制，但为了保护正常交易安全，保护第三人的合法权益，法律明确规定这种限制不能对抗善意相对人。

第六，夫妻日常家事代理权的法律效力。夫妻任何一方行使夫妻日常家事代理权所实施的民事法律行为，对夫妻双方都发生效力，即该民事法律行为所产生的法律效果归属于夫妻双方。夫妻任何一方基于夫妻日常家事代理权所实施的民事法律行为所设立、变更、终止民事法律关系的一切结果都归属于夫妻双方，取得的权利由夫妻双方共同享有，产生的义务也由夫妻双方共同承担。

第一千零六十一条　【夫妻相互继承权】夫妻有相互继承遗产的权利。

条文注解

夫妻互相享有遗产继承权，是夫妻双方在婚姻家庭关系中地位平等的一个重要标志。根据本法的规定，理解夫妻相互遗产继承权，应注意把握以下问题：第一，夫妻相互遗产继承权以合法的夫妻关系为前提。夫妻间的继承权是基于婚姻的法律效力产生的，只有具备合法婚姻关系的夫妻双方，才能以配偶身份继承对方的遗产。如双方属于婚外姘居的，双方就不享有相互法定的相互遗产继承权。只有在婚姻关系确立之日起至婚姻关系解除之日止，配偶一方死亡，另一方才享有继承权。第二，夫妻互为第一顺序的法定继承人。第三，要正确确定继承遗产的范围，不得侵害生存配偶的合法财产权。夫或妻一方死亡时，继承开始，首先要确定哪些财产属于被继承人的遗产。被继承人的财产一般包括在夫妻共同财产中的份额以及其个人财产。第四，注意保障生存配偶对分得遗产的所有权。夫妻一方死亡后，生存的另一方依法继承死者遗产后，就取得了该财产的所有权，有权根据自己的意愿和利益在法律允许的范围内占有、使用和处理该财产，如果再婚，有权带走或处分其继承的财产。

关联法规

《妇女权益保障法》第34～35条

第一千零六十二条 【夫妻共同财产】夫妻在婚姻关系存续期间所得的下列财产，为夫妻的共同财产，归夫妻共同所有：

（一）工资、奖金、劳务报酬；

（二）生产、经营、投资的收益；

（三）知识产权的收益；

（四）继承或者受赠的财产，但是本法第一千零六十三条第三项规定的除外；

（五）其他应当归共同所有的财产。

夫妻对共同财产，有平等的处理权。

条文注解

夫妻财产制，是规定夫妻财产关系的法律制度，包括夫妻婚前财产和婚后所得财产的归属、管理、使用、收益和处分，以及家庭生活费用的负担，夫妻债务的清偿，婚姻终止时夫妻财产的清算和分割等内容，其核心是夫妻婚前财产和婚后所得财产的所有权归属问题。法律设立夫妻财产制，调整夫妻财产关系，对保护夫妻的合法权利和财产利益，维护平等、和睦的家庭关系，并保障夫妻与第三人交易安全，具有重要意义。

本条第1款规定，夫妻在婚姻关系存续期间所得的财产，如工资和奖金，从事生产、经营的收益等，为夫妻的共同财产，归夫妻共同所有。这一规定表明，我国的夫妻共同财产制采用的是婚后所得共同制，即在婚姻关系存续期间，除个人特有财产和夫妻另有约定外，夫妻双方或者一方所得的财产，均归夫妻共同所有，夫妻双方享有平等的占有、使用、收益和处分权利的财产制度。这里的共同所有指的是共同共有，不是按份共有。关于夫妻共同财产的范围，本条第1款作了列举式的规定：(1)工资、奖金、劳务报酬。即劳动者的劳动收入，既包括工资、奖金，也包括各种津贴、补贴等劳务报酬。(2)生产、经营、投资的收益。这包括夫妻一方或者双方从事生产、经营所得的各种收入和投资所得的收入，如农村中的农业生产和城市里的工业生产以及第三产业等各行各业的生产经营投资收益，有劳动收入，也有资本收益，如股票债券收入、股份、股权等资本利得，亦是夫妻共同财产的一种形式。(3)知识产权的收益。知识产权是一种智力成果权，它既是一种财产权，也是一种人身权，具有很强的人身性，与人身不可分离，婚后一方取得的知识产权权利本身归一方专有，权利也仅归权利人行使，比如作者的配偶无权在其著作中署名，也不能决定作品是否发表。但是，由知识产权取得的经济利益，则属于夫妻共同财产，如因发表作品取得的稿费，因转让专利获得的转让费等，归夫妻共同所有。(4)继承或者受赠的财产，但遗嘱或者赠与合同中确定只归一方的财产除外。夫妻任何一方继承或者受赠的财产属于夫妻共同财产，但如果遗嘱或者赠与合同中指明财产归夫妻一方所有的，是立遗嘱人或者赠与人根据自己意愿处分财产的表现，基于意思自治，应当尊重其对财产的处分权，该财产归一方所有。(5)其他应当归共同所有的财产。这项规定属于概括性规定。随着社会经济的发展和人们生活水平的提高，夫妻共同财产的范围在不断地扩大，共同财产的种类在不断地增加，目前，夫妻共同财产已由原来简单的生活用品发展到汽车、房产、股票、债券乃至整个公司、企业等，今后还将出现一些新的财产类型。

本条第2款规定，夫妻共同财产的性质是共同共有，不是按份共有，因此夫妻对全部共同财产，应当不分份额地享有同等的权利，承担同等的义务。不能根据夫妻双方经济收入的多少来确定其享有共同财产所有权的多少。夫妻双方对共同财产享有平等的占有、使用、收益和处分的权利。夫妻一方对共同财产的使用、处分，除另有约定外，应当在取得对方的同意之后进行。尤其是重大财产问题，未经对方同意，任何一方不得擅自处分。夫妻一方在处分共同财产时，另一方明知其行为而不作否认表示的，视为同意，事后不得以自己未参加处分为由否认处分的法律效力。夫妻一方未经对方同意擅自处分共同财产的，对方有权请求宣告该处分行为无效，但不得对抗善意第三人，即如果第三人不知道也无从知道夫妻一方的行为属于擅自处分行为的，该处分行为有效，以保护第三人的利益，维护交易安全。

第一千零六十三条 【夫妻个人财产】下列财产为夫妻一方的个人财产：

（一）一方的婚前财产；

（二）一方因受到人身损害获得的赔偿或者补偿；

（三）遗嘱或者赠与合同中确定只归一方的财产；

（四）一方专用的生活用品；

（五）其他应当归一方的财产。

条文注解

所谓夫妻个人财产，又称夫妻特有财产、夫妻保留财产，是指夫妻在实行共同财产制的同时，依照法律规定或者夫妻约定，夫妻各自保留的一定范围的个人所有财产。根据产生的原因不同，个人财产可分为法定的个人财产和约定的个人财产。法定的个人财产，是指依照法律规定所确认的夫妻双方各自保留的个人财产，本条即属于法定个人财产的规定。

个人财产是夫妻在婚姻关系存续期间分别保留的独立于夫妻共同财产之外的财产，夫妻双方对各自的个人财产，享有独立的管理、使用、收益和处分权利，他人不得干涉。夫妻可以约定将各自的个人财产交由一方管理；夫妻一方也可以将自己的个人财产委托对方代为管理。对家庭生活费用的负担，在夫妻共同财产不足以负担家庭生活费用时，夫妻应当以各自的个人财产分担。

关于我国夫妻个人财产的范围，本条作了列举式的规定：(1)一方的婚前财产。婚前财产，是指夫妻在结婚之前各自所有的财产，包括婚前个人劳动所得财产、继承或者受赠的财产以及其他合法财产。婚前财产归各自所有，不属于夫妻共同财产。(2)一方因受到人身损害获得的赔偿或者补偿。这些财产是指与生命健康直接相关的财产，具有人身专属性，对于保护个人权利具有重要意义，因此应当专属于个人所有，而不能成为共同财产。这样有利于维护受害人的合法权益，保证受害人的身体康复和生活需要。(3)遗嘱或者赠与合同中确定只归一方的财产。根据本法第1062条第4项的规定，因继承或者受赠的财产，属于夫妻共同财产。但为了尊重遗嘱人或者赠与人的个人意愿，保护个人对其财产的自由处分权，如果遗嘱人或者赠与人在遗嘱或者赠与合同中明确指出，该财产只遗赠或者赠给夫妻一方，另一方无权享有，那么，该财产就属于夫妻个人财产，归一方个人所有。(4)一方专用的生活用品。一方专用的生活用品具有专属于个人使用的特点，如个人的衣服、鞋帽等，应当属于夫妻个人财产。(5)其他应当归一方的财产。这项规定属于概括性规定。夫妻个人财产除前四项的规定外，还包括其他一些财产和财产权利。随着社会经济的发展、新的财产类型的出现以及个人独立意识的增强，夫妻个人财产的范围也将有所增加。

第一千零六十四条 【夫妻共同债务】夫妻双方共同签名或者夫妻一方事后追认等共同意思表示所负的债务，以及夫妻一方在婚姻关系存续期间以个人名义为家庭日常生活需要所负的债务，属于夫妻共同债务。

夫妻一方在婚姻关系存续期间以个人名义超出家庭日常生活需要所负的债务，不属于夫妻共同债务；但是，债权人能够证明该债务用于夫妻共同生活、共同生产经营或者基于夫妻双方共同意思表示的除外。

条文注解

夫妻共同债务问题，事关夫妻双方特别是未举债一方和债权人合法权益的保护，事关婚姻家庭稳定和市场交易安全的维护。本条分两款，规定了三类比较重要的夫妻共同债务，即基于共同意思表示所负的夫妻共同债务、为家庭日常生活需要所负的夫妻共同债务、债权人能够证明的夫妻共同债务。

(1)基于共同意思表示所负的夫妻共同债务。本条第1款明确规定，“夫妻双方共同签名或者夫妻一方事后追认等共同意思表示所负的债务”，属于夫妻共同债务。这就是俗称的“共债共签”“共签共债”。多个民事主体基于共同签字等共同意思表示所形成的债务属于共同债务，这不存在任何争议，本条规定对这一内容加以强调意在引导债权人在形成债务尤其是大额债务时，为避免事后引发不必要的纷争，加强事前风险防范，尽可能要求夫妻共同签名。

(2)为家庭日常生活需要所负的夫妻共同债务。本条第1款规定，“夫妻一方在婚姻关系存续期间以个人名义为家庭日常生活需要所负的债务”，属于夫妻共同债务。也就是基于夫妻日常家事代理权所生的债务属于夫妻共同债务。

夫妻日常家事代理权，是指夫妻一方因家庭日常生活需要而与第三方为一定民事法律行为时互为代理的权利。夫妻一方在日常家庭事务范围内，与第三方所实施的一定民事法律行为，视为依夫妻双方的意思表示所为的民事法律行为，另一方也应承担因此而产生的法律后果。夫妻双方共同签名或者夫妻一方事后追认等共同意思表示所负的债务，以及夫妻一方在婚姻关系存续期间以个人名义为家庭日常生活需要所负的债务，属于夫妻共同债务。

（3）债权人能够证明的夫妻共同债务。本条第 2 款规定，夫妻双方共同签名或者夫妻一方事后追认等共同意思表示所负的债务，以及夫妻一方在婚姻关系存续期间以个人名义为家庭日常生活需要所负的债务，属于夫妻共同债务。同时，夫妻共同生产经营的情形非常复杂，主要是指由夫妻双方共同决定生产经营事项，或者虽由一方决定但另一方进行了授权的情形。判断生产经营活动是否属于夫妻共同生产经营，要根据经营活动的性质以及夫妻双方在其中的地位作用等综合认定。夫妻共同生产经营所负的债务一般包括双方共同从事工商业、共同投资以及购买生产资料等所负的债务。

关联法规

《最高人民法院关于审理涉及夫妻债务纠纷案件适用法律有关问题的解释》第 1～2、4 条

第一千零六十五条　【夫妻约定财产制】男女双方可以约定婚姻关系存续期间所得的财产以及婚前财产归各自所有、共同所有或者部分各自所有、部分共同所有。约定应当采用书面形式。没有约定或者约定不明确的，适用本法第一千零六十二条、第一千零六十三条的规定。

夫妻对婚姻关系存续期间所得的财产以及婚前财产的约定，对双方具有法律约束力。

夫妻对婚姻关系存续期间所得的财产约定归各自所有，夫或者妻一方对外所负的债务，相对人知道该约定的，以夫或者妻一方的个人财产清偿。

条文注解

所谓约定财产制，是指法律允许夫妻用协议的方式，对夫妻在婚前和婚姻关系存续期间所得财产的所有权的归属、管理、使用、收益、处分，以及对第三人债务的清偿、婚姻解除时财产的分割等事项作出约定，从而排

除或者部分排除夫妻法定财产制适用的制度。约定财产制是相对于法定财产制而言的，它是夫妻以契约的方式依法选择适用的财产制，而法定财产制是依照法律直接规定而适用的财产制。约定财产制是法律对婚姻关系双方当事人就双方之间的财产关系进行约定的意思自治的尊重，约定财产制具有优先于法定财产制适用的效力，只有在当事人未就夫妻财产作出约定，或者所作约定不明确，或者所作约定无效时，才适用夫妻法定财产制。

根据本条的规定，我国夫妻约定财产制的内容主要包括以下几个方面：

（1）约定的条件。夫妻对财产关系进行约定是一种双方民事法律行为，它不仅要符合民事法律行为的一般要件，还要符合婚姻法的有关规定，因为该约定是基于配偶这一特殊身份发生的。夫妻对财产关系的约定需要符合下列要件：①缔约双方必须具有合法的夫妻身份，未婚同居、婚外同居者对他们之间财产关系的约定，不属于夫妻财产约定。②缔约双方必须具有完全民事行为能力。③约定必须双方自愿。夫妻对财产的约定必须出于真实的意思表示，以欺诈、胁迫等手段使对方在违背真实意思的情况下作出的约定，对方有权请求撤销。④约定的内容必须合法，不得违反法律、行政性法规的强制性规定，不得违背公序良俗，不得利用约定恶意串通、损害他人合法权益，约定的内容不得超出夫妻财产的范围，如不得将其他家庭成员的财产列入约定财产的范围，不得利用约定逃避对第三人的债务以及其他法定义务。

（2）约定的方式。关于约定的方式，本条第1款明确规定"约定应当采用书面形式"。这样规定的目的，在于更好地维护夫妻双方的合法权益以及第三人的利益，维护交易安全，避免发生纠纷。当然如果夫妻以口头形式作出约定，事后对约定没有争议的，该约定也有效。夫妻以书面形式对其财产作出约定后，可以进行公证。

（3）约定的时间。关于约定的时间，本条对约定的时间未作规定。根据我国的实际情况，对约定的时间不必作更多的限制。约定可以在婚前进行也可以在婚后进行。约定生效后，因夫妻一方或者双方的情况发生变化，只要双方合意，也可以随时变更或者撤销原约定。

（4）约定的内容。关于约定的内容，本条第1款规定，"男女双方可以约定婚姻关系存续期间所得的财产以及婚前财产归各自所有、共同所有或者部分各自所有、部分共同所有"。这一规定的范围是比较宽的，根据这一规定，夫妻既可以对婚姻关系存续期间所得的财产进行约定，也可以对婚前财产进行约定；既可以对全部夫妻财产进行约定，也可以对部分夫妻财产进行约定；既可以概括地约定采用某种夫妻财产制，也可以具体地对某一项夫妻财产进行约定；既可以约定财产所有权的归属或者使用权、管理权、收益权、处分权的行使，也可以约定家庭生活费用的负担、债务清偿责任、婚姻关系终止时财产的分割等事项。

（5）约定的效力。约定的效力，分为优先效力、对内效力和对外效力。①优先效力。约定财产制的优先效力是指约定财产制的效力优先于法定财产制。本条第1款规定，“没有约定或者约定不明确的，适用本法第一千零六十二条、第一千零六十三条的规定”。根据这一规定，约定财产制具有优先于法定财产制适用的效力，只有在当事人未就夫妻财产作出约定，或者所作约定不明确，或者所作约定无效时，才适用夫妻法定财产制。②对内效力。约定财产制的对内效力是指夫妻财产约定对婚姻关系当事人的效力。本条第2款规定：“夫妻对婚姻关系存续期间所得的财产以及婚前财产的约定，对双方具有法律约束力。”夫妻对财产关系的约定，对双方具有法律约束力，双方按照约定享有财产所有权以及管理权等其他权利，并承担相应的义务。③对外效力。约定财产制的对外效力是指夫妻财产约定对婚姻关系当事人以外的第三人即相对人的效力。

关联法规

《最高人民法院关于人民法院审理离婚案件处理财产分割问题的若干具体意见》第1条

第一千零六十六条 【婚姻关系存续期间夫妻共同财产的分割】婚姻关系存续期间，有下列情形之一的，夫妻一方可以向人民法院请求分割共同财产：

（一）一方有隐藏、转移、变卖、毁损、挥霍夫妻共同财产或者伪造夫妻共同债务等严重损害夫妻共同财产利益的行为；

（二）一方负有法定扶养义务的人患重大疾病需要医治，另一方不同意支付相关医疗费用。

条文注解

根据本条规定，婚姻关系存续期间，夫妻双方一般不得请求分割共同财产，只有在法定情形下，夫妻一方才可以向人民法院请求分割共同财产，法定情形有两种：

一种情形是一方有隐藏、转移、变卖、毁损、挥霍夫妻共同财产或者伪造夫妻共同债务等严重损害夫妻共同财产利益的行为。夫妻共同财产主要指夫妻双方在婚姻关系存续期间所得的财产，夫妻在处分共同财产时，应当平等协商，取得一致意见，任何一方不得违背他方的意志，擅自处理。特别是对共有财产作较大的变动时，如出卖、赠与等，更应征得他方的同意，否则就侵犯了另一方对共有财产的所有权。实践中，比较典型的就是夫妻一方隐藏、转移、变卖、毁损、挥霍夫妻共同财产或者伪造夫妻共同债务等行为，这些都属于严重损害夫妻共同财产利益的行为。隐藏，是指将财产藏匿起来，不让他人发现，使另一方无法获知财产的所在从而无法控制。转移，是指私自将财产移往他处，或者将资金取出移往其他账户，脱离另一方的掌握。变卖，是指将财产折价卖给他人。毁损，是指采用打碎、拆卸、涂抹等破坏性手段使物品失去原貌，失去或者部分失去原来具有的使用价值和价值。挥霍，是指超出合理范围任意处置、浪费夫妻共同财产。伪造夫妻共同债务是指制造内容虚假的债务凭证，包括合同、欠条等，意图侵占另一方财产。上述违法行为，在主观上只能是故意，不包括过失行为，如因不慎将某些共同财产毁坏，只要没有故意，不属于本条规定之列。

另一种情形是一方负有法定扶养义务的人患重大疾病需要医治，另一方不同意支付相关医疗费用。这里所指的扶养是广义上的扶养，即一定范围的亲属之间互相供养和扶助的法律关系。广义的扶养包括抚养、赡养和狭义的扶养。狭义的抚养是就长辈对晚辈而言，主要指父母对未成年子女，祖父母对孙子女，外祖父母对外孙子女的供养；赡养是就晚辈对长辈而言，主要指子女对父母，孙子女对祖父母、外孙子女对外祖父母的供养；扶养是就平辈而言，主要是夫妻之间和兄弟姐妹之间的供养。扶养还可以分为法定扶养、协议扶养和遗嘱扶养。法定扶养，是指基于法律强制性规定的扶养；协议扶养是指基于合同而产生的扶养；遗嘱扶养，是指基于遗嘱产生的扶养。本条规定明确仅指法定扶养。本法对法定扶养义务作了明确规定。关于“重大疾病”，本条没有作出明确界定，疾病是否认定为重大，在司法实践中应当参照医学上的认定，借鉴保险行业中对重大疾病的划定范围，一般认为，某些需要长期治疗、花费较高的疾病，如糖尿病、肿瘤、脊髓灰质炎等，或者直接涉及生命安全的疾病属于重大疾病。“相关医疗费用”主要指为治疗疾病需要的必要、合理费用，不应包括营养、陪护等费用。

第二节 父母子女关系和其他近亲属关系

第一千零六十七条 【父母的抚养义务和子女的赡养义务】父母不履行抚养义务的，未成年子女或者不能独立生活的成年子女，有要求父母给付抚养费的权利。

成年子女不履行赡养义务的，缺乏劳动能力或者生活困难的父母，有要求成年子女给付赡养费的权利。

条文注解

本条第1款是父母对子女的抚养义务。抚养子女既是父母应尽的义务，也是子女应享有的权利。抚养是指父母抚育子女的成长，并为他们的生活、学习提供一定的物质条件。因父母不履行抚养义务而引起的纠纷，可由有关部门调解或者向人民法院提出追索抚养费的诉讼。人民法院应根据子女的需要和父母的抚养能力，通过调解或者判决，确定抚养费的数额、给付的期限和方法。对拒不履行抚养义务，恶意遗弃未成年子女已构成犯罪的，还应当根据我国刑法的有关规定追究刑事责任。

本条第2款是子女对父母的赡养义务。赡养是指子女在物质上和经济上为父母提供必要的生活条件。赡养人的义务具体表现为以下几个方面：一是赡养人应当使患病的老年人及时得到治疗和护理；对经济困难的老年人，应当提供医疗费用。对生活不能自理的老年人，赡养人应当承担照料责任；不能亲自照料的，可以按照老年人的意愿委托他人或者养老机构等照料。二是赡养人应当妥善安排老年人的住房，不得强迫老年人居住或者迁居条件低劣的房屋。老年人自有的或者承租的住房，子女或者其他亲属不得侵占，不得擅自改变产权关系或者租赁关系。三是应当关心老年人的精神需求，不得忽视、冷落老年人。与老年人分开居住的，应当经常看望或者问候老年人。四是赡养人不得以放弃继承权或者其他理由，拒绝履行赡养义务。赡养人不履行赡养义务，老年人有要求赡养人付给赡养费等权利。赡养人不得要求老年人承担力不能及的劳动。如果子女不履行赡养义务，需要赡养的父母可以通过有关部门进行调解或者向人民法院提起诉讼。人民法院在处理赡养纠纷时，应当坚持保护老年人的合法权益的原则，通过调解或者判决使子女依法履行赡养义务。

关联法规

《宪法》第45、49条,《老年人权益保障法》第13条,《未成年人保护法》第10～16条

第一千零六十八条 【父母教育、保护未成年子女的权利义务】父母有教育、保护未成年子女的权利和义务。未成年子女造成他人损害的,父母应当依法承担民事责任。

条文注解

所谓"教育",是指父母要按照法律和道德要求,采取正确的方法,对其未成年子女进行教导,并对其行为进行必要的约束,其目的是保障未成年子女的身心健康。父母对子女有教育义务。教育子女是家庭的一项重要职能,家庭教育对子女的成长有很大的影响。父母子女间的亲密关系,为教育子女提供了有利的条件。因此,教育好子女是父母双方在法律上应尽的义务,也是社会道德的必然要求。所谓"保护",是指父母应当保护其未成年子女的人身安全和合法权益,预防和排除来自外界的危害,使其未成年子女的身心处于安全状态。要注意的是,父母作为未成年子女的法定代理人和监护人,其对未成年子女的教育和保护既是权利又是义务。

关联法规

《未成年人保护法》第13条,《义务教育法》第11条

第一千零六十九条 【子女应尊重父母的婚姻权利】子女应当尊重父母的婚姻权利,不得干涉父母离婚、再婚以及婚后的生活。子女对父母的赡养义务,不因父母的婚姻关系变化而终止。

条文注解

本条规定主要强调了两个方面的内容:第一,老年人的婚姻自由受法律保护,子女应当尊重父母的婚姻权利,包括离婚和再婚的自主权利。父母是否再婚,与谁结婚应由其自主决定。父母再婚后,子女不得干涉父母婚后的生活,比如子女不得干涉父母选择居所或者依法处分个人财产。第二,子女对父母的赡养义务,不因父母的婚姻关系变化而终止。子女不能

因父母再婚而对父母不闻不问，相互推诿，不尽赡养义务。在有赡养能力的子女不履行赡养义务时，没有劳动能力或生活困难的父母，有要求子女给付赡养费的权利。父母可以直接向子女索要赡养费，也可以请求有关组织，如子女所在单位、居民委员会、村民委员会调解，还可以直接向人民法院起诉要求给付赡养费。

关联法规

《刑法》第261、275条，《老年人权益保障法》第18、21、75～76条

第一千零七十条 【父母子女相互继承权】父母和子女有相互继承遗产的权利。

条文注解

根据本条的规定，子女可以继承其父母的遗产，父母可以继承其子女的遗产。也可以理解为，父母与子女之间相互有继承权。这种权利是以双方之间的身份为依据的。父母、子女都是被继承人的最近的直系血亲，他们之间有极为密切的人身关系和财产关系。这里享有继承权的父母，包括生父母、养父母和有抚养关系的继父母。被继承人的父和母，继承其死亡子女的财产的权利是平等的。享有继承权的子女，包括亲生子女、养子女和有抚养关系的继子女。亲生子女包括婚生子女和非婚生子女。无论婚生子女，还是非婚生子女，都有同等的继承权。成年子女有赡养能力和赡养条件，但未尽赡养义务，在分配父母遗产时，应当不分或者少分。

第一千零七十一条 【非婚生子女的权利】非婚生子女享有与婚生子女同等的权利，任何组织或者个人不得加以危害和歧视。

不直接抚养非婚生子女的生父或者生母，应当负担未成年子女或者不能独立生活的成年子女的抚养费。

条文注解

非婚生子女，是指没有婚姻关系的男女所生的子女，包括未婚男女双方所生的子女或者已婚男女与婚外第三人发生两性关系所生的子女。根据本法的规定，对非婚生子女的保护主要有以下三个方面：(1)对非婚生子

女不得歧视和危害。对于非婚生子女的歧视和危害主要有两个方面：一方面是来自家庭内部的歧视和迫害。当非婚生子女的生母或者生父与第三方结婚，非婚生子女一般也会随父亲或者母亲来到新的家庭。由于非婚生子女的加入涉及家庭财产的分割等若干利益冲突，非婚生子女往往受到新家庭成员的歧视和虐待。另一方面是来自社会各方面的歧视和迫害。虽然近年来人们对非婚生子女的认识有了很大的改变，但仍然有一些人还是将对非婚生子女生父母行为的异议和鄙视，发泄在非婚生子女身上，致使一些非婚生子女的身心受到了极大的伤害。(2)非婚生子女的生父、生母都应当负担子女的抚养费。本条规定明确不直接抚养非婚生子女的生父或者生母，应当负担未成年子女或者不能独立生活的成年子女的抚养费。如果不与非婚生子女生活在一起的一方拒绝履行该抚养义务的，那么，非婚生子女有权向人民法院起诉要求其承担相应的义务。(3)非婚生子女与生父母间有相互继承遗产的权利。非婚生子女与婚生子女在继承时完全享有相同的权利和义务，同样，在非婚生子女的父母继承非婚生子女的财产时，他们之间的权利和义务也完全等同于父母子女之间的权利和义务。

第一千零七十二条 【继父母与继子女间的权利义务关系】继父母与继子女间，不得虐待或者歧视。

继父或者继母和受其抚养教育的继子女间的权利义务关系，适用本法关于父母子女关系的规定。

条文注解

继父母，是指子女母亲或者父亲再婚的配偶；继子女，是指夫或者妻一方与前配偶所生的子女。继父母和继子女的关系是因子女的生父或者生母再婚而形成的，即生父母一方死亡，另一方再婚，或者生父母离婚，生父或者生母再婚。本条第1款明确规定："继父母与继子女间，不得虐待或者歧视。"一方面加大对继子女的保护力度，使他们不能因为父母婚姻状况的改变而受到不公正的待遇；另一方面也应当重视对继父母权利的保护，保障他们能老有所依。继父母和继子女之间不能相互虐待和歧视的条款，不仅适用于因生父母与继父母结婚而形成的单纯的姻亲关系，而且也包括已形成扶养关系的继父母与继子女。

根据本条第2款的规定，继父母与接受其抚养教育的继子女之间，属于法律上的拟制血亲关系，产生父母子女间的权利义务关系，而未形成抚养关系的继父母和继子女之间则不发生父母子女的权利义务关系。但这种拟制血亲关系又和继父母收养继子女有所不同，它不以解除继子女与其生父母间的权利和义务关系为前提。继父或者继母和受其抚养教育的继子女间的权利义务关系，适用本法关于父母子女关系的有关规定，主要包括以下几层含义：一是继父母对继子女有抚养和教育的义务。继父母不仅要保证继子女的生活所需，而且要保证继子女能接受正常的教育。对于不履行抚养义务的继父母，未成年的继子女或者不能独立生活的继子女，有要求给付抚养费的权利。二是继子女对继父母有赡养和扶助的义务。在通常情况下，受继父母抚养成人并独立生活的继子女，应当承担赡养继父母的义务。继子女不履行赡养义务时，缺乏劳动能力或者生活困难的继父母，有要求继子女支付赡养费的权利。三是继父母和继子女之间有相互继承财产的权利。四是继父母有教育、保护未成年继子女的权利和义务。未成年继子女造成他人损害的，继父母应当依法承担民事责任。

第一千零七十三条　【亲子关系异议之诉】对亲子关系有异议且有正当理由的，父或者母可以向人民法院提起诉讼，请求确认或者否认亲子关系。

对亲子关系有异议且有正当理由的，成年子女可以向人民法院提起诉讼，请求确认亲子关系。

第一千零七十四条　【祖孙之间的抚养、赡养义务】有负担能力的祖父母、外祖父母，对于父母已经死亡或者父母无力抚养的未成年孙子女、外孙子女，有抚养的义务。

有负担能力的孙子女、外孙子女，对于子女已经死亡或者子女无力赡养的祖父母、外祖父母，有赡养的义务。

条文注解

祖父母、外祖父母与孙子女和外孙子女是隔代的直系血亲关系，他们之间在具备法律条件的情况下，可以形成抚养和赡养关系。根据本条的规定，祖孙之间抚养或者赡养关系的形成应当具备以下条件：(1)被抚养、赡养人的父母、子女死亡或者无抚养、赡养能力。主要包括两种情况：第一，子女在未成年时父母双亡，或者父母丧失抚养能力；第二，子女在成年后死亡或者丧失扶养能力，无法赡养其父母。(2)被抚养、赡养人确实有困难需要被抚养、赡养。祖孙之间扶养关系的形成必须建立在一方确实有困难的基础上，如果被扶养人有一定的经济收入或者经济来源，完全能负担自身的生活所需，那么，就不能要求祖父母、外祖父母或者孙子女、外孙子女来承担其抚养或者赡养义务。(3)承担抚养、赡养义务的人有一定的抚养、赡养能力。如果法律意义上的抚养、赡养义务人没有一定的抚养、赡养能力，那么就不能再要求其承担相应的法律责任。

第一千零七十五条 【兄弟姐妹间的扶养义务】有负担能力的兄、姐，对于父母已经死亡或者父母无力抚养的未成年弟、妹，有扶养的义务。

由兄、姐扶养长大的有负担能力的弟、妹，对于缺乏劳动能力又缺乏生活来源的兄、姐，有扶养的义务。

条文注解

(1)负有扶养义务的兄弟姐妹的范围。兄弟姐妹包括同胞兄弟姐妹、同父异母或同母异父兄弟姐妹、养兄弟姐妹和继兄弟姐妹。在一般情况下，兄弟姐妹应由他们的父母抚养，因而他们相互之间不发生扶养与被扶养的权利义务关系。但是在特定条件和特定情况下，兄、姐与弟、妹之间会产生有条件的扶养义务。(2)兄弟姐妹形成扶养义务的条件。兄、姐扶养弟、妹，或者弟、妹扶养兄、姐不是必然发生的法定义务，而是有条件的。简言之，就是应尽抚养或者赡养或者扶养义务的父母、子女或者配偶不能尽其抚养或赡养或扶养义务时，由有能力的兄弟姐妹来承担扶养义务。兄弟姐妹间的扶养义务是第二顺序的，具有递补性质。但兄弟姐妹间一旦形成扶养义务，那么该义务又是不可推卸的法定义务，义务人应当自觉履行。

第四章 离　　婚

第一千零七十六条 【协议离婚】夫妻双方自愿离婚的，应当签订书面离婚协议，并亲自到婚姻登记机关申请离婚登记。

离婚协议应当载明双方自愿离婚的意思表示和对子女抚养、财产以及债务处理等事项协商一致的意见。

关联法规

《婚姻登记条例》第 2、10～12 条

第一千零七十七条 【离婚冷静期】自婚姻登记机关收到离婚登记申请之日起三十日内，任何一方不愿意离婚的，可以向婚姻登记机关撤回离婚登记申请。

前款规定期限届满后三十日内，双方应当亲自到婚姻登记机关申请发给离婚证；未申请的，视为撤回离婚登记申请。

条文注解

离婚冷静期是指夫妻协议离婚时，政府给要求离婚的双方当事人一段时间，强制当事人暂时搁置离婚纠纷，在法定期限内冷静思考离婚问题，考虑清楚后再行决定是否离婚。法律规定当事人冷静思考离婚问题的期限为离婚冷静期。依据本条规定，申请协议离婚的当事人自向婚姻登记机关申请离婚之日起 30 日内，应当冷静、理智地对自己的婚姻状况和今后的生活进行充分的考虑，重新考虑是否以离婚方式解决夫妻矛盾，考虑离婚对自身、子女、双方家庭及社会的利与弊，避免冲动行为。本条中规定的 30 日即为离婚冷静期，在此期间，任何一方或者双方不愿意离婚的，可以向婚姻登记机关撤回离婚登记申请。如果离婚冷静期届满，当事人仍坚持离婚，双方应当在离婚冷静期届满后的 30 日内，亲自到婚姻登记机关申请发给离婚证。婚姻登记机关查明双方确实是自愿离婚，并已对子女抚养、财产及债务处理等事项协商一致的，予以登记，发给离婚证。如果在离婚冷静期届满后的 30 日内，当事人双方没有亲自到婚姻登记机关申请发给离婚证，则视为撤回离婚申请。

第一千零七十八条 【离婚登记】婚姻登记机关查明双方确实是自愿离婚，并已经对子女抚养、财产以及债务处理等事项协商一致的，予以登记，发给离婚证。

条文注解

婚姻登记机关对协议离婚的查明。一是查明当事人双方是不是自愿离婚，是不是真实而非虚假的离婚，查明离婚是否存在被胁迫的情形，查明是否因重大误解而导致的离婚。二是查明要求离婚的双方当事人是不是对子女抚养问题已协商一致。三是审查对财产及债务处理的事项是否协商一致。经婚姻登记机关查明双方确实是自愿离婚，并已对子女抚养、财产及债务处理等事项协商一致的，应当进行离婚登记，发给离婚证。

关联法规

《婚姻登记条例》第13、17条

第一千零七十九条 【诉讼离婚】夫妻一方要求离婚的，可以由有关组织进行调解或者直接向人民法院提起离婚诉讼。

人民法院审理离婚案件，应当进行调解；如果感情确已破裂，调解无效的，应当准予离婚。

有下列情形之一，调解无效的，应当准予离婚：

（一）重婚或者与他人同居；

（二）实施家庭暴力或者虐待、遗弃家庭成员；

（三）有赌博、吸毒等恶习屡教不改；

（四）因感情不和分居满二年；

（五）其他导致夫妻感情破裂的情形。

一方被宣告失踪，另一方提起离婚诉讼的，应当准予离婚。

经人民法院判决不准离婚后，双方又分居满一年，一方再次提起离婚诉讼的，应当准予离婚。

条文注解

诉讼离婚，是婚姻当事人向人民法院提出离婚请求，由人民法院调解或判决而解除其婚姻关系的一项离婚制度。诉讼离婚制度，适用于当事人双方对离婚有分歧的情况，包括一方要求离婚而另一方不同意离婚而发生的离婚纠纷；或者双方虽然同意离婚，但在子女抚养、财产及债务处理等事项不能达成一致意见、作出适当处理的情况。诉讼离婚的法定条件是以“如果感情确已破裂，调解无效的，应准予离婚”作为审判离婚案件的标准。

本条第3、4、5款分别列举了日常生活中遇见的诉讼离婚的特殊情形。

第一千零八十条　【婚姻关系解除时间】完成离婚登记，或者离婚判决书、调解书生效，即解除婚姻关系。

第一千零八十一条　【军婚的保护】现役军人的配偶要求离婚，应当征得军人同意，但是军人一方有重大过错的除外。

条文注解

现役军人，指有军籍的人，包括在中国人民解放军服现役、具有军籍和军衔的军官、士兵。

中国人民武装警察部队虽然不属于中国人民解放军的编制序列，但是在婚姻问题上仍按现役军人婚姻问题处理。

现役军人不包括：一是在军事单位中未取得军籍的职工；二是退役军人，包括复员军人、转业军人、退休军人、离休军人以及退役的革命伤残军人；三是在地方担任某种军事职务的人员。如不属于军队编制的在武装部工作的干部、编入民兵组织或者经过登记的预备役士兵。

不适用本条规定的两类军人离婚案件：(1)双方都是现役军人；(2)现役军人向非军人主动提出离婚的。

“但是军人一方有重大过错的除外”，是针对“应当征得军人同意”而说。“应当征得军人同意”不是绝对的，如果夫妻感情破裂是由于军人一方的重大过错造成的，非军人配偶一方也可以提出离婚，但过错限定在“重大过错”而非一般的过错。

关联法规

《刑法》第259条

第一千零八十二条　【男方离婚诉权的限制】女方在怀孕期间、分娩后一年内或者终止妊娠后六个月内，男方不得提出离婚；但是，女方提出离婚或者人民法院认为确有必要受理男方离婚请求的除外。

条文注解

本条规定是对保护妇女、儿童身心健康的特别规定，它在一定条件下限制了男方提出离婚的请求权。本条规定限制的主体是男方，而不是女方；限制的是男方在一定期限内的起诉权，而不是否定和剥夺男方的起诉权，只是推迟了男方提出离婚的时间，并不涉及准予离婚与不准予离婚的实体性问题。也就是说，只是对男方离婚请求权暂时性的限制，超过法律规定的期限，不再适用此规定。但是，男方在此期间并不是绝对地没有离婚请求权，法律还有例外规定，即人民法院认为“确有必要”的，也可以根据具体情况受理男方的离婚请求。所谓“确有必要”，一般是指比本条特别保护利益更为重要的利益需要关注的情形。“确有必要”受理男方离婚请求的案例是非常少的，哪些情形“确有必要”受理，由人民法院认定。

在本条规定中，法律还规定了另一种例外情形，即在此期间，女方提出离婚的，不受此规定的限制。女方自愿放弃法律对其的特殊保护，说明其本人对离婚已有思想准备，对此，法院应当根据当事人婚姻的实际情况判定是否准予离婚。

关联法规

《妇女权益保障法》第45条

第一千零八十三条　【复婚登记】离婚后，男女双方自愿恢复婚姻关系的，应当到婚姻登记机关重新进行结婚登记。

条文注解

复婚，是指离了婚的男女重新和好，再次登记结婚，恢复婚姻关系。男女双方离婚后又自愿复婚，可以通过办理恢复结婚登记，重新恢复夫妻关系。复婚登记手续与结婚登记手续一致，男女双方应当亲自到一方户籍所在地的婚姻登记机关申请复婚登记。在办理复婚登记时，应提交原离婚证，以备婚姻登记机关审查。婚姻登记机关按照结婚登记程序办理复婚登记。在办理复婚登记时，应当在收回双方当事人的离婚证后，重新发给结婚证。收回离婚证的目的，是防止当事人重婚。对于复婚的当事人一般不再要求进行婚前健康检查。

关联法规

《婚姻登记条例》第14条

第一千零八十四条 【离婚后的父母子女关系】父母与子女间的关系，不因父母离婚而消除。离婚后，子女无论由父或者母直接抚养，仍是父母双方的子女。

离婚后，父母对于子女仍有抚养、教育、保护的权利和义务。

离婚后，不满两周岁的子女，以由母亲直接抚养为原则。已满两周岁的子女，父母双方对抚养问题协议不成的，由人民法院根据双方的具体情况，按照最有利于未成年子女的原则判决。子女已满八周岁的，应当尊重其真实意愿。

条文注解

本条第1款规定，婚姻关系的解除，只是夫妻双方的基于婚姻而存在的人身关系和财产关系归于消灭，但父母与子女之间存有的血亲关系不因父母离婚而消除。夫妻关系和父母子女关系是两种不同性质的关系。夫妻关系是男女两性基于自愿而结成的婚姻关系，可依法律程序而成立，亦可依法律行为而消除；而父母子女关系是基于出生事实而形成的自然血亲关系，不能人为解除。离婚后，子女无论随父母哪一方生活，仍是父母双方的子女，本法关于父母子女权利义务的规定仍然适用，不能因父母离婚而受到影响。

本条第2款规定，离婚后父母对未成年子女有抚养、教育和保护的权利与义务，主要包括进行生活上的照料，保障未成年人接受义务教育，以适当的方式、方法管理和教育未成年人，保护未成年人的人身、财产不受到侵害，促进未成年人的身心健康发展等。实际生活中，父母还可以按照本法婚姻家庭编的有关规定、未成年人保护法等法律的有关规定行使对子女的抚养、教育、保护的权利，履行对子女的抚养、教育、保护的义务。

本条第3款规定是从有利于保护未成年人权益、保障子女合法权益的原则出发，有利于子女身心健康，结合父母双方的抚养能力和抚养条件，结合审判实践等具体情况，对离婚后的子女直接抚养问题作出的具体规定。具体包括：(1)确定子女直接抚养主体的基本考量，有利于子女身心健康、保障子女的合法权益、儿童利益最大化的原则，是贯穿于本法的基本原则，也是处理离婚后子女直接抚养归属问题的出发点，在此前提下，再结合父母双方的抚养能力和抚养条件等具体情况妥善解决。(2)确定子女抚养的具体办法，第一，对不满2周岁子女的抚养，2周岁以下的子女，一般裁决随母亲生活，由母亲直接抚养。因为，2周岁以下的子女年纪太小，事情较多，带起来较为复杂、麻烦，宜由有细心、耐心的人直接抚养比较好；2 周岁以下的子女表达能力很差，而孩子是从母亲体内生出，母亲与孩子有一种天然的联系与感觉。此时期孩子由母亲直接抚养为宜。第二，2 周岁以上未成年子女的抚养。夫妻离婚后，对 2 周岁以上的未成年子女，由父亲还是母亲直接抚养，首先应由父母双方协议决定。当父母双方对由谁直接抚养未成年子女发生争议时，法院应当进行调解，尽可能争取当事人以协议方式解决。第三，已满 8 周岁子女的抚养。已满 8 周岁的子女属于限制民事行为能力人，已有一定的自主意识和认知能力，因此本条明确规定子女已满 8 周岁的，应当尊重其真实意愿。在离婚时，无论是父母协商确定由谁抚养，还是人民法院判决决定，都要事先听取 8 周岁以上子女的意见，在子女提出自己的意见后，再根据其年龄、社会经验、认知能力和判断能力等，探求、尊重其真实的意愿。第四，子女直接抚养归属的变更。父母离婚后，在一定条件下，可以根据父母双方或子女的实际情况的变化，依法对直接抚养子女的归属予以变更。

应当注意的是，离婚后，一方要求变更子女直接抚养关系，双方对此不能达成协议时，应另行起诉。

关联法规

《妇女权益保障法》第 50 条，《最高人民法院关于人民法院审理离婚案件处理财产分割问题的若干具体意见》第 1～6、17 条

第一千零八十五条 【离婚后子女抚养费的负担】离婚后，子女由一方直接抚养的，另一方应当负担部分或者全部抚养费。负担费用的多少和期限的长短，由双方协议；协议不成的，由人民法院判决。

前款规定的协议或者判决，不妨碍子女在必要时向父母任何一方提出超过协议或者判决原定数额的合理要求。

条文注解

夫妻离婚后，父母与子女间的关系，不因父母离婚而消除，父母对于子女仍有抚养和教育的权利和义务。因此，离婚后的夫妻双方都有平等地负担子女生活费和教育费的经济责任。抚养费应当包括生活费、教育费和医疗费等。子女无论由母亲还是由父亲抚养，另一方都应负担必要的抚养费。抚养费如何给付应当首先由父母双方协议，或者经人民法院调解，当

事人达成协议的，按照协议确定。但人民法院对于父母双方协议约定子女随一方生活并由抚养方负担子女全部抚养费的，应当进行审查。如经查实，抚养方的抚养能力明显不能保障子女所需费用，可能影响子女健康成长的应不予准许此项协议。

关联法规

《妇女权益保障法》第49条，《最高人民法院关于人民法院审理离婚案件处理子女抚养问题的若干具体意见》第7～21条

第一千零八十六条 【父母的探望权】离婚后，不直接抚养子女的父或者母，有探望子女的权利，另一方有协助的义务。

行使探望权利的方式、时间由当事人协议；协议不成的，由人民法院判决。

父或者母探望子女，不利于子女身心健康的，由人民法院依法中止探望；中止的事由消失后，应当恢复探望。

条文注解

本条第1款对父或者母赋予了对子女探望的权利，即离婚后，不直接抚养子女的父或者母，有探望子女的权利。通常情况下，探望权在夫妻协议离婚或者诉讼离婚时一并解决确定。如果夫妻在离婚时对探望权未作明确约定，或者法院没有明确作出判决，那么，当事人可以就探望权问题单独提起诉讼。

本条第2款规定，行使探望权利的方式、时间、地点等通常宜由当事人协议确定。双方不应囿于夫妻离异后的冲突纷争，应从有利子女健康成长的角度出发，对探望的时间、方式、地点及探望期间双方对子女的安排等作出协商。当双方无法就诸上事宜达成一致时，尤其在直接抚养子女的一方无故拒绝不直接抚养子女的一方探望子女时，享有探望权的一方可依民事诉讼法的有关规定提起诉讼，请求人民法院作出判决。

本条第3款规定了对探望权的限制。父或者母探望子女，不利于子女身心健康的，由人民法院依法中止探望。不直接抚养子女的父母一方的探望权，只有在特殊的情况下才能被加以限制。这种特殊情况主要是指探望有可能不利于子女的身心健康。如父母一方患精神疾病、传染性疾病，有吸毒等行为或对子女有暴力行为、骚扰子女的行为等。

关联法规

《预防未成年人犯罪法》第 14 条

第一千零八十七条 【离婚时夫妻共同财产的处理】离婚时，夫妻的共同财产由双方协议处理；协议不成的，由人民法院根据财产的具体情况，按照照顾子女、女方和无过错方权益的原则判决。

对夫或者妻在家庭土地承包经营中享有的权益等，应当依法予以保护。

条文注解

本条第 1 款规定，在分清个人财产、夫妻共同财产的前提下，法院应根据财产的具体情况，按照照顾子女、女方和无过错方权益的原则，公平公正地分割夫妻共同财产。在大多数情况下，夫妻离婚，家庭成员中未成年子女是不幸婚姻的最大受害者。因此，本条在规定分割夫妻共同财产时，特别强调了对子女权益的保障，将其作为分割夫妻共同财产时优先考虑的因素，将按照照顾子女权益的原则进行判决放在了首位。

本条第 2 款规定，在农村，夫妻共同财产的分割主要涉及房屋、承包的土地、果园等。妇女在农村土地承包经营、集体经济组织收益分配、土地征收或者征用补偿费使用以及宅基地使用等方面，享有与男子平等的权利。妇女结婚、离婚后，在农村土地承包经营及宅基地使用等方面，应当受到保障。农村地区，土地、果园大部分实行家庭联产承包责任制，每个家庭承包的面积是根据家庭人口按本村人均面积分配的，因此，女方在土地承包上同样享有承包经营权。但是，中国的婚姻习俗多数是女方落户到男方，承包土地多数以男方为户主名义承包，双方一旦离婚，女方的承包经营权难以保障。故本条第 2 款对此进行了规定。

关联法规

《妇女权益保障法》第 32、47～48 条

第一千零八十八条 【离婚经济补偿】夫妻一方因抚育子女、照料老年人、协助另一方工作等负担较多义务的，离婚时有权向另一方请求补偿，另一方应当给予补偿。具体办法由双方协议；协议不成的，由人民法院判决。

条文注解

本条规定是遵循权利和义务对等的原则作出的。只有在一方为婚姻共同体尽了较多义务，如抚养子女、照料老人、协助另一方工作的情况下才可向对方请求补偿。夫妻离婚时，一方对承担较多家务劳动的另一方给予经济补偿，首先应当由要求离婚的夫妻自行协商确定，这种协商既可以在协议离婚时确定，也可以在诉讼离婚中确定。如果在协议离婚时双方达成了一致的协议，则可以向婚姻登记部门提交。婚姻登记部门查明确属自愿，且不违反法律规定的，给予离婚登记，双方应自觉履行协议。在诉讼离婚中，双方对离婚补偿达成一致意见，交由法院以调解书或者判决书的形式予以确认。如果双方达不成协议，人民法院则依据本条的规定进行判决确定。

关联法规

《妇女权益保障法》第47条

第一千零八十九条 【离婚时夫妻共同债务清偿】离婚时，夫妻共同债务应当共同偿还。共同财产不足清偿或者财产归各自所有的，由双方协议清偿；协议不成的，由人民法院判决。

条文注解

根据本条规定，首先婚姻关系终结时，夫妻共同债务清偿应当遵循的原则是共同债务共同清偿。依法属于夫妻共同债务的，夫妻应当以共同财产共同偿还，这是一个基本原则。但是，夫妻共同财产不足清偿的，或者双方约定财产归各自所有而没有共同财产清偿的，夫妻双方对共同债务如何偿还以及清偿比例等，可以由双方当事人协商确定，双方协商不能达成一致意见的，由人民法院考虑双方当事人的具体情况依法判决确定。要注意的是，无论是双方当事人协商确定，还是人民法院判决确定的清偿方式、清偿比例等内容，仅在离婚的双方当事人之间有效，对债权人是没有法律效力的，债权人可以依照本法第178条"二人以上依法承担连带责任的，权利人有权请求部分或者全部连带责任人承担责任"的规定来要求双方履行其债务。

关联法规

《最高人民法院关于人民法院审理离婚案件处理财产分割问题的若干具体意见》第17条

第一千零九十条 【离婚经济帮助】离婚时，如果一方生活困难，有负担能力的另一方应当给予适当帮助。具体办法由双方协议；协议不成的，由人民法院判决。

条文注解

本条只是原则性规定，法院在判决时，还应考虑以下三个问题：(1)生活困难的界定：一般认为若一方离婚后分得的财产不足以维持其合理的生活需要，或者不能通过从事适当的工作维持其生活需要等，均可认为是生活困难的体现；(2)给予帮助的方式，法院应考虑双方的收入和财产、就业能力、子女抚养情况、婚姻期间的生活水平等因素，合理确定扶助的数额和方式；(3)需要说明一点，婚姻关系中的过错不应在考虑之列，意味着有过错的一方若存在生活困难的情形，也可要求无过错方给予适当经济帮助。

关联法规

《妇女权益保障法》第48条

第一千零九十一条 【离婚损害赔偿】有下列情形之一，导致离婚的，无过错方有权请求损害赔偿：

(一)重婚；

(二)与他人同居；

(三)实施家庭暴力；

(四)虐待、遗弃家庭成员；

(五)有其他重大过错。

条文注解

根据本条的规定，因夫妻一方的过错致使婚姻关系破裂的，无过错方可以提起离婚损害赔偿的五种情形：一是重婚；二是有配偶者与他人同居；三是实施家庭暴力；四是虐待、遗弃家庭成员；五是有其他重大过错。本条虽然规定了离婚损害赔偿制度，但并不是说法院在审理离婚案件时必须判决过错方对无过错方予以赔偿。在离婚案件中无过错方对确实有过错的另一方是否行使赔偿请求权，由受损害的无过错方自行决定，法院不能主动判决离婚损害赔偿。离婚损害赔偿既应当包括过错方给无过错方造成的财产损害的赔偿，也应当包括过错方给无过错方造成的人身损害、精神损害的赔偿。人民法院应当根据过错方对无过错方造成的损害程度以及婚姻当事人的经济状况等判定赔偿数额。

第一千零九十二条 【一方侵害夫妻共同财产的法律后果】夫妻一方隐藏、转移、变卖、毁损、挥霍夫妻共同财产，或者伪造夫妻共同债务企图侵占另一方财产的，在离婚分割夫妻共同财产时，对该方可以少分或者不分。离婚后，另一方发现有上述行为的，可以向人民法院提起诉讼，请求再次分割夫妻共同财产。

条文注解

实践中夫妻一方有的实施了侵害夫妻共同财产或者侵占另一方财产的违法行为，对于这些违法行为，法律严格加以禁止。为保护另一方的合法权益，本条规定对其法律后果作了明确规定。根据本条规定，夫妻一方实施的违法行为主要是两类：(1)侵害夫妻共同财产。夫妻共同财产主要指夫妻双方在婚姻关系存续期间归双方共同所有的财产。(2)侵占另一方财产。另一方财产，主要是指在婚姻关系存续期间，归夫妻一方个人所有的财产。对通过实施隐藏、转移、变卖、毁损、挥霍手段侵害夫妻共同财产的违法行为，对伪造夫妻共同债务企图侵占另一方财产的违法行为，本条规定，在离婚分割夫妻共同财产时，对该方可以少分或者不分。本条所讲的在离婚分割夫妻共同财产时，是指在离婚诉讼期间。

夫妻共同财产属于夫妻共同共有，依照民法共同共有的理论，原则上，在共同体解体时，对共同共有的财产应当均等分割。但是，由于夫妻中的一方存在以隐藏、转移、变卖、毁损、挥霍手段侵害夫妻共同财产的违法行为，存在伪造夫妻共同债务企图侵占另一方财产的违法行为，所以本条规定对实施上述违法行为的一方，在分割夫妻共同财产时，可以少分或不分。

对他们少分或不分夫妻共同财产，是违法行为实施者理应承担的法律责任。

第五章 收养

第一节 收养关系的成立

第一千零九十三条 【被收养人的范围】下列未成年人，可以被收养：

（一）丧失父母的孤儿；

（二）查找不到生父母的未成年人；

（三）生父母有特殊困难无力抚养的子女。

条文注解

收养是自然人领养他人子女为自己子女的一种民事法律行为，能够起到依法变更亲子关系、转移亲子间权利义务关系的法律效力。在被收养人条件方面，与收养法相比，最大的变化来自对其年龄的限制，即由原来的被收养人应当不满14周岁，修改为未满18周岁的未成年人，符合相应条件均可被收养。

第一，丧失父母的孤儿。此处的“丧失”应指被收养人的父母已经死亡或者被宣告死亡。“父母”不仅包括生父母，还包括养父母以及有扶养关系的继父母，从而尽可能扩大本项的适用范围。这里需要指出的是，该项不包括父母被宣告失踪的情形。如果父母因查找不到而被宣告失踪，可以考虑适用本条第2项，从而作为“查找不到生父母的未成年人”适用收养。

第二，查找不到生父母的未成年人。关于本项需要注意：(1)本项与收养法的规定相比，将收养法规定的“弃婴和儿童”修改为“未成年人”。(2)本项规定的“查找不到”是指通过各种方式均无法找到。虽然本条未对“查找不到”附加时间上的限制，但从维护收养关系稳定的角度，在操作方面应当有一个合理期间的限制，个人或者有关机关经过一定期间仍查找不到的未成年人，可以作为被收养人。此外，需要强调的是，对于暂时脱离生父母，但嗣后又被找回的未成年人，不属于此处的“查找不到”，不应当成为被收养的对象。

第三，生父母有特殊困难无力抚养的子女。与前两项相比，该项当中可作为被收养人的主体并非丧失父母或者父母查找不到，而是由于生父母自身不具备抚养子女的能力，从而产生被收养的需要。本项的“有特殊困难”属于一个包容性较强的表述，既包括生父母因经济困难无力抚养，也包括生父母因身体或者精神原因自身不具备抚养能力等。从实践的情况来看，因生父母无力抚养而需要被收养的情况复杂多样，采用“特殊困难”的表述可以不必列举具体情形，而由有关部门在确定是否可被收养时根据情况进行判断。

第一千零九十四条 【送养人的范围】下列个人、组织可以作送养人：

（一）孤儿的监护人；

（二）儿童福利机构；

（三）有特殊困难无力抚养子女的生父母。

条文注解

在收养法律关系中，何种主体可以作为送养人，是一个非常重要的问题。一般认为，送养人适格是收养法律关系成立的实质要件，即只有送养人符合相关条件，收养才能有效成立。

关于“孤儿的监护人”。所谓孤儿，是指其父母死亡或人民法院宣告其父母死亡的不满18周岁的未成年人。关于未成年人的监护人，本法第27条规定，“父母是未成年子女的监护人。未成年人的父母已经死亡或者没有监护能力的，由下列有监护能力的人按顺序担任监护人：（一）祖父母、外祖父母；（二）兄、姐；（三）其他愿意担任监护人的个人或者组织，但是须经未成年人住所地的居民委员会、村民委员会或者民政部门同意”。监护制度是对被监护人行为能力的一种补足，是民法上对于无行为能力人和限制行为能力人的人身、财产及其他合法权益进行监督、保护的一种制度。

关于“儿童福利机构”。所谓社会福利机构，是指国家设立的对于孤儿、弃儿等进行监管看护的机构。从实践情况看，我国的社会福利机构主要是指各地民政部门主管的收容、养育孤儿和查找不到生父母的未成年人的社会福利院。

关于“有特殊困难无力抚养子女的生父母”。本项是将特定情形下的生父母作为送养人的规定。生父母作为子女的法定监护人，在一般情况下都要履行作为父母的监护人职责，不得随意将应由自己承担的责任转由他人承担。但在特殊情况下，生父母因存在特殊困难无力承担这一责任时，从有利于未成年人健康成长的角度，可以由生父母将未成年人送养，从而为其创造更有利于成长的家庭环境，这也符合本次收养领域确立的最有利于被收养人的原则要求。

关联法规

《未成年人保护法》第 43 条

第一千零九十五条 【监护人送养未成年人的特殊规定】未成年人的父母均不具备完全民事行为能力且可能严重危害该未成年人的，该未成年人的监护人可以将其送养。

条文注解

未成年人在其父母均不具备完全民事行为能力时，即父母双方均为限制行为能力人或者无行为能力人时，原则上其监护人也不得将未成年人送养，除非是父母对该未成年人存在严重危害可能。均不具备完全民事行为能力且可能严重危害该未成年人的，该未成年人的监护人可以将其送养。理解本条需要把握以下几点：第一，本条的规范重点放在了可以送养，即重点强调未成年人的监护人在何种情况下可以送养该未成年人。婚姻家庭编在一般规定中新增了"收养应当遵循最有利于被收养人"的原则，这实际上是收养法律关系中最为重要、最能体现收养制度价值与功能的原则。第二，在父母尚存的情况下，对于监护人送养未成年人的条件要求是非常严格的。首先，要求未成年人的父母双方均不具备完全民事行为能力。如果未成年人的父母任何一方属于完全民事行为能力人，一般情况下意味着其具有抚养、教育未成年人的能力，在这种情况下，监护人不得将未成年人送养；只有未成年人的父母双方均不具备完全民事行为能力，即其双方均为限制行为能力或者无行为能力人时，监护人才有可能被允许送养。其次，未成年人的父母必须存在可能严重危害该未成年人的情形时，监护人才可将未成年人送养。所谓可能严重危害该未成年人，主要是指其父母存在危害该未成年人的现实危险且达到严重程度的情形。在这种情况下，即使危害行为尚未实际发生，从保护未成年人利益的角度出发，也允许监护人将其送养。第三，此种情况下的送养主体，只能是该未成年人的监护人。在未成年人的父母均不具备完全民事行为能力且可能严重危害该未成年人时，上述三类主体均无法成为适格的送养主体。此时，根据本条规定，能够成为送养主体的，是该未成年人的监护人。监护人作为实际承担监护职责的人，对该未成年人的情况最为熟悉，由其担任送养人与收养人成立收养法律关系，较为合适。

第一千零九十六条 【监护人送养孤儿的特殊规定】监护人送养孤儿的，应当征得有抚养义务的人同意。有抚养义务的人不同意送养、监护人不愿意继续履行监护职责的，应当依照本法第一编的规定另行确定监护人。

条文注解

根据本条规定，监护人送养孤儿的，应当征得有抚养义务的人同意。这里的"有抚养义务的人"，是指孤儿的有负担能力的祖父母、外祖父母、兄、姐。理解本条需要注意以下几点：一是孤儿的父母死亡后，有资格担任孤儿监护人的主体并不单一，有监护能力的祖父母、外祖父母、兄、姐都可以作为监护主体。但一般情况下，监护人不可能由多人担任，因此，在监护人确定后，为尊重其他有抚养义务的人意愿，实质上也是为了最大限度地遵循保护未成年人利益的原则，法律要求送养应当征得有抚养义务的人的同意。二是如果有抚养义务的人不同意送养，监护人又不愿意继续履行监护职责，则要通过变更监护人的方式确保未成年人的利益不受损害。有抚养义务的人不同意送养，原因可能是多方面的，有可能是因为想通过变更监护人的方式获得被监护人的监护权，也有可能仅仅是因为情感上无法接受被监护人被他人收养。无论何种原因，有抚养义务的人的不同意送养的意思表示应当明确作出。在这种情况下，如果监护人又表示不愿意继续履行监护职责，为了使未成年人不致处于无人监护的状态，就需要按照有关规定变更监护人。三是变更监护人应当依照本法总则编的有关规定进行。

关联法规

《中国公民收养子女登记办法》第 3 条，《收养登记工作规范》第 17 条

第一千零九十七条 【生父母送养】生父母送养子女，应当双方共同送养。生父母一方不明或者查找不到的，可以单方送养。

条文注解

生父母送养子女，原则上要求双方共同送养，只有在生父母一方不明或者查找不到的情形下，才可以由生父或者生母单方送养。理解本条需要明确以下两点：第一，生父母送养子女应当双方共同送养，这是原则要求。基于父母双方对于抚养子女的平等地位，送养应当双方共同进行。在实践操作层面，可以双方共同表示送养的意思，也可以由一方表达出送养意愿，另一方表示同意。在后一种情况下，这种同意的表示应是明确的、具体的。第二，生父母送养子女可以单方送养，这是例外规定，应当严格限于法律规定的两种情形，即生父母一方不明或者查找不到。所谓生父母一方不明，是指不能确认被收养人的生父或者生母为谁的情况。例如，生母曾因自身的特殊经历，不知其所生子女的生父是谁。在这种情况下，如果生母无力抚养所生子女，应当允许其送养该子女，给子女提供一个更好的成长环境。所谓查找不到，是指经过一定期间，无法查找到生父或者生母的情况。例如，未成年子女的生母无故离家出走，经过有关机关在一定期间查找仍查找不到，此时，为尽快使未成年子女获得稳定、良好的成长环境，应当允许无力独自抚养子女的生父送养。

第一千零九十八条　【收养人的条件】收养人应当同时具备下列条件：

（一）无子女或者只有一名子女；

（二）有抚养、教育和保护被收养人的能力；

（三）未患有在医学上认为不应当收养子女的疾病；

（四）无不利于被收养人健康成长的违法犯罪记录；

（五）年满三十周岁。

条文注解

关于收养人无子女或者只有1名子女。此处的“无子女”包括多种情况，主要是指夫妻双方或者一方因不愿生育或不能生育而无子女，或者因所生子女死亡而失去子女，或者指收养人因无配偶而没有子女的情况，即主要是指收养人没有亲生子女，同时也没有养子女及形成抚养教育关系的继子女。需要强调的是，这里的“无子女”不能简单地理解为没有生育能力，如果此前生育过子女，但子女因故死亡，也属于“无子女”。

关于有抚养、教育和保护被收养人的能力。收养人具备抚养、教育和保护被收养人的能力，这是收养人必须要有的基本条件。此处的“抚养、教育和保护被收养人的能力”，主要是指收养人应当具有完全民事行为能力，在身体、智力、经济、道德品行以及教育子女等各个方面均有能力实现对未成年子女的抚养、教育和保护，能够履行父母对子女应尽的义务。如果收养人自身经济困难或者患有重病等，就无力承担这一义务，从而损害未成年子女的利益，不利于其健康成长。

关于未患有在医学上认为不应当收养子女的疾病。收养人不应患有相关疾病，这是对收养人在身体方面的特别要求。如果收养人患有这些疾病，将对被收养人的健康成长产生重大影响，在适用“未患有在医学上认为不应当收养子女的疾病”这一规定处理具体问题时，要特别注意须有充分科学的依据，必要时通过专门的医学鉴定加以确定，切不可随意适用该项条件拒绝特定主体的收养要求。

关于无不利于被收养人健康成长的违法犯罪记录。并非有过任何违法犯罪记录的人都不能担任收养人，本项还是强调“无不利于被收养人健康成长的违法犯罪记录”，即收养人从事过与未成年人健康成长有关的违法犯罪的，才会因该违法犯罪记录而被限制收养。比如，收养人曾有过对未成年人的强奸、猥亵犯罪的。假如收养人的违法犯罪与未成年人无关，则不受该项条件的限制。

关于收养人年龄的规定。要求收养人须年满30周岁，收养人只有达到一定年龄，才可能在经济能力、心智完善程度方面满足一定标准，从而具备承担抚养被收养人的义务，更好保障被收养人的利益。

第一千零九十九条　【收养三代以内旁系同辈血亲子女的特殊规定】收养三代以内旁系同辈血亲的子女，可以不受本法第一千零九十三条第三项、第一千零九十四条第三项和第一千一百零二条规定的限制。

华侨收养三代以内旁系同辈血亲的子女，还可以不受本法第一千零九十八条第一项规定的限制。

第一千一百条　【收养子女的人数】无子女的收养人可以收养两名子女；有子女的收养人只能收养一名子女。

收养孤儿、残疾未成年人或者儿童福利机构抚养的查找不到生父母的未成年人，可以不受前款和本法第一千零九十八条第一项规定的限制。

第一千一百零一条 【共同收养】有配偶者收养子女，应当夫妻共同收养。

第一千一百零二条 【无配偶者收养异性子女】无配偶者收养异性子女的，收养人与被收养人的年龄应当相差四十周岁以上。

第一千一百零三条 【继父母收养继子女的特殊规定】继父或者继母经继子女的生父母同意，可以收养继子女，并可以不受本法第一千零九十三条第三项、第一千零九十四条第三项、第一千零九十八条和第一千一百条第一款规定的限制。

第一千一百零四条 【收养、送养自愿】收养人收养与送养人送养，应当双方自愿。收养八周岁以上未成年人的，应当征得被收养人的同意。

条文注解

收养人收养意愿的作出必须是真实、自愿的，如果这种收养意思表示是受胁迫、欺诈等作出的，就不会产生有效的收养关系，也必将有损被收养人的合法权益。如果被收养人属于8周岁以上的未成年人，还必须征得被收养人的同意才可收养。即使送养人与收养人达成了收养合意，如果被收养人不同意被收养，则不得进行收养。之所以对限制行为能力的未成年人收养附加“同意”要件，主要是考虑到这一年龄段的未成年人相较于无行为能力的未成年人而言，已经有了比较成熟的自我意识，尤其是在涉及人身关系的变动方面，能够表达自己的真实意愿，作出符合自己内心真实意思的判断，这也是收养应当最有利于被收养人利益原则的体现。

第一千一百零五条 【收养登记、收养公告、收养协议、收养公证、收养评估】收养应当向县级以上人民政府民政部门登记。收养关系自登记之日起成立。

收养查找不到生父母的未成年人的，办理登记的民政部门应当在登记前予以公告。

收养关系当事人愿意签订收养协议的，可以签订收养协议。

收养关系当事人各方或者一方要求办理收养公证的，应当办理收养公证。

县级以上人民政府民政部门应当依法进行收养评估。

条文注解

本法对于收养协议的签订并非强制性规定，而是可以由当事人根据具体情况自愿选择是否签订。鉴于收养是变更身份的民事法律行为，如果当事人选择签订，必须由收养人与送养人双方亲自进行，不得由他人代理。收养协议中，无论是收养人、送养人还是被收养人，必须符合法律规定的条件要求，其内容也必须符合相关的规定。如果被收养人已年满8周岁，收养协议中还必须包含被收养人同意收养的意思表示。从形式上讲，收养协议应当采用书面形式，双方当事人各执一份，协议自双方当事人在协议上签字盖章之日起生效。

本条第4款是关于收养公证的规定，收养公证并非收养的必经程序，只有收养关系的各方当事人或者一方当事人提出办理收养公证的要求时，才依法予以办理。从办理顺序上看，公证一般应当在签订收养协议并且办理收养登记后进行；如果尚未办理收养登记，仅就收养协议进行公证，只能证明协议是真实合法的，并不能证明收养关系已经成立。

关联法规

《中国公民收养子女登记办法》第7条

第一千一百零六条 【被收养人户口登记】收养关系成立后，公安机关应当按照国家有关规定为被收养人办理户口登记。

条文注解

收养关系成立后，收养人与被收养人之间就成立了拟制的父母子女关系，适用一切同父母子女关系有关的规定。从户籍管理的角度来看，既然在法律上被收养人已经成为收养人的子女，理应将被收养人纳入收养人的户籍之中。理解本条，需要明确以下几点：第一，为被收养人办理户口登记的前提是必须成立收养关系。第二，办理登记的职能部门是公安机关。第三，根据被收养人的不同情况，需要办理的户口登记类型既包括原始的户口登记，也包括户口迁移。第四，为被收养人办理户口登记，需要依照国家有关规定进行。

关联法规

《中国公民收养子女登记办法》第8条

第一千一百零七条 【抚养】孤儿或者生父母无力抚养的子女，可以由生父母的亲属、朋友抚养；抚养人与被抚养人的关系不适用本章规定。

条文注解

根据本条规定，通过抚养的方式，可以实现对于孤儿以及生父母无力抚养的子女的照顾养育，只是抚养人与被抚养人之间的关系不适用本章关于收养的规定。所谓抚养，是指无民事行为能力或者限制民事行为能力的未成年人的亲属或者其他主体对未成年人所承担的供养、保护和教育的责任。一般来说，引起抚养权变更的原因大致包括以下几点：一是与未成年子女共同生活并负有抚养义务的一方患有严重疾病或因伤残等丧失继续抚养未成年子女的条件。二是与未成年子女共同生活的一方未尽到抚养义务或者在共同生活期间有虐待行为的发生，对于未成年子女的身心健康产生了不利的影响。三是共同生活的未成年子女在满8周岁以后，要求并愿意与另一方生活。

第一千一百零八条 【抚养优先权】配偶一方死亡，另一方送养未成年子女的，死亡一方的父母有优先抚养的权利。

条文注解

关于本条需要明确以下几个问题：第一，根据本条规定，优先抚养权产生于生存一方配偶送养未成年子女之时，即当生存一方配偶作出送养其未成年子女的意思表示之时，死亡一方配偶的父母的优先抚养权即产生。这既有助于保护优先权人的合法权利，同时也便于为未成年人创造良好的成长环境。同时，优先抚养权作为死亡一方配偶的父母享有的一项民事权利，其可以根据权利自由处分的原则对优先抚养权表示放弃。在放弃的具体方式上，可以分为“明示放弃”与“默示放弃”。前者是指优先抚养权人在送养人送养未成年子女时，明确地表示自己不抚养该子女；后者则是指优先抚养权人明知送养人要送养未成年子女，但其既不作出优先抚养的直接、明确的意思表示，也没有阻止他人收养该子女，据此可以推定优先抚养权人放弃了优先抚养权。第二，优先抚养权并不绝对，在有的情况下，从有利于未成年人利益最大化的角度出发，可以考虑限制甚至剥夺优先抚养权人的优先抚养权。比如，优先抚养权人存在严重危害未成年人身心健康的现实危险、优先抚养权人不具备实际的抚养能力等。此外，如果未成年人属于8周岁以上的限制行为能力人，在确定抚养权人时还要充分听取未成年人的意愿。第三，在有的情况下，如死亡一方配偶的父母离婚，但两人同时主张优先抚养权，需要首先审查他们是否同时具备优先抚养权。如果同时具备优先抚养权，就要综合考虑各种因素，并可以听取送养人的意见，确定由其中一人抚养未成年人。第四，优先抚养权的产生具有先决条件，即必须是在配偶一方死亡并且另一方送养子女时，死亡一方配偶的父母才可主张。换言之，如果配偶一方死亡，另一方并无送养子女的意思表示，该方作为子女的生父或者生母，仍然是未成年子女的监护人和法定代理人，由其继续承担对于子女的抚养、教育及保护义务，死亡一方配偶的父母无权主张优先抚养。

第一千一百零九条 【涉外收养】外国人依法可以在中华人民共和国收养子女。

外国人在中华人民共和国收养子女，应当经其所在国主管机关依照该国法律审查同意。收养人应当提供由其所在国有权机构出具的有关其年龄、婚姻、职业、财产、健康、有无受过刑事处罚等状况的证明材料，并与送养人签订书面协议，亲自向省、自治区、直辖市人民政府民政部门登记。

前款规定的证明材料应当经收养人所在国外交机关或者外交机关授权的机构认证，并经中华人民共和国驻该国使领馆认证，但是国家另有规定的除外。

条文注解

本条第1款规定，外国人依法可以在中华人民共和国收养子女。这里的“依法”是指依照我国有关收养的法律法规进行收养行为。从这一表述看，外国人在我国为收养行为，在法律适用方面采取的是属地主义，即必须依照中国有关收养的法律法规进行。

根据该条第2款的规定，外国人在中华人民共和国收养子女，应当经其所在国主管机关依照该国法律审查同意。这说明，除了遵守我国的法律之外，外国人在中国收养子女的，还需要遵守所在国的法律规定。按照本章有关被收养人、送养人以及收养人条件的规定，外国人在我国收养子女的，必须符合这些实质性条件的要求:(1)被收养人方面，丧失父母的孤儿、查找不到生父母的未成年人以及生父母有特殊困难无力抚养的子女这三类主体，均可以作为涉外收养的被收养人由外国人收养。当然，由于我国的收养仅限于未成年人收养，因此，成年人收养并不在涉外收养的范围之列。(2)送养人方面，根据本法第1094条规定，孤儿的监护人、儿童福利机构以及有特殊困难无力抚养子女的生父母，均可以作为送养人送养未成年人。(3)收养人条件方面，本法第1098条规定了收养人应当同时具备的条件，包括无子女或者只有1名子女，有抚养、教育和保护被收养人的能力，未患有在医学上认为不应当收养子女的疾病，无不利于被收养人健康成长的违法犯罪记录，年满30周岁等。外国人原则上最多只能收养2名子女，但是如果收养的是孤儿、残疾未成年人或者儿童福利机构抚养的查找不到生父母的未成年人，可以不受收养人数及收养人子女数量的限制。

根据本条第3款规定，上述证明材料应当经收养人所在国外交机关或者外交机关授权的机构认证，并经中华人民共和国驻该国使领馆认证，国家另有规定的除外。与收养法的规定相比，本条增加了“国家另有规定的除外”的规定。这主要是考虑到，目前我国正在认真考虑、积极推动加入《关于取消外国公文书认证的公约》，增加除外规定能够为将来加入该公约、履行条约义务留下空间。该公约的主要目的是“愿意取消外国公文书需经外交或领事的认证”。

关联法规

《外国人在中华人民共和国收养子女登记办法》第4条

第一千一百一十条 【收养保密义务】收养人、送养人要求保守收养秘密的，其他人应当尊重其意愿，不得泄露。

第二节　收养的效力

第一千一百一十一条　【收养效力】自收养关系成立之日起，养父母与养子女间的权利义务关系，适用本法关于父母子女关系的规定；养子女与养父母的近亲属间的权利义务关系，适用本法关于子女与父母的近亲属关系的规定。

养子女与生父母以及其他近亲属间的权利义务关系，因收养关系的成立而消除。

条文注解

首先，关于养父母与养子女间的权利义务关系。根据本条规定，自收养关系成立之日起，养父母与养子女间的权利义务关系，适用本法关于父母子女关系的规定。其次，关于养子女与养父母的近亲属间的权利义务关系。由于收养关系成立后，养父母子女之间同自然形成的父母子女关系并无二致，因此，在养子女与养父母近亲属关系方面，也同样适用本法关于子女与父母的近亲属之间关系的规定。最后，本条第2款规定了收养关系成立后，养子女与生父母以及其他近亲属间的权利义务关系相应得以消除。收养关系成立后，养父母与养子女间形成了拟制的父母子女关系。此时，如果养子女与生父母的关系继续维持，则会出现双重的父母子女关系，这将使亲子关系变得较为复杂，也与人们的普遍认知不符。因此，本条作了上述规定。只要收养关系成立，养子女与生父母及其他近亲属间的权利义务关系就得以消除。

第一千一百一十二条　【养子女的姓氏】养子女可以随养父或者养母的姓氏，经当事人协商一致，也可以保留原姓氏。

条文注解

本条规定养子女可以随养父或者养母的姓氏，这与本法人格权编有关子女姓氏选取的规定也是一致的。一方面，收养关系成立后，养父母与养子女间成立了法律拟制的父母子女关系，允许养子女选取养父或者养母的姓氏，既有助于增强养子女与养父或者养母之间相互的情感认同，便于其更好更快融入收养家庭，也有利于对他人保守收养秘密，维护当事人的隐私权。当然，从另一方面来说，送养人与收养人在收养关系成立时也可能早已约定好未成年子女的姓氏问题，如果双方协商一致，法律也并不禁止未成年被收养人保留原姓氏。

第一千一百一十三条 【无效收养行为】有本法第一编关于民事法律行为无效规定情形或者违反本编规定的收养行为无效。

无效的收养行为自始没有法律约束力。

条文注解

根据本条第1款规定，在两种情形之下，收养行为将被认定为无效。第一，有本法总则编关于民事法律行为无效规定的情形。本法第6章民事法律行为专设第3节规定了民事法律行为的效力。第143条首先从正面规定了民事法律行为有效应当具备的条件，包括行为人具有相应的民事行为能力、意思表示真实以及不违反法律、行政法规的强制性规定，不违背公序良俗。在此基础上，如果不具备或者不完全具备这些条件的民事法律行为，其效力将受到影响，具体可导致无效、可撤销、效力待定等多种效力形态。其中，属于无效民事法律行为的情形包括：(1)无民事行为能力人实施的民事法律行为无效。(2)行为人与相对人以虚假的意思表示实施的民事法律行为无效。(3)违反法律、行政法规的强制性规定的民事法律行为无效，但是该强制性规定不导致该民事法律行为无效的除外。(4)违背公序良俗的民事法律行为无效。(5)行为人与相对人恶意串通，损害他人合法权益的民事法律行为无效。从总则编的规定看，这些无效情形涵盖了行为人行为能力欠缺、意思表示不真实、违法性等各个方面，是总则编对于民事法律行为效力否定性评价的主要依据。收养作为具有人身性质的民事法律行为，自然应当受到总则编有关民事法律行为效力评价规定的约束。如果送养人与收养人之间的收养行为具有上述情形的，则行为应属无效。第二，违反本编规定的收养行为无效。除具有总则编无效情形的收养行为应属无效收养之外，如果收养行为违反了婚姻家庭编的规定，也应属于无效的收养行为。

本条第2款规定，无效的收养行为自始没有法律约束力。根据本法第155条规定，无效的民事法律行为自始没有法律约束力。收养作为具有人身性质的民事法律行为，也应遵循法律行为制度的基本原理，一旦被认定无效，也应当是从行为一开始便没有法律约束力。

第三节 收养关系的解除

第一千一百一十四条 【当事人协议解除及因违法行为而解除】收养人在被收养人成年以前，不得解除收养关系，但是收养人、送养人双方协议解除的除外。养子女八周岁以上的，应当征得本人同意。

收养人不履行抚养义务，有虐待、遗弃等侵害未成年养子女合法权益行为的，送养人有权要求解除养父母与养子女间的收养关系。送养人、收养人不能达成解除收养关系协议的，可以向人民法院提起诉讼。

条文注解

本条第1款规定，协议解除收养关系存在以下特点，需要准确把握：一是原则上，在被收养人成年以前，收养人不得单方解除收养关系。这一规定主要是出于对未成年人利益的保护，防止因收养人推卸责任而致使未成年人无人抚养的状况出现。二是收养人与送养人经协商一致，可以解除收养关系。在收养人不得随意解除收养关系的原则要求之下，如果收养人与送养人能够协商一致，意味着对未成年人的抚养不会出现问题，从尊重双方当事人意思自治的角度出发，可以允许解除收养关系。三是养子女8周岁以上的，应当征得其同意。在送养人、收养人就解除收养关系达成一致的前提下，如果养子女属于8周岁以上的限制行为能力人，则还需要征得养子女的同意才可解除收养关系。这是因为，收养关系的解除不能只考虑送养人、收养人的意愿。养子女8周岁以上的，能够基于被抚养经历及情感联系选择最有利于自己的成长环境，此时就需要征得其同意方可解除收养关系。四是收养人、送养人协商解除收养关系只能通过协议解除的方式，不能通过诉讼方式解除。

本条第2款是通过诉讼解除收养关系的规定。理解本款需要注意以下几点：一是适用本款规定的前提是被收养人尚未成年。二是本款适用的对象仅为送养人，不适用于收养人或者被收养人。其立法初衷在于保护被收养人的合法权益，赋予送养人在一定条件下提起解除收养关系之诉的权利。三是本款的适用情形有严格限制，即收养人不履行抚养义务，有虐待、遗弃等侵害未成年养子女合法权益的行为。如果收养人不存在这些行为，则送养人无权提起解除收养关系的诉讼。

第一千一百一十五条 【关系恶化而协议解除】养父母与成年养子女关系恶化、无法共同生活的,可以协议解除收养关系。不能达成协议的,可以向人民法院提起诉讼。

条文注解

正确理解和适用本条,需要注意以下几点:第一,本条解决的是养父母与成年养子女关系恶化、无法共同生活时收养关系的解除,不包括养子女为未成年人时的情形。第二,本条所规范的养父母与成年养子女之间收养关系的解除,既包括协议解除,也包括诉讼解除。当养父母与成年养子女双方关系恶化、无法共同生活时,可以由一方提出解除收养关系的意思表示,另一方如果同意,则双方就可以协议解除。如果一方提出解除,另一方不同意解除或者对解除收养关系的具体内容不认可,则可以通过向法院提起诉讼的方式解除收养关系。无论是养父母还是成年养子女,均享有诉权。第三,养父母与成年养子女解除收养关系的原因是双方关系恶化、无法共同生活,至于引起关系恶化的具体原因在所不问。实践中,成年养子女既可能因为生活方式、价值理念的不同而与养父母关系恶化,也可能存在成年后为逃避赡养义务而故意与养父母交恶,无论出于何种原因,此时勉强维持收养关系都于双方无益,都应允许解除收养关系。

第一千一百一十六条 【解除收养关系登记】当事人协议解除收养关系的,应当到民政部门办理解除收养关系登记。

条文注解

理解本条,需要注意以下几点:一是本条的规范对象是协议解除收养关系。在本法第1114、1115条的规定的三种情形下,如果双方达成了解除收养关系的协议,应当到民政部门办理解除收养关系登记。二是按照有关程序要求,双方应携带必要的材料,共同到民政部门办理解除收养关系登记。同收养关系成立一样,收养关系的协议解除体现的也是双方的共同合意,只有双方同时到民政部门办理解除收养关系登记,才便于民政部门准确查明双方合意,正确办理登记。三是民政部门查明双方的协议解除符合有关规定,依法办理登记,收养关系自登记之日起解除。民政部门在办理解除收养关系登记时，应当按照收养的有关规定进行审核，只有符合规定的，才可以办理解除登记。同时，与收养关系自登记之日起成立一样，收养关系的解除效力也应自解除收养关系登记之日起算。

第一千一百一十七条 【解除收养关系后的身份效力】收养关系解除后，养子女与养父母以及其他近亲属间的权利义务关系即行消除，与生父母以及其他近亲属间的权利义务关系自行恢复。但是，成年养子女与生父母以及其他近亲属间的权利义务关系是否恢复，可以协商确定。

条文注解

本条规定了在收养关系解除后，养子女与养父母以及其他近亲属的权利义务关系即行消除，而与生父母以及其他近亲属的权利义务关系自行恢复，无须办理任何手续。同时，也不区分协议解除还是诉讼解除，均产生此种法律后果。这样一来，对于未成年被收养人的抚养、教育就不会出现“真空”状态，能够自动得以接续，未成年人可以继续在良好的环境下健康成长。另外，如果收养关系解除后，养子女已经成年，意味着该子女已经具备完全行为能力，具有独立的思考和认知能力，可以自主决定未来的生活安排，能够依据自己的所思所想规划未来，包括与谁确立亲子关系等。

第一千一百一十八条 【解除收养关系后的财产效力】收养关系解除后，经养父母抚养的成年养子女，对缺乏劳动能力又缺乏生活来源的养父母，应当给付生活费。因养子女成年后虐待、遗弃养父母而解除收养关系的，养父母可以要求养子女补偿收养期间支出的抚养费。

生父母要求解除收养关系的，养父母可以要求生父母适当补偿收养期间支出的抚养费；但是，因养父母虐待、遗弃养子女而解除收养关系的除外。

条文注解

收养关系存续期间，收养人除了付出时间和精力尽心照顾未成年子女之外，还要为子女的健康成长支出生活费、教育费、医疗费等各方面费用。

在收养关系一直维持的情况下，收养人在精神和物质方面的付出可以通过将来养子女成年后履行赡养、扶助义务得到回报和补偿。但是，在收养关系解除后，收养人在收养关系存续期间所付出的各项费用便无法通过被收养人将来履行赡养义务的方式进行补偿。此时，从权利义务相对等的角度出发，立法需要对双方进行利益上的平衡。

正确理解和适用本条，需要注意以下几点：第一，收养关系解除后，成年养子女应对抚养过自己的、缺乏劳动能力又缺乏生活来源的养父母给付生活费。这里不区分协议解除还是诉讼解除。只要养父母尽了对于养子女的抚养义务，养子女成年后，对于缺乏劳动能力又缺乏生活来源的养父母，都应当给付生活费。这里需要满足以下几项条件：(1)收养关系已经解除。既包括协议解除，也包括诉讼解除。(2)养父母须实际抚养过养子女。如果收养关系成立后，养父母并未对养子女尽抚养义务，则其无权在养子女成年后要求支付生活费。这里体现的，仍然是权利义务相对等的原则。(3)养父母具有缺乏劳动能力又缺乏生活来源的情形。由于收养关系解除后，养父母与养子女间已经不再具有父母子女关系。此时，要求成年养子女向养父母给付生活费，更多的是基于养父母之前的抚养事实。因此，对这一情形应该加以限制，即只有在养父母既缺乏劳动能力又缺乏生活来源时，成年养子女才有给付生活费的义务。第二，养父母与成年养子女关系恶化、无法共同生活的，可以协议解除收养关系，不能达成协议的，可以通过诉讼方式解除收养关系。此种情况下收养关系的解除，既可能确因双方生活观念不符所致，也可能因成年养子女虐待、遗弃养父母而解除。在后一种情况下，尽管收养关系最终解除，但养父母可以要求养子女补偿收养期间支出的抚养费。这种补偿，一方面是考虑权利义务的对等；另一方面也是对养子女虐待、遗弃养父母行为的一种惩戒，是合理的。第三，生父母提出解除收养关系要求的，养父母可以要求生父母适当补偿收养期间支出的抚养费。在生父母提出解除收养关系要求的情形下，考虑到养父母对于养子女的成长付出了经济、时间等各方面的巨大成本，赋予养父母对于生父母抚养费的补偿请求权是合适的，但这种请求权有两方面限制：(1)养父母可以要求适当补偿抚养费支出。在长期的收养关系存续期间，养父母的具体支出是难以准确计算的。因此，养父母可以结合自己抚养教育养子女的具体情况，提出一个适当、大致的补偿标准。(2)解除收养关系的请求虽由生父母提出，但原因在于养父母虐待、遗弃养子女的，由于养父母自身存在过错，其无权提出补偿抚养费的请求。

第六编 继　　承

第一章 一般规定

第一千一百一十九条 【继承编的调整范围】本编调整因继承产生的民事关系。

条文注解

继承是自然人死亡后，按照法律规定或者遗嘱处理分配其所遗留的个人财产的制度。继承是一种古老的法律制度，可以说自有财产私有制起，就涉及自然人死亡后其生前所积累财产的分割与处分问题。继承法律关系包括三个方面的内容：一是继承法律关系的主体，即依法享有继承权利、承担相应义务的人，主要包括被继承人和继承人、受遗赠人。被继承人就是死亡时遗留财产的自然人。被继承人只能是自然人。因为法人、非法人组织解散或者破产后，需要按照法律规定清算以处理其财产。继承人就是继承遗产或者有权继承遗产的人。受遗赠人就是根据被继承人的遗嘱接受其赠与的人。二是继承法律关系的客体，就是遗产，即被继承人死亡时所遗留的个人合法财产。继承法律关系所指向的对象，就是被继承人的遗产。继承法律关系围绕遗产的分割与处分展开。三是继承法律关系的内容，就是继承法律关系当事人之间的权利义务关系。在继承法律关系中，继承人享有继承权，同时也承担着相应的法律义务。

关联法规

《宪法》第13条，《妇女权益保障法》第34条，《公司法》第75条，《农村土地承包法》第32条

第一千一百二十条 【继承权受国家保护】国家保护自然人的继承权。

关联法规

《宪法》第13条,《妇女权益保障法》第34条,《未成年人保护法》第52条

第一千一百二十一条 【继承开始的时间及死亡先后的推定】继承从被继承人死亡时开始。

相互有继承关系的数人在同一事件中死亡,难以确定死亡时间的,推定没有其他继承人的人先死亡。都有其他继承人,辈份不同的,推定长辈先死亡;辈份相同的,推定同时死亡,相互不发生继承。

条文注解

本条第1款规定,继承从被继承人死亡时开始。继承的开始意味着继承法律关系的形成。继承开始的时间非常重要,继承开始的时间决定着以下五个重要问题:一是继承人、受遗赠人的范围。继承人有哪些、受遗赠人是否能够获得遗赠,都需要根据继承开始时有关当事人的法律状态来判断。如果被继承人死亡时,遗嘱所确定的受遗赠人在此前已经死亡的,则该受遗赠人不能享有受遗赠权。因此,一个民事主体是否享有继承权或者受遗赠权,需要根据被继承人死亡之时该民事主体的法律状态具体判断。二是遗产的范围。被继承人死亡的时间是确定被继承人所遗留遗产的时点。被继承人生前可以根据自己的意志自由处分其所有的财产,因此,财产状况是变化的,难以确定。而一旦被继承人死亡,此时,被继承人遗留财产的种类、数量、范围、债权债务等才能最终确定。三是遗产所有权的转移。被继承人死亡后,被继承人不再具有民事权利能力,也就不能成为民事权利的主体,其所遗留的财产的所有权即应转移给继承人。因继承取得物权的,自继承开始时发生效力。因此,继承人死亡的时间就是遗产所有权移转的时间。四是遗嘱的效力。遗嘱订立后并不发生效力,只有在被继承人死亡时,遗嘱才生效。因此,继承开始的时间也就是遗嘱生效的时间。如果被继承人留有数份遗嘱,各遗嘱之间的内容有抵触的,根据继承编的有关规定,应当以被继承人生前所立最后的那份遗嘱为准。因此,一份遗嘱是否发生效力、是否有效,需要根据被继承人死亡时的具体情况判断。五是继承权的放弃。继承人有权放弃继承,但是根据继承编的规定,放弃继承必须在继承开始后遗产分割之前,继承人不能在继承开始之前表明放

弃继承。因此，继承开始的时间决定着一个人所作的放弃继承的意思表示是否有效。

本条第 2 款的规定是从有利于保护继承人的利益角度考虑的。相互有继承关系的数人在同一事件中死亡的，根据本款规定，确定死亡时间需要根据具体情况判断。首先，在同一事件中死亡的相互有继承关系的数人，他们的死亡时间如果可以确定的，应当根据客观证据来确定。其次，如果没有证据能证明他们的死亡时间的先后的，则需要根据各自的具体情况进一步作出推定。第一种情况，如果有人没有其他继承人，其与仅有的继承人都在同一事件中死亡的，推定此人先死亡。这样规定就可以使其遗产能够依法被继承，而不会造成无人继承的状况。第二种情况，如果他们都有其他继承人，就需要再进一步根据他们之间的辈份情况来推定，具体而言：其一，辈份不同的，推定长辈先死亡；其二，辈份相同的，推定同时死亡，相互之间不发生继承。

关联法规

《民事诉讼法》第 33 条

第一千一百二十二条 【遗产的定义】遗产是自然人死亡时遗留的个人合法财产。

依照法律规定或者根据其性质不得继承的遗产，不得继承。

条文注解

本条第 1 款规定，遗产是自然人死亡时遗留的个人合法财产。遗产既是继承法律关系的客体，也是继承权的标的。遗产作为特殊的财产，与一般财产存在诸多不同。首先，遗产仅存于特定时间段。遗产是自然人死亡后所遗留的财产。一个人活着的时候对自己所有的财产享有所有权，即便其立了遗嘱确定了死后财产的分割，只要他还活着，其所有的财产仍是个人财产，并非遗产。只有当他死亡后，其个人所有的财产才成为遗产。同样地，遗产一旦分割，也就转移成为继承人个人所有的财产，此时也不再是遗产了。因此，遗产是在自然人死亡之后到被分割之前特定时间阶段的财产状态。其次，遗产在性质上属于财产。遗产为被继承人遗留的财产，即财产性权利和义务。被继承人的人身性权利和义务不属于遗产的范围。

本条第 2 款规定不得继承的遗产。理解遗产的范围需要从三个方面把握：第一，遗产首先是财产或财产性权益，非财产性权利（人格权、人身权或相关权益）不得作为遗产继承；第二，遗产必须是合法的财产权，非法的财产权也非遗产的范围；第三，遗产必须是被继承人个人的财产，非个人财产不属于遗产的范围。根据本款规定，不得继承的遗产主要有两类：第一类是根据其性质不得继承的遗产，这主要是与被继承人人身有关的专属性权利，如被继承人所签订的劳动合同上的权利义务，被继承人所签订的演出合同上的权利义务。第二类是根据法律规定不得继承的遗产。根据本法第 8 条的规定，民事主体从事民事活动不得违反法律。如果法律有明确规定某些财产是不得继承的，继承人自然不得继承。

关联法规

《农村土地承包法》第 32、54 条，《公司法》第 75 条，《海域使用管理法》第 27 条，《著作权法》第 19 条，《保险法》第 42 条，《合伙企业法》第 50 条，《个人独资法》第 17 条，《社会保险法》第 14 条，《住房公积金管理条例》第 24 条

第一千一百二十三条 【法定继承、遗嘱继承、遗赠和遗赠扶养协议的效力】继承开始后，按照法定继承办理；有遗嘱的，按照遗嘱继承或者遗赠办理；有遗赠扶养协议的，按照协议办理。

条文注解

根据继承方式与被继承人的意思是否有关，继承可以分为遗嘱继承和法定继承。遗嘱继承就是根据被继承人生前所立合法有效。

在通常情况下，如果被继承人生前没有留有有效的遗嘱，继承开始后，就需要启动法定继承制度，根据继承编所规定的继承人的范围、顺序、遗产分配方法等，确定各继承人之间所得遗产的数额。这是最为常见的继承方式。但有遗嘱的，按照遗嘱继承或者遗赠办理。如果被继承人生前留下了合法有效的遗嘱，被继承人的财产就需要优先根据遗嘱的内容来分配。此外，有遗赠扶养协议的，按照协议办理。遗赠扶养协议是自然人生前与继承人以外的个人或者组织签订的协议。当事人之间签订的协议，双方当事人都必须遵守。在遗赠扶养协议中，扶养人有负责被扶养人生养死葬的义务，同时享有获得遗赠的权利；被扶养人生前有权要求扶养人照顾自己，同时也有义务在死亡后将自己的遗产赠与扶养人。

第一千一百二十四条 【继承的接受和放弃】继承开始后，继承人放弃继承的，应当在遗产处理前，以书面形式作出放弃继承的表示；没有表示的，视为接受继承。

受遗赠人应当在知道受遗赠后六十日内，作出接受或者放弃受遗赠的表示；到期没有表示的，视为放弃受遗赠。

条文注解

根据本条第1款的规定，放弃继承必须在特定时间作出，即继承开始后，遗产处理前。继承人放弃继承必须在此时间段作出，既不能在继承尚未开始前放弃，也不能在遗产分割之后放弃。放弃继承就是继承人作出不接受继承、不参与遗产分割的意思表示。放弃继承的继承人既可以是遗嘱继承人，也可以是法定继承人。放弃继承的意思表示可以是继承人本人作出，也可以通过其代理人作出。继承权是继承人依法享有的一种权利，继承人可以放弃，也可以不放弃，应当尊重继承人的内心意思，任何人不得胁迫、欺诈他人放弃继承。继承人放弃继承，必须以书面方式作出。

本条第2款规定，作出接受或者放弃受遗赠的期限为60日，即从受遗赠人知道受遗赠后的60日内作出。接受遗赠必须以明示的方式作出意思表示，受遗赠人在法定期限内不作出意思表示的视为放弃。从法律的本质上而言，遗赠行为在某种程度上应当视为一种双方法律行为，遗赠人作出赠与的意思表示，受遗赠人需要接受方可，这就需要双方意思达成一致方能成立，遗赠人不得将自己的意思强加给另一方。因此，如果受遗赠人在法定期限内不作任何意思表示，赠与的合意难以形成，法律不宜强迫当事人达成合意，故不宜规定受遗赠人不作出接受表示即视为接受。同时，考虑到接受遗赠属于行使权利的行为，不宜对当事人要求过高，在形式上法律不宜作硬性规定，只要受遗赠人作出意思表示即可，不必非得以书面方式作出。

第一千一百二十五条 【继承权的丧失和恢复】继承人有下列行为之一的，丧失继承权：

（一）故意杀害被继承人；

（二）为争夺遗产而杀害其他继承人；

（三）遗弃被继承人，或者虐待被继承人情节严重；

（四）伪造、篡改、隐匿或者销毁遗嘱，情节严重；

（五）以欺诈、胁迫手段迫使或者妨碍被继承人设立、变更或者撤回遗嘱，情节严重。

继承人有前款第三项至第五项行为，确有悔改表现，被继承人表示宽恕或者事后在遗嘱中将其列为继承人的，该继承人不丧失继承权。

受遗赠人有本条第一款规定行为的，丧失受遗赠权。

条文注解

继承权丧失，是指继承人因对被继承人或者其他继承人实施了法律所禁止的行为，而依法被取消继承被继承人遗产的资格。继承权丧失意味着继承人不再享有获得被继承人遗产的权利，继承人在继承开始后可以自主决定放弃继承权，但继承权丧失是法律规定取消继承权的情形。

本条第1款规定，继承人有下列行为之一的，丧失继承权：一是故意杀害被继承人。所谓故意杀害就是故意剥夺他人生命。根据我国刑法规定，这种行为构成故意杀人犯罪。二是为争夺遗产而杀害其他继承人。首先，在主观上，必须有杀害的故意，且动机为争夺遗产。其次，在客体上，所侵害的必须是其他继承人的生命。最后，在客观上，也是实施了杀害的行为，当然无论这种犯罪行为是否既遂，都构成丧失继承权的法定事由。三是遗弃被继承人，或者虐待被继承人情节严重。本项包括两种情况：第一种是遗弃被继承人。需要注意的是，只要行为人实施了遗弃被继承人的行为，而无论这种行为是否严重，即依法将失去继承权。遗弃被继承人的行为也可能构成犯罪。第二种是虐待被继承人，如果继承人虐待被继承人情节严重，则构成丧失继承权的法定事由。继承人虐待被继承人情节是否严重，可以从实施虐待行为的时间、手段、后果和社会影响等方面判断。四是伪造、篡改、隐匿或者销毁遗嘱，情节严重。遗嘱是遗嘱人处分自己遗产的意思表示。自然人有处分自己财产的权利，有遗嘱自由，如果遗嘱被他人篡改、隐匿或者销毁，这就歪曲了遗嘱人的真实意思，伪造遗嘱更是如此。五是以欺诈、胁迫手段迫使或者妨碍被继承人设立、变更或者撤回遗嘱，情节严重。所谓欺诈，是指继承人故意欺骗被继承人，使被继承人陷入错误判断，并基于此错误判断而立遗嘱、变更遗嘱内容或者撤回所立遗嘱。所谓胁迫，就是继承人通过威胁、恐吓等不法手段对被继承人思想上施加强制，由此使被继承人产生恐惧心理并基于恐惧心理而立下遗嘱、修改遗嘱内容或者撤回所立遗嘱。

本条第2款规定，继承权恢复的前提条件是：第一，继承人是因为实施了第1款第3～5项的行为而丧失继承权，即继承人丧失继承权是因为遗弃被继承人，虐待被继承人情节严重，伪造、篡改、隐匿或者销毁遗嘱情节严重，或者以欺诈、胁迫手段迫使或者妨碍被继承人设立、变更或者撤回遗嘱情节严重。只有因为此3类事由丧失继承权的，方可以恢复。如果继承人因为实施了故意杀害被继承人或者为争夺遗产而杀害其他继承人而丧失继承权的，则不论如何是不能再恢复继承权的。第二，继承人确有悔改。所谓确有悔改，就是继承人在实施上述行为后，从内心认识到自己的错误，并积极主动改正自己的错误。第三，被继承人作出了恢复继承权的意思表示。被继承人可以通过两种方式恢复继承人丧失的继承权。第一种就是被继承人表示宽恕，即被继承人原谅继承人所犯的错误，并予以饶恕。被继承人宽恕的意思表示既可以是以书面方式作出，也可以是口头的，只要其有此意思表示即可。宽恕的意思表示既可以是向丧失继承权的继承人作出，也可以是向其他人作出。第二种就是被继承人事后在遗嘱中仍将丧失继承权的继承人列为继承人。遗嘱的形式不限，只要是合法有效的遗嘱即可。在遗嘱中列为继承人，不一定是指定其为遗嘱继承人，也可以是在遗嘱中确定继承人仍可以参与法定继承的遗产分割。宽恕制度的目的是尊重被继承人的真实意思。如果继承人实施了第1款第3项规定的行为，即便其确有悔改，如果被继承人未作出恢复继承权的意思表示，其继承权仍无法恢复。

本条第3款规定，受遗赠人有本条第1款规定行为的，丧失受遗赠权。赠与虽然是单方法律行为，受赠人无须有积极的作为义务，但是根据合同法原理，如果受赠人实施了某些不利于赠与人或赠与人近亲属的行为，赠与人是可以撤销赠与的。遗赠同样如此，根据本款规定，如果受遗赠人实施了第1款的行为的，受遗赠人将丧失受遗赠权。需要注意的是，丧失受遗赠权属于绝对丧失，受遗赠人一旦实施了第1款规定的行为，即永久丧失受遗赠权，不得再恢复。

关联法规

《刑法》第232、260、262条

第二章 法定继承

第一千一百二十六条 【男女平等享有继承权】继承权男女平等。

关联法规

《宪法》第49条,《妇女权益保障法》第2、34~35条

第一千一百二十七条 【法定继承人的范围及继承顺序】遗产按照下列顺序继承:

(一)第一顺序:配偶、子女、父母;

(二)第二顺序:兄弟姐妹、祖父母、外祖父母。

继承开始后,由第一顺序继承人继承,第二顺序继承人不继承;没有第一顺序继承人继承的,由第二顺序继承人继承。

本编所称子女,包括婚生子女、非婚生子女、养子女和有扶养关系的继子女。

本编所称父母,包括生父母、养父母和有扶养关系的继父母。

本编所称兄弟姐妹,包括同父母的兄弟姐妹、同父异母或者同母异父的兄弟姐妹、养兄弟姐妹、有扶养关系的继兄弟姐妹。

条文注解

法定继承,又被称为"无遗嘱继承",是指继承人范围、继承顺序、继承份额等均由法律直接规定的继承方式。法定继承与遗嘱继承是继承制度中的两种继承方式,法定继承是遗嘱继承的补充,在既没有遗赠扶养协议又没有遗嘱的情况下,被继承人的遗产按照法定继承处理。法定继承具有以下特征:一是具有身份性,法定继承人的范围是基于一定的身份关系而确定,一般以血缘关系和婚姻关系为基础;二是具有法定性,法定继承中有关继承人的范围、继承顺序等的规定具有强行性,不得由当事人变更。法定继承的顺序,是指法律规定的法定继承人继承遗产的先后次序。由于法定继承人通常为多个人,法律需要明确法定继承人之间应当优先取得继

承的人选。一般而言，被继承人与继承人之间血缘关系的远近及共同生活关系的密切程度是各国法律确定法定继承顺序的主要依据。法定继承顺序具有优先性和排他性，只有在没有前一顺序的继承人继承时，后一顺序的继承人才能继承遗产。同一顺序的继承人有多人时，原则上平均分配遗产，仅有一人时，则由其单独继承。

关联法规

《老年人权益保障法》第22条

第一千一百二十八条 【代位继承】被继承人的子女先于被继承人死亡的，由被继承人的子女的直系晚辈血亲代位继承。

被继承人的兄弟姐妹先于被继承人死亡的，由被继承人的兄弟姐妹的子女代位继承。

代位继承人一般只能继承被代位继承人有权继承的遗产份额。

条文注解

代位继承制度是法定继承中的一项重要制度，对于保障遗产在各支系中合理分配、实现财产的传承、发挥遗产育幼功能等方面具有重大作用。代位继承也被称为“间接继承”，是相对于本位继承而言，指具有法定继承权的人因主客观原因不能继承时，由其直系晚辈血亲按照该继承人的继承地位和顺序，继承被继承人遗产的制度。在代位继承中，具有法定继承权的人称为被代位继承人；按照被代位继承人的地位和顺序继承遗产的人称为代位继承人。代位继承制度有以下主要特征。(1)代位继承的发生原因为被代位继承人先于被继承人死亡。本法规定的代位继承的发生原因为被代位继承人先于被继承人死亡，主要有两种情况：一种是被继承人的子女先于被继承人死亡；另一种是被继承人的兄弟姐妹先于被继承人死亡。(2)被代位继承人为被继承人的子女或者兄弟姐妹。本法规定的被代位继承人的范围为被继承人的子女或者兄弟姐妹，子女包括婚生子女、非婚生子女、养子女和有扶养关系的继子女，兄弟姐妹包括同父母的兄弟姐妹、同父异母或者同母异父的兄弟姐妹、养兄弟姐妹、有扶养关系的继兄弟姐妹。(3)代位继承人为被继承人的子女的直系晚辈血亲或者被继承人的兄弟姐妹的子女。

本法规定的代位继承人的范围为被继承人的子女的直系晚辈血亲或

者被继承人的兄弟姐妹的子女。在这里需要注意两点：一是被继承人的子女的代位继承人与被继承人的兄弟姐妹的代位继承人的亲等限制有所不同。二是代位继承人要根据被代位继承人的地位和顺序继承遗产。(4)代位继承的份额一般为被代位继承人有权继承的遗产份额。代位继承的份额是指代位继承人通过代位继承的方式能够取得的遗产份额。本法规定代位继承人一般只能继承被代位继承人有权继承的遗产份额，即被代位继承人如果健在时能继承多少份额，代位继承人也一般只能继承多少份额。

第一千一百二十九条 【丧偶儿媳、丧偶女婿的继承权】丧偶儿媳对公婆，丧偶女婿对岳父母，尽了主要赡养义务的，作为第一顺序继承人。

条文注解

法定继承人一般与被继承人存在血亲、婚姻关系，继承法除了高度重视这两种关系以外，还高度重视扶养关系在继承中所起的作用。尽了主要赡养义务的丧偶儿媳和丧偶女婿可以作为第一顺序继承人参与继承。

关联法规

《妇女权益保障法》第35条

第一千一百三十条 【遗产分配的原则】同一顺序继承人继承遗产的份额，一般应当均等。

对生活有特殊困难又缺乏劳动能力的继承人，分配遗产时，应当予以照顾。

对被继承人尽了主要扶养义务或者与被继承人共同生活的继承人，分配遗产时，可以多分。

有扶养能力和有扶养条件的继承人，不尽扶养义务的，分配遗产时，应当不分或者少分。

继承人协商同意的，也可以不均等。

条文注解

对于法定继承中遗产份额的分配应当遵循以下原则：(1)一般情况下

同一顺序继承人继承遗产的份额应当均等。(2)特殊情况下同一顺序继承人继承遗产的份额可以不均等。一是对生活有特殊困难的缺乏劳动能力的继承人,分配遗产时,应当予以照顾。二是对被继承人尽了主要扶养义务或者与被继承人共同生活的继承人,分配遗产时,可以多分。三是有扶养能力和有扶养条件的继承人,不尽扶养义务的,分配遗产时,应当不分或者少分。四是继承人协商同意的,也可以不均等。法定继承人之间互谅互让、和睦团结的精神,可以协商分配被继承人的遗产。我国继承法充分尊重当事人之间的意思自治。各法定继承人经协商一致,同意不均分遗产的,继承份额也可以不均等。

关联法规

《老年人权益保障法》第13~24条

第一千一百三十一条 【酌情分得遗产权】对继承人以外的依靠被继承人扶养的人,或者继承人以外的对被继承人扶养较多的人,可以分给适当的遗产。

条文注解

对于本条规定,需要从以下几个方面进行理解:(1)可以分给适当遗产的人为继承人以外的人。本条的宗旨即在于创造一种新的遗产取得方式,使继承人以外的其他人基于正义、扶助的理念获得一定数量的遗产,因此可以分给适当遗产的人为继承人以外的人。(2)可以分给适当遗产的条件为继承人以外的人与被继承人之间具有扶养关系。不是继承人的人,只要其与被继承人之间具有扶养关系,可以依据本条规定分得适当的遗产。与被继承人之间具有扶养关系,既包括依靠被继承人扶养的情形,也包括对被继承人扶养较多的情形。(3)可以分给适当遗产的份额不具有确定性。本条规定,对于与被继承人之间具有扶养关系的继承人以外的人,可以分给适当的遗产,没有对可以分得遗产份额的数额作出明确规定。(4)可以分给适当遗产的适用情形为遗产按照法定继承办理时。如果被继承人生前以有效的遗嘱或者遗赠扶养协议等处分了其全部遗产,而没有为与其有扶养关系的继承人以外的人保留遗产份额,则应充分尊重被继承人的意思表示,不能以本条法律推定的被继承人的意思表示来取代被继承人已明示的有效的意思表示。

第一千一百三十二条 【继承处理方式】继承人应当本着互谅互让、和睦团结的精神，协商处理继承问题。遗产分割的时间、办法和份额，由继承人协商确定；协商不成的，可以由人民调解委员会调解或者向人民法院提起诉讼。

条文注解

在法定继承中，如果继承人为2人以上，就需要在继承过程中平衡相互之间的利益关系。一般而言，法定继承人之间具有亲属关系，为了避免继承人之间因争夺遗产而伤了和气甚至反目成仇，影响家庭和睦与社会安定，本法规定继承人应当以互谅互让、和睦团结为指导原则协商处理继承相关的问题，这既是践行社会主义核心价值观的要求，也是法律的倡导性规范，当事人应当予以遵守。

遗产分割的时间，一般来说由继承人之间协商确定，既可以在继承开始后请求分割，也可以约定在一定的期间后或者特定的条件成就时再分割遗产。

遗产分割的办法，主要有四种：即实物分割、变价分割、补偿分割、保留共有。实物分割，一般适用于可分物的遗产，即对作为遗产的原物直接进行分割并分配给各个继承人。变价分割，既可以用于不宜进行原物分割的遗产，也可以用于继承人均不愿意取得该种遗产的情况，此时可以将该遗产变卖后换取变价款，各个继承人按照应当继承遗产的份额比例对变价款进行分割。补偿分割，适用于继承人中有人愿意取得某项不宜进行原物分割的遗产的情况，由该继承人取得该项遗产的所有权，然后由取得遗产所有权的继承人按照其他继承人应当继承遗产的份额比例，分别向其他继承人补偿相应的价款。保留共有，适用于遗产不宜进行原物分割，继承人又均愿意取得遗产，或者各个继承人基于某种目的，愿意保持共有状态的情形，此时各个继承人可以根据其应当继承遗产的份额比例对遗产享有所有权。

遗产分割的份额，应当以法律规定的或者当事人协商的各个继承人应当继承的遗产份额为依据。

在进行遗产分割时，主要有两种方式：一种为继承人协商确定的方式；另一种为人民调解委员会调解或者法院裁判的方式。在分割遗产时，由于主要涉及继承人之间的利益关系，法律在调整时鼓励当事人之间通过协商的方式确定遗产分割的时间、办法和份额，这充分体现了民法尊重当事人之间意思自治的原则。如果继承人之间协商不成的，任一继承人都可以向人民调解委员会申请调解或者向人民法院提起诉讼，通过调解的方式或者裁判的方式，确定遗产分割的时间、办法和份额。需要注意的是，人民调解委员会是依法设立的调解民间纠纷的群众性组织，经人民调解委员会调解达成的调解协议，具有法律约束力，当事人应当按照约定履行。对于经人民调解委员会调解达成的调解协议，当事人可以向人民法院申请司法确认，人民法院依法确认调解协议有效的，该协议具有强制执行的效力。

关联法规

《民事诉讼法》第 33 条，《最高人民法院关于适用〈中华人民共和国民事诉讼法〉的解释》第 70 条

第三章　遗嘱继承和遗赠

第一千一百三十三条　【遗嘱处分个人财产】自然人可以依照本法规定立遗嘱处分个人财产，并可以指定遗嘱执行人。

自然人可以立遗嘱将个人财产指定由法定继承人中的一人或者数人继承。

自然人可以立遗嘱将个人财产赠与国家、集体或者法定继承人以外的组织、个人。

自然人可以依法设立遗嘱信托。

条文注解

关于遗嘱继承和遗赠，继承法是根据取得遗产的人的身份来区分二者：如果按照遗嘱的内容，取得遗产的人为法定继承人以内的人，则属于遗嘱继承；如果按照遗嘱的内容，取得遗产的人为法定继承人以外的人，则属于遗赠。大多数意见认为这种立法例在逻辑上不失严谨，较符合我国的实际情况，且已被民众所熟悉，因此民法典继承编沿用了该标准，继续以取得遗产的人的身份来区分遗嘱继承和遗赠。对于遗嘱继承，本条第 2 款规定，自然人可以立遗嘱将个人财产指定由法定继承人中的一人或者数人继

承。对于遗赠，本条第3款规定，自然人可以立遗嘱将个人财产赠与国家、集体或者法定继承人以外的组织、个人，这既包括自然人，也包括法人、非法人组织等。需要注意的是，遗嘱人对于其个人财产既可以通过遗嘱继承的方式处分，也可以通过遗赠的方式处分，而且遗嘱可以对遗产的取得人以及分配的份额、方式、条件等内容作出规定，这充分体现了遗嘱自由的原则。

信托法对遗嘱信托已经作了规定，遗嘱信托应主要适用信托法进行规范，《民法典》作为民事领域基本法，可以对此作衔接性规定。为此，自然人立遗嘱处分个人财产，既可以指定某个法定继承人继承，也可以遗赠给继承人以外的组织、个人，还可以依法设立遗嘱信托。

关联法规

《信托法》第13条

第一千一百三十四条 【自书遗嘱】自书遗嘱由遗嘱人亲笔书写，签名，注明年、月、日。

条文注解

自书遗嘱，是指遗嘱人本人将处分遗产的意思表示亲自用文字手写出来的遗嘱。自书遗嘱由于是遗嘱人本人亲笔书写，意思表示真实、自由并且容易鉴别真伪，因此形式要求较为简单，可以随时设立，不需要有见证人在场见证，设立过程私密，是最简便易行的遗嘱形式。自书遗嘱如果要有效成立，在形式上需要符合以下三个方面的要求：(1)遗嘱人必须亲笔书写；亲笔书写意味着不能由他人代写遗嘱，也不能用打印等其他方式，只能由遗嘱人本人亲自用笔将自己处分财产的意思表示记录下来。遗嘱的全部内容都必须由遗嘱人亲笔书写，如果遗嘱中有部分内容是由他人书写，则不构成自书遗嘱。(2)遗嘱人必须签名；遗嘱人亲笔签名既可以将遗嘱与遗嘱人联系起来，表明立遗嘱人的身份，又可以表示遗嘱人对遗嘱内容的确认，表明该遗嘱是出于遗嘱人的真实意思表示。因此，任何形式的书面遗嘱都要求遗嘱人签名。(3)遗嘱人必须注明年、月、日。注明年、月、日可以确定遗嘱设立的时间，如果在遗嘱设立以后遗嘱人撤回、变更了该遗嘱，或者遗嘱人实施了与该遗嘱内容相反的民事法律行为，那么该遗嘱的部分或者全部内容将不发生法律效力。在遗嘱人立有数份遗嘱时，如果遗嘱之间内容相抵触的，以最后的遗嘱为准，此时可以以遗嘱中注明的年、月、日来判断遗嘱设立的先后。遗嘱中注明的年、月、日，还可以用来确定遗嘱人在立遗嘱时是否具有遗嘱能力，从而判断遗嘱人所立的遗嘱是否有效。

第一千一百三十五条 【代书遗嘱】代书遗嘱应当有两个以上见证人在场见证，由其中一人代书，并由遗嘱人、代书人和其他见证人签名，注明年、月、日。

条文注解

代书遗嘱，是指根据遗嘱人表达的遗嘱内容，由他人代为书写的遗嘱。代书遗嘱通常适用于遗嘱人由于一些特殊的原因，如不会写字或者身体状况不好无法写字等，不能亲笔书写遗嘱，故委托他人代为书写遗嘱的情形。根据本条规定，代书遗嘱如果要有效成立，在形式上需要符合以下几个方面的要求。(1)有两个以上见证人在场见证；见证人是指证明遗嘱真实性的第三人。与自书遗嘱相比，代书遗嘱除了书写人不同以外，在形式要件方面有关见证人的要求也与自书遗嘱具有显著区别。(2)由见证人中的一人代书。代书人为见证人中的一人，需要符合见证人的资格条件。代书人在代书遗嘱时，只能用亲笔手写的方式，不能运用打印等其他方式。代书人在书写遗嘱时要严格忠实于遗嘱人的意思表示，将遗嘱人表达的遗嘱内容准确无误地记录在代书遗嘱中。(3)遗嘱人、代书人和其他见证人签名。代书人在书写完遗嘱后，应当交给遗嘱人和其他见证人核对，遗嘱人和其他见证人确认无误后，遗嘱人、代书人和其他见证人均须在遗嘱上亲笔书写姓名。遗嘱人、代书人和其他见证人签名，既表明了自己的身份，也表明了对遗嘱内容以及立遗嘱过程的确认。(4)注明年、月、日。在代书遗嘱中必须注明立遗嘱的具体日期，即注明年、月、日。遗嘱上注明的日期对于认定遗嘱的真实性和有效性具有重要作用，代书遗嘱中未注明日期或者所注明的日期不具体的，遗嘱不能生效。

第一千一百三十六条 【打印遗嘱】打印遗嘱应当有两个以上见证人在场见证。遗嘱人和见证人应当在遗嘱每一页签名，注明年、月、日。

条文注解

打印遗嘱，是指遗嘱的内容由打印机等机器设备打印而成的遗嘱。根据本条规定，打印遗嘱有效成立须符合下列要件：一是打印遗嘱应当有两个以上见证人在场见证，见证人须符合本法规定的资格、数量、在场见证等方面的要求。二是遗嘱人和见证人应当在遗嘱每一页签名，当遗嘱有多页时，如果仅在一页签名，其他页的内容容易被篡改或者替换，为了保证遗嘱的真实性，遗嘱人和见证人应当对遗嘱的每一页仔细核对并签名，对遗嘱的内容作出确认。如果遗嘱人、见证人只在遗嘱最后一页签名，没有在每一页签名，则不能认定打印遗嘱有效。三是注明年、月、日，由于遗嘱的设立时间为判断遗嘱有效性的重要因素，因此未注明年、月、日的打印遗嘱没有法律效力。

第一千一百三十七条　【录音录像遗嘱】以录音录像形式立的遗嘱，应当有两个以上见证人在场见证。遗嘱人和见证人应当在录音录像中记录其姓名或者肖像，以及年、月、日。

条文注解

录音录像遗嘱分为录音遗嘱与录像遗嘱。录音遗嘱是遗嘱人口述遗嘱内容并用录音的方式记录而成的遗嘱。录像遗嘱是遗嘱人表达遗嘱内容并用录像的方式记录而成的遗嘱，遗嘱人在表达遗嘱内容时可以通过口述的方式从而同时记录其声音，在特殊情况下无法用口述方式的，例如，遗嘱人为聋哑人的，可以通过打手语的方式表达遗嘱内容。无论采用哪种形式，遗嘱人在录音录像遗嘱中都应该亲自表达遗嘱内容，不能由他人转述。

本条对于录音录像遗嘱的有效成立规定了一些形式要件。(1)录音录像遗嘱应当有两个以上的见证人在场见证，见证人须具备相应的见证能力，并且与遗嘱继承人、受遗赠人无利害关系。符合要求的见证人要到场见证，参加录音录像遗嘱制作的全过程。(2)遗嘱人和见证人应当在录音录像中记录其姓名或者肖像。由于录音录像遗嘱不是书面遗嘱，遗嘱人和见证人无法签名，因此要运用符合录音录像遗嘱形式特点的方式表明遗嘱人和见证人的身份、确认遗嘱内容以及表明在场见证。在录音遗嘱中，遗嘱人和见证人应当在录音中用口述的方式分别记录其姓名，表明遗嘱人与见证人的身份，并体现见证人在场见证。在录像遗嘱中，遗嘱人和见证人应当在录像中展示其肖像，在记录肖像的同时遗嘱人和见证人也可以用口述或者其他方式表明其姓名，这样可以通过视频画面得知遗嘱人与见证人的身份、遗嘱人立遗嘱与见证人在场见证的过程。(3)遗嘱人和见证人应当在录音录像中记录年、月、日。由于遗嘱的设立时间是判断遗嘱的真实性与有效性的重要因素，因此录音录像遗嘱也应当体现遗嘱的设立时间。在以录音录像的形式立遗嘱时，遗嘱人和见证人应当在录音录像的过程中用口述或者其他方式表明遗嘱设立的时间，否则录音录像遗嘱不能发生法律效力。

第一千一百三十八条 【口头遗嘱】遗嘱人在危急情况下，可以立口头遗嘱。口头遗嘱应当有两个以上见证人在场见证。危急情况消除后，遗嘱人能够以书面或者录音录像形式立遗嘱的，所立的口头遗嘱无效。

条文注解

口头遗嘱，是指遗嘱人用口述的方式表达其处分遗产的意思表示的遗嘱形式。与其他形式的遗嘱相比，口头遗嘱简便易行，在一些危急情况下，遗嘱人来不及或者没有条件立其他形式的遗嘱时，口头遗嘱成为满足遗嘱人立遗嘱愿望的可行的遗嘱形式。许多国家和地区的法律都确认了口头遗嘱为特殊遗嘱形式，称为紧急遗嘱或者口授遗嘱，并对其适用条件和形式要件作了规定。根据本条规定，口头遗嘱的有效设立需符合以下要件：第一，遗嘱人处在危急情况下。危急情况主要是指遗嘱人生命垂危或者遇到了重大灾害或者意外等紧急情况，随时有生命危险而来不及或者没有条件立其他形式的遗嘱。遗嘱人处在危急情况下是立口头遗嘱的前提条件，只有在危急情况下设立的口头遗嘱才能有效，在非危急情况下设立的口头遗嘱无效。第二，口头遗嘱应当有两个以上见证人在场见证。遗嘱人在危急的情况下用口述的方式表达其处分遗产的意思表示，由于没有记录的载体，因此需要有两个以上见证人在场见证。见证人须符合本法规定的资格、数量、在场见证等方面的要求，否则遗嘱人所立的口头遗嘱无效。相对于其他形式的遗嘱，本法不要求口头遗嘱须作成书面形式或者录音录像形式，也不要求遗嘱人和见证人签名、注明年月日等。本条规定，危急情况消除后，遗嘱人能够以书面或者录音录像形式立遗嘱的，所立的口头遗嘱无效。也就是说，遗嘱人在危急情况下所立的口头遗嘱，在危急情况消除后，遗嘱人在世并且能够以其他形式立遗嘱的，该口头遗嘱失效。如果遗嘱人没有另立其他形式的遗嘱而死亡的，视为被继承人未立遗嘱，其遗产按法定继承的方式分配。

第一千一百三十九条　【公证遗嘱】公证遗嘱由遗嘱人经公证机构办理。

条文注解

公证遗嘱是遗嘱人经公证机构办理的遗嘱，公证遗嘱必须由遗嘱人本人亲自办理，不得委托他人办理公证。遗嘱人办理遗嘱公证时，应当亲自到住所地或者遗嘱行为发生地的公证处提出申请。遗嘱人亲自到公证处有困难的，可以书面或者口头形式请求有管辖权的公证处指派公证人员到其住所或者临时处所办理。公证遗嘱应当由两名公证人员共同办理，由其中一名公证员在公证书上署名。因特殊情况由一名公证员办理时，应当有一名见证人在场，见证人应当在遗嘱和笔录上签名。遗嘱人在办理公证遗嘱时，应当向公证机关提供书面遗嘱或者向公证机关表述遗嘱内容。遗嘱人提供的遗嘱，无修改、补充的，遗嘱人应当在公证人员面前确认遗嘱内容、签名及签署日期属实。遗嘱人提供的遗嘱或者遗嘱草稿，有修改、补充的，经整理、誊清后，应当交遗嘱人核对，并由其签名。遗嘱人未提供遗嘱或者遗嘱草稿的，公证人员可以根据遗嘱人的意思表示代为起草遗嘱。公证人员代拟的遗嘱，应当交遗嘱人核对，并由其签名。公证人员在办理遗嘱公证时，要依法对遗嘱人立遗嘱行为的真实性、合法性予以审查，审查的内容包括：遗嘱人是否具有完全民事行为能力，遗嘱人的意思表示是否真实，遗嘱的内容是否完备、文字表述是否准确，遗嘱内容是否违反法律规定和社会公共利益，遗嘱的签名、制作日期是否齐全以及办理公证的程序是否符合规定等。经审查认为遗嘱人立遗嘱行为符合法律规定的条件的，公证处应当出具公证书。公证遗嘱采用打印形式。遗嘱人根据遗嘱原稿核对后，应当在打印的公证遗嘱上签名、盖章或者捺手印。

关联法规

《公证法》第 11、25～26 条

第一千一百四十条　【遗嘱见证人资格的限制性规定】下列人员不能作为遗嘱见证人：

（一）无民事行为能力人、限制民事行为能力人以及其他不具有见证能力的人；

（二）继承人、受遗赠人；

（三）与继承人、受遗赠人有利害关系的人。

条文注解

遗嘱见证人，是指在现场亲历遗嘱人立遗嘱的过程，能够证明遗嘱真实性的人。根据本条规定，以下人员不能作为遗嘱见证人。(1)无民事行为能力人、限制民事行为能力人以及其他不具有见证能力的人。遗嘱见证人要在场见证遗嘱人立遗嘱的行为，并在事后对遗嘱的内容、订立情形等作出证明，遗嘱见证人的证明对遗嘱的效力具有重要影响，因此见证人必须具有完全民事行为能力。(2)继承人、受遗赠人。为了确保见证人能够公正、客观地对遗嘱的真实性作出证明，法律一般要求见证人与遗嘱内容没有利害关系。受遗赠人是遗赠人在遗嘱中指定的接受其遗赠的个人财产的法定继承人以外的人，是遗嘱的直接受益人，不能作为遗嘱见证人。(3)与继承人、受遗赠人有利害关系的人。与继承人、受遗赠人有利害关系的人虽然不是遗嘱继承法律关系或者遗赠法律关系中的当事人，但是由于其与继承人、受遗赠人有利害关系，可能会因遗嘱人对遗产的分配而间接地获得利益。

第一千一百四十一条　【必留份】遗嘱应当为缺乏劳动能力又没有生活来源的继承人保留必要的遗产份额。

条文注解

遗嘱人立遗嘱，可以自主决定在其死后如何对其个人财产进行分配与处置，在分配的对象、方式、份额、条件等方面都具有较大程度的自由度。必留份制度侧重于保障有特殊困难的继承人的基本生活需要，使遗产发挥对弱势群体扶养的功能。必留份权利人的确定依据为身份关系以及受扶养的客观需要，如规定的必留份权利人为同时具备缺乏劳动能力和没有生活来源两个条件的法定继承人，该继承人既可以是第一顺序继承人，也可以是第二顺序继承人。我国没有对必留份规定具体的份额，在实践中要根据个案的具体情况而确定，以满足必留份权利人的生活需要。必留份则是法定继承人基本生活的保障，为此我国民法典规定如有缺乏劳动能力又没有生活来源的继承人，在遗产不足以清偿债务时，也应当为其保留必要的遗产。

关联法规

《公证法》第36、40条

第一千一百四十二条 【遗嘱的撤回、变更以及遗嘱效力顺位】遗嘱人可以撤回、变更自己所立的遗嘱。

立遗嘱后，遗嘱人实施与遗嘱内容相反的民事法律行为的，视为对遗嘱相关内容的撤回。

立有数份遗嘱，内容相抵触的，以最后的遗嘱为准。

条文注解

遗嘱的撤回，是指遗嘱人在立遗嘱后又对该遗嘱加以取消。遗嘱的变更是指遗嘱人在立遗嘱后又对该遗嘱作出修改。遗嘱的撤回和变更产生的法律后果为遗嘱中被撤回、被变更的内容不发生效力。公证遗嘱与其他形式的遗嘱相比，具有证明力更强的特点，然而继承法赋予公证遗嘱在适用效力位阶上的优先性，不允许遗嘱人以其他形式的遗嘱撤回或者变更，存在使遗嘱人的最终意愿不能实现、不当限制遗嘱自由等弊端，有悖于遗嘱制度的宗旨。为切实保障遗嘱人的真实意愿，民法典继承编删除了继承法关于自书、代书等形式的遗嘱不得撤销、变更公证遗嘱的规定，保留了继承法"立有数份遗嘱，内容相抵触的，以最后的遗嘱为准"的规定，即对于遗嘱人所立的内容相抵触的数份遗嘱，以立遗嘱的时间作为认定遗嘱有效的判断标准，无论遗嘱形式如何，遗嘱人最后所立的遗嘱具有优先适用的效力。

第一千一百四十三条 【遗嘱的实质要件】无民事行为能力人或者限制民事行为能力人所立的遗嘱无效。

遗嘱必须表示遗嘱人的真实意思，受欺诈、胁迫所立的遗嘱无效。

伪造的遗嘱无效。

遗嘱被篡改的，篡改的内容无效。

条文注解

遗嘱是要式民事法律行为，其有效除了需要符合法律规定的形式方面的要求外，还需要具备民事法律行为有效的条件，这既包括总则编规定的一般条件，也包括继承编规定的特别条件。本法总则编第143条规定，具备下列条件的民事法律行为有效：(1)行为人具有相应的民事行为能力；(2)意思表示真实；(3)不违反法律、行政法规的强制性规定，不违背公序良俗。

第一千一百四十四条 【附义务遗嘱】遗嘱继承或者遗赠附有义务的，继承人或者受遗赠人应当履行义务。没有正当理由不履行义务的，经利害关系人或者有关组织请求，人民法院可以取消其接受附义务部分遗产的权利。

条文注解

附有义务的遗嘱继承或者遗赠，是指遗嘱继承人或者受遗赠人在继承遗嘱人的财产时需要履行遗嘱人对其附加的特定义务，否则其接受附义务部分遗产的权利可能被法院取消的遗嘱继承或者遗赠。遗嘱人用遗嘱处分个人财产，将财产指定给他人继承时，可以要求继承其财产的人履行特定的义务，这种义务既可以是作为的义务，也可以是不作为的义务。只要遗嘱人附加的义务不违反法律的强制性规定以及不违背公序良俗，遗嘱人的这种安排是法律所允许的，这不仅能充分发挥遗嘱人财产的价值，还能让遗嘱人的遗愿得以实现，充分尊重遗嘱人的意思表示。

在理解本条规定时，需要注意以下几个方面：一是遗嘱继承人或者受遗赠人履行遗嘱所附义务的前提为接受继承或者遗赠。二是遗嘱继承人或者受遗赠人不履行遗嘱所附义务的法律后果为由法院取消其接受附义务部分遗产的权利。三是可以向法院申请取消义务人接受遗产的权利的主体为利害关系人或者有关组织。由于遗嘱生效时遗嘱人已经死亡，为了保障遗嘱中所附义务的履行和遗嘱人意愿的实现，就需要由相关主体监督义务人履行相应的义务。

第四章　遗产的处理

第一千一百四十五条　【遗产管理人的选任】继承开始后，遗嘱执行人为遗产管理人；没有遗嘱执行人的，继承人应当及时推选遗产管理人；继承人未推选的，由继承人共同担任遗产管理人；没有继承人或者继承人均放弃继承的，由被继承人生前住所地的民政部门或者村民委员会担任遗产管理人。

条文注解

遗产管理人是在继承开始后遗产分割前，负责处理涉及遗产有关事务的人。根据本条规定，可以由以下主体担任遗产管理人：(1)由遗嘱执行人担任遗产管理人。遗嘱执行人是遗嘱人在遗嘱中指定的执行遗嘱事务的人。一般而言，遗嘱执行人都是被继承人信任之人，否则被继承人是不会在遗嘱中指定其为遗嘱执行人。被继承人在遗嘱中有指定遗嘱执行人的情况下，由遗嘱执行人担任遗产管理人更为合理：一方面，遗嘱执行人是被继承人信任的人，由其管理遗产更符合被继承人意愿；另一方面，遗嘱执行人执行遗嘱本来就需要处理遗产，由其担任遗产管理人也更为便利。(2)由继承人推选出遗产管理人。并非所有自然人生前都会立遗嘱，即便立了遗嘱也未必指定遗嘱执行人。没有遗嘱执行人还可能是因为遗嘱执行人死亡造成。被继承人对于由谁管理遗产并未作出任何意思表示的，被继承人死亡后，一般而言，为了处理被继承人的后事，继承人之间都会推选出主事之人，负责处理被继承人的丧葬奠仪、遗产分割等善后事务。(3)由继承人共同担任遗产管理人。如果继承人未推选遗产管理人，则由全体继承人共同担任遗产管理人。没有推选可能是由于以下两种情况之一：第一，继承人人数少，没必要推选遗产管理人，或者继承人达成一致由全体继承人共同管理遗产；第二，继承人之间无法推选出一致认可的遗产管理人。在全体继承人担任遗产管理人时，就涉及全体继承人如何作出决策的问题，此时也需要由全体继承人协商达成一致。(4)由民政部门或者村民委员会担任遗产管理人。被继承人死亡后，如果没有继承人或者继承人均放弃继承的，遗产就属于无人继承的遗产，根据本法继承编的规定，此种遗产的归属需要根据被继承人的身份作不同的处理：如果被继承人是集体所有制组织成员的，遗产归其生前所在的集体所有制组织所有；如果被继承人并非集体所有制组织成员的，则其遗产归国家所有并用于公益事业。

关联法规

《信托法》第39条

第一千一百四十六条 【遗产管理人的指定】对遗产管理人的确定有争议的，利害关系人可以向人民法院申请指定遗产管理人。

条文注解

这里的利害关系人一般包括遗嘱执行人、继承人、被继承人生前住所地的民政部门或者村民委员会，以及受遗赠人等与遗产有利害关系的人。遗产管理人的范围包括遗嘱执行人、继承人、民政部门或者村民委员会。因此，人民法院也在这些主体中指定遗产管理人。如果是多个遗嘱执行人因为担任遗产管理人有争议，则可以在其中指定一名或者数名遗嘱执行人为遗产管理人；如果是遗嘱执行人与继承人之间因遗产管理有纠纷，则可以在遗嘱执行人与继承人之间选择一人或者数人担任遗产管理人；如果是继承人之间因遗产管理人的确定发生纠纷，则应当在继承人之间指定合适的遗产管理人；如果是被继承人生前住所地的民政部门或者村民委员会之间因遗产管理人的确定发生纠纷，则需要在两者之间确定合适的机构担任遗产管理人。

关联法规

《民事诉讼法》第33条，《信托法》第39条

第一千一百四十七条 【遗产管理人的职责】遗产管理人应当履行下列职责：

（一）清理遗产并制作遗产清单；

（二）向继承人报告遗产情况；

（三）采取必要措施防止遗产毁损、灭失；

（四）处理被继承人的债权债务；

（五）按照遗嘱或者依照法律规定分割遗产；

（六）实施与管理遗产有关的其他必要行为。

条文注解

遗产管理人不仅需要清点遗产，还需要承担起积极妥善保管遗产的职责。在发现遗产存在毁损、灭失的风险时，应采取必要的措施防止遗产毁损、灭失。遗产管理人在接受遗产后，应当妥善保管遗产，这是遗产管理人最基本的职责。遗产的毁损、灭失包括两种情况：第一种是物理上的毁损、灭失。遗产管理人此时就应当将此类遗产予以出售变现，保留其现金价值。第二种是法律上的毁损、灭失。需要注意的是，遗产管理人仅有防止遗产毁损、灭失的职责，而没有确保遗产增值的义务。

关联法规

《信托法》第 39 条

第一千一百四十八条 【遗产管理人未尽职责的民事责任】遗产管理人应当依法履行职责，因故意或者重大过失造成继承人、受遗赠人、债权人损害的，应当承担民事责任。

条文注解

遗产管理人承担民事责任的构成要件包括三个：(1)遗产管理人在客观上实施了不当的遗产管理行为。遗产管理人必须是在实施遗产管理过程中给利害关系人造成了损害。(2)遗产管理人在主观上有故意或者重大过失。所谓故意就是明知会侵害他人权益而为之。所谓重大过失就是违反一般正常管理者应尽的谨慎注意义务。(3)遗产管理人的行为给继承人、受遗赠人、债权人造成了损害，也就是遗产管理人的不当管理行为造成遗产的损失，进而损害了继承人、受遗赠人、债权人的利益。遗产管理人的前述行为造成继承人、受遗赠人、债权人损害的，需要承担民事责任，即需要承担赔偿损失等责任。

关联法规

《信托法》第 39 条

第一千一百四十九条 【遗产管理人的报酬】遗产管理人可以依照法律规定或者按照约定获得报酬。

条文注解

遗产管理人既可以获得报酬，也可以不收取报酬。如果法律规定遗产管理人有权获得报酬的，遗产管理人可以要求获得报酬；如果当事人之间约定遗产管理人可以获得报酬的，根据此约定，遗产管理人也可以获得报酬。遗产管理人报酬的多少可以由当事人约定，如果是人民法院指定遗产管理人的，人民法院可以酌情确定遗产管理人的报酬。

关联法规

《信托法》第39条

第一千一百五十条 【继承开始后的通知】继承开始后，知道被继承人死亡的继承人应当及时通知其他继承人和遗嘱执行人。继承人中无人知道被继承人死亡或者知道被继承人死亡而不能通知的，由被继承人生前所在单位或者住所地的居民委员会、村民委员会负责通知。

条文注解

继承开始意味着继承人范围的确定、继承人和受遗赠人能够作出接受与放弃的意思表示等。继承开始通知直接影响利害关系人权利的行使与放弃。首先，继承开始通知对于继承人而言，意味着继承人是否享有继承权，能否作出接受与放弃的意思表示。其次，继承开始通知对于遗嘱执行人而言也很重要，继承开始，意味着遗嘱生效，遗嘱执行人就需要开始执行遗嘱。如果遗嘱执行人没有收到继承开始通知，就无法判断遗嘱是否开始生效，是否需要执行遗嘱。最后，继承开始通知对于受遗赠人而言同样重要，因为受遗赠人在知道受遗赠后，即接到继承开始通知并知悉受遗赠的事实，就必须在法定期限内作出是否接受遗赠的意思表示，没有作出意思表示的视为拒绝接受。

关于继承通知。就时间上而言，在继承人等通知义务人知悉被继承人死亡的事实后，应当及时通知其他继承人、遗嘱执行人。所谓及时通知就是立刻而不迟延地发出继承开始的通知。发出继承开始通知的方式，既可以是口头通知，也可以是书面通知。随着现代信息技术的发展，通知方式可以灵活多样，可以是电话通知、短信通知或者借助其他互联网即时通信工具发出通知。

第一千一百五十一条 【遗产的保管】存有遗产的人，应当妥善保管遗产，任何组织或者个人不得侵吞或者争抢。

关联法规

《信托法》第39条

第一千一百五十二条 【转继承】继承开始后，继承人于遗产分割前死亡，并没有放弃继承的，该继承人应当继承的遗产转给其继承人，但是遗嘱另有安排的除外。

条文注解

继承根据继承人本人是否实际继承，可以分为本继承、代位继承和转继承。本继承就是继承人自己在继承顺序之中直接继承被继承人财产。代位继承就是在继承顺位之中的继承人于被继承人死亡前死亡，而由其直系卑亲属或者其兄弟姐妹的子女代位继承。被代位继承的人称为被代位继承人，实际继承的人称为代位继承人。转继承就是继承人本人在遗产分割前死亡时，其应得的遗产份额转由其继承人继承。被转位继承的人称为被转继承人，实际继承的人称为转继承人。

根据本条规定，发生转继承的条件包括：一是被转继承人在被继承人死亡后，遗产分割前死亡。被转继承人只有在此特定的时段死亡才发生转继承的问题。如果在被继承人死亡前死亡，则可能发生代位继承的问题；如果在遗产分割之后死亡的，则是一个新的继承问题，不存在转继承。二是被转继承人未放弃继承。如果被继承人死亡后，继承人放弃继承的，继承人的继承权已经不复存在，所谓的转继承也就无从谈起。三是遗嘱没有其他安排。所谓遗嘱没有其他安排，就是被继承人在其遗嘱中，没有特别说明所留遗产仅限于给继承人本人，不得转继承给其他人。转继承的法律后果是，继承人应当继承的遗产转给其继承人。所谓继承人应当继承的遗产，就是无论根据法定继承还是遗嘱继承，只要应由继承人继承的财产，都适用转继承。转给其继承人，就是被转继承人应得到的一切遗产都转由其继承人继承。

第一千一百五十三条　【遗产的认定】夫妻共同所有的财产，除有约定的外，遗产分割时，应当先将共同所有的财产的一半分出为配偶所有，其余的为被继承人的遗产。

遗产在家庭共有财产之中的，遗产分割时，应当先分出他人的财产。

条文注解

遗产是被继承人死亡时遗留的个人合法财产。确定个人遗产时，对于所有权明确属于被继承人个人所有的财产，自然属于遗产范畴。本条第1款规定，夫妻共同所有的财产，除有约定的外，遗产分割时，应当先将共同所有的财产的一半分出为配偶所有，其余的为被继承人的遗产。因此，对于共同生活的夫妻而言，首先需要区分个人财产与夫妻共同财产。这需要根据夫妻财产制来判断：如果夫妻实行分别财产制，由于夫妻双方约定财产归各自所有，任何一方的财产都比较好确定；如果实行的是夫妻共同财产制，那就需要根据财产的状况来判断属于共同财产还是个人财产。本条第2款规定，遗产在家庭共有财产之中的，遗产分割时，应当先分出他人的财产。被继承人与家庭成员共同生活，势必与其他家庭成员有家庭共同财产，在分割遗产时，也必须将其个人的共有份额划分出来，确定为遗产。例如，在土地承包经营的农户中有一家庭成员死亡，由于土地承包经营是以家庭为单位的，在分割遗产时，就需要根据农村土地承包法的规定予以分割。

关联法规

《农村土地承包法》第32条

第一千一百五十四条　【法定继承的适用范围】有下列情形之一的，遗产中的有关部分按照法定继承办理：

（一）遗嘱继承人放弃继承或者受遗赠人放弃受遗赠；

（二）遗嘱继承人丧失继承权或者受遗赠人丧失受遗赠权；

（三）遗嘱继承人、受遗赠人先于遗嘱人死亡或者终止；

（四）遗嘱无效部分所涉及的遗产；

（五）遗嘱未处分的遗产。

条文注解

根据本条规定，在以下几种情况下，应当按照法定继承处理被继承人的遗产：一是遗嘱继承人放弃继承或者受遗赠人放弃受遗赠。继承开始后，继承人可以放弃继承，受遗赠人可以放弃受遗赠。如果遗嘱继承人放弃遗嘱继承，那么遗嘱所涉及的部分遗产，就转为根据法定继承办理；同样如此，如果受遗赠人在知道受遗赠后明确表示放弃受遗赠的，或者在60日内未作接受遗赠的意思表示的，被继承人遗赠的那部分遗产就应按照法定继承办理。二是遗嘱继承人丧失继承权或者受遗赠人丧失受遗赠权。遗嘱继承人如果实施了法律规定的会导致丧失继承权的行为，丧失继承权后也未得到被继承人的宽恕，继承权未能恢复的，本来根据遗嘱应由其继承的遗产，因其丧失继承权而转为按照法定继承办理。三是遗嘱继承人、受遗赠人先于遗嘱人死亡或者终止。遗嘱继承人先于遗嘱人死亡的，遗嘱人可能并不知道这一事实或者已知道这一事实但未来得及修改遗嘱，此时，遗嘱所指定的继承人已经死亡，丧失民事主体资格，也就无法获得遗嘱继承权。四是遗嘱无效部分所涉及的遗产。遗嘱继承优先于法定继承，但遗嘱继承优先的前提是遗嘱合法有效，如果遗嘱无效，那么，遗嘱就不具有执行的法律效力，遗嘱继承也就无从谈起。五是遗嘱未处分的遗产。被继承人死亡时如果立了遗嘱，遗嘱可能会处分全部遗产，此时就应按照遗嘱执行。如果遗嘱未处分的遗产，对这部分遗产就应按照法定继承办理。

第一千一百五十五条　【胎儿预留份】遗产分割时，应当保留胎儿的继承份额。胎儿娩出时是死体的，保留的份额按照法定继承办理。

条文注解

首先，遗产分割时，应当保留胎儿的继承份额。胎儿享有继承权，但是毕竟胎儿尚未出生，无法确认胎儿是否能够正常出生。因此本条规定在遗产分割的时候，需要保留胎儿的继承份额。所谓保留胎儿的继承份额，就是在计算参与遗产分割的人数时，应该将胎儿列入计算范围，作为参与分割的一分子，将其应得的遗产划分出来。需要注意的是，这里的继承份额，既包括法定继承时的继承份额，也包括遗嘱继承时的份额。在法定继承时，如果胎儿在继承人范围和继承顺序之内，应当按照法定或者协商确定的分割原则、比例计算胎儿的应继承遗产份额。在遗嘱继承时，如果遗嘱中明确哪些遗产属于受孕之胎儿的，那么在分割遗产时，就应将此部分遗产予以保留，而不得以胎儿尚未出生为由予以瓜分。保留的是胎儿应得的遗产份额，就是将胎儿按照一个普通继承人计算所应获得的遗产。如果遗产是不动产，对不动产实行价值分割时，就要保留胎儿应得的那部分价值；如果是对动产进行实物分割，就应保留胎儿应得的那部分实物。

其次，本条同时规定，胎儿娩出时是死体的，保留的份额按照法定继承办理。在胎儿分娩时可能有两种情况。第一种情况是顺利分娩，即顺利出生，胎儿即成为活的婴儿，也就成为独立的民事主体。这时，为胎儿所保留的遗产即成为出生之婴儿取得的遗产，当然继承。第二种情况就是分娩失败，娩出的胎儿为死体。胎儿娩出时为死体的，其民事权利能力自始不存在。在这种情况下，胎儿的民事权利能力自始不存在，因此，包括继承的权利能力在内的所有权利能力都溯及地消灭。所保留的遗产自然无法为没有权利能力者取得。根据本条的规定，胎儿娩出时是死体的，为胎儿所保留的遗产份额，就需要按照法定继承办理，即由被继承人的法定继承人继承。

第一千一百五十六条　【遗产分割的原则和方法】遗产分割应当有利于生产和生活需要，不损害遗产的效用。

不宜分割的遗产，可以采取折价、适当补偿或者共有等方法处理。

条文注解

继承人在大多数情况下都不是只有一人，所以遗产往往需要数人参与继承。首先，遗产分割要有利于生产。有利于生产可以从两个方面考虑：一方面，不能损害遗产本身的生产性用途，确保遗产分割后还能用于正常的生产经营。另一方面，要考虑继承人的能力、职业等因素，确保遗产分割后能得到继承人的合理充分利用。其次，遗产分割要有利于生活。对于生活性用途的遗产，应该考虑如何分割更便利于继承人的生活。最后，遗产分割要物尽其用。所谓物尽其用就是要根据物本身的属性、特征来分割，确保实现遗产的使用价值、经济价值最大化，充分实现遗产的效用。

本条还规定，不宜分割的遗产，可以采取折价、适当补偿或者共有等方法处理。有些遗产可以直接分割，就需要按照遗产分割的原则进行分割。但是毕竟有些遗产不适宜分割，或者分割后会损害其效用，导致价值贬损，就需要采取其他方式予以分割。遗产分割的方式包括四种：一是实物分割。实物分割就是对遗产进行物理上的分离，继承人按照各自份额分别占有不同部分。二是变价分割。有的遗产不适合进行实物分割，进行实物分割可能导致该遗产失去价值，或者所有继承人都不想取得该遗产的实物，就可以变卖该遗产取得价款，由继承人按照各自的继承份额对价款进行分割。三是补偿分割。对于不宜进行实物分割的遗产，如果其中有继承人愿意取得该遗产，就可以由该继承人取得遗产的所有权。再由取得遗产所有权的继承人根据其他继承人对该遗产的价值所应取得的比例，支付相应的价金，对其他继承人予以补偿。四是保留共有。有的遗产不宜进行实物分割，所有继承人都愿意取得该遗产，或者继承人基于某种生产或生活的目的，愿意继续维持遗产的共有状况，就可以由继承人对该遗产继续保留共有权。这时的共有属于按份共有，即根据各继承人应继承的份额共同享有所有权。

第一千一百五十七条　【再婚时对所继承遗产的处分权】夫妻一方死亡后另一方再婚的，有权处分所继承的财产，任何组织或者个人不得干涉。

条文注解

本条规定，夫妻一方死亡后另一方再婚的，有权处分所继承的财产，任何组织或者个人不得干涉。首先，需要说明的是，夫妻任何一方死亡，另一方均有再婚的权利。原因在于，自然人死亡的，其民事主体资格消灭，其他人与其的身份关系也告终止。因此，夫妻关系随着一方的死亡也就消灭了，在世一方有权再婚，与其他人缔结新的婚姻关系。这种婚姻自主权是受到法律保护的。其次，在世的配偶一方无论是否再婚，都有权处分自己继承取得的财产。继承的遗产无论是动产，还是不动产，在法律上而言都是其个人所有的财产。根据法律的规定，所有人有权处分自己的财产。这里的处分，既可以是转移占有、抛弃，也可以是赠与、出售，甚至销毁。总之，当事人可以按照自己的意志自由处分。最后，其他组织或者个人都不得干涉。无论是再婚者的子女、公婆或者岳父母、兄弟姐妹，还是妯娌或者其他姻亲、血亲，以及其他家族人员等，都不得干涉。所谓干涉就是施加影响力，包括阻止、破坏、干扰。

第一千一百五十八条　【遗赠扶养协议】自然人可以与继承人以外的组织或者个人签订遗赠扶养协议。按照协议，该组织或者个人承担该自然人生养死葬的义务，享有受遗赠的权利。

条文注解

遗赠扶养协议就是自然人(遗赠人、受扶养人)与继承人以外的组织或者个人(扶养人)签订的,由扶养人负责受扶养人的生养死葬,并享有受遗赠权利的协议。首先,遗赠扶养协议是一种协议。协议是一种双方法律行为,因此,需要双方当事人意思表示达成一致方能成立。其次,遗赠扶养协议是双务有偿法律行为。不仅扶养人有扶养另一方的义务,受扶养人也需要按照约定将自己的遗产赠与对方。遗赠扶养协议是有偿的,双方都需要向对方支付对价。最后,遗赠扶养协议为要式法律行为。遗赠扶养协议需要以书面方式作出。因为双方达成遗赠扶养协议后,协议的履行期限往往较长,且扶养人在受扶养人死亡后才能取得遗产,如果没有书面协议,受扶养人死亡后,将死无对证,无法确认双方是否存在真实的遗赠扶养关系。

第一千一百五十九条 【遗产分割时的义务】分割遗产,应当清偿被继承人依法应当缴纳的税款和债务;但是,应当为缺乏劳动能力又没有生活来源的继承人保留必要的遗产。

条文注解

(1)税款。只要是被继承人个人生前未缴纳的税款,并不会因为其死亡而消失,仍需要以其遗留的个人财产来支付。(2)债务。债务就是被继承人生前对其他民事主体所负的私法上的各种债务。债务包括合同之债,也包括侵权之债,还包括不当得利或者无因管理之债;可能是主债务,也可能是因为提供保证、抵押、质押而形成的从债务;可能纯属个人债务,也可能是与他人形成的共同债务、连带债务。无论是哪种类型的债务,只要是被继承人生前所负,都需要以遗产清偿。(3)保留必要的遗产。根据此规定,无论是以遗产缴纳所欠税款还是偿还所负债务,需要注意的是,必须为缺乏劳动能力又没有生活来源的继承人保留必要的遗产。保留必要遗产需要从以下两个方面理解:首先,需要保留的前提是,遗产可能不足以清偿债务和缴纳税款。其次,需要保留的对象是,缺乏劳动能力又没有生活来源的继承人。作出保留必须同时满足以下几个条件:第一,获得保留遗产的人必须是继承人,继承人以外的人不能享有此权利。第二,继承人缺乏劳动能力。缺乏劳动能力就是因种种原因无法参与生产劳动而获得经济收入维持生计。缺乏劳动能力可能是因为年龄尚小而无劳动能力,也可能是因年龄太大或者因病残而丧失劳动能力。没有劳动能力必须是客观上造成的无法劳动，而不是继承人主观上不愿意就业。第三，继承人没有生活来源。没有生活来源就是继承人无法通过自身劳动获取收入养活自己，或者没有其他经济收入用以维持生计。第四，保留的是必要的遗产。就数量而言，为缺乏劳动能力又没有生活来源的继承人保留的是必要的遗产。

关联法规

《宪法》第56条，《民事诉讼法》第243条，《税收征收管理法》第4、40、42条

第一千一百六十条 【无人继承遗产的归属】无人继承又无人受遗赠的遗产，归国家所有，用于公益事业；死者生前是集体所有制组织成员的，归所在集体所有制组织所有。

条文注解

无人继承遗产就是没有继承人或者受遗赠人接收遗产。被继承人的遗产无人接收，原因可能是多种多样的。第一，无人继承的遗产，可能客观上既没有继承人，也没有受遗赠人。没有法定继承人就是法律规定的第一顺序、第二顺序继承人都没有，被继承人也未留有遗嘱指定受遗赠人。第二，虽然被继承人有继承人或者通过遗嘱确定了受遗赠人，但是继承人全部放弃继承，受遗赠人也都放弃受遗赠。第三，被继承人死亡后，虽然有继承人，但继承人全部丧失继承权且未得以恢复。第四，被继承人死亡后，没有法定继承人或者法定继承人丧失继承权，仅在遗赠中处理了部分遗产，其余遗产也构成无人继承遗产。无人继承遗产的归属：(1)归集体所有制组织所有。如果死者生前是集体所有制组织成员的，因其生前一般都会从集体所有制组织获得土地承包经营权、分红等经济利益，故将其遗产确定归集体所有制组织所有合情合理。且土地承包收益、宅基地上的房产等是具有特殊性质的财产，规定由集体所有制组织所有，也便于集体所有制组织根据本集体的具体情况作出妥善处理。(2)归国家所有，用于公益事业。一般情况下，如果死者为城镇居民而非农村居民，其遗留的无人继承遗产归国家所有。归国家所有就是收归国库，由政府有关部门负责处理。但政府主管部门处理无人继承遗产时需要坚持一个原则，即将这些财产用于公益事业，这项要求是继承法中所没有的。

第一千一百六十一条 【被继承人税款、债务清偿的原则】继承人以所得遗产实际价值为限清偿被继承人依法应当缴纳的税款和债务。超过遗产实际价值部分，继承人自愿偿还的不在此限。

继承人放弃继承的，对被继承人依法应当缴纳的税款和债务可以不负清偿责任。

条文注解

本条第1款规定，继承人对被继承人的遗产债务不负无限清偿责任，而仅以所继承遗产的实际价值为限负清偿责任。也就是说，继承人继承多少遗产，其偿还遗产债务的限额也就是多少。继承人并不会因为继承遗产而需要无限清偿被继承人的遗产债务。限定继承是基本原则，但本条作了例外规定，即对超过遗产实际价值部分的债务，继承人自愿偿还的不在此限。也就是说，继承人继承的遗产不足以清偿被继承人的遗产债务时，如果继承人自愿替被继承人偿还其他债务，法律尊重当事人的这种自主选择。但这种选择必须是继承人自愿、自主作出的，债权人不可以强制要求继承人偿还超出所获得遗产部分的被继承人生前所欠债务。

本条第2款规定，继承人放弃继承的，对被继承人依法应当缴纳的税款和债务可以不负清偿责任。这里的放弃继承是指既放弃了遗嘱继承，也放弃了法定继承。因此，如果继承人放弃了继承，就无须对被继承人的债务承担偿还责任。原因在于，继承了遗产的继承人仅需对遗产债务承担有限清偿责任，如果继承人放弃了继承，并没有从被继承人的遗产中获得任何利益，此时要求其对债务人的债务承担清偿责任，相当于将他人的民事责任强加于继承人，这有违民法的意思自治原则，显然不合适。如果一部分继承人参与遗产分割获得了遗产，另一部分继承人放弃了继承，在清偿被继承人的遗产债务时，则参与遗产分割的部分继承人负有清偿责任，需要以所得遗产的实际价值为限予以偿还，放弃了继承的继承人无须承担任何清偿责任。

第一千一百六十二条 【清偿被继承人税款、债务优先于执行遗赠的原则】执行遗赠不得妨碍清偿遗赠人依法应当缴纳的税款和债务。

条文注解

本条规定要求执行遗赠不得妨碍清偿遗赠人依法应当缴纳的税款和

债务。遗赠人的遗赠行为也不能损害债权人的利益。所谓执行遗赠不得妨碍清偿遗赠人依法应当缴纳的税款和债务，就是遗嘱执行人或者遗产管理人在执行遗赠时，不应使遗赠人的遗产债务无法得到偿还。在执行遗赠之前，应当先用遗产偿还遗赠人所欠税款和债务，清偿之后，如果遗产尚有剩余则再执行遗赠；同样地，如果执行遗赠之后，债权人才知道遗赠人死亡、遗产被分割的事实，债权人有权要求受遗赠人将所得遗产用于偿还债务。

第一千一百六十三条 【既有法定继承又有遗嘱继承、遗赠时税款和债务的清偿】既有法定继承又有遗嘱继承、遗赠的，由法定继承人清偿被继承人依法应当缴纳的税款和债务；超过法定继承遗产实际价值部分，由遗嘱继承人和受遗赠人按比例以所得遗产清偿。

条文注解

本条首先规定，由法定继承人清偿被继承人依法应当缴纳的税款和债务。因此，如果遗产已经分割，清偿遗产债务需要先以法定继承人获得的遗产清偿。其次，本条规定超过法定继承遗产实际价值部分，由遗嘱继承人和受遗赠人按比例以所得遗产清偿。所谓超过法定继承遗产实际价值部分，就是法定继承人所获得遗产的实际价值不足以偿还被继承人的遗产债务。遗嘱继承人和受遗赠人按比例清偿，是指由遗嘱继承人和受遗赠人按照所获得遗产的实际价值的比例来清偿。如果只有多个遗嘱继承人时，则由各遗嘱继承人按比例清偿；如果只有多个受遗赠人时，则由各受遗赠人按比例清偿。

第七编 侵权责任

第一章 一般规定

第一千一百六十四条 【侵权责任编的调整范围】本编调整因侵害民事权益产生的民事关系。

第一千一百六十五条 【过错责任原则】行为人因过错侵害他人民事权益造成损害的，应当承担侵权责任。

依照法律规定推定行为人有过错，其不能证明自己没有过错的，应当承担侵权责任。

条文注解

过错责任，是指造成损害并不必然承担侵权责任，还要看行为人是否有过错。根据本条第1款的规定，只要同时满足以下条件，行为人就应承担侵权责任：一是行为人实施了某一行为。二是行为人行为时有过错。在过错责任原则中，过错既是确定行为人是否承担侵权责任的核心要件，也是人民法院审理侵权案件的主要考虑因素。行为人的行为造成损害并不必然承担侵权责任，必须要看其是否有过错，无过错即无责任。三是受害人的民事权益受到损害，即要求有损害后果，这一点是民法典侵权责任编与以往立法相比的重大变化。损害是指行为人的行为对受害人的民事权益造成的不利后果，通常表现为财产减少、生命丧失、身体残疾、名誉受损、精神痛苦等。需要强调的一点是，这里的"损害"是一个比较广的概念，不但包括现实的已经存在的"现实损害"，还包括构成现实威胁的"不利后果"。四是行为人的行为与受害人的损害之间有因果关系。因果关系是侵权责任的重要构成要件，在行为与损害事实之间确定存在因果关系的，就有可能构成侵权责任，没有因果关系就必然地不构成侵权责任。

本条第2款明确规定了过错推定。过错推定包含在过错责任原则中，但与一般过错责任有较大的不同。对行为人而言，过错推定是一种较重的责任，不宜被滥用，需要由法律对适用范围作严格限定，否则就有可能限制人们的行动自由。根据法律规定推定行为人有过错，其不能证明自己没有过错的，才应当承担侵权责任。法律没有规定过错推定的，仍应由受害一方承担过错的证明责任。

第一千一百六十六条 【无过错责任原则】行为人造成他人民事权益损害，不论行为人有无过错，法律规定应当承担侵权责任的，依照其规定。

条文注解

无过错责任是指不以行为人的过错为要件，只要其活动或者所管理的人、物损害了他人的民事权益，除非有法定的免责事由，否则行为人就要承担侵权责任。在法律规定适用无过错责任原则的案件中，法官判断被告应否承担侵权责任时，不考虑被告有无过错，不要求原告证明被告有过错，也不允许被告主张自己无过错而请求免责。只要审理查明，被告的行为与原告损害之间存在因果关系，即可判决被告承担侵权责任。由于这种责任的承担，并不考虑行为人的主观意识状态，而只考虑损害结果和免责事由，故又被称为客观责任；与过错责任原则相比，这种责任在承担条件和责任后果上更为严格，故也称为严格责任。适用无过错责任原则的意义在于加重行为人责任，及时救济受害人，使其损害赔偿请求权更容易实现。

第一千一百六十七条 【危及他人人身、财产安全的责任承担方式】侵权行为危及他人人身、财产安全的，被侵权人有权请求侵权人承担停止侵害、排除妨碍、消除危险等侵权责任。

条文注解

理解本条规定的“危及”应注意三点：第一，侵权行为正在实施和持续而非已经结束。第二，侵权行为已经危及被侵权人的人身、财产安全而非不可能危及。第三，侵权行为系侵权人所为，而非自然原因造成。对正在危及他人的人身、财产安全的侵权行为发生的情况下，赋予被侵权人请求停止侵害、排除妨碍、消除危险等权利。关于停止侵害。当侵权人正在实施侵权行为时，被侵权人可依法请求其停止侵害，是指停止侵害适用于各种正在进行的侵权行为，对于已经终止和尚未实施的侵权行为不适用停止侵害的民事责任承担方式。关于排除妨碍，是指侵权行为人实施某种行为妨害他人正常行使权利或者妨害他人合法利益的，被侵权人请求人民法院排除侵权人的侵权行为。关于消除危险，是指在负有责任的人支配下的物对他人人身和财产安全构成威胁，或者存在侵害他人人身或者财产现实可能性的情况下，受到威胁的人有权请求法院责令对构成危险的责任人采取有效措施消除侵害他人人身或者财产的威胁和现实可能性的承担民事责任的方式。请求消除危险，又称请求防止侵害，是指侵害虽未发生，但其人身、财产面临遭受侵害的可能，对于这种可能发生的侵害，可能被侵权的人有权请求相对人为一定行为或者不为一定行为，防止侵害，消除既存的危险，以避免侵害的发生。

第一千一百六十八条 【共同侵权】二人以上共同实施侵权行为，造成他人损害的，应当承担连带责任。

条文注解

共同侵权，是指数人共同不法侵害他人权益造成损害的行为。根据本条规定，构成共同侵权行为需要满足以下几个要件：(1)主体复数。共同侵权行为的主体必须是两人或者两人以上，行为人既可以是自然人，也可以是法人。(2)共同实施侵权行为。这一要件中的“共同”主要包括三层含义：①共同故意。上文介绍了多种学说，无论哪一种学说，都一致认为，数个行为人基于共同故意侵害他人合法权益的，应当成立共同侵权行为。②共同过失。“共同过失”主要是数个行为人共同从事某种行为，基于共同的疏忽大意，造成他人损害。③故意行为与过失行为相结合。需要特别强调的是，上述三种形态均可以构成本条所说的“共同实施”，不能狭义理解为，本条所指的共同实施只有共同故意实施。(3)侵权行为与损害后果之间具有因果关系。在共同侵权行为中，有时各个侵权行为对造成损害后果的比例有所不同，但必须存在法律上的因果关系，如果某个行为人的行为与损害后果之间没有因果关系，则不应与其他行为人构成共同侵权。(4)受害人具有损害。这是受害人请求加害人承担侵权责任的一个基本要件。无损害，则无救济，如果没有损害，根本不可能成立侵权责任。

根据本条规定，一旦满足上述构成要件，成立共同侵权行为，数个行为人就必须对外承担连带责任，被侵权人有权请求部分或者全部行为人承担全部责任。

第一千一百六十九条 【教唆侵权、帮助侵权】教唆、帮助他人实施侵权行为的，应当与行为人承担连带责任。

教唆、帮助无民事行为能力人、限制民事行为能力人实施侵权行为的，应当承担侵权责任；该无民事行为能力人、限制民事行为能力人的监护人未尽到监护职责的，应当承担相应的责任。

条文注解

本条第1款中的“他人”指的是完全民事行为能力人。教唆、帮助完全民事行为能力人实施侵权行为需要满足以下构成要件：一是教唆人、帮助人实施了教唆、帮助行为。教唆行为，是指对他人进行开导、说服，或通过刺激、利诱、怂恿等方法使该他人从事侵权行为。教唆行为只能以积极的作为方式作出，消极的不作为不能成立教唆行为；教唆行为可以通过口头、书面或者其他形式加以表达，既可以公开进行也可以秘密进行；既可以当面教唆也可以通过别人传信的方式间接教唆。帮助行为，是指给予他人以帮助，如提供工具或者指导方法，以便该他人易于实施侵权行为。帮助行为通常是以积极的作为方式作出，但具有作为义务的人故意不作为时也可能构成帮助行为。帮助的内容既可以是物质上的，也可以是精神上的；既可以在行为人实施侵权行为前，也可以在实施过程中。二是教唆人、帮助人具有教唆、帮助的主观意图。一般来说，教唆行为与帮助行为都是教唆人、帮助人故意作出的，教唆人、帮助人能够意识到其作出的教唆、帮助行为可能造成的损害后果。在帮助侵权中，如果被帮助人不知道存在帮助行为，也并不影响帮助行为的成立。三是被教唆人、被帮助人实施了相应的侵权行为。这一要件要求教唆行为、帮助行为与被教唆人、被帮助人实施的侵权行为之间具有内在的联系。

本条第2款是针对被教唆、被帮助对象是无民事行为能力人或者限制民事行为能力人所作出的特别规定。一是教唆人、帮助人明知被教唆人、被帮助人为无民事行为能力人或者限制民事行为能力人时，仍然实施教唆、帮助行为的，应当承担侵权责任。即便教唆人、帮助人主观上不知道被教唆人、被帮助人是无民事行为能力人或者限制民事行为能力人的，为了体现法律对教唆、帮助行为的否定性评价，也应当适用本款规定，由教唆人、帮助人承担侵权责任。二是如果被教唆、被帮助的无民事行为能力人或者限制民事行为能力人的监护人未尽到监护责任的，应当承担相应的责任。监护，是为保护无民事行为能力人和限制民事行为能力人的人身和财产权利而由特定公民或组织对其予以监督、管理和保护的制度。如果监护人未尽到教育和照顾被监护人的职责，疏于履行监护责任，应当对被监护人给他人造成的损害承担侵权责任。

第一千一百七十条 【共同危险行为】二人以上实施危及他人人身、财产安全的行为，其中一人或者数人的行为造成他人损害，能够确定具体侵权人的，由侵权人承担责任；不能确定具体侵权人的，行为人承担连带责任。

条文注解

根据本条规定，构成共同危险行为应当满足下列几个要件：一是二人以上实施危及他人人身、财产安全的行为。二是其中一人或者数人的行为造成他人损害。虽然实施危及他人人身、财产行为的是数人，但真正导致受害人损害后果发生的只是其中一个人或者几个人的行为。三是不能确定具体加害人。一般而言，受害人只能请求加害人就其侵权行为所造成的损失予以赔偿，加害人也仅对其侵权行为所造成的损失进行赔偿。但在共同危险行为制度中，数个行为人实施的危及行为存在偶合性，事实上只有部分行为人的行为造成了损害后果。

根据本条规定，适用共同危险行为制度的法律后果是，数个行为人对受害人承担连带责任。共同危险行为不仅在一般过错责任中适用，在过错推定责任、无过错责任中也有适用余地。

第一千一百七十一条 【分别侵权承担连带责任】二人以上分别实施侵权行为造成同一损害，每个人的侵权行为都足以造成全部损害的，行为人承担连带责任。

条文注解

本条是关于无意思联络分别实施侵权行为，但是都能造成全部损害时，承担连带责任的规定。适用本条规定需要符合以下构成要件：一是二人以上分别实施侵权行为。二是造成同一损害后果。“同一损害”指数个侵权行为所造成的损害的性质是相同的，都是身体伤害或者财产损失，并且损害内容具有关联性。三是每个人的侵权行为都足以造成全部损害。判断每个侵权行为是否足以造成全部损害是适用本条的关键。本条中的“足以”并不是指每个侵权行为都实际上造成了全部损害，而是指在没有其他侵权行为的共同作用的情况下，独立的单个侵权行为也有可能造成全部损害。根据本条规定，一旦满足本条规定的上述三个构成要件，数个行为人必须对造成的损害承担连带责任。

第一千一百七十二条 【分别侵权承担按份责任】二人以上分别实施侵权行为造成同一损害，能够确定责任大小的，各自承担相应的责任；难以确定责任大小的，平均承担责任。

条文注解

适用本条规定应当符合下列构成要件：一是二人以上分别实施侵权行为。二是造成同一损害后果。在法律后果上，本条确定各个行为人应当承担的责任，分两个层次规定：一是能够确定责任大小的。虽然数个侵权行为结合造成了同一损害，但是在大部分案件中，可以根据各个侵权行为对造成损害后果的可能性（盖然性）来确定责任份额。判断这种可能性，可以综合各个行为人的过错程度、各个侵权行为与损害后果因果关系的紧密程度、公平原则以及政策考量等因素。有的学者将这种可能性称为“原因力”，是指在构成损害结果的共同原因中，每一个原因对于损害结果发生或扩大所发挥的作用力。法律不可能脱离具体案件，事先抽象出各种确定责任份额的标准，只能由法官在具体案件中综合考虑各种因素来确定。二是难以确定责任大小的。责任分配的尺度很难有一个可以量化的标准，在某些情形下，由于案情复杂，很难分清每个侵权行为对损害后果的作用力究竟有多大。我们可以借鉴其他国家和地区在确定各个连带责任人内部份额时的做法，在有疑问的情况下，推定所有人的责任相同。本条也作出了类似规定，难以确定责任大小的，各个行为人平均承担责任。

关联法规

《最高人民法院关于审理人身损害赔偿案件适用法律若干问题的解释》第3条

第一千一百七十三条 【过失相抵】被侵权人对同一损害的发生或者扩大有过错的，可以减轻侵权人的责任。

条文注解

关于本条的理解，一是侵权责任编对损害作了限定，必须是“同一”损害才能适用本条。对“同一”的理解，在一部法律中是一脉相承的，指对一个性质相同的损害结果的发生，侵权人与被侵权人均有责任。二是增加了损害的“扩大”。《侵权责任法》第26条“被侵权人对损害的发生”的表述中，发生是包含扩大的含义的，扩大是后续的损害，是新发生的损害，也是损害的一种形态。

关联法规

《水污染防治法》第96条,《电力法》第60条,《道路交通安全法》第76条

第一千一百七十四条 【受害人故意】损害是因受害人故意造成的,行为人不承担责任。

条文注解

受害人故意造成损害,是指受害人明知自己的行为会发生损害自己的后果,而希望或者放任此种结果的发生。受害人故意分为直接故意和间接故意。直接故意是指受害人从主观上追求损害自己的结果发生,如受害人摸高压线自杀;间接故意是指受害人已经预见到自己的行为可能发生损害自己的结果,但也不停止该行为,而是放任损害结果的发生,如受害人盗割高压线,导致自己伤亡。本条规定对行为人免责,是指损害完全是因为受害人的故意造成的,即受害人故意的行为是其损害发生的唯一原因。

关联法规

《水污染防治法》第96条,《电力法》第60条,《道路交通安全法》第76条,《铁路法》第58条

第一千一百七十五条 【第三人过错】损害是因第三人造成的,第三人应当承担侵权责任。

条文注解

本条在适用上应把握以下两点:(1)第三人过错是造成损害的唯一原因。在过错责任和过错推定责任范围内,被告能够证明损害完全是由于第三人的过错行为造成的,应免除被告的责任,由第三人对原告承担侵权责任。(2)第三人过错是造成损害的部分原因。

关联法规

《电力法》第60条

第一千一百七十六条 【自甘风险】自愿参加具有一定风险的文体活动，因其他参加者的行为受到损害的，受害人不得请求其他参加者承担侵权责任；但是，其他参加者对损害的发生有故意或者重大过失的除外。

活动组织者的责任适用本法第一千一百九十八条至第一千二百零一条的规定。

条文注解

自甘风险又称自愿承受危险，是指受害人自愿承担可能性的损害而将自己置于危险环境或场合，造成损害的行为人不承担责任。其构成要件是：第一，受害人作出了自愿承受危险的意思表示，通常是将自己置于可能性的危险状况之下；第二，这种潜在的危险不是法律、法规所禁止的，也不是社会公序良俗所反对的，且此种危险通常被社会所认可存在或者难以避免的。例如，参加拳击比赛而自愿承受可能受到的人身伤害的危险。

本条适用中应把握的几点问题：一是受害人必须意识到所参加的文体活动的风险。这种风险必然存在，但是否会产生损害结果不确定。二是在正常情况下，由其他参加者的行为受到损害的，其他参加者不承担侵权责任。三是活动组织者的责任承担，法律规定适用安全保障义务的规定。四是适用本条规定需要结合具体的案件，从案件的具体情况出发，审慎确定文体活动是否具有一定的风险性，是否属于自甘风险的情况，当事人双方、活动组织者是否有过错以及过错程度，要从各方面从严认定和把握。

第一千一百七十七条 【自助行为】合法权益受到侵害，情况紧迫且不能及时获得国家机关保护，不立即采取措施将使其合法权益受到难以弥补的损害的，受害人可以在保护自己合法权益的必要范围内采取扣留侵权人的财物等合理措施；但是，应当立即请求有关国家机关处理。

受害人采取的措施不当造成他人损害的，应当承担侵权责任。

条文注解

对本条的理解和适用：一是情况紧迫且不能及时获得国家机关保护，这是前提条件。二是不立即采取措施将使其合法权益受到难以弥补的损害的，这是必要条件。三是在保护自己合法权益的必要范围内采取扣留侵权人的财物等合理措施，这是范围条件。"保护自己合法权益"把自助行为的目的揭示出来，实施自助行为不能超越保护自己合法权益这个范围；"必要范围""合理措施"，主要是自助行为扣留的财物应当与保护的利益在价值上大体相当。四是应当立即请求有关国家机关处理，这是合法条件。自助行为结束后，行为人必须及时寻求公权力机关救济。若行为人怠于寻求公权力机关救济，或被公权力机关驳回，或被公权力机关认定行为超出必要限度，则不排除其行为不法性，仍需依侵权行为承担相应后果。"立即请求"指自助行为完成后，"情况紧迫"的阻却事由消失，受害人应当立刻、无迟延地向有关国家机关报告自己实施了自力救济的事实，由公权力及时介入处理。只有这样，自力救济才具有正当性，成为民法上的免责事由。

本条第2款明确规定，受害人采取的措施不当造成他人损害的，就突破了自力救济的必要性，应当承担侵权责任。

第一千一百七十八条 【优先适用特别规定】本法和其他法律对不承担责任或者减轻责任的情形另有规定的，依照其规定。

条文注解

我国规范侵权责任的法律有两个层次：第一个层次是民法典侵权责任编，从基本法的角度对侵权责任作出三类规定：一是普遍适用的共同规则；二是典型的侵权种类的基本规则；三是其他单行法不可能涉及的一些特殊规则。第二个层次是相关法律，许多单行法都从自身调整范围的角度对侵权责任作出了规定。有关侵权责任的法律在宪法统率下相辅相成，共同规范侵权责任。

关联法规

《道路交通安全法》第76条

第二章 损害赔偿

第一千一百七十九条 【人身损害赔偿范围】侵害他人造成人身损害的，应当赔偿医疗费、护理费、交通费、营养费、住院伙食补助费等为治疗和康复支出的合理费用，以及因误工减少的收入。造成残疾的，还应当赔偿辅助器具费和残疾赔偿金；造成死亡的，还应当赔偿丧葬费和死亡赔偿金。

条文注解

人身损害赔偿是指行为人侵犯他人的生命健康权益造成致伤、致残、致死等后果，承担金钱赔偿责任的一种民事法律救济制度。

行为人的行为造成他人人身伤害但并未出现残疾或者死亡后果的，原则上行为人仅需赔偿本条规定的一般赔偿范围内的赔偿项目。医疗费包括挂号费、检查费、药费、治疗费、康复费等费用。在审判实践中，一般根据医疗机构出具的药费、治疗费等收费凭证，结合病历和诊断证明等相关证据确定医疗费的具体数额。护理费，是指受害人因受到损害导致生活不能自理，需要有人进行护理而产生的费用支出。赔偿护理费的前提是，受害人受到损害，生活不能自理或者不能完全自理，需要有人进行护理。这种情况应当有医疗单位或法医的证明：证明需要陪护的，予以赔偿；没有必要的，则不予赔偿。交通费，是指受害人及其必要的陪护人员因就医或者转院所实际发生的用于交通的费用。赔偿交通费应当根据实际支出确定，以正式交通费的票证收据为准，票证收据记载的时间、地点、人数要与实际救治的时间、地点、人数相一致。对不合理的支出，不应当赔偿，但确定的标准不宜过于严格。营养费，是指受害人通过平常饮食的摄入尚不能满足受损害身体的需求，以平常饮食以外的营养品作为对身体补充而支出的费用，是辅助治疗支出的费用。适当的营养支持能改善受害人的营养状况，有效地配合临床，缩短住院时间，促进尽快康复。住院伙食补助费，是指受害人遭受人身损害，在医院治疗期间支出的伙食费用。因误工减少的收入，是指受害人由于受到伤害，无法从事正常工作或者劳动而失去或者减少的工作、劳动收入。受害人受到伤害但并未残疾或者死亡的，因误工减少的收入就是受害人从受到损害到恢复正常能参加工作、劳动时止这段时间内的损失。因误工减少的收入的基本计算方法是：单位时间的实际收入乘以误工时间。

造成残疾的，还应当赔偿残疾生活辅助具费和残疾赔偿金。辅助器具费，是指受害人因残疾而造成身体功能全部或者部分丧失后需要配制补偿功能的残疾辅助器具的费用。残疾生活辅助器具主要包括假肢及其零部件、假眼、助听器、盲人阅读器、助视器、矫形器等。残疾赔偿金是受害人残疾后特有的一个赔偿项目。

造成死亡的，除应当赔偿一般人身损害赔偿项目外，还应当赔偿丧葬费和死亡赔偿金。死亡赔偿金是对死者近亲属的赔偿。赔偿范围应包括物质损失和非物质损失。

关联法规

《产品质量法》第 44 条，《消费者权益保护法》第 49 条，《最高人民法院关于审理人身损害赔偿案件适用法律若干问题的解释》第 17～30 条

第一千一百八十条 【以相同数额确定死亡赔偿金】因同一侵权行为造成多人死亡的，可以以相同数额确定死亡赔偿金。

条文注解

对本条的理解，需要注意以下几点：一是以相同数额确定死亡赔偿金并非确定死亡赔偿金的一般方式，若分别计算死亡赔偿金较为容易，可以不采用这种方式。二是根据本法的规定，以相同数额确定死亡赔偿金原则上仅适用于因同一侵权行为造成多人死亡的案件。三是本条特别强调，对因同一侵权行为造成多人死亡的，只是“可以”以相同数额确定死亡赔偿金，而不是任何因同一侵权行为造成多人死亡的案件都“必须”或者“应当”以相同数额确定死亡赔偿金。至于什么情况下可以，什么情况下不可以，法院可以根据具体案情，综合考虑各种因素后决定。在实践中，原告的态度也是一个重要的考虑因素，多数原告主动请求以相同数额确定死亡赔偿金的，当然可以；原告没有主动请求，但多数原告对法院所提以相同数额确定的死亡赔偿金方案没有异议的，也可以适用这种方式。四是以相同数额确定死亡赔偿金的，原则上不考虑受害人的年龄、收入状况等个人因素。

这里还需要强调一点，本条只是规定，因同一侵权行为造成多人死亡

的，可以对“死亡赔偿金”以相同数额确定，对死者在死亡前产生的医疗费、护理费等合理费用支出，以及丧葬费支出，宜根据实际支出情况单独计算，损失多少，赔偿多少。

关联法规

《最高人民法院关于审理人身损害赔偿案件适用法律若干问题的解释》第29条

第一千一百八十一条 【被侵权人死亡时请求权主体的确定】被侵权人死亡的，其近亲属有权请求侵权人承担侵权责任。被侵权人为组织，该组织分立、合并的，承继权利的组织有权请求侵权人承担侵权责任。

被侵权人死亡的，支付被侵权人医疗费、丧葬费等合理费用的人有权请求侵权人赔偿费用，但是侵权人已经支付该费用的除外。

条文注解

根据本条第1款的规定，被侵权人死亡的，其近亲属有权请求侵权人承担侵权责任。近亲属的范围在本法第1045条作了明确规定，包括配偶、父母、子女、兄弟姐妹、祖父母、外祖父母、孙子女、外孙子女。

根据本条第2款的规定，被侵权人死亡的，支付被侵权人医疗费、丧葬费等合理费用的人有权请求侵权人赔偿费用，但是，侵权人已经支付该费用的除外。在司法实践中，支付被侵权人死亡前的医疗费等合理费用的，不一定是被侵权人本人，而有可能是其亲属、朋友或者其他人；对于丧葬费，由于受害人已经死亡，只能是其亲属、朋友或者其他人支付。若支付这些费用的是被侵权人的近亲属，这些近亲属当然可以依据本条第1款的规定请求侵权人赔偿这些费用，若支付这些费用的并非其近亲属，而是其朋友、其他人或者某一组织的，实际支付费用的主体也可以作为独立的请求权人请求侵权人赔偿这些费用，但若侵权人已将这些费用赔偿给被侵权人近亲属的，实际支付这些费用的主体就不能再向侵权人请求赔偿，而只能要求获得赔偿的近亲属返还这些费用。赋予实际支付医疗费、丧葬费等费用的主体独立请求权，有利于弘扬帮扶帮衬的社会美德，保护善良的社会风俗，也可以防止侵权人获得不当利益。

关联法规

《最高人民法院关于审理人身损害赔偿案件适用法律若干问题的解释》第7条

第一千一百八十二条 【侵害人身权益造成财产损失的赔偿数额的确定】侵害他人人身权益造成财产损失的，按照被侵权人因此受到的损失或者侵权人因此获得的利益赔偿；被侵权人因此受到的损失以及侵权人因此获得的利益难以确定，被侵权人和侵权人就赔偿数额协商不一致，向人民法院提起诉讼的，由人民法院根据实际情况确定赔偿数额。

条文注解

根据侵害行为及侵害人身权益内容的不同，侵害他人的人身权益造成财产损失的赔偿范围也不尽相同，主要包括：(1)侵害他人生命、健康、身体等权益造成的财产损失的赔偿范围，一般包括积极的财产损失和可得利益的损失。(2)侵害他人名誉权、荣誉权、姓名权、肖像权和隐私权等人身权益造成的财产损失。一些侵害人身权益的行为，被侵权人的财产损失难以确定，尤其是在被侵权人的名誉受损、知识产权被侵害等情况下，很难确定财产损失。在侵害他人人身权益的情况下，可将侵权人的获利情况作为司法实践中确定赔偿数额的重要因素考虑。由人民法院根据实际情况确定赔偿数额。该规定主要针对损人不利己等获利难以计算的情况。这项规定表达了三层含义：一是在侵权人损人没有获利或者获利难以计算的情况下，当事人可以就赔偿数额进行协商；二是赋予被侵权人获得赔偿的请求权，侵权人不能因为没有获利或者获利难以计算就不负赔偿责任；三是如何确定赔偿数额由法院根据侵权人的过错程度、具体侵权行为和方式、造成的后果和影响等确定。

第一千一百八十三条 【精神损害赔偿】侵害自然人人身权益造成严重精神损害的，被侵权人有权请求精神损害赔偿。

因故意或者重大过失侵害自然人具有人身意义的特定物造成严重精神损害的，被侵权人有权请求精神损害赔偿。

条文注解

根据本条第1款的规定，侵害自然人人身权益造成严重精神损害的，被侵权人有权请求精神损害赔偿。第一，精神损害赔偿的范围是人身权益，侵害财产权益不在精神损害赔偿的范围之内。第二，需要造成严重精神损害。并非只要侵害他人人身权益，被侵权人就可以获得精神损害赔偿，偶尔的痛苦和不高兴不能认为是严重精神损害。之所以强调"严重"的精神损害，是为了防止精神损害赔偿被滥用。对"严重"的解释，应当采取容忍限度理论，即超出了社会一般人的容忍限度，就认为是"严重"。第三，被侵权人有权请求精神损害赔偿。一般来说，请求精神损害赔偿的主体应当是直接遭受人身权侵害的本人。

本条第2款规定了侵害行为的主观要件，即故意或者重大过失。"具有人身意义的特定物"的范围，在实践中主要涉及的物品类型为：(1)与近亲属死者相关的特定纪念物品，如遗像、墓碑、骨灰盒、遗物等；(2)与结婚礼仪相关的特定纪念物品，如录像、照片等；(3)与家族祖先相关的特定纪念物品，如祖坟、族谱、祠堂等。这些物品对被侵权人具有人身意义。

精神损害本身无法用金钱数额进行衡量，但是精神损害赔偿的数额应该与精神损害的严重程度相一致。侵权人的过错程度、侵害手段、场合、行为方式、侵权行为所造成的后果，是衡量被侵权人精神损害程度的重要因素。越是故意甚至恶意的主观状态、在更为公开的场合、以更为恶劣的加害手段侵害被侵权人，对被侵权人造成越发严重的后果，则被侵权人所受精神损害的程度就越深，侵权人应承担的赔偿数额也就越高。同时应当承认，侵权人的获利情况、侵权人承担责任的经济能力与司法政策、法官结合具体案件自由裁量密不可分，因此精神损害赔偿的数额，宜在具体案件中，结合个案情况灵活处理。随着社会经济的发展变化，精神损害赔偿的数额也会随之发生变化。

关联法规

《最高人民法院关于确定民事侵权精神损害赔偿责任若干问题的解释》第1～4、8条

第一千一百八十四条 【财产损失计算方式】侵害他人财产的，财产损失按照损失发生时的市场价格或者其他合理方式计算。

条文注解

财产权益是民事权益中的重要组成部分，包括物权、知识产权、股权和其他投资性权利、网络虚拟财产等具有财产性质的权益。因侵权行为导致财产损失的，一般按照财产损失发生时的市场价格计算。也就是以财产损失发生的那个时间，该财产在市场上的价格为计算标准，完全毁损、灭失的，要按照该物在市场上所对应的标准全价计算；如果该物已经使用多年的，其全价应当是市场相应的折旧价格。

第一千一百八十五条　【侵害知识产权的惩罚性赔偿】故意侵害他人知识产权，情节严重的，被侵权人有权请求相应的惩罚性赔偿。

条文注解

惩罚性赔偿也称惩戒性赔偿，是侵权人给付给被侵权人超过其实际受损害数额的一种金钱赔偿。作为一种集补偿、制裁、遏制等功能于一身的制度，在一些国家和地区得到了广泛运用。目前，我国知识产权法律主要是《著作权法》《专利法》《商标法》。此外，国务院颁布的《中华人民共和国商标法实施条例》、《集成电路布图设计保护条例》和《中华人民共和国植物新品种保护条例》分别对地理标志、集成电路布图和植物新品种作出了规定和保护。

关联法规

《消费者权益保护法》第 55 条，《食品安全法》第 148 条，《商标法》第 63 条

第一千一百八十六条　【公平责任原则】受害人和行为人对损害的发生都没有过错的，依照法律的规定由双方分担损失。

条文注解

公平分担损失的规定是侵权责任编根据实际情况作出的特别规定，与过错责任原则和无过错责任原则均有不同。与过错责任的区别主要有：(1)过错责任原则以行为人的过错作为承担责任的前提，而公平分担行为

人并没有过错。(2)承担过错责任以填补受害人全部损失为原则，公平分担只是根据实际情况适当给受害人以补偿。与无过错责任的区别主要有：(1)无过错责任无论行为人是否有过错，其适用以法律的特殊规定为根据。也就是说，承担无过错责任，行为人可能有过错，也可能无过错。而公平分担，行为人没有过错，也不属于法律规定的适用无过错责任的情形。(2)无过错责任适用于法律明确规定的几种情形。而公平分担只是原则规定适用条件，没有具体界定所适用的案件类型。(3)承担无过错责任，有的是填补受害人的全部损失，有的法律规定了最高责任限额。公平分担只是分担损失的一部分，没有最高额限制。

公平分担适用于行为人和受害人对损害的发生均无过错的情况。如果损害由受害人的过错造成，应当由其自己负责；如果由行为人或者第三人的过错造成，应当由行为人或者第三人负责；如果行为人和受害人对损害的发生都有过错，应当根据他们的过错程度和原因分配责任。也就是说，只要有过错责任人，都不适用本条规定。

第一千一百八十七条 【赔偿费用支付方式】损害发生后，当事人可以协商赔偿费用的支付方式。协商不一致的，赔偿费用应当一次性支付；一次性支付确有困难的，可以分期支付，但是被侵权人有权请求提供相应的担保。

条文注解

侵权责任制度的一项重要功能就是填补受害人的损失。损失既包括实际损失，如侵害他人造成人身损害，因此产生的医疗费、护理费、交通费、营养费等为治疗和康复支出的合理费用，也包括预期利益的损失。本条对赔偿费用的支付方式作了三个层面的规定:(1)由当事人协商确定赔偿费用的支付方式。当事人对赔偿费用支付方式的协商可以包括：是一次性支付还是分期支付；如果是分期支付，分几期，每次付多少，要不要考虑物价变化因素；要不要支付利息，利息如何计算等。当事人可以根据赔偿数额的多少，受害人对赔偿费用的需求程度，侵权人的支付能力等实际情况对赔偿费用的支付进行协商。(2)协商不一致的一次性支付。侵权行为发生后，受害人的损失应当得到全面和及时的弥补，因此，如果当事人就赔偿费用的支付方式协商后，受害人不同意分期支付，侵权人就应当一次性支付全部赔偿费用。一次性支付，可以彻底了结纠纷，避免了受害人对侵权人未来能否按照约定支付的担心。(3)一次性支付确有困难的,可以分期支付,但是被侵权人有权请求提供相应的担保。分期支付应当具备以下两个条件:一是一次性支付确有困难。确有困难应当由侵权人举证证明,由人民法院作出判断。二是被侵权人有权请求提供相应的担保。该担保是应被侵权人请求提供的,既可以是保证人提供的保证,也可以是侵权人以自己的财产抵押、质押。

关联法规

《医疗事故处理条例》第52条,《最高人民法院关于审理人身损害赔偿案件适用法律若干问题的解释》第31、33～34条

第三章　责任主体的特殊规定

第一千一百八十八条　【监护人责任】无民事行为能力人、限制民事行为能力人造成他人损害的,由监护人承担侵权责任。监护人尽到监护职责的,可以减轻其侵权责任。

有财产的无民事行为能力人、限制民事行为能力人造成他人损害的,从本人财产中支付赔偿费用;不足部分,由监护人赔偿。

条文注解

本条第1款规定,无民事行为能力人和限制民事行为能力人造成他人损害的,由监护人承担民事责任,是由监护人的职责所决定的。由于大多数监护人与被监护人有血缘等密切关系,监护人有责任通过教育、管理等方式来减少或者避免被监护人侵权行为的发生。无民事行为能力或者限制民事行为能力人造成他人损害的,应当由监护人承担侵权责任。

依照本条第2款的规定,在具体承担赔偿责任时,如果被监护人有财产的,比如未成年人接受了亲友赠与的财产或者拥有其他价值较大的财产等,那么应当首先从被监护人的财产中支付赔偿费用,不足的部分再由监护人承担赔偿责任。

第一千一百八十九条 【委托监护责任】无民事行为能力人、限制民事行为能力人造成他人损害，监护人将监护职责委托给他人的，监护人应当承担侵权责任；受托人有过错的，承担相应的责任。

条文注解

委托监护，是指监护人委托他人代行监护的职责，是一种双方的民事法律行为，是被监护人的监护人与受托人之间关于受托人为委托人履行监护职责、处理监护事务的协议，须有监护人委托与受委托人接受委托的意思表示一致才能成立。委托监护不同于意定监护。意定监护是在监护领域对自愿原则的贯彻落实，是具有完全民事行为能力的成年人对自己将来的监护事务，按照自己的意愿事先所作的安排。两者主要有以下不同点：第一，委托监护是监护人与非监护人之间确定非监护人代行监护职责的协议，而意定监护是在法定监护人之间确定监护人的协议。第二，委托监护中，尽管委托人可以将监护职责全部委托给受托人，但即使在此情况下，受托人也不是监护人。也就是说，监护人不能依照委托监护的协议将监护人的资格转让给他人，他人也不能通过委托监护的协议来取得监护资格。因此，在委托监护中即使监护职责全部由受托人行使，监护人的监护资格也不丧失。在意定监护中，依当事人之间的协议所确定的监护人对被监护人负监护人责任，其就是被监护人的监护人。第三，委托监护适用于无民事行为能力人、限制民事行为能力人的未成年人或者成年人。意定监护只适用于具有完全民事行为能力的成年人。

根据本条规定，无民事行为能力人、限制民事行为能力人造成他人损害，监护人将监护职责委托给他人的，监护人应当承担侵权责任。这意味着，实行监护人责任首负原则。除了监护人外，如果受托人有过错的，也要承担相应的责任。具体承担责任的范围，由司法机关结合具体案件情况依法裁量。

第一千一百九十条 【丧失意识侵权责任】完全民事行为能力人对自己的行为暂时没有意识或者失去控制造成他人损害有过错的，应当承担侵权责任；没有过错的，根据行为人的经济状况对受害人适当补偿。

完全民事行为能力人因醉酒、滥用麻醉药品或者精神药品对自己的行为暂时没有意识或者失去控制造成他人损害的，应当承担侵权责任。

条文注解

考虑到导致完全民事行为能力人丧失意识的情况比较复杂，本条第1款根据不同的情形，规定了完全民事行为能力人的责任。(1)完全民事行为能力人对于自己丧失意识存在过错。如果是因为自己的过错，丧失了意识后造成了他人的损害，那么行为人应当根据其过错承担赔偿责任。(2)完全民事行为能力人对于自己的行为暂时没有意识或者失去控制没有过错。如果行为人暂时没有意识或者失去控制不是由于自己的过错造成，而是由于其他原因导致的，在这种情况下，行为人可以不承担侵权责任，不过需要根据公平分担的规定，适当分担被侵权人的损失。需要说明的是，这里对受害人是“补偿”而不是“赔偿”。

本条第2款规定“醉酒、滥用麻醉药品或者精神药品对自己的行为暂时没有意识或者失去控制造成他人损害”，其实也属于第1款“有过错”的一种情形。为了强调醉酒、滥用麻醉药品或者精神药品的行为和一般的过错相比，具有违法性，且危害性较大，本条第2款对醉酒、滥用麻醉药品或者精神药品导致自己暂时没有意识或者失去控制造成他人损害的责任专门作出了规定。完全民事行为能力人因醉酒、滥用麻醉药品或者精神药品导致自己暂时没有意识或者失去控制造成他人损害的。根据我国《刑法》的规定，醉酒的人应当承担刑事责任。治安管理处罚法规定，醉酒的人违反治安管理的，应当给予处罚。醉酒的人在醉酒状态中，对本人有危险或者对他人的人身、财产或者公共安全有威胁的，应当对其采取保护性措施约束至酒醒。

第一千一百九十一条 【用人单位责任和劳务派遣单位、劳务用工单位责任】用人单位的工作人员因执行工作任务造成他人损害的，由用人单位承担侵权责任。用人单位承担侵权责任后，可以向有故意或者重大过失的工作人员追偿。

劳务派遣期间，被派遣的工作人员因执行工作任务造成他人损害的，由接受劳务派遣的用工单位承担侵权责任；劳务派遣单位有过错的，承担相应的责任。

条文注解

对本条第1款的理解，我国对用人单位采取的是无过错责任，只要工作人员实施侵权行为造成他人的损害，用人单位就要首先承担赔偿责任。

用人单位不能通过证明自己在选任或者监督方面尽到了相应的义务来免除自己的责任。当然,用人单位承担侵权责任后,可以向有故意或者重大过失的工作人员追偿。本条中的“用人单位”,包括企业、事业单位、国家机关、社会团体等,也包括个体经济组织等。“工作人员”既包括用人单位的正式员工,也应当包括临时在单位工作的员工。用人单位承担侵权责任的前提是工作人员的行为与“执行工作任务”有关。工作人员应当按照用人单位的授权或者指示进行工作。与工作无关的行为,即使发生在工作时间内,用人单位也不承担侵权责任,该责任由工作人员自己承担。需要指出的是,国家机关及其工作人员因工作造成他人损害的,一类属于履行公职权的行为;另一类不属于履行公职权的行为,是国家机关为了维持其正常运转所进行的民事行为。对于第一类属于履行公职权的行为,依据国家赔偿法的规定,有的需要国家机关承担国家赔偿责任。对于第二类国家机关在民事活动中侵害他人合法权益的,国家机关需要承担民事侵权责任。

对本条第 2 款的理解,劳务派遣是指劳动派遣机构与员工签订劳务派遣合同后,将工作人员派遣到用工单位工作。劳务派遣的主要特点就是员工的雇用和使用分离。劳动派遣机构不是职业介绍机构,是与劳动者签订劳动合同的一方当事人。派遣的员工到用工单位工作,但不与用工单位签订劳动合同,产生劳动关系。劳务派遣的用人形式不同于一般的用人单位,劳务派遣单位虽然与被派遣的员工签订了劳动合同,但不对被派遣员工进行使用和具体的管理。在劳务派遣期间,被派遣的工作人员是为接受劳务派遣的用工单位工作,接受用工单位的指示和管理,同时由用工单位为被派遣的工作人员提供相应的劳动条件和劳动保护,所以,被派遣的工作人员因工作造成他人损害的,其责任应当由用工单位承担。劳务派遣单位在派遣工作人员方面存在过错的,应当承担相应的责任。

关联法规

《劳动合同法》第 58～59 条,《最高人民法院关于审理人身损害赔偿案件适用法律若干问题的解释》第 8～9 条

第一千一百九十二条 【个人劳务关系中的侵权责任】个人之间形成劳务关系,提供劳务一方因劳务造成他人损害的,由接受劳务一方承担侵权责任。接受劳务一方承担侵权责任后,可以向有故意或者重大过失的提供劳务一方追偿。提供劳务一方因劳务受到损害的,根据双方各自的过错承担相应的责任。

提供劳务期间，因第三人的行为造成提供劳务一方损害的，提供劳务一方有权请求第三人承担侵权责任，也有权请求接受劳务一方给予补偿。接受劳务一方补偿后，可以向第三人追偿。

条文注解

劳务关系，是指提供劳务一方为接受劳务一方提供劳务服务，由接受劳务一方按照约定支付报酬而建立的一种民事权利义务关系。

对本条第1款的理解，由于本条中“个人之间形成劳务关系”，不属于依法应当参加工伤保险统筹的情形，提供劳务一方受到损害后，不能适用《工伤保险条例》。个人之间的劳务关系的损害，跟雇主情形下损害不一样，个人之间的劳务，提供劳动一方有较大的自主权，不像雇主对雇员的控制力那么强。造成损害的，接受劳务一方承担无过错责任太重。所以提供劳务一方因劳务受到损害的，不宜采取无过错责任的原则，要求接受劳务一方无条件地承担赔偿责任。实践中因劳务受到损害的情况比较复杂，应当区分情况，根据双方的过错来处理比较合理。

对本条第2款的理解，损害是因第三人造成的，第三人应当承担侵权责任。在个人之间形成的劳务关系中，因第三人的行为造成提供劳务一方损害的，第三人应当承担侵权责任。提供劳务一方是在为接受劳务一方工作过程中受伤的，个人之间形成劳务关系一般不购买相应的工伤保险，这与本法第1191条规定的用人单位责任有较大不同。因此，要求接受劳务一方承担不真正连带责任，责任分配过重。故第2款规定接受劳务一方补偿后，可以向第三人追偿。

关联法规

《最高人民法院关于审理人身损害赔偿案件适用法律若干问题的解释》第9、13～14条

第一千一百九十三条　【承揽关系中的侵权责任】承揽人在完成工作过程中造成第三人损害或者自己损害的，定作人不承担侵权责任。但是，定作人对定作、指示或者选任有过错的，应当承担相应的责任。

条文注解

本法规定的承揽合同是承揽人按照定作人的要求完成工作，交付工作

成果，定作人给付报酬的合同。承揽包括加工、定作、修理、复制、测试、检验等工作。在履行承揽合同的过程中，承揽人对第三人造成损害或者自身遭受损害的侵权责任如何承担，我国法律没有规定。考虑到在大多数情况下，承揽人主要依靠自己的技术和专业技能独立完成承揽工作，不受定作人的支配，承揽人对第三人造成损害或者造成自身损害时，不应要求定作人承担侵权责任。但是，定作人对定作、指示或者选任存在过错的，需要承担相应的过错责任，这是定作人的指示过失责任。需要指出的是，本法第1192条个人之间形成劳务关系，个人之间因提供劳务造成他人损害和自己损害的责任的规定，不适用本条因承揽关系产生的纠纷。

关联法规

《最高人民法院关于审理人身损害赔偿案件适用法律若干问题的解释》第10条

第一千一百九十四条 【网络侵权责任】网络用户、网络服务提供者利用网络侵害他人民事权益的，应当承担侵权责任。法律另有规定的，依照其规定。

条文注解

网络用户利用网络侵害他人民事权益，大体可以分为以下几种类型：一是侵害人格权。主要表现为：(1)盗用或者假冒他人姓名，侵害姓名权；(2)未经许可使用他人肖像，侵害肖像权；(3)发表攻击、诽谤他人的文章，侵害名誉权；(4)非法侵入他人电脑、非法截取他人传输的信息、擅自披露他人个人信息、大量发送垃圾邮件，侵害隐私权和个人信息受保护的权利。二是侵害财产利益。基于网络活动的便捷性，通过网络侵害财产利益的情形较为常见，如窃取他人网络银行账户中的资金，最典型的是侵害网络虚拟财产，如窃取他人网络游戏装备、虚拟货币等。三是侵害知识产权。主要表现为侵犯他人著作权、商标权和专利权等知识产权：(1)侵犯著作权，如擅自将他人作品进行数字化传输，规避技术措施，侵犯数据库等。(2)侵犯商标权，如恶意抢注与他人商标相同或相类似的域名，在电商平台上销售假冒他人商标或者使用足以使消费者混淆的商标的商品等。(3)侵犯专利权，如未经专利人授权，在网站上销售专利产品。

网络服务提供者利用网络侵害他人民事权益，网络服务提供者是一个概括性表述，既包括提供接入、缓存、信息存储空间、搜索以及链接等服务类型的技术服务提供者，也包括主动向网络用户提供内容的内容服务提供者，还包括在电子商务中为交易双方或者多方提供网络经营场所、交易撮合、信息发布等服务，供交易双方或者多方独立开展交易活动的电子商务平台经营者。不同类型的网络服务提供者通过网络实施侵权行为的表现也不一样。根据“技术中立”原则，技术服务提供者一般无须对他人通过网络侵犯他人民事权益的行为承担责任，如中国移动、中国电信、中国联通等电信服务运营商无须对经由其网络传输的信息承担责任，百度等搜索引擎提供者无须对搜索结果负责，但若其行为高度介入传输行为、编排搜索结果等，则需对其行为承担责任，电子商务平台经营者一般无须对其平台出现的侵权行为承担责任。此外，破坏他人技术保护措施、利用技术手段攻击他人网络、窃取他人个人信息的，也要承担侵权责任。内容服务提供者应当对所上传内容的真实性与合法性负责，如果提供了侵权信息，如捏造虚假事实诽谤他人、发布侵犯著作权的影视作品等，应当承担侵权责任。

关联法规

《信息网络传播权保护条例》第13～17、20～24条，《最高人民法院关于审理侵害信息网络传播权民事纠纷案件适用法律若干问题的规定》第1～16条

第一千一百九十五条 【网络服务提供者侵权补救措施与责任承担】网络用户利用网络服务实施侵权行为的，权利人有权通知网络服务提供者采取删除、屏蔽、断开链接等必要措施。通知应当包括构成侵权的初步证据及权利人的真实身份信息。

网络服务提供者接到通知后，应当及时将该通知转送相关网络用户，并根据构成侵权的初步证据和服务类型采取必要措施；未及时采取必要措施的，对损害的扩大部分与该网络用户承担连带责任。

权利人因错误通知造成网络用户或者网络服务提供者损害的，应当承担侵权责任。法律另有规定的，依照其规定。

条文注解

根据本条第1款规定，通知应当包括构成侵权的初步证据及权利人的

真实身份信息。一般而言，一份合格的权利通知应当包括两方面内容：首先是权利人的真实身份信息，包括但不限于权利人的姓名、名称、住址、联系方式、电话、电子邮箱等，没有真实身份信息和有效联系方式，网络服务提供者无法与其取得联系，也无法发送网络用户声明不存在侵权行为的通知。其次是构成侵权的初步证据，通知是权利人主张权利的重要依据，应当附有证明其权利的证据或者相关信息涉嫌侵权的初步证据。另外，通知中一般还应当附有涉嫌侵权信息的网址链接或其他可以定位侵权商品或信息的有效方法等。

根据本条第 2 款规定，权利人一旦发出合格通知，就触发了网络服务提供者的义务。网络服务提供者接到通知后，应当及时将该通知转送相关网络用户，并根据构成侵权的初步证据和服务类型采取必要措施。具体包括：及时将该通知转送相关网络用户；根据构成侵权的初步证据和服务类型采取必要措施。理解这一规定，需要注意以下两个方面：一是网络服务提供者承担本条项下责任的归责原则。网络服务提供者审查权利通知后依法采取了必要措施，既豁免了对网络用户的违约责任，也豁免了对权利人可能承担的帮助侵权责任；网络服务提供者依然承担过错责任，或者因应当采取必要措施而没有采取，或者因采取的必要措施不当，按照共同侵权制度，其因网络用户的侵权行为而对权利人承担帮助侵权责任。二是如何认定“及时”。《最高人民法院关于审理侵害信息网络传播权民事纠纷案件适用法律若干问题的规定》要求，根据权利人提交通知的形式，通知的准确程度，采取措施的难易程度，网络服务的性质，所涉作品、表演、录音录像制品的类型、知名度、数量等因素综合判断。《最高人民法院关于审理利用信息网络侵害人身权益民事纠纷案件适用法律若干问题的规定》要求，根据网络服务的性质、有效通知的形式和准确程度，网络信息侵害权益的类型和程度等因素综合判断。

根据本条第 3 款，在《侵权责任法》第 36 条基础上，特别增加这一规定，警示权利人不得滥用程序，促使权利人维权更为理性，因错误通知造成网络用户、网络服务提供者损失的，权利人应当承担侵权责任。增加“法律另有规定的，依照其规定”这一衔接性表述，主要是考虑到本条为一般规定，根据被侵害的权利类型的不同，其他法律可能作出细化或者特别规定。

关联法规

《电子商务法》第 42～43 条，《信息网络传播权保护条例》第 14 条

第一千一百九十六条　【不侵权声明】网络用户接到转送的通知后，可以向网络服务提供者提交不存在侵权行为的声明。声明应当包括不存在侵权行为的初步证据及网络用户的真实身份信息。

网络服务提供者接到声明后，应当将该声明转送发出通知的权利人，并告知其可以向有关部门投诉或者向人民法院提起诉讼。网络服务提供者在转送声明到达权利人后的合理期限内，未收到权利人已经投诉或者提起诉讼通知的，应当及时终止所采取的措施。

条文注解

根据本条第 1 款规定，网络用户提交的声明应当包括不存在侵权行为的初步证据及网络用户的真实身份信息。(1)不存在侵权行为的初步证据，比如著作权、专利权、商标权等，涉嫌侵权的网络用户可以提供文章底稿、著作权登记证书、专利证书、商标权证书、原产地证明、授权法律文书等，证明其具有相应的权利。(2)网络用户的真实身份信息。不少网络用户对外表现为昵称、笔名，而非其真实身份，实践中，这使得很多权利人在起诉时，无法准确确定被告，维权十分困难。网络不是法外之地，每个人都需要对自己的行为负责，在网络上也是一样。在权利人表明自己真实身份，指称其涉嫌侵权时，网络用户也有义务表明其真实身份，这也是当然之义。

本条第 2 款规定网络服务提供者的义务：(1)转送义务。纠纷主要发生在权利人与网络用户之间，网络服务提供者接到反通知后，立即产生转送义务，应当及时将反通知转送发出通知的权利人，让权利人及时知道网络用户提出了抗辩；同时履行告知义务，让权利人知晓应当及时向有关部门投诉或者向法院起诉，以解决纠纷。(2)及时终止所采取的措施。网络用户的声明到达权利人后，权利人应当作出适当反应，既可以表示认可，也可以表示反对；既可以明示，也可以默示。如果在合理期限内，权利人通知网络服务提供者，其已经向有关部门投诉或者向法院起诉，表明权利人以明示方式对反通知的内容表示反对，网络服务提供者应当继续维持此前采取的必要措施，直至有关部门或者法院有进一步指令；如果权利人在合理期限内没有投诉或者起诉，表明权利人默示认可反通知，网络服务提供者应当及时终止所采取的措施，恢复相关信息。这样规定，既是为了促使权利人尽快行使权利，避免相关权利纠纷长期处于不确定状态，也是为了尽量减少因错误通知给网络用户和网络服务提供者增加的负担。

第一千一百九十七条 【网络服务提供者的连带责任】网络服务提供者知道或者应当知道网络用户利用其网络服务侵害他人民事权益，未采取必要措施的，与该网络用户承担连带责任。

条文注解

根据本条规定，网络服务提供者与网络用户承担连带责任的主观构成要件为“知道或者应当知道”，采用的是过错责任。“知道”即为“明知”。明知是一种主观状态，表明行为人的内心对侵权行为这一事实的发生具有明确而充分的认识，甚至放任或者积极追求损害后果的发生。一般有两种途径：一是行为人自认。行为人明确表示其主观状态为“明知”，当然可以认定，只是这种情形实践中较少出现。二是通过程序网络服务提供者侵权补救措施与责任承担制度来证明。

关联法规

《最高人民法院关于审理侵害信息网络传播权民事纠纷案件适用法律若干问题的规定》第13条

第一千一百九十八条 【安全保障义务人责任】宾馆、商场、银行、车站、机场、体育场馆、娱乐场所等经营场所、公共场所的经营者、管理者或者群众性活动的组织者，未尽到安全保障义务，造成他人损害的，应当承担侵权责任。

因第三人的行为造成他人损害的，由第三人承担侵权责任；经营者、管理者或者组织者未尽到安全保障义务的，承担相应的补充责任。经营者、管理者或者组织者承担补充责任后，可以向第三人追偿。

条文注解

对本条第1款的理解，本法明确安全保障义务人为下列两类人：(1)宾馆、商场、银行、车站、机场、体育场馆、娱乐场所等经营场所、公共场所的经营者、管理者。公共场所包括以公众为对象进行商业性经营的场所，也包括对公众提供服务的场所。(2)群众性活动的组织者。群众性活动，是指法人或者其他组织面向社会公众举办的参加人数较多的活动，如体育比赛活动，演唱会、音乐会等文艺演出活动，展览、展销等活动，游园、灯会、庙会、花会、焰火晚会等活动，人才招聘会、现场开奖的彩票销售等活动。本法对安全保障义务的保护对象规定为“他人”，没有明确具体的范围，实践中哪些人属于保护对象应根据具体情况判断。安全保障义务的目的在于保护他人的人身和财产安全，其主要内容是作为，即要求义务人必须采取一定的行为来维护他人的人身或者财产免受侵害。根据安全保障义务的内容不同，可以将安全保障义务分为以下两类：(1)防止他人遭受义务人侵害的安全保障义务。(2)防止他人遭受第三人侵害的安全保障义务。

本条第2款规定，第三人的行为是造成损害的直接原因，应当首先由第三人承担侵权责任。理解这一规定，应当注意以下两点：(1)第三人的侵权责任和安全保障义务人的补充责任有先后顺序。先由第三人承担侵权责任，在无法找到第三人或者第三人没有能力全部承担赔偿责任时，才由安全保障义务人承担补充责任。如果第三人已经全部承担侵权责任，则安全保障义务人不再承担责任。(2)《侵权责任法》未规定经营者、管理者或者组织者承担补充责任后，第三人因为距离损害更近，属于终局责任人，安全保障义务人可以向其追偿。

关联法规

《最高人民法院关于审理人身损害赔偿案件适用法律若干问题的解释》第6条

第一千一百九十九条　【教育机构的过错推定责任】无民事行为能力人在幼儿园、学校或者其他教育机构学习、生活期间受到人身损害的，幼儿园、学校或者其他教育机构应当承担侵权责任；但是，能够证明尽到教育、管理职责的，不承担侵权责任。

条文注解

本条采用过错推定原则，主要考虑的是：无民事行为能力人智力发育还很不成熟，对事物的认知和判断存在较大不足，不能辨认或者不能充分理解自己行为的后果，必须加以特别保护，这就要求学校更多地履行保护孩子身心健康的义务。无民事行为能力人在幼儿园、学校或者其他教育机构学习、生活期间，超越了监护人的控制范围，如果受到人身损害，基本无法对事故发生的情形准确地加以描述，此时要让无民事行为能力人或者其监护人来证明学校的过错，几乎是不可能的。采用过错推定原则，学校也能举证反驳，可以通过证明已经尽到了相当的注意并且实施了合理的行为，以达到免责的目的。同时，学校等教育机构更有可能通过保险等方式来向社会转移风险。由幼儿园、学校和其他教育机构承担侵权责任的侵权行为的范围，应当限于发生在幼儿园、学校和其他教育机构的教育、教学活动中或者其负有管理责任的校舍、场地、其他教育教学设施、生活设施中的侵权行为。

第一千二百条 【教育机构的过错责任】限制民事行为能力人在学校或者其他教育机构学习、生活期间受到人身损害，学校或者其他教育机构未尽到教育、管理职责的，应当承担侵权责任。

条文注解

本条采用了过错责任原则，主要是考虑：与无民事行为能力人相比，限制民事行为能力人的心智已渐趋成熟，对事物已有一定的认知和判断能力，能够在一定程度上理解自己行为的后果，对一些容易遭受人身损害的行为也有了充分认识，应当在构建和谐的成长环境的同时，鼓励其广泛地参加各类学校活动和社会关系，以利于其更好、更有效地学习、成长。同时，在判断学校尽到教育、管理职责时也可以通过采用客观化的判断标准，如学校的各种教学设施是否符合安全要求，对存在的各种安全隐患是否及时排除、是否已采取必要的防范措施，学校是否制定了合理、明确的安全规章制度等来缓和举证责任，减轻被侵权人的举证负担，以利于对学生的救济。

关联法规

《最高人民法院关于审理人身损害赔偿案件适用法律若干问题的解释》第7条，《学生伤害事故处理办法》第9条

第一千二百零一条 【在教育机构内第三人侵权时的责任分担】无民事行为能力人或者限制民事行为能力人在幼儿园、学校或者其他教育机构学习、生活期间，受到幼儿园、学校或者其他教育机构以外的第三人人身损害的，由第三人承担侵权责任；幼儿园、学校或者其他教育机构未尽到管理职责的，承担相应的补充责任。幼儿园、学校或者其他教育机构承担补充责任后，可以向第三人追偿。

条文注解

本条规定分为三部分:(1)幼儿园、学校或者其他教育机构以外的人员承担的侵权责任。幼儿园、学校或者其他教育机构以外的人员是指幼儿园、学校或者其他教育机构的教师、学生和其他工作人员以外的人员。如果未成年人在幼儿园、学校或者其他教育机构学习、生活期间遭受人身损害,是由于幼儿园、学校或者其他教育机构本身的人员的行为造成的,幼儿园、学校或者其他教育机构未尽到教育、管理职责时,就要承担责任。(2)幼儿园、学校或者其他教育机构承担的相应补充责任。无民事行为能力人或者限制民事行为能力人在幼儿园、学校或者其他教育机构学习、生活期间,受到幼儿园、学校或者其他教育机构以外的人员人身损害的,该人员作为侵权人应当承担侵权责任。但由于此时受到人身损害的无民事行为能力人或者限制民事行为能力人仍在幼儿园、学校或者其他教育机构监管之下,幼儿园、学校或者其他教育机构仍负有管理职责,如果幼儿园、学校或者其他教育机构未尽到管理职责的,对损害的发生也具有过错,其未尽到管理职责的行为是造成损害发生的间接原因,应当承担补充责任。(3)侵权责任法没有规定幼儿园、学校或者其他教育机构承担补充责任后,可以向第三人追偿。主要是考虑本条中负有安全保障义务的主体承担相应的补充责任,第三人因为距离损害更近,属于终局责任人,安全保障义务人可以向其追偿。

关联法规

《最高人民法院关于审理人身损害赔偿案件适用法律若干问题的解释》第7条

第四章　产品责任

第一千二百零二条　【产品生产者责任】因产品存在缺陷造成他人损害的,生产者应当承担侵权责任。

条文注解

构成产品责任须具备三个要件:第一,产品具有缺陷。产品缺陷是构成产品责任的首要条件。《产品质量法》第46条对缺陷有相关定义，但是侵权责任法没有对产品缺陷作出定义性的规定。一般来说，产品存在缺陷，即产品存在“不合理危险”。第二，须有缺陷产品造成受害人损害的事实。缺陷产品造成受害人损害的事实，是指缺陷产品的使用人或者第三人因缺陷产品造成损害的客观存在。损害事实包括人身损害、财产损害。第三，缺陷产品与损害事实之间存在因果关系。产品责任中的因果关系，是指产品的缺陷与受害人损害事实之间存在引起与被引起的关系。在一般侵权案件中，原则上是“谁主张，谁举证”。产品责任是一种特殊的侵权，考虑到用户、消费者与生产者之间存在信息上的不对称，特别是对于高科技产品致害原因不易证明等特点，通常要求生产者就缺陷不存在，或缺陷与损害之间不存在因果关系举证。如果生产者不能举证证明，则认定产品存在缺陷及缺陷与损害之间存在因果关系。

关联法规

《产品质量法》第41～42、46条

第一千二百零三条 【被侵权人请求损害赔偿的途径和先行赔偿人追偿权】因产品存在缺陷造成他人损害的，被侵权人可以向产品的生产者请求赔偿，也可以向产品的销售者请求赔偿。

产品缺陷由生产者造成的，销售者赔偿后，有权向生产者追偿。因销售者的过错使产品存在缺陷的，生产者赔偿后，有权向销售者追偿。

条文注解

本条所称被侵权人，是指因产品存在缺陷造成人身、财产损害之后，有权要求获得赔偿的人。包括直接购买并使用缺陷产品的人，也包括非直接购买使用缺陷产品但受到缺陷产品损害的其他人。

本条从方便被侵权人维护自己合法权益的角度出发，规定了被侵权人请求赔偿的两条途径：一条是可以向产品的生产者请求赔偿；另一条是可以向产品的销售者请求赔偿。也就是说，只要是缺陷产品引起的损害，被侵权人可以向生产者和销售者中的任何一方提出赔偿请求。

根据本条规定，生产者、销售者中先行赔偿的一方有权向应当承担责任的一方追偿自己已经向被侵权人垫付的赔偿费用。预先垫付了赔偿费用的一方有权要求有责任的一方支付自己已经垫付的费用。需要明确的是，生产者和销售者承担产品责任的原则是不同的，生产者承担无过错责任，销售者承担过错责任，对此本条明确规定“产品缺陷由生产者造成的，销售者赔偿后，有权向生产者追偿。因销售者的过错使产品存在缺陷的，生产者赔偿后，有权向销售者追偿”。先行垫付赔偿费用的一方只有在另一方符合承担产品侵权责任条件的情形下，才可以向对方行使追偿权。

关联法规

《产品质量法》第43条，《消费者权益保护法》第40条，《农产品质量安全法》第54条，《乳品质量安全监督管理条例》第43条

第一千二百零四条 【生产者和销售者对有过错第三人的追偿权】因运输者、仓储者等第三人的过错使产品存在缺陷，造成他人损害的，产品的生产者、销售者赔偿后，有权向第三人追偿。

条文注解

产品在运输流通过程中，运输者、仓储者等应当按照有关规定和产品包装上标明的储藏、运输等标准进行储存、运输。如果运输者、仓储者等不按上述规定运输或者仓储，有可能造成产品缺陷。对此有过错的，行为人应当对因自己的过错产生的损害负赔偿责任，因此，因运输者、仓储者等第三人导致产品缺陷造成他人损害的，应当按照过错责任原则承担赔偿责任。为了充分保护被侵权人的利益，方便被侵权人请求赔偿，根据本条的规定，即使是因运输者、仓储者等第三人的过错使产品存在缺陷造成损害，被侵权人仍然可以先找产品的生产者或者销售者请求赔偿。生产者、销售者承担赔偿责任后，可以依据本条的规定，向造成产品缺陷的有过错的运输者、仓储者等第三人行使追偿权，要求其支付赔偿费用。

第一千二百零五条 【危及他人人身、财产安全的责任承担方式】因产品缺陷危及他人人身、财产安全的，被侵权人有权请求生产者、销售者承担停止侵害、排除妨碍、消除危险等侵权责任。

条文注解

产品存在缺陷对他人可能产生两种影响：一是造成他人损害，这种损害是已经发生的，是现实存在的，被侵权人有权请求生产者、销售者承担停止侵害、排除妨碍等侵权责任。二是对他人人身、财产安全产生一种危险，存在不安全因素。从某种角度说，这是一种尚未发生，非现实存在的损害，如果不采取相应措施，这种潜在的损害随时都有可能发生，造成受害人的实际损害。排除妨碍、消除危险是承担产品侵权责任的两种方式。妨碍是指侵权人实施的妨碍他人合法权益的行为或者造成的妨碍他人合法权益正常行使的某种有害状况。排除妨碍是指依据被侵权人的请求，侵权人以一定的积极行为除去妨碍，以使被侵权人正常行使合法权益的民事责任方式。被侵权人在请求排除妨碍时，应当注意以下几个问题：第一，妨碍必须是不法的。第二，妨碍既可以是已经发生的，也可以是可能出现的。第三，妨碍是权利人行使权利的障碍，只要不法行为妨碍他人行使物权、人身权等，被侵权人均可请求排除妨碍。消除危险，是指人身或者财产受到现实威胁的当事人请求造成危险或对危险负有责任的人消除危险状况，保障请求权人人身、财产安全的民事责任方式。适用这种责任方式，能有效地防止损害的发生，充分保护民事主体的民事权利。

关联法规

《食品安全法》第103条，《消费者权益保护法》第49条

第一千二百零六条 【流通后发现有缺陷的补救措施和侵权责任】产品投入流通后发现存在缺陷的，生产者、销售者应当及时采取停止销售、警示、召回等补救措施；未及时采取补救措施或者补救措施不力造成损害扩大的，对扩大的损害也应当承担侵权责任。

依据前款规定采取召回措施的，生产者、销售者应当负担被侵权人因此支出的必要费用。

条文注解

停止销售是对正在销售的产品采取下架、封存等不再出售的措施。停止销售可以避免侵权行为的扩大化，最大限度减少损失。

警示是对产品有关的危险或产品的正确使用给予说明、提醒，提请使用者在使用该产品时注意已经存在的危险或者潜在可能发生的危险，防止或者减少对使用者的损害。警示的作用有两个：一是告知使用者产品有危险，明示产品的缺陷；二是让使用者知道在使用该产品时如何避免危险的发生，以保证人身、财产的安全。

召回是产品的生产者、销售者依法定程序，对其生产或者销售的缺陷产品以换货、退货、更换零配件等方式，及时消除或减少缺陷产品危害的行为。召回的意义在于防患于未然，就此而言，有些类似于消除危险的侵权责任方式，是生产者、销售者将缺陷产品从流通环节中撤回，阻断可能发生的危害，一般而言是停止销售的下一步措施。召回费用由生产者、销售者负担，对维护产品生产经营秩序、救济被侵权人具有积极意义，因此，在本条中增加了召回费用承担的规定。

关联法规

《食品安全法》第63条，《消费者权益保护法》第19条，《药品召回管理办法》第15条，《乳品质量安全监督管理条例》第36、42条

第一千二百零七条 【产品责任惩罚性赔偿】明知产品存在缺陷仍然生产、销售，或者没有依据前条规定采取有效补救措施，造成他人死亡或者健康严重损害的，被侵权人有权请求相应的惩罚性赔偿。

条文注解

根据本条的规定，产品责任中适用惩罚性赔偿的条件是：第一，侵权人具有主观故意。明知是缺陷产品仍然生产或者销售。第二，要有损害事实。这种损害事实不是一般的损害事实，而应当是造成严重损害的事实，即造成他人死亡或者健康受到严重损害。第三，要有因果关系，即被侵权人的死亡或者健康严重受损害是因为侵权人生产或者销售的缺陷产品造成的，或者生产者、销售者没有依照前条规定采取有效补救措施。本条还规定了惩罚性赔偿的适用范围，即在被侵权人死亡或者健康受到严重损害的范围内适用。

关联法规

《食品安全法》第148条，《消费者权益保护法》第55条，《最高人民法

院管理审理商品房买卖合同纠纷案件适用法律若干问题的解释》第8～9条

第五章　机动车交通事故责任

第一千二百零八条　【机动车交通事故责任的法律适用】机动车发生交通事故造成损害的，依照道路交通安全法律和本法的有关规定承担赔偿责任。

条文注解

本条主要有以下几层含义：(1)首先由保险公司在机动车第三者责任强制保险责任限额范围内予以赔偿。机动车第三者责任强制保险是解决道路交通事故赔偿问题的重要制度。机动车发生交通事故，包括机动车与机动车之间，机动车与非机动车驾驶人、行人之间，都是先由保险公司在机动车第三者责任强制保险责任限额内予以赔偿，不足的部分才由机动车一方承担赔偿责任。(2)在强制保险责任限额范围内赔偿后不足部分的责任承担。①机动车之间发生交通事故的赔偿责任，由有过错的一方承担赔偿责任；双方都有过错的，按照各自过错的比例分担责任。②机动车与非机动车驾驶人、行人之间发生交通事故的赔偿责任。在归责原则上，机动车与非机动车驾驶人、行人之间发生交通事故，主要适用过错推定原则，同时，机动车一方还要承担一部分无过错责任。(3)机动车一方不承担责任的情形。机动车与非机动车驾驶人、行人之间发生交通事故，如果交通事故的损失是因非机动车驾驶人、行人自杀、自伤、有意冲撞(碰瓷)等行为故意造成的，机动车一方不承担赔偿责任。

关联法规

《道路交通安全法》第17、21、23、76条，《机动车交通事故责任强制保险条例》第2～3、21、23条

第一千二百零九条 【机动车所有人、管理人与使用人不一致时的侵权责任】因租赁、借用等情形机动车所有人、管理人与使用人不是同一人时，发生交通事故造成损害，属于该机动车一方责任的，由机动车使用人承担赔偿责任；机动车所有人、管理人对损害的发生有过错的，承担相应的赔偿责任。

条文注解

机动车租赁，是指机动车所有人将机动车在一定时间内交付承租人使用、收益，机动车所有人收取租赁费用，不提供驾驶劳务的行为。机动车管理，是指将机动车存放在某一场所，或者将机动车交付维修，机动车暂时脱离所有人占有时，保管、占有机动车的行为。机动车借用，是指机动车所有人将机动车在约定时间内交由借用人使用的行为。本条中的“使用人”不仅包括承租人、管理人、借用人，还包括机动车出质期间的质权人、维修期间的维修人、由他人保管期间的保管人等。在机动车出质、维修和由他人保管期间，机动车由质权人、维修人和保管人占有，他们对机动车享有运行支配力，而所有人、管理人则丧失了运行支配力。质权人、维修人、保管人擅自驾驶机动车发生交通事故的，应由质权人、维修人、保管人承担赔偿责任。机动车所有人在将机动车出租、出借时应当对承租人、借用人进行必要的审查，比如承租人、借用人是否有驾驶资格。同时，还应当保障机动车性能符合安全的要求，比如车辆制动是否灵敏等。机动车管理人在保管、占有机动车过程中，负有妥善保管、管理的义务，不得擅自使用或者许可他人使用机动车。机动车所有人、管理人没有尽到上述应有的注意义务，便有过错，该过错可能成为该机动车造成他人损害的一个因素，机动车所有人、管理人应当对因自己的过错造成的损害负相应的赔偿责任。

关联法规

《最高人民法院关于审理道路交通事故损害赔偿案件适用法律若干问题的解释》第1～2条

第一千二百一十条 【转让并交付但未办理登记的机动车侵权责任】当事人之间已经以买卖或者其他方式转让并交付机动车但是未办理登记，发生交通事故造成损害，属于该机动车一方责任的，由受让人承担赔偿责任。

条文注解

关于本条的理解，第一，机动车发生交通事故造成损害，属于该机动车一方责任的，仍然先由承保机动车强制保险的保险人在强制保险责任限额范围内予以赔偿；不足部分，如果机动车一方购买了商业保险的，由承保机动车商业保险的保险人按照保险合同的约定予以赔偿；仍然不足或者没有投保机动车商业保险的，由侵权人赔偿。第二，机动车所有权的转移在交付时发生效力，未经登记，只是缺少公示而不产生社会公信力，在交易过程中不能对抗善意第三人。本条立法目的规范的情形，不是物权是否发生变动，事实上机动车所有权已经发生转移。即使在附所有权保留特别约定的分期付款买卖机动车的情形下，如果机动车已交付购买人，虽然出卖人仍保留机动车所有权，但并不影响购买人取得机动车的实际支配力和使用收益；该所有权仅在购买人不依约定支付价金时才发生效力，即要求购买人返还出卖人享有所有权的机动车。因此，在发生道路交通事故后，应当由购买人承担赔偿责任，保留机动车所有权的出卖人不承担赔偿责任。本条的情形应当只是行政管理上的登记没有变更，这种管理性登记不影响侵权责任的承担。第三，本条中的"交付"与物权编中的"交付"不应完全等同。物权理论中的拟制交付有简易交付、指示交付和占有改定等的区分。简易交付可以适用本条的规则；指示交付中，第三人不将机动车交给受让人，受让人无法实际控制机动车；占有改定中，出让人仍然继续占有该机动车，受让人无法实际控制机动车。但是，我国法律中并未出现实际交付、简易交付、指示交付和占有改定这些学理术语。因此，本条的"交付"主要是指"实际交付"。

关联法规

《道路交通安全法》第 12 条

第一千二百一十一条 【挂靠机动车侵权责任】以挂靠形式从事道路运输经营活动的机动车，发生交通事故造成损害，属于该机动车一方责任的，由挂靠人和被挂靠人承担连带责任。

条文注解

机动车挂靠从事运输经营活动，是指为了交通营运过程中的方便，将车辆登记为某个具有运输经营权资质的经营主体名下，以该主体的名义进行运营，并由挂靠者向被挂靠主体支付一定的费用的形式。挂靠形式从事道路运输经营活动一般有三个特点：一是四证统一，即车辆行驶证、道路运输证、驾驶证、营业性道路运输驾驶员从业资格证上的车主、业户、单位、服务单位都统一为被挂靠主体的名称。二是挂靠机动车向被挂靠主体交纳费用。三是具有隐蔽性，虽然挂靠双方签订有关运输经营的合同或内部协议，但发生交通事故造成损害时，被侵权人无法从外观上区别挂靠机动车是否属于被挂靠主体。

以挂靠形式从事道路运输经营活动的机动车，发生交通事故造成损害，属于该机动车一方责任的，由挂靠人和被挂靠人承担连带责任。主要原因包括：一是被挂靠主体接受车辆挂靠，应当对该车辆有没有从事运输活动的能力进行核查和负责，从而控制风险；并且与挂靠机动车明确约定机动车发生交通事故造成损害时责任如何承担。二是在车辆挂靠时，有可能使乘客或者托运人因信赖被挂靠主体的管理能力及责任能力，而对挂靠机动车产生信赖，对这种信赖应当保护，被挂靠主体因为被信赖而有责任。三是区分经营性挂靠与行政强制性挂靠作出不同规定，可能导致受害人举证不能，而被挂靠人事先采取各种措施以便在诉讼中提出各项证据证明自己未收取任何费用进而达到免责的目的。

关联法规

《最高人民法院关于审理道路交通事故损害赔偿案件适用法律若干问题的解释》第3条

第一千二百一十二条　【未经允许驾驶他人机动车侵权责任】未经允许驾驶他人机动车，发生交通事故造成损害，属于该机动车一方责任的，由机动车使用人承担赔偿责任；机动车所有人、管理人对损害的发生有过错的，承担相应的赔偿责任，但是本章另有规定的除外。

条文注解

理解本条需要把握以下三点：一是未经允许驾驶他人机动车，发生交通事故造成损害，属于该机动车一方责任的，由机动车使用人承担赔偿责任。未经允许驾驶他人车辆，车主对此不知情，因此一般不应承担侵权责任，由机动车使用人承担。二是机动车所有人、管理人对损害的发生有过错的，承担相应的赔偿责任。此处的“对损害的发生有过错”可理解为机动车所有人、管理人没有履行一般人应有的谨慎注意义务。例如，机动车所有人将车停在路边，为图方便没有熄火即下车买东西，车上同行人在等待时闲极无聊，坐在驾驶位上操作，导致发生交通事故。这种情形下，机动车所有人是有过错的，应当在过错范围内承担相应的责任。三是本条规定了但书，而且是仅限于“本章”另有规定的除外。该但书仅指一种情形，即本法第1215条第1款规定的，“盗窃人、抢劫人或者抢夺人与机动车使用人不是同一人，发生交通事故造成损害，属于该机动车一方责任的，由盗窃人、抢劫人或者抢夺人与机动车使用人承担连带责任”。

关联法规

《最高人民法院关于审理道路交通事故损害赔偿案件适用法律若干问题的解释》第2条

第一千二百一十三条 【交通事故责任承担主体赔偿顺序】机动车发生交通事故造成损害，属于该机动车一方责任的，先由承保机动车强制保险的保险人在强制保险责任限额范围内予以赔偿；不足部分，由承保机动车商业保险的保险人按照保险合同的约定予以赔偿；仍然不足或者没有投保机动车商业保险的，由侵权人赔偿。

条文注解

本条区分三个层次作了规定：一是先由承保机动车强制保险的保险人在强制保险责任限额范围内予以赔偿。机动车强制保险是由保险人对被保险机动车发生道路交通事故造成受害人(不包括本车人员和被保险人)的人身伤亡、财产损失，在责任限额内予以赔偿的强制性责任保险，是我国首个由国家法律规定实行的强制保险制度。机动车强制保险具有一定的公共政策性质，赔偿的范围比较广、赔付较为及时，其主要目的是及时、有效地救助机动车交通事故中的受害人。二是机动车强制保险赔偿不足部分，由承保机动车商业保险的保险人根据保险合同的约定予以赔偿。目前，机动车交通事故责任强制保险责任限额分为两大类。一类是机动车在道路交通事故中有责任时，死亡伤残赔偿限额11万元人民币，医疗费用赔偿限额1万元人民币，财产损失赔偿限额2000元人民币。另一类是机动车在道路交通事故中无责任时，死亡伤残赔偿限额11万元人民币，医疗费用赔偿限额1000元人民币，财产损失赔偿限额100元人民币。商业保险的成立基础在于契约自由，其主要目的在于分散机动车驾驶人的事故责任风险，由投保人自愿购买。因此，在赔偿的时候，由强制保险先行赔付，不足的部分再由商业保险赔付，是符合法理的。三是机动车商业保险赔偿仍然不足的，由侵权人赔偿。这种保险前置、侵权人托底的规定，充分体现了保险的作用和及时救济受害人、分散机动车使用人风险的目的，符合强制保险的赔偿替代性和商业保险的补充性的性质，也最大限度地平衡了强制保险、商业保险和侵权人的责任与义务。

关联法规

《最高人民法院关于审理道路交通事故损害赔偿案件适用法律若干问题的解释》第16条，《机动车交通事故责任强制保险条例》第21、23条

第一千二百一十四条 【拼装车或报废车侵权责任】以买卖或者其他方式转让拼装或者已经达到报废标准的机动车，发生交通事故造成损害的，由转让人和受让人承担连带责任。

条文注解

拼装和已经达到报废标准的机动车，由于其不能达到机动车上路行驶的安全标准，上路行驶后极易造成其他机动车、非机动车驾驶人和行人的损害。转让拼装的或者已经达到报废标准的机动车，本身即具有违法性，上路行驶又具有更大的危险性，因此，对以买卖、赠与等方式转让拼装的或者已经达到报废标准的机动车，由买卖、赠与等转让人和受让人、赠与人和受赠人承担连带责任。这样规定有利于预防并制裁转让、驾驶拼装的或者已经达到报废标准的机动车的行为，更好地保护人民群众的生命财产安全；在受害人有损害时，也可以根据本条获得较为充分的损害赔偿。

关联法规

《道路交通安全法》第14、16、100、103条，《最高人民法院关于审理道路交通事故损害赔偿案件适用法律若干问题的解释》第6条，《报废机动车回收管理办法》第2、15条

第一千二百一十五条 【盗窃、抢劫或抢夺机动车侵权责任】盗窃、抢劫或者抢夺的机动车发生交通事故造成损害的，由盗窃人、抢劫人或者抢夺人承担赔偿责任。盗窃人、抢劫人或者抢夺人与机动车使用人不是同一人，发生交通事故造成损害，属于该机动车一方责任的，由盗窃人、抢劫人或者抢夺人与机动车使用人承担连带责任。

保险人在机动车强制保险责任限额范围内垫付抢救费用的，有权向交通事故责任人追偿。

条文注解

机动车被盗窃、抢劫或者抢夺，也是所有人与机动车相分离的形态之一。(1)盗窃、抢劫或者抢夺的机动车发生交通事故造成损害的，由盗抢人承担赔偿责任。这样规定主要考虑：一是机动车被盗窃、抢劫或抢夺后，机动车所有人丧失了对机动车的运行支配力，而这种支配力的丧失是盗抢者的违法行为造成的，是所有人不情愿的，有时还是所有人不知悉、未预想到的。二是在机动车被盗的情形下，即使所有人对机动车保管上的疏忽，导致机动车丢失，这也与机动车发生交通事故没有直接的因果关系。因此，应当由盗抢者承担发生交通事故后的损害赔偿责任，机动车所有人不承担赔偿责任。(2)盗窃人、抢劫人或者抢夺人与机动车使用人不是同一人，发生交通事故造成损害，属于该机动车一方责任的，由盗窃人、抢劫人或者抢夺人与机动车使用人承担连带责任。这里规定的“机动车使用人”，指的是盗窃人、抢劫人或者抢夺人将机动车出售、出租、借用、赠送，从而实际使用该机动车的人。一般而言，驾驶机动车发生交通事故属于该机动车一方责任的，应当由机动车使用人承担赔偿责任。但是，为了惩罚盗窃人、抢劫人或者抢夺人的行为，使他们不能逃脱法律的制裁，本条规定他们需要承担连带赔偿责任。(3)机动车被盗抢后发生交通事故造成损害，保险人在机动车强制保险责任限额范围内垫付抢救费用的，有权向交通事故责任人追偿。驾驶人无驾驶资格、醉酒、被盗期间肇事、故意制造交通事故等情形下，应当允许强制保险的保险人在承担赔偿责任后向驾驶人追偿。在借鉴相关行政法规的基础上，本条明确规定了有上述情形的，保险人可行使追偿权。

关联法规

《机动车交通事故责任强制保险条例》第22条

第一千二百一十六条 【肇事后逃逸责任及受害人救济】机动车驾驶人发生交通事故后逃逸，该机动车参加强制保险的，由保险人在机动车强制保险责任限额范围内予以赔偿；机动车不明、该机动车未参加强制保险或者抢救费用超过机动车强制保险责任限额，需要支付被侵权人人身伤亡的抢救、丧葬等费用的，由道路交通事故社会救助基金垫付。道路交通事故社会救助基金垫付后，其管理机构有权向交通事故责任人追偿。

条文注解

机动车肇事逃逸，是指发生道路交通事故后，道路交通事故当事人为逃避法律追究，驾驶车辆或者遗弃车辆逃离道路交通事故现场的行为。本条针对机动车驾驶人发生交通事故后逃逸的，在驾驶人应当承担赔偿责任的前提下，如何通过机动车强制保险和道路交通事故社会救助基金救济受害人等问题作了如下规定：(1)机动车驾驶人发生交通事故后逃逸，该机动车参加强制保险的，由保险人在机动车强制保险责任限额范围内予以赔偿。这一规定表明，发生交通事故的机动车参加了机动车强制保险，并且发生交通事故后能够确定机动车的，由保险公司在机动车强制保险责任限额范围内予以赔偿。(2)机动车不明、该机动车未参加强制保险或者抢救费用超过机动车强制保险责任限额，需要支付被侵权人人身伤亡的抢救、丧葬等费用的，由道路交通事故社会救助基金垫付。

本条规定的前提是"机动车驾驶人发生交通事故后逃逸"，即驾驶人不明了，此时如果交通事故现场有机动车，可以通过机动车号牌、发动机编号的信息反查机动车驾驶人、所有人或者管理人，从而确定肇事者。但是，当机动车也不明的情况下，很难确定肇事者，这才需要道路交通事故社会救助基金垫付费用。道路交通事故社会救助基金垫付后，其管理机构有权向交通事故责任人追偿。

关联法规

《道路交通安全法》第 17、70、75 条，《机动车交通事故责任强制保险条例》第 24～25 条第一千二百一十七条 【好意同乘的责任承担】非营运机动车发生交通事故造成无偿搭乘人损害，属于该机动车一方责任的，应当减轻其赔偿责任，但是机动车使用人有故意或者重大过失的除外。

条文注解

好意同乘主要是指非营运机动车的驾驶人基于亲情或者友情在上下班、出游途中无偿搭载自己的亲朋好友、邻居同事的情形。好意同乘者无偿搭乘的行为并不意味着其自甘冒险，机动车使用人对好意同乘者的注意义务不因为无偿而完全不存在，只是不同于无偿客运合同或者无偿委托合同中注意义务。好意同乘中，机动车使用人的责任适用过错责任原则。同时，也应明确区分，好意同乘不同于网络顺风车，网络顺风车的合乘者分摊部分合乘出行成本，这属于共享出行方式，是有偿的、营运性的。因此，好意同乘中发生交通事故造成无偿搭乘人损害，属于该机动车一方责任的，应当减轻其赔偿责任，却不可以完全免除，在鼓励人际友善、利他行为与承担法律责任方面寻求平衡。好意同乘中，如果机动车使用人有故意或者重大过失的，不减轻其对无偿搭乘人的赔偿责任。

第六章 医疗损害责任

第一千二百一十八条 【医疗损害责任归责原则和责任承担主体】患者在诊疗活动中受到损害，医疗机构或者其医务人员有过错的，由医疗机构承担赔偿责任。

条文注解

"诊疗活动"，包括诊断、治疗、护理等环节。诊疗活动，是指通过各种检查，使用药物、器械及手术等方法，对疾病作出判断和消除疾病、缓解病情、减轻痛苦、改善功能、延长生命、帮助患者恢复健康的活动。医务人员是医疗机构的工作人员，医疗机构有过错的，由医疗机构承担赔偿责任自不待言；医务人员有过错的，也应当由医疗机构承担赔偿责任。因此，本条规定"医疗机构或者其医务人员有过错的，由医疗机构承担赔偿责任"。

患者在诊疗活动中受到损害，除了医疗机构及其医务人员有过错的条件外，医疗机构或者其医务人员的过错还要与患者的损害具有因果关系，医疗机构才承担赔偿责任。

关联法规

《医疗事故处理条例》第2、49条，《医疗机构管理条例实施细则》第88条

第一千二百一十九条 【医务人员说明义务和患者知情同意权】医务人员在诊疗活动中应当向患者说明病情和医疗措施。需要实施手术、特殊检查、特殊治疗的，医务人员应当及时向患者具体说明医疗风险、替代医疗方案等情况，并取得其明确同意；不能或者不宜向患者说明的，应当向患者的近亲属说明，并取得其明确同意。

医务人员未尽到前款义务，造成患者损害的，医疗机构应当承担赔偿责任。

条文注解

本条第1款规定，医务人员在诊疗活动中应当向患者具体说明病情和医疗措施。这是医务人员在诊疗活动中一般应尽的义务。除此之外，如果需要实施手术、特殊检查、特殊治疗的，还应当及时向患者说明医疗风险、替代医疗方案等情况，并取得其明确同意；如果向患者说明将造成患者悲观、恐惧、心理负担沉重，不利于治疗的，就不能或者不宜向患者说明，这种情况下医务人员应当向患者的近亲属说明，并取得其明确同意。

本条第2款规定，医务人员未尽到前款义务，造成患者损害的，医疗机构应当承担赔偿责任。这里需要说明一点，不是说医务人员尽到了本条第1款规定的义务，在后续的诊疗活动中造成患者损害的，医疗机构就可以不承担赔偿责任了。本法第1221条规定，医务人员在诊疗活动中未尽到与当时的医疗水平相应的诊疗义务，造成患者损害的，医疗机构应当承担赔偿责任。

关联法规

《执业医师法》第26条，《医疗事故处理条例》第11条，《医疗机构管理条例》第33条，《医疗机构管理条例实施细则》第62、68条

第一千二百二十条 【紧急情况下知情同意的特殊规定】因抢救生命垂危的患者等紧急情况，不能取得患者或者其近亲属意见的，经医疗机构负责人或者授权的负责人批准，可以立即实施相应的医疗措施。

条文注解

在抢救生命垂危的患者等紧急情况下，“不能取得患者或者其近亲属意见的”情况是多种多样、比较复杂的。有的情况是近亲属的决策对患者不利；有的情况是患者病重，家庭负担较重，患者或者其近亲属不愿意继续治疗；还有的情况是，在患者意识清醒时曾经立下遗嘱或者对近亲属明确表示，生命临终要有尊严，不想遭受各种治疗上的痛苦；此外，还有一些其他情形，如果一概规定医疗机构可以实施强行治疗，不但违反了意思自治原则，同时对患者及其家庭也不一定有益。因此，本条规定的“不能取得患者或者其近亲属意见”，主要是指患者不能表达意志，也无近亲属陪伴，又联系不到近亲属的情况。

关联法规

《医疗机构管理条例》第33条

第一千二百二十一条 【诊疗活动中医务人员过错的界定】医务人员在诊疗活动中未尽到与当时的医疗水平相应的诊疗义务，造成患者损害的，医疗机构应当承担赔偿责任。

条文注解

依照本条规定，医务人员的注意义务就是应当尽到与当时的医疗水平相应的诊疗义务。尽到诊疗义务的一个重要方面，是诊疗行为符合法律、行政法规、规章以及诊疗规范的有关要求。需要说明的是，医务人员的注意义务并非与诊疗行为合法合规完全等同，这是两个概念。医务人员应当具有的诊疗水平，并非完全能够被法律、行政法规、规章以及诊疗规范的有关要求所涵盖。医务人员完全遵守了具体的操作规程，仍然有可能作出事后证明是错误的判断。医疗行为具有未知性、特异性和专业性等特点，不能仅凭事后证明错误这一点来认定医务人员存在诊疗过错，不能唯结果论；关键要看是不是其他的医务人员一般都不会犯这种错误。因此，本条规定的诊疗义务可以理解为一般情况下医务人员可以尽到的，通过谨慎的作为或者不作为避免患者受到损害的义务。

关联法规

《执业医师法》第22条，《医疗事故处理条例》第5条

第一千二百二十二条 【推定医疗机构有过错的情形】患者在诊疗活动中受到损害，有下列情形之一的，推定医疗机构有过错：

（一）违反法律、行政法规、规章以及其他有关诊疗规范的规定；

（二）隐匿或者拒绝提供与纠纷有关的病历资料；

（三）遗失、伪造、篡改或者违法销毁病历资料。

条文注解

本条第1项规定的违反法律、行政法规、规章以及其他有关诊疗规范的规定，是医疗机构存在过错的表面证据，并且是一种很强的表面证据，因此，本条规定这种情形下推定存在过错。但医务人员有过错与违反法律、行政法规、规章以及诊疗规范的规定毕竟不是等同的概念。本条第2项和第3项规定的情形，一方面反映了医疗机构的恶意；另一方面使患者难以取得与医疗纠纷有关的证据资料，这时再让患者举证已不合理。因此，推定医疗机构有过错。

关联法规

《执业医师法》第22～23、37条，《医疗事故处理条例》第5、9条，《医疗机构管理条例》第25条

第一千二百二十三条 【药品、消毒产品、医疗器械的缺陷，或者输入不合格血液的侵权责任】因药品、消毒产品、医疗器械的缺陷，或者输入不合格的血液造成患者损害的，患者可以向药品上市许可持有人、生产者、血液提供机构请求赔偿，也可以向医疗机构请求赔偿。患者向医疗机构请求赔偿的，医疗机构赔偿后，有权向负有责任的药品上市许可持有人、生产者、血液提供机构追偿。

关联法规

《药品管理法》第6、144条,《产品质量法》第41、43、46条,《执业医师法》第25条,《献血法》第2、11、14条,《消毒管理办法》第45条,《医疗器械监督管理条例》第76条

第一千二百二十四条 【医疗机构免责情形】患者在诊疗活动中受到损害,有下列情形之一的,医疗机构不承担赔偿责任:

(一)患者或者其近亲属不配合医疗机构进行符合诊疗规范的诊疗;

(二)医务人员在抢救生命垂危的患者等紧急情况下已经尽到合理诊疗义务;

(三)限于当时的医疗水平难以诊疗。

前款第一项情形中,医疗机构或者其医务人员也有过错的,应当承担相应的赔偿责任。

条文注解

本条规定了三种医疗机构不承担责任的情形。(1)患者或者其近亲属不配合医疗机构进行符合诊疗规范的诊疗。在实践中,患者一方不配合诊疗的行为可以分为两类:第一类是患者囿于其医疗知识水平的局限而对医疗机构采取的诊疗措施难以建立正确的理解,从而导致其不遵医嘱、错误用药等与诊疗措施不相配合的现象。第二类是患者一方主观上具有过错,该过错又可分为故意和过失。故意的情形一般比较少见,患者就医是为了治疗疾病、康复身体,而非追求身体损害的结果。但现实情况是复杂的,也不能完全排除患者主观追求损害结果的可能。(2)医务人员在抢救生命垂危的患者等紧急情况下已经尽到合理诊疗义务。本项内容规定了两个要件,在两个要件均符合的情况下,医疗机构对患者的损害不承担赔偿责任。这两个要件分别为:一是抢救生命垂危的患者等紧急情况。对患者的紧急救治是医疗机构及其医务人员的职责之一。“紧急情况”的界定是,患者因疾病发作、突然外伤受害及异物侵入体内,身体处于危险状态或非常痛苦的状态,在临床上表现为急性外伤、脑挫伤、意识消失、大出血、心绞痛、急性严重中毒、呼吸困难、各种原因所致的休克等。二是已经尽到合理诊疗义务。包括如下四个方面:一是对患者伤病的准确诊断。二是治疗措施的合理、适当,包括治疗措施和治疗用药的适当、合理。三是谨慎履行说明

告知义务。四是将紧急救治措施对患者造成的损害控制在合理限度之内。(3)限于当时的医疗水平难以诊疗。医疗行为具有高技术性、高风险性、复杂性以及不可控因素，还有很多未知领域需要探索；有时，医疗结果具有不确定性和不可预见性。现代医学技术水平的发展具有局限性，目前还不能达到100%的治愈率。

关联法规

《执业医师法》第24条，《医疗事故处理条例》第33条

第一千二百二十五条 【医疗机构对病历资料的义务、患者对病历资料的权利】医疗机构及其医务人员应当按照规定填写并妥善保管住院志、医嘱单、检验报告、手术及麻醉记录、病理资料、护理记录等病历资料。

患者要求查阅、复制前款规定的病历资料的，医疗机构应当及时提供。

条文注解

医疗机构可以为申请人复制门(急)诊病历和住院病历中的体温单、医嘱单、住院志(入院记录)、手术同意书、麻醉同意书、麻醉记录、手术记录、病重(病危)患者护理记录、出院记录、输血治疗知情同意书、特殊检查(特殊治疗)同意书、病理报告、检验报告等辅助检查报告单、医学影像检查资料等病历资料。患者本人或者其委托代理人、死亡患者法定继承人或者其代理人可以查阅、复制病历资料。患者在诊疗活动中受到损害，医疗机构隐匿或者拒绝提供与纠纷有关的病历资料的，推定医疗机构有过错。在推定过错的情况下，如果医疗机构没有相反证明，则“推定”的过错将被“认定”为过错，医疗机构将承担不利的法律后果。

关联法规

《执业医师法》第23条，《医疗事故处理条例》第8、10、16条

第一千二百二十六条 【患者隐私和个人信息保护】医疗机构及其医务人员应当对患者的隐私和个人信息保密。泄露患者的隐私和个人信息，或者未经患者同意公开其病历资料的，应当承担侵权责任。

条文注解

基于医患关系的特殊性以及医患纠纷中的现实矛盾，本条对医疗领域的隐私和个人信息保护作了专门规定。正确理解本条的规定，需要从以下两个方面把握：(1)医疗机构及其医务人员侵害患者隐私和个人信息的表现形式。一是泄露患者的隐私和个人信息。泄露患者隐私，既包括医疗机构及其医务人员将其在诊疗活动中掌握的患者的隐私和个人信息对外公布、披露的行为。二是未经患者同意公开其医学文书及有关资料。患者在就诊过程中，一般均会配合医务人员的问询，披露自己的病情、病史、症状等一系列个人信息，以配合医务人员的诊疗。在很多情况下，为了医学发展，还需要将患者信息汇集、整理，提供给医药研究机构或者企业。这部分记载有患者隐私内容的医学文书及相关资料一旦被披露，不但引起患者内心的精神痛苦，还往往会导致患者社会评价的降低。(2)关于承担侵权责任的条件。无论是泄露患者隐私和个人信息，还是未经患者同意公开医学文书及有关资料，只有在造成患者损害的情况下，医疗机构才承担侵权责任。

关联法规

《执业医师法》第22条，《最高人民法院关于确定民事侵权精神损害赔偿责任若干问题的解释》第1条

第一千二百二十七条 【禁止违规过度检查】医疗机构及其医务人员不得违反诊疗规范实施不必要的检查。

条文注解

正确理解本条的规定，需要从以下两个方面进行把握：1. 不必要的检查的特点和表现形式。不必要的检查一般是指由医疗机构提供的超出患者个体和社会保健实践需求的医疗检查服务，医学伦理学界把它称为“过度检查”。不必要的检查具有以下特征：(1)为诊疗疾病所采取的检查手段超出疾病诊疗的基本需求，不符合疾病的规律与特点。(2)采用非“金标准”的诊疗手段。所谓“金标准”，是指当前临床医学界公认的诊断疾病的最可靠方法。较为常用的“金标准”有活检、手术发现、微生物培养、特殊检查和影像诊断，以及长期随访的结果等。(3)与疾病基本诊疗需求无关

的过度消费。2. 不必要的检查形成的原因。它的成因主要有以下两个方面:(1)现行医疗体制不健全。一方面是患者的医疗负担越来越重,看病贵的现象普遍存在;另一方面是医院的生存和发展依赖市场,强化了医院的求利倾向,催生了"以药养医""以检养医"的现象,使医患关系进一步恶化。(2)受司法实践中医疗举证责任倒置的影响。为应对司法实践中举证责任倒置而导致的举证压力,医疗机构采取了"防御性医疗"的对策,而不必要的检查就是"防御性医疗"的一种表现形式。

第一千二百二十八条 【维护医疗机构及其医务人员合法权益】医疗机构及其医务人员的合法权益受法律保护。

干扰医疗秩序,妨碍医务人员工作、生活,侵害医务人员合法权益的,应当依法承担法律责任。

条文注解

本条第1款规定,当前医患双方的极度不信任导致医患关系的紧张,这种紧张状态又促使医疗纠纷不断升级。法律介入医疗活动的目的是实现医患双方权利的平衡和利益的协调,并非去解释或者解决本属于医学理论和医疗科学方面的问题。因此,在法律制度设计上,既要考虑患者作为医疗活动中弱势一方的利益保护,也应兼顾到医学行业本身的特点,如医学科学的局限性、医疗行业的高风险性。法律不仅仅为遭受医疗过错损害的患者提供保护,同样,对于医疗机构及其医务人员的合法权益,法律也要保护,医疗行业的健康、有序发展是整个社会公益的需要。因此,本法对医疗机构及其医务人员的合法权益的保护作了规范。

本条第2款规定,将"干扰医疗秩序,妨碍医务人员工作、生活,侵害医务人员合法权益的,应当依法承担法律责任"单作一款进行规定,以突出民法对医务人员人身财产安全的保护和重视。需要说明的是,干扰医疗秩序,妨碍医务人员工作、生活,侵害医务人员合法权益的,除了承担民事赔偿责任外,还涉及行政责任和刑事责任。

关联法规

《刑法》第289～290条,《治安管理处罚法》第23条,《执业医师法》第21条,《医疗事故处理条例》第59条

第七章　环境污染和生态破坏责任

第一千二百二十九条　【污染环境、破坏生态致损的侵权责任】因污染环境、破坏生态造成他人损害的，侵权人应当承担侵权责任。

条文注解

根据本条规定，因污染环境、破坏生态造成他人损害的，侵权人应当承担侵权责任。"污染环境"指对生活环境的污染，"破坏生态"指对生态环境的破坏。既包括对大气、水体、海洋、土地等生活环境的污染，也包括对生物多样性、水土流失等生态环境的破坏；既包括水污染、大气污染、噪声污染等传统的污染，也包括光污染、辐射污染等新型污染。总而言之，侵权人因污染环境、破坏生态造成他人损害的，应当承担侵权责任。根据本条规定，环境侵权责任继续作为一种特殊类型侵权责任，适用无过错责任归责原则。根据无过错责任原则，在侵权人的行为与受害人的损害有因果关系的情形下，无论侵权人是否存在过错，都应当对其污染行为造成的损害承担侵权责任。

关联法规

《环境保护法》第 2、64 条，《海洋环境保护法》第 89～90 条，《水污染防治法》第 96 条，《大气污染防治法》第 125 条，《固体废物污染环境防治法》第 121 条，《环境噪声污染防治法》第 61 条，《放射性污染防治法》第 59 条，《水污染防治法实施细则》第 48 条，《防治陆源污染物污染损害海洋环境管理条例》第 32 条，《防止拆船污染环境管理条例》第 23 条

第一千二百三十条　【环境污染、生态破坏侵权举证责任】因污染环境、破坏生态发生纠纷，行为人应当就法律规定的不承担责任或者减轻责任的情形及其行为与损害之间不存在因果关系承担举证责任。

条文注解

举证责任，是指法律要求纠纷当事人对自己所主张的事实，提出证据

加以证明的责任。根据我国民事诉讼法的规定，一般实行“谁主张，谁举证”的原则。根据本条规定，行为人应当就两种情形承担举证责任：一是法律规定的不承担责任或者减轻责任的情形；环境保护单行法有规定的，首先适用单行法的规定，单行法没有规定的，适用民法典总则编和侵权责任编有关免责事由的规定。二是其行为与损害之间不存在因果关系。根据本条规定，行为人应当就其行为与损害之间不存在因果关系承担举证责任。这表明我国对环境侵权实行因果关系的举证责任倒置。所谓举证责任倒置，是指在法律规定的一些特殊情形下，将通常应由提出事实主张的当事人所负担的举证责任分配给对方，由对方对否定该事实承担举证责任，如果该方当事人不能就此举证证明，则推定事实主张成立的一种举证责任分配制度。它是举证责任分配的一种特殊表现形式，是相对于一般举证责任分配规则的正常分配结果而言的。其实质便是免除本应由原告承担的举证责任，而就待证事实的反面事实，由被告承担举证责任。将污染行为与损害之间的因果关系的举证义务加于污染者，有利于保护受害人的合法权益。

关联法规

《民事诉讼法》第64条，《环境保护法》第64条，《水污染防治法》第98条

第一千二百三十一条 【两个以上侵权人的责任大小确定】两个以上侵权人污染环境、破坏生态的，承担责任的大小，根据污染物的种类、浓度、排放量，破坏生态的方式、范围、程度，以及行为对损害后果所起的作用等因素确定。

条文注解

适用本条环境共同侵权需要满足以下要件：一是多个侵权主体，有两个或者两个以上的行为人实施了污染环境、破坏生态行为。二是行为人实施了污染环境、破坏生态的行为，因环境侵权采用无过错责任，不需要考虑行为人的主观过错，行为人之间是否存在意思联络，都不影响适用本条。环境共同侵权不仅要解决多个侵权人的外部责任问题，也要解决多个侵权人内部如何划分责任的问题。从理论上讲，每个侵权人承担责任大小的依据是侵权人的污染行为在导致损害的结果中所占的原因力的比例多

少。但是，环境污染中原因力的确定比较复杂，要综合考虑污染物的种类、浓度、排放量，破坏生态的方式、范围、程度，以及行为对损害后果所起的作用等因素。

关联法规

《最高人民法院关于审理环境侵权责任纠纷案件适用法律若干问题的解释》第2～4条

第一千二百三十二条 【环境污染、生态破坏侵权的惩罚性赔偿】侵权人违反法律规定故意污染环境、破坏生态造成严重后果的，被侵权人有权请求相应的惩罚性赔偿。

条文注解

环境侵权惩罚性赔偿的构成要件：(1)侵权人实施了不法行为。根据本条规定，侵权人的环境污染和破坏生态行为应当违反了法律规定。惩罚性赔偿不同于普通环境侵权，其赔偿数额更高，具有普通环境侵权不具备的惩罚功能，故其构成要件应当更为严格。(2)侵权人主观具有故意。“故意”作为一种主观状态，难以直接证明，在实践中一般通过侵权人的行为来认定，如侵权人多次非法排污并受到行政机关处罚、侵权人将未经处理的废水废气废渣直接排放或者倾倒、侵权人关闭环境在线监测系统或者故意干扰监测系统、侵权人在正常排污设施外留有偷排孔等，这些都能证明侵权人对其排污行为所可能造成的后果，绝对不是疏忽大意，而是故意为之、放任严重后果的发生。(3)造成严重后果。根据本条，侵权人的行为造成严重后果的，才可能构成惩罚性赔偿。惩罚性赔偿具有惩罚功能，在适用上应当遵循谦抑原则，不能对侵权人动辄就处以惩罚性赔偿。惩罚性赔偿制度应当聚焦损害后果严重的侵权行为，即不仅对受害人的人身、财产造成严重损害，还可能对生态环境造成严重损害甚至不可逆转损害的侵权行为。

第一千二百三十三条 【因第三人的过错污染环境、破坏生态的侵权责任】因第三人的过错污染环境、破坏生态的，被侵权人可以向侵权人请求赔偿，也可以向第三人请求赔偿。侵权人赔偿后，有权向第三人追偿。

条文注解

第三人，是指除污染者与被侵权人之外的第三人，对被侵权人损害的发生具有过错，包括故意和过失。本条规定的是如果污染环境造成损害是由第三人的过错引起的，责任如何承担的问题。这种情况须具备以下两个条件：首先，第三人是指被侵权人和污染者之外的第三人，即第三人不属于被侵权人和污染者任何一方，第三人与受害者和污染者之间不存在法律上的隶属关系，如雇佣关系等。其次，第三人和污染者之间不存在意思联络。如果第三人与污染者有意思联络，则第三人与污染者构成共同侵权，不属于本条规范的适用范围。

本条规范属于不真正连带责任。不真正连带责任，是指多数行为人违反法定义务，对一个受害人实施加害行为，或者不同行为人基于不同的行为而致使受害人的权利受到损害，各个行为人对产生的同一内容的侵权责任，各负全部赔偿责任，并因行为人之一的履行而使全体责任人的责任归于消灭的侵权共同责任形态。

关联法规

《环境保护法》第 96 条，《海洋环境保护法》第 89 条，《国际油污损害民事责任公约》第 3 条，《最高人民法院关于审理环境侵权责任纠纷案件适用法律若干问题的解释》第 5 条

第一千二百三十四条 【生态环境修复责任】违反国家规定造成生态环境损害，生态环境能够修复的，国家规定的机关或者法律规定的组织有权请求侵权人在合理期限内承担修复责任。侵权人在期限内未修复的，国家规定的机关或者法律规定的组织可以自行或者委托他人进行修复，所需费用由侵权人负担。

条文注解

本条构成要件：(1)违反国家规定。根据本条规定，违反国家规定是承担生态环境损害赔偿责任的要件之一。生态环境损害赔偿与一般环境侵权不能等量齐观，两种制度的价值取向有所不同。一般环境侵权注重于私人权益的保护，国家规定的排污标准有可能滞后于社会经济发展，不能放任私人权益遭受侵害。(2)生态环境损害。有损害才有赔偿，生态环境侵权依然要遵守民法这一基本原则。但生态环境损害与一般环境侵权中

的损害多有不同，生态环境具有明显的公共属性，是人们赖以生存的基础。(3)因果关系。在环境侵权中，将因果关系举证责任分配给侵权人，主要是考虑到受害人在经济上和专业知识上的不足，侵权人更有举证能力。据此推论，在生态环境损害赔偿诉讼中，国家机关和有关组织作为原告，其实力与环境侵权人相比，显然更为强大，其不仅有公共财政作为支撑，人员、技术能力也更为专业，完全有能力对因果关系进行举证。

根据本条规定，生态环境修复责任承担主要有两种方式:(1)请求侵权人在合理期限内承担修复责任。环境修复并不是简单修补了事，而是具有很强的专业性、技术性和复杂性。修复的目的是使受损的生态环境复原至基线水平，是一种技术目标，一般企业或者个人难以完成，多数侵权人不具备修复生态环境的能力。侵权人作为始作俑者，是修复责任的当然承担者，权利人有权请求侵权人在合理期限内承担修复责任。(2)自行或者委托他人进行修复。

考虑到生态环境保护有及时性、有效性等特点，不能无限期等待侵权人履行修复责任。据此，本条规定，侵权人在期限内未修复的，权利人可以自行或者委托他人履行修复义务。这实际上借鉴了执行程序中代履行制度，所需费用由侵权人承担。从形式上看，完成生态环境修复工程的是权利人或者其委托的第三人，但修复责任仍然由侵权人承担。

第一千二百三十五条 【公益诉讼的赔偿范围】违反国家规定造成生态环境损害的，国家规定的机关或者法律规定的组织有权请求侵权人赔偿下列损失和费用:

(一)生态环境受到损害至修复完成期间服务功能丧失导致的损失;

(二)生态环境功能永久性损害造成的损失;

(三)生态环境损害调查、鉴定评估等费用;

(四)清除污染、修复生态环境费用;

(五)防止损害的发生和扩大所支出的合理费用。

条文注解

生态系统服务功能，是指生态系统通过自身的作用循环提供给人类的效益或者对生态环境的效益，生态系统服务功能包括生态物质提供功能、生态控制功能、生命维持功能与文化欣赏功能等。生态环境修复需要经历较长一段时间，在此期间生态环境服务功能是不完整的。永久性损害指受损生态环境及其服务难以恢复，其向公众或其他生态系统提供服务能力的完全丧失。生态环境损害无法修复的，其赔偿资金作为政府非税收入，全额上缴同级国库，纳入预算管理。赔偿权利人及其指定的部门或机构根据磋商或判决要求，结合本区域生态环境损害情况开展替代修复。生态系统功能的永久性损害只能通过价值估算予以赔偿。生态环境损害调查，是指生态环境损害发生后，权利人为了评估生态环境损害情况进行信息收集的过程。生态环境损害鉴定评估，是指鉴定评估机构通过技术方法对生态环境损害情况、赔偿费用、修复行为、修复效果等进行分析评价的行为。调查、鉴定评估等费用也是由生态环境侵权行为而衍生的费用，应由侵权人赔偿。清除污染费用包括清污方案制定费用、清除污染操作费用；修复生态环境费用则复杂得多，包括修复方案制定费用、修复实施费用。生态环境损害发生后，必须及时采取合理预防、防止损害扩大的措施，将损害控制在最小范围内，也有利于后续治理与修复工作的开展。

关联法规

《最高人民法院关于审理环境民事公益诉讼案件适用法律若干问题的解释》第 19～20、23 条

第八章　高度危险责任

第一千二百三十六条　【高度危险责任的一般规定】从事高度危险作业造成他人损害的，应当承担侵权责任。

条文注解

“高度危险作业”，既包括使用民用核设施、高速轨道运输工具和高压、高空、地下挖掘等高度危险活动，也包括占有、使用易燃、易爆、剧毒、高放射性、强腐蚀性、高致病性等高度危险物的行为。高度危险作业造成他人损害的，应当承担无过错责任。本条规定的“侵权责任”不仅仅是损害赔偿责任。由于高度危险作业一旦造成损害，可能对周围环境造成很大的危害，因此，作业人不仅在事后应向受害人进行损害赔偿，而且在事发时就应当积极采取停止侵害、消除危险等措施并积极救助受害人，因此，

我们在这里强调的是“侵权责任”而不是仅要求高度危险作业人承担赔偿责任。

关联法规

《铁路法》第58条,《电力法》第60条,《民用航空法》第124条

第一千二百三十七条 【民用核设施或者核材料致害责任】民用核设施或者运入运出核设施的核材料发生核事故造成他人损害的,民用核设施的营运单位应当承担侵权责任;但是,能够证明损害是因战争、武装冲突、暴乱等情形或者受害人故意造成的,不承担责任。

条文注解

本条调整的主体是民用核设施或者运入运出核设施的核材料。核设施是指:(1)核电厂、核热电厂、核供汽供热厂等核动力厂及装置;(2)核动力厂以外的研究堆、实验堆、临界装置等其他反应堆;(3)核燃料生产、加工、贮存和后处理设施等核燃料循环设施;(4)放射性废物的处理、贮存、处置设施。核材料是指:(1)铀-235材料及其制品;(2)铀-233材料及其制品;(3)钚-239材料及其制品;(4)法律、行政法规规定的其他需要管制的核材料。核事故,是指核设施内的核燃料、放射性产物、放射性废物或者运入运出核设施的核材料所发生的放射性、毒害性、爆炸性或者其他危害性事故,或者一系列事故。核设施营运单位,是指在中华人民共和国境内,申请或者持有核设施安全许可证,可以经营和运行核设施的单位。民用核设施或者运入运出核设施的核材料发生核事故的致害责任,实行无过错原则。只有能够证明损害是因战争、武装冲突、暴乱等情形或者受害人故意造成的,民用核设施的营运单位才可以不承担责任。

关联法规

《核安全法》第93条,《放射性污染防治法》第59、62条

第一千二百三十八条 【民用航空器致害责任】民用航空器造成他人损害的,民用航空器的经营者应当承担侵权责任;但是,能够证明损害是因受害人故意造成的,不承担责任。

条文注解

民用航空器，是指除用于执行军事、海关、警察等飞行任务外的航空器。“经营者”主要包括从事运输旅客、货物运输的承运人和从事通用航空的民用航空器使用人。从事旅客、货物运输的承运人主要是公共航空运输企业。公共运输企业运送旅客的，应当出具客票，客票是航空旅客运输合同订立和运输合同条件的初步证据。公共运输企业运送货物的，应当与托运人订立合同，接受托运人出具的航空货运单，航空货运单是航空货物运输合同订立和承运人接收货物的初步证据。公共运输企业应当按照约定将旅客、货物及时送到目的地。从事通用航空的民用航空器的使用人，在组织实施作业飞行时，应当采取有效措施，保证飞行安全，保护环境和生态平衡，防止对环境、居民、作物或者牲畜等造成损害。民用航空器造成他人损害的，包括两种情形：一种情形是民用航空器在从事旅客、货物运输过程中，对所载运的旅客、货物造成的损害。另一种情形是民用航空器对地面第三人的人身、财产造成的损害。民用航空器作为一种高速运输工具，《民法通则》和《民用航空法》都规定了民用航空器的经营者应当承担无过错责任。

因货物本身的自然属性、质量或者缺陷造成的货物毁损，承运人不承担责任。在旅客、行李运输中，承运人能够证明损失是由旅客过错造成的，可以相应免除或者减轻承运人的赔偿责任。因武装冲突直接造成飞行中民用航空器对地面第三人损害的，民用航空器经营者不承担责任。

关联法规

《民用航空法》第124～172条

第一千二百三十九条 【占有或使用高度危险物致害责任】占有或者使用易燃、易爆、剧毒、高放射性、强腐蚀性、高致病性等高度危险物造成他人损害的，占有人或者使用人应当承担侵权责任；但是，能够证明损害是因受害人故意或者不可抗力造成的，不承担责任。被侵权人对损害的发生有重大过失的，可以减轻占有人或者使用人的责任。

条文注解

本条调整的高度危险物，不仅仅涉及易燃、易爆、剧毒、高放射性、强腐蚀性、高致病性等这几类，其他因其自然属性极易危及人身、财产的物品也适用本条的规定。在高度危险责任中，由于其归责的基础在于危险的存在，因此，责任的承担者原则上是控制或者应当控制该危险的人。高度危险物本身具有危及他人人身、财产的自然属性，但往往是在占有和使用当中造成他人损害。这里的“占有”和“使用”包括生产、储存、运输高度危险品以及将高度危险品作为原料或者工具进行生产等行为。

本条规定，能够证明损害是因受害人故意或者不可抗力造成的，占有人或者使用人不承担责任。本条规定这一免责事由主要考虑以下两点：第一，高度危险物虽然本身具有危险属性，但危险程度不及民用核设施和民用航空器，因此，在不承担责任和减轻责任的情形上，应有所区别。第二，本条规定不可抗力作为不承担责任情形，符合实践中的实际情况。需要指出的是，不承担责任情形的举证责任在于占有人或者使用人，由其来证明损害是因为受害人故意或者不可抗力引起的，才能依法不承担责任。本条还明确规定了减轻责任的情形：被侵权人对损害的发生有重大过失的，可以减轻占有人或者使用人的责任。本条将减轻责任的情形，严格限定在受害人的“重大过失”，受害人有一般过失的，不能减轻占有人或者使用人的赔偿责任。“重大过失”可以在实践中根据占有人或者使用人是否已经尽到注意义务、受害人行为方式、因果关系等因素作具体判断。

关联法规

《放射性污染防治法》第31、59、62条，《安全生产法》第111、112条

第一千二百四十条 【从事高空、高压、地下挖掘活动或者使用高速轨道运输工具致害责任】从事高空、高压、地下挖掘活动或者使用高速轨道运输工具造成他人损害的，经营者应当承担侵权责任；但是，能够证明损害是因受害人故意或者不可抗力造成的，不承担责任。被侵权人对损害的发生有重大过失的，可以减轻经营者的责任。

关联法规

《安全生产法》第111、112条，《电力法》第60条

第一千二百四十一条 【遗失、抛弃高度危险物致害责任】遗失、抛弃高度危险物造成他人损害的，由所有人承担侵权责任。所有人将高度危险物交由他人管理的，由管理人承担侵权责任；所有人有过错的，与管理人承担连带责任。

关联法规

《安全生产法》第111～112条

第一千二百四十二条 【非法占有高度危险物致害责任】非法占有高度危险物造成他人损害的，由非法占有人承担侵权责任。所有人、管理人不能证明对防止非法占有尽到高度注意义务的，与非法占有人承担连带责任。

条文注解

非法占有高度危险物造成他人损害的，由非法占有人承担侵权责任。所谓非法占有，是指明知自己无权占有，而通过非法手段将他人的物品占为己有。现实中，盗窃、抢劫、抢夺都是非法占有的主要形式。按照高度危险物致害责任原理，一般由实际控制人承担侵权责任。在高度危险物被非法占有的情况下，高度危险物已经脱离所有人或者管理人的实际占有，由非法占有人实际控制。因此，应当由非法占有人承担侵权责任。为了加重非法占有人的责任，非法占有高度危险物造成他人损害的，非法占有人承担无过错责任，而所有人、管理人不能证明对防止非法占有尽到高度注意义务的，与非法占有人承担连带责任。

需要指出的是，是否尽到高度注意义务的举证责任在所有人、管理人，如果他们不能证明已尽到高度注意义务，就推定其有过错，应当与非法占有人承担连带责任，受害人可以要求所有人、管理人、非法占有人中的任何人，承担部分或者全部侵权责任。

第一千二百四十三条 【高度危险场所安全保障责任】未经许可进入高度危险活动区域或者高度危险物存放区域受到损害，管理人能够证明已经采取足够安全措施并尽到充分警示义务的，可以减轻或者不承担责任。

条文注解

本条是在《侵权责任法》第76条的基础上修改完善而来，需要看到高度危险责任的类型非常复杂，一般来说，对于高度危险作业活动，即高度危险作业人积极、主动地对周围环境实施的具有高度危险的活动，作业人应当承担无过错责任。无过错责任非常重要的一个特点，就是它的免责或者减责事由仅限于法律规定，即只有在法律明文规定不承担责任或者减轻责任的情况下，作业人才可以提出抗辩。否则，即使存在本法规定的对于其他侵权责任一般适用的不承担责任或者减轻责任的情形，高度危险作业人仍然无法减轻或者免除责任。但是，高度危险责任中除了这一类对周围环境实施积极、主动危险活动的高度危险作业外，还包括另一类，它并非积极、主动实施对周围环境造成高度危险的活动，而是因其管理控制的场所、区域具有高度危险性，如果未经许可擅自进入该区域，则易导致损害的发生，即高度危险活动区域或者高度危险物存放区域责任。如果将对高度危险场所、区域的控制和管理也视为高度危险活动，那么这一类高度危险活动是静态的，不像高度危险作业活动一样对周围环境实施了积极、主动的危险。虽然二者都属于高度危险责任，但在免责和减责事由上，二者应有所区别。因此，本条规定，未经许可进入高度危险活动区域或者高度危险物存放区域受到损害，管理人能够证明已经采取足够安全措施并尽到充分警示义务的，可以减轻或者不承担责任。

第一千二百四十四条 【高度危险责任赔偿限额】承担高度危险责任，法律规定赔偿限额的，依照其规定，但是行为人有故意或者重大过失的除外。

条文注解

高度危险责任属于无过错责任，其重要特点之一就是无论行为人对损害的发生是否具有过错，高度危险责任人都必须对损害承担责任，除非法律另有规定。具体有：(1)民用航空器致人损害的赔偿限额；(2)民用核设施发生核事故致人损害的赔偿限额；(3)高度危险责任赔偿限额。

关联法规

《海商法》第210～213条，《民用航空法》第128～130、132条，《国务院关于核事故损害赔偿责任问题的批复》第7项

第九章　饲养动物损害责任

第一千二百四十五条　【饲养动物致害责任的一般规定】饲养的动物造成他人损害的，动物饲养人或者管理人应当承担侵权责任；但是，能够证明损害是因被侵权人故意或者重大过失造成的，可以不承担或者减轻责任。

条文注解

在各类侵权行为中，饲养动物致人损害是一种特殊的形式，是一种间接侵权引发的直接责任，加害行为是人的行为与动物的行为的复合。人的行为是指人对动物的所有、占有、饲养或者管理行为。动物的行为是直接的加害行为。这两种行为相结合，才能构成侵权行为。

(1)饲养的动物致人损害的归责原则是无过错责任。一旦这种危险性造成损害，动物的饲养人或者管理人就应承担民事责任，除具有法定的抗辩事由外，不能免责。(2)饲养的动物必须是能够为人所占有或者控制的动物。对于自然保护区或者野生动物保护区的野兽，虽然人们可能在一定程度上对其进行饲养或者管理，如定期投放食物，甚至为其生存和繁殖提供了适宜的条件和环境，但人们对它的控制力较低。因此，野生动物不属于本法中的“饲养的动物”。(3)动物的饲养人或者管理人都是责任主体。动物的饲养人是指动物的所有人，即对动物享有占有、使用、收益、处分权的人；动物的管理人是指实际控制和管束动物的人，管理人对动物不享有所有权，而只是根据某种法律关系直接占有和控制动物。(4)饲养的动物造成他人损害的，动物饲养人或者管理人应当承担侵权责任；但能够证明损害是因被侵权人故意或者重大过失造成的，动物饲养人或者管理人可以不承担或者减轻责任，表明了本条适用举证责任倒置。动物饲养人或者管理人如果想要减轻或者不承担责任，就必须证明被侵权人的损害是因为他自己的故意或者重大过失造成的。如果举证不足或者举证不能，动物饲养人或者管理人就应承担动物致害的赔偿责任。

关联法规

《野生动物保护法》第2、19条

第一千二百四十六条 【违反规定未对动物采取安全措施致害责任】违反管理规定，未对动物采取安全措施造成他人损害的，动物饲养人或者管理人应当承担侵权责任；但是，能够证明损害是因被侵权人故意造成的，可以减轻责任。

条文注解

随着饲养宠物的人数不断增多，社会上无序养宠物、违规养宠物的情况日益突出，动物伤人的事件呈逐年上升趋势。基于这一问题的严重性，为维护公民的人身和财产安全，对动物致人损害的侵权责任作了严格的规定。违反管理规定，未对动物采取安全措施造成他人损害的，动物饲养人或者管理人应当承担侵权责任。这一条并未规定免责事由，即使被侵权人对损害的发生有过失，动物饲养人或者管理人也不能减轻责任或者不承担责任。动物饲养人或者管理人不仅要对动物本身负责，还要对社会负责，履行相关法律规定的义务。在违反管理规定的情况下免除动物饲养人或者管理人的责任显然是不合适的，但是可以适当减轻其责任。该规定同样是举证责任倒置。

第一千二百四十七条 【禁止饲养的危险动物致害责任】禁止饲养的烈性犬等危险动物造成他人损害的，动物饲养人或者管理人应当承担侵权责任。

条文注解

为确保公民的人身安全，本条对动物伤人的侵权行为作出了非常严格的规定，只要违反管理规定饲养了烈性犬等危险动物，并造成他人损害的，动物饲养人或者管理人就应当承担侵权责任，没有任何的免责事由可以援引。在烈性犬等危险动物潜伏种种危险的情况下，让它的饲养人或者管理人承担更加严格的责任是对社会、对公众负责的态度。本条规定了如此严格的责任就是引导饲养危险动物的人认识到自己的社会责任和法律责任，为动物、为自己、为他人着想，不要违反规定饲养危险动物。

关联法规

《野生动物保护法》第19条

第一千二百四十八条 【动物园的动物致害责任】动物园的动物造成他人损害的，动物园应当承担侵权责任；但是，能够证明尽到管理职责的，不承担侵权责任。

条文注解

本条适用过错推定责任，动物园负有高度注意义务，只有能够证明已经采取足够的安全措施，并尽到充分的警示义务，才能认定为没有过错。如果动物园能够证明设施、设备没有瑕疵，有明显的警示牌，管理人员对游客挑逗、投打动物或者擅自翻越栏杆靠近动物等行为进行了劝阻，该尽的管理职责已经尽到了，那么动物园就可以不承担侵权责任。

第一千二百四十九条 【遗弃、逃逸的动物致害责任】遗弃、逃逸的动物在遗弃、逃逸期间造成他人损害的，由动物原饲养人或者管理人承担侵权责任。

条文注解

动物的遗弃，是指动物饲养人抛弃了动物。逃逸的动物，是指饲养人暂时地丧失了对该动物的占有和控制。无论动物饲养人或者管理人遗弃动物，还是未尽到管理责任致使动物逃逸，其行为都加剧了动物对人和社会的危险性，而损害的事实正是由于动物在失去人为的管理和控制下任意流动的危险性所导致。因此，为了社会公众利益，为了充分保护被侵权人利益，遗弃、逃逸动物的原饲养人或者管理人应当对自己遗弃动物，以及疏于管理没有尽到管理义务的行为承担责任。

第一千二百五十条 【因第三人的过错致使动物致害责任】因第三人的过错致使动物造成他人损害的，被侵权人可以向动物饲养人或者管理人请求赔偿，也可以向第三人请求赔偿。动物饲养人或者管理人赔偿后，有权向第三人追偿。

条文注解

第三人的过错，是指被侵权人和动物饲养人或者管理人以外的人对动物造成损害有过错。第三人的过错在大多数场合表现为：有意挑逗、投打、投喂、诱使动物，其后果致使他人受到人身或者财产的损害，其实质是实施了诱发动物致害的行为。本条赋予了被侵权人以选择权。因第三人的过错致使动物造成被侵权人损害的，被侵权人既可以请求第三人承担赔偿责任，也可以请求动物饲养人或者管理人承担赔偿责任。这样规定，就可以使被侵权人根据具体情况要求赔偿。本条还赋予了动物饲养人或者管理人以追偿权。动物饲养人或者管理人对被侵权人赔偿后，有权向第三人追偿。动物饲养人或者管理人之所以享有追偿权，是因为动物饲养人或者管理人实际上是代替第三人履行了赔偿义务，在动物饲养人或者管理人与第三人之间，第三人仍然是责任的最终承担者。法律允许动物饲养人或者管理人在赔偿了被侵权人的损害后向第三人进行追偿，一方面有利于被侵权人及时获得救济，另一方面也是维护动物饲养人或者管理人自身权益的一项重要手段。

第一千二百五十一条 【饲养动物应履行的义务】饲养动物应当遵守法律法规，尊重社会公德，不得妨碍他人生活。

条文注解

饲养的动物伤害别人、滋事扰民、污染环境的，会对他人和社会造成侵扰。动物的一切行为约束靠动物饲养人或者管理人的管制。本条规定，饲养动物应当遵守法律法规，尊重社会公德，不得妨碍他人生活。动物饲养人应该意识到自己担负着遵守社会公德和保护公共环境的双重社会责任，不能放任宠物侵扰他人的正常生活。动物饲养人应当自觉规范自己的行为，应该按照规定饲养动物。

第十章 建筑物和物件损害责任

第一千二百五十二条 【建筑物、构筑物或者其他设施倒塌、塌陷致害责任】建筑物、构筑物或者其他设施倒塌、塌陷造成他人损害的，由建设单位与施工单位承担连带责任，但是建设单位与施工单位能够证明不存在质量缺陷的除外。建设单位、施工单位赔偿后，有其他责任人的，有权向其他责任人追偿。

因所有人、管理人、使用人或者第三人的原因，建筑物、构筑物或者其他设施倒塌、塌陷造成他人损害的，由所有人、管理人、使用人或者第三人承担侵权责任。

条文注解

本条所说的倒塌、塌陷，是指建筑物、构筑物或者其他设施坍塌、倒覆，造成该建筑物、构筑物或者其他设施丧失基本使用功能。本条第1款规定，本款对建筑物、构筑物或者其他设施倒塌、塌陷造成他人损害规定了两个责任主体：(1)建设单位。通常情况下，建设单位依法取得土地使用权，在该土地上建造建筑物、构筑物或者其他设施，是建设工程合同的总发包人。在实践中，房地产开发企业、机关和工厂是比较常见的建设单位。建设单位是建设工程合同的发包人，通过选择、确定勘察单位、设计单位、施工单位和监理单位等，参与工程建设的很多环节，对建设工程的质量有很大的影响。(2)施工单位。施工单位与建设单位或者其他发包人签订建设工程合同，对建设工程进行施工。在实践中，建筑公司是比较常见的施工单位。建设工程施工企业要符合法律、法规规定的条件。在不存在工程质量缺陷的情况下，建设单位与施工单位不承担连带责任。"其他责任人"，主要包括以下范围：一是勘察单位、设计单位等。二是监理单位。三是勘察、设计、监理单位以外的责任人。

本条第2款规定，如果建筑物等设施倒塌、塌陷是因超过合理使用期限、业主擅自改变承重结构等特殊情形造成的，被侵权人可以根据本条第2款的规定，依法直接请求造成建筑物等设施倒塌、塌陷的所有人、管理人、使用人或者第三人承担侵权责任。

关联法规

《刑法》第137～138条，《建筑法》第55～56、58、60～62、66～67、69～70、73～75、79～80条，《文物保护法》第21条，《物业管理条例》第55条，《建设工程质量管理条例》第5、26～27、32、36、39、41～42、58、63～67、69条，《最高人民法院关于审理人身损害赔偿案件适用法律若干问题的解释》第16条，《最高人民法院关于审理建设工程施工合同纠纷案件适用法律问题的解释》第12、27条

第一千二百五十三条 【建筑物、构筑物或者其他设施及其搁置物、悬挂物脱落、坠落致害责任】建筑物、构筑物或者其他设施及其搁置物、悬挂物发生脱落、坠落造成他人损害，所有人、管理人或者使用人不能证明自己没有过错的，应当承担侵权责任。所有人、管理人或者使用人赔偿后，有其他责任人的，有权向其他责任人追偿。

条文注解

本条采用过错推定原则。所有人、管理人或者使用人赔偿后，有其他责任人的，有权向其他责任人追偿。其他责任人是指所有人、管理人或者使用人之外的对损害的发生负有责任的人。建筑物、构筑物或者其他设施及其搁置物、悬挂物脱落、坠落造成他人损害，所有人、管理人或者使用人不能证明自己没有过错的，应当对被侵权人承担侵权责任。在实践中，有时损害的发生除了与所有人、管理人或者使用人的过错有关外，还与其他人有关，只是该其他人不直接对被侵权人承担侵权责任。但是，所有人、管理人或者使用人向被侵权人赔偿后，有权向该其他责任人追偿。

关联法规

《最高人民法院关于审理人身损害赔偿案件适用法律若干问题的解释》第16条，《最高人民法院关于民事诉讼证据的若干规定》第4条

第一千二百五十四条 【不明抛掷物、坠落物致害责任】禁止从建筑物中抛掷物品。从建筑物中抛掷物品或者从建筑物上坠落的物品造成他人损害的，由侵权人依法承担侵权责任；经调查难以确定具体侵权人的，除能够证明自己不是侵权人的外，由可能加害的建筑物使用人给予补偿。可能加害的建筑物使用人补偿后，有权向侵权人追偿。

物业服务企业等建筑物管理人应当采取必要的安全保障措施防止前款规定情形的发生；未采取必要的安全保障措施的，应当依法承担未履行安全保障义务的侵权责任。

发生本条第一款规定的情形的，公安等机关应当依法及时调查，查清责任人。

条文注解

本条第1款开宗明义，规定禁止从建筑物中抛掷物品。我国的民事法律

规范极少使用“禁止”性的表述，盖因民事法律是调整平等主体之间权利义务的规范，以自由意志为导向。本条中这一禁止性规定，是对从建筑物中抛掷物品行为的严厉谴责和禁止。如果物体并非从建筑物中抛掷或坠落，不适用该规定。从建筑物中抛掷物品或者从建筑物上坠落的物品造成他人损害的，应当由侵权人依法承担侵权责任，这是过错责任的体现。只有难以确定具体侵权人的，才适用本条的补偿规定。难以确定具体侵权人，是指无法确定物品具体是从哪一个房间抛掷、坠落的，因此无法确定具体的侵权人。本条规定的建筑物使用人，是指在侵权行为发生时建筑物的实际使用人。建筑物使用人在建筑物内进行活动，控制、管理着建筑物和建筑物内的物品，建筑物抛掷物、坠落物致人损害，经调查确实无法确定具体侵权人时，在他们中间确定可能的侵权人，符合社会生活实践经验。使用人包括使用建筑物的所有权人、承租人、借用人以及其他使用建筑物的人。本条采用举证责任倒置。根据本条规定，无法确定具体的侵权人的，由被侵权人证明自己是被建筑物上的抛掷物、坠落物所伤害，由建筑物使用人证明自己不是侵权人。建筑物使用人不能证明自己不是侵权人的，要对被侵权人受到的损害进行补偿。如果有证据能够确定具体的侵权人，则其他可能加害的建筑物使用人无须再举证证明自己不是侵权人。发现真正侵权人后，承担了补偿的建筑物使用人具有追偿权。由可能加害的建筑物使用人对被侵权人给予补偿的，各个可能加害的建筑物使用人之间不承担连带责任，而是按份分别对被侵权人进行补偿。

本条第 2 款规定，物业服务企业与业主签订物业服务合同，应当履行合同约定的义务。物业服务企业具有一定的安全保障义务，物业服务企业等建筑物管理人应当采取必要的安全保障措施防止前款规定情形的发生；未采取必要的安全保障措施的，应当依法承担未履行安全保障义务的侵权责任。

根据本条第 3 款的规定，从建筑物中抛掷物品或者从建筑物上坠落的物品造成他人损害的，公安等机关应当依法及时调查，查清责任人。公安等机关是具有侦查权的机关。

第一千二百五十五条 【堆放物倒塌、滚落或者滑落致害责任】堆放物倒塌、滚落或者滑落造成他人损害，堆放人不能证明自己没有过错的，应当承担侵权责任。

条文注解

堆放物，是指堆放在土地上或者其他地方的物品。堆放物须是非固定在其他物体上，如建筑工地上堆放的砖块、木料场堆放的原木等。本条所说的倒塌、滚落或者滑落，包括堆放物整体或者部分的倒塌、脱落、坠落、滑落、滚落等。本条采用过错推定原则，堆放人不能证明自己没有过错的，承担侵权责任。因地震灾害致使堆放物品倒塌、滚落、滑落致人损害的，所有人或者管理人不承担赔偿责任。但仍然需要堆放人举证证明自己对堆放物倒塌致人损害没有过错，堆放人不能证明自己没有过错的，仍然要承担侵权责任。

关联法规

《最高人民法院关于审理人身损害赔偿案件适用法律若干问题的解释》第16条，《最高人民法院关于处理涉及汶川地震相关案件适用法律问题的意见(二)》第9条

第一千二百五十六条 【在公共道路上堆放、倾倒、遗撒妨碍通行的物品致害责任】在公共道路上堆放、倾倒、遗撒妨碍通行的物品造成他人损害的，由行为人承担侵权责任。公共道路管理人不能证明已经尽到清理、防护、警示等义务的，应当承担相应的责任。

条文注解

公共道路，是指公共通行的道路。本条规定的堆放、倾倒、遗撒妨碍通行物，是指在公共道路上堆放、倾倒、遗撒物品，影响他人对该公共道路正常、合理的使用。在公共道路上堆放、倾倒、遗撒妨碍通行的物品的主体大致可分为两类：一类是具体实施该行为的侵权人。任何人都应当遵守道路管理规则，避免在道路上堆放、倾倒、遗撒妨碍通行物，在公共道路上堆放、倾倒、遗撒妨碍通行物造成他人损害的，应当由行为人承担责任。另一类是对公共道路具有养护、管理职责的主体。公共道路涉及公共安全，公共道路管理人对道路的管理职责中当然就包括了防止因第三人的堆放、倾倒、遗撒等行为造成他人损害的法定义务。为了保障公共道路具有良好的使用状态，公共道路的管理、维护者要及时发现道路上出现的妨碍通行的情况并采取清理、防护、警示等合理的措施。如果没有尽到这种义务，应在未尽到职责的范围内承担相应的侵权责任。

关联法规

《公路法》第46条，《道路交通安全法》第48条，《最高人民法院关于审理道路交通事故损害赔偿案件适用法律若干问题的解释》第10条

第一千二百五十七条 【林木折断、倾倒或者果实坠落等致人损害的侵权责任】因林木折断、倾倒或者果实坠落等造成他人损害，林木的所有人或者管理人不能证明自己没有过错的，应当承担侵权责任。

条文注解

本条所说的林木，包括自然生长和人工种植的林木，并未限定林木生长的地域范围，林地中的林木、公共道路旁的林木以及院落周围零星生长的树木等折断、倾倒或者果实坠落造成他人损害，林木的所有人或者管理人不能证明自己没有过错的，均要承担侵权责任。当然，根据林木生长的具体情况，认定林木所有人或者管理人的过错应有所区别。林木造成他人损害，不仅包括林木枝蔓等的掉落造成他人损害，还包括其他情形，如实践中出现的椰树果实坠落砸伤路人、树木倒伏压坏路旁汽车等。对于折断、倾倒或者果实坠落等造成他人损害，适用过错推定的归责原则，林木的所有人或者管理人不能证明自己没有过错的，应当承担侵权责任。所有人或者管理人要证明自己没有过错，通常要证明其对林木已经尽到了管理、维护的义务。如果林木的折断完全是因自然原因、第三人或者受害人的过错造成，林木的所有人或者管理人能够证明自己没有过错的，不承担侵权责任。

关联法规

《森林法》第20条，《最高人民法院关于审理人身损害赔偿案件适用法律若干问题的解释》第16条

第一千二百五十八条 【公共场所或者道路上施工致害责任和窨井等地下设施致害责任】在公共场所或者道路上挖掘、修缮安装地下设施等造成他人损害，施工人不能证明已经设置明显标志和采取安全措施的，应当承担侵权责任。

窨井等地下设施造成他人损害，管理人不能证明尽到管理职责的，应当承担侵权责任。

条文注解

对本条第1款的规定，在公共场所或者道路上施工，是指在公共场所或者道路上挖坑、修路、修缮安装地下设施等，如架设电线、铺设管道、维修

公路、修缮下水道等。在公共场所或者道路上施工，应当取得有关管理部门的许可，必须设置明显的警示标志和采取有效的安全措施，具体包括：第一，设置的警示标志必须具有明显性。第二，施工人要保证警示标志的稳固并负责对其进行维护，使警示标志持续地存在于施工期间。第三，仅设置明显的标志不足以保障他人的安全的，施工人还应当采取其他有效的安全措施。公共场所或者道路施工致人损害的责任人是施工人。施工人直接控制着施工场地，因此应当承担对施工场地的管理和维护义务，保障他人的安全。施工人是指组织施工的单位或者个人，而非施工单位的工作人员或者个体施工人的雇员。施工人一般是承包或者承揽他人的工程进行施工的单位或者个人，有时也可能是为自己的工程施工。本款采用过错推定归责原则，施工人不能证明已经设置明显标志和采取安全措施的，应当承担侵权责任。

对本条第 2 款的规定，窨井是指上下水道或者其他地下管线工程中，为便于检查或疏通而设置的井状构筑物。其他地下设施包括地窖、水井、下水道以及其他地下坑道等。窨井等地下设施的管理人，是指负责对该地下设施进行管理、维护的单位或者个人。窨井等地下设施致人损害时，适用过错责任推定归责原则，有利于保护被侵权人的利益，也有利于促使地下设施的管理人认真履行职责，确保窨井等地下设施的安全，保护公众合法权益。

关联法规

《道路交通安全法》第 32、104 条，《公路法》第 32 条，《城市道路管理条例》第 23～24、35 条

附　则

第一千二百五十九条　【法律术语含义】民法所称的“以上”、“以下”、“以内”、“届满”，包括本数；所称的“不满”、“超过”、“以外”，不包括本数。

第一千二百六十条　【施行日期及旧法废止】本法自 2021 年 1 月 1 日起施行。《中华人民共和国婚姻法》、《中华人民共和国继承法》、《中华人民共和国民法通则》、《中华人民共和国收养法》、《中华人民共和国担保法》、《中华人民共和国合同法》、《中华人民共和国物权法》、《中华人民共和国侵权责任法》、《中华人民共和国民法总则》同时废止。

实用问题

第一编　总　　则

一、自然人

1. 自然人的民事权利能力从何时开始?

自然人的民事权利能力是指自然人作为民事主体享有民事权利、承担民事义务的法律资格。民事权利能力是自然人取得民事权利的前提。自然人的民事权利能力始于出生，终于死亡。自然人一旦出生即具有民事权利能力，死亡是自然人丧失民事权利能力的唯一法定事由。出生是自然人脱离母体并生存的法律事实。一般认为，出生须具备两项要件：一是胎儿与母体分离，与母体分离之前为胎儿，分离之后即成为法律上的人。二是与母体分离之际保有生命。胎儿与母体分离之际无生命的是死体。分离之际保有生命的，就是"出生"，而无论其出生后生命延续的时间长短。法律规定，自然人的出生时间和死亡时间以出生证明、死亡证明记载的时间为准；没有出生证明、死亡证明的，以户籍登记或者其他有效身份登记记载的时间为准。有其他证据足以推翻以上记载时间的，以该证据证明的时间为准。

2. 限制民事行为能力人从事的哪些行为有效?

《民法典》第 19 条规定："八周岁以上的未成年人为限制民事行为能力人，实施民事法律行为由其法定代理人代理或者经其法定代理人同意、追认；但是，可以独立实施纯获利益的民事法律行为或者与其年龄、智力相适应的民事法律行为。"第 22 条规定："不能完全辨认自己行为的成年人为限制民事行为能力人，实施民事法律行为由其法定代理人代理或者经其法定代理人同意、追认；但是，可以独立实施纯获利益的民事法律行为或者与其智力、精神健康状况相适应的民事法律行为。"根据上述条款，限制民事行为能力人主要包括：(1) 8 周岁以上未满 18 周岁的未成年人；(2)不能完全辨认自己行为的成年人。这两类人还没有完全成熟，身体、心智尚未健全，法律基于保护他们的态度，在行为范围上给他们以限制，主要让其代理人代理其从事有关行为。这两类人从事的以下行为，具有法律效力：(1)纯粹为自己带来利益的行为；(2)在相应的民事行为能力范围内的行为有效，如一个16周岁的中学生花50元钱买一本词典的行为。如果超出以上两类行为的，该行为的法律效力为待定，需要其代理人来审视判断是否需要追认该行为有效。

3. 哪些单位和人员可以向人民法院申请撤销监护人资格？

根据《民法典》第36条第2款的规定，下列单位和人员可以向法院申请撤销监护人资格：其他依法具有监护资格的人，居民委员会、村民委员会、学校、医疗机构、妇女联合会、残疾人联合会、未成年人保护组织、依法设立的老年人组织、民政部门等。根据《最高人民法院、最高人民检察院、公安部、民政部关于依法处理监护人侵害未成年人权益行为若干问题的意见》有关规定：下列单位和人员有权向人民法院申请撤销监护人资格：(1)未成年人的其他监护人，祖父母、外祖父母、兄、姐，关系密切的其他亲属、朋友；(2)未成年人住所地的村(居)民委员会，未成年人父、母所在单位；(3)民政部门及其设立的未成年人救助保护机构；(4)共青团、妇联、关工委、学校等团体和单位。申请撤销监护人资格，一般由前款中负责临时照料未成年人的单位和人员提出，也可以由前款中其他单位和人员提出。

4. 监护人不履行监护职责，是否要承担民事责任？

《民法典》第34条第3款规定："监护人不履行监护职责或者侵害被监护人合法权益的，应当承担法律责任。"第36条规定，监护人怠于履行监护职责，导致被监护人处于危困状态的，经申请可被撤销监护资格。因此，监护人不履行监护职责，需要承担民事责任。

5. 什么情形下可以申请宣告失踪？

一位公民长期失去音信，围绕其产生的很多法律关系处于悬而未决的状态，不利于社会生活的安定。因此，民法特别创设了宣告失踪制度，通过宣告失踪人失踪，从而将其财产等法律关系交由相关当事人进行处理，及时了结法律关系，保护其财产，维护法律关系的安定。《民法典》第40条规定："自然人下落不明满二年的，利害关系人可以向人民法院申请宣告该自然人为失踪人。"因此，自然人下落不明满2年，利害关系人可以向失踪人住所地或者最后居住地的基层人民法院申请宣告他为失踪人。若在战争期间下落不明的，下落不明的时间从战争结束之日或有关机关确定的下落不明之日起计算。

6. 什么情形下可以申请宣告死亡？

根据《民法典》第 46 条的规定，自然人有下列情形之一的，利害关系人可以向人民法院申请宣告该自然人死亡：（1）下落不明满四年；（2）因意外事件，下落不明满二年。其中因意外事件下落不明，经有关机关证明该自然人不可能生存的，申请宣告死亡不受二年时间的限制。

7. 被宣告死亡人还存活，其所为法律行为是否有效？

《民法典》第 49 条规定："自然人被宣告死亡但是并未死亡的，不影响该自然人在被宣告死亡期间实施的民事法律行为的效力。"被宣告死亡时间和自然死亡时间不一致的，被宣告死亡所引起的法律后果仍然有效，但自然死亡之前实施的民事法律行为与被宣告死亡引起的法律后果相抵触的，则以其实施的民事法律行为为准。重新出现的被宣告死亡人在被宣告死亡后，仍然进行民事活动，只要其具备民事行为能力，其所实施的行为仍旧具有法律效力。

8. 死亡宣告被撤销后有何法律效力？

被宣告死亡的人重新出现或者确知他没有死亡，经本人或者利害关系人申请，法院应当撤销对他的死亡宣告。被撤销后的法律效力主要体现在三个方面：（1）财产方面。《民法典》第 53 条规定："被撤销死亡宣告的人有权请求依照本法第六编取得其财产的民事主体返还财产。无法返还的，应当给予适当补偿。利害关系人隐瞒真实情况，致使他人被宣告死亡取得其财产的，除应当返还财产外，还应当对由此造成的损失承担赔偿责任。"（2）婚姻关系方面。《民法典》第 51 条规定："被宣告死亡的人的婚姻关系自死亡宣告之日解除。死亡宣告被撤销的，婚姻关系自撤销死亡宣告之日起自行恢复，但是，其配偶再婚或者向婚姻登记机关书面声明不愿意恢复的除外。"（3）收养关系方面。《民法典》第 52 条规定："被宣告死亡的人在被宣告死亡期间，其子女被他人依法收养的，在死亡宣告被撤销后，不得以未经本人同意为由主张收养关系无效。"

二、法人和非法人组织

9. 法人的法定代表人与法人是何种关系？

《民法典》第 61 条规定："依照法律或者法人章程的规定，代表法人从事民事活动的负责人，为法人的法定代表人。法定代表人以法人名义从事的民事活动，其法律后果由法人承受。法人章程或者法人权力机构对法定代表人代表权的限制，不得对抗善意相对人。”在我国，法人的法定代表人只能为一人。法定代表人与法人之间是代表法律关系，代表权是由法律和章程规定的，法定代表人的职务行为就是法人的行为。法人要对其法定代表人执行职务的经营活动向第三人负责。

10. 法人对其工作人员的职务行为应承担法律责任吗？

《民法典》第 170 条规定：“执行法人或者非法人组织工作任务的人员，就其职权范围内的事项，以法人或者非法人组织的名义实施民事法律行为，对法人或者非法人组织发生效力。法人或者非法人组织对执行其工作任务的人员职权范围的限制，不得对抗善意相对人。”因此，法人对其工作人员的职务行为要承担法律责任，但对职务行为以外的行为不承担责任。法人工作人员与法人在内部关系上属于劳动合同关系或雇佣关系，工作人员对外以法人名义从事民事活动时属于委托代理关系。

11. 法人的分支机构应如何承担民事责任？

《民法典》第 74 条第 2 款规定：“分支机构以自己的名义从事民事活动，产生的民事责任由法人承担；也可以先以该分支机构管理的财产承担，不足以承担的，由法人承担。”因此，法人的分支机构的民事责任应由法人承担，可以先以分支机构管理的财产承担，不足的再由法人承担。

12. 什么情形下可以撤销营利法人权利机构、执行机构的决议？

《民法典》第 85 条规定：“营利法人的权力机构、执行机构作出决议的会议召集程序、表决方式违反法律、行政法规、法人章程，或者决议内容违反法人章程的，营利法人的出资人可以请求人民法院撤销该决议，但是营利法人依据该决议与善意相对人形成的民事法律关系不受影响。”营利法人权力机构和执行机构的决议对出资人关系重大，如果有关决议有瑕疵，法律赋予出资人相应的救济办法，允许出资人对其提起无效或撤销之诉。根据本条的规定，可以请求人民法院撤销的营利法人权力机构、执行机构决议分为程序瑕疵和内容瑕疵两类：程序瑕疵是指营利法人权力机构、执行机构作出决议的会议召集程序、表决方式违反法律、行政法规、法人章程；内容瑕疵是指营利法人的权力机构、执行机构决议内容违反法人章程。其中“召集程序、表决方式”应当包括：会议通知、投票计票、表决结果宣布、决议形式、会议记录及签署等。无论是程序还是内容瑕疵，营利法人的出资人都可以请求人民法院撤销该决议。但是须注意，即使该决议被撤销，也不能对抗依据该决议实施法律行为的善意相对人。也就是说，即使决议被撤销，与善意相对人的权利义务关系不受此影响，以合同为例，法人仍然要履行合同义务。

13. 机关法人终止由谁承担其民事权利和义务？

根据《民法典》第98条的规定，机关法人被撤销的，法人终止，其民事权利和义务由继任的机关法人享有和承担；没有继任的机关法人的，由作出撤销决定的机关法人享有和承担。

三、民事法律行为和代理

14. 沉默在什么情形下可以视为意思表示？

根据《民法典》第140条的规定，沉默只有在有法律规定、当事人约定或者符合当事人之间的交易习惯时，才可以视为意思表示。

15. 民事法律行为无效、被撤销或者确定不发生效力有何法律后果？

《民法典》第157条规定：“民事法律行为无效、被撤销或者确定不发生效力后，行为人因该行为取得的财产，应当予以返还；不能返还或者没有必要返还的，应当折价补偿。有过错的一方应当赔偿对方由此所受到的损失；各方都有过错的，应当各自承担相应的责任。法律另有规定的，依照其规定。”因此，民事法律行为无效、被撤销或确定不发生效力的，有以下法律后果：一是返还财产，行为人因该行为取得的财产应当予以返还；二是折价赔偿，对于不能返还或没有必要返还的，如标的物灭失且原物不能替代，或第三人善意取得该财产等；三是赔偿损失，根据过错赔偿相应的损失。在法律另有规定的情况下，依照法律规定。例如，在法律行为因违法被宣告无效后，并不存在双方当事人相互返还财产的问题，而是需要根据相关法律、行政法规的规定对其予以没收、收缴等。以毒品买卖为例，双方签订的买卖合同因违反法律、行政法规的强制性规定而无效，此时双方因毒品交易产生的非法所得应依据《禁毒法》等法律的规定予以收缴，而不是返还给一方当事人。

16. 委托代理可以采取哪些形式？

《民法典》第135条规定：“民事法律行为可以采用书面形式、口头形式或者其他形式；法律、行政法规规定或者当事人约定采用特定形式的，应当采用特定形式。”因此，委托代理可以采取书面形式、口头形式或其他形式，法律、行政法规规定或当事人约定采用特定形式的则采用特定形式。

17. 第三人相信无权代理人具有代理权，该代理行为是否有效？

《民法典》第172条规定：“行为人没有代理权、超越代理权或者代理权终止后，仍然实施代理行为，相对人有理由相信行为人有代理权的，代理行为有效。”因此，第三人相信无权代理人具有代理权，构成表见代理的，该代理行为有效。构成表见代理，应当具备下列要件：一是代理人无代理权，包括没有代理权、超越代理权或代理权终止；二是有权利外观，即存在使相对人相信代理人享有代理权的事实和理由，如代理人持有被代理人的介绍信或有被代理人公章的空白合同书，代理人持有被代理人的印章等；三是相对人善意无过失；四是权利外观归因于被代理人，被代理人的行为与权利外观的形成有牵连性。例如，终止代理权后应当及时通知相对人而未通知，权利外观不归因于被代理人的不成立表见代理，如行为人私刻印章、伪造介绍信等。在现实生活中，表见代理一般发生在以下两种情形：(1)行为人与被代理人之间曾存在雇佣关系，但由于种种原因被代理人未将二者雇佣关系终止的事实告知或者行为人手中仍持有表明雇佣关系存在的法律文件。那么，代理人继续代理的，第三人相信其有代理权是有理由的，该代理行为有效。(2)行为人与被代理人之间曾存在授权委托关系，但由于种种原因，授权结束后行为人仍持有被代理人的代理证明文件，如盖有合同专用章或者公章的空白合同书、空白授权委托书等。那么，代理人继续持有这些代理证明文件从事代理行为，第三人相信其有代理权是有理由的，该代理行为有效。

18. 第三人相信无权代理人具有代理权而导致无权代理行为有效，无权代理人是否应承担责任？

虽然因为第三人相信无权代理人具有代理权而导致该无权代理行为有效，但是并不能免除无权代理人对被代理人承担的责任。因该无权代理行为而给被代理人造成损失的，无权代理人要承担赔偿责任。

19. 代理人和第三人恶意串通损害被代理人的利益，应如何承担责任？

《民法典》第 164 条第 2 款规定："代理人和相对人恶意串通，损害被代理人合法权益的，代理人和相对人应当承担连带责任。"因此，代理人与第三人恶意串通损害被代理人的利益的，由代理人与第三人承担连带责任。

20. 事先未取得被代理人同意而将委托事项转委托他人，应如何追究责任？

《民法典》第 169 条第 3 款规定："转委托代理未经被代理人同意或者追认的，代理人应当对转委托的第三人的行为承担责任，但是在紧急情况下代理人为了维护被代理人的利益需要转委托第三人代理的除外。"因此，事先没有取得被代理人同意的，事后也未得到被代理人追认的，由代理人对自己所转托的人的行为负民事责任。

四、民事权利

21. 善意受益人应返还的不当利益如何确定？

受益人应当将取得的不当利益返还给受损失的人。但是，根据受益人主观心态为善意还是恶意的不同，返还的利益范围也不尽相同。如果受益人是善意的，受益人返还其不当得利的范围为应返还时仅存的利益，对已经不存在的利益不负返还责任。例如，天降暴雨将甲鱼塘的鲤鱼冲至乙鱼塘，后鲤鱼死亡若干。那么，乙返还甲鲤鱼时，应以存活的鲤鱼为限，对已死去的鲤鱼不负返还责任。

22. 误将他人的事物作为自己的事物来管理，是否构成无因管理？

不构成无因管理。应当按照不当得利的规定，返还所得利益。例如，乙病逝，乙之唯一合法继承人甲从外地赶回，误将归丙所有的摩托车 1 辆变卖，得 5 万元。那么，甲不构成无因管理，应将 5 万元价款返还给丙。

23. 著作权人享有哪些具体权利？

著作权人享有著作人身权和著作财产权两个方面的权利。其中，著作人身权是作者基于创作作品而产生的与作者人身利益密切相关的权利，包括发表权、署名权、修改权和保护作品完整权等；著作财产权是著作权人自己使用或者许可他人使用自己作品所获得报酬的权利，包括复制权、发行权、出租权、展览权、表演权、放映权、广播权、信息网络传播权、摄制权、改编权、翻译权和汇编权等。

24. 专利权人享有哪些具体权利？

专利权人可以许可他人使用或者自己使用来收取费用、获得利益。未经专利权人许可，他人不得随意使用该专利技术。他人也不可以就同一内容的发明创造获得专利权。

25. 商标专用权人享有哪些具体权利？

商标专用权人的权利具体表现在两个方面：(1)商标注册人在依法核定的商品或者服务标志的范围内充分享有使用商标的权利；(2)商标权人可以禁止他人未经许可在同类商品或者类似商品上使用与注册商标相同或者近似的商标。

五、民事责任

26. 因正当防卫致人损害，行为人是否承担民事责任？

正当防卫，是指当公共利益、他人或本人的人身或其他利益受到正在发生的不法侵害，行为人所采取的一种防卫措施。根据《民法典》第 181 条的规定，如果因正当防卫造成损害的，行为人不承担民事责任。但是，正当防卫超过必要限度，造成不应有的损害的，行为人应当承担适当的民事责任。

六、诉讼时效

27. 普通诉讼时效期间有多长？

诉讼时效，是指民事权利受到损害的权利人在法定的时效期间内不行使权利，当时效期间届满时，义务人获得诉讼时效抗辩权的法律制度。根据《民法典》第 188 条的规定，普通诉讼时效期间为 3 年，但法律另有规定的依照其规定。该期间从权利人知道或应当知道权利受到损害以及义务人之日起算。

28. 诉讼时效期间已过，一方自愿履行后要求返还，法律是否支持？

《民法典》第192条第2款规定："诉讼时效期间届满后，义务人同意履行的，不得以诉讼时效期间届满为由抗辩；义务人已自愿履行的，不得请求返还。"因此，虽然已经超过诉讼时效，但是当事人自愿履行的，权利人仍可以接受，不构成不当得利。如果当事人反悔要求返还的，权利人可以予以拒绝，法律不支持。

29. 导致诉讼时效中止的事由有哪些？

根据《民法典》第194条的规定，在诉讼时效期间的最后6个月内，因下列障碍，不能行使请求权的，诉讼时效中止：(1)不可抗力；(2)无民事行为能力人或者限制民事行为能力人没有法定代理人，或者法定代理人死亡、丧失民事行为能力、丧失代理权；(3)继承开始后未确定继承人或者遗产管理人；(4)权利人被义务人或者其他人控制；(5)其他导致权利人不能行使请求权的障碍。自中止时效的原因消除之日起满6个月，诉讼时效期间届满。

30. 未成年人遭受性侵害的损害赔偿请求权的诉讼时效期间从何时起算？

《民法典》第191条规定："未成年人遭受性侵害的损害赔偿请求权的诉讼时效期间，自受害人年满十八周岁之日起计算。"因此，未成年人遭受性侵害的，在权利受到侵害后，诉讼时效期间届满前，其法定代理人可以代为行使损害赔偿请求权。但若在该期间，出于各种原因其受损害的权利未得到救济的，受害人在年满18周岁后可以依据本条的规定请求损害赔偿。该损害赔偿请求权的诉讼时效期间自受害人年满18周岁之日起算，适用3年的普通诉讼时效期间的规定。

第二编 物 权

一、一般规定

1. 什么是物？什么是物权？

法律上的"物"与现实中的"物"的概念并不完全相同。根据《民法典》第115条的规定，物包括不动产和动产。法律规定权利作为物权客体的，依照其规定。因此，法律上的“物”一方面主要是指我们日常生活中的看得见的有形物品，包括不动产如房子和动产如手机、笔记本等。

而“物权”，是可直接体现为经济利益的一种权利，也是我们公民赖以生存的非常重要的权利。《民法典》第114条规定，物权是权利人依法对特定的物享有直接支配和排他的权利，包括所有权、用益物权和担保物权。物权具有三个重要特征：第一，物权的客体必须是特定的物，有特定的物才有物权。比如空气，它无处不在，是不特定的，也就不存在物权问题。第二，物权是“直接支配”的一种权利，就是指权利人可以不依赖他人的意志，不经他人同意，也不需要借助任何人的行为，自己独立按照自己的意思来占有、使用、收益和处分。第三，物权是“排除他人干涉”的权利。比如自己的汽车，未经同意其他任何人不得乘坐，就充分体现了物权的排他性。物权的排他性不仅是针对其他的普通的自然人和法人，同时也在法律无特别规定的情况下针对国家以排除公权力的干涉。

2. 什么是动产？什么是不动产？

《民法典》第115条的规定，物包括不动产和动产。动产与不动产的划分，是以物是否能够移动并且是否因移动而损坏其价值作为划分标准的。动产是指能够移动而不损害其价值或用途的物，不动产则是指不能移动或者若移动则损害其价值或用途的物。常见的不动产包括土地（耕地、建筑用地、林地、草原、水面、荒山、荒地、滩涂等）、建筑物及构筑物、林木、与不动产尚未分离的出产物（如农作物）。除不动产以外的财产均是动产，如机器设备、车辆、动物、生活日用品等。

3. 什么是孳息？生活中常见的孳息有哪些？

根据《民法典》等法律规定，孳息是指原物所产生的额外收益。在民法上，孳息分为天然孳息和法定孳息。天然孳息是指因物的自然属性或物的变化规律而获得的收益，与原物分离前，是原物的一部分。例如，母鸡生的蛋、牲畜下的幼崽，果树长出的果子、土地自然生长的粮食、草、树木等植物等都属于天然孳息。法定孳息是指因法律关系所获得的收益，如购买的法律承认的福利彩票中奖而获得的奖金、出租人根据租赁合同收取的租金、贷款人根据贷款合同取得的利息等。

4. 物的孳息应归谁所有？

根据《民法典》第321条的规定，天然孳息，由所有权人取得；既有所有权人又有用益物权人的，由用益物权人取得。当事人另有约定的，按照约定。法定孳息，当事人有约定的，按照约定取得；没有约定或者约定不明确的，按照交易习惯取得。因此，对于物的天然孳息，原则上归所有权人。比如，张三的母鸡下的蛋自然归张三所有；但是，如果同时存在所有权人和用益物权人的情况下，因用益物权本身就是对他人所有的不动产或者动产，依照法享有占有、使用和收益的权利。自然，该天然孳息应当归用益物权人取得。再如，土地承包权人在土地上取得的天然孳息就归用益物权人——土地承包经营权人所有。当然，所有权人和用益物权人还可以特别约定天然孳息的归属。而对于物的法定孳息，比如房屋租金，在当事人有约定时按照约定处理。如果没有约定或者约定不明时，按照交易习惯租金一般就归出租人所有。

5. 动产物权的设立和转让为什么需要交付？

根据《民法典》第208条的规定，不动产物权的设立、变更、转让和消灭，应当依照法律规定登记。动产物权的设立和转让，应当依照法律规定交付。首先，交付一旦生效，即标志着动产物权的转移，对当事人产生拘束力，当事人就不得任意变更或者撤销交付，也不能任意反悔。这是因为已经完成的交付，表明已经按照交付当事人的意思向社会公开了物权变动的事实，基于诚实信用原则的要求，即使原来的意思表示有误或者存在虚假的内容，当事人也不得提出与生效的交付相反的表示。当事人必须尊重和维护交付的稳定性，以保障交易双方的权益。其次，交付一旦完成，即标志着孳息的转移。比如甲从乙处买只老母鸡，甲付钱后乙把老母鸡交付给了甲，刚交付完老母鸡就下了个蛋，这个蛋（孳息）就归甲所有了。最后，交付一旦完成，即标志着风险的转移。比如甲从乙处买了块手表，完成交付后甲刚从乙处出来手表就被偷了，这个损失就只能由甲承担了。

二、物权的设立、变更、转让和消灭

6. 不动产一定要登记吗？不登记会有什么后果？

《民法典》第209条的规定，不动产物权的设立、变更、转让和消灭，经依法登记，发生效力；未经登记，不发生效力，但是法律另有规定的除外。该条第2款规定，依法属于国家所有的自然资源，所有权可以不登记。因此，不动产物权无论是设立、变更，还是转让和消灭，都必须依法进行登记才生效，否则就无效。比如，房产交易中，只有房产经过过户登记了房产所有权才发生转移。否则，即使买房人支付了全部房款但却没有完成过户登记，那么房产所有权就还是卖房人的。当然，法律另有规定不需要登记的除外。因此，现实生活中若发生不动产交易，买方一定要尽快进行登记，这是保护交易双方尤其是不动产买入一方合法权益的重要途径。

7. 房屋交易未经登记，所有权是否转移？

根据《民法典》第209条规定："不动产物权的设立、变更、转让和消灭，经依法登记，发生效力；未经登记，不发生效力，但是法律另有规定的除外。依法属于国家所有的自然资源，所有权可以不登记。"本条确立了不动产物权登记生效的原则，即"自记载于不动产登记簿时发生效力"。也就是说，房屋买卖双方只有完成了不动产物权登记，自登记机构将不动产物权有关事项记载于不动产登记簿时宣告完成交易，房屋所有权才转移给买方所有。如果房屋未经登记，即使买方支付了所有房款，所有权也不发生转移。因此，为了保障自己的合法权益，房屋交易中的买方必须尽快完成登记过户，从而取得房屋的所有权。

8. 不动产权属证书与不动产登记簿记载不一致的，应如何处理？

应以不动产登记簿为准。根据《民法典》第217条规定：不动产权属证书是权利人享有该不动产物权的证明。不动产权属证书记载的事项，应当与不动产登记簿一致；记载不一致的，除有证据证明不动产登记簿确有错误外，以不动产登记簿为准。因此，一般情况下，不动产权属证书与不动产登记簿记载内容是一致的。如果权利人发现不动产权属证书与不动产登记簿记载的内容不一致，原则上以不动产登记簿为准。但确有证据证明登记簿记载错误的，权利人可以向不动产登记机构提出申请变更登记。

9. 如果不动产登记簿记载的权利人不同意更正错误记载事项的，该怎么办？

根据《民法典》第220条的规定，权利人、利害关系人认为不动产登记簿记载的事项错误的，可以申请更正登记。不动产登记簿记载的权利人书面同意更正或者有证据证明登记确有错误的，登记机构应当予以更正。该条第 2 款规定，不动产登记簿记载的权利人不同意更正的，利害关系人可以申请异议登记。登记机构予以异议登记，申请人自异议登记之日起 15 日内不起诉的，异议登记失效。异议登记不当，造成权利人损害的，权利人可以向申请人请求损害赔偿。实际生活中，往往大部分的权利人不同意更正登记。面对权利人不同意更正的情形，利害关系人可以采用以下方式进行维权：

第一，利害关系人可以申请异议登记，但请注意，申请异议登记后，利害关系人需要在 15 日内向法院起诉。因为，异议登记的作用就是将不动产目前的登记状态暂时封存，以防止权利人转移或出卖该不动产。

第二，向法院起诉。对于进行不动产物权变动的原因行为（如买卖合同）无效或被撤销，以及无权处分人处分他人财产并办理了登记，真实权利人（包括共有人）和善意取得第三人同时主张权利而产生的纠纷等情形，相关当事人可以直接向法院提起民事诉讼以维权。

10. 开发商"一房二卖"，购房者该怎么维权？

在日常生活中，开发商"一房二卖"的情况时有发生。此时，甲作为购房者应该如何保护自己的合法权益呢？根据《民法典》第 214 条的规定，不动产物权的设立、变更、转让和消灭，依照法律规定应当登记的，自记载于不动产登记簿时发生效力。另根据《民法典》第 215 条的规定，当事人之间订立有关设立、变更、转让和消灭不动产物权的合同，除法律另有规定或者当事人另有约定外，自合同成立时生效；未办理物权登记的，不影响合同效力。因此，针对对于开发商"一房二卖"的行为，买方可以分情况进行如下操作：

（1）对已经办理房屋过户登记手续的买受人，拥有该房屋所有权；未过户登记的购房人可追究开发商违约责任。例如，开发商分别将一套别墅卖给甲乙二人，其中，甲率先与开发商办理了过户登记手续，而不知情的乙虽及时缴纳了房屋首付款，但却没有与开发商及时办理房屋过户登记手续。故甲对该别墅享有所有权，对乙而言，乙只能对开发商追究违约责任而不能享有该房屋的所有权。（2）如果两个买受人均未办理房屋过户登记手续的，已经办理房屋预告登记手续的房屋所有权人优先，另一购房人可追究开发商违约合同责任。（3）既未办理产权登记，又未办理预告登记的，已经先行合法占有争议房屋的买受人拥有优先权，另一购房人可追究开发商违约责任。(4)均未办理房屋过户登记手续和预告登记手续，又未合法占有争议房屋的，先行支付房屋价款的买受人拥有优先权，另一购房人可追究开发商违约责任。(5)如果上述情况均未发生，则签约在先的买受人优先，另一购房人可追究开发商违约责任。由此可见，现实生活中房产买卖交易中，对所有权的确认是分情况、有先后顺序的。

11. 几个人按份共有的房产，怎么申请不动产登记?

根据《不动产登记暂行条例实施细则》第 10 条的规定，处分共有不动产申请登记的，应当经占份额 2/3 以上的按份共有人或者全体共同共有人共同申请，但共有人另有约定的除外。因此，对于几个人按份共有的房产进行不动产登记，有两种方式进行不动产登记：一种方式是由占份额 2/3 以上的按份共有人申请；另一种方式是由全体共同共有人一起申请。这两种方式都可以。当然，如果按份共有人之间有特别约定，则可依照其约定。

12. 因继承、接受遗赠取得的不动产，该怎么申请登记?

根据《不动产登记暂行条例实施细则》第 14 条的规定，因继承、受遗赠取得不动产，当事人申请登记的，应当提交死亡证明材料、遗嘱或者全部法定继承人关于不动产分配的协议以及与被继承人的亲属关系材料等，也可以提交经公证的材料或者生效的法律文书。也就是说，对于因继承、接受遗赠取得的不动产进行登记，需要提供以下材料：(1)所有继承人或受遗赠人的身份证、户口簿或其他身份证明；(2)被继承人或遗赠人的死亡证明，包括医疗机构出具的死亡证明；公安机关出具的死亡证明或者注明了死亡日期的注销户口证明；人民法院宣告死亡的判决书；其他能够证明被继承人或受遗赠人死亡的材料等；(3)所有继承人或受遗赠人与被继承人或遗赠人之间的亲属关系证明，包括户口簿、婚姻证明、收养证明、出生医学证明，公安机关以及村委会、居委会、被继承人或继承人单位出具的证明材料，其他能够证明相关亲属关系的材料等；(4)放弃继承的，应当在不动产登记机构办公场所，在不动产登记机构人员的见证下，签署放弃继承权的声明；(5)继承人已死亡的，代位继承人或转继承人可参照上述材料提供；(6)被继承人或遗赠人享有不动产权利的材料；(7)被继承人或遗赠人生前有遗嘱或者遗赠扶养协议的，提交其全部遗嘱或者遗赠扶养协议；(8)被继承人或遗赠人生前与配偶有夫妻财产约定的，提交书面约定协议。

当然，也可以提交经公证的材料或者生效的法律文书。具体材料因人而异，以登记机关要求为准。

13. 因法院生效裁判导致房屋产权转移的，何时生效？

根据《民法典》第229条的规定，因人民法院、仲裁机构的法律文书或者人民政府的征收决定等，导致物权设立、变更、转让或者消灭的，自法律文书或者征收决定等生效时发生效力。因此，一般情况下，不动产所有权转移以登记为生效要件，但对于法院生效裁判导致房屋产权转移的，房屋产权则在法院裁决生效时就发生转移，而不是在登记后才发生转移。也就是说，一旦法院生效判决裁判某房屋归谁所有，则房屋所有权就归谁所有，办理变更登记只是履行程序。例如，法院审理房屋产权争议案件，最后作出“争议房屋归李四所有”的判决。那么从判决生效的时候，李四就取得了该房屋的所有权。虽然，这个时候李四还没有办理产权过户登记，不动产登记簿上张三仍然是“所有权人”，但李四从判决生效时就已经得到了所有权。

三、所有权一般规定

14. 所有权人可以对自己所有之物行使哪些权利？

根据《民法典》第240、241条的规定，所有权人对自己的不动产或者动产，依法享有占有、使用、收益和处分的权利。所有权人有权在自己的不动产或者动产上设立用益物权和担保物权。用益物权人、担保物权人行使权利，不得损害所有权人的权益。因此，所有权人可以对自己的动产或者不动产可以行使的权利有：(1)可依法进行占有、使用、收益和处分。比如甲所有的房子，可以自己占有，自己居住；可以出租给别人收取租金；也可以自由处分，卖掉或者赠送给他人。(2)设立用益物权和担保物权。所有权人除了可以占有、使用、受益和处分权外，还可以在自己的动产或者不动产上设立用益物权和担保物权。

15. 什么是征收？什么情况下国家可以征收个人的不动产？

所谓征收，就是指国家为了公共利益的需要而依法强制取得原属于私人或者集体所有不动产所有权的行为。根据《民法典》第243条的规定，为了公共利益的需要，依照法律规定的权限和程序可以征收集体所有的土地和组织、个人的房屋以及其他不动产。征收行为有三个特征：第一，强制性，无论不动产所有人同意或不同意，都可以征收。第二，征收的对象是不动产，包括集体所有的土地和组织、个人的房屋以及其他不动产。第三，合法性。征收的目的必须是为了公共利益的需要，必须依照法律规定的权限和程序。因此，征收是有严格条件限制的，必须是为了公共利益而不是商业利益的需要，必须依法定权限和程序进行，不能随意征收。

16. 什么是公共利益？哪些情形属于公共利益？

现实中，盗用"公共利益"之名行"商业拆迁"之实的事例屡见不鲜，严重地侵犯了物权人合法权益。根据《民法典》第 243 条的规定，为了公共利益的需要，依照法律规定的权限和程序可以征收集体所有的土地和组织、个人的房屋以及其他不动产。那么，什么是"公共利益"呢？是指社会公众都享有的非独占的、为一个社会生存所必需的利益，又称为"社会福祉"。

根据《国有土地上房屋征收与补偿条例》第 8 条的规定，下列情形均属于公共利益的范畴：（1）国防和外交的需要；（2）由政府组织实施的能源、交通、水利等基础设施建设的需要；（3）由政府组织实施的科技、教育、文化、卫生、体育、环境和资源保护、防灾减灾、文物保护、社会福利、市政公用等公共事业的需要；（4）由政府组织实施的保障性安居工程建设的需要；（5）由政府依照城乡规划法有关规定组织实施的对危房集中、基础设施落后等地段进行旧城区改建的需要；（6）法律、行政法规规定的其他公共利益的需要。

17. 什么是征用？什么情形下国家可以征用单位和个人的财产？

征用是国家依照法律规定的条件将集体或个人的土地等财产收归公用的措施。根据《民法典》第 245 条的规定，因抢险、救灾等紧急需要，依照法律规定的权限和程序可以征用组织、个人的不动产或者动产。征用主要具有三个特点：一是公益性。在国家遭遇公共危机、自然灾害等紧急情况下，由于抢险、救灾需要，紧急动用一切人力、物力进行紧急救助。公益性是行政征用的核心，如果是为了个人或组织的私益，则其只能租用或购买。二是强制性。国家强制使用单位、个人的财产，不必得到所有权人的同意。三是补偿性。补偿性是行政征用的重要法律属性，公民合法财产神圣不可侵犯是现代社会的普遍原则，如果征用后毁损、灭失的，国家应当给予合理补偿。

四、业主的建筑物区分所有权

18. 什么是业主的建筑物区分所有权？

根据《民法典》第 271 条的规定，业主对建筑物内的住宅、经营性用房等专有部分享有所有权，对专有部分以外的共有部分享有共有和共同管理的权利。所谓建筑物区分所有权，通俗一点说是居住在高层建筑中的业主，对于他自己专有的住宅享有的权利，以及走廊、楼梯、小区绿地和道路等共有部分，享有的共同所有权和共同管理的权利。例如，张三在北京购买了一处住房，他对其购买的房屋享有专有权利，同时对走廊、楼梯、小区绿地等公共设施与其他居住在小区的业主共同享有所有权和管理权。

19. 小区业主对自己房子的专有部分享有哪些权利？

根据《民法典》第 272 条的规定，业主对其建筑物专有部分享有占有、使用、收益和处分的权利。业主行使权利不得危及建筑物的安全，不得损害其他业主的合法权益。也就是说，业主对自己所有的房子既可以自己居住，也可以出租收益，也可以处分转让，完全可依自己的意愿自由支配。当然，也有限制，就是不得危及建筑物的安全，不得损害其他业主的合法权益。比如，装修时把承重墙打掉就危及了整栋楼的安全，也侵害了其他业主的权益。

20. 小区业主是否可以将小区车位使用权单独转让给外人？

不可以。《民法典》第 273 条的规定，业主对建筑物专有部分以外的共有部分，享有权利，承担义务；不得以放弃权利不履行义务。业主转让建筑物内的住宅、经营性用房，其对共有部分享有的共有和共同管理的权利一并转让。也就是说，业主对房屋专有部分的所有权和对小区绿地、停车库等共有部分的共有权是一体的，不可分割，不能分割转让。如果转让了房产，其相应的共有部分权利也一并转让。换言之，没有小区的房子专有部分所有权，也就自然没有对小区共有部分享有共有权。

21. 小区电梯、楼房外墙的广告收入归谁所有？

归全体业主共有。根据《民法典》第273、282条的规定，业主对建筑物专有部分以外的共有部分，享有权利，承担义务。建设单位、物业服务企业或者其他管理人等利用业主的共有部分比如电梯、楼房外墙等产生的广告收入，在扣除合理成本之后，属于业主共有。

22. 小区内的车库、车位归谁所有？应如何使用？

根据《民法典》第275条的规定，建筑区划内，规划用于停放汽车的车位、车库的归属，由当事人通过出售、附赠或者出租等方式约定。占用业主共有的道路或者其他场地用于停放汽车的车位，属于业主共有。小区车位通常分为地下车库和地面车位，地下车库一般属于开发商规划车位，开发商一般通过出售、附赠或出租等方式加以确定具体所有权人和使用权人。而地面车位一般是通过占用业主共有的道路或者其他场地用于停放汽车的车位，这些车位归全体业主共有。

对于车位的使用，根据《民法典》第276条的规定，建筑区划内，规划用于停放汽车的车位、车库应当首先满足业主的需要。也就是说，不管是地下车库还是地面车位，首先应当满足业主的需要，即在小区车位没有满足业主需要的前提下，开发商不能将车位对外出售或出租。

23. 对于业主大会或业委会的决定，业主可以不遵守吗？

不可以。为了更好地管理小区，小区业主可以依照法律、规定的设立业主大会，选举业主委员会。合法产生的业主大会和业主委员会拥有管理小区的相应权利。

根据《民法典》第280条的规定，业主大会或者业主委员会的决定，对业主具有法律约束力。因此，业主对于业主大会和业委会的决定，必须遵守。当然，如果认为业主大会或者业主委员会作出的决定侵害业主合法权益的，受侵害的业主可以请求人民法院予以撤销。

五、相邻关系

24. 什么是相邻关系？应该如何处理相邻关系？

不动产相邻关系，是指两个或两个以上相互毗邻不动产的所有人或使用人，在行使占有、使用、收益、处分权利时发生的权利义务关系。根据

《民法典》第288条的规定，不动产的相邻权利人应当按照有利生产、方便生活、团结互助、公平合理的原则，正确处理相邻关系。也就是说，所有人或使用人在占有、使用、收益、处分权利时，要照顾到相邻权利人的合法权益，不能损人利己。发生矛盾的，应当按照有利生产、方便生活、团结互助、公平合理的原则来处理。法律法规有相关规定的依照其规定来处理，法律没有规定的，可以按照当地习惯来处理。

25. 房主需要在邻居建筑物下安设管道，邻居不同意怎么办？

根据《民法典》第292条的规定，不动产权利人因建造、修缮建筑物以及铺设电线、电缆、水管、暖气和燃气管线等必须利用相邻土地、建筑物的，该土地、建筑物的权利人应当提供必要的便利。对于不经过邻居的土地不能安设管道，而此管道又为土地权利人所必需的，该土地权利人有权通过邻居土地的上下进行安装，邻居也有义务提供必要的便利。但是房主应该选择损害最小的方法安装，如果造成损害的，应该支付赔偿。如果邻居拒绝配合，房主可依法向法院提起相邻权诉讼，以维护自己的合法权益。

六、共有

26. 共有人如何管理共有财产？

根据《民法典》第300条的规定，共有人按照约定管理共有的不动产或者动产；没有约定或者约定不明确的，各共有人都有管理的权利和义务。多人共有一物的，对共有物的管理是事关各共有人的大事，所以也是关于共有的法律规范中的重要内容。只有明确了各共有人之间在管理共有物方面的权利和义务关系，才能减少共有人之间发生纠纷的可能性，使共有物更大地发挥其作用和价值，为全体共有人服务。因此，如果各共有人有约定由谁负责管理则依照约定处理；如果共有人没有达成约定，则由共有人共同管理，也就是集体决定。

27. 按份共有的财产所产生的债务，所有按份共有人需要连带偿还吗？

根据《民法典》第307条的规定，因共有的不动产或者动产产生的债权债务，在对外关系上，共有人享有连带债权、承担连带债务，但是法律另有规定或者第三人知道共有人不具有连带债权债务关系的除外；在共有人内部关系上，除共有人另有约定外，按份共有人按照份额享有债权、承担债务，共同共有人共同享有债权、承担债务。偿还债务超过自己应当承担份额的按份共有人，有权向其他共有人追偿。因此，一般来说，按份共有的财产所产生的债务，所有按份共有人对外需要承担连带偿还责任，但对内则按份承担责任。比如：甲、乙、丙三个以 5∶3∶2 的比例按份共有的厂房抵押给银行借了 1000 万元，后来资不抵债，欠下银行 600 万元。则银行既可以单独向甲要求偿还 600 万元，也可以向乙或丙单独要求偿还 600 万元。当然，任何一个人多偿还了债务，都可以向其他人要求追偿超过其份额的债务。

28. 共有财产怎么分割？如果无法分割怎么办？

共有财产既有不动产也有动产，有的好分割，有的不好分割。根据《民法典》第 304 条的规定：共有人可以协商确定分割方式。达不成协议，共有的不动产或者动产可以分割并且不会因分割减损价值的，应当对实物予以分割；难以分割或者因分割会减损价值的，应当对折价或者拍卖、变卖取得的价款予以分割。

该条第 2 款还规定，共有人分割所得的不动产或者动产有瑕疵的，其他共有人应当分担损失。因此，对于共有财产的分割，共有人首先可以友好协商解决。如果实在无法达成协议，有两种分割方式：一是实物分割，前提是这实物可以分割。比如一吨大米，可以分割。而一辆车就无法分割，你不能分割成发动机和车轮子。二是价款分割。对于无法分割的或因分割会减损价值的，比如一辆汽车，就可将其折价或变卖，然后再对价款进行分割。总之，分割的方式以不减损价值为前提，否则对各共有人都是有害而无利。

七、所有权取得的特别规定

29. 什么是善意取得制度？不动产适用善意取得制度吗？

善意取得制度，是指无权处分人将其财产有偿转让给第三人，如果受让人取得该财产时出于善意，则受让人将依法即时取得对该物产的所有权的一种法律制度，善意取得制度适用于动产、不动产，其目的是维护市场交易的确定性。根据《民法典》第 311 条的规定，无处分权人将不动产或者动产转让给受让人的，所有权人有权追回；除法律另有规定外，符合下列情形的，受让人取得该不动产或者动产的所有权：(1)受让人受让该不动产或者动产时是善意的；(2)以合理的价格转让；(3)转让的不动产或者动产依照法律规定应当登记的已经登记，不需要登记的已经交付给受让人。此条规定的就是善意取得制度，不管是动产还是不动产，只要符合以上三个条件，均适用善意取得制度。例如，甲将本属于甲乙两人共有的房子，擅自以市场价转让给了不知情的丙，并办理了不动产过户登记手续，此时的丙因有偿转让善意取得了该房子的所有权。乙虽然对甲丙之间的转让并不知情，但此时的乙已经无权向丙追回该房子，乙只能向甲要求赔偿。

30. 拾得人是否可以私吞遗失物?

不可以。拾金不昧是中华民族的优良美德，是一个人高尚道德情操的体现。在我国，拾得遗失物并返还给失主，在当代仍是我们必须坚持并坚持弘扬的高尚品德。遗失物对失主而言，并非失主故意抛弃的物品，而是失主丢失的物品，失主并未丧失对遗失物的所有权。根据《民法典》第314条的规定，拾得遗失物，应当返还权利人。拾得人应当及时通知权利人领取，或者送交公安等有关部门。需要注意的是，这里强调的是应当返还，而不是可以返还。也就是说，必须无理由归还，不能私吞。而且拾得人还应当尽可能地及时通知权利人，不能故意拖延返还，应当妥善保管遗失物。如果因故意或者重大过失致使遗失物毁损、灭失的，应当承担民事责任。如果拾得人不知道真正权利人，则应及时送交公安机关。

31. 失主领取遗失物时是否应按照悬赏广告的承诺支付奖金?

应该。根据《民法典》第317条第2款的规定，权利人悬赏寻找遗失物的，领取遗失物时应当按照承诺履行义务。俗话说一诺千金，如果权利人在悬赏广告中承诺了，若找回遗失物就要支付高额奖金，那么应该按照悬赏广告的承诺，向拾得人支付奖金。如果拒绝，拾得者可依法提起诉讼。

八、用益物权

32. 土地承包经营权流转需要遵循哪些条件?

根据《民法典》第334条的规定，土地承包经营权人依照法律规定，有权将土地承包经营权互换、转让。未经依法批准，不得将承包地用于非农建设。结合相关法律规定可知，土地承包经营权流转需要满足以下条件：(1)不得改变土地所有权性质和土地的农业用途；(2)流转的期限不得超过承包期的剩余期限；(3)受让方须有农业经营能力；(4)同等条件下，本集体经济组织成员享有优先权。

33. 建设用地使用权出让合同应包括哪些条款？

根据《民法典》第 348 条第 2 款规定，建设用地使用权出让合同一般包括下列条款：(1)当事人的名称和住所；(2)土地界址、面积等；(3)建筑物、构筑物及其附属设施占用的空间；(4)土地用途、规划条件；(5)建设用地使用期限；(6)出让金等费用及其支付方式；(7)解决争议的方法。

34. 宅基地使用权与建设用地使用权有何区别？

建设用地使用权是权利人对国家所有的土地享有占有、使用和收益的权利，而宅基地使用权是权利人对集体所有的土地享有的占有、使用的权利。两者的区别主要有：(1)从设定土地上看，建设用地使用权设立在国家所有的土地上，而宅基地使用权设立在集体所有的土地上；(2)从权利内容上看，建设用地使用权人可以占有、使用、收益，而宅基地权人只能占有、使用；(3)从权利人上看，建设用地使用权主体广泛，而宅基地使用权人仅限于集体组织的成员。

35. 宅基地使用权可否转让给城镇居民？

根据《民法典》第 363 条的规定，宅基地使用权的取得、行使和转让，适用土地管理的法律和国家有关规定。由于我国地少人多，实行最严格的土地管理制度，国家一直严禁城镇居民购买农村宅基地。对出租住房后再申请宅基地的，不予批准；对迁入城镇定居、已经办理了户口迁移的，收回他们在农村的宅基地。同时，农村村民一户只能拥有一处宅基地，面积不得超过有关标准。因此，城镇居民购买农村宅基地面临着极大地法律风险。

36. 什么是居住权，有什么重要意义？

居住权，是指居住权人对他人所有房屋的全部或者部分及其附属设施，所享有的占有、使用之权利。根据《民法典》第 366 条的规定，居住权人有权按照合同约定，对他人的住宅享有占有、使用的用益物权，以满足生活居住的需要。这是我国法律第一次明确“居住权”。在理解居住权时，应当把握两点：一是居住权是一项他物权，它不包括因租赁、借用而产生的居住现象，也不包括基于亲属关系形成的居住现象。二是居住权是为了特定的人设定的支配性财产权。

我国设立居住权具有重要意义，第一，完善了完善住房保障体系。可以由国家保留保障性住房的所有权，而权利人则享有房屋的居住权，从而实现房屋权属在国家与保障对象之间的分配。第二，丰富了居民住房形式。规定了居住权制度后，当事人便可以通过购买房屋的居住权而缓和“或买或租”所带来的弊端。第三，保障弱势群体基本需求，在现实中，离婚案件的弱势一方、孤寡老人等群体往往面临住房基本需求难以得到满足的困境，通过设立居住权，将从法律层面有效解决这一社会难题。

37. 居住权怎么设立？

作为一项重要的制度，我国民法典对居住权的设立进行了明确而详细的规定，根据《民法典》第367、368条的规定，设立居住权必须遵循以下几点：

第一，当事人应当采用书面形式订立居住权合同。居住权合同一般包括下列条款：（1）当事人的姓名或者名称和住所；（2）住宅的位置；（3）居住的条件和要求；（4）居住权期间；（5）解决争议的方法。第二，居住权无偿设立，但是当事人另有约定的除外。第三，设立居住权的，应当向登记机构申请居住权登记。居住权自登记时设立，未经登记是无效的。

38. 土地上已经设立建设用地使用权，未经建设用地使用权人同意，土地所有权人设立的地役权是否有效？

无效。根据《民法典》第379条的规定：“土地上已设立土地承包经营权、建设用地使用权、宅基地使用权等用益物权的，未经用益物权人同意，土地所有权人不得设立地役权。”

39. 土地承包经营权和建设用地使用权抵押的，实现抵押权时，地役权是否一并转让？

是。根据《民法典》第381条的规定，地役权不得单独抵押。土地经营权、建设用地使用权等抵押的，在实现抵押权时，地役权一并转让。地役权作为土地使用权的物上权利或者物上负担，与土地使用权紧密联系在一起，因此应一并转让，否则受让的土地价值就会降低或者丧失。因此，土地承包经营权和建设用地使用权抵押，在实现抵押权时，地役权也应随着土地承包经营权和建设用地使用权一并转让。

九、担保物权

40. 什么是担保物权？

担保物权是指为了担保债权的实现，由债务人或第三人提供特定的物或者权利作为标的物而设定的限定物权，如抵押权、质权、留置权等。根据《民法典》第386条的规定："担保物权人在债务人不履行到期债务或者发生当事人约定的实现担保物权的情形，依法享有就担保财产优先受偿的权利，但是法律另有规定的除外。"担保物权不以标的物的实体利用为目的，而是注重于其交换价值，以确保债务的履行，故又被称为"价值权"，其标的物必须具有交换价值。例如，甲欠乙100万元，以自己价值120万元的房屋一套抵押给乙，约定假如甲到期不还款，那么乙就可以变卖该房屋，将所得价款拿出100万元清偿甲对乙的欠款。

41. 担保合同无效，担保人是否承担责任？

根据《民法典》第388条第2款的规定："担保合同被确认无效后，债务人、担保人、债权人有过错的，应当根据其过错各自承担相应的民事责任。"《最高人民法院关于适用〈中华人民共和国担保法〉若干问题的解释》第7、8条进一步细化了该项规定，担保人是否承担责任，承担多大的责任，都需要具体分析。具体说来，可以归纳为如下类型：(1)主合同有效而担保合同无效的，如果债权人无过错，担保人要与债务人一道对债权人承担责任；如果债权人、担保人均有过错的，担保人的责任仅限于承担债务不能清偿部分的1/2。(2)主合同无效而导致担保合同无效的，如果担保人无过错，担保人不承担责任；如果担保人有过错的，担保人责任仅限于不能清偿部分的1/2。例如，第三人以宅基地为抵押向债权人作担保，因宅基地不能抵押，该担保合同无效。担保人、债权人明知宅基地不能作为抵押物仍协议订立该担保合同，担保人、债权人都有过错，因此，该案件符合第一种类型当中的债权人、担保人均有过错，担保人要承担的责任，仅限于债务人不能清偿债权部分的1/2。

42. 担保财产灭失，担保物权人能否就所获赔偿金优先受偿？

可以。根据《民法典》第390条的规定，担保期间，担保财产毁损、灭失或者被征收等，担保物权人可以就获得的保险金、赔偿金或者补偿金等优先受偿。被担保债权的履行期未届满的，也可以提存该保险金、赔偿金或者补偿金等。

提存是清偿债务的一种特殊方式，同时也是担保的一种特定形式，根据担保合同的约定，担保人可将担保物（金）提交到法定的提存机关，以使债权人的利益得到保障，待条件成就时，提存机关根据双方的约定，将担保物交付债权人或退还担保人。我国法律规定，公证机关是我国法定的提存机关且公证机关，应当依照法定条件和程序，对交付的提存物进行寄托、保管，并在条件成就时交付债权人或其他受益人的活动。而现实生活中，要想实现提存，债权人需要依申请申请办理提存公证，并应注意以下问题：（1）当事人办理提存公证，应向债务履行地公证处申请。（2）提存的物品只限于货币、有价证券、票据、提单、权利证书、贵重物品及其他适宜提存的物品。

43. 为确保债权到期履行而设立了两个以上担保物权，如何实现这些担保物权？

一个债权由两个物以抵押、质押等方式来作担保，在生活中也是常见的。当债务人不能清偿债务时，这两个物保如何执行呢？现实生活中有两种处理办法：（1）债务人提供的物保与第三人提供的物保并存时，应先执行债务人提供的物保，不足清偿主债的，再执行第三人提供的物保；债权人放弃债务人提供的担保物权的，第三人在债权人放弃优先受偿权益范围内免除担保责任。（2）两个以上的第三人提供物保并存时，债权人可以选择任何一个或者同时选择所有第三人执行物保，被执行顺序上不存在先后之分。

44. 什么是抵押权？

抵押权是债权人对债务人或者第三人不转移占有的担保财产，在债务人届期不履行债务或者发生当事人约定的实现抵押权的情形时，依法享有的就该抵押财产的变价处分权和优先受偿权的总称。根据《民法典》

第 394 条第 1 款的规定，为担保债务的履行，债务人或者第三人不转移财产的占有，将该财产抵押给债权人的，债务人不履行到期债务或者发生当事人约定的实现抵押权的情形，债权人有权就该财产优先受偿。如甲欠乙 100 万元，第三人丙担保甲到期能履行债务，将一套价值 200 万元的房屋抵押给乙，到房屋登记机关作了抵押登记，但是房屋仍然归丙自己占有居住。债务到期，若甲不能还款，那么乙有权就丙的该套房屋折价、拍卖、变卖等所获得的价款优先从中拿出 100 万元，清偿甲欠自己的债务。

45. 抵押合同一般应包括哪些条款?

在我国，设立抵押权，当事人应当采取书面形式订立抵押合同。根据《民法典》第 400 条的规定，抵押合同应采用书面形式，且主要包含四种主要的合同条款级一般包括下列条款：（1）被担保债权的种类和数额；（2）债务人履行债务的期限；（3）抵押财产的名称、数量等情况；（4）担保的范围。

46. 未办理抵押登记，抵押合同有效吗?

根据《民法典》第 403 条的规定，以动产抵押的，抵押权自抵押合同生效时设立；未经登记，不得对抗善意第三人。无论是动产抵押合同还是不动产抵押合同，均是要式合同，双方在合同书上签字或者盖章，即成立并生效，除非有特别规定。也就是说，抵押合同本身不需要办理登记，抵押权登记与否，并不能影响抵押合同的效力。

47. 房屋先出租后抵押的，实现抵押权时租赁关系是否消灭?

根据《民法典》第 405 条的规定："抵押权设立前抵押财产已出租并转移占有的，原租赁关系不受该抵押权的影响。" 因此，因租赁权先于抵押权存在，实现抵押权而将房屋转让时，抵押人与承租人之间原有的租赁关系不当然终止，承租人可以继续享有租赁权。比如，甲出租房子给乙，后甲又将该房子抵押，为了实现抵押权被迫将该房子转让给丙，丙取得该房子所有权。此时乙仍然享有该房屋的租赁权，继续租住该房子。

48. 抵押人的行为可能或者已经致抵押物价值减损，抵押权人如何维权?

抵押物是债务人保证其完全履行债务所提供担保的财产，那么该财产应该具有交换价值和可让与性，并且债务人将其抵押以后交付之前在其继续使用期间不会毁坏其价值，毁坏其形态，否则就无法保障抵押权的实现。根据《民法典》第 408 条的规定，抵押人的行为可能致抵押物价值减损的，抵押权人有权请求停止该行为；抵押人的行为已经致抵押物价值减损的，抵押权人有权请求恢复原价值或者相应地补充担保。否则，抵押权人可以要求债务人提前清偿债务。

49. 债务人到期不能履行债务，债权人如何实现抵押权？

根据《民法典》第 410 条的规定，当债务人不能到期履行债务或者发生当事人双方约定的实现抵押权的情形时，抵押权人可以主张实现自己的抵押权。根据本条规定可知，一般而言，抵押人和抵押权人可以协议实现抵押权，该协议不能侵害其他债权人的利益，否则其他债权人可以在知道或者应该知道撤销事由之日起 1 年内请求法院撤销该协议。如果不能就抵押权的实现达成协议，抵押权人可以向法院起诉请求拍卖或者变卖抵押物。抵押权人也可以不与抵押人协商，在具备实现抵押权的条件时直接向法院起诉。而关于抵押物的价格，无论是折旧、还是拍卖，法律规定都应当参照市场价格。另根据《民法典》第 413 条的规定，折旧、拍卖、变卖的抵押财产，其价款超过债权数额部分归抵押人所有，不足部分由债务人清偿。

50. 同一财产既设立抵押权又设立质权的，怎样确定清偿顺序？

抵押权是指债务人或者第三人不转移财产的占有，将该财产作为债权的担保，债务人未履行债务时，债权人依照法律规定的程序就该财产优先受偿的权利。质权是指债权人与债务人或债务人提供的第三人以协商订立书面合同的方式，移转债务人或者债务人提供的第三人的动产或权利的占有，在债务人不履行债务时，债权人有权以该财产价款优先受偿。

根据《民法典》第 415 条的规定，同一财产既设立抵押权又设立质权的，拍卖、变卖该财产所得的价款按照登记、交付的时间先后确定清偿顺序。因此，登记、交付的先后顺序将会影响清偿的顺序：（1）质权有效设立、抵押权办理了抵押登记的，按照公示先后确定清偿顺序；顺序相同的，按照债权比例清偿；（2）质权有效设立，抵押权未办理抵押登记的，质权优先于抵押权；（3）质权未有效设立，抵押权未办理抵押登记的，因此时抵押权已经有效设立，故抵押权优先受偿。

51. 抵押财产变价不足债权数额的，该怎么办？

根据《民法典》第413条的规定："抵押财产折价或者拍卖、变卖后，其价款超过债权数额的部分归抵押人所有，不足部分由债务人清偿。"抵押财产也是为了确保债权能够顺利实现，如果发生抵押财产变价后不足以偿还债务的，当然需要债务人进行继续清偿以确保债权的实现。比如，甲将其一部汽车抵押100万元借款，抵押到期后汽车只拍卖到80万元，不足清偿欠款。则差额20万元部分甲仍需以其他财产进行清偿。

52. 哪些财产可以用于最高额抵押？

根据《民法典》第424条的规定，明确了最高额抵押权适用一般抵押的有关规定，即最高额抵押的财产类型与一般抵押的财产类型完全相同，故根据《民法典》第395条的规定，债务人或者第三人有权处分的下列财产可以用作最高额抵押：（1）建筑物和其他土地附着物；（2）建设用地使用权；（3）海域使用权；（4）生产设备、原材料、半成品、产品；（5）正在建造的建筑物、船舶、航空器；（6）交通运输工具；（7）法律、行政法规未禁止抵押的其他财产。抵押人可以将前款所列财产一并抵押。

53. 什么是质权？质权合同一般应包括哪些条款？

质权，是指债权人占有债务人或第三人为担保债务履行而移交的财产，在债务人不履行债务时就该财产的变卖价金优先受偿的权利。在质权关系中，债务人或第三人须将质物交与质权人占有，从而不再享有对质物的占有、使用及收益。根据《民法典》第427条的规定，质权合同一般包括以下条款：（1）被担保债权的种类和数额；（2）债务人履行债务的期限；（3）质押财产的名称、数量等情况；（4）担保的范围；（5）质押财产交付的时间、方式。

54. 什么是权利质权？债务人的哪些权利可以出质给债权人？

"权利质权"，是指债务人或者第三人将其拥有的财产权利凭证交由债权人占有或者通过登记制度将该权利出质给债权人，当债务人不履行债务时，债权人就该财产权利依法享有优先受偿的权利。根据《民法典》第440条的规定，债务人或者第三人有权处分的下列权利可以出质：（1）汇票、本票、支票；（2）债券、存款单；（3）仓单、提单；（4）可以转让的基金份额、股权；（5）可以转让的注册商标专用权、专利权、著作权等知识产权中的财产权;(6)现有的以及将有的应收账款;(7)法律、行政法规规定可以出质的其他财产权利。

55. 以知识产权出质的,权利质权何时生效?

根据《民法典》第444条的规定,以注册商标专用权、专利权、著作权等知识产权中的财产权出质的,质权自办理出质登记时设立。知识产权中的财产权出质后,出质人不得转让或者许可他人使用,但是经出质人与质权人协商同意的除外。出质人转让或者许可他人使用出质的知识产权中的财产权所得的价款,应当向质权人提前清偿债务或者提存。以知识产权中的财产权出质的,当事人必须订立书面合同。但是订立书面合同,权利质权还未生效,还要向有关部门办理出质登记。办理出质登记时,权利质权生效。

56. 抵押权与质押权有何区别、联系?

根据对我国《民法典》的相关梳理,抵押权与质押权二者的区别与联系如下:(1)抵押标的为动产与不动产;质押标的为动产与权利。(2)抵押物不移转占有;质物移转占有。(3)当事人可以自愿办理抵押登记的,抵押合同自签订之日起生效;当事人不必办理质押登记的,质押合同自质物或权利凭证交付之日起生效。(4)当事人办理抵押登记的,登记部门为抵押物的相应管理部门;以股票、知识产权等权利出质的,当事人应向其相应的管理机构办理出质登记。(5)债务履行期届满,抵押权人未受清偿的,可与抵押人协商以抵押物折价或以拍卖、变卖该抵押物的所得价款受偿,协议不成的,可向人民法院提起诉讼;债务履行期届满,质权人未受清偿的,可与出质人协议以质物折价或依法拍卖、变卖质物清偿债权。

57. 留置权人丧失对财物的占有,还能享有留置权吗?

根据《民法典》第457条的规定,留置权人对留置财产丧失占有或者留置权人接受债务人另行提供担保的,留置权消灭。留置权人对留置财产丧失占有,通常而言可以分成两类:自愿丧失占有和非自愿丧失占有。如果留置权人自愿将留置财产返还给债务人或者抛弃留置财产,那么留置权将消灭。如果留置权人因遗失、被盗窃等原因而丧失留置物,事后采取措施重新获得对留置财产的占有的,留置权人可以继续享有留置权,留置权并不消灭。

十、占有

58. 什么是占有？如何区分善意占有与恶意占有？

占有是指占有人对不动产或者动产的实际控制。占有人可以是依法有权占有不动产或者动产，如根据租赁合同在租期内占有对方交付的租赁物。占有人也可能是无权占有他人的不动产或者动产，如借他人的物品，过期不还。

无权占有分为善意占有和恶意占有，都是没有权利而进行的占有。区分善意占有和恶意占有，主要从主观上进行判断。善意占有，是误信自己具有占有的权利，而进行的占有。例如，占有人以为是自己的财产而误为占有，即善意占有。若明知道自己没有占有的权利，或者对自己是否具有占有的权利有所怀疑而进行的占有，是恶意占有。也就是说，恶意占有人在主观上是有过错的，知道或者应当知道自己无权占有他人的财产而仍然进行占有。例如，小偷明知道是别人的东西而强行进行占有，这就属于典型的恶意占有。法律不保护恶意占有，但是对善意占有人却要宽容许多。

59. 善意占有人是否有权向权利人要求支付必要费用？

有。根据《民法典》第 460 条的规定，不动产或者动产被占有人占有的，权利人可以请求返还原物及其孳息；但是，应当支付善意占有人因维护该不动产或者动产支出的必要费用。无论是善意占有人还是恶意占有人，对权利人都负有返还原物及其孳息的义务。但是，对于善意占有人而言，对因维护该财产而支出的必要费用，可以要求权利人返还，而恶意占有人无此项权利。例如，甲误将乙的母牛当作自家的母牛进行圈养，后母牛生一小牛。那么，乙有权要求甲返还其母牛和牛崽，但是甲也有权要求乙支付母牛的管理、维护等必要费用。

60. 占有物损毁、灭失的，占有人应承担哪些责任？

如果占有人与所有权人之间具有保管、寄托、租赁等法律关系时，占有物损毁、灭失的，占有人的责任依照保管、寄托、租赁等法律关系的有关规定来解决。如果不具有这些法律关系，根据《民法典》第 461 条的规定，占有的不动产或者动产毁损、灭失，该不动产或者动产的权利人请求赔偿的，占有人应当将因毁损、灭失取得的保险金、赔偿金或者补偿金等返还给权利人；权利人的损害未得到足够弥补的，恶意占有人还应当赔偿损失。但是对于善意占有人而言，将保险金、赔偿金或补偿金等返还给权利人即可，即使损害并不能得到足够弥补，所有权人也不能要求善意占有人赔偿这部分损失。

第三编　合　　同

一、一般规定

1. 当事人对合同条款的理解有争议时怎么办？

《民法典》第466条第1款规定，当事人对合同条款的理解有争议的，应当依据《民法典》第142条第1款的规定，确定争议条款的含义。

当事人对合同条款的理解涉及具体的交易内容、权利义务的分配、风险的负担、违约责任的确定、发生纠纷时解决争议的方法等与合同交易密切相关的事项，对当事人双方具有重要意义。根据上述合同解释规则的规定，当事人双方对合同条款的理解发生争议时，应当按照合同条款所使用的词句，结合相关条款、行为的性质和目的、习惯以及诚信原则，确定条款的含义。

2. 采用两种以上文字订立的合同文本，如何推定各文本使用的词句含义？

《民法典》第466条第2款规定，合同文本采用两种以上文字订立并约定具有同等效力的，对各文本使用的词句推定具有相同含义。各文本使用的词句不一致的，应当根据合同的相关条款、性质、目的以及诚信原则等予以解释。

随着全球经济一体化的不断发展，国际贸易日趋频繁，实践中常常出现合同文本采用两种以上文字订立的情况，那么如果两种文字含义不同该如何处理呢？首先，当事人双方可以约定两种以上文字文本具有同等的法律效力，推定各文本使用的词句具有相同含义。如果出现各文本使用的词句不一致的情况，当事人双方应当根据合同的相关条款、性质、目的以及诚信原则等作出解释。

二、合同的订立

3. 当事人订立合同可以采用哪些形式？

《民法典》第 469 条规定，当事人订立合同，可以采用书面形式、口头形式或者其他形式。书面形式是合同书、信件、电报、电传、传真等可以有形地表现所载内容的形式。以电子数据交换、电子邮件等方式能够有形地表现所载内容，并可以随时调取查用的数据电文，视为书面形式。

在日常生活中，合同的表现形式多种多样，并不一定表现为书面形式的协议才叫合同，其他的以口头的或者其他形式的协议也可以称为合同。但尽管法律承认以书面形式、口头形式或者其他形式订立的合同，但是为了避免纠纷，建议当事人最好订立书面形式的合同。

4. 合同的内容一般包括哪些条款？

根据《民法典》第 470 条第 1 款之规定，合同的内容由当事人约定，一般包括下列条款：

（1）当事人的姓名或者名称和住所。当事人是合同权利和合同义务的承受者，因此，具体合同条款必须写清当事人的姓名或者名称和住所。

（2）标的。标的是合同权利义务指向的对象，标的条款必须清楚地写明标的的名称，以使标的特定化。

（3）数量。标的的数量要明确。首先应选择双方共同接受的计量单位，其次要确定双方认可的计量方法，最后应允许规定合理的差额。

（4）质量。标的的质量应详细具体，如技术指标、规格、型号等要约定明确。

（5）价款或者报酬。价款是取得标的所应支付的代价；报酬是获得服务所应支付的代价。

（6）履行期限、地点和方式。履行期限可以约定即时履行，也可以约定定时履行或在一定期限内履行；履行地点是确定验收的依据；履行方式可以约定是一次交付还是分批交付，是实物交付还是所有权凭证交付等。

（7）违约责任。违约责任是促使当事人履行债务，使守约方免受或少受损失的法律措施，对当事人的权益关系重大。

（8）解决争议的方法。合同中约定的仲裁条款、协商解决争议的条款、选择诉讼法院的条款等，均属解决争议的方法的条款。

此外，《民法典》第 470 条第 2 款规定，当事人可以参照各类合同的示范文本订立合同。

5. 什么是要约？要约什么时候生效？

《民法典》第 472 条规定，要约是希望与他人订立合同的意思表示，该意思表示应当符合下列条件：(1)内容具体确定；(2)表明经受要约人承诺，要约人即受该意思表示约束。

《民法典》第 474 条规定，要约生效的时间适用《民法典》第 137 条的规定。

首先，什么是要约？要约是指一方当事人以缔结合同为目的，向对方当事人提出合同条件，希望对方当事人接受的意思表示。在商业活动中，要约常被称为发价、发盘、报价等。根据《民法典》的上述规定，要约成立必须满足两个条件：第一，内容具体确定。"具体"是指要约的内容必须具备合同的条件，至少是主要条件，得因受要约人的承诺而使合同成立。"确定"是指要约发出之时内容是确定的。第二，表明经受要约人承诺，要约人即受该意思表示约束。要约人发出要约的目的在于订立合同，只有要约人受该意思表示约束，才会使受要约人下决心与要约人签订合同。

其次，要约什么时候生效？要约生效时间分为两类：第一，以对话方式作出的要约，受要约人知道要约内容时生效。第二，以非对话方式作出的要约，要约到达受要约人时生效。以非对话方式作出的采用数据电文形式的要约，受要约人指定特定系统接收数据电文的，该数据电文进入该特定系统时要约生效；未指定特定系统的，受要约人知道或者应当知道该数据电文进入其系统时要约生效。当事人对采用数据电文形式的要约的生效时间另有约定的，按照其约定。

6. 什么是要约邀请？

《民法典》第 473 条规定，要约邀请是希望他人向自己发出要约的表示。拍卖公告、招标公告、招股说明书、债券募集办法、基金招募说明书、商业广告和宣传、寄送的价目表等为要约邀请。商业广告和宣传的内容符合要约条件的，构成要约。

要约邀请是希望他人向自己发出要约的意思表示，是当事人订立合同的预备行为。常见的要约邀请包括拍卖公告、招标公告、招股说明书、债券募集办法、基金招募说明书、商业广告和宣传、寄送的价目表等。需要注意的是，商业广告和宣传的内容如果清楚、明确，足以使相对人知其对待义务，满足要约条件的，构成要约。例如，《最高人民法院关于审理商品房买卖合同纠纷案件适用法律若干问题的解释》第3条规定，商品房的销售广告和宣传资料为要约邀请，但是出卖人就商品房开发规划范围内的房屋及相关设施所作的说明和允诺具体确定，并对商品房买卖合同的订立以及房屋价格的确定有重大影响的，应当视为要约。该说明和允诺即使未载入商品房买卖合同，亦应当视为合同内容，当事人违反的，应当承担违约责任。

7. 什么是承诺？承诺应当以什么方式作出、在什么期限内到达要约人？

首先，什么是承诺？根据《民法典》第479条之规定，承诺是受要约人同意要约的意思表示。

其次，承诺应当以什么方式作出？根据《民法典》第480条之规定，承诺应当以通知的方式作出。但是，根据交易习惯或者要约表明可以通过行为作出承诺的除外。这里的"行为"通常是履行行为，如预付价款、工厂开始工作等。

最后，承诺应当在什么期限内到达要约人？根据《民法典》第481条之规定，承诺应当在要约确定的期限内到达要约人。要约没有确定承诺期限的，承诺应当依照下列规定到达：(1)要约以对话方式作出的，应当即时作出承诺；(2)要约以非对话方式作出的，承诺应当在合理期限内到达。

此外，根据《民法典》第482条之规定，要约以信件或者电报作出的，承诺期限自信件载明的日期或者电报交发之日开始计算。信件未载明日期的，自投寄该信件的邮戳日期开始计算。要约以电话、传真、电子邮件等快速通讯方式作出的，承诺期限自要约到达受要约人时开始计算。

8. 因其他原因致使承诺到达要约人时超过承诺期限的，该承诺还有效吗？

根据《民法典》第487条之规定，受要约人在承诺期限内发出承诺，按照通常情形能够及时到达要约人，但是因其他原因致使承诺到达要约人时超过承诺期限的，除要约人及时通知受要约人因承诺超过期限不接受该承诺外，该承诺有效。"其他原因"通常指信函误投、互联网中断运行、其他传达故障等。因上述原因导致承诺到达要约人时超过承诺期限，要约人未通知受要约人因承诺超过期限不接受该承诺的，该承诺有效。

9. 当事人采用合同书、信件、数据电文等形式订立合同时，合同分别于什么时间成立？

合同成立的时间因当事人采用合同形式的不同而不同。

第一，采用合同书形式订立的合同。根据《民法典》第 490 条之规定，当事人采用合同书形式订立合同的，自当事人均签名、盖章或者按指印时合同成立。在签名、盖章或者按指印之前，当事人一方已经履行主要义务，对方接受时，该合同成立。法律、行政法规规定或者当事人约定合同应当采用书面形式订立，当事人未采用书面形式但是一方已经履行主要义务，对方接受时，该合同成立。

第二，采用信件、数据电文等形式订立的合同。《民法典》第 491 条规定，当事人采用信件、数据电文等形式订立合同要求签订确认书的，签订确认书时合同成立。当事人一方通过互联网等信息网络发布的商品或者服务信息符合要约条件的，对方选择该商品或者服务并提交订单成功时合同成立，但是当事人另有约定的除外。

10. 什么是预约合同？

《民法典》第 495 条规定，当事人约定在将来一定期限内订立合同的认购书、订购书、预订书等，构成预约合同。当事人一方不履行预约合同约定的订立合同义务的，对方可以请求其承担预约合同的违约责任。

在实践中，很多交易特别是重大交易并非一蹴而就，在订立正式合同之前，当事人往往会通过签订预约合同的方式，暂时将交易的意愿或模式固定下来。预约合同指当事人双方以将来订立合同为目的而达成的合意。预约合同成立之后，当事人负有履行预约合同所规定的订立本约的义务。如果当事人一方不履行预约合同约定的订立合同义务的，对方可以请求其承担预约合同的违约责任。在实务中，最常见的预约合同是商品房认购书。

11. 什么是格式条款？有哪些需要注意的事项？

《民法典》第 496 条规定，格式条款是当事人为了重复使用而预先拟定，并在订立合同时未与对方协商的条款。采用格式条款订立合同的，提供格式条款的一方应当遵循公平原则确定当事人之间的权利和义务，并采取合理的方式提示对方注意免除或者减轻其责任等与对方有重大利害关系的条款，按照对方的要求，对该条款予以说明。提供格式条款的一方未履行提示或者说明义务，致使对方没有注意或者理解与其有重大利害关系的条款的，对方可以主张该条款不成为合同的内容。

格式条款在日常生活中的运用非常广泛，某些行业在进行频繁地、重复性地交易的过程中为了简化合同订立的程序常常制定格式条款。使用格式条款的好处是简捷、省时、方便、降低交易成本。但其也有弊端，主要表现在，提供商品或者服务的一方往往利用其优势地位，制定有利于自己、不利于交易对方的格式条款，从而损害了对方的利益。这一点在消费合同中表现得尤为突出。因此，出于保护对方合法利益的目的，《民法典》规定，提供格式条款的一方应当遵循公平原则确定当事人之间的权利和义务，并采取合理的方式提示对方注意免除或者减轻其责任等与对方有重大利害关系的条款，按照对方的要求，对该条款予以说明。如果提供格式条款的一方未履行提示或者说明义务，致使对方没有注意或者理解与其有重大利害关系的条款的，对方可以主张该条款不成为合同的内容。

三、合同的效力

12. 依法成立的合同什么时候生效？合同应当办理批准等手续的有哪些注意事项？

《民法典》第502条规定，依法成立的合同，自成立时生效，但是法律另有规定或者当事人另有约定的除外。依照法律、行政法规的规定，合同应当办理批准等手续的，依照其规定。未办理批准等手续影响合同生效的，不影响合同中履行报批等义务条款以及相关条款的效力。应当办理申请批准等手续的当事人未履行义务的，对方可以请求其承担违反该义务的责任。依照法律、行政法规的规定，合同的变更、转让、解除等情形应当办理批准等手续的，适用前款规定。

合同生效是指合同具备一定的要件后，便能产生法律上的效力。也就是说，只要是符合法定生效要件的合同，便可以受到法律的保护，并能够产生合同当事人所预期的法律效果。依法成立的合同自成立时生效，但是法律另有规定或者当事人另有约定的除外。

此外，依照法律、行政法规的规定，合同应当办理批准等手续的，合同自办理批准等手续后生效。未办理批准等手续影响合同生效、变更、转让、解除等情形的，不影响合同中履行报批等义务条款以及相关条款的效力。负有办理申请批准等手续义务的当事人未履行的，对方当事人可以请求其承担违反该义务的责任。

13. 被代理人的何种行为可以视为对无权代理合同的追认?

《民法典》第 503 条规定,无权代理人以被代理人的名义订立合同,被代理人已经开始履行合同义务或者接受相对人履行的,视为对合同的追认。

无权代理人以被代理人的名义订立合同的行为包括行为人没有代理权、超越代理权或者代理权终止后,实施的代理行为。如果该行为未经被代理人追认,对被代理人不发生法律效力。但是,如果被代理人已经开始履行合同义务或者接受相对人履行的,可以看作被代理人对无权代理行为产生后果的接受,视为对合同的追认。

14. 法人的法定代表人或者非法人组织的负责人超越权限订立的合同有效吗?

《民法典》第 504 条规定,法人的法定代表人或者非法人组织的负责人超越权限订立的合同,除相对人知道或者应当知道其超越权限外,该代表行为有效,订立的合同对法人或者非法人组织发生效力。

法人的法定代表人或者非法人组织的负责人超越权限订立的合同,相对人不知亦不应知法定代表人或者负责人超越其权限的,他们之间订立的合同有效,合同对法人或者非法人组织发生效力。反之,如果相对人存在恶意,即知道或者应当知道法定代表人或者负责人超越其权限的,合同无效。

15. 当事人超越经营范围订立的合同有效吗?

《民法典》第 505 条规定,当事人超越经营范围订立的合同的效力,应当依照本法第一编第六章第三节和本编的有关规定确定,不得仅以超越经营范围确认合同无效。

经营范围是市场主体从事经营活动的业务范围。我国在相当一段时间内对市场主体经营范围的管控较为严格,超越经营范围而订立的合同往往会被认定为无效合同。但随着我国社会主义市场经济的快速发展,这种做法越来越不能适应实践需求。2005 年全面修订后的《公司法》第 12 条规定,公司的经营范围由公司章程规定,并依法登记。公司可以修改公司章程,改变经营范围,但是应当办理变更登记。至此,我国对于公司法人的经营范围已经基本放开。因此,当事人超越经营范围订立合同不影响合同的效力,双方当事人不得以超越经营范围为由主张合同无效。

16. 合同中的哪些免责条款无效？

免责条款，是指当事人以协议排除或者限制其未来责任的合同条款。具有免责功能，是免责条款最重要的属性，是区别于其他合同条款的明显特征。免责条款成为合同的组成部分，并不意味着它一定有效。

根据《民法典》第 506 条之规定，合同中的下列免责条款无效：（1）造成对方人身损害的；（2）因故意或者重大过失造成对方财产损失的。

17. 合同不生效、无效、被撤销或者终止的情形下，影响合同中有关解决争议方法的条款效力吗？

不影响。《民法典》第 507 条规定，合同不生效、无效、被撤销或者终止的，不影响合同中有关解决争议方法的条款的效力。

当事人双方在合同中约定的仲裁条款、选择诉讼法院的条款、选择检验或鉴定机构的条款、涉外合同中的法律适用条款、协商解决争议的条款等，均属于有关解决争议方法的条款。此类条款的目的是解决因合同出现的争议，因此其不受合同不生效、无效、被撤销或者终止的影响。

四、合同的履行

18. 当事人在合同中就质量、价款或者报酬、履行地点等内容没有约定或者约定不明确怎么办？

根据《民法典》第 510、511 条之规定，合同生效后，当事人就质量、价款或者报酬、履行地点等内容没有约定或者约定不明确的，按照如下顺序解决：

首先，由双方当事人协议补充；

其次，如果不能达成补充协议的，按照合同相关条款或者交易习惯确定；

最后，既不能达成补充协议也不能按照合同相关条款或者交易习惯确定的，适用下列规定确定：

（1）质量要求不明确的，按照强制性国家标准履行；没有强制性国家标准的，按照推荐性国家标准履行；没有推荐性国家标准的，按照行业标准履行；没有国家标准、行业标准的，按照通常标准或者符合合同目的的特定标准履行。

（2）价款或者报酬不明确的，按照订立合同时履行地的市场价格履行；依法应当执行政府定价或者政府指导价的，依照规定履行。

（3）履行地点不明确，给付货币的，在接受货币一方所在地履行；交付不动产的，在不动产所在地履行；其他标的，在履行义务一方所在地履行。

（4）履行期限不明确的，债务人可以随时履行，债权人也可以随时请求履行，但是应当给对方必要的准备时间。

（5）履行方式不明确的，按照有利于实现合同目的的方式履行。

（6）履行费用的负担不明确的，由履行义务一方负担；因债权人原因增加的履行费用，由债权人负担。

19. 合同约定向第三人履行债务的，请求权由谁行使？

《民法典》第522条规定，当事人约定由债务人向第三人履行债务，债务人未向第三人履行债务或者履行债务不符合约定的，应当向债权人承担违约责任。法律规定或者当事人约定第三人可以直接请求债务人向其履行债务，第三人未在合理期限内明确拒绝，债务人未向第三人履行债务或者履行债务不符合约定的，第三人可以请求债务人承担违约责任；债务人对债权人的抗辩，可以向第三人主张。

一般情况下，合同约定向第三人履行的，请求权由债权人行使。但是如果满足法律规定或者当事人约定第三人享有请求权和第三人未在合理期限内明确拒绝这两个条件的，第三人可以行使请求权。常见的向第三人履行的合同包括向第三人汇款的合同、将快递寄给第三人的合同等。

20. 什么情况下第三人有权向债权人代为履行债务的？

《民法典》第524条规定，债务人不履行债务，第三人对履行该债务具有合法利益的，第三人有权向债权人代为履行；但是，根据债务性质、按照当事人约定或者依照法律规定只能由债务人履行的除外。债权人接受第三人履行后，其对债务人的债权转让给第三人，但是债务人和第三人另有约定的除外。

此处的“第三人对履行该债务具有合法利益”包括两类：一是财产利益，如买房人代卖房人偿还银行贷款；二是身份利益，如父母代子女还款。债务人不履行债务，第三人对履行该债务具有合法利益且不存在根据债务性质、按照当事人约定或者依照法律规定只能由债务人履行的，第三人有权向债权人代为履行。

21. 当事人互负债务应当如何履行?

当事人互负债务时会产生双务合同履行中的抗辩权。它包括同时履行抗辩权、先履行抗辩权和不安抗辩权。

第一,同时履行抗辩权。《民法典》第525条规定,当事人互负债务,没有先后履行顺序的,应当同时履行。一方在对方履行之前有权拒绝其履行请求。另一方在对方履行债务不符合约定时,有权拒绝其相应的履行请求。例如,甲将自己所有的汽车以10万元的价格卖给乙,甲可以乙未支付价款为由拒绝自己的履行。

第二,先履行抗辩权。《民法典》第526条规定,当事人互负债务,有先后履行顺序,应当先履行债务一方未履行的,后履行一方有权拒绝其履行请求。先履行一方履行债务不符合约定的,后履行一方有权拒绝其相应的履行请求。例如,甲将自己所有的汽车以10万元的价格卖给乙,约定货到付款,乙在甲未将汽车送到其收货地前有权拒绝支付价款。

第三,不安抗辩权。在后给付义务人定约后财产状况恶化,危及先给付义务人的债权实现的情况下,不安抗辩权能保护先给付义务人的合法权益。《民法典》第527条规定,应当先履行债务的当事人,有确切证据证明对方有下列情形之一的,可以中止履行:(1)经营状况严重恶化;(2)转移财产、抽逃资金,以逃避债务;(3)丧失商业信誉;(4)有丧失或者可能丧失履行债务能力的其他情形。当事人没有确切证据中止履行的,应当承担违约责任。

在预期不能履行场合,当事人有权中止自己的履行,请求对方提供担保。对方未在合理的期限提供担保的,当事人有权请求违约责任并解除合同。《民法典》第528条规定,当事人依据前条规定中止履行的,应当及时通知对方。对方提供适当担保的,应当恢复履行。中止履行后,对方在合理期限内未恢复履行能力且未提供适当担保的,视为以自己的行为表明不履行主要债务,中止履行的一方可以解除合同并可以请求对方承担违约责任。

22. 情势变更原则是什么?

合同依法成立之时,有其信赖的基础条件,当事人在合同中约定的权利义务与这种基础条件相适应。在合同成立之后,如果该基础条件发生重大改变,再按照原来约定的权利义务履行合同已明显不公平。只有将合同加以改变乃至解除，才符合诚实信用原则的要求，实现实质的公平，这就是情势变更原则。《民法典》第533条为情势变更原则提供了法律依据，即合同成立后，合同的基础条件发生了当事人在订立合同时无法预见的、不属于商业风险的重大变化，继续履行合同对于当事人一方明显不公平的，受不利影响的当事人可以与对方重新协商；在合理期限内协商不成的，当事人可以请求人民法院或者仲裁机构变更或者解除合同。人民法院或者仲裁机构应当结合案件的实际情况，根据公平原则变更或者解除合同。

适用情势变更原则必须满足如下条件：一是合同的基础条件发生了重大变化；二是发生在合同成立后；三是无法预见；四是不属于商业风险；五是继续履行合同对于当事人一方明显不公平的。情势变更原则多用于长期合同，如供油合同、购销合同等。

23. 对当事人利用合同实施危害国家利益、社会公共利益行为的应该如何处理？

根据《民法典》第534条之规定，当事人利用合同实施危害国家利益、社会公共利益行为的，由市场监督管理和其他有关行政主管部门依照法律、行政法规的规定负责监督处理。

五、合同的变更和转让

24. 债权人转让债权需要通知债务人吗？

《民法典》第546条规定，债权人转让债权，未通知债务人的，该转让对债务人不发生效力。债权转让的通知不得撤销，但是经受让人同意的除外。

为保护债务人，债权转让未通知债务人，该转让对债务人不发生效力，即使受让人取得了债权，债务人有权拒绝受让人的履行请求；债务人向让与人履行债务的，债权消灭。如果债权转让通知了债务人，则债权转让对债务人发生效力，此时债务人即对受让人负有履行义务，并且有权以此拒绝让与人的履行请求；如果债务人仍然向让与人履行，则不发生债权消灭的效力。

25. 债权转让后，债务人可否对受让人主张对原债权人的抗辩权？

可以。《民法典》第548条规定，债务人接到债权转让通知后，债务人对让与人的抗辩，可以向受让人主张。

债务人对受让人享有的抗辩权包括实体法上的抗辩权和程序法上的抗辩权。实体法上的抗辩权包括合同不成立的抗辩权、合同已经终止的抗辩权、不安抗辩权等；程序法上的抗辩权包括通过仲裁条款对抗受让人、涉及合同的判决对受让人有效等。债务人对让与人的抗辩，可以向受让人主张。

26. 债务人在什么情况下可以向受让人主张抵销？

抵销是指二人互负债务时，各以其债权充当债务之清偿，而使其债务与相对人的债务在对等额内相互消灭的行为。

《民法典》第549条规定，有下列情形之一的，债务人可以向受让人主张抵销：(1)债务人接到债权转让通知时，债务人对让与人享有债权，且债务人的债权先于转让的债权到期或者同时到期；(2)债务人的债权与转让的债权是基于同一合同产生。

27. 债权人可以请求加入债务的第三人承担债务吗？

《民法典》第552条规定，第三人与债务人约定加入债务并通知债权人，或者第三人向债权人表示愿意加入债务，债权人未在合理期限内明确拒绝的，债权人可以请求第三人在其愿意承担的债务范围内和债务人承担连带债务。

第三人加入债的关系之中，与原债务人一起向债权人承担债务的现象称为并存的债务承担。并存的债务承担不发生债务人免责的效果，也不属于第三人清偿，它所产生的法律效果与保证相类似。债权人如果未在合理期限内对第三人加入债务表示明确拒绝的，视为同意，其有权请求第三人在其愿意承担的债务范围内和债务人承担连带债务。

六、合同的权利义务终止

28. 债务人对同一债权人负担的数项债务种类相同时，债的清偿抵充顺序如何确定？

根据《民法典》第560条之规定，债务人对同一债权人负担的数项债务种类相同，债务人的给付不足以清偿全部债务的，债的清偿抵充按照如下顺序进行：

第一，由当事人约定。如果当事人没有约定的，由债务人在清偿时指定其履行的债务。

第二，如果既没有约定也没有债务人指定的，应当优先履行已经到期的债务；数项债务均到期的，优先履行对债权人缺乏担保或者担保最少的债务；均无担保或者担保相等的，优先履行债务人负担较重的债务；负担相同的，按照债务到期的先后顺序履行；到期时间相同的，按照债务比例履行。

29. 费用、利息和主债务的抵充顺序如何确定？

债务人在履行主债务外还应当支付利息和实现债权的有关费用，其给付不足以清偿全部债务的，双方当事人可以约定费用、利息和主债务的抵充顺序。如果当事人没有约定的，根据《民法典》第561条之规定，应当按照下列顺序履行：（1）实现债权的有关费用；（2）利息；（3）主债务。

30. 法定解除合同的情形包括哪些？

根据《民法典》第563条之规定，法定解除合同的情形包括以下几种：

（1）因不可抗力致使不能实现合同目的。例如，甲乙双方签订了设备买卖合同，但合同签订后，乙所在地发生严重地震，致使乙的生产设备全部损失，不可能按原合同约定期限生产、交付设备，这时乙有权以不可抗力为由解除合同。

（2）在履行期限届满前，当事人一方明确表示或者以自己的行为表明不履行主要债务。例如，甲乙双方签订买卖电脑的合同并约定2天后交付，同天甲将电脑转卖给丙，此时乙有权要求解除合同。

（3）当事人一方迟延履行主要债务，经催告后在合理期限内仍未履行。例如，甲乙签订建设工程施工合同，乙未能在合同约定的期限内完工，且在甲催告的合理期限内仍未完工的，甲可以请求解除合同。

（4）当事人一方迟延履行债务或者有其他违约行为致使不能实现合同目的。例如，甲乙签订建设工程施工合同，乙已经完成的建设工程质量不合格并拒绝修复的，甲有权请求解除合同。

（5）法律规定的其他情形。例如，《民法典》第610条规定，因标的物不符合质量要求，致使不能实现合同目的的，买受人可以拒绝接受标的物或者解除合同。买受人拒绝接受标的物或者解除合同的，标的物毁损、灭失的风险由出卖人承担；《民法典》第634条第1款规定，分期付款的买受人未支付到期价款的数额达到全部价款的1/5，经催告后在合理期限内仍未支付到期价款的，出卖人可以请求买受人支付全部价款或者解除合同。

此外，以持续履行的债务为内容的不定期合同，当事人可以随时解除合同，但是应当在合理期限之前通知对方。

31. 合同双方互负债务的，是否可以抵销？

可以。债务抵销是指二人互负债务时，各以其债权充当债务之清偿，而使其债务与相对人的债务在对等额内相互消灭。《民法典》规定了两类债务抵销的情形：

第一，《民法典》第 568 条规定，当事人互负债务，该债务的标的物种类、品质相同的，任何一方可以将自己的债务与对方的到期债务抵销；但是，根据债务性质、按照当事人约定或者依照法律规定不得抵销的除外。当事人主张抵销的，应当通知对方。通知自到达对方时生效。抵销不得附条件或者附期限。所谓“根据债务性质不得抵销的”，是指因债务性质，如果互相抵销即违背债的本旨或不符合给付目的的情形。例如，互相不得竞业的不作为债务等。“按照当事人约定不得抵销的”，是指当事人之间有禁止抵销的约定时，债务不得抵销。“依照法律规定不得抵销的”，是指法律规定明确禁止不得抵销的情形。例如，《中华人民共和国合伙企业法》第 41 条规定，合伙人发生与合伙企业无关的债务，相关债权人不得以其债权抵销其对合伙企业的债务，也不得代位行使合伙人在合伙企业中的权利。

第二，《民法典》第 569 条规定，当事人互负债务，标的物种类、品质不相同的，经协商一致，也可以抵销。此条款赋予当事人合意抵销的权利，双方当事人协商一致的，可以抵销。

32. 如何把握《民法典》合同编中的提存制度？

在现实生活中，存在由于债权人原因而使债务人无法向其交付合同标的物的情形。此时，为了使合同关系尽快归于消灭，《民法典》第 570~574 条规定了提存制度，允许债务人将该标的物交给提存机关，进而消灭债务。关于提存制度需要把握以下五点：

第一，在什么情况下债务人可以将标的物提存？《民法典》第 570 条规定，有下列情形之一，难以履行债务的，债务人可以将标的物提存：（1）债权人无正当理由拒绝受领；（2）债权人下落不明；（3）债权人死亡未确定继承人、遗产管理人，或者丧失民事行为能力未确定监护人；（4）法律规定的其他情形。标的物不适于提存或者提存费用过高的，债务人依法可以拍卖或者变卖标的物，提存所得的价款。

第二，提存什么时候成立？《民法典》第571条规定，债务人将标的物或者将标的物依法拍卖、变卖所得价款交付提存部门时，提存成立。提存成立的，视为债务人在其提存范围内已经交付标的物。

第三，债务人提存标的物应该通知债权人吗？《民法典》第572条规定，标的物提存后，债务人应当及时通知债权人或者债权人的继承人、遗产管理人、监护人、财产代管人。

第四，提存的风险由谁承担？《民法典》第573条规定，标的物提存后，毁损、灭失的风险由债权人承担。提存期间，标的物的孳息归债权人所有。提存费用由债权人负担。

第五，债权人何时可以领取提存物？《民法典》第574条规定，债权人可以随时领取提存物。但是，债权人对债务人负有到期债务的，在债权人未履行债务或者提供担保之前，提存部门根据债务人的要求应当拒绝其领取提存物。债权人领取提存物的权利，自提存之日起五年内不行使而消灭，提存物扣除提存费用后归国家所有。但是，债权人未履行对债务人的到期债务，或者债权人向提存部门书面表示放弃领取提存物权利的，债务人负担提存费用后有权取回提存物。

七、违约责任

33. 一方当事人在合同履行期限届满前明确表示不履行合同义务的，另一方当事人如何救济？

一般来说，合同履行期限届满才能判断当事人是否履行合同义务，是否需要承担违约责任。但是，《民法典》第578条规定，当事人一方明确表示或者以自己的行为表明不履行合同义务的，对方可以在履行期限届满前请求其承担违约责任。也就是说，一方当事人在合同履行期限届满之前明确表示不履行合同义务或者以自己的行为表明不履行合同义务的，另一方当事人可以在履行期限届满之前要求其承担违约责任。

34. 守约方可以请求不履行义务的当事人负担由第三人替代履行的费用吗？

《民法典》第581条规定，当事人一方不履行债务或者履行债务不符合约定，根据债务的性质不得强制履行的，对方可以请求其负担由第三人替代履行的费用。

上述条款中所称的“根据债务的性质不得强制履行的”是指债务的标的不适于强制履行的情形，比如委托合同、技术开发合同、演出合同、出版合同等。这些合同通常具有人身专属性，不适于强制履行。此时，对方可以请第三人替代履行，替代履行的费用可以请求由不履行债务或者履行债务不符合约定的当事人负担。

35. 约定的违约金低于或者高于造成的损失，可以请求调整吗？

违约金是由当事人约定的，在一方当事人不履行或者不完全履行合同时向另一方当事人支付一定数额的金钱或者其他给付。违约金作为赔偿损失额的预定，虽然不要求其数额与损失额完全一致，但也不宜使两者相差悬殊，因此，违约金的数额过高或者过低时允许适当的调整。

《民法典》第 585 条规定，当事人可以约定一方违约时应当根据违约情况向对方支付一定数额的违约金，也可以约定因违约产生的损失赔偿额的计算方法。约定的违约金低于造成的损失的，人民法院或者仲裁机构可以根据当事人的请求予以增加；约定的违约金过分高于造成的损失的，人民法院或者仲裁机构可以根据当事人的请求予以适当减少。当事人就迟延履行约定违约金的，违约方支付违约金后，还应当履行债务。

36. 当事人既约定违约金又约定定金的，如何处理？

《民法典》第 588 条规定，当事人既约定违约金，又约定定金的，一方违约时，对方可以选择适用违约金或者定金条款。定金不足以弥补一方违约造成的损失的，对方可以请求赔偿超过定金数额的损失。

合同当事人既约定了违约金，又约定了定金，在当事人不存在明确的特别约定的情况下，如果一方违约，对方当事人可以选择适用违约金或者定金条款，即对方当事人享有选择权，可以选择适用违约金条款，也可以选择适用定金条款，但二者不能并用。当然，不能并用的前提是针对同一违约行为，如果违约金和定金是针对不同的违约行为，在这些违约行为都存在的前提下，仍然存在并用的可能性，但无论如何不应超过违约行为所造成的损失总额。

37. 因第三人原因造成违约的，应由谁承担违约责任？

《民法典》第 593 条规定，当事人一方因第三人的原因造成违约的，应当依法向对方承担违约责任。当事人一方和第三人之间的纠纷，依照法律规定或者按照约定处理。

因第三人原因造成一方当事人违约的，如第三人迟延交货造成一方当事人迟延履行的，由该当事人承担违约责任。该当事人与第三人之间的纠纷依照法律规定或者按照约定另行解决。

八、买卖合同

38. 买卖合同是什么？买卖合同应包含哪些条款？

买卖合同是商品交换的基本法律形式，在所有的双务有偿合同中，它是最基本的合同类型。根据《民法典》第 595 条之规定，买卖合同是指出卖人转移标的物的所有权于买受人，买受人支付价款的合同。买卖合同一般包括以下条款：

（1）标的物的名称。标的物是买卖合同当事人权利义务指向的对象，作为对象的具体的不动产或者动产即为标的物的名称，是买卖合同不可或缺的内容。

（2）标的物的数量。数量是对买卖合同标的物的计量要求，包括计量单位和计量方法。

（3）标的物的质量。质量是对买卖合同标的物标准和技术方面的要求。标的物的质量也是买卖合同中的重要条款，为了准确表示，当事人应当就标的物的品种、规格、品质等级、型号、级别等作出明确约定。

（4）标的物的价款。标的物的价款又称价金，是指买卖合同中买受人为了得到标的物向出卖人支付的货币。

（5）履行期限。履行期限是指买卖合同的当事人所约定的履行合同义务的时间界限，包括交货时间和付款时间。

（6）履行地点和方式。履行地点是指买卖合同的当事人所约定的履行合同义务的具体地点，比如合同的提货地点、付款地点等。履行方式是指买卖合同当事人履行合同义务的具体方式，比如在交付标的物方式上是送货式、自提式还是代办托运式等。

（7）包装方式。标的物的包装有两种含义：一种是指盛标的物的容器，通常称为包装用品或者包装物；另一种是指包装标的物的操作过程。

（8）检验标准和方法。标的物的检验是指买受人收到出卖人交付的标的物时，对其等级、质量、重量、包装、规格等情况的查验、测试或者鉴定。

（9）结算方式。合同的结算是当事人之间因履行合同发生款项往来而进行的清算和了结。主要有两种方式：一是现金结算；二是转账结算。

（10）合同使用的文字及其效力。合同使用的文字及其效力条款主要涉及涉外合同。涉外合同常用中外文两种文字书写，且两种文本经约定具有同样的效力。

（11）其他条款。

39. 标的物毁损、灭失的风险由谁负担？

标的物毁损、灭失的风险负担，是指买卖合同订立后，标的物因不可归责于双方当事人的事由而发生毁损、灭失的损失，由谁承担责任的问题。

对于标的物毁损、灭失的风险的负担，可由当事人约定。当事人没有特别约定的，贯彻交付主义，但当事人有过错的，则采用过错主义，具体包括如下情况：

第一，标的物毁损、灭失的风险依标的物的交付而转移。《民法典》第604条规定，标的物毁损、灭失的风险，在标的物交付之前由出卖人承担，交付之后由买受人承担，但是法律另有规定或者当事人另有约定的除外。《民法典》第609条规定，出卖人按照约定未交付有关标的物的单证和资料的，不影响标的物毁损、灭失风险的转移。

第二，标的物毁损、灭失的风险由买受人承担。《民法典》第605条规定，因买受人的原因致使标的物未按照约定的期限交付的，买受人应当自违反约定时起承担标的物毁损、灭失的风险；《民法典》第606条规定，出卖人出卖交由承运人运输的在途标的物，除当事人另有约定外，毁损、灭失的风险自合同成立时起由买受人承担；《民法典》第607条规定，出卖人按照约定将标的物运送至买受人指定地点并交付给承运人后，标的物毁损、灭失的风险由买受人承担。当事人没有约定交付地点或者约定不明确，依据《民法典》第603条第2款第1项的规定标的物需要运输的，出卖人将标的物交付给第一承运人后，标的物毁损、灭失的风险由买受人承担；《民法典》第608条规定，出卖人按照约定或者依据《民法典》第603条第2款第2项的规定将标的物置于交付地点，买受人违反约定没有收取的，标的物毁损、灭失的风险自违反约定时起由买受人承担；《民法典》第611条规定，标的物毁损、灭失的风险由买受人承担的，不影响因出卖人履行义务不符合约定，买受人请求其承担违约责任的权利。

第三，标的物毁损、灭失的风险由出卖人承担。《民法典》第610条规定，因标的物不符合质量要求，致使不能实现合同目的的，买受人可以拒绝接受标的物或者解除合同。买受人拒绝接受标的物或者解除合同的，标的物毁损、灭失的风险由出卖人承担。

40. 出卖人多交标的物的，买受人该怎么处理？

《民法典》第629条规定，出卖人多交标的物的，买受人可以接收或者拒绝接收多交的部分。买受人接收多交部分的，按照约定的价格支付价款；买受人拒绝接收多交部分的，应当及时通知出卖人。

出卖人多交标的物，在实际生活中并不鲜见。对于出卖人多交标的物的情况，除在当事人有约定外，有以下两种法定处理方法：一是买受人接收多交的部分。出卖人多交，买受人接收，在一定程度而言系在原买卖合同的基础上，就产品的数量达成了事实的补充条款。由于买受人接收了多交的部分，又对多收部分价款没有提出异议，等于同意以原价格购买该部分标的物。二是拒绝接收。对于拒绝接收的，买受人应当履行通知和保管的义务，至于通知的具体方式，可以是书面的，也可以是非书面的，比如电话通知等。

41. 标的物为数物的，其中一物不符合约定，买受人可以就数物解除合同吗？

《民法典》第632条规定，标的物为数物，其中一物不符合约定的，买受人可以就该物解除。但是，该物与他物分离使标的物的价值显受损害的，买受人可以就数物解除合同。

上述条款将标的物为数物时，买受人有权解除合同分为两种情形：一是买受人解除一物不影响数物的解除。在标的物为数物的买卖合同中，出卖人交付的标的物中的一物不符合约定不被买受人接受，而出卖人交付的作为标的物的其他物符合要求又被买受人所接受时，买受人可以仅仅就不符合约定的物解除合同，但不影响到符合要求的其他物的解除。例如，买受人向出卖人购买鼠标和键盘，如果买受人发现鼠标质量不符合约定，可就鼠标部分解除合同，只接受键盘。二是买受人解除一物影响到数物的解除。买受人购买了数物，其中一物的质量不符合约定，而该物又不宜与数物中的其他物分离，否则将明显受到损害，那么买受人可以要求就数物解除合同，即解除合同的全部。例如，买卖标的物是古对联一副，其中一联不符合约定的标准，显然该副对联就失去了悬挂的价值。这种情况下，买受人有权就整副对联行使解除权。

42. 招投标买卖和拍卖的当事人的权利义务如何确定?

招标投标买卖，是指招标人公布买卖标的物的出卖条件，投标人参加投标竞买，招标人选定中标人的买卖方式。《民法典》第 644 条规定，招标投标买卖的当事人的权利和义务以及招标投标程序等，依照有关法律、行政法规的规定。

拍卖，是指以公开竞价的形式，将特定物品或者财产权利转让给最高应价者的买卖方式。拍卖按拍卖性质可分为强制拍卖和任意拍卖。强制拍卖是依据法律规定而必须发生的拍卖，是由国家机关通过强制执行程序所进行的拍卖；而任意拍卖则是根据委托人的意愿来决定，而不是通过强制执行程序进行的拍卖。《民法典》第 645 条规定，拍卖的当事人的权利和义务以及拍卖程序等，依照有关法律、行政法规的规定。

九、赠与合同

43. 赠与人可以随意撤销赠与吗?

《民法典》第 658 条规定，赠与人在赠与财产的权利转移之前可以撤销赠与。

经过公证的赠与合同或者依法不得撤销的具有救灾、扶贫、助残等公益、道德义务性质的赠与合同，不适用前款规定。

据此，一般情况下，赠与人依其意思可以任意撤销赠与合同。但在下列情况下，出于维护经济秩序和确保救灾、扶贫等工作的开展等原因考虑，赠与人不得任意撤销赠与：第一，标的物已经交付或已经办理登记等有关手续。如房屋等不动产、汽车等动产、股权等权利作为赠与财产已经办理登记等手续。第二，经过公证的赠与合同或者依法不得撤销的具有救灾、扶贫、助残等公益、道德义务性质的赠与合同。

44. 赠与的财产有瑕疵的，赠与人应当承担责任吗?

赠与合同中，一般不要求赠与人承担瑕疵担保责任。但是《民法典》第 662 条规定有如下两种例外：

第一，附义务的赠与，赠与的财产有瑕疵的，赠与人在附义务的限度内承担与出卖人相同的责任。对于附义务的赠与，受赠人虽受有利益，但又需履行约定的义务。如赠与的财产有瑕疵，必然导致受赠人所受利益有所减损，这便与赠与合同约定的权利与义务不相对应，使受赠人遭受损失。为保护受赠人的利益，应由赠与人承担瑕疵担保责任。

第二，赠与人故意不告知瑕疵或者保证无瑕疵，造成受赠人损失的，应当承担赔偿责任。"故意不告知瑕疵"指赠与人自赠与合同订立时起到合同履行时止了解到赠与财产的瑕疵，但出于主观故意未告知被赠与人；"保证无瑕疵"指保证赠与财产处于普通的无瑕疵状态；"造成受赠人损失"指受赠人因相信赠与物无瑕疵所产生的损失。

45. 撤销赠与后撤销权人有权要求受赠人返还赠与的财产吗？

有权。《民法典》第665条规定，撤销权人撤销赠与的，可以向受赠人请求返还赠与的财产。

赠与撤销使赠与关系永久地消灭。在赠与人已将赠与财产交付或登记转移之后，撤销权人撤销赠与的，受赠人占有财产失去依据，撤销权人有权请求受赠人返还赠与的财产。

十、借款合同

46. 借款合同应包含哪些内容？

根据《民法典》第668条第2款之规定，借款合同的内容如下条款：

（1）借款种类。这主要是指金融机构作为贷款人的情况下，根据国家有关规定和资金市场的需求创设的货币商品种类。借款人可以根据自己的需要向贷款人申请某种特定形式的贷款。

（2）币种。这主要是指借款合同标的是哪一种货币，是人民币还是其他国家或地区的货币。

（3）用途。这主要是指借款使用的目的和范围。

（4）数额。数量是借款合同的重要内容，是确定资金的拨付和计算利息的依据，是借贷双方当事人权利义务的重要标志。

（5）利率。这是指借款人和贷款人约定的应当收的利息的数额与所借出资金的比率。利率的高低直接决定利息金额的大小。按照不同的标准，利率可以分为：年利率、月利率和日利率；法定利率和市场利率；短期利率和中长期利率；固定利率和浮动利率；名义利率和实际利率。

（6）期限。指借款人在合同中约定能使用借款的时间。当事人一般根据借款人的生产经营周期、还款能力和贷款人的资金供给能力等，约定借款期限。

(7)还款方式。这是指贷款人和借款人约定以什么结算方式偿还借款给贷款人。例如,是到期一次还本付息,还是分期返还;是逐期先还息到期一次还本,还是以其他方式还本付息等。

(8)其他条款。

47. 如果发现借款人未按照约定的借款用途使用借款,贷款人可以采取哪些措施?

《民法典》第673条规定,借款人未按照约定的借款用途使用借款的,贷款人可以停止发放借款、提前收回借款或者解除合同。

比如,借款人将取得的基本建设贷款用于炒股,严重改变了借款的用途,虽然也有获利的可能,但使贷款人的贷款风险急剧加大,一旦发生股灾,很可能使贷款人蒙受重大损失。另外,金融机构作为贷款人的,有些借款还是依据国家的宏观经济政策、国家的信贷政策和产业政策发放的,其借款用途和国家的经济政策有着直接的关系。如果不按借款用途使用借款,还会造成资金的使用不符合国家政策的情况。因此,贷款人对借款除加强监督检查外,对于借款人违约使用借款的,应当采取相应的风险防范措施。根据上述规定,如果借款人未按照约定的借款用途使用借款的,贷款人可以采取停止发放借款、提前收回借款或者解除合同的措施。

48. 借款人未按照约定的期限返还借款的,应承担什么责任?

《民法典》第676条规定,借款人未按照约定的期限返还借款的,应当按照约定或者国家有关规定支付逾期利息。

根据上述规定,当事人可以在合同中对逾期利息的问题作出约定,这种约定既可以是自然人之间对是否收取逾期利息或者逾期利率为多少的约定,也可以是金融机构与借款人在国家规定的幅度内对逾期利率的确定。如果金融机构借款时,没有对逾期利率作出约定,那么,金融机构按照国家有关规定的利率向借款人收取逾期利息。

需要注意的是,中国人民银行在2019年8月17日发布公告,决定改革完善贷款市场报价利率(LPR)形成机制,从2019年8月20日起,中国人民银行授权全国银行间同业拆借中心于每月20日9时30分公布贷款市场报价利率。2019年10月28日,中国人民银行再次发布公告,要求自

2020 年 1 月 1 日起，各金融机构不得签订参考贷款基准利率定价的浮动利率贷款合同。

49. 借款合同对支付利息没有约定或约定不明确的如何处理?

近年来，社会上出现大量非法金融、非法放贷、“套路贷”、“校园贷”等问题，严重扰乱社会经济秩序，严重损害人民群众合法权益和生活安宁。为解决民间借贷领域存在的突出问题，《民法典》第 680 条第 1 款明确规定禁止高利放贷，借款的利率不得违反国家有关规定。

《民法典》第 680 条第 2 款规定，借款合同对支付利息没有约定的，视为没有利息。相对于原合同法的规定而言，该款有了较大突破。原合同法只是规定自然人之间没有约定利息的，视为没有利息，而该款将没有约定支付利息的借贷情形，拓展到了所有借贷领域，即所有类型或者当事人之间订立的借贷合同，只要没有约定支付利息，就一律视为没有利息。

《民法典》第 680 条第 3 款规定，借款合同对支付利息约定不明确，当事人不能达成补充协议的，按照当地或者当事人的交易方式、交易习惯、市场利率等因素确定利息；自然人之间借款的，视为没有利息。

十一、保证合同

50. 保证合同是什么?

根据《民法典》第 681 条之规定，保证合同是指为保障债权的实现，保证人和债权人约定，当债务人不履行到期债务或者发生当事人约定的情形时，保证人履行债务或者承担责任的合同。

保证是指法人、非法人组织和公民以其信誉和不特定的财产为他人的债务提供担保，当债务人不履行其债务时，该第三人按照约定履行债务或者承担责任的担保方式。保证不是用具体的财产提供担保，而是以保证人的信誉和不特定的财产为他人的债务提供担保。

51. 当事人对保证方式没有约定或者约定不明确的如何确定?

在实践中，尤其是在民间借贷的案件中，很多当事人是出于人情关系为他人的借款提供保证，但因为债权人实现自己的债权时首先考虑的是债务人还是保证人的财产更有利于执行的问题，所以很可能出现主债务人下落不明或有财产但不便执行时，债权人直接请求保证人履行保证责任而非请求债务人履行债务的情况，这样导致保证人本来只是基于人情关系为他人提供保证，但最终主债务人的财产未被执行而保证人的财产先被执行。另外，当保证人承担保证责任之后，又需要保证人向主债务人追偿，很可能导致保证人与主债务人之间人情关系破裂。因此，《民法典》第 686 条第 2 款规定，当事人在保证合同中对保证方式没有约定或者约定不明确的，按照一般保证承担保证责任。

52. 反担保是什么?

《民法典》第 689 条规定，保证人可以要求债务人提供反担保。

反担保，是指在商品贸易、工程承包和资金借贷等经济往来中，为了换取担保人提供保证、抵押或质押等担保方式，由债务人或第三人向该担保人新设担保，以担保该担保人在承担了担保责任后易于实现其追偿权的制度。

53. 最高额保证合同是什么?

《民法典》第 690 条规定，保证人与债权人可以协商订立最高额保证的合同，约定在最高债权额限度内就一定期间连续发生的债权提供保证。最高额保证除适用本章规定外，参照适用本法第二编最高额抵押权的有关规定。

最高额保证合同，是指保证人和债权人签订一个总的保证合同，为一定期限内连续发生的借款合同或同种类其他债权提供保证，只要债权人和债务人在保证合同约定的期限内且债权额限度内进行交易，保证人则依法承担保证责任的保证合同。最高额保证合同是银行融资业务中一种较为常用的担保合同。

54. 什么情况下保证人可以不再承担保证责任?

根据《民法典》第 693 条之规定，保证人不再承担保证责任的事由因保证方式的不同而不同。

第一，一般保证。一般保证的债权人未在保证期间对债务人提起诉讼或者申请仲裁的，保证人不再承担保证责任。法律将债权人在保证期间内要求债务人偿债（提起诉讼或者申请仲裁）作为要求一般保证人承担保证责任的法定方式。如果债权人在合同约定的保证期间内或没有约定及约定不明时在 6 个月内不向主债务人提起诉讼或者申请仲裁，则一般保证人的保证责任免除。

第二，连带保证。连带责任保证的债权人未在保证期间请求保证人承担保证责任的，保证人不再承担保证责任。在连带责任保证期间以内，债权人未对保证人提出请求，保证期间经过的，保证责任将发生消灭。

55. 债权转让是否对保证人发生效力？

《民法典》第 696 条规定，债权人转让全部或者部分债权，未通知保证人的，该转让对保证人不发生效力。保证人与债权人约定禁止债权转让，债权人未经保证人书面同意转让债权的，保证人对受让人不再承担保证责任。

首先，债权人转让债权必须通知保证人，保证人接到转让通知后才能够向受让人承担保证责任。若未通知，该转让对保证人不发生效力。

其次，当保证人与债权人约定禁止债权转让时，债权人就要受到该意思自治的约束。受意思自治的约束并不意味着债权人不能转让主债权。债权人仍然可以将自己的债权转让给他人，只是这种行为违反了保证合同的约定，是对保证人的违约，若未能征得保证人的书面同意，其后果是保证人不再承担保证责任。

56. 两个以上保证人如何确定保证份额？

《民法典》第 699 条规定，同一债务有两个以上保证人的，保证人应当按照保证合同约定的保证份额，承担保证责任；没有约定保证份额的，债权人可以请求任何一个保证人在其保证范围内承担保证责任。

按照上述规定，两个以上保证人保证份额的确定分为两种情况：

第一，保证合同明确约定保证份额。分为明确约定为按份共同保证和明确约定为连带共同保证。

第二，保证合同没有约定保证份额。此时债权人可以请求任何一个保证人承担其保证范围内的保证责任，保证人承担保证责任之后可以找债务人追偿，但是多个保证人之间没有相互追偿权。

十二、租赁合同

57. 租赁合同是什么？租赁合同包含哪些条款？

根据《民法典》第 703 条之规定，租赁合同是指出租人将租赁物交付承租人使用、收益，承租人支付租金的合同。

根据《民法典》第 704 条之规定，租赁合同的内容一般包括如下条款：

（1）租赁物的名称。租赁物应以明确的语言加以确定，如汽车，是小轿车还是货车，要约定清楚。

（2）租赁物的数量。明确数量，出租人才能准确地履行交付租赁物的义务，它也是租赁期限届满时，承租人返还租赁物时的依据。

（3）租赁物的用途。租赁物的用途关系到承租人如何使用该租赁物，因为承租人负有按照约定使用租赁物的义务，租赁物的用途就必须约定清楚，否则当租赁物损坏时，出租人就难以行使其请求权。

（4）租赁期限。租赁期限关系承租人使用租赁物的时间长短、支付租金的时间、交还租赁物的时间等。

（5）租金及其支付期限和方式。包括租金的多少；是以人民币支付，还是以外汇支付；是现金支付，还是转账支付；是按月支付，还是按年支付；是一次支付，还是分次支付；是预先支付，还是事后支付等。

（6）租赁物维修等条款。对租赁物的维修义务应当由出租人承担，这是出租人在租赁合同中的主要义务。但并不排除在有些租赁合同中承租人负有维修义务。

58.《民法典》对转租是怎么规定的？

首先，承租人转租需要经过出租人同意。《民法典》第716条规定，承租人经出租人同意，可以将租赁物转租给第三人。承租人转租的，承租人与出租人之间的租赁合同继续有效；第三人造成租赁物损失的，承租人应当赔偿损失。承租人未经出租人同意转租的，出租人可以解除合同。

其次，转租期限超过承租人剩余租赁期限的约定对出租人不具有法律约束力。《民法典》第717条规定，承租人经出租人同意将租赁物转租给第三人，转租期限超过承租人剩余租赁期限的，超过部分的约定对出租人不具有法律约束力，但是出租人与承租人另有约定的除外。

再次，视为出租人同意转租的情形。《民法典》第718条规定，出租人知道或者应当知道承租人转租，但是在6个月内未提出异议的，视为出租人同意转租。

最后，次承租人可以代承租人支付租金和违约金。《民法典》第719条规定，承租人拖欠租金的，次承租人可以代承租人支付其欠付的租金和违约金，但是转租合同对出租人不具有法律约束力的除外。次承租人代为支付的租金和违约金，可以充抵次承租人应当向承租人支付的租金；超出其应付的租金数额的，可以向承租人追偿。

59. 租赁期限内因占有、使用租赁物获得的收益归谁所有？

《民法典》第 720 条规定，在租赁期限内因占有、使用租赁物获得的收益，归承租人所有，但是当事人另有约定的除外。

除当事人在合同中另有约定外，租赁期限内归承租人所有的收益包括两类：一类是因为占有租赁物而产生的收益；另一类是使用租赁物而产生的收益。如承租人从房屋租赁的转租中收取的超额租金、承租人租用汽车经营货物运输获得的收益等。

60. “买卖不破租赁”指的是什么？

《民法典》第 725 条规定了“买卖不破租赁”条款。根据该条规定，具体是指租赁物在承租人按照租赁合同占有期限内发生所有权变动的，不影响租赁合同的效力，租赁合同对新所有权人有效。

原合同法对“买卖不破租赁”的表述是“租赁物在租赁期间发生所有权变动的，不影响租赁合同的效力”。该条规定存在一个重大问题，即租赁合同的真实签订时间难以确定，司法实践中出现了大量的倒签租赁合同去损害房屋买受人利益的情形。《民法典》对这一问题进行了修改，修改的核心在于使“买卖不破租赁”规则中租赁的时间点显形化，必须是一个有对外公示可能性的时间点，即对租赁物的占有。这一改动实际上也间接对房屋买受人提出了一个新的要求，即在签订买卖合同之前实地调查房屋的实际占有使用状况，否则其权利就有可能被在先占有适用的租赁期所限制。这一选择固然增加了买受人的调查成本，但从另一方面表现出房屋更强的住宅属性，而非金融属性，这和“房子是用来住的，不是用来炒的”的定位也是相符的。

此外，“买卖不破租赁”并不限于出租人出售租赁物的行为，还应包括赠与以及遗赠、互易甚至将租赁物作为合伙投资等情况。

61. 房屋承租人什么情况下可以行使优先购买权？

《民法典》第 726 条规定，出租人出卖租赁房屋的，应当在出卖之前的合理期限内通知承租人，承租人享有以同等条件优先购买的权利；但是，房屋按份共有人行使优先购买权或者出租人将房屋出卖给近亲属的除外。出租人履行通知义务后，承租人在 15 日内未明确表示购买的，视为承租人放弃优先购买权。

房屋承租人的优先购买权是指房屋承租人在出租人出卖房屋时，在同等条件下优先购买该房屋的权利。房屋承租人优先购买权的适用条件包括以下几个方面：

第一，存在合法有效的房屋租赁合同关系，即两者之间的房屋租赁合同依法成立并生效。

第二，在同等条件下行使。所谓同等条件，是指承租人与其他购买人在买卖条件上等同，要综合考虑价格的多少、付款期限的长短、一次性付清还是分期付款、有无担保等因素。在非同等条件下，承租人不能享有优先购买权。

第三，必须在一定期限内行使。如果出租人通知承租人其将要出卖租赁的房屋，而承租人在15日内没有购买的意思表示，则承租人优先购买权丧失。

第四，不存在房屋按份共有人行使优先购买权或者出租人将房屋出卖给近亲属的情况。

62. 因不可归责于承租人的事由致使租赁物发生毁损、灭失的，承租人的请求权如何行使？

《民法典》第729条规定，因不可归责于承租人的事由，致使租赁物部分或者全部毁损、灭失的，承租人可以请求减少租金或者不支付租金；因租赁物部分或者全部毁损、灭失，致使不能实现合同目的的，承租人可以解除合同。

不可归责于承租人的事由主要包括：因不可抗力的原因造成租赁物毁损、灭失的；因意外事件造成租赁物毁损、灭失的；因出租人不履行义务造成租赁物毁损、灭失的。因此，承租人对租赁物已不能使用或使用的效能受到了影响。根据上述条款承租人可以行使如下请求权：

第一，要求减少租金或不支付租金。减少租金一般适用于租赁物部分毁损，但还能够使用，或者是承租人已经支付了部分租金，租赁物全部毁损、灭失的，已支付的租金不再返还，未支付的租金不再支付。不支付租金一般是指租赁物虽然部分毁损，但已失去其效用或者租赁物全部毁损、灭失，承租人已不能使用该租赁物，当然可以要求不支付租金。

第二，解除合同。承租人主张解除合同的，只要通知到达出租人，合同即行解除，如果出租人对此有异议，提请诉讼或仲裁，人民法院或者仲裁机构也只是对承租人行使解除权的效力进行确认。

十三、融资租赁合同

63. 融资租赁合同是什么？融资租赁合同应包含哪些条款？

根据《民法典》第735条之规定，融资租赁合同，是指出租人根据承租人对出卖人、租赁物的选择，向出卖人购买租赁物，提供给承租人使用，承租人支付租金的合同。

根据《民法典》第736条之规定，融资租赁合同一般包括如下条款：

（1）有关租赁物的条款。融资租赁合同的标的物是承租人要求出租人购买的设备，是合同当事人双方权利和义务指向的对象，因此，融资租赁合同首先应就租赁物作出明确约定。此条款应写明租赁物的名称、数量、规格、技术性能、检验方法等。

（2）有关租金的条款。租金是合同的主要内容之一。合同对租金的规定包括租金总额、租金构成、租金支付方式、支付地点和次数、租金支付期限、每期租金额、租金计算方法、租金币种等。

（3）有关租赁期限的条款。租赁期限一般根据租赁物的经济寿命、使用及利用设备所产生的效益，由双方当事人商定。此条款应当明确租赁起止日期。

（4）有关租赁期限届满租赁物的归属的条款。租赁期限届满，租赁物的所有权归出租人享有。租赁期限届满，承租人一般有三种选择权，即留购、续租或退租。在留购情况下，承租人取得租赁物的所有权。在续租和退租情况下，租赁物仍归出租人所有。

除上述条款外，融资租赁合同一般还应包括租赁物的交付、使用、保养、维修和保险、担保、违约责任、合同发生争议时的解决方法、合同签订日期和地点等条款。

需要注意的是，《民法典》第736条第2款明确规定，融资租赁合同应当采用书面形式。

64. 出租人在任何情况下都能免除对租赁物的质量瑕疵担保责任吗？

《民法典》第747条规定，租赁物不符合约定或者不符合使用目的的，出租人不承担责任。但是，承租人依赖出租人的技能确定租赁物或者出租人干预选择租赁物的除外。

在融资租赁合同中，一般都明确规定，出卖人迟延交付租赁物或者租赁物的规格、式样、性能等不符合合同约定或者不符合使用目的的，出租人不承担责任，由承租人直接向出卖人索赔，并承担索赔不成时的损害后果。当然，并不是在任何情况下，出租人都能免除其质量瑕疵担保责任。当承租人依赖出租人的技能和判断选择租赁物，或者出租人干预选择租赁物时，如出租人为承租人确定租赁物或者擅自变更承租人已选定的租赁物的，出租人应承担全部或者部分租赁物的质量瑕疵担保责任。

65. 租赁期限内发生租赁物毁损、灭失的，出租人还有权请求承租人支付租金吗？

《民法典》第 751 条规定，承租人占有租赁物期间，租赁物毁损、灭失的，出租人有权请求承租人继续支付租金，但是法律另有规定或者当事人另有约定的除外。

在租赁期限内发生租赁物毁损、灭失的情况时，首先应当考虑法律是否另有规定或者当事人是否通过合同作出约定，如果法律另有规定或者当事人事先作出了约定，就应当根据法律的规定或者尊重当事人的约定。在法律没有规定以及当事人没有约定的情况下，承租人仍然负有继续支付租金的义务，出租人有权请求承租人继续支付租金。

66. 租赁期限届满后，如何确定租赁物的归属？

根据《民法典》第 757 条之规定，租赁期限届满后租赁物的归属按如下顺序确定：

首先，出租人和承租人可以约定租赁期限届满租赁物的归属。《民法典》第 758 条规定，当事人约定租赁期限届满租赁物归承租人所有，承租人已经支付大部分租金，但是无力支付剩余租金，出租人因此解除合同收回租赁物，收回的租赁物的价值超过承租人欠付的租金以及其他费用的，承租人可以请求相应返还。当事人约定租赁期限届满租赁物归出租人所有，因租赁物毁损、灭失或者附合、混合于他物致使承租人不能返还的，出租人有权请求承租人给予合理补偿。《民法典》第 759 条规定，当事人约定租赁期限届满，承租人仅需向出租人支付象征性价款的，视为约定的租金义务履行完毕后租赁物的所有权归承租人。

其次，对租赁物的归属没有约定或者约定不明确，双方可以协议补充；不能达成补充协议的，按照合同相关条款或者交易习惯确定。

最后，仍不能确定的，租赁物的所有权归出租人。

67. 融资租赁合同无效时租赁物的归属如何确定?

根据《民法典》第760条之规定,融资租赁合同无效时租赁物的归属按如下顺序确定:

首先,当事人就该情形下租赁物的归属有约定的,按照其约定;

其次,没有约定或者约定不明确的,租赁物应当返还出租人;

最后,如因承租人原因致使合同无效,出租人不请求返还或者返还后会显著降低租赁物效用的,租赁物的所有权归承租人,由承租人给予出租人合理补偿。

十四、保理合同

68. 保理合同是什么?保理合同一般包含哪些条款?

根据《民法典》第761条之规定,保理合同,是指应收账款债权人将现有的或者将有的应收账款转让给保理人,保理人提供资金融通、应收账款管理或者催收、应收账款债务人付款担保等服务的合同。保理目前在我国区分为银行业保理和商业保理。通俗地说,保理合同就是应收账款债权人将其现有的或者将有的应收账款转让给保理人,由保理人提供资金融通、应收账款管理或者催收以及应收账款债务人付款担保等服务并赚取一定费用的协议。

根据《民法典》第762条第1款之规定,保理合同一般应包含:业务类型、服务范围、服务期限、基础交易合同情况、应收账款信息、保理融资款或者服务报酬及其支付方式等条款。保理合同的具体内容由保理人和应收账款债权人具体约定,此条款仅仅是倡导性的规定,仅是对保理合同通常所包含内容的总结。

保理合同较为复杂,出于保护交易安全、避免纠纷的需要,《民法典》第762条第2款明确规定保理合同应当采用书面形式。

69. 保理人向应收账款债务人发出应收账款转让通知时应当附什么手续?

《民法典》第764条规定,保理人向应收账款债务人发出应收账款转让通知的,应当表明保理人身份并附有必要凭证。

在保理合同中,实践中的大多数情形应收账款转让都是保理人发出通知,因为其对此具有重大利益,以避免债务人在转让发生后仍向债权人履行债务，故保理人更有动力主动发出通知。此时为了更好地保障债务人的权益，保理人理应表明身份并加以证明。故此上述条款规定，保理人向应收账款债务人发出应收账款转让通知的，应当表明保理人身份并附有必要凭证。保理人单独通知但未提出充分的必要凭证的，转让通知不发生效力，债务人可以向让与人履行债务，债务人也有权要求保理人在合理期间内提供充分的必要凭证，并在保理人提供之前有权拒绝履行。

70.《民法典》关于有追索权保理和无追索权保理分别是怎么规定的?

按照保理人在债务人破产、无理拖欠或无法偿付应收账款时，是否可以向债权人反转让应收账款，或要求债权人回购应收账款或归还融资，可以区分为有追索权保理和无追索权保理。

有追索权保理，是指保理人不承担为债务人核定信用额度和提供坏账担保的义务，仅提供包括融资在内的其他金融服务，有追索权保理在应收账款到期无法从债务人处收回时，保理人可以向债权人反转让应收账款，或要求债权人回购应收账款或归还融资，又称为回购型保理。《民法典》第 766 条规定，当事人约定有追索权保理的，保理人可以向应收账款债权人主张返还保理融资款本息或者回购应收账款债权，也可以向应收账款债务人主张应收账款债权。保理人向应收账款债务人主张应收账款债权，在扣除保理融资款本息和相关费用后有剩余的，剩余部分应当返还给应收账款债权人。

无追索权保理，是指保理人根据债权人提供的债务人核准信用额度，在信用额度内承购债权人对债务人的应收账款并提供坏账担保责任，债务人因发生信用风险未按基础合同约定按时足额支付应收账款时，保理人不能向债权人追索，又称为买断型保理。《民法典》第 767 条规定，当事人约定无追索权保理的，保理人应当向应收账款债务人主张应收账款债权，保理人取得超过保理融资款本息和相关费用的部分，无须向应收账款债权人返还。

十五、承揽合同

71. 承揽合同是什么? 承揽合同一般包含哪些条款?

根据《民法典》第 770 条之规定，承揽合同是指承揽人按照定作人的要求完成工作，交付工作成果，定作人支付报酬的合同。承揽包括加工、定作、修理、复制、测试、检验等工作。

根据《民法典》第771条之规定，承揽合同的内容一般包括如下条款：

（1）承揽的标的。承揽的标的指承揽合同权利义务所指向的对象，也就是承揽人按照定作人要求所应进行的承揽工作。

（2）标的数量。当事人应当明确规定标的的数量，选择好双方共同接受的计算单位，确定双方认可的计算方法，还可以规定合理的磅差或者尾差。

（3）标的质量。标的质量需订得详细具体，如标的的技术指标、质量要求、规格、型号等都要明确。

（4）报酬。报酬，主要是指定作人应当支付承揽人进行承揽工作所付出的技能、劳务的酬金。

（5）承揽方式。

（6）材料的提供。当事人应当约定由哪一方提供材料，并且应当明确提供材料的时间、地点、材料的数量和质量等。

（7）履行期限。承揽合同中的履行期限，主要是指双方当事人履行义务的时间。

（8）验收标准和方法。其中，验收的标准是指检验材料、承揽工作质量的标准。

（9）其他条款。

72. 承揽人可以将承揽工作交给第三人完成吗？

按照对工作成果最终质量起作用的程度不同，可以承揽工作分为主要工作和辅助工作。

主要工作，一般是指对工作成果的质量起决定性作用的工作，也可以说是技术要求高的那部分工作。对于主要工作，除当事人另有约定外，承揽人应亲自完成。承揽合同的本质特点决定了该合同是建立在定作人对承揽人的工作能力信任的基础上的，因此《民法典》第772条规定，承揽人应当以自己的设备、技术和劳力，完成主要工作，但是当事人另有约定的除外。承揽人将其承揽的主要工作交由第三人完成的，应当就该第三人完成的工作成果向定作人负责；未经定作人同意的，定作人也可以解除合同。

辅助工作，一般是指对工作成果的整体质量没有太大的影响的工作。

对于辅助工作，承揽人可以交由第三人完成，且不须经定作人同意。《民法典》第773条规定，承揽人可以将其承揽的辅助工作交由第三人完成。承揽人将其承揽的辅助工作交由第三人完成的，为了确保该辅助工作的质量，应当就该第三人完成的工作成果向定作人负责。

73. 定作人中途变更承揽工作的要求，需要承担什么责任？

《民法典》第777条规定，定作人中途变更承揽工作的要求，造成承揽人损失的，应当赔偿损失。

定作人可以中途变更承揽工作的要求，但根据公平原则，定作人中途变更对承揽工作的要求，造成承揽人损失的，应当赔偿承揽人的损失。承揽人按照原要求完成部分工作的，定作人应当支付该部分工作的报酬。由承揽人提供材料的，定作人应当支付完成该部分工作所耗费的材料的价款和保管费。按照新要求，需要增加材料的，由定作人负担费用。新要求使原承揽工作质量、难度提高的，定作人应当相应增加报酬。因定作人中途变更合同，使工期顺延，因此造成承揽人误工损失的，由定作人赔偿损失。

74. 工作成果不符合质量要求时，定作人可以请求承揽人承担哪些违约责任？

承揽人应当保证其完成的工作成果符合合同约定，在质量上要达到合同约定的标准。承揽人所交付的工作成果不符合质量标准的，承揽人应当对工作成果负瑕疵担保责任，定作人有权要求承揽人承担相应的违约责任。《民法典》第781条规定，承揽人交付的工作成果不符合质量要求的，定作人可以合理选择请求承揽人承担修理、重作、减少报酬、赔偿损失等违约责任。

75. 定作人在承揽人完成工作前可以随时解除合同吗？

《民法典》第787条规定，定作人在承揽人完成工作前可以随时解除合同，造成承揽人损失的，应当赔偿损失。

合同解除后，承揽人应当将已完成的部分工作交付定作人。定作人提供材料的，如有剩余，也应当返还定作人。定作人预先支付报酬的，在扣除已完成部分的报酬后，承揽人也应当将剩余价款返还定作人。因定作人解除合同造成承揽人损失的，应当赔偿损失。

十六、建设工程合同

76. 施工合同一般包含哪些条款?

施工合同，是指施工人完成工程的建筑、安装工作，发包人验收后，接收该工程并支付价款的合同。根据《民法典》第795条之规定，施工合同一般包括：工程范围、建设工期、中间交工工程的开工和竣工时间、工程质量、工程造价、技术资料交付时间、材料和设备供应责任、拨款和结算、竣工验收、质量保修范围和质量保证期、相互协作等条款。

77. 因承包人的原因致使建设工程在合理使用期限内造成人身损害和财产损失的，由谁承担责任?

《民法典》第802条规定，因承包人的原因致使建设工程在合理使用期限内造成人身损害和财产损失的，承包人应当承担赔偿责任。

承包人承担赔偿责任应当具备以下条件：

（1）因承包人的原因引起的建设工程对他人人身、财产的损害。如果不属于承包人的原因，例如，因用户使用不当等原因造成人身、财产损害的，承包人不承担责任。

（2）人身、财产损害是发生在建设工程合理使用期限内。合理使用期限的长短需要根据各类建设工程的不同情况，如建筑物结构、使用功能、所处的自然环境等因素，由有关技术部门作出判断，按照国务院有关主管部门制定的标准进行认定。

（3）造成人身和财产损害。这里的受损害方不仅指建设工程合同的对方当事人即发包人，也包括建设工程的最终用户以及因该建设工程而受到损害的其他人。

十七、运输合同

78. 运输合同的旅客、托运人或者收货人负有什么义务?

根据《民法典》第813条之规定，旅客、托运人或者收货人负有支付票款或者运输费用的义务。承运人未按照约定路线或者通常路线运输增加票款或者运输费用的，旅客、托运人或者收货人可以拒绝支付增加部分的票款或者运输费用。

在日常的生活和经济活动中，常常出现这样一些情况，承运人不按照运输合同中约定的运输路线或者合理的运输路线进行运输，向旅客要求增加票款，向货物的托运人或者收货人要求增加运费。承运人没有正当理由不按照约定的路线或者合理的路线进行运输，是其自己的过错，旅客、托运人或者收货人没有任何过错。因此，在此种情况下，旅客、托运人或者收货人可以拒绝支付增加部分的票款或者运费。

79. 客运合同何时成立？

客运合同，是指将旅客送达目的地，旅客支付票款的合同。《民法典》第 814 条规定，客运合同自承运人向旅客出具客票时成立，但是当事人另有约定或者另有交易习惯的除外。

随着互联网技术的发展，传统的购票方式发生了很大变化，客票的无纸化成为普遍趋势。旅客在客运合同订立过程中，可以通过网上购票的方式与承运人达成出行日期、票价等事项的合意，一旦意思表示一致，承运人出具电子票据，合同即宣告成立。有时甚至旅客都不需要接收电子票据，出示身份证件即可乘坐。因此，上述条款将原合同法规定的“交付客票时成立”修改为“出具客票时成立”。

80. 实名制客运合同的旅客丢失客票，承运人还能再次收取票款或者其他不合理费用吗？

实践中客运合同很多已经实行了实名制，这些购买了实名制客票的旅客由于一些原因丢失了客票，申请挂失补办客票时，有的承运人却再次收取票款或者要求缴纳高额手续费等不合理费用，基于此，《民法典》第 815 条第 2 款规定，实名制客运合同的旅客丢失客票的，可以请求承运人挂失补办，承运人不得再次收取票款和其他不合理费用。根据这一规定，如果客运合同是实名制的，旅客丢失客票时，凭自己的有关身份证件可以向承运人申请挂失补办。承运人在确认旅客的真实身份后，也应当为其办理挂失补办手续，在办理这些手续时，不得乘机再次收取票款或者高额手续费等不合理费用。

81. 关于货运合同的提货有什么规定？

《民法典》第 830 条规定，货物运输到达后，承运人知道收货人的，应当及时通知收货人，收货人应当及时提货。收货人逾期提货的，应当向承运人支付保管费等费用。

承运人将货物安全运到目的地后，如果知道收货人的，应当及时通知收货人，以便于收货人及时提货。在货物到达目的地后，如果承运人不知道收货人是谁时，承运人应当通知托运人在合理期限内就运输的货物的处分作出指示。一旦收货人接到承运人的通知，就应当及时提货。如果收货人在收到承运人提货通知后的规定时间内，或者没有规定时间而在合理时间内没有提取货物的，其应当向承运人支付逾期的保管费用。

82. 承运人需要对运输过程中货物的毁损、灭失承担赔偿责任吗？

《民法典》第832条规定，承运人对运输过程中货物的毁损、灭失承担赔偿责任。但是，承运人证明货物的毁损、灭失是因不可抗力、货物本身的自然性质或者合理损耗以及托运人、收货人的过错造成的，不承担赔偿责任。

根据上述规定，承运人应当对运输过程中货物的毁损、灭失承担无过错的赔偿责任，即该赔偿责任的成立不以承运人在运输过程中存在过错为前提条件。但是，承运人证明货物的毁损、灭失是因不可抗力、货物本身的自然性质或者合理损耗以及托运人、收货人的过错造成的，不承担赔偿责任。

此外，《民法典》第833条对货物的毁损、灭失的赔偿额作出了规定，当事人对货物的毁损、灭失的赔偿额有约定的，按照其约定；没有约定或者约定不明确，双方可以协议补充；不能达成补充协议的，按照合同相关条款或者交易习惯确定；仍不能确定的，按照交付或者应当交付时货物到达地的市场价格计算。法律、行政法规对赔偿额的计算方法和赔偿限额另有规定的，依照其规定。

83. 当有两个以上承运人以同一运输方式联运的，如何确定责任承担？

根据《民法典》第834条之规定，当有两个以上承运人以同一运输方式联运时，确定责任承担有以下两种方式：一是与托运人订立合同的承运人应当对全程运输承担责任。订约的第一承运人应当对货物安全及时送达目的地负责；如果货物因为其他承运人的原因而未能安全及时送达目的地，订约的第一承运人应当就此对托运人或者收货人负责。二是损失发生在某一运输区段的，与托运人订立合同的承运人和该区段的承运人承担连带责任。如果查明货物的毁损、灭失是发生在某一具体运输区段的，由该区段的承运人和订约的第一承运人承担连带责任。

十八、技术合同

84. 技术合同是什么？技术合同一般包含哪些条款？

根据《民法典》第 843、844 条之规定，技术合同是指当事人就技术开发、转让、许可、咨询或者服务订立的确立相互之间权利和义务的合同。订立技术合同，应当有利于知识产权的保护和科学技术的进步，促进科学技术成果的研发、转化、应用和推广。

根据《民法典》第 845 条之规定，技术合同一般包括：项目的名称，标的的内容、范围和要求，履行的计划、地点和方式，技术信息和资料的保密，技术成果的归属和收益的分配办法，验收标准和方法，名词和术语的解释等条款。此外，与履行合同有关的技术背景资料、可行性论证和技术评价报告、项目任务书和计划书、技术标准、技术规范、原始设计和工艺文件，以及其他技术文档，按照当事人的约定可以作为合同的组成部分。技术合同涉及专利的，应当注明发明创造的名称、专利申请人和专利权人、申请日期、申请号、专利号以及专利权的有效期限。

85. 技术转让合同是什么？包含哪些内容？存在哪些类型？

《民法典》第 862~864 条对技术转让合同的含义、内容及类型作出了明确规定，具体如下：

首先，技术转让合同的含义。技术转让合同，是指合法拥有技术的权利人，将现有特定的专利、专利申请、技术秘密的相关权利让与他人所订立的合同。

其次，技术转让合同的内容。技术转让合同中关于提供实施技术的专用设备、原材料或者提供有关的技术咨询、技术服务的约定，属于合同的组成部分。技术转让合同可以约定实施专利或者使用技术秘密的范围，但是不得限制技术竞争和技术发展。技术转让合同应当采用书面形式。

最后，技术转让合同的类型。技术转让合同包括专利权转让、专利申请权转让、技术秘密转让等合同。

86. 技术许可合同是什么？包含哪些内容？存在哪些类型？

《民法典》第 862~864 条对技术许可合同的含义、内容及类型作出了明确规定，具体如下：

首先，技术许可合同的含义。技术许可合同，是指合法拥有技术的权利人，将现有特定的专利、技术秘密的相关权利许可他人实施、使用所订立的合同。

其次，技术许可合同的内容。技术许可合同中关于提供实施技术的专用设备、原材料或者提供有关的技术咨询、技术服务的约定，属于合同的组成部分。技术许可合同可以约定实施专利或者使用技术秘密的范围，但是不得限制技术竞争和技术发展。技术许可合同应当采用书面形式。

最后，技术许可合同的类型。技术许可合同包括专利实施许可、技术秘密使用许可等合同。

十九、保管合同

87. 保管合同是什么？将物品寄存到商店是保管吗？

根据《民法典》第 888 条第 1 款之规定，保管合同，是指保管人保管寄存人交付的保管物，并返还该物的合同。

现实生活中，保管主要是社会成员之间相互提供帮助，或者服务部门、公共场所向社会提供服务的一种方式，如商场、车站、饭店、宾馆等场所都设置了供人们寄存物品的特定场所。在这些场合，当事人之间往往没有达成书面的甚至是口头的合同，为避免纠纷，《民法典》第 888 条第 2 款规定，寄存人到保管人处从事购物、就餐、住宿等活动，将物品存放在指定场所的，视为保管，但是当事人另有约定或者另有交易习惯的除外。

88. 保管人可以将保管物转交第三人保管吗？

《民法典》第 894 条规定，保管人不得将保管物转交第三人保管，但是当事人另有约定的除外。保管人违反前款规定，将保管物转交第三人保管，造成保管物损失的，应当承担赔偿责任。

保管人亲自保管保管物是保管人的一项义务，也是寄存人对保管人信任的一种体现。除当事人另有约定外，保管人不得将保管物转交第三人保管。保管人擅自将保管物转交第三人保管，造成保管物损失的，应当承担赔偿责任。例如，寄存人甲将需要冷冻保存的鱼交给具备相应冷冻条件的保管人乙保管，订立保管合同。后乙擅自将该保管物交给第三人丙保管，丙不具备相应的保管条件，由第三人丙保管造成保管物损失的，乙应当承担赔偿责任。

89. 因保管人保管不善造成保管物毁损、灭失的，保管人应当承担责任吗？

《民法典》第 897 条规定，保管期内，因保管人保管不善造成保管物毁损、灭失的，保管人应当承担赔偿责任。但是，无偿保管人证明自己没有故意或者重大过失的，不承担赔偿责任。

上述规定区分了无偿保管和有偿保管中保管人的责任承担：

（1）无偿保管。保管是无偿的，保管人仅对其故意或者重大过失造成保管物毁损、灭失的情形承担赔偿责任。

（2）有偿保管。保管是有偿的，保管人应当对保管期间保管物的毁损、灭失承担损害赔偿责任，但是保管人能够证明自己没有过错的除外。所谓“保管人能够证明自己没有过错”，是指保管人能够证明已经尽到了妥善保管义务。此外，保管物的毁损、灭失是由于保管物自身的性质或者包装不符合约定造成的，保管人也不承担责任。例如，因寄存人的过错，对保管物包装不良，致使寄存的汽油挥发的，保管人不承担赔偿责任。

90. 保管人保管货币或其他可替代物的，必须返还原物吗？

不是。可替代物指以品种、质量、规格或度量衡确定，不需要具体指定的转让物，如标号相同的水泥，相同品牌、规格的电视机等。《民法典》第 901 条规定，保管人保管货币的，可以返还相同种类、数量的货币；保管其他可替代物的，可以按照约定返还相同种类、品质、数量的物品。

二十、仓储合同

91. 仓储合同是什么？仓储合同何时成立？

根据《民法典》第 904 条之规定，仓储合同，是指保管人储存存货人交付的仓储物，存货人支付仓储费的合同。

因为在仓储合同订立后，存货人交付仓储物前，保管人往往要做很多的准备工作，如采购相应的设施设备，准备可供储存相应仓储物的仓库，收集仓储物相关资料，招聘特定的保管人员以及对保管人员进行技术培训等，需要付出大量的人力、物力、财力。如果仓储合同订立后，存货人在交付仓储物前反悔，保管人无法就前期准备工作的费用向存货人主张，可能遭受较大的损失。这种损失不仅包括前期准备工作的费用，还包括因为与存货人订立仓储合同而放弃或者丧失与其他人订立合同的机会。所以，如果存货人在订立仓储合同后交付仓储物前可以随时反悔使合同不成立，对于保管人显然是不公平的，也不符合诚信原则的要求。故《民法典》第905条规定，仓储合同自保管人和存货人意思表示一致时成立。

92. 仓单的转让需要具备哪些条件？

《民法典》第910条规定，仓单是指提取仓储物的凭证。存货人或者仓单持有人在仓单上背书并经保管人签名或者盖章的，可以转让提取仓储物的权利。

据此，仓单的转让需要满足如下条件：

（1）存货人或者仓单持有人在仓单上背书。"背书"，是指存货人或者仓单持有人在仓单的背面或者粘单上记载被背书人（受让人）的名称或姓名、住所等有关事项的行为。多次转让仓单的，背书还要有连续性。背书的连续性主要是保证每个背书人都是有权转让仓单项下权利的人。有权利提取仓储物的权利人是最后一个被背书人，即最终的受让人或者质权人。

（2）经保管人签名或者盖章。因为保管人是仓储物的合法占有人，而仓储物的所有权仍归存货人。为保护存货人的所有权，防止其他人以不法途径获得仓单，从而损害存货人的利益，也使保管人自己免予承担不应有的责任。

93. 仓储物有变质或者其他损坏，危及其他仓储物的安全和正常保管的，保管人应采取哪些措施？

《民法典》第913条规定，保管人发现入库仓储物有变质或者其他损坏，危及其他仓储物的安全和正常保管的，应当催告存货人或者仓单持有人作出必要的处置。因情况紧急，保管人可以作出必要的处置；但是，事后应当将该情况及时通知存货人或者仓单持有人。

一般来说，保管人的仓库会存放多个不同保管人的仓储物。当保管人发现入库仓储物有变质或者其他损坏，危及其他仓储物的安全和正常保管的，一般都应当先催告存货人或者仓单持有人作出必要的处置。但是，如果情况紧急，来不及催告存货人或者仓单持有人进行处置的，保管人可以作出必要的处置，事后还应当将该情况及时通知存货人或者仓单持有人。所谓情况紧急，一般是指保管人无法通知存货人或者仓单持有人，或者必须立即采取措施，以避免其他仓储物受到损害。

94. 保管人需要对仓储物毁损、灭失承担责任吗？

《民法典》第917条规定，储存期内，因保管不善造成仓储物毁损、灭失的，保管人应当承担赔偿责任。因仓储物本身的自然性质、包装不符合约定或者超过有效储存期造成仓储物变质、损坏的，保管人不承担赔偿责任。

因造成仓储物毁损、灭失的原因不同，保管人是否承担责任分为以下两种情况：

（1）因保管不善造成仓储物毁损、灭失的，保管人应当承担赔偿责任。"保管不善"，是指保管人没有尽到上述的妥善保管义务，没有按照有关规定和当事人约定提供相应的保管条件和设备，没有采取相应的保管措施，没有尽到善良管理人的义务。例如，合同约定用冷藏库储存水果，但冷藏库的制冷设施发生故障，保管人不采取及时修理等补救措施，保管条件已不符合原来的约定，致使水果腐烂变质的，应承担赔偿责任。

（2）因仓储物本身的自然性质、包装不符合约定或者超过有效储存期造成仓储物变质、损坏的，保管人不承担赔偿责任。例如，因地震、台风等不可抗力造成仓储物毁损、灭失。

二十一、委托合同

95. 受托人可以转委托吗？

《民法典》第923条规定，受托人应当亲自处理委托事务。经委托人同意，受托人可以转委托。转委托经同意或者追认的，委托人可以就委托事务直接指示转委托的第三人，受托人仅就第三人的选任及其对第三人的指示承担责任。转委托未经同意或者追认的，受托人应当对转委托的第三人的行为承担责任；但是，在紧急情况下受托人为了维护委托人的利益需要转委托第三人的除外。

一般来说，委托人委托受托人处理某项事务是出于对受托人个人人品、能力等的信任，所以受托人应当亲自处理委托事务。但法律并不禁止受托人可以讲委托事务转委托给他人的一切情形。比如，根据上述规定，符合下列条件之一的，受托人可以转委托：第一，转委托须事先取得委托人的同意或经委托人追认。第二，在紧急情况下受托人为了维护委托人的利益，也可以进行转委托。例如，委托人临时患急病，不能前去处理，又不能及时与委托人取得联系，由于情况紧急，如果不立即转托第三人代为处理，就会使委托人受到很大的损失。

同时，本条还明确规定了转委托的法律效果以及受托人所负担的义务和承担的责任。受托人将委托事务转委托是否经过委托人的同意或者追认，其法律效果以及受托人所负担的义务和承担的责任是不一样的。转委托经委托人同意或者追认的，委托人可以就委托事务直接指示转委托的第三人，受托人只要就第三人的选任及其对第三人的指示承担责任。受托人如果在选任接受转委托的第三人上没有过错，选择了具有处理委托事务相应能力的第三人，且对第三人的指示也都是恰当合适的，那么受托人对第三人的行为造成委托人的损失，不承担赔偿责任。转委托未经委托人同意或者追认的，受托人应当对转委托的第三人的行为承担责任。

96. 受托人承担赔偿损失的范围如何确定？

《民法典》第929条规定，有偿的委托合同，因受托人的过错造成委托人损失的，委托人可以请求赔偿损失。无偿的委托合同，因受托人的故意或者重大过失造成委托人损失的，委托人可以请求赔偿损失。受托人超越权限造成委托人损失的，应当赔偿损失。

受托人承担赔偿损失的范围因委托合同是有偿还是无偿而有所不同：

（1）有偿合同。在有偿的委托合同中，受托人负有较高的注意义务，其在处理委托事务时只要有过错，即存在故意、重大过失或者一般过失，并给委托人造成损失的，就要承担赔偿责任。

（2）在无偿的委托合同中，受托人在一般过失下并不承担赔偿责任，只有在故意和重大过失的情况下才对损害承担赔偿责任。所谓故意，是指受托人明知或者应当知道损失可能发生，并主动促使或者放纵损失的发生。所谓重大过失，是指一般人对该行为所产生的损害后果都能预见到，而行为人却因疏忽大意没有预见到，致使损害后果发生。

此外，受托人超越权限造成委托人损失的，无论委托合同是否有偿，都应当赔偿损失。

97. 两个以上的受托人共同处理委托事务的，如何承担责任？

《民法典》第932条规定，两个以上的受托人共同处理委托事务的，对委托人承担连带责任。据此，不论委托人的损失是出于哪个受托人的过错，也无论各个受托人内部是否约定了对委托事务的处理权限和责任承担，所有受托人都应当对委托人承担连带责任。各受托人在承担连带责任后，可以按照受托人之间的约定、各受托人的过错来处理内部关系。

98. 因受托人死亡等原因致使委托合同终止，其继承人等负有哪些义务？

《民法典》第936条规定，因受托人死亡、丧失民事行为能力或者被宣告破产、解散，致使委托合同终止的，受托人的继承人、遗产管理人、法定代理人或者清算人应当及时通知委托人。因委托合同终止将损害委托人利益的，在委托人作出善后处理之前，受托人的继承人、遗产管理人、法定代理人或者清算人应当采取必要措施。

因受托人死亡、丧失民事行为能力或者被宣告破产、解散，致使委托合同终止的，受托人的继承人、遗产管理人、法定代理人或者清算人负有两项义务：一是及时通知委托人。因受托人死亡、丧失民事行为能力或者被宣告破产、解散，导致委托合同终止的，委托人可能对委托终止的事由并不知情，如果不将该情况及时告知委托人，可能给委托人造成损失。二是在委托合同终止将损害委托人利益的情况下，受托人的继承人、遗产管理人、法定代理人或者清算人不仅应当及时告知委托人，还应当采取必要的措施保护委托人的利益。例如，保存好委托事务有关的单证和资料；保管好委托事务的财产，以便交付给委托人。

二十二、物业服务合同

99. 物业服务合同是什么？物业服务合同一般包含哪些内容？

根据《民法典》第937条之规定，物业服务合同是指物业服务人在物业服务区域内，为业主提供建筑物及其附属设施的维修养护、环境卫生和相关秩序的管理维护等物业服务，业主支付物业费的合同。其中物业服务人包括物业服务企业和其他管理人。

根据《民法典》第 938 条第 1 款之规定，物业服务合同的内容一般包括如下条款：

（1）服务事项。例如，妥善维修、养护、清洁、绿化和经营管理物业服务区域内的业主共有部分，维护物业服务区域内的基本秩序等。

（2）服务质量。例如，合同约定物业服务人每年须对小区内的电梯进行一次检修、小区门口必须每天 24 小时有 2 名以上保安值守等。

（3）服务费用的标准和收取办法。物业费的收取主要有两种方式，即包干制和酬金制。

（4）维修资金的使用。维修资金，也可称为“公共维修资金”或者“专项维修资金”，是指由业主缴纳的，专项用于物业服务区域内建筑物的共用部分、共用设施设备保修期满后的维修和更新、改造的资金，如电梯、单元门等共有部分的维修费用。

（5）服务用房的管理和使用。物业服务用房，是指物业服务人为业主提供物业服务而使用的房屋。

（6）服务期限。服务期限，是指双方当事人在物业服务合同中约定的由物业服务人提供物业服务的期限。

（7）服务交接等条款。

此外，《民法典》第 938 条第 3 款规定，物业服务合同应当采用书面形式。

100. 前期物业服务合同等对业主具有法律约束力吗？

《民法典》第 939 条规定，建设单位依法与物业服务人订立的前期物业服务合同，以及业主委员会与业主大会依法选聘的物业服务人订立的物业服务合同，对业主具有法律约束力。

根据上述规定，建设单位与物业服务人订立的前期物业服务合同、业主委员会与物业服务人订立的物业服务合同，不仅对建设单位或者业主委员会、物业服务人具有法律约束力，也对业主具有法律约束力。业主享有合同中的相关权利的同时，也承担合同义务，受合同条款的规范和调整。

101. 物业服务人可以转委托吗？

《民法典》第 941 条规定，物业服务人将物业服务区域内的部分专项服务事项委托给专业性服务组织或者其他第三人的，应当就该部分专项服务事项向业主负责。物业服务人不得将其应当提供的全部物业服务转委托给第三人，或者将全部物业服务支解后分别转委托给第三人。

业主之所以选中某家物业公司，看中的就是这家物业公司的口碑和服务水准。如果允许该物业公司将其承担的物业服务随意转让他人，则将极大损害业务的权益。所以，为了维护业主的合法权益，向业主提供更优质、更高效的服务，同时规范物业服务人的行为，提升物业服务质量，物业服务人可以将物业服务区域内的部分专项服务事项委托给专业性服务组织或者其他第三人。例如，物业服务人委托保安公司专门负责小区的安保工作，委托保洁公司负责小区内的保洁工作等。物业服务人将物业服务区域内的部分专项服务事项委托给专业性服务组织或者其他第三人的，应当就该部分专项服务事项向业主负责。物业服务人可以将管理区域内的专项服务事项委托给第三人，但不得将全部物业服务转委托给第三人，或者支解后分别转委托给第三人。

102. 什么情况下会形成不定期物业服务合同？

《民法典》第948条规定，物业服务期限届满后，业主没有依法作出续聘或者另聘物业服务人的决定，物业服务人继续提供物业服务的，原物业服务合同继续有效，但是服务期限为不定期。当事人可以随时解除不定期物业服务合同，但是应当提前60日书面通知对方。

根据上述规定，物业服务合同约定的服务期限届满后，如果业主没有依法作出续聘或者另聘物业服务人的决定，小区的物业将处于无人管理的状态，将影响到全体业主的正常生活，损害全体业主的共同利益，此时物业服务人基于诚信原则，从保护全体业主共同利益的角度出发，继续为业主提供物业服务的，原物业服务合同继续有效，只是服务期限变为不定期，由此形成不定期物业服务合同。此时，双方当事人都可以随时解除物业服务合同，只需要提前60日书面通知对方。

二十三、行纪合同

103. 行纪合同是什么？

根据《民法典》第951条之规定，行纪合同，是指行纪人以自己的名义为委托人从事贸易活动，委托人支付报酬的合同。例如，某配件厂（甲方）委托某销售公司（乙方）代销产品，乙方接受甲方的委托并以自己的名义代甲方销售，代销价款归甲方，乙方收取代销费。在这个关系中，甲方为委托人，乙方为行纪人。

104. 行纪人与第三人订立合同的，由谁直接对合同享有权利承担义务？

《民法典》第958条规定，行纪人与第三人订立合同的，行纪人对该合同直接享有权利、承担义务。第三人不履行义务致使委托人受到损害的，行纪人应当承担赔偿责任，但是行纪人与委托人另有约定的除外。

在行纪人与第三人订立的买卖合同中，行纪人是作为合同一方的当事人为委托人的利益而与第三人订立的合同。根据合同的相对性原则，既然行纪人是合同的当事人，就必须自己直接对合同享有权利承担义务。如果第三人违约，除行纪人与委托人另有约定外，委托人不得直接对第三人行使请求权，而只能向行纪人主张权利，行纪人此时也不得以自己无过错为由而拒绝承担自己的责任。行纪人承担责任向委托人履行后，再行使向第三人的追偿权。

二十四、中介合同

105. 中介人如实报告的义务是什么？中介人违反如实报告义务会导致什么后果？

《民法典》第962条规定，中介人应当就有关订立合同的事项向委托人如实报告。中介人故意隐瞒与订立合同有关的重要事实或者提供虚假情况，损害委托人利益的，不得请求支付报酬并应当承担赔偿责任。

首先，中介人如实报告的义务是指中介人应当尽可能全面地、准确地报告与订立合同有关的重要信息的义务，是中介人在中介合同中承担的主要义务。例如，委托人想购买一套房屋，委托中介人寻找合适的房源，房屋中介应当提供房屋的具体位置、面积大小、户型等基本情况，还应当提供房屋是否被抵押、是否被法院查封、是否为“凶宅”等重要信息。

其次，中介人违反如实报告义务的后果。如果中介人故意隐瞒与订立合同有关的重要事实或者提供虚假情况，损害委托人利益的，不得要求支付报酬并应当承担相应的赔偿责任。

106. 中介人未促成合同成立的，中介人可以请求委托人支付必要费用吗？

《民法典》第964条规定，中介人未促成合同成立的，不得请求支付报酬；但是，可以按照约定请求委托人支付从事中介活动支出的必要费用。其中“按照约定”，是指在中介人未促成合同成立的情况下，中介人向委托人请求支付从事中介活动的必要费用，须以中介人和委托人之间存在合同未成立中介人亦享有费用请求权的约定为前提。反过来理解，在委托人与中介人没有约定委托人与第三人合同未成立而中介人仍可以主张返还从事中介活动的必要费用的情况下，中介人无权向委托人请求返还，委托人也没有义务向中介人支付该费用。

107. 委托人的什么行为属于“跳单”？

实践中，“跳单”现象频繁发生，已经成为中介合同纠纷案件中的一种常见纠纷类型。“跳单”行为违背诚信和公平原则，严重损害中介人的利益，扰乱市场秩序，对此，《民法典》第965条规定，委托人在接受中介人的服务后，利用中介人提供的交易机会或者媒介服务，绕开中介人直接订立合同的，应当向中介人支付报酬。最常见的就是房屋买卖双方绕过中介私下交易。

委托人的行为构成“跳单”应当具备以下要件：第一，委托人接受了中介服务。中介人接受委托后，履行了向委托人报告订约机会或者提供媒介服务的义务，委托人接受了中介人提供的服务，这是中介人获取报酬的权利来源。第二，委托人绕开中介人直接与第三人订立合同。委托人与第三人私下订立合同，并未通过中介人，或者委托人在中介人之外，又委托其他人从事中介服务，通过其他中介人与第三人订立了合同。第三，委托人与第三人合同的订立，主要是由于委托人利用了中介人提供的交易机会或者媒介服务。

二十五、无因管理

108. 无因管理应当满足什么要件？无因管理的管理人享有哪些权利？

《民法典》第979条规定，管理人没有法定的或者约定的义务，为避免他人利益受损失而管理他人事务的，可以请求受益人偿还因管理事务而支出的必要费用；管理人因管理事务受到损失的，可以请求受益人给予适当补偿。管理事务不符合受益人真实意思的，管理人不享有前款规定的权利；但是，受益人的真实意思违反法律或者违背公序良俗的除外。

根据上述规定，无因管理应当满足以下要件：首先，管理人对所管理的事务没有法定或者约定的义务。管理人对管理他人事务是否有法定或者约定义务，是认定是否构成无因管理的前提条件。其次，管理人管理他人的事务。这里的他人事务是指有关人们生活利益并能成为债务的一切事项，既可以是涉及他人经济利益的事项，也可以是涉及他人非经济利益的事项，既可以是管理财产的事项，也可以是提供服务的事项。最后，管理人具有管理他人事务的意思，即管理人有为他人谋取利益的意思或者有使管理行为所生的利益归于他人的意思。

满足上述条件的适当的无因管理，管理人享有以下权利：一是请求本人偿还必要费用的权利。管理人为管理本人事务支出的必要费用及其利息，有权请求本人偿还。二是补偿管理人因此所受到的损失。管理人为管理本人事务而受到损害的，如损害的发生与其管理行为之间具有因果关系，管理人有权向本人请求给予赔偿。

109. 管理人管理事务不属于无因管理情形，可以请求受益人偿还必要费用和损失补偿吗？

实践中，管理人管理事务虽然不属于无因管理情形，但是本人事实上却享有了管理人在管理过程中所获得的管理利益。从公平的角度讲，且考虑到这种管理的管理人仍有为本人利益进行管理的意愿，据此，《民法典》第 980 条规定，管理人管理事务不属于前条规定的情形，但是受益人享有管理利益的，受益人应当在其获得的利益范围内向管理人承担前条第 1 款规定的义务。具体而言，管理人可以请求受益人偿还因管理事务而支出的必要费用；管理人因管理事务受到损失的，可以请求受益人给予适当补偿。

二十六、不当得利

110. 善意得利人返还义务的免除有哪些适用条件？

《民法典》第 986 条规定，得利人不知道且不应当知道取得的利益没有法律根据，取得的利益已经不存在的，不承担返还该利益的义务。

根据本条规定，善意得利人返还义务的免除的适用条件有两项：一是得利人为善意。这里的"善意"是指得利人非因过失不知没有法律根据。二是取得的利益已经不存在。对于善意得利人，其取得的利益已经不存在的，不承担返还该利益的义务。

第四编　人　格　权

一、一般规定

1. 人格权是什么?

《民法典》把人格权首次单独成编，体现了我国法律对于公民人格权的重视。《民法典》第 990 条规定，人格权是民事主体享有的生命权、身体权、健康权、姓名权、名称权、肖像权、名誉权、荣誉权、隐私权等权利。除前款规定的人格权外，自然人享有基于人身自由、人格尊严产生的其他人格权益。从学理上讲，人格权，是指民事主体依法支配其人格利益并排除他人侵害的，以维护和实现人身自由和人格尊严为目的的权利。如《民法典》所列举的具体人格权包括生命权、身体权、健康权、姓名权、名称权、肖像权、名誉权、荣誉权、隐私权等权利。此外，一般人格权，是指自然人享有基于人身自由、人格尊严产生的其他人格权益。

当今社会，人们对于个人生活安宁、私人空间保护、信息安全等问题越来越重视，同时现代医疗科学、网络技术的发展，也为传统的人格权保护带来了新的挑战。《民法典》在结合理论发展和司法实践经验的基础上，对人格权独立成编加以规定，是《民法典》体系顺应时代发展进行的重大创新，彰显了全面维护人格尊严的理念。

2. 人格权受到侵害可以请求法律保护吗?

可以。《民法典》第 991 条规定，民事主体的人格权受法律保护，任何组织或者个人不得侵害。

人格权受到法律的保护，任何组织和个人应当尊重他人的人格权，不得实施侵害他人人格权的行为。在人格权受到侵害时，权利人有权要求对方采取停止侵害、排除妨碍、损害赔偿等措施。例如，商家对消费者进行搜身、“人肉搜索”等行为都在一定程度上侵害了公民的人格权，受侵害的公民有权要求对方承担相应的民事责任。

3. 人格权可以放弃、转让或者继承吗?

不可以。《民法典》第 992 条规定，人格权不得放弃、转让或者继承。

人格权具有专属性。人格权是民事主体在社会生活中不可缺失的权利，如生命权、身体权等人格权与主体资格具有密切的联系，允许权利人放弃人格权将使主体资格无法存续，且与社会公序良俗相违背。因此，法律规定人格权不得放弃，同时法律也规定人格权不得转让或者继承。例如，某人以公告的方式宣布放弃自己的隐私权，这在法律上是没有效力的。

4. 可以将自己的肖像许可他人使用吗？

一般情况下可以。《民法典》第 993 条规定，民事主体可以将自己的姓名、名称、肖像等许可他人使用，但是依照法律规定或者根据其性质不得许可的除外。

现实生活中，对人格权进行商业化利用的现象普遍存在，例如，明星代言产品、摄影师将人物摄影作品发表等，这些现象反映出人格权在市场经济环境下确实具有商业价值。《民法典》第 993 条可以看作是为人格权商业化利用提供了正面的法律基础，但是并非所有情形下都可以许可他人使用，依照法律规定或者根据其性质不得许可的除外。例如，自然人不能在违背公序良俗的情形下将自己的姓名、名称、肖像等许可他人使用。

5. 死者的人格利益还受法律保护吗？

受法律保护。《民法典》第 994 条规定，死者的姓名、肖像、名誉、荣誉、隐私、遗体等受到侵害的，其配偶、子女、父母有权依法请求行为人承担民事责任；死者没有配偶、子女且父母已经死亡的，其他近亲属有权依法请求行为人承担民事责任。

自然人死亡之后，其民事权利能力消灭，因而不再享有包括人格权在内的民事权利。但是，死者的人格利益仍然存在，侵害死者的人格利益，同样会造成死者人格利益的损害。因此，死者的人格权虽然消灭了，但其人格利益仍然存在，仍然受到法律的保护。

在实践中，保护死者的人格利益，应当注意以下两个方面：

第一，死者人格利益保护的范围包括：姓名利益、肖像利益、名誉利益、荣誉利益、隐私利益以及遗体等。

第二，死者人格利益的保护人包括：死者的配偶、子女、父母及其他近亲属。在死者的人格利益受到侵害时，死者的配偶、子女、父母有权依法请求行为人承担民事责任；在死者没有配偶、子女且父母已经死亡的，其他近亲属有权依法请求行为人承担民事责任。

6. 人格权受到侵害的受害人行使请求权适用诉讼时效的规定吗?

《民法典》第995条规定,人格权受到侵害的,受害人有权依照本法和其他法律的规定请求行为人承担民事责任。受害人的停止侵害、排除妨碍、消除危险、消除影响、恢复名誉、赔礼道歉请求权,不适用诉讼时效的规定。

基于人格权被侵害产生的停止侵害、排除妨碍、消除危险、消除影响、恢复名誉、赔礼道歉请求权的实质是人格权受到侵害后,为恢复人格权的圆满状态而产生的人格权请求权。因该六项请求权均不带有直接的财产利益,且为了体现对人格的尊重和保护,《民法典》明文规定不适用诉讼时效的规定。因此,人格权受到侵害的受害人行使停止侵害、排除妨碍、消除危险、消除影响、恢复名誉、赔礼道歉请求权,不适用诉讼时效的规定,这能够更好地保护受害人的人格权。

7. 在人格权侵权案件中,请求违约责任和请求精神损害赔偿有冲突吗?

没有冲突。《民法典》第996条规定,因当事人一方的违约行为,损害对方人格权并造成严重精神损害,受损害方选择请求其承担违约责任的,不影响受损害方请求精神损害赔偿。

因违约而侵害他人人格权时,如果行为给受害人造成了严重的精神损害,受害人可以在主张违约责任的同时主张精神损害赔偿。例如,在医疗合同的履行过程中,因医务人员的过错,致患者毁容。此时,患者除了可以主张违约责任外,还可以因身体权受侵害而遭受严重的精神痛苦,主张精神损害赔偿。

8. 认定行为人承担侵害人格权的民事责任时应考虑哪些因素?

《民法典》第998条规定,认定行为人承担侵害除生命权、身体权和健康权外的人格权的民事责任,应当考虑行为人和受害人的职业、影响范围、过错程度,以及行为的目的、方式、后果等因素。

除生命权、身体权和健康权以外的人格权的边界比较模糊,在保护时,常与其他权利发生冲突,实践中难以形成统一的衡量标准。因此,《民法典》明确规定了在认定行为人是否侵害除生命权、身体权和健康权以外的人格权时应当考虑的因素,具体包括行为人和受害人的职业、影响范围、过错程度，以及行为的目的、方式、后果等。

例如，某网站未经某影视明星同意，擅自将其列为“国内影视界十大丑星评选”活动的候选人之一，加配了涉及人身的调侃性文字，并最终按网民的投票，给其冠以“国内影视界十大丑星第一名”的称谓。法院在审理时应考虑影视明星的职业使其比起社会中的其他人更容易受到社会的关注，人们更容易对他品头论足，其应当更加具备承受能力等因素。这就是考虑特别主体的职业特点，而认定是否构成侵害人格权的典型例子。

9. 身份权利的保护适用《民法典》人格权编的规定吗？

《民法典》第1001条规定，对自然人因婚姻家庭关系等产生的身份权利的保护，适用本法第一编、第五编和其他法律的相关规定；没有规定的，可以根据其性质参照适用本编人格权保护的有关规定。

自然人因婚姻家庭等产生的身份权利受到法律的保护，自然人身份权利受到侵害时，其可依据《民法典》总则编、婚姻家庭编和其他法律的相关规定主张权利；没有规定的，可以参照适用《民法典》人格权编的有关规定维护自己的合法权益。因此，对于婚姻家庭编等相关规定中未涉及的身份权利的保护，参照适用人格权编的规定。

二、生命权、身体权和健康权

10. 生命权是什么？

《民法典》第1002条规定，自然人享有生命权。自然人的生命安全和生命尊严受法律保护。任何组织或者个人不得侵害他人的生命权。

生命权是人类固有的、第一位的人格权，是其他一切权利的基础和前提。生命权的内涵是“自然人的生命安全和生命尊严受法律保护”，这强调了生命安全和生命尊严同等程度的受到法律的关注和保障，符合《民法典》人格权编维护生命安全和人格尊严的立法宗旨。

11. 身体权是什么？

《民法典》第1003条规定，自然人享有身体权。自然人的身体完整和行动自由受法律保护。任何组织或者个人不得侵害他人的身体权。

具体而言，身体权包括两部分：一是维持自然人身体完整的权利，二是享有身体行动自由的权利。自然人的身体权受到法律的保护，任何组织或者个人不得侵害他人的身体权。

12. 健康权是什么?

《民法典》第 1004 条规定,自然人享有健康权。自然人的身心健康受法律保护。任何组织或者个人不得侵害他人的健康权。

健康权的客体是“自然人的身心健康”,除身体健康外,还需要强调的是,心理健康同样受到法律的保护。例如,初中生陈某因长期遭受同学的校园霸凌而患“神经功能紊乱”,这就是典型的侵害心理健康的例子。

13. 买卖人体器官、人体组织等的行为有效吗?

无效。《民法典》第 1007 条规定,禁止以任何形式买卖人体细胞、人体组织、人体器官、遗体。违反前款规定的买卖行为无效。

人体器官移植技术是现代医学最大的成就之一,为人类治疗疾病带来了福音。但与此同时,人体器官移植技术受到了人体器官买卖、非法摘取遗体器官等行为的严峻挑战。我国法律禁止以任何形式买卖人体细胞、人体组织、人体器官、遗体。买卖人体细胞、人体组织、人体器官、遗体的行为在民事上应被认定为无效,在刑事上可能构成组织出卖人体器官罪、故意伤害罪、侮辱尸体罪等犯罪。对于这一点,我们一定要有明确的认识。

14. 进行人体临床试验需满足哪些条件?

《民法典》第 1008 条规定,为研制新药、医疗器械或者发展新的预防和治疗方法,需要进行临床试验的,应当依法经相关主管部门批准并经伦理委员会审查同意,向受试者或者受试者的监护人告知试验目的、用途和可能产生的风险等详细情况,并经其书面同意。进行临床试验的,不得向受试者收取试验费用。

临床试验是医学发展中的重要环节。例如,为了研制新冠肺炎疫苗,需要招募志愿者进行临床试验。考虑临床试验涉及公民身体权和健康权的保护,

《民法典》规定进行临床试验需要满足以下条件:

(1)临床试验的目的是研制新药、医疗器械或者发展新的预防和治疗方法;

(2)依法经相关主管部门批准并经伦理委员会审查同意;

（3）向受试者或者受试者的监护人告知试验目的、用途和可能产生的风险等详细情况，并经其书面同意；

（4）不得向受试者收取试验费用。

三、姓名权和名称权

15. 法人、非法人组织的名称权是什么？

《民法典》第1013条规定，法人、非法人组织享有名称权，有权依法决定、使用、变更、转让或者许可他人使用自己的名称。

名称对于法人、非法人组织具有重要意义，一个设计独特、易读易记的名称，可以迅速激发大众的好奇心，提升该法人或非法人组织的知名度，同时也是将其与其他法人、非法人组织相区分的标志。法人、非法人组织依法享有名称权，有权决定、使用、变更自己的名称，也有权转让或者许可他人使用自己的名称。

16. 自然人改名或者法人、非法人组织改变名称需要办理什么手续？

法律赋予自然人改名的权利和法人、非法人组织改变名称的权利，但具体来说改名和改变名称的操作流程是什么样的呢。《民法典》第1016条对此作了专门规定。该条规定，自然人决定、变更姓名，或者法人、非法人组织决定、变更、转让名称的，应当依法向有关机关办理登记手续，但是法律另有规定的除外。民事主体变更姓名、名称的，变更前实施的民事法律行为对其具有法律约束力。

根据《户口登记条例》第18条之规定，公民变更姓名，依照下列规定办理：（1）未满18周岁的人需要变更姓名的时候，由本人或者父母、收养人向户口登记机关申请变更登记；（2）18周岁以上的人需要变更姓名的时候，由本人向户口登记机关申请变更登记。

法人、非法人组织决定、变更、转让名称的，也应当依法向有关机关办理登记手续，但是法律另有规定的除外。

17. 网名受到侵害可以要求保护吗？

一定情况下可以。《民法典》第1017条规定，具有一定社会知名度，被他人使用足以造成公众混淆的笔名、艺名、网名、译名、字号、姓名和名称的简称等，参照适用姓名权和名称权保护的有关规定。

在现实生活中，某些具有影响力的笔名（如鲁迅）、艺名（如成龙）、网名（如 Papi 酱）等成为使用人身份的象征，具有一定的独特性和依附性，如果被冒用将会给使用人带来很大的损害，因此需要得到法律的保护。根据上述规定，笔名、艺名、网名、译名、字号、姓名和名称的简称等如果满足“具有一定社会知名度”“被他人使用足以造成公众混淆”这两个条件，权利人可以请求参照适用姓名权和名称权保护的有关规定加以保护。

四、肖像权

18. 自然人的肖像权是什么？

《民法典》第 1018 条规定，自然人享有肖像权，有权依法制作、使用、公开或者许可他人使用自己的肖像。肖像是通过影像、雕塑、绘画等方式在一定载体上所反映的特定自然人可以被识别的外部形象。

认定属于肖像需要满足三个条件：一是在一定的载体上反映；二是自然人外部形象的再现；三是特定自然人可以被识别。肖像权，是指自然人对自己的肖像享有再现、使用并排斥他人侵害的权利。肖像权包括公民有权拥有自己的肖像，有权对自己肖像进行制作、使用、公开，有权许可他人使用自己的肖像，有权禁止他人非法使用自己的肖像。

19. 什么情况下使用肖像可以不经肖像权人同意？

根据《民法典》第 1020 条之规定，合理实施下列行为的，可以不经肖像权人同意：

（1）为个人学习、艺术欣赏、课堂教学或者科学研究，在必要范围内使用肖像权人已经公开的肖像。例如，美术学院在课堂上对已在网站上上传的肖像权人的肖像进行临摹。

（2）为实施新闻报道，不可避免地制作、使用、公开肖像权人的肖像。例如，报纸为报道李兰娟院士抗疫感人事迹而刊登其照片，并注明照片来源和原作者。

（3）为依法履行职责，国家机关在必要范围内制作、使用、公开肖像权人的肖像。例如，公安机关公布通缉犯照片。

（4）为展示特定公共环境，不可避免地制作、使用、公开肖像权人的肖像。例如，体育节目转播时镜头扫过观众席某一观众的面部。

（5）为维护公共利益或者肖像权人合法权益，制作、使用、公开肖像权人的肖像的其他行为。例如，儿童走失后，以儿童的照片制作寻人启事。

20. 自然人的声音受法律保护吗？

《民法典》第 1023 条第 2 款规定，对自然人声音的保护，参照适用肖像权保护的有关规定。

近几年，声优直播、语音识别技术等新兴产业不断发展，如名人的声音被应用到汽车导航软件中。在此背景下，声音保护引起了社会普遍的关注。声音作为一种人格标识，具有表征个人、许可他人使用的功能。《民法典》第 1023 条第 2 款明确规定自然人的声音受到保护，以充分肯定声音的价值，且规定对自然人声音的保护参照适用肖像权保护的有关规定，为自然人声音保护的可操作性提供了依据。

五、名誉权和荣誉权

21. 民事主体的名誉权是什么？

《民法典》第 1024 条规定，民事主体享有名誉权。任何组织或者个人不得以侮辱、诽谤等方式侵害他人的名誉权。名誉是对民事主体的品德、声望、才能、信用等的社会评价。从学理上来说，名誉权，是指民事主体依法享有的对自己所获得的客观社会评价、排除他人侵害的权利。自然人、法人和非法人组织都享有名誉权。

侵害名誉权的情形主要包括侮辱和诽谤两种方式。侮辱，是指故意以暴力或其他方式贬低他人人格，毁损他人名誉的行为。例如，借款合同的债权人刘某对债务人李某欠款不还的行为怀恨在心，在李某住所的房门、边墙上，用油漆涂写了大量醒目的贬义、诅咒性文字，并对李某多次辱骂，公然诋毁其名誉，刘某的行为构成对李某名誉权的侵犯。诽谤，是指捏造并散布某些虚假的事实，损害他人名誉的行为。例如，甲企业为了达到毁损乙企业产品、进行恶意竞争的目的，虚构有损乙企业产品声誉的事实并以印发公告的形式予以散播，甲企业的行为构成对乙企业法人名誉权的侵害。

22. 新闻报道影响名誉权可以完全免责吗？

新闻报道对公民、法人、非法人组织的名誉权如果产生消极影响，在大多数情况下可以免责，但有些特殊情形也要承担民事责任的。《民法典》第1025条规定，行为人为公共利益实施新闻报道、舆论监督等行为，影响他人名誉的，不承担民事责任，但是有下列情形之一的除外：

（1）捏造、歪曲事实；

（2）对他人提供的严重失实内容未尽到合理核实义务；

（3）使用侮辱性言辞等贬损他人名誉。

《民法典》第1026条规定，认定行为人是否尽到前条第2项规定的合理核实义务，应当考虑下列因素：

（1）内容来源的可信度；

（2）对明显可能引发争议的内容是否进行了必要的调查；

（3）内容的时限性；

（4）内容与公序良俗的关联性；

（5）受害人名誉受贬损的可能性；

（6）核实能力和核实成本。

根据《民法典》第1025条之规定，一般情况下行为人为公共利益实施新闻报道、舆论监督等行为，影响他人名誉的，不承担民事责任。例如，新闻单位依据消费者的投诉进行采访报道，对经营者的服务质量进行批评，内容基本属实，没有侮辱内容，此时不应当承担民事责任。但是为公共利益实施新闻报道、舆论监督等行为并非不受任何限制，如果行为人存在捏造、歪曲事实；对他人提供的严重失实内容未尽到合理核实义务；使用侮辱性言辞等贬损他人名誉的行为，应当承担相应的民事责任。此外，《民法典》第1026条专门规定了认定行为人是否尽到“合理核实义务”时应当考虑的因素。例如，媒体在新闻报道时引用的是政府官方文件，因为其内容来源的可信度较高，基本上可以认定该媒体已尽到了合理核实义务。

23. 如何认定文学或艺术作品是否侵害了他人的名誉权？

《民法典》第1027条规定，行为人发表的文学、艺术作品以真人真事或者特定人为描述对象，含有侮辱、诽谤内容，侵害他人名誉权的，受害人有权依法请求该行为人承担民事责任。行为人发表的文学、艺术作品不以特定人为描述对象，仅其中的情节与该特定人的情况相似的，不承担民事责任。

由此可见，以真人真事或者特定人为描述对象的文学、艺术作品，由于描述对象确定，其在作品的内容中如果包含侮辱、诽谤等内容，对被描述的对象名誉权有损害的，则构成侵害名誉权，受害人可以请求作者承担侵害名誉权的民事责任。例如，贾某在以马某为原型的人物传记中对马某使用侮辱性词汇，造成其社会评价降低，应当认定贾某侵害了马某的名誉权。

但那些不以特定人为描述对象的文学、艺术作品，此类作品仅其中的情节与该特定人的情况相似，对特定人不会产生不利影响，为了保障创作自由，行为人不承担民事责任。例如，某书描写的人物以现实人物为模版，经过加工，使读者不能将经过艺术加工的文学人物与现实人物相联系，行为人不承担民事责任。

24. 民事主体发现自己的信用评价不当有权提出异议吗？

有权提出异议。《民法典》第1029条规定，民事主体可以依法查询自己的信用评价；发现信用评价不当的，有权提出异议并请求采取更正、删除等必要措施。信用评价人应当及时核查，经核查属实的，应当及时采取必要措施。

信用是社会经济发展的必然产物，是现代经济社会运行中必不可少的一环。在互联网快速发展的今天，信用评价对于民事主体具有重要意义。例如，芝麻信用管理有限公司在用户授权的情况下，依据用户在互联网上的各类消费及行为数据，结合互联网金融借贷信息，运用云计算及机器学习等技术，对个人信用状况进行综合评估，对获得较高芝麻分的用户提供更高效、更优质的服务，如免押出行、免押住宿等。

鉴于信用评价的重要性，《民法典》规定民事主体的信用评价受法律保护，民事主体有权依法查询自己的信用评价，有权在信用评价不当时提出异议并请求信用评价人采取更正、删除等必要措施。信用评价人有义务及时核查，经核查属实的，应当及时采取必要措施。例如，石某因被他人冒名从某APP中贷款，导致他的征信评价出现异常，石某可以请求删除该不良评价。

25. 民事主体的荣誉权是什么？

《民法典》第1031条规定，民事主体享有荣誉权。任何组织或者个人不得非法剥夺他人的荣誉称号，不得诋毁、贬损他人的荣誉。获得的荣誉称号应当记载而没有记载的，民事主体可以请求记载；获得的荣誉称号记载错误的，民事主体可以请求更正。从学理上来讲，荣誉，是指特定组织授予自然人、法人、非法人组织的一种定性化的积极评价，如“最美奋斗者”个人称号、先进工作者、胡润中国500强民营企业等。荣誉权，是指公民、法人、非法人组织所享有的，因自己的突出贡献或特殊劳动成果而获得的光荣称号或其他荣誉的权利。根据本条规定，民事主体的荣誉权受法律保护，任何组织和个人不得非法剥夺他人的荣誉称号，民事主体对于获得的荣誉称号应当记载而没有记载的，可以请求记载；对于获得的荣誉称号记载错误的，可以请求更正。

六、隐私权和个人信息保护

26. 自然人的隐私权是什么？

《民法典》第1032条规定，自然人享有隐私权。任何组织或者个人不得以刺探、侵扰、泄露、公开等方式侵害他人的隐私权。隐私是自然人的私人生活安宁和不愿为他人知晓的私密空间、私密活动、私密信息。

隐私权，是指自然人享有的私生活安宁和不愿为他人知晓的私密空间、私密活动和私密信息不被刺探、侵扰、泄露、公开等方式侵害的权利。保护隐私权是对人性自由和尊严的尊重，也是人类文明进步的一个重要标志。例如，刘某和李某是合租室友，刘某私自在李某的房间中安装摄像头窥探李某的生活，这就是严重侵害李某隐私权的行为。

27. 哪些行为被《民法典》规定为侵犯隐私权的行为？

《民法典》第1033条列举了实践中侵害隐私权的典型行为。该条规定，除法律另有规定或者权利人明确同意外，任何组织或者个人实施下列行为构成对公民隐私权的侵害：

（1）以电话、短信、即时通信工具、电子邮件、传单等方式侵扰他人的私人生活安宁。例如，某人给他人发送大量的垃圾邮件。

（2）进入、拍摄、窥视他人的住宅、宾馆房间等私密空间。例如，某酒店私自在房间内安装摄像头。

（3）拍摄、窥视、窃听、公开他人的私密活动。例如，下属监听上司的电话。

(4)拍摄、窥视他人身体的私密部位。例如,某人私设望远镜偷看他人浴室。

(5)处理他人的私密信息。例如,公司私自处理员工个人邮件。

(6)以其他方式侵害他人的隐私权。

28. 自然人的个人信息指什么?

《民法典》第1034条规定,自然人的个人信息受法律保护。个人信息是以电子或者其他方式记录的能够单独或者与其他信息结合识别特定自然人的各种信息,包括自然人的姓名、出生日期、身份证件号码、生物识别信息、住址、电话号码、电子邮箱、健康信息、行踪信息等。个人信息中的私密信息,适用有关隐私权的规定;没有规定的,适用有关个人信息保护的规定。

判断某信息是否属于个人信息的标准一般为能否从该信息直接或者间接识别某一特定自然人。按照此标准可以把个人信息分为两类:一是"直接识别的信息",凭借此类信息能够单独识别特定自然人,如自然人的身份证号码、家庭住址等。二是"间接识别的信息",仅仅凭借此类信息不能够单独识别特定自然人,必须与其他信息相组合才能识别特定自然人,如行踪信息等。

《民法典》将个人信息中的私密信息纳入隐私权的调整,个人信息中的私密信息受侵害,适用有关隐私权的规定。

29. 处理个人信息时,行为人不承担民事责任的情况有哪些?

《民法典》第1036条规定,处理个人信息,有下列情形之一的,行为人不承担民事责任:

(1)在该自然人或者其监护人同意的范围内合理实施的行为;

(2)合理处理该自然人自行公开的或者其他已经合法公开的信息,但是该自然人明确拒绝或者处理该信息侵害其重大利益的除外;

(3)为维护公共利益或者该自然人合法权益,合理实施的其他行为。

具体而言,如果处理个人信息是在该自然人或者其监护人同意的范围内合理实施的;处理的是该自然人自行公开的或者其他已经合法公开的信息且该自然人未明确拒绝或者处理该信息不会侵害其重大利益的;是为维护公共利益或者该自然人合法权益而合理实施的,行为人不承担民事责任。例如,为了通缉罪犯而公开其身份证号码,就属于为维护公共利益而合理处理个人信息的情形。

30. 发现自己的个人信息有错误该怎么办?

《民法典》第1037条规定,自然人可以依法向信息处理者查阅或者复制其个人信息;发现信息有错误的,有权提出异议并请求及时采取更正等必要措施。自然人发现信息处理者违反法律、行政法规的规定或者双方的约定处理其个人信息的,有权请求信息处理者及时删除。

法律赋予自然人对于其个人信息的知情同意权,以及以知情同意权为基础的查询权、复制权、更正权、删除权等在内的信息自主控制的权能。

例如,自然人可以向体检机构查询自己的健康信息;有权复印健康信息;如果发现健康信息有错误的,有权要求更正;如果发现该体检机构擅自公开自己健康信息的,有权要求其及时删除。

第五编　婚姻家庭

一、一般规定

1. 父母能够干涉自己子女的婚姻吗?

不能。《民法典》第1041条第2款明确规定,实行婚姻自由的婚姻制度。第1042条第1款规定,禁止包办、买卖婚姻和其他干涉婚姻自由的行为。这里的婚姻自由是指公民在婚姻关系中的自由,包括结婚自由、离婚自由、选择配偶的自由等。任何人都有自己的婚姻自由,我们的婚姻自由不受任何人干涉,即使是父母也不能干涉子女的婚姻自由。比如,老王一直信奉"父母之命、媒妁之言",对自己女儿的婚姻指手画脚、说一不二,找什么样的结婚对象必须得经过他同意,这就是典型的干涉子女婚姻自由的违法行为,为我国法律所不许。

2. 独身老人有争取自己"黄昏恋"的婚姻自由吗?

我国《民法典》第1041条规定的婚姻自由制度,其适用对象包括所有人,即不仅年轻人有婚姻自由,老年人也有自己的婚姻自由。现实生活中,很多老年人往往因为各种各样的原因,在晚年的时候处于一种独身的状态。老而有伴往往是这些老人内心的最大渴望。但老年人再婚往往面临着巨大压力，特别是来自子女的干预很容易让老年人丧失婚姻自由。比如，姜阿姨是位65岁的退休女职工，其丈夫早年去世，一人含辛茹苦将儿女养大成人。后其与赵大爷相识，两人一见如故，遂有了再婚相伴终老的打算。但姜阿姨的子女认为母亲再婚是对生父的背叛，以不对其赡养为要挟坚决反对姜阿姨再婚。殊不知，其子女的这一举动已经构成干涉老人婚姻自由的一种违法行为。

3. 为法律所禁止的重婚行为具体如何界定？

《民法典》第1041条第2款规定，实行一夫一妻的婚姻制度；第1042条第2款规定，禁止重婚。重婚，是指有配偶者再行结婚的行为。即已经有了一个婚姻关系，又与他人缔结第二个婚姻关系。具有两种形式：（1）法律上的重婚，即前一婚姻未解除，又与他人办理结婚登记手续而构成的重婚。只要双方办理结婚登记手续，无论双方同居与否，或是否举行婚礼，重婚即已形成。（2）事实上的重婚，即前一婚姻未解除，又与他人以夫妻名义（或关系）共同生活，虽未办理结婚登记手续，但事实上已构成重婚。重婚是违反《婚姻法》一夫一妻制原则的违法犯罪行为，我国《民法典》明确保护一夫一妻制，禁止重婚。

4. 什么是家庭暴力？

《民法典》第1042条第3款规定，禁止家庭暴力。《反家庭暴力法》第2条规定，本法所称家庭暴力，是指家庭成员之间以殴打、捆绑、残害、限制人身自由以及经常性谩骂、恐吓等方式实施的身体、精神等侵害行为。持续性、经常性的家庭暴力，构成虐待；并且家庭暴力必须是发生在家庭成员之间的，而家庭成员主要是指具有亲属关系的，包括夫妻、父母、子女、兄弟姐妹、祖孙、儿媳与公婆、女婿与岳父母等。

通常意义而言，家庭暴力行为分为两类：对身体的暴力行为和对精神的暴力行为。家庭暴力不同于日常生活中偶尔的打闹、争吵，其程度要轻于虐待行为，只有持续性、经常性的家庭暴力，才构成虐待。

家庭暴力对家庭成员的人身和精神有着极大的侵害，严重影响子女的身心健康，破坏家庭的和睦，目前已经成为离婚的主要原因之一。严重的家庭暴力还会导致受害者以暴抗暴，以犯罪手段进行报复，成为社会不稳定因素。家庭暴力与社会文明、社会和谐、以人为本的思想都是背道而驰的，因此要坚决予以禁止。

5. 对家庭暴力的受害者有哪些救助措施？

依《反家庭暴力法》第三章的规定，对家庭暴力的受害者的救助措施包括：

（1）家庭暴力受害人及其法定代理人、近亲属可以向加害人或者受害人所在单位、居民委员会、村民委员会、妇女联合会等单位投诉、反映或者求助。有关单位接到家庭暴力投诉、反映或者求助后，应当给予帮助、处理。家庭暴力受害人及其法定代理人、近亲属也可以向公安机关报案或者依法向人民法院起诉。单位、个人发现正在发生的家庭暴力行为，有权及时劝阻。

（2）公安机关接到家庭暴力报案后应当及时出警，制止家庭暴力，按照有关规定调查取证，协助受害人就医、鉴定伤情。无民事行为能力人、限制民事行为能力人因家庭暴力身体受到严重伤害、面临人身安全威胁或者处于无人照顾等危险状态的，公安机关应当通知并协助民政部门将其安置到临时庇护场所、救助管理机构或者福利机构。

（3）家庭暴力情节较轻，依法不给予治安管理处罚的，由公安机关对加害人给予批评教育或者出具告诫书。

（4）县级或者设区的市级人民政府可以单独或者依托救助管理机构设立临时庇护场所，为家庭暴力受害人提供临时生活帮助。

（5）法律援助机构应当依法为家庭暴力受害人提供法律援助。

（6）当事人因遭受家庭暴力或者面临家庭暴力的现实危险，向人民法院申请人身安全保护令的，人民法院应当受理。

6. 什么情况下可以申请人身安全保护令？

当事人因遭受家庭暴力或者面临家庭暴力的现实危险，可以向申请人或者被申请人居住地、家庭暴力发生地的基层人民法院申请人身安全保护令的。人民法院作出人身安全保护令应当具备下列条件：（1）有明确的被申请人；（2）有具体的请求；（3）有遭受家庭暴力或者面临家庭暴力现实危险的情形。

申请人身安全保护令应当以书面方式提出；书面申请确有困难的，可以口头申请，由人民法院记入笔录。人民法院受理申请后，应当在 72 小时内作出人身安全保护令或者驳回申请；情况紧急的，应当在 24 小时内作出。

7. 人身安全保护令是否有期限限制？当事人不服的怎么办？

人身安全保护令的有效期不超过 6 个月，自作出之日起生效。人身安全保护令失效前，人民法院可以根据申请人的申请撤销、变更或者延长。

申请人对驳回申请不服或者被申请人对人身安全保护令不服的，可以自裁定生效之日起 5 日内向作出裁定的人民法院申请复议一次。人民法院依法作出人身安全保护令的，复议期间不停止人身安全保护令的执行。

8.《民法典》中亲属、近亲属、家庭成员的范围分别指什么？

《民法典》第 1045 条规定，亲属包括配偶、血亲和姻亲。其中，配偶、父母、子女、兄弟姐妹、祖父母、外祖父母、孙子女、外孙子女为近亲属。配偶、父母、子女和其他共同生活的近亲属为家庭成员。

二、结婚

9. 内地居民申请结婚登记需要提交哪些证明文件？

根据《婚姻登记条例》第 5 条第 1 款之规定，自愿结婚的男女双方在申请结婚登记时，应向婚姻登记机关提交能证明自己合法身份的证明文件及婚姻关系证明。双方户籍都在内地的居民申请结婚登记应提供下列文件：（1）居民身份证。（2）常住户口簿。居民身份证与常住户口簿上的姓名、性别、出生日期应当一致；不一致的，当事人应当先到公安户籍管理部门更正。居民身份证或者常住户口簿丢失，当事人应当先到公安户籍管理部门补办证件。（3）本人无配偶以及与对方当事人没有直系血亲和三代以内旁系血亲关系的签字声明。

10. 港澳台居民申请结婚登记需要提交哪些证明文件？

根据《婚姻登记条例》第 5 条第 2 款之规定，港澳台居民在内地申请结婚登记应提供：（1）本人的有效通行证、身份证。（2）经居住地公证机构公证的本人无配偶以及与对方当事人没有直系血亲和三代以内旁系血亲关系的声明。

11. 华侨在内地申请结婚登记需要提交哪些证明文件?

根据《婚姻登记条例》第5条第3款之规定,华侨申请结婚登记的应当提供:(1)本人的有效护照。(2)居住国公证机构或者有权出具、经中华人民共和国驻该国使(领)馆认证的本人无配偶的证明和本人与对方当事人无直系血亲及与对方当事人无三代以内旁系血亲关系的证明;或者直接由中华人民共和国驻该国使(领)事馆出具的本人无配偶以及与对方当事人无直系血亲和无三代以内旁系血亲关系的证明。

12. 外国人在中国内地申请结婚登记需要提交哪些证明文件?

根据《婚姻登记条例》第5条第4款之规定,外国人在中国申请结婚登记的应当提供:(1)本人有效护照或者其他有效的国际旅行证件。(2)所在国公证机构或者有权出具、经中华人民共和国驻该国使(领)事馆认证的或者该国驻华使(领)事馆认证的本人无配偶的证明,或者所在国驻华使(领)事馆出具的本人无配偶的证明。

13. 婚姻无效的情形包括哪些?

婚姻无效,是指男女两性确立的婚姻关系,因违反了法律规定而不具有法律效力。《民法典》第1051条规定,有下列情形之一的,婚姻无效:(1)重婚;(2)有禁止结婚的亲属关系;(3)未到法定婚龄。

重婚,是指有配偶者再行结婚的行为;有禁止结婚的亲属关系,是指男女双方是直系血亲或者三代以内的旁系血亲;未到法定婚龄,是指男早于22周岁或者女早于20周岁。

14. 什么情况下可以向人民法院申请撤销婚姻?

根据《民法典》第1052条、第1053条的规定,可以向人民法院申请撤销婚姻的情形有以下两种:一是受胁迫结婚的情形。二是患有重大疾病但结婚登记前未如实告知的情形。

《民法典》不再将"患有医学上认为不应当结婚的疾病"作为禁止结婚的情形,而是规定一方不如实告知患有重大疾病的,另一方可以向人民法院请求撤销婚姻。实质上更好地保障了患有重大疾病一方的婚姻自主权。

受胁迫结婚,是指行为人以给另一方当事人或者其近亲属的生命、身体健康、名誉、财产等方面造成损害为要挟,迫使另一方当事人违背真实意愿而结婚的情况。患有重大疾病但结婚登记前未如实告知，是指一方隐瞒患有重大疾病的事实而与另一方登记结婚的情况。

15. 受胁迫结婚后，受胁迫的一方应该怎么办？

《民法典》第1052条规定，因胁迫结婚的，受胁迫的一方可以向人民法院请求撤销婚姻。请求撤销婚姻的，应当自胁迫行为终止之日起1年内提出。被非法限制人身自由的当事人请求撤销婚姻的，应当自恢复人身自由之日起1年内提出。

因胁迫结婚的，受胁迫的一方可以向人民法院请求撤销该婚姻。受胁迫的情况下办理结婚登记缔结的婚姻属于可撤销的婚姻关系，法律赋予受胁迫一方当事人撤销权，该当事人可以通过行使撤销婚姻的请求权请求撤销。

出于对婚姻稳定性的考虑，法律对受胁迫一方的撤销权，从时间上给予了一定限制，即受胁迫的一方撤销婚姻的请求，应当自胁迫行为终止之日起1年内提出。同时基于特殊考虑，被非法限制人身自由的当事人请求撤销婚姻的，应当自恢复人身自由之日起1年内提出。

16. 婚姻被认定为无效或者被撤销会产生什么样的法律后果？

《民法典》第1054条规定，无效的或者被撤销的婚姻自始没有法律约束力，当事人不具有夫妻的权利和义务。同居期间所得的财产，由当事人协议处理；协议不成的，由人民法院根据照顾无过错方的原则判决。对重婚导致的无效婚姻的财产处理，不得侵害合法婚姻当事人的财产权益。当事人所生的子女，适用本法关于父母子女的规定。婚姻无效或者被撤销的，无过错方有权请求损害赔偿。

具体来说，婚姻被认定为无效或者被撤销，将产生以下法律后果：

（1）婚姻自始无效，双方当事人不具有夫妻的权利和义务。

（2）同居期间所得的财产，不同于合法夫妻之间的夫妻共同财产制。在分割共同财产时，先由当事人协商解决，协商不成时，由人民法院根据照顾无过错方的原则依法判决。

（3）同居期间生育的子女，均适用《民法典》有关婚生父母子女的权利义务之规定。

17. 婚姻被撤销或宣告无效时，子女的法律地位如何？

子女的法律地位不会因婚姻被撤销或者宣告无效而发生变化。换言之，无效或者被撤销的婚姻当事人所生子女的权利义务，与合法婚姻当事人所生子女的权利义务一样。例如，父母对子女有抚养、教育和保护的义务；子女对父母有赡养的义务。父母不履行抚养义务时，未成年子女或者不能独立生活的成年子女，有要求父母给付抚养费的权利。成年子女不履行赡养义务时，缺乏劳动能力或者生活困难的父母，有要求子女给付赡养费的权利。父母有教育、保护未成年子女的权利和义务。未成年子女造成他人损害的，父母有承担民事责任的义务。婚姻关系被确认为无效或被撤销后，一方抚养子女，另一方应负担部分或者全部抚养费。不直接抚养子女的父或母，有探望子女的权利，另一方有协助的义务等。

三、家庭关系

18. 夫妻双方相互扶养的义务指的是什么？

《民法典》第1059条规定，夫妻有相互扶养的义务。需要扶养的一方，在另一方不履行扶养义务时，有要求其给付扶养费的权利。即夫妻之间在生活上有相互帮助、扶持的义务。具体来说，夫妻间抚养的情形主要包括以下几种：

（1）当一方失去劳动能力时，对方应当扶养和照顾其生活。

（2）当一方生病时，对方应当给予照顾或者送院治疗，承担相应的医疗和护理费用。

（3）当一方为无行为能力或者限制行为能力时，对方有担任法定监护人的权利和义务。

（4）当一方没有固定收入且没有其他生活来源，对方应当给予必要的生活费。

如果一方不履行扶养义务，另一方可以向法院提起诉讼，要求对方给予扶养费。若对没有劳动能力且没有生活来源的人不履行扶养义务，情节严重的，可能构成遗弃罪（《刑法》第261条），承担刑事责任。

19. 妻子失去劳动能力，而丈夫拒绝扶养，妻子该如何寻求救济？

《民法典》第1059条规定，夫妻有相互扶养的义务。需要扶养的一方，在另一方不履行扶养义务时，有要求其给付扶养费的权利。因此，当丈夫拒绝扶养失去劳动能力的妻子时，妻子可以采取以下几种措施维护自己的权益:(1)请求有关部门调解;(2)向人民法院提起民事诉讼;(3)情节恶劣,构成遗弃罪时,还可以请求人民法院追究其刑事责任。

20. 夫妻间的扶养义务可以约定取消吗?

目前,极个别人在结婚的时候会签订一个所谓相互之间“不尽扶养义务,互不干涉对方的私生活”的“两不”协议。那么,这样一个协议真的有效吗?可以规避法律规定的扶养义务吗?答案自然是否定的。我国法律虽然允许夫妻结婚时,对其婚前婚后财产、婚后家务负担等事宜作出约定,但约定的内容不得违反法律的强制性规定,不得违背公序良俗。《民法典》第1059条明确规定:夫妻有相互扶养的义务。因此,上述“两不”协议违反了法定夫妻间权利义务的规定,是没有法律效力的。

21. 哪些财产属于夫妻共同财产?

夫妻在婚姻关系存续期间所得的财产,除约定外,均属于夫妻共同财产。根据《民法典》第1062条第1款的规定,夫妻共同财产包括以下内容:

(1)工资、奖金、劳务报酬。这里的工资是指工资总额而非基本工资。根据《国家统计局关于工资总额组成的规定》,工资总额包括:①计时工资;②计件工资;③奖金;④津贴和补贴;⑤加班加点工资;⑥特殊情况下支付的工资。

(2)生产、经营、投资的收益。这部分较易理解,夫妻双方生产、经营、投资活动所产生的收益均归为夫妻共同财产,例如,夫妻共同经营的小饭馆,其产生的收入均归为夫妻共同财产。

(3)知识产权的收益。知识产权在我国包括著作权、商标权、专利权等无形财产,知识产权的收益包括个人稿费、专利权的转让费用等。

(4)继承或者受赠的财产,但是这部分财产不包括遗嘱或者赠与合同中确定只归一方的财产。

(5)其他应当归共同所有的财产。

根据《民法典》第1062条第2款的规定,夫妻双方对共同财产,有平等的处理权。

22. 哪些财产属于夫妻个人财产?

首先是有约定的依照约定。夫妻可以就双方之间的财产归属进行约定,约定为个人一方财产的即为夫妻个人财产。

其次是没有约定的依照法定。《民法典》第1063条规定，下列财产为夫妻一方的个人财产：

（1）一方的婚前财产；

（2）一方因受到人身损害获得的赔偿和补偿；

（3）遗嘱或者赠与合同中确定只归一方的财产；

（4）一方专用的生活用品；

（5）其他应当归一方的财产。

23. 婚前房产婚后征收，补偿款是否属于夫妻共同财产？

在婚姻关系中，夫妻一方的婚前财产不因结婚而转化为共同财产。一方婚前的房产并没有进行投资也没有通过买卖去谋利，房屋被征收换来的补偿款，不是生产、经营、投资的结果，是房屋价值的变现，仍然属于个人财产。

24. 丈夫因车祸而获得的残疾人生活补助费是否属于夫妻共同财产？

不属于夫妻共同财产。（1）因受到人身损害获得的赔偿金与补偿金并非在夫妻关系存续期间因一方的劳动所得，而是为照顾解决受伤害的一方因生活上的特殊需要或健康状况而作出的赔偿或者补偿，具有特定的目的。（2）因受到人身损害获得的赔偿金或补偿金，与受到伤害一方的人身具有密切的联系，如果丧失了这笔赔偿或者补偿，会使其生活困难甚至可能致其产生生存危机。（3）因受到人身损害获得的赔偿，包括对受害者的安抚费用和治疗的专门费用，其赔偿的对象和条件是特定的。

25. 分居期间夫妻一方取得的财产是夫妻共同财产吗？

这里要分两步来判断。首先，夫妻分居是否属于夫妻关系存续期间。夫妻因感情不和或其他原因分居的，虽说不在一起过夫妻生活，但仍然是合法夫妻，分居的时间无论长短，依然是夫妻关系存续期间。其次，判断分居期间夫妻一方取得的财产是否属于《民法典》第1062条规定的共同财产。如果符合该条规定，则此时分居期间的夫妻一方所取得的财产是共同财产；如果不符合该条规定，则不属于共同财产。

26. 夫妻一方以自己名义举债，一定为夫妻共同债务吗？

不一定。《民法典》第1064条规定，夫妻双方共同签字或者夫妻一方事后追认等共同意思表示所负的债务，以及夫妻一方在婚姻关系存续期间以个人名义为家庭日常生活需要所负的债务，属于夫妻共同债务。夫妻一方在婚姻关系存续期间以个人名义超出家庭日常生活需要所负的债务，不属于夫妻共同债务；但是，债权人能够证明该债务用于夫妻共同生活、共同生产经营或者基于夫妻双方共同意思表示的除外。也就是说，将一方的债务认定为夫妻共同债务有三种情形：一是事后得到另一方的追认，即承认是基于夫妻双方共同意思表示所负的债务；二是夫妻一方在婚姻关系存续期间以个人名义为家庭日常生活需要所负的债务；三是债权人能够证明该债务是用于夫妻共同生活、共同生产经营或者基于夫妻双方共同意思表示而产生的。

27. 约定夫妻财产“AA 制”后，就不需要对对方的债务负责了吗？

不一定。《民法典》第 1065 条第 3 款规定，夫妻对婚姻关系存续期间所得的财产约定归各自所有，夫或者妻一方对外所负的债务，相对人知道该约定的，以夫或者妻一方的个人财产清偿。也就是说，相对人必须知道夫妻二人是约定夫妻财产“AA 制”的，夫或妻才不需要对对方债务负责，如果发生诉讼夫妻一方对此负有举证责任。

因此，为使约定产生预期的效果，当事人双方可向公证机关申请办理公证，以降低风险。在有需要的时候，要有意识地让相对人知晓夫妻之间存在这种协议，来突破协议仅对夫妻双方有效的限制，以解决法律因善意第三人的规定所引发的问题，使协议能够取得更好的效果。

若由于相对人不知情，而使一方偿还了应由另一方偿还的债务，那么代为偿还的一方可以向另一方追偿，因为“AA 制”协议不对相对人有效，但是在夫妻在双方之间有效。

28. 一方擅自将夫妻共同财产赠与给第三者，夫妻另一方有权要求第三者返还吗？

可以。《民法典》第 1060 条第 1 款规定，夫妻一方因家庭日常生活需要而实施的民事法律行为，对夫妻双方发生效力，但是夫妻一方与相对人另有约定的除外。《民法典》第 1062 条第 2 款规定，夫妻对共同财产，有平等的处理权。根据上述规定，夫妻一方将共同财产赠与给第三者，显然不是“因家庭日常生活需要”，另一方必然也是不知情，那么赠与方的行为就严重损害了夫妻另一方的合法财产权益。因此，在司法实践中，法院通常以此为由，认定赠与合同无效，判决第三者对受赠与的财产予以返还。

29. 婚姻关系存续期间，能要求分割共同财产吗？

通常不能，特殊情况才可以。《民法典》第1066条规定，婚姻关系存续期间，有下列情形之一的，夫妻一方可以向人民法院请求分割共同财产：（1）一方有隐藏、转移、变卖、毁损、挥霍夫妻共同财产或者伪造夫妻共同债务等严重损害夫妻共同财产利益的行为；（2）一方负有法定扶养义务的人患重大疾病需要医治，另一方不同意支付相关医疗费用。换言之，一种情况是一方严重损害了夫妻共同财产利益的，另一种情况是一方负有法定扶养义务的人急需医疗费另一方拒绝的。

30. 放弃继承权的子女，可以免除赡养父母的义务吗？

不可以。根据《民法典》的相关规定，只要父母缺乏劳动能力或者生活困难的，成年子女都应该给付赡养费，没有例外条件。因此，赡养父母的义务，并不因为放弃继承权而得以免除。

31. 非婚生子女和婚生子女地位平等吗？

平等。《民法典》第1071条规定，非婚生子女享有与婚生子女同等的权利，任何组织或者个人不得加以危害和歧视。不直接抚养非婚生子女的生父或者生母，应当负担未成年子女或者不能独立生活的成年子女的抚养费。因此，非婚生子女和婚生子女法律地位平等。

32. 父亲或者母亲可以向法院起诉要求确认或者否认亲子关系吗？

《民法典》第1073条规定，对亲子关系有异议且有正当理由的，父亲或者母亲可以向人民法院提起诉讼，请求确认或者否认亲子关系。对亲子关系有异议且有正当理由的，成年子女可以向人民法院提起诉讼，请求确认亲子关系。

因此，如果父亲或者母亲对亲子关系有异议且有正当理由的，可以向人民法院提起诉讼。

33. 祖父母、外祖父母和孙子女、外孙子女之间有相互扶养的义务吗？

祖父母、外祖父母与孙子女、外孙子女之间的抚养和赡养义务是特定情形下的法定义务。《民法典》第1074条规定，有负担能力的祖父母、外祖父母，对于父母已经死亡或者父母无力抚养的未成年孙子女、外孙子女，有抚养的义务。有负担能力的孙子女、外孙子女，对于子女已经死亡或者子女无力赡养的祖父母、外祖父母，有赡养的义务。

具体而言，祖父母、外祖父母与孙子女、外孙子女之间抚养和赡养义务的形成是有条件的：一是要求一方具备负担能力，二是要求另一方父母（或子女）已经死亡或者无力负担。

四、离婚

34.《民法典》新设立的“离婚冷静期制度”是怎么回事？

婚姻是人生大事，离婚更需谨慎。为此，《民法典》第 1077 条规定，自婚姻登记机关收到离婚登记申请之日起 30 日内，任何一方不愿意离婚的，可以向婚姻登记机关撤回离婚登记申请。前款规定期限届满后 30 日内，双方应当亲自到婚姻登记机关申请发给离婚证；未申请的，视为撤回离婚登记申请。这就是我们所说的“离婚冷静期制度”。

《民法典》婚姻家庭一编中新设立的“离婚冷静期制度”，受到社会各界的广泛关注。现在社会上有一种观点，认为“离婚冷静期制度”限制了离婚自由，但这是片面的理解。一方面，我国存在诉讼离婚和登记离婚两种法定的离婚途径，而“离婚冷静期制度”仅适用于登记离婚；另一方面，在登记离婚中设立一定期间的冷静期是为夫妻双方预留考虑的时间，而非剥夺或者限制离婚自由。

理解“离婚冷静期制度”，经最高人民法院法官总结需要把握“三个两”：第一个“两”是两人亲为，夫妻双方决定离婚的，必须亲自前往婚姻登记机关，不能委托他人办理。第二个“两”是两次申请，第一次申请是提出离婚登记，第二次申请是请求发给离婚证，仅仅提出离婚登记，而未在法律规定期限内申领离婚证，将被推定为撤回离婚申请。第三个“两”是两个 30 日，婚姻登记机关自收到离婚申请之日起 30 日内，夫妻一方可以主动申请撤回离婚申请。上述期限届满后的 30 日内，夫妻一方如未申请发给离婚证，离婚申请自动失效。

35. 如何确定感情确已破裂？

人民法院审理离婚案件，准予或不准离婚应以夫妻感情是否破裂作为区分的界限。判断夫妻感情是否确已破裂，应当从婚姻基础、婚后感情、离婚原因、夫妻关系的现状和有无和好的可能等方面综合分析。

根据《民法典》和相关司法解释的规定，凡属下列情形之一的，视为夫妻感情确已破裂，一方坚决要求离婚，经调解无效，可依法判决准予离婚：

（1）一方患有重大疾病，或一方有生理缺陷及其他原因不能发生性行为，且难以治愈的。

（2）婚前缺乏了解，草率结婚，婚后未建立起夫妻感情，难以共同生活的。

（3）婚前隐瞒了精神病，婚后久治不愈，或者婚前知道对方患有精神病而与其结婚，或一方在夫妻共同生活期间患精神病，久治不愈的。

（4）一方欺骗对方，或者在结婚登记时弄虚作假，骗取《结婚证》的。

（5）双方办理结婚登记后，未同居生活，无和好可能的。

（6）包办、买卖婚姻，婚后一方随即提出离婚，或者虽共同生活多年，但确未建立起夫妻感情的。

（7）因感情不和分居已满 3 年，确无和好可能的，或者经人民法院判决不准离婚后又分居满 1 年，互不履行夫妻义务的。

（8）一方与他人通奸、非法同居，经教育仍无悔改表现，无过错一方起诉离婚，或者过错方起诉离婚，对方不同意离婚，经批评教育、处分，或在人民法院判决不准离婚后，过错方又起诉离婚，确无和好可能的。

（9）一方重婚，对方提出离婚的。

（10）一方好逸恶劳、有赌博等恶性，不履行家庭义务，屡教不改，夫妻难以共同生活的。

（11）一方被依法判处长期徒刑，或其违法，犯罪行为严重伤害夫妻感情的。

（12）一方下落不明满 2 年，对方起诉离婚，经公告查找确无下落的。

（13）受对方的虐待、遗弃，或者受对方亲属虐待，或虐待对方亲属，经教育不改，另一方不谅解的。

（14）因其他原因导致夫妻感情确已破裂的。

36. 离婚时，哪些家庭暴力的证据会被法院认可？

受害者在离婚诉讼中提供如下证明家庭暴力的证据可能会被法院认可：

（1）报警记录。这个报警行为可以是受害人自己作出的，也可以是听到或是见到家庭暴力的邻居作出的。派出所接到报警电话后，一般会在第一时间赶到现场。如果暴力正在进行，他们会出手阻止暴力，如果暴力已经结束，警察会将双方当事人带回派出所，详细询问事发的具体情况，并将双方的陈述记录下来，这就是报警记录。这份报警记录是反映存在家庭暴力最好的证据，由于是公权力机关作出的，证据效力比较高。如果施暴时，受害者无法报警，可以在施暴结束后的最短时间内，拨打“110”或者自己到派出所去报警，制作相关的记录。

（2）验伤报告。家庭暴力一般要求造成轻微伤以上结果，因此家庭暴力的验伤报告也是非常重要的证据。遭受家庭暴力报警后，警方一般会给受害方开具专门的验伤申请单，到指定的司法鉴定医院进行伤情鉴定。如果没有报警，受害方也可以自己去医院验伤，将伤情报告作为遭受家庭暴力的证据。另外，当事人也可以把自己受伤情况拍成照片保存。值得提醒的是，受害方自己去验伤的报告和照片没有专门司法鉴定机关出具的验伤报告效力高，而且对于受害方自己的验伤报告和照片，对方在法庭上一般也会予以否认，会说成是受害方自己不小心受伤所致。

（3）证人证言。居住在经常发生暴力家庭旁边的邻居，一般对暴力情况都会有几分知情。可以请知情且愿意作证的邻居，到法庭上作证，该证人证言会成为指认家庭暴力很好的证据。经历家庭暴力的受害方一般还会寻求居民委员会等调解组织的帮助，该调解组织的人员可以出庭证明家庭暴力的存在。

（4）认错书。家庭暴力一般会经历一个紧张期、爆发期、蜜月期的循环。施暴者施暴后，在蜜月期通常会有一个悔过的表现。这时，他们会写下悔过书，保证不再动手，来乞求受害方的原谅。但是，只要开始了第一次施暴，其后绝对不会就此罢休，家庭暴力会成为这个家庭的家常便饭。施暴者写的认错书会成为证明家庭暴力存在的证据，受害方一定要妥善保存，在认错书中，最好让施暴方写清楚家庭暴力的次数和时间，这样更加方便法院认定家庭暴力的存在。

（5）告诫书。家庭暴力情节较轻，依法不给予治安管理处罚的，由公安机关对加害人给予批评教育或者出具告诫书。告诫书应当包括加害人的身份信息、家庭暴力的事实陈述、禁止加害人实施家庭暴力等内容。所以，公安机关出具的告诫书也可以证明家庭暴力的存在。

37. 如何计算“分居”2 年的时间？

“因感情不和分居满 2 年”的“2 年”时间的计算方式为从提出离婚的夫妻二人共同认可的最后一次同居的第二天起计算，到提出离婚诉讼（向人民法院递交诉讼状)的当天止。这里的分居时间应连续计算。如果分居后又同居,应从同居后又分居的时间重新计算,前面的分居时间终止。也就是说,分居的时间应当连续计算,不应把前后几次分居的时间累计计算。

38. 第二次起诉离婚 6 个月期限的起算点怎么计算?

《民事诉讼法》第 124 条规定,判决不准离婚和调解和好的离婚案件,判决、调解维持收养关系的案件,没有新情况、新理由,原告在 6 个月内又起诉的,不予受理。由此可见,第二次起诉离婚的时间应该自判决不准离婚或调解和好后 6 个月以上。从法院作出不准离婚的判决书生效后次日开始计算。但是有新情况、新理由的不受 6 个月限制。

39. 现役军人的配偶要求离婚有什么特殊规定?

社会上一直流传着一种说法,“嫁给军人后是不能提出离婚的”。也正是因为这样的传言,让很多人不敢和军人结婚,可事实上这种说法是不正确的。《民法典》第 1081 条规定,现役军人的配偶要求离婚,应当征得军人同意,但是军人一方有重大过错的除外。这一规定是为了确保军人婚姻家庭的稳定,免除军人的后顾之忧,但并未完全限制现役军人的配偶提出离婚,如果军人一方有重大过错,是可以请求离婚的。

军人一方有重大过错包括以下几种情形下:(1)现役军人重婚或者与他人同居;(2)现役军人实施家庭暴力或者虐待、遗弃家庭成员;(3)现役军人有赌博、吸毒等恶习屡教不改;(4)其他严重违背社会公德,并对夫妻感情造成严重伤害的行为。如强奸、嫖娼等违法犯罪行为。

40. 离婚后子女应该归谁抚养?

离婚虽然不能消除父母与子女之间的关系,但抚养方式却会因离婚而发生变化。最大限度保护未成年人的合法权益,是贯穿于《民法典》婚姻家庭编的基本原则,也是处理离婚后子女抚养归属问题的出发点。只有在此前提下,再结合父母双方的抚养能力和抚养条件等具体情况才能妥善解决该问题。对离婚后的子女抚养问题要考虑以下几个方面的情况:(1)应考虑父母双方的个人素质、对子女的责任感、家庭环境、父母与子女的感情等因素。(2)应考虑不能生育和再婚有困难的父或母的合理要求。(3)在双方的各种条件都基本相同的情况下,原则上由经济能力较强的一方抚养。(4)8 周岁以上有识别能力的子女，无论随父还是随母，都应征求子女本人的意见。

《民法典》第 1084 条第 3 款规定，离婚后，不满 2 周岁的子女，以由母亲直接抚养为原则。已满 2 周岁的子女，父母双方对抚养问题协议不成的，由人民法院根据双方的具体情况，按照最有利于未成年子女的原则判决。子女已满 8 周岁的，应当尊重其真实意愿。

此规定将离婚后子女的抚养分为两种情况：一是不满 2 周岁的子女，以由母亲直接抚养为原则。这是因为用母乳哺养，对婴儿的生长发育最为有利。从婴儿的生长发育的利益考虑，夫妻离婚后，不满 2 周岁的子女，应依法由母亲抚养。二是已满 2 周岁的子女，父母双方对抚养问题协议不成的，由人民法院根据双方的具体情况，按照最有利于未成年子女的原则判决。夫妻离婚后，对 2 周岁以上的未成年子女，随父或随母生活，首先应由父母双方协议决定。当事人双方因子女抚养问题达不成协议的，法院应结合父母双方的抚养能力和抚养条件等具体情况，根据有利于子女健康成长的原则妥善地作出裁决。需要注意的是，夫妻离婚后，对 8 周岁以上的未成年子女的抚养问题，应考虑该子女的意见。

41. 离婚后不直接抚养子女一方应当如何承担抚养费?

《民法典》第 1085 条规定，离婚后，子女由一方直接抚养的，另一方应当负担部分或者全部抚养费。负担费用的多少和期限的长短，由双方协议；协议不成的，由人民法院判决。前款规定的协议或者判决，不妨碍子女在必要时向父母任一方提出超过协议或者判决原定数额的合理要求。

夫妻离婚后，父母与子女间的关系，不因父母离婚而消除，父母对于子女仍有抚养、教育、保护的权利和义务。离婚后，不直接抚养子女的父母一方往往通过给付抚养费的形式履行这一义务，抚养费应当包括生活费、教育费和医疗费等。子女无论由母亲还是由父亲抚养，另一方都应负担必要的抚养费。

至于实际需要的数额，可根据子女的实际需要、父母双方的经济能力和当地的实际生活水平确定。分两种情况：一是对于有固定收入的，抚养费一般可按其月总收入的一定比例给付。负担两个以上子女抚养费的，比例可适当提高。对工资总额的计算，应当包括工资、较固定的奖金、岗位补贴等。二是对于无固定收入的，抚养费的数额可依据其当年总收入或其所处同行业的平均收入确定。如农民给付抚养费的标准一般不低于当地平均水平。个体工商户、专业承包户、私营企业主的子女抚养费，应根据其经营状况和实际利润给付。对一方无经济收入或者下落不明的，可用其财物折抵子女抚养费。

42. 子女抚养费在什么条件下可要求变更？

《民法典》第 1085 条规定，离婚后，子女由一方直接抚养的，另一方应当负担部分或者全部抚养费。负担费用的多少和期限的长短，由双方协议；协议不成的，由人民法院判决。前款规定的协议或者判决，不妨碍子女在必要时向父母任何一方提出超过协议或者判决原定数额的合理要求。

基于父母对子女的法定抚养义务，以及抚养费的数额以有利于子女的健康成长为原则，在原定的离婚协议或离婚判决确定的数额明显不够时，子女当然有权要求父母增加抚养费。

（1）子女要求增加抚养费的情形：①随着物价的上涨，经济生活水平的提高，原定的抚养数额已难以满足几年后的实际需要，无法维持当地实际生活水平；②子女因上学、患病等原因，所需要的费用已超过原定的数额；③有其他正当理由应当增加的。

（2）父母要求减免抚养费的情形：①由于长期患病或丧失劳动能力，失去经济来源，确实无力按原协议或判决确定的数额给付，而抚养子女的一方又能够负担，有抚养能力的；②因犯罪被收监改造，无力给付的；③直接抚养子女的一方再婚后，继父或继母愿意负担子女所需抚养费的一部或全部的。

无论是要求增加还是减少抚养费，在增加或减少抚养费的特殊情形消失时，对于增加抚养费的，可以要求恢复按原定数额支付；对于减少或免除抚养费的，应当恢复给付。

43. 离婚后不直接抚养子女的一方有权探望吗？

《民法典》第 1086 条规定，离婚后，不直接抚养子女的父亲或者母亲，一方有探望子女的权利，另一方有协助的义务。行使探望权利的方式、时间由当事人协议；协议不成的，由人民法院判决。父或者母探望子女，不利于子女身心健康的，由人民法院依法中止探望；中止的事由消失后，应当恢复探望。

如果发生探望权利纠纷，首要的救济方式是双方当事人的协商。双方不应囿于夫妻离异后的冲突纷争，应从有利子女健康成长的角度出发，对探望的时间、探望的方式，探望期间双方对子女的安排等作出协商。当双方无法就诸上事宜达成一致时，尤其在享有监护权的一方无故拒绝不直接抚养子女的一方探望子女时，享有探望权的一方可依《民事诉讼法》的有关规定提起诉讼，请求人民法院作出判决。如果取得监护权的一方拒不执行有关探望子女等判决或裁定的，由人民法院依法强制执行。此时要特别注意强制执行的方式和方法，比如，可在征求子女意见的基础上由法院工作人员陪同一方探望。同时，若诉讼参与人或者其他人拒不履行人民法院已经发生法律效力的判决或裁定的，人民法院可以根据情节轻重予以罚款、拘留；构成犯罪的依法追究刑事责任。因此，对无故拒绝一方探望子女的当事人，情节严重的，可以依照《民事诉讼法》以及其他法律的规定处罚。

44. 婚后一直与家庭其他成员共同生活的，离婚时如何确定夫妻共同财产？

婚后一直与家庭其他成员共同生活，是我国社会很普遍的现象，尤其是小夫妻与一方父母一起生活的情形更是比比皆是。对此情形，离婚时，应将夫妻共同财产先从家庭共同财产中析出。具体的程序要求是：可先就离婚和已查清的财产问题进行处理，对一时确实难以查清的财产的分割问题可告知当事人另案处理；或者中止离婚诉讼，待析产案件审结后再恢复离婚诉讼。对夫妻共同财产与家庭共同财产的区分确定，可根据夫妻结婚的时间、财产取得的时间、范围、出资、使用情况等因素综合判定。

45. 离婚时双方都要房子怎么办？

离婚时，如果夫妻双方都想得到房子，法院一般会考虑到以下因素判决：

（1）孩子归谁抚养。一般情况下，孩子归谁抚养，房子判归谁的可能性会较大。

（2）照顾无过错一方。比如，另一方有《民法典》第1091条规定的有过错的情形（包括重婚，与他人同居，实施家庭暴力，虐待、遗弃家庭成员或其他重大过错），为考虑无过错方的利益，法院会酌情考虑将房子判给无过错方。

（3）如果双方条件相同，又没有孩子，法院还可能采用竞价方式解决房屋归属，即把房屋判给出价最高的一方，另一方拿折价款。

46. 男女双方解除同居关系后，如何处理同居期间的财产和债务？

虽然当事人之间的同居关系并不受我国法律的保护，但是，同居毕竟是男女双方在一起共同生活，免不了会在财产、子女等问题上有所交叉，即使实行所谓的“AA制”，也无法保证财产关系上的绝对清晰。

解除同居关系时，同居生活期间双方共同所得的收入和购置的财产，按一般共有财产处理。在共有关系终止时，对共有财产的分割，有协议的，按协议处理；没有协议的，应当根据等分原则处理，并且考虑共有人对共有财产的贡献大小，适当照顾共有人生产、生活的实际需要等情况。

同时，解除同居关系时，同居期间为共同生产、生活而形成的债务，可按共同债务处理，具体而言，就是解除同居关系时，对于一方个人所欠下的债务，由该方个人负责偿还；对于同居期间为共同生产、生活而形成的债务，双方可以协商负担的比例和方法，协商不成的，可按共同债务处理，由双方共同偿还。

47. 离婚时夫妻在有限公司的出资怎么分割？

《公司法》第35条规定，公司成立后，股东不得抽逃出资。如果遇到夫妻一方或双方在公司拥有股份的，离婚时对财产进行分割通常的做法是，夫妻共同约定一方持股，给予另一方对价补偿。如果这样约定，只需双方签订协议并书面明确价款及支付方式即可。如果夫妻双方约定，将一方拥有的公司股权部分或全部给付另一方的，还必须符合《公司法》的相关规定。实践中存在两种情况：其一，夫妻双方均是股东的情况，此时可由双方在协议股东权益数额或委托评估后，直接由法院判决持股比例或者折价数额。其二，夫妻一方是股东而另一方不是的情况：(1)夫妻双方协商一致将出资额部分或全部转让给该股东的配偶，过半数股东同意、其他股东又不行使优先购买权的，该股东的配偶可以成为公司股东；(2)夫妻双方就出资额份额和价格等事项协商一致后，过半数股东不同意转让，且愿意以同等价格购买该出资额的，人民法院可以对转让出资所得财产进行分割。过半数股东既不同意转让，也不愿意以同等价格购买该出资额的，视同同意转让，该股东的配偶可以成为该公司股东。

用于证明过半数股东同意的证据，可以是股东会决议，也可以是当事人通过其他合法途径取得的股东书面声明材料。

48. 离婚时以夫妻一方名义投资的个人独资企业财产如何分割?

个人独资企业，是指依照《个人独资企业法》在中国境内设立，由一个自然人投资，财产为投资人个人所有，投资人以其个人财产对企业债务承担无限责任的经营实体。因此，夫妻投资个人独资企业只能以一人名义，离婚主张财产分割时首先也要确定该企业财产的性质，确定其是夫妻共同财产、个人财产还是家庭共同财产。如果确定该夫妻一方名义投资的个人独资企业为夫妻共同财产，在分割时需要注意：

（1）一方主张经营该企业的，对企业资产进行评估后，由取得企业一方给予另一方相应的补偿。

（2）双方均主张经营该企业的，在双方竞价基础上，由取得企业的一方给予另一方相应的补偿。

（3）双方均不愿意经营该企业的，按照《个人独资企业法》等有关规定办理。一般情况下，此时会中止离婚案件的审理，告知双方清算注销该企业，如果尚有财产，按共同共有分割。

49. 以小孩名义购买的房屋在离婚时该房产如何分割?

首先，该房屋产权属于子女，夫妻双方均无权处分该房屋。根据《城市房地产管理法》第 60 条的规定，国家实行土地使用权和房屋所有权登记发证制度。依法登记的房屋权利受国家法律保护。以未成年人名义购房且房产证上的名字是未成年人的，产权人只能是该未成年人。

其次，父母将所购房屋，无偿登记给未成年子女，实际上属于父母对子女的财产赠与，且不动产经过办理登记即为实际交付履行，赠与关系成立。《民法典》第 659 条规定，赠与的财产依法需要办理登记或者其他手续的，应当办理有关手续。因此，赠与房屋已经办理了过户登记手续的，应当认定赠与关系成立。

因此，以子女名义购买的房屋属于子女个人所有的财产，不属于夫妻双方的财产，夫妻双方均无权要求分割。

50. “净身出户”的协议具有法律效力吗?

“净身出户”，一般是指在婚姻双方决定离婚时，婚姻的一方要求另一方退出婚姻时得不到任何共同财产。至于这种协议的效力如何，应区分以下情形区别对待：

（1）约定一方提出离婚，则“净身出户”，所有家庭财产归另一方所有。这一约定违反了《民法典》规定的婚姻自由原则，属于无效的约定。

（2）约定一方有婚外情，则"净身出户"，所有家庭财产归另一方所有。根据《民法典》第1062、1065、1087条的规定，夫妻对共同财产，有平等的处理权，男女双方可以约定婚姻关系存续期间所得的财产以及婚前财产归各自所有、共同所有或者部分各自所有、部分共同所有。夫妻对婚姻关系存续期间所得的财产以及婚前财产的约定，对双方具有法律约束力。离婚时，夫妻的共同财产由双方协议处理；协议不成时，由人民法院根据财产的具体情况，按照照顾子女、女方和无过错方权益的原则判决。该情形中，"净身出户"约定应属有效。

（3）因婚外情等原因与配偶签订协议，约定再次婚外情，必须离婚，丧失子女抚养权，"净身出户"，所有家庭财产归配偶所有。此类协议部分有效部分无效。再次婚外情"净身出户"的协议有效。该部分可以认为双方签订的附条件合同，或者是夫妻在婚姻关系存续期间对将来离婚时财产分配的安排。在约定条件达成时，即发生相应的法律效果。必须离婚或丧失子女抚养权的约定无效。婚姻关系的解除、对未成年子女的抚养权等有明确的法律规定，当事人不得通过约定对此进行限制。特别是抚养权归属问题，法院应以有利孩子成长为原则进行处理。

51. 何为"假离婚"？"假离婚"后受害一方该怎么办？

通常意义上，"假离婚"，是指夫妻一方或双方本无离婚的真实意思而因双方通谋或受对方欺诈而作出的离婚的意思表示。一般而言，假离婚包括两种情形：一是通谋离婚；二是欺诈离婚。

无论是通谋离婚还是欺诈离婚，最终产生的法律后果都是离婚，即经过离婚登记机关的离婚程序后完成的离婚行为，在法律上，离婚的结果是合法的，符合法律规定的。

在欺诈离婚中，如果认为财产分割不适当，认为自己作为受害方应该索要赔偿的情形，受害方在有证据证明办理离婚登记时受到胁迫和威胁，可向人民法院申请撤销该离婚，但申请期不能超过1年，否则丧失请求权。虽然婚姻关系即离婚的事实不能改变，但对于子女的抚养和财产的分割，可向法院申请重新分割和处理。

52. 离婚时一方生活有困难能够要求另一方帮助吗？

《民法典》第1090条规定，离婚时，如一方生活困难，有负担能力的另一方应当给予适当帮助。具体办法由双方协议；协议不成的，由人民法院院判决。

离婚时，一方因生活困难需要另一方帮助的，应当具备以下几个条件：

（1）一方生活困难的情形在离婚时已实际存在，而不是离婚后的任何时间发生生活困难另一方都必须给予帮助。

（2）一方生活困难包括没有住房、失去劳动能力、无生活来源等情况。

（3）提供帮助的一方有负担能力。

（4）生活困难的一方没有再结婚组成新的家庭。

经济帮助的方式包括：没有住房的，可以住房的使用权或产权帮助解决住房问题；有其他生活困难的，可给予一次性的经济帮助，其数额可按提供帮助的一方的实际负担能力决定。但同时，生活困难一方提出的经济帮助也要从另一方的实际负担能力出发，而不能是过高的、随意的要求。

法院在判决时，应考虑以下几个问题：（1）生活困难的界定。一般认为若一方离婚后分得的财产不足以维持其合理的生活需要，或者不能通过从事适当的工作维持其生活需要等，均可认为是生活困难的体现，一方无房居住可以认定为生活困难。（2）给予帮助的方式。法院应考虑双方的收入和财产，双方就业能力、子女抚养，婚姻期间的生活水平等因素，合理确定扶助的数额和方式。（3）需要说明的一点是，婚姻关系中的过错不应在考虑之列。这意味着有过错的一方若存在生活困难的情形，也可要求无过错方给予适当经济帮助。

53. 离婚损害赔偿可以在离婚后提出吗？

离婚损害赔偿的权利主体应该在什么时候提出损害赔偿请求呢？需要区分不同的情形来确定：

（1）离婚损害赔偿只能由无过错的一方提起，而且只能在离婚诉讼时或离婚后一年内提起，在婚姻关系存续期间，当事人单独提起损害赔偿请求的，人民法院不予受理。也就是说，我国现行法律不支持婚内赔偿。

（2）无过错方作为原告的离婚案件，提起损害赔偿请求，必须在离婚诉讼的同时提出，如离婚时未提起，离婚后不能再单独就损害赔偿提出请求。

（3）无过错方作为被告的离婚案件，被告可在同意离婚的同时提出损害赔偿请求。如果被告不同意离婚也不提起损害请求的，可以在离婚后1年内就此单独提起诉讼。无过错方作为被告的离婚案件，一审时被告未提出损害赔偿请求，二审期间提出的，法院应当进行调解，调解不成的，当事人可以在离婚后 1 年内另行起诉。

（4）当事人在婚姻登记机关办理离婚登记手续后，以《民法典》第 1091 条规定为由向人民法院提出损害赔偿请求的，人民法院应当受理。但当事人在协议离婚时已经明确表示放弃该项请求，或者在办理离婚登记手续 1 年后提出的，不予支持。

54. 离婚双方都有过错时，过错小的一方可以要求损害赔偿吗？

不可以。离婚损害赔偿请求权的主体是无过错配偶一方，即在离婚损害赔偿诉讼中，行使离婚损害赔偿请求权的主体只能是无过错的配偶一方，且对方存在过错。与此同时，这里的“过错”不能作宽泛理解，应该是指法定的过错，即具有《民法典》第 1091 条规定的几种情形之一的行为。在婚姻家庭中，难免会发生一方侵犯他方合法权益或违背婚姻家庭法定义务的情形，夫妻双方总会存有或大或小的过错，而法律不是万能的，不可能规范得面面俱到，也不可能对婚姻当事人所有的过错都进行追究，它只能追究危害较大的过错行为。

55. 离婚时夫妻一方有隐藏、转移、变卖、毁损、挥霍夫妻共同财产情形的另一方应该怎么办？

《民法典》第 1092 条规定，夫妻一方隐藏、转移、变卖、毁损、挥霍夫妻共同财产，或者伪造夫妻共同债务企图侵占另一方财产的，在离婚分割夫妻共同财产时，对该方可以少分或者不分。离婚后，另一方发现有上述行为的，可以向人民法院提起诉讼，请求再次分割夫妻共同财产。

离婚后，即离婚案件已审理终结，人民法院作出有关财产分割的调解书、判决书已发生法律效力后，一方发现另一方有隐藏、转移、变卖、毁损、挥霍或者伪造夫妻共同债务侵占财产行为的，可以依据法律规定，向人民法院起诉，请求对这一部分财产进行再次分割。在分割时，关于对隐藏、转移、变卖、毁损、挥霍夫妻共同财产或者伪造债务的一方可以少分或者不分的原则仍应适用。当事人依据这一规定向人民法院提起诉讼，请求再次分割夫妻共同财产的诉讼时效为 2 年，从当事人发现之次日起计算。夫妻共同财产是共同共有财产，任何一方未经另一方同意而擅自予以隐藏、转移、变卖、毁损、挥霍，或者通过伪造债务等非法手段据为己有的，都是对另一方财产所有权的侵害，是一种民事侵权行为。

同时，因为一方隐藏、转移、变卖、毁损、挥霍夫妻共同财产，或者伪造债务企图侵占另一方财产等行为干扰或者破坏诉讼秩序，使诉讼不能顺利进行的，可以按照《民事诉讼法》对此类妨害民事诉讼的行为予以制裁，对隐藏、转移、变卖、毁损、挥霍财产等妨害民事诉讼的行为，人民法院可以根据情节轻重予以罚款、拘留；构成犯罪的，依法追究刑事责任。

五、收养

56. 哪些未成年人可以被收养？

《民法典》第 1093 条规定，下列未成年人，可以被收养：

（1）丧失父母的孤儿；

（2）查找不到生父母的未成年人；

（3）生父母有特殊困难无力抚养的子女。

《民法典》此条款扩大了被收养人的范围，删除被收养的未成年人应不满 14 周岁的限制，修改为符合条件的未成年人均可被收养，体现了“最有利于被收养人的原则”。

57. 通常情况下收养人应具备哪些条件？

《民法典》第 1098 条规定，收养人应当同时具备下列条件：

（1）无子女或者只有一名子女；

（2）有抚养、教育和保护被收养人的能力；

（3）未患有在医学上认为不应当收养子女的疾病；

（4）无不利于被收养人健康成长的违法犯罪记录；

（5）年满 30 周岁。

《民法典》结合我国的二胎政策，将收养人的条件从“无子女”扩大到“无子女或者只有一名子女”，拓宽了收养人的范围，与现行人口政策一致，有利于促进更多的孤儿被收养，回归到正常的家庭生活中。同时，增加了无不利于被收养人健康成长的违法犯罪记录的要求。如果收养人有违法犯罪的前科，可能存在对被收养人不利的情况，该条对收养人条件加以限制，有利于避免此类情况发生。

58. 收养三代以内旁系同辈血亲的子女可以享有哪些宽松条件？

《民法典》第 1099 条规定，收养三代以内旁系同辈血亲的子女，可以不受本法第 1093 条第 3 项、第 1094 条第 3 项和第 1102 条规定的限制。

华侨收养三代以内旁系同辈血亲的子女，还可以不受本法第1098条第1项规定的限制。

具体而言，收养三代以内旁系同辈血亲的子女可不受如下限制：(1)被收养的未成年人是生父母有特殊困难无力抚养的子女；(2)送养人是有特殊困难无力抚养子女的生父母；(3)无配偶者收养异性子女的，收养人与被收养人的年龄应当相差40周岁以上。

例如，刘甲与女孩童童的父亲刘乙系亲兄弟关系。刘甲因多种原因一直未娶妻生子，刘甲与刘乙通过民政部门办理了刘甲收养童童的登记手续。后童童因一档儿童选秀节目大火，刘乙十分后悔将童童交予刘甲收养，故以刘甲与童童年龄差未达到40周岁为由，请求人民法院判决收养关系无效。显然，刘乙的诉讼请求不能得到支持。

59. 无配偶者收养异性子女的有什么限制条件？

《民法典》第1102条规定，无配偶者收养异性子女的，收养人与被收养人的年龄应当相差40周岁以上。

提到受侵害，首先想到的就是女孩。在人们普遍意识里，男孩似乎是不会遭遇侵害的。因此，对男孩预防侵害的重视程度远低于女孩，甚至被忽略。但从近几年儿童受侵害案件看，男孩被侵害的并不是少数。《民法典》将收养人与被收养人的40周岁的年龄限制，从"男性收养女性"扩大到"收养异性子女"，即增加了"女性收养男性"的限制，其本质上增加了对男性未成年人的保护。

60. 继父母收养继子女的有什么特殊规定？

《民法典》第1103条规定，继父或者继母经继子女的生父母同意，可以收养继子女，并可以不受本法第1093条第3项、第1094条第3项、第1098条和第1100条第1款规定的限制。

具体而言，继父或者继母经继子女的生父母同意收养继子女可以不受如下限制：(1)被收养的未成年人是生父母有特殊困难无力抚养的子女。(2)送养人是有特殊困难无力抚养子女的生父母。(3)收养人应当同时具备：①无子女或者只有一名子女；②有抚养、教育和保护被收养人的能力；③未患有在医学上认为不应当收养子女的疾病；④无不利于被收养人健康成长的违法犯罪记录；⑤年满30周岁。(4)无子女的收养人可以收养两名子女；有子女的收养人只能收养一名子女。

61. 收养关系应由哪个部门登记？收养评估应当由哪个部门作出？

《民法典》第 1105 条规定，收养应当向县级以上人民政府民政部门登记。收养关系自登记之日起成立。收养查找不到生父母的未成年人的，办理登记的民政部门应当在登记前予以公告。收养关系当事人愿意签订收养协议的，可以签订收养协议。收养关系当事人各方或者一方要求办理收养公证的，应当办理收养公证。县级以上人民政府民政部门应当依法进行收养评估。

根据上述规定，收养由县级以上人民政府民政部门负责登记。县级以上人民政府民政部门应当依法进行收养评估。

我国有不少收养关系并未办理收养登记手续，属于事实收养关系，根据《民法典》的规定，未进行登记的收养关系不受法律保护。

62. 什么情况下祖父母或者外祖父母有优先抚养的权利？

根据《民法典》第 1108 条的规定，配偶一方死亡，另一方送养未成年子女的，死亡一方的父母有优先抚养的权利。

比如，大王与自幼身患残疾的妻子芳芳育有一子小王。大王因病去世后，芳芳无力抚养小王，于是她决定把小王交予邻居收养。但小王的奶奶强烈反对，认为应当由自己抚养小王。在遭到芳芳拒绝后，小王的奶奶向法院起诉。此案应如何处理？按照上述规定，大王死亡后，芳芳决定将小王送养，小王的奶奶作为死亡大王的母亲有优先抚养小王的权利，因此，此案中小王应由奶奶抚养。

63. 收养关系成立后养子女与养父母、生父母及其他近亲属间的权利义务将发生什么变化？

《民法典》第 1111 条规定，自收养关系成立之日起，养父母与养子女间的权利义务关系，适用本法关于父母子女关系的规定；养子女与养父母的近亲属间的权利义务关系，适用本法关于子女与父母的近亲属关系的规定。养子女与生父母以及其他近亲属间的权利义务关系，因收养关系的成立而消除。

根据上述规定，收养关系一经确立，养子女取得与亲生子女同等的法律地位，养子女与养父母、养父母的近亲属间形成与亲生子女相同的权利义务关系。同时，养子女与生父母以及其他近亲属间的权利义务关系消除。

64. 被收养人尚未成年可以解除收养关系吗?

《民法典》第 1114 条规定,收养人在被收养人成年以前,不得解除收养关系,但是收养人、送养人双方协议解除的除外。养子女 8 周岁以上的,应当征得本人同意。收养人不履行抚养义务,有虐待、遗弃等侵害未成年养子女合法权益行为的,送养人有权要求解除养父母与养子女间的收养关系。送养人、收养人不能达成解除收养关系协议的,可以向人民法院提起诉讼。

原则上,被收养人尚未成年是不得解除收养关系的。但如果收养人、送养人双方达成解除协议,收养关系可以解除。如果被收养人 8 周岁以上的,是否解除收养关系还应当征得其本人同意。

65. 收养人有虐待未成年养子女的行为,送养人可以要求解除收养关系吗?

可以。《民法典》第 1114 条第 2 款规定,收养人不履行抚养义务,有虐待、遗弃等侵害未成年养子女合法权益行为的,送养人有权要求解除养父母与养子女间的收养关系。送养人、收养人不能达成解除收养关系协议的,可以向人民法院提起诉讼。

近几年,虐待、性侵养子女的事件令人触目惊心,有些收养人利用养父母身份对未成年子女进行强迫或诱导,令其陷入孤立无援的状态,并对其实施侵害,这是突破了道德底线、完全不可接受的行为。出于保护未成年养子女合法权益的目的,《民法典》规定,收养人不履行抚养义务,有虐待、遗弃等侵害未成年养子女合法权益行为的,送养人有权要求解除养父母与养子女间的收养关系。

66. 养子女成年后与养父母关系恶化可以解除收养关系吗?

《民法典》第 1115 条规定,养父母与成年养子女关系恶化、无法共同生活的,可以协议解除收养关系。不能达成协议的,可以向人民法院提起诉讼。

例如,童某自小由张某、李某夫妇收养,精心照顾长大,张某、李某夫妇为其张罗了婚事。但童某不念养育之恩,不但没有报答张某、李某夫妇,反而经常对其辱骂,甚至殴打,使两位老人终日惶恐不安。张某、李某夫妇现在已经不能忍受童某的百般刁难,两位老人是否有权要求解除与童某的收养关系呢? 答案是肯定的。基于上述规定,张某、李某夫妇可以与童某协议解除收养关系。不能达成协议的，可以向人民法院提起诉讼。

67. 当事人协议解除收养关系的还需要办理登记手续吗？

《民法典》第 1116 条规定，当事人协议解除收养关系的，应当到民政部门办理解除收养关系登记。

《中国公民收养子女登记办法》第 9 条规定，“收养关系当事人协议解除收养关系的，应当持居民户口簿、居民身份证、收养登记证和解除收养关系的书面协议，共同到被收养人常住户口所在地的收养登记机关办理解除收养关系登记”。

《中国公民收养子女登记办法》第 10 条规定，“收养登记机关收到解除收养关系登记申请书及有关材料后，应当自次日起 30 日内进行审查；对符合收养法规定的，为当事人办理解除收养关系的登记，收回收养登记证，发给解除收养关系证明”。

68. 收养关系解除后养子女与养父母、生父母及其他近亲属的权利义务关系会有什么变化？

《民法典》第 1117 条规定，收养关系解除后，养子女与养父母以及其他近亲属间的权利义务关系即行消除，与生父母以及其他近亲属间的权利义务关系自行恢复。但是，成年养子女与生父母以及其他近亲属间的权利义务关系是否恢复，可以协商确定。

比如，李叔叔系玲玲的亲生父亲，李叔叔因无力抚养将玲玲交予王阿姨收养。后玲玲与王阿姨自愿解除收养关系。那么，玲玲与李叔叔的关系是什么呢？玲玲在与王阿姨解除收养关系后，自行恢复与李叔叔的父女关系。但如果玲玲已经成年，其是否恢复与李叔叔的关系，可以由二人协商确定。

69. 收养关系解除后养父母还可以向成年养子女要求生活费吗？

《民法典》第 1118 条第 1 款第 1 句规定，收养关系解除后，经养父母抚养的成年养子女，对缺乏劳动能力又缺乏生活来源的养父母，应当给付生活费。

养子女和养父母之间的权利和义务，因收养关系的解除而终止。收养关系解除时，养子女已由养父母抚养长大成人并已独立生活，而养父母却年老丧失劳动能力又无生活来源的，养子女应承担养父母晚年的生活费用。

70. 养父母在什么情况下可以要求养子女或者生父母补偿抚养费?

《民法典》第1118条规定,因养子女成年后虐待、遗弃养父母而解除收养关系的,养父母可以要求养子女补偿收养期间支出的抚养费。生父母要求解除收养关系的,养父母可以要求生父母适当补偿收养期间支出的抚养费;但是,因养父母虐待、遗弃养子女而解除收养关系的除外。

养父母有权要求补偿收养期间支出的抚养费有以下两种情况:

(1)如果解除收养关系是因为成年养子女虐待、遗弃养父母的,养父母可以要求养子女补偿收养期间支出的抚养费。

(2)生父母要求解除收养关系的,养父母可要求补偿收养期间养子女的生活费和教育费等抚养费,但是,如果解除收养关系是因为养父母虐待、遗弃养子女,则不能要求补偿。

第六编　继　　承

一、一般规定

1. 继承这个法律行为从什么时候开始?

《民法典》第1121条第1款规定,继承从被继承人死亡时开始。继承从被继承人死亡时开始,这里的死亡包括自然死亡和宣告死亡。

(1)自然死亡较好理解,如被继承人病死或因意外事故死亡,一般以医学宣布死亡为准。根据司法实践,确定自然人自然死亡的依据是:被继承人呼吸停止,心脏停止跳动的时间;医院的死亡证书中记载的死亡时间;户籍管理登记手册中记载的死亡时间。

(2)宣告死亡分为两种情形:一是下落不明满4年。自然人长期离开住所,下落不明满4年,由利害关系人申请,人民法院发布寻找失踪人公告(公告期为1年),公告期满,失踪人仍无下落的,即由人民法院作出判决,宣告失踪人死亡。人民法院宣告死亡的判决作出之日视为其死亡的日期。二是因发生意外事件下落不明满2年。因意外事件下落不明,经有关机关证明该自然人不可能生存的,申请宣告死亡不受2年时间的限制。因意外事件失踪,由利害关系人申请,人民法院发布寻找失踪人公告(公告期为1年),公告期满,失踪人仍无下落的,即由人民法院作出判决,宣告失踪人死亡。意外事件发生之日视为其死亡的日期。

故确定继承开始时间存在以上两种具体情况，需要结合具体情况加以确认。

2. 难以确定相互有继承关系的数人在同一事件中的死亡时间怎么办？

《民法典》第1121条第2款规定，相互有继承关系的数人在同一事件中死亡，难以确定死亡时间的，推定没有其他继承人的人先死亡。都有其他继承人，辈份不同的，推定长辈先死亡；辈份相同的，推定同时死亡，相互不发生继承。

例如，大高（有配偶和儿子）驾驶轿车载着父亲老高和弟弟小高（有配偶和女儿）回家，因超越前车操作不当，撞到路边大树，致三人当场死亡，且难以确定各自的死亡时间。此种情况下该如何推定三人的死亡时间呢？根据上述法律规定，因为老高、大高和小高相互有继承关系且都有其他继承人，因此推定长辈老高先死亡，大高和小高继承老高遗产中其应有的份额；推定大高和小高同时死亡，相互之间不发生继承。

3. 父母一方死亡，另一方还健在，子女有权要求继承遗产吗？

按照我国传统的民间习惯，父母一方死亡，另一方健在时，一般并不马上发生继承遗产的问题，而要等到父母双亡后，才由子女继承、分割他们的遗产。事实上，从法律角度来看，被继承人死亡时，继承就已经开始，父母一方死亡，儿女和其他继承人都有要求继承其遗产的权利。

因此，子女可以在父母一方死亡后依法提出继承遗产的要求。

4. 有限责任公司的股东资格能否继承？

有限责任公司股权就其本质属性而言，既包括股东的财产权，也包括基于财产权产生的身份权即股东资格，该身份权体现为股东可以就公司的事务行使表决权等有关参与公司决策的权利。就股权所具有的财产权属性而言，其作为遗产被继承是符合我国现行法律规定的。而股东资格的继承问题，《公司法》第75条规定了股权继承的一般原则，即自然人股东死亡后，其合法继承人可以继承股东资格；但是，公司章程另有规定的除外。因此，自然人股东的合法继承人可以继承股东资格。同时，也允许公司章程作出其他安排，可以规定对合法继承人继承股东资格作出限制，也可以规定完全限制股东资格的继承。

5. 著作权能否作为遗产继承?

根据《著作权法》第10、19条之规定,著作权人享有的财产权包括:复制权、发行权、出租权、展览权、表演权、放映权、广播权、信息网络传播权、摄制权、改编权、翻译权、汇编权及应当由著作权人享有的其他权利。著作权属于公民的,公民死亡后,其享有的财产权在《著作权法》规定的保护期内,可以继承。

6. 宅基地可以继承吗?

宅基地上的权利包括宅基地所有权和宅基地使用权两部分。我国对宅基地严格实行"一户一宅"制度,宅基地归集体所有,宅基地使用权是家庭共同共有财产。宅基地使用权本身不得单独转移且不能用于抵押,也不能进行继承。但宅基地上房屋属于公民合法财产,宅基地使用权人可以将地上建筑物以出租、赠与、继承、遗赠的方式转移给他人,宅基地使用权也随之转移。

7. 人寿保险中的保险金可以作为遗产继承吗?

人寿保险,是保险标的为人的生命、健康等的保险。投保人与保险公司订立保险合同,并按约定交纳保险费后,保险合同关系成立。保险事故发生后,保险人应向受益人支付保险金。人寿保险合同中,受益人就是根据合同有权领取保险金的人,受益人由被保险人指定,可以是投保人,也可以是第三人。被保险人未指明受益人时,他的法定继承人推定为受益人。

因此,一般而言,被保险人死亡后,受益人应得的保险金不能列入遗产范围,不能作为遗产继承,也不能用来清偿死者生前所欠的税款和所负的债务。这是因为,在保险合同订立时,保险金的所有权已经明确为受益人所有。

8. 死亡抚恤金是否属于遗产?

当职工因公死亡或革命军人牺牲或病故时,有关国家机关、企事业单位会按照相应规定,发给死者亲属一定的死亡抚恤金。发放这种抚恤金,是用以优抚救济死者家属,特别是用来优抚那些依靠死者生活的未成年人和丧失劳动能力的亲属。因此,抚恤金并不是发给死者的,而是发给死者家属的,应由受抚恤的家属直接享有,而不能作为死者的遗产由继承人继承。

9. 生前通过立遗嘱的方式将死后的丧葬费和抚恤金进行处理，是否有效？

丧葬费、抚恤金以死者死亡为条件，并非公民死亡时遗留的财产，故丧葬费、抚恤金不属于遗产。由于丧葬费、抚恤金不属于死者的遗产，故即使遗嘱人在遗嘱中对此进行了处分，这种处分行为也是无效、不发生法律效力的。但所有继承人之间可以协议对抚恤金和丧葬费进行分割或者处分。

所以，生前通过立遗嘱的方式将死后的丧葬费和抚恤金进行处理的行为是无效的。

10. 家属可以继承精神损害抚慰金请求权吗？

受害人的精神损害抚慰金请求权，其家属是不可以继承的。但是一旦精神损害赔偿请求权转变为债权，则可以继承。

《最高人民法院关于审理人身损害赔偿案件适用法律若干问题的解释》第 18 条规定，受害人或者死者近亲属遭受精神损害，赔偿权利人向人民法院请求赔偿精神损害抚慰金的，适用《最高人民法院关于确定民事侵权精神损害赔偿责任若干问题的解释》予以确定。精神损害抚慰金的请求权，不得让与或者继承。但赔偿义务人已经以书面方式承诺给予金钱赔偿，或者赔偿权利人已经向人民法院起诉的除外。

因为精神损害抚慰金赔偿请求权是与自然人的人身密不可分的一种权利，因此，精神损害抚慰金的请求权不得继承。但是如果赔偿义务人已经以书面方式承诺给予金钱赔偿，或者赔偿权利人已经向人民法院起诉，则可以发生继承的法律关系。

值得注意的是，《最高人民法院关于确定民事侵权精神损害赔偿责任若干问题的解释》第 3 条规定，自然人死亡后，其近亲属因下列侵权行为遭受精神痛苦，向人民法院起诉请求赔偿精神损害的，人民法院应当依法予以受理：

（1）以侮辱、诽谤、贬损、丑化或者违反社会公共利益、社会公德的其他方式，侵害死者姓名、肖像、名誉、荣誉；

（2）非法披露、利用死者隐私，或者以违反社会公共利益、社会公德的其他方式侵害死者隐私；

（3）非法利用、损害遗体、遗骨，或者以违反社会公共利益、社会公德的其他方式侵害遗体、遗骨。

据此，死者的近亲属可以作为原告，就自身遭受的精神痛苦要求加害人赔偿精神损害。

11. 继承开始后法定继承、遗嘱继承和遗赠扶养协议的办理顺序如何?

《民法典》第1123条规定,继承开始后,按照法定继承办理;有遗嘱的,按照遗嘱继承或者遗赠办理;有遗赠扶养协议的,按照协议办理。

在继承中,如果各种继承方式并存,应首先执行遗赠扶养协议,其次是遗嘱继承和遗赠,最后才是法定继承。被继承人生前与他人订有遗赠扶养协议,同时又立有遗嘱的,继承开始后,如果遗赠扶养协议与遗嘱没有抵触,遗产分别按协议和遗嘱处理;如果有抵触,按协议处理,与协议抵触的遗嘱全部或部分无效。

12. 继承人如果放弃继承需要在什么时候提出?

《民法典》第1124条规定,继承开始后,继承人放弃继承的,应当在遗产处理前,以书面形式作出放弃继承的表示;没有表示的,视为接受继承。受遗赠人应当在知道受遗赠后60日内,作出接受或者放弃受遗赠的表示;到期没有表示的,视为放弃受遗赠。

根据上述规定,放弃继承的表示期限应当是从继承开始时起到遗产处理时止。由于继承权的放弃在继承中具有重要作用,因此,继承人只有在期限内以书面形式明确作出放弃继承的表示才有效。否则,被视为接受继承。放弃继承的意思表示必须在继承开始以后,因为在此之前,继承尚未开始,不存在放弃继承权的问题。

13. 继承人的哪些行为可能导致其丧失继承权的?

《民法典》第1125条规定,继承人有下列行为之一的,丧失继承权:

(1)故意杀害被继承人;

(2)为争夺遗产而杀害其他继承人;

(3)遗弃被继承人,或者虐待被继承人情节严重;

(4)伪造、篡改、隐匿或者销毁遗嘱,情节严重;

(5)以欺诈、胁迫手段迫使或者妨碍被继承人设立、变更或者撤回遗嘱,情节严重。

继承人有前款第3项至第5项行为,确有悔改表现,被继承人表示宽恕或者事后在遗嘱中将其列为继承人的,该继承人不丧失继承权。

受遗赠人有本条第一款规定行为的，丧失受遗赠权。

比如，李大爷中年丧妻，有两个儿子。大儿子李明在外地工作，力所能及地尽了赡养义务。而次子李朋虽然离老人不远，却很少看望老人，不尽赡养义务。老人因病去世后，李朋闻讯回家，对老人的后事漠不关心，却在屋里东翻西找，最后在老人的枕头下摸出一个 1 万元的存折，里面夹着一张纸条。纸条上写着："我有存款 1 万元，全部留给儿子李明。"李朋看后灵机一动，随即将纸条中的"明"字改成"朋"字。第二天李明从外地赶来，李朋掏出纸条交给李明说："你瞧瞧吧，这是爸爸临终前给我的。"李明看后说，父亲临终前给他写信，数次表明李朋对自己如何不好，并写明 1 万元存折在枕头下，留给大儿子李明。两兄弟争执不下，一场继承遗产的官司就此产生。本案中，李朋篡改遗嘱，想达到侵犯哥哥继承权的目的，将父亲的遗产独占己有，行为是恶劣的，情节应当是严重的。因此，李朋丧失对李大爷遗产的继承权，李大爷 1 万元遗产应按照其遗嘱处理，全部由李明继承。

14.《民法典》设立的对继承人的"宽恕制度"指什么？

《民法典》第 1125 条在列举继承人丧失继承权的 5 种行为的同时，规定"继承人有前款第三项至第五项行为，确有悔改表现，被继承人表示宽恕或者事后在遗嘱中将其列为继承人的，该继承人不丧失继承权"。这就是所谓对继承人的"宽恕制度"。具体而言，继承人有遗弃被继承人，或者虐待被继承人情节严重的行为；伪造、篡改、隐匿或者销毁遗嘱，情节严重的行为；以欺诈、胁迫手段迫使或者妨碍被继承人设立、变更或者撤回遗嘱，情节严重的行为。确有悔改表现，被继承人表示宽恕或者事后在遗嘱中将其列为继承人的，该继承人不丧失继承权。

《民法典》增加的对继承人的"宽恕制度"，是对继承权法定丧失制度的完善。"宽恕制度"的目的是维护和谐的家庭关系，给继承人改过自新的机会，同时也尊重了被继承人的意愿。

二、法定继承

15. 法定继承人继承遗产的顺序是什么？

《民法典》第 1127 条规定，遗产按照下列顺序继承：

（1）第一顺序：配偶、子女、父母；

（2）第二顺序：兄弟姐妹、祖父母、外祖父母。

继承开始后，由第一顺序继承人继承，第二顺序继承人不继承；没有第一顺序继承人继承的，由第二顺序继承人继承。

本编所称子女，包括婚生子女、非婚生子女、养子女和有扶养关系的继子女。

本编所称父母，包括生父母、养父母和有扶养关系的继父母。

本编所称兄弟姐妹，包括同父母的兄弟姐妹、同父异母或者同母异父的兄弟姐妹、养兄弟姐妹、有扶养关系的继兄弟姐妹。

法定继承的顺序是先由第一顺序的继承人继承，只有在没有第一顺序继承人或者第一顺序继承人全部放弃或丧失继承权的情况下，才由第二顺序继承人继承。

16. 同一顺序的继承人之间还有先后之分吗？

在法定继承中，同一顺序的继承人，无论有多少，应同时继承，没有先后次序之分。

17. 继父母子女之间互有继承权吗？

继父母子女之间是否有继承权要看是否形成抚养关系。父母再婚时，如果子女已成年，那么其与父母再婚的对象不能形成有抚养关系的继父母子女关系，互相之间没有继承权，但成年子女因精神状态等原因属于限制民事行为能力人或无民事行为能力人的除外。如果再婚当时子女未成年，则要看具体情况判断是否与继父母形成抚养关系，比如，是否共同生活、是否有抚养教育事实等。如果确认有抚养关系，那么继子女就有赡养继父母的义务，且双方互相产生法定继承权。如果没有抚养关系，继父母子女之间就不存在法定继承权。

18. 代位继承是怎么一回事？

《民法典》第1128条规定，被继承人的子女先于被继承人死亡的，由被继承人的子女的直系晚辈血亲代位继承。被继承人的兄弟姐妹先于被继承人死亡的，由被继承人的兄弟姐妹的子女代位继承。代位继承人一般只能继承被代位继承人有权继承的遗产份额。

把握代位继承需要了解以下五个方面：

（1）代位继承只限于被继承人的子女或兄弟姐妹先于被继承人死亡的

情况。

（2）代位继承人只限于被代位继承人的晚辈直系血亲或兄弟姐妹的子女。

（3）代位继承人一般只能继承被代位人应继承的遗产份额。

（4）先于被继承人死亡的子女或兄弟姐妹具备丧失继承权的情形且被法院判决丧失继承权的，其晚辈不得代位继承。

（5）代位继承只适用于法定继承，不适用于遗嘱继承。

19. 丧偶儿媳或者女婿在什么情况下可以成为公婆、岳父母的第一顺序继承人？

《民法典》第1129条规定，丧偶儿媳对公婆，丧偶女婿对岳父母，尽了主要赡养义务的，作为第一顺序继承人。可见对公婆、岳父母尽主要赡养义务的，丧偶儿媳、丧偶女婿可以取得继承权。

那么，如何认定丧偶儿媳、丧偶女婿“尽了主要赡养义务”呢？如果丧偶儿媳、丧偶女婿对被继承人生活提供了主要经济来源，或在劳务等方面给予了主要扶助的，应当认定其尽了主要赡养义务。具体表现在以下三个方面：（1）在经济上为老人生活提供了帮助，老人主要依靠其提供的经济维持生活；（2）为老人日常生活提供主要帮助，如为老人做饭，打扫卫生，生病时进行护理等；（3）对老人的帮助具有长期性。如属偶尔的看望、有限的劳务帮助等，不能视为尽了主要赡养义务，不能由此取得第一顺序继承人资格。

20. 法定遗产继承份额如何确定？

《民法典》第1130条规定，同一顺序继承人继承遗产的份额，一般应当均等。对生活有特殊困难又缺乏劳动能力的继承人，分配遗产时，应当予以照顾。对被继承人尽了主要扶养义务或者与被继承人共同生活的继承人，分配遗产时，可以多分。有扶养能力和有扶养条件的继承人，不尽扶养义务的，分配遗产时，应当不分或者少分。继承人协商同意的，也可以不均等。

被继承人死亡后，如同一顺序的法定继承人有数人，则存在每位继承人所应继承遗产份额的问题。继承遗产时，应当按照如下情况确定遗产继承份额的标准：

（1）同一顺序继承人继承遗产的份额，一般情况下应当均等。所谓

"一般情况",是指同一顺序的各个法定继承人,彼此在生活状况、劳动能力以及对被继承人所尽抚养、扶养或赡养义务等方面,情况基本相同,条件大致接近。所谓"均等分配遗产",是指同一顺序的各个法定继承人所取得的被继承人遗产数额比例相同,没有明显差别。

(2)对生活有特殊困难又缺乏劳动能力的继承人,分配遗产时,应当予以照顾。生活有特殊困难,是指继承人因为没有独立的经济收入或其他生活来源,难以维持基本的物质生活条件。缺乏劳动能力,是指继承人因尚未成年不具备劳动能力或因年迈、疾病等原因而部分丧失或全部丧失劳动能力。

(3)对被继承人尽了主要扶养义务或者与被继承人共同生活的继承人,分配遗产时,可以多分。对被继承人尽了主要扶养义务,是指对被继承人负有法定的抚养、扶养和赡养义务的继承人,为被继承人的生活提供了主要的经济来源或者提供了主要的劳务扶助。与被继承人共同生活,是指继承人与被继承人在日常生活方面处于相互紧密联系状态,彼此相互关心和照顾。

(4)有扶养能力和有扶养条件的继承人,不尽扶养义务的,分配遗产时,应当不分或者少分。对被继承人负有法定的抚养、扶养和赡养义务的继承人,在其具有履行抚养、扶养和赡养义务的条件下,如果拒绝履行上述义务,那么在分配遗产时,不应分给这类继承人任何遗产,或者仅分给其极少份额的遗产,以此作为对这类继承人的制裁。

(5)继承人协商同意的,也可以不均等。在同一顺序的各个法定继承人的条件大致相当的情况下,继承人之间既可均等分配也可以协商,在达成一致同意的基础上,对被继承人的遗产进行不均等分配。这是继承人自主自愿地行使其继承权的结果,法律对此不加以干预。

三、遗嘱继承和遗嘱

21. 遗嘱继承和遗赠有什么区别?

遗嘱继承,是指按照遗嘱人生前所留下的合法遗嘱的内容要求,确定被继承人的继承人及各继承人应继承遗产的份额。

遗赠是公民以遗嘱方式将个人财产赠给国家、集体或者法定继承人以外的组织、个人,而于其死亡时发生法律效力的民事行为。立遗嘱的公民为遗赠人,接受遗赠的人为受遗赠人。

遗赠与遗嘱继承都是通过遗嘱方式处分财产,这两种方式在形式上有许多相似之处，但区别是明显的。遗嘱继承与遗赠的区别主要体现在以下几个方面：

（1）遗嘱继承人与受遗赠人的范围不同。遗嘱继承人只能是法定继承人范围以内的人，而受遗赠人可以是法定继承人以外的公民，也可以是国家、集体或组织。

（2）遗嘱继承人在继承开始后遗产分割前未明确表示放弃的，即视为继承。而受遗赠人在知道受遗赠后60日内未作出接受遗赠表示的，视为放弃，即丧失受遗赠权。

22. 当事人准备自书遗嘱时需要注意哪些问题？

《民法典》第1134条规定，自书遗嘱由遗嘱人亲笔书写，签名，注明年、月、日。

自书遗嘱，是指遗嘱人亲笔制作的书面遗嘱，遗嘱人有权依照法律的规定，根据自己的意志对死后的财产预先作出处分。准备自书遗嘱时一定要注意以下三个问题：

首先，遗嘱人亲笔书写。自书遗嘱必须由遗嘱人亲笔书写，书写时字迹要清晰，语义要准确，不要使用模棱两可的语言，否则很容易在执行遗嘱时产生纠纷。在选择书写的用笔时，最好别用铅笔，用毛笔、钢笔或签字笔都行，这样容易保存，也不易被人篡改。

其次，要注明年、月、日。写完遗嘱后，遗嘱人必须写清楚立遗嘱的时间，年、月、日三项都得写清楚，不要漏掉其中任何一项，否则也容易出现纠纷。

最后，签名。写完遗嘱后，遗嘱人一定别忘了签上自己的姓名，这不能让别人代签，一般也不能只用捺手印来代替签名。

此外，自书遗嘱中如需涂改、增删，应当在涂改、增删内容的旁边注明涂改、增删的字数，且应在涂改、增删处另行签名。

23. 代书遗嘱上立遗嘱人需要签字吗？

需要。《民法典》第1135条规定，代书遗嘱应当有两个以上见证人在场见证，由其中一人代书，并由遗嘱人、代书人和其他见证人签名，注明年、月、日。

代书遗嘱，是指由立遗嘱人以外的其他人代为书写的遗嘱。虽代书遗嘱是由他人代书并见证，立遗嘱人无须自己书写，但是对代书遗嘱，立遗嘱人需要对该遗嘱内容予以签字确认。如果出现立遗嘱人是文盲或半文盲，不会书写自己名字的情况，也不可由他人代为签字，其可在签字处捺手印。有效的解决办法是，让其勉强写出自己的名字，并在自己书写的名字上捺手印，同时对该过程进行录像加强证据效力。

24. 打印遗嘱是否有效？

《民法典》第1136条规定，打印遗嘱应当有两个以上见证人在场见证。遗嘱人和见证人应当在遗嘱每一页签名，注明年、月、日。

打印遗嘱有效需要具备如下条件：(1)有两名以上见证人在场；(2)遗嘱人在遗嘱每一页签名，注明年、月、日；(3)见证人在遗嘱每一页签名，注明年、月、日。

25. 以录音录像形式立的遗嘱需要注意哪些问题？

《民法典》第1137条规定，以录音录像形式立的遗嘱，应当有两个以上见证人在场见证。遗嘱人和见证人应当在录音录像中记录其姓名或者肖像，以及年、月、日。

随着科技的发展，实践中通过录音录像的方式订立遗嘱的人越来越多，《民法典》增加录音录像形式的遗嘱并作出了具体规范，这使遗嘱人在订立遗嘱时更加方便，给遗嘱人的自由意思以充分的尊重。

26. 法律关于口头遗嘱是如何规定的？

《民法典》第1138条规定，遗嘱人在危急情况下，可以立口头遗嘱。口头遗嘱应当有两个以上见证人在场见证。危急情况消除后，遗嘱人能够以书面或者录音录像形式立遗嘱的，所立的口头遗嘱无效。

法律规定的口头遗嘱只能是在危急情况下的应急措施，以危急情况为其适用要件，不是任何场合都可以使用的。危急情况主要有以下几种：(1)遗嘱人因病危濒临死亡时，在病榻上所立的口头遗嘱；(2)因自然灾害致使遗嘱人处于生命危险时，在遇难现场所立的口头遗嘱；(3)在战争中遗嘱人身负重伤，生命垂危时，在战场上所立的口头遗嘱；(4)遗嘱人遭遇不法侵害，生命垂危时，在遇害现场所立的口头遗嘱；(5)遗嘱人在航海、航空中遇到事故，生命有危险时，在航空器或船舶上所立的口头遗嘱。

27. 办理遗嘱公证时需要准备哪些材料?

申请办理遗嘱公证时应提交如下材料:居民身份证或者其他身份证件;遗嘱涉及的不动产、交通工具或者其他有产权凭证的财产的产权证明;遗嘱;公证申请表。其中遗嘱应写明:(1)遗嘱人的姓名、性别、出生日期、住址;(2)遗嘱处分的财产状况(名称、数量、所在地点以及是否共有、抵押等);(3)对财产和其他事务的具体处理意见;(4)有遗嘱执行人的,应当写明执行人姓名、性别、年龄、住址等;(5)遗嘱制作的日期以及遗嘱人的签名。

28. 公证尚未结束遗嘱人死亡或者丧失行为能力的,公证处应当如何处理?

《遗嘱公证细则》第19条规定,公证处审批人批准遗嘱公证书之前,遗嘱人死亡或者丧失行为能力的,公证处应当终止办理遗嘱公证。遗嘱人提供或者公证人员代书、录制的遗嘱,符合代书遗嘱条件或者经承办公证人员见证符合自书、录音、口头遗嘱条件的,公证处可以将该遗嘱发给遗嘱受益人,并将其复印件存入终止公证的档案。公证处审批人批准之后,遗嘱人死亡或者丧失行为能力的,公证处应当完成公证遗嘱的制作。遗嘱人无法在打印的公证遗嘱上签名的,可依符合第17条规定的遗嘱原稿的复印件制作公证遗嘱,遗嘱原稿留公证处存档。

29. 哪些人不能作为遗嘱见证人呢?

遗嘱见证人,是指受遗嘱人邀请见证遗嘱的自然人,或者说是遗嘱人立遗嘱的证明人。遗嘱人订立代书、打印、录音录像、口头遗嘱时应当有两个以上见证人在场见证。这是因为上述遗嘱的准确性、可靠性不及自书、公证遗嘱,由见证人见证,可防止遗嘱被伪造、篡改,有助于表达遗嘱人的真实意思。而且必须有两个以上的见证人,只有一个或没有见证人的上述遗嘱无效。

《民法典》第1140条规定,下列人员不能作为遗嘱见证人:

(1)无民事行为能力人、限制民事行为能力人以及其他不具有见证能力的人;

(2)继承人、受遗赠人;

(3)与继承人、受遗赠人有利害关系的人。

30. 遗嘱应当为缺乏劳动能力又没有生活来源的继承人保留必要的遗产份额吗?

应当。《民法典》第1141条规定,遗嘱应当为缺乏劳动能力又没有生活来源的继承人保留必要的遗产份额。

由此可见,法律在充分尊重公民自由处分个人财产的同时,也保护了缺乏劳动能力又没有生活来源的继承人的利益。被继承人立遗嘱时,不应当剥夺缺乏劳动能力又没有生活来源的继承人的合法继承权。这不仅是法律制度规定的,也是社会主义道德要求的,更是保护缺乏劳动能力又没有生活来源的继承人健康成长的需要。

原告小王(13岁)的父亲老王在临终前立下遗嘱,将全部遗产赠给了一直照顾自己的邻居,对于自己的亲生儿子小王却分文未留。原来小王痴迷网络游戏,学习成绩一直很差,无论老王怎样苦口婆心地教育,小王就是屡教不改。后来小王干脆辍学到社会上去瞎混,还经常因小偷小摸或打架斗殴被抓进派出所。在老王病危期间,小王也没有回家照顾自己的父亲,这让老王彻底对小王失去了信心,所以立下遗嘱,一分钱遗产也不给小儿子留下。现在老王去世了,小王按照父亲的遗嘱一分钱也得不到,遂诉至法院,请求法院宣告自己已过世的父亲生前所立遗嘱无效。由于小王是一个只有13岁的未成年人,明显没有劳动能力和生活来源。小王尚未成年且没有丧失继承权的情形,理应为其保留必要的遗产份额,剩余部分才能由其邻居继承。据此,法院依法判决老王生前所立的遗嘱无效。

31. 遗嘱没有预留法定份额的怎么办?

遗嘱最大的特点在于其充分反映被继承人的意愿,但为了保护特殊继承人的权益,《民法典》第1141条规定,遗嘱应当为缺乏劳动能力又没有生活来源的继承人保留必要的遗产份额。如果遗嘱中没有保留缺乏劳动能力又没有生活来源的继承人的遗产份额,遗嘱就存在瑕疵,那么在遗产处理时,应当为该继承人留下必要的遗产,所剩余的部分,才可参照遗嘱确定的分配原则处理。至于继承人是否缺乏劳动能力又没有生活来源,应按遗嘱生效时该继承人的具体情况确定。

32. 公证遗嘱效力优先吗?

在以前,如果遗嘱人订立公证遗嘱后又反悔,需要再次去办理遗嘱公证才能使前遗嘱无效。如果遗嘱人年龄大了或生病了，万一立完自书遗嘱后没来得及办理公证就死亡，那还要以公证遗嘱为准，这显然违背了遗嘱人的真实意愿，实际上剥夺了他的遗嘱自由。

《民法典》删除了公证遗嘱效力优先的规定，强调有数份遗嘱存在时，如果内容有冲突，以最后遗嘱为准。避免赋予公证遗嘱过于绝对的优先效力，切实尊重立遗嘱人的真实意愿，给予行动不便的立遗嘱人更多选择，给立遗嘱人的自由意思以最大尊重的立法表示，避免从形式或客观限制条件上影响其真实意愿。

四、遗产的处理

33. 遗产管理人需要履行哪些职责？

根据《民法典》第 1147 条之规定，遗产管理人需要履行以下职责：

（1）清理遗产并制作遗产清单。遗产管理人将遗产清点并制作遗产清单，是遗产管理上的第一个重要步骤，务必做到认真、细致、不遗漏、无差错。

（2）向继承人报告遗产情况。遗嘱管理人制作遗产清单后应及时向继承人报告遗产情况。

（3）采取必要措施防止遗产毁损、灭失。遗产管理人所采取的对遗产的必要措施，应当以不变更遗产的标的物或权利的性质为限。例如，为防止遗产被损坏和遗产价值的减少，对于易腐败、不适宜继续保存的遗产标的物及时变卖处理，以保存价款。

（4）处理被继承人的债权债务。遗产管理人只有弄清被继承人是否有债务，是否享有债权等问题以后，才能进行对遗产的分割。

（5）按照遗嘱或者依照法律规定分割遗产。遗产管理人应当及时将所存有的遗产移交给遗嘱继承人或者法定继承人。

（6）实施与管理遗产有关的其他必要行为。

34. 有遗嘱的情况下还会发生法定继承吗？

可能会。《民法典》第 1154 条规定，有下列情形之一的，遗产中的有关部分按照法定继承办理：

（1）遗嘱继承人放弃继承或者受遗赠人放弃受遗赠；

（2）遗嘱继承人丧失继承权或者受遗赠人丧失受遗赠权；

（3）遗嘱继承人、受遗赠人先于遗嘱人死亡或者终止；

（4）遗嘱无效部分所涉及的遗产；

（5）遗嘱未处分的遗产。

有遗嘱的情况下，遗产中的有关部分按照法定继承的情形主要有以下几种：

（1）遗嘱继承人放弃继承或者受遗赠人放弃受遗赠。即虽然有遗嘱继承或遗赠情况发生，但由于权利人放弃权利，对于遗产适用法定继承。

（2）遗嘱继承人丧失继承权或者受遗赠人丧失受遗赠权。即遗嘱继承人或者受遗赠人由于种种原因，丧失了继承或受遗赠的权利，只能由法定继承来分配遗产。

（3）遗嘱继承人、受遗赠人先于遗嘱继承人死亡或者终止。此时遗嘱继承和遗赠情形下的接受方主体灭失。

（4）遗嘱无效部分所涉及的遗产。此时遗嘱有效部分进行遗嘱继承而遗嘱无效部分涉及的遗产进行法定继承。

（5）遗嘱未予处分的遗产。

35. 遗产分割时需要为胎儿保留份额吗？

《民法典》第1155条规定，遗产分割时，应当保留胎儿的继承份额。胎儿娩出时是死体的，保留的份额按照法定继承办理。

根据上述规定，如果被继承人留有尚未出生的胎儿，继承人在分割遗产时，应当为该胎儿保留一定的遗产份额，并且这部分遗产份额的保留是法律强制规定的，没有为胎儿保留遗产份额的，应从继承人所继承的遗产中扣回。需要注意的是，为胎儿保留遗产时，并不意味着该胎儿已继承了这份遗产，因为此时胎儿无权利能力，只有等到胎儿活着出生成为婴儿时，他才具有权利能力，真正取得遗产。通常为胎儿保留的遗产份额由胎儿的母亲代为保管或行使权利。如果胎儿出生时是死体，为该胎儿保留的遗产份额仍然作为被继承人的遗产，由被继承人的其他继承人按照法律规定继承。

36. 夫妻一方死亡后另一方再婚时有权处分所继承的遗产吗？

有权。《民法典》第1157条规定，夫妻一方死亡后另一方再婚的，有权处分所继承的财产，任何组织或者个人不得干涉。

因为夫妻一方死亡后另一方对其继承的遗产享有的是所有权，其完全有权带着自己继承的遗产再婚并处分所继承的遗产。但夫妻一方死亡后另一方不得未经遗产分配就带着全部夫妻共同财产再婚，这样会损害到其他遗产继承人的权益。

37. 如果被扶养人生前处分遗赠扶养协议中约定的财产，那应该怎么办？

遗赠扶养协议一经签订，双方必须认真遵守协议的各项规定。被扶养人对协议中指明的财产，在其生前可以占有、使用，但不能处分，如出卖、交换、赠与等。如果约定遗赠的财产因此而灭失，扶养人有权要求解除遗赠扶养协议，并要求被扶养人补偿已经支出的扶养费用。

38. 遗赠扶养协议签订后能否反悔？

由于遗赠扶养协议的执行期限一般较长，在此期间因为种种原因，双方当事人都有可能反悔，法律并未禁止当事人解除遗赠扶养协议，但当事人需要承担相应的法律后果。如因双方反悔而协议解除，法律尊重其意愿；如因一方反悔而使协议解除时，便发生两种法律后果：(1)扶养人无正当理由不履行协议约定的义务，导致协议解除的，不能享受遗赠的权利，其已支付的扶养费用，一般也不予补偿。(2)受扶养人无正当理由不履行协议，致使协议解除的，应适当偿还扶养人已支付的扶养费用。

39. 分割遗产时应当先清偿被继承人依法应当缴纳的税款和债务吗？

一般情况下应当。《民法典》第 1159 条规定，分割遗产，应当清偿被继承人依法应当缴纳的税款和债务；但是，应当为缺乏劳动能力又没有生活来源的继承人保留必要的遗产。

原则上分割遗产时应当先清偿被继承人依法应当缴纳的税款和债务，但出于保护缺乏劳动能力又没有生活来源的继承人健康成长的需要，应当为其保留必要的遗产。

40. 继承人继承遗产后需要无限承担被继承人依法应当缴纳的税款和债务吗？

不需要。《民法典》第 1161 条规定，继承人以所得遗产实际价值为限清偿被继承人依法应当缴纳的税款和债务。超过遗产实际价值部分，继承人自愿偿还的不在此限。继承人放弃继承的，对被继承人依法应当缴纳的税款和债务可以不负清偿责任。

被继承人应当缴纳的税款和债务主要包括以下几类:(1)被继承人依照我国税收法规应当缴纳的税款;(2)被继承人因合同之债欠下的债务;(3)被继承人因侵权行为而承担的损害赔偿的债务;(4)被继承人因不当得利而承担的返还不当得利的债务;(5)被继承人因无因管理而承担的补偿管理人必要费用的债务;(6)其他属于被继承人个人的债务,如合伙债务中被继承人应当承担的债务,被继承人承担的保证债务等。

如果被继承人遗留有税款和债务,继承人应当先清偿被继承人的税款和债务,然后再分割遗产。继承遗产应当清偿被继承人依法应当缴纳的税款和债务,缴纳税款和清偿债务以他的遗产实际价值为限。超过遗产实际价值部分,继承人自愿偿还的不在此限。因此,即使继承人继承遗产后偿还被继承人的税款和债务,也是以遗产的实际价值为限,超过遗产实际价值部分,继承人不负清偿责任,除非其自愿偿还。

第七编　侵 权 责 任

一、一般规定

1. 通常情况下,侵权行为的构成需要满足哪些要件?

《民法典》第1165条规定,行为人因过错侵害他人民事权益造成损害的,应当承担侵权责任。按照法律的规定,构成侵权至少要符合以下条件:(1)构成侵权需要有侵权行为,既可以是行为人积极实施某种行为对他人造成侵害,也可以是行为人自身有为某种行为的义务但是却没有为相应的行为给他人造成侵害。(2)一般要求行为人存在过错或者过失,但也有一些侵权行为采取特殊的归责原则不要求考虑行为人的主观心理。(3)行为人的行为给受害人造成了侵害,这个侵害既可以是财产损失也可以是人身伤害。(4)行为人的行为与受害人的伤害之间存在因果关系。即受害人的伤害是由于行为人的行为造成的。

2. 侵权案件中是不是都实行“谁主张,谁举证”的原则?

一般人头脑中打官司讲究“谁主张,谁举证”,一个人要想证明他人侵害了自己的合法民事权益,就必须向法院提交充分的证据来证明自己的主张,被告通常则无须提供证据证明自己没做过或只是无心之过。但是在法律中还有一些适用过错推定责任的情况，在这种情况下举证责任发生了倒置，此时如果被告认为自己不应承担责任则必须自己来举证证明。也就是说，当出现法定的侵权事实时，法律推定行为人有过错，被侵权人则免除了证明行为人有过错的举证责任，行为人则承担加重了的举证责任，法律之所以这样规定是在特殊情况下能更好地保护被侵权人的合法权益。根据《民法典》第 1165 条规定，行为人因过错侵害他人民事权益造成损害的，应当承担侵权责任。依照法律规定推定行为人有过错，其不能证明自己没有过错的，应当承担侵权责任。

3. 在侵权案件中教唆行为如何认定？

教唆他人实施侵权行为通常需要满足三个构成要件：一是教唆人以积极的作为的方式实施了教唆行为，这是构成教唆侵权的核心要件。例如，通过对他人进行所谓开导、说服，或通过刺激、利诱等方法唆使他人产生侵权意图并实施侵权行为，消极的不作为不能成立教唆行为。教唆的方式可以是口头、书面或其他形式，可以是当面教唆也可以是通过他人传信的方式间接教唆。二是教唆人具有教唆的主观故意，教唆行为一定是教唆者在心理上故意为之，不存在过失和放任的心理。三是被教唆人实施了相应的侵权行为，侵权行为与教唆行为之间存在内在联系。如果被教唆人没有实施侵害行为或者没有实施被教唆的侵害行为，那么就不能要求教唆人承担侵权责任，只能在道德上进行谴责。另外，由于教唆行为往往是以口头等不易查证的方式实施，在现实中认定往往比较困难，需要法官在具体案例中结合各种事实加上日常生活经验、逻辑等进行综合判断。例如，在涉及专利权侵权案例中，如果行为人未经专利权人许可，为生产经营目的以提供图纸、产品说明书、传授技术方案、进行产品演示等方式，积极诱导他人实施侵犯专利权行为，且他人实际实施了侵犯专利权的行为，就可以认定行为人的诱导行为构成教唆他人实施侵犯专利权行为。

4. 在有多个侵权人的情况下，侵权责任如何划分和承担？

在存在多个侵权人的情况下，各侵权人可能承担按份责任或者连带责任。按份责任是指各个侵权人按照自己应承担的份额来对受害人进行赔偿，对其他侵权人的应赔偿份额不负责。例如，《民法典》第 1172 条就规定，二人以上分别实施侵权行为造成同一损害，能够确定责任大小的，各自承担相应的责任；难以确定责任大小的，平均承担责任。而连带责任，是指每个侵权人都有负担全部赔偿的责任，其内部的份额分担对受害人无效，单个侵权人可以在赔偿受害人之后向其他需要承担责任的侵权人追偿。《民法典》第 1168 条规定，二人以上共同实施侵权行为，造成他人损害的，应当承担连带责任。第 1170 条规定，二人以上实施危及他人人身、财产安全的行为，其中一人或者数人的行为造成他人损害，能够确定具体侵权人的，由侵权人承担责任；不能确定具体侵权人的，行为人承担连带责任。第 1171 条规定，二人以上分别实施侵权行为造成同一损害，每个人的侵权行为都足以造成全部损害的，行为人承担连带责任。

5. 遇到“碰瓷者”弄假成真被撞伤亡的情况如何处理？

随着生活条件的改善，买汽车的人也越来越多了，这也使一些好逸恶劳的不法之徒将眼光盯向了车辆驾驶者。这些人采取跟踪车辆或者在某地固定等候过往车辆，然后出其不意地出现故意与机动车碰撞、刮擦，甚至根本没有发生碰撞，但却制造发生碰撞的假象，然后以游说、强迫、制造事端等方式要挟车辆驾驶者，借口私了诈骗财物，人们把这种人称为碰瓷者，对其行为十分痛恨。依据法律碰瓷行为不仅得不到保护，而且碰瓷者往往还要受到法律的罚处。但是“碰瓷”行为有时也会失控发生意外，毕竟行驶中的机动车具有一定的危险性和不可控性。如果碰瓷者在碰瓷中发生意外，弄假成真结果真的被车撞伤、撞死了该怎么办？车辆驾驶者是否要承担责任呢？我国《道路交通安全法》第 63 条规定，行人不得跨越、倚坐道路隔离设施，不得扒车、强行拦车或者实施妨碍道路交通安全的其他行为。《民法典》第 1174 条也规定，损害是因受害人故意造成的，行为人不承担责任。据此，可以看出“碰瓷”者实际上已经违反了《道路交通安全法》的规定，实施了妨碍道路交通安全的行为，且心理上属于故意为之，因此只要车辆驾驶人（实际受害方）不存在明显的过错，没有逆行、跨线行驶、饮酒等交通违法行为就不需要承担责任，所有损害后果由碰瓷者自己负责。

6. 侵权行为是因为第三人的过错造成的如何处理？

有时候侵权行为的产生是因为第三人的过错，比如，为了避让不守交通规则的行人而与另一车道的车辆相撞对另一车辆造成损害。在这样的情况下，加害人本身可能并无过错或者加害人本身的过错不是造成损害发生的主要原因。如果此时仍要求加害人对损害承担全部责任是有失公平的。因此,《民法典》第1175条规定,损害是因第三人造成的,第三人应当承担侵权责任。具体的案件中,在存在第三人过错的情况下,如果第三人的过错是损害发生或扩大的唯一原因,侵权人的行为与损害之间的因果关系即被完全中断,应当由第三人承担全部侵权责任;如果第三人过错是损害发生或扩大的主要原因或重要原因,或者第三人过错是造成损害或使损害扩大的次要原因的,第三人的侵权责任可以酌情减轻或者也可能不减轻。总体来说,在因为第三人的过错导致的侵权案件中,通常还需要具体考虑第三人的过错对于损害发生的影响来确认侵权人与第三人的责任大小。

二、损害赔偿

7. 侵权人侵害行为造成他人身体受伤或死亡的要承担怎样的侵权责任?

根据《民法典》第1179条的规定,侵害他人造成人身损害的,应当赔偿医疗费、护理费、营养费、住院伙食补助费等为治疗和康复支出的合理费用,以及因误工减少的收入。造成残疾的,还应当赔偿辅助器具费和残疾赔偿金;造成死亡的,还应当赔偿丧葬费和死亡赔偿金。依据侵害造成的后果,如果造成他人受伤未致残致死的,伤者为治疗所花费的医疗费、交通费、营养费,因伤行动不便请人照顾产生的护理费,有工作的因为受伤耽误工作所减少的收入,如因请病假被公司所扣的工资奖金等,都要由侵权人来赔付。如果受害人因伤致残,还要另外赔偿残疾金,受害人购买的轮椅等费用也由侵害人支付。如果造成受害人死亡,所有丧葬费用要由侵权人负责,此外还需要赔偿一笔死亡赔偿金。

8. 哪些人身权益受到侵害时可以请求赔偿精神损害?

精神损害赔偿是在给受害人造成了严重的精神损害的情形下要求加害人所承担的一种赔偿。《民法典》第1183条规定,侵害自然人人身权益造成严重精神损害的,被侵权人有权请求精神损害赔偿。因自然人人身权益受到侵害产生精神损害赔偿的情况主要包括:(1)公民的生命权、健康权、身体权、姓名权、肖像权、名誉权、人格尊严权、人身自由权受到非法侵害时。(2)违反社会公共利益、社会公德侵害他人隐私或其他人格权利的。(3)公民去世后,其姓名、肖像、名誉、荣誉、隐私、遗体等人格权利受到非法侵害,使死者近亲属遭受精神痛苦的,死者的近亲属可以依法请求赔偿精神损害。(4)监护权受到侵害引起精神损害的，受害人可以请求赔偿精神损害。

9. 侵权诉讼结束后，被侵权人能否就同一侵权事实再要求赔偿精神损失？

《最高人民法院关于确定民事侵权精神损害赔偿责任若干问题的解释》第6条规定，当事人在侵权诉讼中没有提出赔偿精神损害的诉讼请求，诉讼终结后又基于同一侵权事实另行起诉请求赔偿精神损害的，人民法院不予受理。据此，对于精神损害赔偿的诉讼请求应该在人身权利受到侵害时，与其他诉讼请求一并提出，如果没有其他诉讼请求，也可以单独提起赔偿精神损害，否则就会丧失请求权。如果在侵权诉讼请求中没有提出精神损害赔偿，在诉讼完结后又以同一侵权事实要求加害人赔偿精神损失的，是得不到法院支持的。

10. 权利人在主张知识产权侵权惩罚性赔偿时，重点要证明的问题有哪些？

依据《民法典》第1185条的规定，故意侵害他人知识产权，情节严重的，被侵权人有权请求相应的惩罚性赔偿。由此可见，适用惩罚性赔偿时首先强调侵害人的主观过错是故意，即主观恶性大，其次是考虑侵权的情节，要求情节严重，如存在重复侵权、多次侵权、大量侵权等行为。因此，权利人在主张惩罚性赔偿时需要重点证明侵害方的恶意，存在严重的情节，另外还要提供侵权产品销售数量、利润等材料，以便法院判决时确定判赔基数。

三、责任主体的特殊规定

11. 精神病人发病期间造成他人损害的，如何承担赔付责任？

精神病人发病期间属于法律上的无民事行为能力人或限制民事行为能力人，依据《民法典》第1188条的规定，无民事行为能力人、限制民事行为能力人造成他人损害的，由监护人承担侵权责任。监护人尽到监护职责的，可以减轻其侵权责任。有财产的无民事行为能力人、限制民事行为能力人造成他人损害的，从本人财产中支付赔偿费用；不足部分，由监护人赔偿。因此，精神病人发病期间造成他人损害的，由其监护人承担侵权责任，赔付时如果精神病人本人有财产的，先从本人财产中支付赔偿费用，不足部分由监护人赔付；如果精神病人本人没有财产，全部由其监护人赔付。

12. 醉酒的情形下致人损害的如何承担责任？

《民法典》第1190条第2款规定，完全民事行为能力人因醉酒、滥用麻醉药品或者精神药品对自己的行为暂时没有意识或者失去控制造成他人损害的，应当承担侵权责任。醉酒时行为人虽然对自己的行为暂时没有意识或者失去了控制，但是使其自身处于醉酒状态是当事人自己的选择，即当事人可以预见到醉酒后可能很难控制自己的行为，可能会危及公共安全和他人的生命健康，但是行为人却放任醉酒结果的发生，所以法律不认可以自身醉酒无法控制自己的行为作为抗辩理由，在醉酒的情形下致人损害仍需要承担作为完全民事行为能力人所应承担的责任。

13. 突发疾病失去意识而导致他人损害的是否要承担责任？

人无法控制自身疾病发病的时间，当行为人突发疾病失去意识给他人造成损害时，例如，出租车司机工作时突发心脏病失去意识导致乘客受伤的情况下，行为人是因为疾病发作导致对自己的行为无法控制，本身没有侵害他人的故意或者意图，所以不构成侵权责任。依据《民法典》第1190条的规定，完全民事行为能力人对自己的行为暂时没有意识或者失去控制造成他人损害有过错的，应当承担侵权责任；没有过错的，根据行为人的经济状况对受害人适当补偿。在这种情况下，因为受害人本身也是无辜的，所以即使行为人没有任何过错也并不意味着行为人完全无须赔偿任何损失，法律为平衡行为人和受害人之间的利益关系，从公平的角度规定行为人承担一定的补偿责任，这样既注重保护受害人的合法权益也考虑到了行为人的具体情况，有利于维护社会秩序的和谐与稳定。

14. 劳务派遣的员工因工作造成他人损害的应该如何担责？

依据《民法典》第1191条第2款规定，劳务派遣期间，被派遣的工作人员因执行工作任务造成他人损害的，由接受劳务派遣的用工单位承担侵权责任；劳务派遣单位有过错的，承担相应的责任。因此，劳务派遣员工在劳务派遣期间执行工作造成他人损害的，应由接受劳务派遣的用工单位承担侵权责任，劳务派遣单位有过错的，承担相应的责任，没有过错的则不承担责任。

15. 网络服务供应商对其用户的侵权行为是否要承担责任?

随着网络的发达,网络侵权这一新型的侵权形式也日渐普遍。网络具有开放性,网络环境下的侵权损害后果更为广泛,处理起来也更为复杂。《民法典》第 1195 条规定,网络用户利用网络服务实施侵权行为的,权利人有权通知网络服务提供者采取删除、屏蔽、断开链接等必要措施。通知应当包括构成侵权的初步证据及权利人的真实身份信息。网络服务提供者接到通知后,应当及时将该通知转送相关网络用户,并根据构成侵权的初步证据和服务类型采取必要措施;未及时采取必要措施的,对损害的扩大部分与该网络用户承担连带责任。《民法典》第 1197 条规定,网络服务提供者知道或者应当知道网络用户利用其网络服务侵害他人民事权益,未采取必要措施的,与该网络用户承担连带责任。依据规定网络服务供应商对其用户的侵权行为在两种情况下要承担连带责任,一是如果网络服务供应商在被侵权人通知其采取必要措施后未及时采取必要措施而导致损害扩大的,对于扩大的部分要与侵权人一起承担连带责任;二是若网络服务供应商明知其用户利用其网络服务从事侵权行为而没有采取必要措施的,与侵权人承担连带责任。这样的规定表明网络服务供应商作为网络环境的管理者,具有一定的作为义务,在满足法律规定的条件下应该采取措施而没有采取相应措施的,就存在过错,应该承担相应的责任,且网络服务供应商所承担的是一种连带责任,在侵权人无法承担责任的情形下,被侵权人可以要求网络服务供应商先行承担责任,这对被侵权人的权益是一种更加完备的保障。

16. 在商场、饭店等经营场所受伤时能否要求该场所承担赔偿责任?

商场、饭店这些经营场所属于公共场所,其经营者存在一定的安全保障义务,这种安全保障义务是对潜在消费者、消费者以及进入这些场所的任何人的权益进行保护的义务。依据《民法典》第 1198 条的规定,宾馆、商场、银行、车站、机场、体育场馆、娱乐场所等经营场所、公共场所的经营者、管理者或者群众性活动的组织者,未尽到安全保障义务,造成他人损害的,应当承担侵权责任。一般而言,在上述经营场所受伤时,即便经营者已经做出相应的警示亦不能完全免责,相应场所的经营者仍需要对受害人的损失承担责任,当然如果消费者等自身对于其受伤也有一定过错的，也适用过失相抵原则，可以相应减轻经营者应该承担的责任。此外，经营者对于可能出现的危险应当对消费者进行合理的说明，对于有违安全的消费者应当进行劝告，必要时通知公安部门采取必要的强制措施。对于已经或者正在发生的危险，经营者应当进行积极的救助，以避免损害的发生或减少损失。

四、产品责任

17. 生产厂家的"一经售出，概不负责"说法有法律效力吗？

作为生产者，应当采取措施，保证其所生产的产品的质量，因此生产厂家在售出商品后，并不意味着其对商品的质量保证已经结束。《民法典》第 1202 条规定，因产品存在缺陷造成他人损害的，生产者应当承担侵权责任。《产品质量法》第 26 条规定，生产者应当对其生产的产品质量负责。生产厂家的这些质量保证义务是法律所明确规定的，不能以其"一经售出，概不负责"的提示而免除，这种免除商家法定义务的做法侵害了消费者的合法权利。因此，商家即便在显著位置标明"一经售出，概不负责"，消费者在购买其商品后发现相应的其应该负责的质量问题的，商家仍须承担责任，其事先的这种免责告示是无效的。

18. 生产者和销售者就产品缺陷导致的损害在承担责任时相互推诿，对此受侵害人应该找谁赔偿？

依据《民法典》第 1203 条的规定，因产品存在缺陷造成他人损害的，被侵权人可以向产品的生产者请求赔偿，也可以向产品的销售者请求赔偿。产品缺陷由生产者造成的，销售者赔偿后，有权向生产者追偿。因销售者的过错使产品存在缺陷的，生产者赔偿后，有权向销售者追偿。因此，消费者因产品存在缺陷而受到伤害的，可以依据实际情况选择生产者或销售者承担责任，至于在生产者或者销售者承担责任之后向相应的责任人进行进一步追偿的，属于生产者和销售者内部的责任分担问题。

19. 产品存在缺陷造成他人损害的，生产者就一定要承担侵权责任吗？

《民法典》第 1202 条规定，因产品存在缺陷造成他人损害的，生产者应当承担侵权责任。但是《产品质量法》第41条规定，因产品存在缺陷造成人身、缺陷产品以外的其他财产（以下简称他人财产）损害的，生产者应当承担赔偿责任。生产者能够证明有下列情形之一的，不承担赔偿责任：（1）未将产品投入流通的；（2）产品投入流通时，引起损害的缺陷尚不存在的；（3）将产品投入流通时的科学技术水平尚不能发现缺陷的存在的。由此可见并不是所有因产品存在缺陷造成他人损害的，生产者都要承担侵权责任，如果符合《产品质量法》中列出的三种情况，生产者对损害是不需要承担责任的。

20. 出售商品时商家免费附赠的赠品致人损害的，商家是否需要承担责任？

《民法典》第1203条规定，因产品存在缺陷造成他人损害的，被侵权人可以向产品的生产者请求赔偿，也可以向产品的销售者请求赔偿。产品缺陷由生产者造成的，销售者赔偿后，有权向生产者追偿。因销售者的过错使产品存在缺陷的，生产者赔偿后，有权向销售者追偿。依据规定由商家出售消费者付钱购买的产品出现问题造成损害的，商家要依规定承担相应责任。但是在现实中为了招揽顾客，商家在出售商品时有时会免费附赠一些其他产品，这时候商家与顾客之间就赠品形成了赠与合同关系。《民法典》第662条规定，赠与的财产有瑕疵的，赠与人不承担责任。附义务的赠与，赠与的财产有瑕疵的，赠与人在附义务的限度内承担与出卖人相同的责任。由此可见，在赠与合同中，一般不要求赠与人承担瑕疵担保义务。但有例外，即在附义务赠与中，赠与的财产有瑕疵的，赠与人在附义务的限度内承担与出卖人相同的违约责任。在出售商品免费附赠的赠品时，因为消费者必须先购买卖方商品，付出对价后，才能享有取得赠品的权利，因此可看作一种附义务赠与。所以，要求商家对附赠行为中的赠品承担与销售行为中商品同样的法律责任也是必然的。如果在购买商品时商家有附赠赠品且该附赠的赠品因为质量原因造成了损害，商家不能以其为赠品而免除责任，仍须对因赠品而导致损害的受害人承担相应的责任。

21. 如何认定产品存在缺陷？

缺陷产品，是指因设计、生产、指示等原因在某一批次、型号或者类别中存在具有同一性的、已经或者可能对人体健康和生命安全造成损害的不合理危险的产品。《民法典》第1202条规定，因产品存在缺陷造成他人损害的，生产者应当承担侵权责任。可见产品存在缺陷是承担产品侵权责任的前提。依据《产品质量法》第46条规定，本法所称缺陷，是指产品存在危及人身、他人财产安全的不合理的危险；产品有保障人体健康和人身、财产安全的国家标准、行业标准的，是指不符合该标准。

22. 如果产品在进入流通后发现缺陷，但生产者、销售者听之任之，未采取补救措施的应该承担什么责任？

《民法典》第1206条规定，产品投入流通后发现存在缺陷的，生产者、销售者应当及时采取停止销售、警示、召回等补救措施。未及时采取补救措施或者补救措施不力造成损害扩大的，对扩大的损害也应当承担侵权责任。可见生产者、销售者对进入流通后发现有缺陷的产品，承担有采取补救措施的责任，如果生产者、销售者没有履行这一责任或采取措施不力的，造成损失扩大后果的，不但要对造成的损失负责，而且要对扩大后的损失负责。

23. 明知产品存在缺陷仍然生产销售而致人伤害的，消费者是否可以请求惩罚性赔偿？

明知产品存在缺陷仍然生产销售的属于主观恶性极大的一种故意行为，因此，我国《民法典》和《消费者权益保护法》中都规定了对于这种行为的惩罚性赔偿。《民法典》第1207条规定，明知产品存在缺陷仍然生产、销售，或者没有依据前条规定采取补救措施，造成他人死亡或者健康严重损害的，被侵权人有权请求相应的惩罚性赔偿。《消费者权益保护法》第55条规定："经营者提供商品或者服务有欺诈行为的，应当按照消费者的要求增加赔偿其受到的损失，增加赔偿的金额为消费者购买商品的价款或者接受服务的费用的三倍；增加赔偿的金额不足五百元的，为五百元。法律另有规定的，依照其规定。经营者明知商品或者服务存在缺陷，仍然向消费者提供，造成消费者或者其他受害人死亡或者健康严重损害的，受害人有权要求经营者依照本法第四十九条、第五十一条等法律规定赔偿损失，并有权要求所受损失二倍以下的惩罚性赔偿。"因此，如果生产者、销售者明知产品存在缺陷仍然生产销售而致人伤害的，消费者不但可就所受损害请求赔偿，还可以请求惩罚性赔偿，从而更好地保障消费者的合法权益，对不良生产者和销售者进行大力惩罚。

五、机动车交通事故责任

24. 机动车与行人发生的交通事故中，何种情形下机动车驾驶人可以免责？

根据《民法典》第1208条的规定，机动车发生交通事故造成损害的，依照道路交通安全法律和本法的有关规定承担赔偿责任。《道路交通安全法》第76条规定，机动车发生交通事故造成人身伤亡、财产损失的，由保险公司在机动车第三者责任强制保险责任限额范围内予以赔偿；不足的部分，按照下列规定承担赔偿责任：（1）机动车之间发生交通事故的，由有过错的一方承担赔偿责任；双方都有过错的，按照各自过错的比例分担责任。（2）机动车与非机动车驾驶人、行人之间发生交通事故，非机动车驾驶人、行人没有过错的，由机动车一方承担赔偿责任；有证据证明非机动车驾驶人、行人有过错的，根据过错程度适当减轻机动车一方的赔偿责任；机动车一方没有过错的，承担不超过10%的赔偿责任。交通事故的损失是由非机动车驾驶人、行人故意碰撞机动车造成的，机动车一方不承担赔偿责任。由此可见，这一规定更加倾向于保护行人的利益，这也是出于对在交通事故中，行人往往处于受损害较大地位的考量。因为即便是机动车驾驶人并无任何过错，在交通事故中行人依旧处于弱势。因此，机动车与行人发生事故并非都是要机动车负全责，而是根据双方过错情况确定责任分担。只不过出于对处于弱势地位的考量，即使机动车驾驶人没有任何过错，其也需要承担不超过10%的赔偿责任，我国更偏重于保护行人的利益。当然，如果有证据证明，造成交通事故的损失是由非机动车驾驶人、行人故意碰撞机动车造成的，机动车一方可以免责。

25. 在完全因为受害人的过错造成的机动车交通事故中，机动车驾驶人是否无须承担任何责任？

完全因为受害人的过错而造成的机动车交通事故，需要具体考虑受害人的过错程度，是受害人故意自伤抑或是受害人出于过于自信的过失，认为自己即使违反交通规则也不会造成什么严重的后果。（1）如果是受害人故意自伤的，机动车驾驶人无须承担责任，因为这种损害是受害人所积极追求的，机动车驾驶人没有任何过错，也无法控制和避免该类损害的发生。在此种情形下如果仍要求机动车驾驶人承担责任有失公平。（2）如果受害人并非故意自伤，是出于过失违背了交通规则，并不主动追

实用问题

求自身受伤害这一结果，只是因为疏忽等原因而导致了损害的发生的，在第三者责任强制险限额外的赔偿，机动车驾驶人承担不超过 10% 的部分，剩下的损失由受害人自己承担。这样规定考虑到了对受害人给予一定的补偿，也在一定程度上惩罚了不遵守交通规则以致发生交通事故的受害人，督促其提高交通安全意识。

26. 租赁机动车发生交通事故的如何承担责任？

随着共享经济的不断发展，机动车租赁市场不断壮大。交通事故中，租赁关系为背景发生的交通事故概率在不断上升。《民法典》第 1209 条规定，因租赁、借用等情形机动车所有人、管理人与使用人不是同一人时，发生交通事故造成损害，属于该机动车一方责任的，由机动车使用人承担赔偿责任；机动车所有人、管理人对损害的发生有过错的，承担相应的赔偿责任。由此可见，在租赁关系下造成损害的交通事故，首先要明确其责任方。如果确定责任方为机动车一方的，由机动车使用人承担赔偿责任。毕竟，在交通事故发生时机动车使用人是交通事故的当事人之一，控制和驾驶该机动车的均是租赁关系中的承租人即使用人，如果机动车所有人、管理人对损害事实并没有过错，却要求其承担损害赔偿责任是有失公平的，当然如果机动车所有人、管理人对造成的损害事实存在过错的也要承担相应的赔偿责任。

27. 将机动车出租、出借给他人使用时发生机动车交通事故的，车主是否无须承担责任？

将机动车出租或借给他人使用时发生交通事故的，此时机动车的实际使用人与所有人并非同一人。依据《民法典》第 1209 条的规定，因租赁、借用等情形机动车所有人、管理人与使用人不是同一人时，发生交通事故造成损害，属于该机动车一方责任的，由机动车使用人承担赔偿责任；机动车所有人、管理人对损害的发生有过错的，承担相应的赔偿责任。由此可见，机动车车主、管理人只有在对损害的发生存在过错的前提下，才要承担相应的赔偿责任。实践中车主存在以下情形时，需要承担相应的赔偿责任：（1）车主作为车辆所有人，在出租、出借机动车时，未尽到严格的审查义务的，如将车辆出租、出借给不具有驾驶证的人、未成年人、醉酒人等，车主主观上存在过错，因此发生交通事故的；（2）当车辆存在安全运行瑕疵时，车主因疏忽大意未向承租人或借车人履行告知义务，因车辆瑕疵而导致交通事故的；（3）车主在出租、出借车辆时故意不告知或保证车辆无瑕疵的，因瑕疵而发生交通事故。在第三种情形下，车主的故意隐瞒是导致发生事故的主要原因，所以，此时车主须作为单独赔偿主体承担全部事故赔偿责任。在此也提醒广大车主，当碍于情面将车辆临时出借时，为了防止法律风险，一定要严格审查借车人的情况，如是否具有驾驶资格、是否是未成年人等，同时要如实履行告知义务。

28. 以挂靠形式从事经营活动的机动车发生交通事故，如何承担责任？

《民法典》第1211条规定，以挂靠形式从事道路运输经营活动的机动车，发生交通事故造成损害，属于该机动车一方责任的，由挂靠人和被挂靠人承担连带责任。故如果是挂靠形式从事道路运输活动的机动车发生交通事故造成损害，经公安机关交通管理部门根据我国《道路交通安全法》出具事故认定书，认为属于机动车一方责任的，由挂靠人和被挂靠人承担连带责任。

29. 机动车发生交通事故后，参保车辆的赔付顺序是什么？

《民法典》第1213条规定，机动车发生交通事故造成损害，属于该机动车一方责任的，先由承保机动车强制保险的保险人在强制保险责任限额范围内予以赔偿；不足部分，由承保机动车商业保险的保险人按照保险合同的约定予以赔偿；仍然不足或者没有投保机动车商业保险的，由侵权人赔偿。由此可见，机动车发生交通事故并造成损害后果的，鉴定认为属于机动车一方责任的，具体赔偿顺序为，先由承保机动车强制保险的保险人在强制保险责任限额范围内予以赔偿，不足部分的由保险人在保险合同的约定予以赔偿，仍然不足部分的，由侵权人赔偿。对侵权人而言其赔偿压力因保险公司的存在而相应的减轻，因而车辆保险行为可以更好地保证了受害人即被侵害人的权益。

30. 被盗窃车辆发生机动车交通事故的，被盗车的车主是否需要承担责任？

《民法典》第1215条规定，盗窃、抢劫或者抢夺的机动车发生交通事故造成损害的，由盗窃人、抢劫人或者抢夺人承担赔偿责任。盗窃人、抢劫人或者抢夺人与机动车使用人不是同一人，发生交通事故造成损害的，属于该机动车一方责任的，由盗窃人、抢劫人或者抢夺人与机动车使用人承担连带责任。例如，甲的车辆不慎被乙偷，随后乙驾驶该车辆逃跑途中发生机动车交通事故，导致丙抢救无效后死亡，经确定该交通事故责任方为机动车一方。此案中，虽然该机动车归甲所有，但该机动车被乙偷去后导致车主甲对该机动车失去控制，并且该机动车被盗窃也属于意料之外的事件，并非车主甲的本意。因此，盗窃人乙作为机动车驾驶人、盗窃人，理应对被盗窃车辆造成的机动车交通事故中丙的死亡负责。

六、医疗损害责任

31.《民法典》中医疗机构承担损害赔偿责任的情形有哪些？

《民法典》第 1218、1219、1221 条和第 1224 条规定了医疗机构承担侵权损害赔偿责任的情形。《民法典》第 1218 条规定，患者在诊疗活动中受到损害，医疗机构或者其医务人员有过错的，由医疗机构承担赔偿责任。《民法典》第 1219 条规定，医务人员在诊疗活动中应当向患者说明病情和医疗措施。需要实施手术、特殊检查、特殊治疗的，医务人员应当及时向患者具体说明医疗风险、替代医疗方案等情况，并取得其明确同意；不能或者不宜向患者说明的，应当向患者的近亲属说明，并取得其明确同意。医务人员未尽到前款义务，造成患者损害的，医疗机构应当承担赔偿责任。《民法典》第 1221 条规定，医务人员在诊疗活动中未尽到与当时的医疗水平相应的诊疗义务，造成患者损害的，医疗机构应当承担赔偿责任。《民法典》第 1224 条规定，患者在诊疗活动中受到损害，有下列情形之一的，医疗机构不承担赔偿责任：(1)患者或者其近亲属不配合医疗机构进行符合诊疗规范的诊疗；(2)医务人员在抢救生命垂危的患者等紧急情况下已经尽到合理诊疗义务；(3)限于当时的医疗水平难以诊疗。前款第 1 项情形中，医疗机构或者其医务人员也有过错的，应当承担相应的赔偿责任。

32. 在哪些情况下可以认定医疗机构及其工作人员存在过错？

根据《民法典》第 1222 条的规定，患者在诊疗活动中受到损害，有下列情形之一的，推定医疗机构有过错：(1)违反法律、行政法规、规章以及其他有关诊疗规范的规定；(2)隐匿或者拒绝提供与纠纷有关的病历资料；(3)遗失、伪造、篡改或者违法销毁病历资料。由此可见，我国规定的医疗损害责任是一种过错责任的制度规定，且是在诊疗活动中受到损害的前提条件下，上述情形发生才能根据相应的法律法规认定医疗机构需要承担责任。医护人员是否存在过错，实践中，需要按主客观标准进行判断。主观标准是人的内心活动，对其的判断应以客观的表现来判断，医疗机构是救死扶伤的机构，医护人员应提供适当的医疗服务，因此，医护人员应具备相应的医疗水平，不能以技术水平有限为由而免责。即根据医护人员所受教育程度、工作年限、所在医疗机构的规模级别、所从事的专业等方面考察他是否达到了与其条件相同的其他人员所达到的平均水平，对于达不到相应技术水平而出现的误诊误治的应认定其有过错。客观标准主要考察医护人员是否违反了其法定义务。由于法律的强制性规定，医护人员负有不得拒绝为患者诊治、抢救的义务；负有请会诊、转诊、转院的义务。除此之外，在医疗诊治过程中不得违反“注意义务”、“预见义务”、“告知义务”及“取得同意义务”。其次要确定是何种过错。过错包括故意和过失，过失包括疏忽大意的过失及过于自信的过失。对于医疗损害责任的过错应该是过失，如果是医护人员故意造成患者损害的，则应该追究其刑事责任或者人身损害责任，而不是医疗损害责任。

33. 医疗美容损害责任纠纷如何适用法律规定？

明确医疗美容损害责任纠纷的法律适用规则，对于规范医疗美容行业健康有序发展、维护广大人民群众的健康利益具有重要意义。《民法典》第 1218 条规定，患者在诊疗活动中受到损害，医疗机构及其医务人员有过错的，由医疗机构承担赔偿责任。医疗美容损害责任纠纷是否适用第 1218 条呢？《最高人民法院关于审理医疗损害责任纠纷案件适用法律若干问题的解释》第 1 条规定，患者以在诊疗活动中受到人身或者财产损害为由请求医疗机构，医疗产品的生产者、销售者或者血液提供机构承担侵权责任的案件，适用本解释。患者以在美容医疗机构或者开设医疗美容科室的医疗机构实施的医疗美容活动中受到人身或者财产损害为由提起的侵权纠纷案件，适用本解释。由此可见，因医疗美容损害导致的医疗责任纠纷应属于《民法典》第 1218 条规定的诊疗活动。

34. 在哪些情况下可以认定医疗机构及其工作人员存在过错？

根据《民法典》第 1222 条的规定，患者在诊疗活动中受到损害，有下列情形之一的，推定医疗机构有过错：(1)违反法律、行政法规、规章以及其他有关诊疗规范的规定；(2)隐匿或者拒绝提供与纠纷有关的病历资料；(3)遗失、伪造、篡改或者违法销毁病历资料。由此可见，我国规定的医疗损害责任是一种过错责任，且以在诊疗活动中受到损害为前提条件。实践中，医护人员是否存在过错，则需要按主客观标准进行判断。主观标准是人的内心活动，对其的判断应以客观的表现来判断，医疗机构是担负救死扶伤的机构，医护人员应提供适当的医疗服务，因此，医护人员应具备相应的医疗水平，不能以技术水平有限为由而免责。即根据医护人员所受教育程度、工作年限、所在医疗机构的规模级别、所从事的专业等方面考察他是否达到了与其条件相同的其他人员所达到的平均水平，对于达不到相应技术水平而出现的误诊误治的应认定其有过错。客观标准主要考察医护人员是否违反了其法定义务。由于法律的强制性规定，医护人员负有不得拒绝为患者诊治、抢救的义务；负有请会诊、转诊、转院的义务。除此之外，在医疗诊治过程中不得违反“注意义务”、“预见义务”、“告知义务”及“取得同意义务”。其次确定是何种过错。过错包括故意和过失，过失包括疏忽大意的过失及过于自信的过失。医疗损害责任的过错应该是过失，如果是医护人员故意造成患者损害的，应该追究其刑事责任或者人身损害责任，而不是医疗损害责任。

35. 患者签署了知情同意书是否意味着医院能够当然免除责任？

根据《民法典》第1219条的规定，医务人员在诊疗活动中应当向患者说明病情和医疗措施。需要实施手术、特殊检查、特殊治疗的，医务人员应当及时向患者具体说明医疗风险、替代医疗方案等情况，并取得其明确同意；不能或者不宜向患者说明的，应当向患者的近亲属说明，并取得其明确同意。医务人员未尽到前款义务，造成患者损害的，医疗机构应当承担赔偿责任。从法律的角度，签署知情同意书实际上是一种授权行为，即允许医生在身体上开刀以治疗患者疾病，使医疗机构及其医务人员实施的具有一定“破坏性”的手术合法化。根据《民法典》第1219条的规定，患者本人及其近亲属是享有知情权的，即对在诊疗活动中可能出现的风险有权利知晓。签署知情同意书是对患者及其近亲属履行知情权的表现，并不是医疗机构免责的事由。医院是否要承担侵权责任，关键要看是否对患者造成损害事实及后果，故医院等医疗机构不能以患者已经签署了知情同意书为理由来推卸责任。

36. 患者在手术中因医务人员过错致其死亡，谁来承担责任？

根据《民法典》第1218条的规定，患者在诊疗活动中受到损害，医疗机构或者其医务人员有过错的，由医疗机构承担赔偿责任。若有患者在手术过程中因医务人员过错导致其不幸死亡，患者近亲属有权向医疗机构请求损害赔偿。之所以由医疗机构来作为侵权赔偿主体，主要是更好地保护受害人的权益。医务人员与医疗机构是管理与被管理的劳动法律关系，双方属于劳动合同关系，相比于医务人员，医疗机构更具有赔偿损害的实力。

七、环境污染和生态破坏责任

37. 破坏生态环境承担侵权责任需满足哪些条件？

《民法典》第1229条规定，因污染环境、破坏生态造成他人损害的，侵权人应当承担侵权责任。由此可见，在我国破坏生态环境承担侵权责任通常只需满足两个条件即可，一是有污染环境、破坏生态的行为，二是该行为造成了损害事实。

38. 当环境污染侵权主体为多人时，其责任承担如何分配？

现实生活中环境污染案件往往因侵权主体众多、损害后果严重等因素导致该类案件颇为复杂，不仅难以界定各侵权责任的大小，又难以为受害人有效实现维权。为此，《民法典》第1231条规定，两个以上侵权人污染环境、破坏生态的，承担责任的大小，根据污染物的种类、浓度、排放量，破坏生态的方式、范围、程度，以及行为对损害后果所起的作用等因素确定。这样的规定在一定程度上就解决了因侵权主体众多可能导致难以合理界定责任大小的问题。

39.《民法典》中生态环境修复费用如何确定？

《民法典》第1234条规定，违反国家规定造成生态环境损害，生态环境能够修复的，国家规定的机关或者法律规定的组织有权请求侵权人在合理期限内承担修复责任。侵权人在期限内未修复的，国家规定的机关或者法律规定的组织可以自行或者委托他人进行修复，所需费用由侵权人负担。因此，修复费用应由侵权人支付，如果侵权人在期限内不修复也不支付费用的，国家规定的机关或组织修复后可以向侵权人追偿。

40. 因为他人的过错导致的污染，排污者是否要承担责任？

《民法典》第 1233 条规定，因第三人的过错污染环境、破坏生态的，被侵权人可以向侵权人请求赔偿，也可以向第三人请求赔偿。侵权人赔偿后，有权向第三人追偿。可见在因他人的过错导致污染时，被侵权人可以向排污者要求赔偿，也可以向有过错的第三人要求赔偿，当然排污者赔偿后可以向第三人追偿。

八、高度危险责任

41. 什么是高度危险责任？高度危险责任有什么特点？

高度危险责任，是指高度危险行为人实施高度危险活动或者管理高度危险物，造成他人人身损害或者财产损害，应当承担损害赔偿责任的特殊侵权责任。依据《民法典》的相关规定，高度危险责任主要有以下特点：（1）某一活动或者物品对周围环境（不是对自己）具有高度危险性；（2）涉及该种活动或者物品的高度危险作业具有合法性（至少不为法律所禁止）；（3）高度危责任适用无过错责任原则。

42. 民用无人飞机失控导致路人受到伤害，责任该怎么承担？

随着现代科技的发展，各种民用的无人机在中国得到了快速的发展和运用，如航拍无人机、快递无人机、播种无人机等。一旦无人机失控或操作失误，也容易导致侵权损害发生。根据《民法典》第 1238 条的规定，民用航空器造成他人损害的，民用航空器的经营者应当承担侵权责任；但是，能够证明损害是因受害人故意造成的，不承担责任。民用无人机也属于民用航空器的一种，同样适用无过错责任原则，除非能够证明是受害人故意干扰无人机飞行等行为导致，否则无人机经营管理者都需要对受害人承担侵权赔偿责任。

43. 乘客擅自跳入地铁隧道被撞死，地铁公司需要承担责任吗？

根据《民法典》第 1240 条的规定，从事高空、高压、地下挖掘活动或者使用高速轨道运输工具造成他人损害的，经营者应当承担侵权责任；但是，能够证明损害是因受害人故意或者不可抗力造成的，不承担责任。被侵权人对损害的发生有重大过失的，可以减轻经营者的责任。高速轨道运输，包括铁路、地铁、城铁、有轨电车等通过轨道高速行驶的交通运输工具。地铁也属于高速轨道运输工具的范畴，适用高度危险责任，即一般情况下由地铁公司承担侵权责任。比如，地铁在运行中发生的人身伤害事故或者财产损害事故，同时，还包括从列车上坠落、投掷物品，列车排放能量，造成他人人身损害或者财产损害的事故。但是乘客擅自跳入地铁轨道就属于故意，因此地铁公司无须承担赔偿责任。

九、饲养动物损害责任

44. 饲养动物致人损害的，责任怎么承担？

现实生活中，除了农村家庭会饲养猪、牛、马之类的动物外，许多城市家庭也会饲养猫、狗之类的动物，对于这些动物造成他人损害的责任，《民法典》第 1245 条规定，饲养的动物造成他人损害的，动物饲养人或者管理人应当承担侵权责任；但是，能够证明损害是因被侵权人故意或者重大过失造成的，可以不承担或者减轻责任。也就是说，动物饲养人对饲养动物具有管理义务，一般情况下，只要发生了饲养动物伤害他人的事实，就推定饲养人存在管理过错，饲养或者管理人都应当承担侵权责任。除非饲养人能够举证证明受害人存在故意或者重大过失，才可以不承担或者减轻责任。

45. 故意挑逗没有拴狗绳的狗导致被咬伤，狗主人可以免责吗？

如今城市居民养狗作为宠物已经成为很普遍的现象，也产生了很多诸如宠物狗咬伤人、不文明遛狗等乱象，为此各地也都出台了相应的地方性法规加以治理，如规定外出遛狗必须拴狗绳。根据《民法典》第 1246 条的规定，违反管理规定，未对动物采取安全措施造成他人损害的，动物饲养人或者管理人应当承担侵权责任；但是，能够证明损害是因被侵权人故意造成的，可以减轻责任。因此，故意挑逗没有拴狗绳的狗导致被咬伤的，由于狗主人遛狗没有牵狗绳违反了相关法律规定，存在过错，应当承担侵权赔偿责任。同时，由于被侵权人故意去挑逗狗而被咬伤，也存在过错，也应当承担一部分责任。

46. 饲养烈性犬等危险动物致人损伤的，如何承担侵权责任？

饲养烈性犬等带有危险的动物是受到法律严格限制的，很多城市也都出台相关规定禁止饲养烈性犬等危险动物，因为这类动物对周围人的人身和财产造成损害的可能性更大，对于饲养人员的要求也更高。《民法典》第1247条规定，禁止饲养的烈性犬等危险动物造成他人损害的，动物饲养人或者管理人应当承担侵权责任。也就是说，只要饲养的是法律法规禁止饲养的烈性犬等危险动物，无论被侵权人有无过错，造成他人损害都要承担损害赔偿责任，也即无过错责任。比如，张三饲养了一只禁止饲养的烈性犬，即使李四路过故意逗它被咬伤，张三也要承担损害赔偿责任。

47. 动物园的动物致人损害的，该由谁承担责任？

动物园是驯养、展览动物的集中场所，近年来动物园饲养的动物伤人事件也屡见不鲜。对于动物园的动物致人损害的责任问题，根据《民法典》第1248条的规定，动物园的动物造成他人损害的，动物园应当承担侵权责任；但是，能够证明尽到管理职责的，不承担侵权责任。因此，与其他的饲养动物致害责任不同，动物园的责任是过错推定责任。即一旦发生动物园动物伤人损害事实，就推定动物园存在过错，应当承担损害赔偿责任。但如果动物园能够证明已经尽到了管理职责的，即自身不存在过错，那么就不用承担侵权责任。实践中，在如何认定动物园尽到了管理职责方面，主要考虑动物园是否依据动物的特点和危险性高低而采取合理的科学管理措施，以防止动物危险的发生。比如，老虎等猛兽，动物园就必须采用比管理野鸭、飞鸟等不一样的看管措施和看管场地，以防止游客近距离能接触到猛兽而受到伤害。另外，从平衡动物园的利益和受害人的利益方面考虑，受害人具有故意或过失的，比如恶意向动物抛掷物品、擅自闯入禁止进入的猛兽区等，都可以减轻或免除动物园的责任。

48. 游客擅自进入动物园的动物饲养区域而受到损害的，谁该承担责任？

动物园的动物饲养区域是动物园划定建设的专门供饲养人饲养动物的特定区域，一般设有与所饲养动物危险性适用的防范隔离设施，其目的就在于防止无关人员擅自进入动物饲养区域而受到伤害，这是动物园必须履行的管理义务。根据《民法典》第1248条的规定，动物园的动物造成他人损害的，动物园应当承担侵权责任；但是，能够证明尽到管理职责的，不承担侵权责任。如果动物园的防范设施科学，管理措施到位，但是受害人无视饲养人对于动物饲养区域的划分和障碍物的设置，违反动物园的相关管理规定而擅自进入动物饲养区域受到伤害的，可以认为动物园尽到了管理职责而无须承担侵权责任。只是这种情况下举证责任倒置，也就是说，只要发生了动物园伤害游客事件，就推定动物园存在管理过错，应当承担侵权责任，除非动物园能够证明自己已经尽到了管理责任。因此，即便动物园有免责警告或者在票面上有免责提示，在动物园未尽到管理职责的情况下，仍旧不能减轻或免除动物园的责任。

49. 动物被饲养人遗弃的，在遗弃期间造成他人损害的由谁来承担责任？

饲养的动物被遗弃而成为流浪动物，因为脱离了原所有人或者管理人的管辖范围，很容易造成他人损害的后果。根据《民法典》第1249条的规定，遗弃、逃逸的动物在遗弃、逃逸期间造成他人损害的，由动物原饲养人或者管理人承担侵权责任。也就是说，无论该动物是基于什么原因、什么时间被遗弃，只要造成了他人损害，只要受害人能够证明谁是动物的原饲养人或者管理人，动物原饲养人或者管理人就必须无条件地承担侵权责任。当然，并不是在所有情况下，动物的原饲养人或者管理人都要对处于自己管理范围之外的动物致人损害承担责任，如果遗弃、逃逸的动物已回归自然，变成了野生动物的，原饲养人或管理人就无须再承担责任。此外，遗弃、逃逸的宠物已被他人收留，已经有新的管理者，则应由新的饲养人或者管理人承担责任。

50. 拴着的狗咬人致伤的，狗的所有人或管理人是否要承担责任？

《民法典》第1246条规定，违反管理规定，未对动物采取安全措施造成他人损害的，动物饲养人或者管理人应当承担侵权责任；但是，能够证明损害是因被侵权人故意造成的，可以减轻责任。对于拴着的狗咬人致伤，原则上也应该承担责任。因为虽然将狗用狗链拴住，履行了一定的看护职责，但还是发生了致人损害的后果，说明安全管理措施还是不到位，如出门遛狗时没有戴口罩。如果狗的所有人或者管理人能够证明是由受害人自己的故意造成的，则可以减轻责任。当然，如果是第三人的过错则饲养人在承担赔偿责任后可以向第三人追偿。

十、建筑物和物件损害责任

51. 被高楼上坠落或者抛掷的物品砸伤的，如何请求损害赔偿？

高空抛物时物品下落速度快，冲击力度大，是一种害人害己的危险行为。有数据表明：一个 30 克的蛋从 4 楼抛下来就会让人起肿包；从 8 楼抛下来就可以让人头皮破损；从 18 楼丢下来就可以砸破行人的头骨；从 25 楼抛下可使人当场死亡。根据《民法典》第 1254 条的规定，高空抛物侵权事件承担责任主要有以下三种情况：(1)侵权人即抛物人明确的高空抛物案件，由抛物人承担相应的损害赔偿责任；(2)抛物人不明确，但可以确定一个具体范围的，则所有可能实施抛物行为的人包括正在使用建筑物的所有权人、房屋租赁人、借用人和其他使用建筑物的人应当共同承担被害人的损失；(3)抛物人不明确的高空抛物案件，如果物业公司等管理义务人没有尽到管理义务的，比如，经常维护建筑物、经常提醒使用人不要往窗外抛扔物品等，则应当依法承担未履行安全保障义务的侵权责任。对于高空抛物致人损害的事件，除了法律的规范，更重要的是公民个人自我规范的提升，无论是贪图便利的故意抛掷，还是粗心大意的无心之举，归根到底都是责任意识不强。因此，高层建筑物的使用人，应该提高自我以及家人的责任意识，为自己以及他人创造更加安全舒适的生活环境。

52. 小区发生高空抛物砸伤人又无法确定具体行为人，同楼居民该如何自证清白呢？

生活中不时发生高空抛物砸伤人的事件，如果有高空抛物的行为人能够自己承认或经调查能够确定，则由侵权行为人承担赔偿责任。但如果经调查也无法确定具体行为人的，根据《民法典》第 1254 条的规定，除能够证明自己不是侵权人的外，由可能加害的建筑物使用人给予补偿。那么，该如何证明自己不是侵权人呢。可以从以下几个方面进行举证：第一，证明发生损害时，自己不在建筑物中比如在上班，无法实施抛物行为。第二，证明高空抛物或坠落物并非自己所有，比如，掉落的鞋子是 45 码的鞋子而自己只有 39 码的鞋子；证明自己所处的位置在客观上不可能造成抛掷物致人损害，如自己住在一楼，从掉落的角度看不存在可能。

53. 高空抛物伤人，物业公司有责任吗？

高空抛物、高空坠物，一直是小区治理的一大难题，也被称为“城市上空的痛”。为此，《民法典》第 1254 条明确禁止从建筑物中抛掷物品。从法律意义上，高空抛物属于个人违法行为，应由抛物者或抛物楼层群体负责民事赔偿。那物业公司还需要担责吗？根据《民法典》第 1254 条的规定，物业公司作为物业管理方，有保障小区安全的义务，物业服务企业等建筑物管理人应当采取必要的安全保障措施防止高空抛物情形的发生，如经常提醒居民不要高空抛物等；如果有证据证明物业公司未采取必要的安全保障措施，则其应当依法承担未履行安全保障义务的侵权责任。

54. 地面施工没有相关标识致人损害的，由谁承担责任？

地面施工包括在公共场所或者道路施工，也有对一些地下设施如地铁等进行施工，这种施工过程往往与人们的日常生活联系比较紧密，所以对于施工方有严格安全保障要求，如应在施工地设置相应的警示标识，采取相关的安全保障措施避免因施工造成损害。根据《民法典》第1258条的规定，在公共场所或者道路上挖掘、修缮安装地下设施等造成他人损害，施工人不能证明已经设置明显标志和采取安全措施的，应当承担侵权责任。因此，地面施工没有相关标识致人损害的，施工单位或施工人员必须承担侵权责任。

55. 行人踩到窨井盖掉进下水道受伤害，谁该承担责任？

根据《民法典》第1258条的规定，窨井等地下设施造成他人损害，管理人不能证明尽到管理职责的，应当承担侵权责任。因此，行人踩到窨井盖掉进下水道受伤的，除非管理人能够证明已经尽到了管理职责，否则窨井管理单位或管理人应当承担侵权责任。例如，马路上的井盖被人偷走很多天，管理部门接到举报通知后，一直未予理睬，如果有人天黑掉进井里受伤，管理部门就要承担赔偿责任。只有在管理部门能够证明尽到了管理职责，如用围栏将窨井围起来，并做了明确的警示标识等才无须承担责任。

56. 地面施工时设置了相关警示标识但仍然导致损害的，如何承担责任？

根据《民法典》第1258条的规定，在公共场所或者道路上挖掘、修缮安装地下设施等造成他人损害，施工人不能证明已经设置明显标志和采取安全措施的，应当承担侵权责任。因此，施工人有没有设置明显标志和采取安全措施应该是定责的关键。“明显”应该是能达到醒目的效果：（1）警示标志本身必须醒目，警示标志在材料、颜色、规格、功能等方面应当达到醒目的效果。（2）标志设置的位置必须醒目，设置位置不能太高或太低，不能有其他遮蔽物遮挡，要符合足够的安全距离等。（3）警示标志在任何时间和环境下必须醒目，比如在雨雾风雪天气或者夜间情况下警示标志亦应明显。(4)警示的内容必须醒目，警示内容和注意事项让人一目了然。至于采取安全措施，应该是足以防止事故发生的措施，无论防护材料、防护范围、防护设施、防护手段等任何一方面都不应出现疏漏。因此，如果地面施工存在相关标识，但不够明显，或者虽然设置了明显标识，但缺乏其他相应的安全防范措施，导致侵权损害，则依然需要承担侵权责任。

57. 道路边的树木折断或果实掉落致人损害的，由谁承担责任？

道路边的林木所有人和管理人对于林木应该尽到保障安全的义务，包括对其枝叶、果实进行管理维护，也包括在管理维护林木的作业过程中，保障修剪砍伐的林木安全折断，不造成他人损害的义务。根据《民法典》第1257条的规定，因林木折断、倾倒或者果实坠落等造成他人损害，林木的所有人或者管理人不能证明自己没有过错的，应当承担侵权责任。因此，道路边的树木折断或果实掉落致人损害的，林木的所有人或管理人应该承担责任，除非证明自己无过错，比如，林木折断是由于强台风吹倒，或者由于受害人自己原因比如去偷摘果实等，否则不能免除责任。

58. 因在道路上堆放物品导致交通事故的，由谁承担责任？

在道路上堆放物品不仅影响正常通行，还容易导致交通事故，侵害他人。根据《民法典》第1256条的规定，在公共道路上堆放、倾倒、遗撒妨碍通行的物品造成他人损害的，由行为人承担侵权责任。公共道路管理人不能证明已经尽到清理、防护、警示等义务的，应当承担相应的责任。因此，在道路上堆放物品导致交通事故致人损害的，实施堆放、倾倒等行为的行为人必须承担侵权责任是没有争议的，那么道路交通相关的管理部门是否也要承担赔偿责任，答案也是肯定的。因为我国法律明确规定了道路交通相关部门负有保证道路安全、通畅的义务。当影响道路安全、通畅的违法行为发生时，有关部门应当尽到清理、防护、警示等义务。如果能够证明已经尽到管理义务则无须承担侵权责任；如果其没有履行该义务，就存在管理过错，应当承担相应侵权责任，由行为人和道路交通相关部门按照法律规定确定其责任的大小后各自承担相应的责任，难以确定责任大小的，则平均承担责任。如果一时无法确认实施堆放、倾倒等行为的行为人时，应该由道路交通安全相关部门先承担责任，以保障受害人的利益，事后发现侵权行为人的，道路交通安全相关部门可以进行追偿。

59. 小区树枝掉落砸伤小孩，物业需要赔偿吗？

现在物业小区道路两旁绿化植物都比较多，一般情况下也不易掉落砸到路人。但如果掉落砸伤了小孩或路人，该如何担责呢？根据《民法典》第1257条的规定，因林木折断、倾倒或者果实坠落等造成他人损害，林木的所有人或者管理人不能证明自己没有过错的，应当承担侵权责任。小区的绿化植物属于全体业主所有，但一般都委托物业公司负责小区管理，物业公司负有日常养护、修剪等管理义务。因此，小区树枝掉落砸伤小孩，物业公司应当承担赔偿义务。当然，如果物业公司能够证明自己不存在过错，比如是由于狂风暴雨等不可抗力因素，或者是由于小孩自己爬树以及其他人过错导致，则物业公司可以免责。

60. 行人被公路上渣土车掉落的石块砸伤，该如何担责？

渣土车运输渣土，一般都有严格安全运输管理制度，需要防止运输途中渣土掉落影响环境和道路通行安全。根据《民法典》第1256条的规定，在公共道路上遗撒妨碍通行的物品造成他人损害的，由行为人承担侵权责任。因此，如果运输途中渣土掉落影响环境和道路通行安全，并且渣土运输车所有人没有尽到安全运输责任存在过错时，应当承担侵权赔偿责任。另外，如果找不到渣土车具体侵权人，则公共道路管理人应当承担相应的赔偿责任，除非能够证明已经尽到清理、防护、警示等义务的才可以免责。当然，公共道路管理人赔偿后可以向具体侵权人即渣土车所有人进行追偿。

实用工具

1. 民事行为能力决定你的行为是否有效

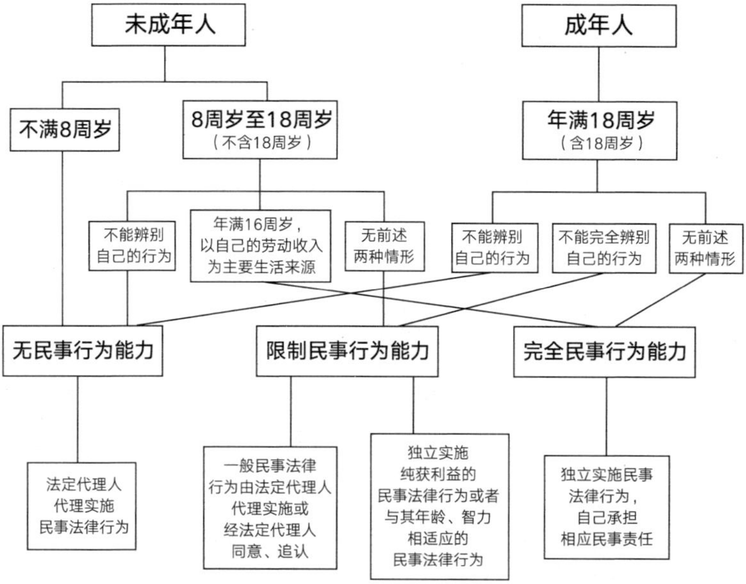

2. 直系血亲、旁系血亲

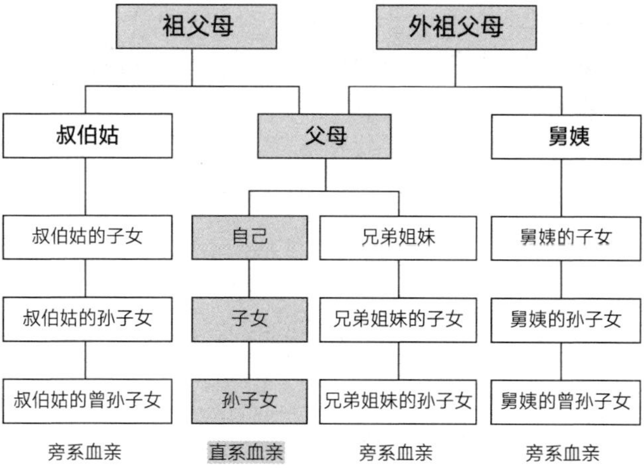

3. 借款合同

甲方(出借人):
身份证号:
乙方(借款人):
身份证号:

乙方因______需要,向甲方借款,双方经协商一致,订立本借款合同,以资共同遵守。

一、借款金额

甲方向乙方提供借款资金人民币(大写)________(¥____元)。

二、借款期限及用途

1. 本合同项下的借款期限为____个月,自______年____月____日起至______年____月____日止。借款实际发放日与借款起始日不一致的,借款起始日以借款实际发放日为准,借款期限随之顺延。

2. 借款指定用于____________,乙方不得挪作他用。

三、借款利率及支付方式

1. 本合同项下借款利率为固定利率,借款月利率为______%。

2. 本合同项下借款本息采用以下______方式归还:

(1)本金到期一次性归还,利息按月支付,到期利随本清。每月利息人民币______元。如涉及到按日计算利息,日利率=月利率÷30。付息日为每月的______日,还本日为借款到期日。

(2)等额本息还款法:即借款期限内每月以相等的额度偿还借款本息。每月还款额为人民币(大写)______(¥______元)。还款日为每月______日。

3. 乙方应当将借款本金和利息等通过转账方式支付到甲方名下的银行账户,账户信息如下:

指定收款账号:________。开户行:________。户名:________。

四、乙方的义务

1. 乙方应当按本合同约定用途使用借款,不得将本合同项下借款挪作他用。乙方应承担本合同项下所有费用支出，包括但不限于公证费、鉴定费、评估费、登记费、保险费等。

2. 乙方应按照本合同约定的时间、金额和币种偿还本合同项下的借款本金并支付利息。

3. 乙方在出现和可能出现影响其还款能力的行为或事件时应当在五日内书面通知甲方。

4. 本合同项下的担保（如有）发生不利于甲方债权的变化时，乙方应按甲方的要求及时提供甲方认可的其他担保。

五、提前还款

乙方要求提前还款的，应提前向甲方提出申请，经甲方同意后，双方应另行签订书面协议，载明双方权利与义务。未经甲方同意，乙方不得提前还款。

六、担保方式

为保证本合同项下的借款能得到清偿，甲方可要求乙方提供担保措施（包括但不限于保证、抵押、质押等），具体担保事宜以相应的担保合同为准。

七、违约责任

1. 乙方违反本协议约定的义务或承诺与保证的均构成违约，甲方有权停止支付乙方尚未交付的借款，单方面宣布合同项下已发放的借款提前到期并要求乙方立即偿还所有到期借款本金并结清利息，并有权要求乙方支付借款本金______% 的违约金。

2. 乙方逾期还款的，乙方自逾期之日按照逾期清偿本息的______%/ 日按日计收逾期违约金，直至清偿完毕之日。

3. 乙方未按时足额还款的，应当承担甲方为实现债权而支付的所有费用，该费用包括但不限于诉讼费、律师费、财产保全费和所有其他应付合理费用。

八、争议解决

因本合同引起的或与本合同有关的任何争议，由合同各方协商解决，也可由有关部门调解。协商或调解不成的，按下列第

______种方式解决：

（1）提交位于__________（地点）的__________仲裁委员会仲裁。仲裁裁决是终局的，对各方均有约束力；

（2）依法向__________所在地有管辖权的人民法院起诉。

九、其他

1. 本协议一式二份，协议各方各执一份。各份协议文本具有同等法律效力。

2. 本协议经各方签署后生效。

签署时间：　　年　月　日

甲方（签字）：
联系人：
联系方式：
地址：

乙方（签字）：
联系人：
联系方式：
地址：

保证函

下列签名的担保人同意为借款人提供连带责任保证（担保）。

签署时间：　年　月　日

保证人（签名或盖章）：
身份证号：
联系方式：

收据

本人(本单位)已经收到______提供的借款共计人民币(大写)__________(¥______元)。

签署时间: 年 月 日

收款人签字:

4. 抵押合同

合同编号:______年______字第______号

抵押人名称______,住所______,法定代表人或主要负责人______,开户金融机构________________,账号__________,电话__________,邮政编码______

抵押权人名称__________,住所__________,法定代表人或主要负责人______,电话__________,邮政编码______

合同签订日期:__________

合同签订地点:__________

抵押人(以下称甲方):__________

抵押权人(以下称乙方):__________

为确保______年______字第______号合同(以下简称主合同)的履行,甲方愿意以自有财产作抵押。乙方经审查,同意接受甲方的财产抵押。甲、乙双方经协商一致,按以下条款订立本合同:

第一条 甲方用作抵押的财产(详见抵押财产清单)。

第二条 本合同项下抵押财产共作价(大写)人民币______万元整,抵押率为______%,实际抵押额为______万元整。

第三条 甲方应妥善保管抵押物,在抵押期间应有维修、保养、保证完好无损的责任,并随时接受乙方的检查。

第四条 抵押财产中的______必须由甲方办理财产保险，并将保险单交乙方保存。

第五条 在本合同有效期内，甲方不得出售和馈赠抵押财产；甲方迁移、出租、转让、再抵押或以其他任何方式转移本合同项下抵押财产的，应取得乙方书面同意。

第六条 抵押财产意外毁坏的风险承担。

第七条 本合同项下有关公证、保险、签订、登记、运输、保管等费用由甲方承担。

第八条 本合同生效后，如需变更合同条款，应经抵押人同意并达成书面协议。

第九条 本合同有效期内，甲方如发生分立、合并，由变更后的机构承担或分别承担本合同项下义务。甲方被宣布解散或破产，抵押财产由乙方提前处分，以所获价款优先受偿。

第十条 出现下列情况之一时，乙方有权依法定方式处分抵押财产：

A.主合同约定的还款期限已到，借款人未依约偿还借款本息或所延期限届满仍不能偿还借款本息；或

B.借款人被宣告解散、破产；或

C.借款人死亡而无继承人履行合同。

处理抵押财产所得价款，不足以偿还贷款本息和费用的，乙方有权另行追索；价款偿还贷款本息还有余的，乙方应退还给甲方。

第十一条 主合同借款人按期偿还借款本息的，抵押权终止。经抵押登记的财产，乙方应偕同甲方到登记机关办理核销登记。

第十二条 本合同生效后，甲、乙任何一方不得擅自变更或解除合同，需要变更或解除合同的，应经双方协商一致，达成书面协议。协议未达成前，本合同条款自然有效。

第十三条 违约责任：

（1）因甲方保管不善，造成抵押财产毁损，乙方有权要求甲方恢复抵押财产原状，或提供经乙方认可的抵押财产。

（2）甲方违反本合同第五条规定，擅自处分抵押财产的，乙方视情况要求甲方恢复原状，并提前收回主合同项下贷款，并可要求甲方支付贷款总额______%的违约金。

（3）甲方隐瞒抵押财产存在共有，争议、被查封、被扣押或已经设定过抵押权等情况而给乙方造成经济损失的，应予赔偿。

（4）甲、乙任何一方违反本合同第十二条规定，应向对方支付主合同项下贷款总额______%的违约金。

（5）本合同有效期内，未经抵押人同意，变更主合同条款或转让主合同项下的权利义务的，甲方可自行解除本合同。

第十四条 争议解决方式：

因本合同发生争议的，双方协商解决或经调解解决，如仍不能解决争议的，可向合同签订地人民法院起诉或向仲裁委员会申请仲裁。

第十五条 双方商定的其他事项：

第十六条 本合同由甲、乙双方法定代表人或主要负责人签字并加盖单位公章，并经登记后生效。

第十七条 本合同正本一式二份，甲、乙双方各执一份。

甲方：（公章）

法定代表人（或主要负责人）：（签章）

______年____月____日

乙方：（公章）

______年____月____日

附：抵押财产清单：______

抵押契约编号：______单位：（元）

5. 动产质押合同

出质人（以下称甲方）：

质权人（以下称乙方）：

为确保______年______字第______号合同(以下称主合同)的履行,甲方愿意以其有权处分的财产作质押。乙方经审查,同意接受甲方的财产质押。双方经协商一致,按以下条款订立本合同:

第一条 甲方用作质押的财产为:(附详细质物清单及出质人所有权证明):

(1)质物名称:

(2)规格:

(3)数量:

(4)账面价格:

第二条 本合同项下质押财产共作价人民币______(大写)元整,质押率为______%,实际质押额为______(大写)元整。

第三条 甲方应在本合同订立后五日内将质物移交乙方占有,双方商定移交事项如下:______。

第四条 在质押有效期内,乙方应负责妥善保管质物,并不得挪用,甲方一次性向乙方支取保管费______元整。

第五条 甲方应按乙方要求,对质押财产中的______办理财产保险,并将保险单交乙方保存。投保期限应长于主合同约定期限。如主合同经双方同意延长期限的,甲方应办理延长投保期限的手续。保险财产如发生意外损失,所得赔偿金应由甲方到______银行办理专项存款,并将存款单交由乙方保管。

第六条 在本合同有效期内,甲方如需转让质物,须经乙方书面同意,并将转让所得款项交______银行专项存储,存款单交由乙方保管,或者以该款项提前清偿债务。

第七条 本合同项下有关公证、保险、签订、登记,运输及保管等费用由甲方承担。

第八条 在本合同有效期内,甲方如发生分立、合并,由变更后的机构承担或分别承担本合同项下义务。甲方被宣布解散或破产,乙方有权提前处分质物。

第九条 出现下列情况之一时,乙方有权依法定方式处分质押财产:

（1）主合同债务履行期限届满或经延期后仍未履行债务；

（2）债务人死亡而无继承人或继承人放弃继承的；

（3）债务人被宣告解散、破产的。

处理质物所得价款，不足清偿债务的，乙方有权另行追索；价款偿还债务还有剩余的，乙方应退还给甲方。

第十条 本合同生效后，甲、乙任何一方不得擅自变更或解除合同。需要变更或解除合同的，应经双方协商一致，达成书面协议。协议未达成前，本合同条款仍然有效。

第十一条 主合同债务人按合同约定的期限履行合同的，质权即自动终止，乙方应返还质物及有关单据。

第十二条 违约责任：

（1）依照本合同第四条的约定，因乙方保管不善造成质物毁损的，甲方有权要求乙方恢复质物原状；或者要求乙方赔偿因此而遭受的损失。

（2）乙方擅自挪用质物的，甲方有权要求乙方停止挪用行为，或返还原物，亦可请求赔偿因此而遭受的损失。

（3）甲方因隐瞒质押财产存在共有、争议、被查封、被扣押或其他类似情况而给乙方造成经济损失的，应给予赔偿。

（4）甲、乙任何一方违反第九条约定，应向对方支付主合同项下债务总额万分之的______违约金。

（5）在本合同有效期内，未经出质人同意，变更主合同条款或转让主合同项下的义务，甲方可自行解除本合同，并要求乙方返还质物及有关单据。

（6）本条所列违约金的支付方式，双方商定如下：____________。

第十三条 双方商定的其他事项。

第十四条 争议的解决方式：

甲、乙双方在履行本合同中发生的争议，由双方协商或通过调解解决。协商或调解不成，可以向合同签订地人民法院起诉，或者向合同签订地的合同仲裁机构申请仲裁。

第十五条 本合同由甲、乙双方法定代表人或其授权的委托代理人签字并加盖单位公章，自质物移交完毕之日起生效。

第十六条 本合同一式二份，甲、乙双方各执一份。

附：质物清单及有关证书、单据一式______份。

甲方：（公章）

法定代表人（或委托代理人）：（签章）

______年____月____日

乙方：（公章）

法定代表人（或委托代理人）：（签章）

______年____月____日

签订合同地点：

（注：如果合同当事人为公民或非法人单位，应由该公民签字或单位主要负责人或经其授权的委托代理人签字。）

6. 房屋租赁合同范本

出租人（甲方）：____________证件类型及编号：____________

承租人（乙方）：____________证件类型及编号：____________

依据《中华人民共和国合同法》及有关法律、法规的规定，甲乙双方在平等、自愿的基础上，就房屋租赁的有关事宜达成协议如下：

第一条 房屋基本情况

（一）房屋坐落于______市______区（县）______街道办事处（乡镇）______，建筑面积______平方米。

（二）房屋权属状况：甲方持有（□房屋所有权证 / □公有住房租赁合同 / □房屋买卖合同 / □其他房屋来源证明文件），房屋所有权证书编号：______或房屋来源证明名称：______，房屋所有权人（公有住房承租人、购房人）姓名或名称：______，房屋（□是 / □否）已设定了抵押。

第二条 房屋租赁情况及登记备案

（一）租赁用途：______；如租赁用途为居住的，居住人数为：______，最多不超过______人。

（二）甲乙双方自本合同签订之日起______日内，由（□甲乙双方共同/□甲方/□乙方）按相关规定向房屋所在地房地产行政管理部门申请办理房屋租赁登记备案。

租赁期内，房屋租赁登记备案内容发生变更的，甲乙双方应当在______日内，到原租赁登记备案的部门办理房屋租赁登记备案变更手续。

租赁期满房屋续租或者租赁终止的，由（□甲乙双方共同/□甲方/□乙方）在期满后日内到原租赁登记备案的部门办理房屋租赁登记备案的延续或者注销手续。

第三条 租赁期限

（一）房屋租赁期自______年____月____日至______年______月______日，共计______年______个月。甲方应于______年______月______日前将房屋按约定条件交付给乙方。《房屋交割清单》（见附件一）经甲乙双方交验签字盖章并移交房门钥匙及______后视为交付完成。

（二）租赁期满或合同解除后，甲方有权收回房屋，乙方应按照原状返还房屋及其附属物品、设备设施。甲乙双方应对房屋和附属物品、设备设施及水电使用等情况进行验收，结清各自应当承担的费用。

乙方继续承租的，应提前______日向甲方提出（□书面/□口头）续租要求，协商一致后双方重新签订房屋租赁合同。

第四条 租金及押金

（一）租金标准及支付方式：______元/（□月/□季/□半年/□年），租金总计：人民币______元整（￥：__________）。

支付方式：（□现金/□转账支票/□银行汇款），押 付，各期租金支付日期：______，______，______。

（二）押金：人民币______元整（￥：____________）租赁期满或合同解除后，房屋租赁押金除抵扣应由乙方承担的费用、租金，以及乙方应当承担的违约赔偿责任外，剩余部分应如数返还给乙方。

第五条　其他相关费用的承担方式

租赁期内的下列费用中，______由甲方承担，______由乙方承担：

（1）水费；（2）电费；（3）电话费；（4）电视收视费；（5）供暖费；（6）燃气费；（7）物业管理费；（8）房屋租赁税费；（9）卫生费；（10）上网费；（11）车位费；（12）室内设施维修费；（13）______费用。

本合同中未列明的与房屋有关的其他费用均由甲方承担。如乙方垫付了应由甲方支付的费用，甲方应根据乙方出示的相关缴费凭据向乙方返还相应费用。

第六条　房屋维护及维修

（一）甲方应保证房屋的建筑结构和设备设施符合建筑、消防、治安、卫生等方面的安全条件，不得危及人身安全；承租人保证遵守国家、北京市的法律法规规定以及房屋所在小区的物业管理规约。

（二）租赁期内，甲乙双方应共同保障房屋及其附属物品、设备设施处于适用和安全的状态：

1. 对于房屋及其附属物品、设备设施因自然属性或合理使用而导致的损耗，乙方应及时通知甲方修复。甲方应在接到乙方通知后的______日内进行维修。逾期不维修的，乙方可代为维修，费用由甲方承担。因维修房屋影响乙方使用的，应相应减少租金或延长租赁期限。

2. 因乙方保管不当或不合理使用，致使房屋及其附属物品、设备设施发生损坏或故障的，乙方应负责维修或承担赔偿责任。

第七条　转租

除甲乙双方另有约定以外，乙方需事先征得甲方书面同意，方可在租赁期内将房屋部分或全部转租给他人，并就受转租人的行为向甲方承担责任。

第八条 合同解除

(一)经甲乙双方协商一致,可以解除本合同。

(二)因不可抗力导致本合同无法继续履行的,本合同自行解除。

(三)甲方有下列情形之一的,乙方有权单方解除合同:

1. 迟延交付房屋达______日的。

2. 交付的房屋严重不符合合同约定或影响乙方安全、健康的。

3. 不承担约定的维修义务,致使乙方无法正常使用房屋的。

4.__________________。

(四)乙方有下列情形之一的,甲方有权单方解除合同,收回房屋:

1. 不按照约定支付租金达______日的。

2. 欠缴各项费用达______元的。

3. 擅自改变房屋用途的。

4. 擅自拆改变动或损坏房屋主体结构的。

5. 保管不当或不合理使用导致附属物品、设备设施损坏并拒不赔偿的。

6. 利用房屋从事违法活动、损害公共利益或者妨碍他人正常工作、生活的。

7. 擅自将房屋转租给第三人的。

8.__________________。

(五)其他法定的合同解除情形。

第九条 违约责任

(一)甲方有第八条第三款约定的情形之一的,应按月租金的______%向乙方支付违约金;乙方有第八条第四款约定的情形之一的,应按月租金的______%向甲方支付违约金,甲方并可要求乙方将房屋恢复原状或赔偿相应损失。

(二)租赁期内,甲方需提前收回房屋的,或乙方需提前退租的,应提前______日通知对方,并按月租金的______%向对方支付违约金;甲方还应退还相应的租金。

（三）因甲方未按约定履行维修义务造成乙方人身、财产损失的，甲方应承担赔偿责任。

（四）甲方未按约定时间交付房屋或者乙方不按约定支付租金但未达到解除合同条件的，以及乙方未按约定时间返还房屋的，应按______标准支付违约金。

（五）________________________。

第十条 合同争议的解决办法

本合同项下发生的争议，由双方当事人协商解决；协商不成的，依法向有管辖权的人民法院起诉，或按照另行达成的仲裁条款或仲裁协议申请仲裁。

第十一条 其他约定事项

__________________。

本合同经双方签字盖章后生效。本合同（及附件）一式____份，其中甲方执____份，乙方执____份，____执____份。

本合同生效后，双方对合同内容的变更或补充应采取书面形式，作为本合同的附件。附件与本合同具有同等的法律效力。

出租人（甲方）签章：　　　　承租人（乙方）签章：
委托代理人：　　　　委托代理人：
联系方式：　　　　联系方式：
年　月　日　　　　年　月　日

附件一：房屋交割清单（略）

7. 离婚协议书（一般范本）

男方：张三，身份证号：______，住______省______市______区______路______栋______单元______号。

女方：李四，身份证号：______，住______省______市______区

______路______栋______单元______号。

男、女双方于______年____月____日在______区婚姻登记部门办理结婚登记手续，结婚证号码____________。婚后于______年____月____日生育一儿子，取名___________。因双方性格不合无法共同生活，夫妻感情完全破裂，已无和好可能，现双方就自愿离婚一事达成如下协议：

一、男方张三与女方李四自愿离婚。

二、子女抚养、抚养费及探望权：

1. 儿子______由男（女）方______抚养，随同男（女）方生活，抚养费由男女双方分摊，女（男）方______每月支付儿子______抚养费（包括医疗费、教育费、保险费）______元，男（女）方应于每月的 5 日前将儿子的抚养费转账到女（男）方指定的___________银行账户内，账号：_________________。本条约定的抚养费，可以根据双方的经济状况以及生活消费水平的变化作适当的调整，具体调整数额，由双方另行协商。本条约定的抚养费，仅是指一般的生活和教育需要费用。如儿子因特殊情况需要有重大支出，除紧急情况外，女方应提前通知男方，由双方协商确定支付比例。

2. 抚养费支付时间和方式，如果一方不能够按时支付的，每天加收 3% 的赔偿金。

3. 抚养费支付到儿子年满 18 周岁，超过 18 周岁以后，确实有必要支付抚养费时，双方协商确定数额和支付时间。

4. 离婚后，一方未经另一方书面同意，不得改变儿子的姓氏，擅自改变的，应及时恢复原来的姓氏，并一次性支付另一方赔偿金___________元。

5. 女方应悉心抚养儿子，不得有虐待、遗弃、家庭暴力等行为。

6. 男方每个月可以在不影响儿子学习、生活的情况下，探望儿子______次，但应提前通知女方，也可以到学校探望，每周可与儿子共同生活______天，寒暑假可以共同生活______天，女方有协助的义务。

7. 男女双方任何一方对儿子身心健康有损害行为的，将视为放弃抚养、教育的权利和义务，另一方有权要求变更直接抚养权或中止、取消探望权。

8. 儿子 12 岁后有自愿选择随同男方或女方生活的权利，男女双方均不得干涉阻拦，双方应积极对儿子的抚养、抚养费等问题另行协商。

三、夫妻共同财产的处理：

1. 房产：

（1）位于______省______市______区______路______栋______单元______号住房，系双方在婚后共同购买，合同价人民币______万元，现值人民币______万元（包括房内装修、家具、电器等附属设施）。经协商，双方确定住房的所有权归男（女）方所有，房屋过户所产生的相关税费由男（女）方（得到产权的一方）承担。放弃产权的一方自离婚之日起有义务协助得到产权一方办理产权过户、产权登记等手续。

（2）得到产权的一方补偿放弃产权一方______万元，在签订协议当天补偿放弃产权的一方______万元，办理离婚登记当天支付______万元，剩余款项在离婚后______日内支付完毕。

2. 存款：

双方名下现有银行存款共______元，双方各分一半，为______元。分配方式：各自名下的存款保持不变，但甲方应于______年______月______日前一次性支付元给乙方。

3. 汽车：夫妻关系存续期间双方共同购买牌小型家用轿车一辆，车牌号为，现登记在名下，双方同意该车辆归男（女）方所有，取得车辆的一方补偿没有取得车辆的一方万元，该款于年月日前付清。

4. 其他财产：男、女双方婚前个人财产归各自所有，婚后的个人生活用品以及个人首饰归各自所有。

四、夫妻债权债务的约定：夫妻双方没有共同的债权债务，夫妻各自名下的债权由债权人本人享有权利，债务由债务人本人承担责任。

五、关于隐瞒、虚报、转移婚内财产的约定：男、女双方在签订本协议时均没有隐瞒、虚报、转移婚内共同财产，如有隐瞒、欺骗，一经核实，自愿放弃该财产，双方对此条款均予以确认。

六、违约条款：

1. 本协议双方均自愿履行，任何一方违反本协议，均自愿赔偿对方______万元。

2. 离婚后，一方不得干扰另一方的生活，不得向第三方泄露另一方的个人隐私和商业秘密，不得有故意损坏另一方名誉的行为，否则承担违约金______元。

3. 双方承诺对该协议书的字词义非常清楚，并愿意完全履行本协议书，不存在受到胁迫、欺诈、误解情形。

4. 本协议书一式三份，甲乙双方各执一份，婚姻登记部门保留一份。在双方签字，并经婚姻登记机关办理离婚手续后生效。

5. 如本协议生效后在执行中发生争议的，双方应协商解决，协商不成，任何一方均可向人民法院提起诉讼。

男方：______年____月____日

女方：______年____月____日

8. 夫妻分居协议书（一般范本）

协议人（男方）：姓名、年龄、民族、户籍所在地（未在户籍所在地的，列出现住地）、身份证号码。

协议人（女方）：姓名、年龄、民族、户籍所在地（未在户籍所在地的，列出现住地）、身份证号码。

协议人、双方于____年__月__日在________婚姻登记处办理结婚登记手续。____年__月__日生育子女。

现双方就分居一事达成如下协议：

一、______与______自愿分居。

二、夫妻共同财产有：根据客观情况，详细列明夫妻共同财产的范围。确定夫妻共同财产暂归夫妻一方管理。

三、夫妻共同债权、共同债务有：______（详细列明）。

除已列明的共同债权、共同债务外，分居期间发生的债权和债务，在谁的名下，则由谁享有或承担。

四、夫妻在分居期间的所得为各自所有。

五、分居期间，婚生子女的监护权，暂归______。

另一方给付抚养费______元/月。给付方式：______。

未直接抚养子女一方每月享有次探望权。

在每个月______，时间为______，探望地点为______。

遇有特殊情况，探望次数、时间、地点等可由双方根据子女情况另行约定。

本协议一式两份，双方各执一份，双方签字生效。

协议人：______年____月____日

协议人：______年____月____日

9. 婚前财产协议书

协议人（男方）：姓名、年龄、民族、户籍所在地（未在户籍所在地的，列出现住地）、身份证编号。

协议人（女方）：姓名、年龄、民族、户籍所在地（未在户籍所在地的，列出现住地）、身份证编号。

协议人______双方于______年____月____日在______婚姻登记处办理结婚登记手续。为了防止今后可能出现的婚前财产纠纷，现双方理智地协商，就婚前财产的范围及归属达成以协议：

一、男方婚前财产的范围：（列明具体的财产，如房屋、汽车等，尽量具体详细)。

二、女方婚前财产的范围:(列明具体的财产,如房屋、汽车等,尽量具体详细)。

三、为组建家庭,双方共同出资购置的财物(列明具体的财产,如房屋、汽车等,尽量具体详细)。

四、婚前财产的归属:男方的婚前财产归男方个人所有,女方的婚前财产归女方个人所有,共同出资的财物,按照出资比例享有。

五、婚前债务,各自承担,另一方不负清偿责任。

六、双方对各自的婚前财产享有自由处分的权利,对方不得干涉。

七、若离婚,一方不得对另一方的婚前财产主张所有权。

八、本协议一式两份,双方各执一份,自双方签字生效。

协议人(男方):______　　协议人(女方):______

______年____月____日　　______年____月____日

10. 放弃继承权声明书

声明人:(写明姓名、性别、年龄、民族、籍贯、职业或者工作单位和职务、住址)

我是被继承人 ×××的（与被继承人的关系）,被继承人于（何时）死亡,被继承人死后遗有财产:

(具体财产内容)

根据《中华人民共和国民法典》第一千二百二十七条的规定,我是被继承人的合法继承人之一,对被继承人死亡时遗留的上述遗产享有合法继承权。

现本人郑重声明：对上述遗产，我自愿无条件放弃继承权。以上情况均真实无误，如有虚假，我愿承担由此而引起的一切经济和法律责任。

特此声明

声明人：______

声明地点：______

______年____月____日

11. 赡养继承协议书

协议人：______（写明姓名、性别、职业、家庭住址等基本情况）。

关系人：______（写明姓名、性别、职业、家庭住址等基本情况）。

上列当事人为赡养老人和财产继承一事，依照国家法律和政策，本着互谅互让、团结友爱的精神，从实际情况和需要出发，经共同协商一致，并征得关系人同意，达成以下协议：

____

____

____。

以上协议，各协议人均属自愿，保证遵照执行。

协议人：______

关系人：______

代书并见证：______律师事务所______律师

______律师事务所______律师

______年____月____日

12. 遗产分配协议书

(_____)字_____第_____号

被继承人:_____

继承人:_____系被继承人之_____,身份证号码_________

继承人:_____系被继承人之_____,身份证号码_________

继承人:_____系被继承人之_____,身份证号码_________

继承人:_____系被继承人之_____,身份证号码_________

被继承人某某于_____年____月____日身亡,留下遗产尚未分割,继承人在平等自愿的基础上协商一致,达成如下遗产分割协议,以资共同遵照执行:

一、各继承人应当本着妥善处理被继承人后事,构建和谐的家庭氛围为原则,合理处分被继承人遗产,不得侵吞、夺占或企图侵吞、夺占其他继承人的份额。

二、各继承人应当本着利于被继承人孩子_____成长的原则,照顾未成年人的利益,在遗产范围内扣除_____元作为孩子抚养费用。

三、各继承人承诺遵守被继承人遗书中的意思表示,签署本协议前后均不得违背遗书中所明确的内容。

四、各继承人确认,依据法律规定,被继承人名下所有财产如下:

____

____

____。

五、各继承人确认,依据法律规定,被继承人财产分配方案如下:

____

____

____。

六、被继承人所负债务_____元,由继承人_____(共同)承担;

为处理被继承人后事所有开支共计______元人民币，从被继承人遗产中扣除。

七、本协议在______签署，因本协议发生的纠纷或与本协议内容相关的纠纷，由______人民法院管辖。

八、本协议一式____份，各继承人执一份，主办律师执一份，公证机构留存一份。

继承人：______
继承人：______
继承人：______
继承人：______
签约地点：______
签约时间：______

13. 自书遗嘱

立遗嘱人：______（写明立遗嘱人的基本情况，应写明其姓名、性别、出生年月日、民族、籍贯、职业、住址；若为自书遗嘱，此项可简略，直接使用第一人称“我”起笔）。

立遗嘱的原因：____。

遗嘱的具体内容：

1. 遗产的范围

____（写明遗产的范围，具体包括个人遗产的名称、数额、价值、存放处所）。

2. 个人遗产的具体分配方案

____

____

______(写明对个人遗产的具体处分意见：由哪个继承人继承哪一部分财产；若继承人是数人的，应分别写明各自的继承份额)。

3. 其他事项

____

____

______(写明其他需要嘱托或说明的问题，如要求遗嘱继承人承担立遗嘱人丧葬的义务、指定遗嘱执行人等)。

本遗嘱一式______份，由______保存，由______具体执行。

立遗嘱人：______

______年____月____日

立遗嘱地点：______

14. 遗赠抚养协议

甲方：(遗赠人)______

乙方：(受赠人)______

甲乙双方就遗赠事宜达成协议如下：

一、甲方所有的____________遗赠财产的基本情况，在甲方死亡后赠送给乙方。其所有权证明为：(拥有所有权的证据名称)。

二、乙方应于每______月______日前给付甲方生活费______元，医疗补助费元及其他。

三、乙方应在甲方去世后______日内办理赠与财产的所有权转移手续。逾期不办的，视为拒绝遗赠，其遗产可按法定继承处理。

四、甲方应负对遗赠财产的维护责任，不得随意处理遗赠的财产。如果甲方故意将财产损坏或者送给他人的，乙方有权要求甲方修理、更换或者收回；甲方拒不修理、更换或者收回的，乙方有权终止协议。

五、乙方应当按时给付甲方费用。逾期给付的，甲方有权要求乙方履行协议。如果连续______月不给付费用的，甲方有权终止协议。

六、本协议自______日生效(可以是自公证之日起生效)。本协议一式两份，双方各执一份。

甲方：______　　　　乙方：______

______年____月____日　　　　______年____月____日

图书在版编目（CIP）数据

中华人民共和国民法典：实用问题版 / 法律出版社专业出版编委会编. -- 北京：法律出版社，2020（2024.1 重印）
ISBN 978-7-5197-4798-5

Ⅰ. ①中… Ⅱ. ①法… Ⅲ. ①民法－汇编－中国
Ⅳ. ① D923.09

中国版本图书馆 CIP 数据核字 (2020) 第 135131 号

中华人民共和国民法典：实用问题版
ZHONGHUA RENMIN GONGHEGUO MINFADIAN: SHIYONG WENTI BAN

法律出版社专业出版编委会 编

责任编辑 朱海波 张 颖 谢瑞忠
装帧设计 鲁 娟

出版 法律出版社
总发行 中国法律图书有限公司
经销 新华书店
印刷 固安华明印业有限公司
责任校对 杨锦华 王晓萍
责任印制 吕亚莉

编辑统筹 法律应用出版分社
开本 A5
印张 26.75
字数 900 千
版本 2020 年 8 月第 1 版
印次 2024 年 1 月第 5 次印刷

法律出版社 / 北京市丰台区莲花池西里 7 号（100073）
网址 /www.lawpress.com.cn
投稿邮箱 /info@lawpress.com.cn
举报维权邮箱 /jbwq@lawpress.com.cn
销售热线 /400-660-8393
咨询电话 /010-63939796

中国法律图书有限公司 / 北京市丰台区莲花池西里 7 号（100073）
全国各地中法图分、子公司销售电话：
统一销售客服 /400-660-8393/6393
第一法律书店 /010-83938432/8433 西安分公司 /029-85330678 重庆分公司 /023-67453036
上海分公司 /021-62071639/1636 深圳分公司 /0755-83072995

书号：ISBN 978-7-5197-4798-5
定价：72.00 元
（如有缺页或倒装，中国法律图书有限公司负责退换）